중세 · 근대 국어의 이해

中世 · 近代 國語의 理解

저자 조창규

문학박사

원광대학교 사범대학 국어교육과 교수

주요 논저

『국어 어휘 교육론』(저서)

『국어과 교육의 이해』(공저)

『예비교사를 위한 국어 문법 교육 강의』(공저)

『교사를 위한 국어 어문 규정 강의』(공저)

「15세기 국어접미사 '-이/ㅣ'의 형태 · 음운론적 연구」(박사학위 논문)

「ᄋᆞ의 변화가 가져온 모음과 모음체계의 변화」

「소월과 영랑 시어의 계량언어학적 고찰」

「국어 음운 변동의 교육 방법」

ccgyoo@wku.ac.kr

중세 · 근대 국어의 이해

中世 · 近代 國語의 理解

초판 1쇄 발행 2016년 8월 31일
초판 2쇄 발행 2019년 8월 31일

저　자 조창규
펴낸이 이대현
편　집 권분옥

펴낸곳 도서출판 역락
주소 서울시 서초구 동광로 46길 6-6 문창빌딩 2층
전화 02-3409-2058, 2060
팩스 02-3409-2059
등록 1999년 4월 19일 제303-2002-000014호
이메일 youkrack@hanmail.net
역락홈페이지 http://www.youkrackbooks.com

값 23,000원
ISBN 979-11-5686-591-9 93710

* 파본은 구입처에서 교환해 드립니다.

이 도서의 국립중앙도서관 출판예정도서목록(CIP)은 서지정보유통지원시스템 홈페이지(http://seoji.nl.go.kr)와 국가자료공동목록시스템(http://www.nl.go.kr/kolisnet)에서 이용하실 수 있습니다.(CIP제어번호: CIP2016020183)

중세 · 근대 국어의 이해

中世 · 近代 國語의 理解

조 창 규

역락

머리말을 대신하여

독창성이란 완전히 새로운 것을 찾아내는 것이 아니라
이미 알려지고 읽힌 것을 변형시킴으로써
그리고 여러 영역을 관계지음으로써 얻어진다.
— Bereiter & Scardamalia

일러두기

1. 이 책에서 저자는 국어과 임용고사를 준비하는 사범대 예비교사들과 현직 교사들, 혼자서 중세국어와 근대국어에 대한 이해를 하려는 사람들을 독자로 상정하고 중세국어와 근대국어 문법 현상을 최대한 친절하게 설명하려고 노력하였다.
2. 이 책을 효과적으로 이용하기 위해서는 중세국어와 근대국어의 문법을 요약한 제1부에 대한 이해가 선행되어야 한다. 그런 다음에 제1부의 지식을 바탕으로 중세국어에서는 훈민정음, 석보상절 또는 월인석보, 번역노걸대를, 근대국어에서는 박통사언해와 동명일기, 독립신문을 읽어보기 바란다. 그리고 더 읽을 여유가 있으면 다른 문헌들을 읽어 보는 것이 좋다. 특히, 중세국어의 언어현상이 근대국어와 현대국어에서 어떻게 변화되어 나타나는지에 초점을 두고 읽는 것이 임용고사에는 도움이 될 것이다.
3. '찾아보기'는 중요 문법 사항이나 개별적인 변화 또는 변동을 정리한 것이므로 적극적으로 활용할 필요가 있다.
4. 이 책에서는 번거로움을 피하기 위해 많이 사용한 문법용어들에 대하여 약어를 사용하였고, 음운이나 형태 또는 문법의 변동과 변화 등을 설명하기 위해 기호를 사용하였다.

1) 약어 목록

범주	약어	본 용어	범주	약어	본 용어
품사	명	명사	파생 접사	높.접.	높임접미사
	의.명.	의존명사		복.접.	복수접미사
	대	대명사		인.접.	인명(人名)접미사
	수	수사	종결 어미	평.어.	평서형 종결어미
	동	동사		의.어.	의문형 종결어미
	형	형용사		명.어.	명령형 종결어미
	부	부사		청.어.	청유형 종결어미
	관	관형사		감.어.	감탄형 종결어미
	감	감탄사	연결 어미	보.어.	보조적 연결어미
조사	주.조.	주격조사		대.어.	대등적 연결어미
	목.조.	목적격조사		종.어.	종속적 연결어미
	보.조.	보격조사	전성 어미	명.전.	명사형 전성어미
	관.조.	관형격조사		관.전.	관형사형 전성어미

	부.조.	부사격조사		부.전.	부사형 전성어미
	서.조.	서술격조사	선어말어미	주.높.	주체높임 선어말어미
	호.조.	호격조사		객.높.	객체높임 선어말어미
	접.조.	접속조사		상.높.	상대높임 선어말어미
용언	본.용.	본용언		현.어.	현재시제 선어말어미
	보.용.	보조용언		과.어.	과거시제 선어말어미
파생접사	접두.	접두사		미.어.	미래시제 선어말어미
	명.접.	명사파생 접미사		직설법	직설법 선어말어미
	형.접.	형용사파생 접미사		회상법	회상법 선어말어미
	부.접.	부사파생 접미사		추측법	추측법 선어말어미
	피.접.	피동사파생 접미사		감동법	감동법 선어말어미
	사.접.	사동사파생 접미사		원칙법	원칙법 선어말어미
	조.접.	조사파생 접미사		확인법	확인법 선어말어미
	강.접.	강세 접미사		인칭활용	인칭활용 선어말어미
				대상활용	대상활용 선어말어미

2) 기호 목록

기호	설명
☞	형태소 분석 또는 설명을 할 때
→	형태소 결합형 또는 공시적 변동을 보일 때
←	어간의 형태를 더 분석하거나 원래의 형태를 보일 때
>, <	통시적인 변화형을 보일 때, 즉 'A > B'는 A가 B로 변함
A→B/X__Y	A가 X와 Y 사이에서 B로 바뀌었다
+	형태소의 연결
#	단어 경계 또는 합성어 내부
[ ]	단어 구조 또는 문장의 구조를 보일 때
∅	영형태소 또는 부정법

5. 주석이 필요함에도 생략되거나 누락된 부분, 오류 등은 추후에 보정(補正)하겠다.
6. 이 책을 통해 중세국어와 근대국어를 이해하는 데에 도움이 되었다면 저자에게는 대단히 보람 있는 일이다. 여러분의 건승과 학운을 빈다.
7. 상업성이 없는 책을 출판해 주신 이대현 사장님과 세련되게 편집해 주신 권분옥 편집장님 그리고 편집팀원들께 감사드린다.

차례

제1부 중세·근대 국어 문법 요약

제2부 중세국어 문헌 강해

제3부 근대국어 문헌 강해

제1부

중세·근대 국어 문법 요약

1. 중세국어 문법

1) 표기

(1) 표기법의 두 원리

① **표음적 표기법(=음소적 표기법)**: 소리가 잘 드러나도록 적는 방법. 한 형태소가 환경에 따라 형태가 바뀌면 바뀌는 대로 적는다. 형태소의 환경에 따른 변이형을 표기하기 때문에 발음과 표기가 같아서 특별한 교육이 필요하지 않고 표기하기가 쉽다는 장점이 있다. 그러나 단어의 형태가 고정되어 있지 않기 때문에 의미 파악이 어려워서 독서의 능률을 떨어뜨린다는 단점이 있다. 발음 중심 표기이므로 음절 단위로 표기되고, 형태소 경계는 표기에 드러나지는 않는다. 중세국어 표기법이 이 표기법이다.

② **표의적 표기법(=형태음소적 표기법)**: 뜻이 잘 드러나도록 적는 방법. 한 형태소가 환경에 따라 형태가 바뀌더라도 그것을 표기에 반영하지 않는다. 형태소의 환경에 따른 변이형은 무시하고 원래의 형태를 밝혀 적기 때문에 실제 발음과 표기가 달라서 표기하기가 어렵다는 단점이 있다. 그러나 형태가 고정되기 때문에 의미 파악이 쉬워서 독서의 능률을 높인다는 장점이 있다. 형태소 중심 표기이므로 음절이 표기에 반영되지는 않는다. 현대국어 표기법이 이 표기법이다.

③ **표음적 표기법과 표의적 표기법의 비교**

형태소 구성	변이형	표음적 표기법	표의적 표기법
{밭}#	받(#)	받	밭
{밭}+도	받(도)	받또(받-도)	밭-도
{밭}+이	밫(이)	바치(밫-이)	밭-이
{밭}+만	반(만)	반만(반-만)	밭-만
{밭}+은	밭(은)	바튼(밭-은)	밭-은

(2) 중세국어 표기법의 특징

① 표음적 표기법

가. 8종성 표기: 받침표기는 실제로 발음되는 소리만 표기하였다. 그 결과 받침 글자로는 8자(ㄱ, ㄴ, ㄷ, ㄹ, ㅁ, ㅂ, ㅅ, ㆁ)만 사용되었다. 이는 훈민정음 해례 종성해에 규정된 "팔종성가족용(八終聲可足用)"에 의한다. 이 규정은 음절끝소리 규칙의 결과 음절말에서 발음될 수 있는 자음은 8자뿐이기 때문에 그것을 표기에 반영한다는 규정이다.

예 곶[花]: 고지~곳도, 밭[田]: 바ᄐᆞᆫ~받도, 높-[高]: 노파~놉고, 좇-[從]: 조차~좃거니와

나. 음절의 표기: 받침 뒤에 모음으로 시작하는 음절이 연결되면 받침을 다음 음절의 초성으로 내려 적었다. 즉, 중세국어에서는 앞 음절의 받침을 뒤 음절의 초성으로 옮겨 적는 이어적기[連綴]를 하여 음절이 표기되었다. 그 결과 체언과 조사, 용언의 어간과 어미의 경계는 표기에 반영되지 않았다.

예 말ᄊᆞ미(말ᄊᆞᆷ+이), 자바ᄂᆞᆯ(잡-+-아ᄂᆞᆯ)

② 기타 현대국어와 다른 점

가. 운소의 표기: 비분절음운인 성조도 표기하였다.[성조는 글자 왼쪽에 방점으로 표기]

예 ·내 ·이·ᄅᆞᆯ 爲·윙·ᄒᆞ·야 ·어엿·비 너·겨 ·새·로 ·스·믈여·듧 字·ᄍᆞᆼ·ᄅᆞᆯ ᄆᆡᆼ·ᄀᆞ노·니 :사ᄅᆞᆷ:마·다 :ᄒᆡ·ᅇᅧ :수·ᄫᅵ 니·겨〈훈민정음 언해〉

나. 사이시옷 표기법: 사이시옷의 표기 방법도 현대의 표기법과는 차이가 있었다.

ㄱ. 사잇소리의 환경: '유성음(모음, ㄴ, ㄹ, ㅁ, ㆁ)'과 '무성음'의 사이

* 사잇소리 'ㅿ'는 한자어, 고유어 모두에서 '유성음+유성음' 사이에서 쓰였고, 용비어천가에만 나타난다.

ㄴ. 합성명사나 명사구를 이룰 때 현대맞춤법에서는 앞말에 받침이 없을 때만 'ㅅ'을 앞말에 받쳐 적으나 중세국어에서는 받침이 없을 때는 물론이고, 받침이 유성음일 때와 한자 뒤에서도 받쳐 적었으며, 다음 음절의 초성으로 내려적기도 하였다.

㉠ 앞말의 받침으로

예 가온딧소리, 빗곶; 바ᄅᆞᇝ우희, ᄀᆞᄅᆞᇝ ᄀᆞᅀᅢ, 버텄길

㉡ 뒷말의 초성으로

예 엄쏘리, 혀쏘리

㉢ 한자 뒤에서

예 狄人ㅅ 서리, 鐵圍山 ᄊᆞᅀᅵ, 兄ㄱ ᄠᅳᆮ

ㄷ. 예외적으로 훈민정음, 용비어천가에서는 한자어 합성의 경우 앞말의 종성과 같은 조음위치의 전청자(全淸字)가 사잇소리로 쓰였다.

	선행음	사잇소리	후행음	예
한자어	ㆁ	ㄱ	무성음	乃냉終ㄱ소리, 兄형ㄱ ᄠᅳᆮ
	ㄴ	ㄷ	〃	君군ㄷ字ᄍᆞᆼ
	ㅁ	ㅂ	〃	侵침ㅂ字ᄍᆞᆼ
	ㅱ	ㅸ	〃	斗ᄃᆞᇢㅸ字ᄍᆞᆼ
	ㅇ	ㆆ	〃	快쾡ㆆ字ᄍᆞᆼ
	유성음	ㅿ	유성음	世子ㅿ位, 天子ㅿ ᄆᆞᅀᆞᆷ
고유어	유성음	ㅅ	무성음	엄쏘리, ᄀᆞᄅᆞᇝᄀᆞᅀᅢ
	유성음	ㄷ	〃	눈ᄌᆞᅀᆞ(눈동자), 눈시울(눈꺼풀)
	ㄹ	ㆆ	ㅳ	하ᄂᆞᇙᄠᅳᆮ(하늘뜻)
	유성음	ㅿ	유성음	눉믈, 바ᄅᆞᇝ우희
	ㅁ	ㅂ	무성음	사ᄅᆞᇜ서리(사람사이)

참고 현대국어 표기법의 특징

> 한글 맞춤법 총칙 제1항
> "한글 맞춤법은 표준어를 소리대로 적되, 어법에 맞도록 함을 원칙으로 한다."

(1) 어법에 맞게 적는다: 현대국어 표기법은 발음과 관계없이 원래의 형태를 밝혀 적되, 의미가 있는 부분(실질형태소)과 의미가 없는 부분(형식형태소)은 구분해 적는다. 즉, 체언과 조사, 용언의 어간과 어미, 어간과 접사는 구분해 적는다.

발음	받	바튼	바치	반만	바트로
표기	밭	밭은	밭이	밭만	밭으로
발음	쫃따	쪼차	쫀는	이피다	머기다
표기	쫓다	쫓아	쫓는	입히다	먹이다

(2) 규칙적인 현상은 어법에 맞게 적고, 불규칙적인 현상은 소리대로 적는다: 동사 '놀다'의 어근에 규칙적인 명사파생 접미사 '-음'이 결합하여 어근 '놀다'의 의미가 유지되는 '놀이'라는 의미의 파생명사는 '놀음'으로 적지만, 어근의 의미에서 멀어져 '도박'이라는 의미를 지니게 되는 '노름'에는 규칙적인 명사파생 접미사가 붙었다고 할 수 없으므로 소리대로 '노름'으로 적는다. 마찬가지로, '웃다'는 환경에 따라 '욷-(웃다), 운-(웃는다), *욱-(웃기다), 웃-(웃어)' 등으로 교체하지만, 변이형들은 음운론적으로 설명할 수 있는 규칙적인 교체이므로 환경에 따른 교체형을 표기에 반영하지 않고 원래의 형태 '웃-'으로 적는다.[1) 반면, '잇다'는 자음 어미 앞에서는 '읻-(잇다), 인-(잇는다), *익-(잇기)' 등으로 교체하여 규칙적인 '웃-'의 교체와 같지만, 모음 어미 앞에서는 '이-어, 이-으니'처럼 '이-'로 교체하여, 그 교체를 음운론적으로 설명할 수 없는 불규칙적인 교체이다. 따라서 이런 경우는 소리대로 '이어, 이으니'로 적는다.(조창규 · 최형기, 2015:150~151)

(예) 붙이다/부치다, 들어가다/드러나다, 놀음/노름, 목걸이/목거리, 잡아/도와(돕-아), 웃어/이어(잇-어)

1) '*욱-, *익-'은 연구개음화에 의한 어형으로 표준발음으로 인정하지 않는다.

2) 음운[2)]

(1) 자음

① 초성

가. 평음: ㄱ, ㆁ[ŋ], ㄷ, ㄴ, ㅂ, ㅁ, ㅈ[ts],[3)] ㅅ, (ㆆ), ㅎ, ㅇ[無音價/ɦ], ㄹ, ㅿ[z], ㅸ[β]

나. 격음: ㅋ, ㅌ, ㅍ, ㅊ[ts^h]

다. 경음: ㅺ[k’], ㅼ[t’], ㅽ[p’], ㅆ[s’], ㆅ[h’]; (ㄲ, ㄸ, ㅃ, ㅉ)

라. 자음군: ㅳ[pt], ㅄ[ps], ㅶ[pc], ㅷ[pt^h]; ㅴ[pk’], ㅵ[pt’], ㅺ[sn]

② 종성

ㄱ, ㆁ, ㄷ, ㄴ, ㅂ, ㅁ, ㅅ[s], ㄹ, (ㅿ); ㄺ[lk], ㄻ[lm], ㄼ[lp], ㄳ[ns], ㅯ[ms]

(2) 모음

① 단모음: ㆍ[ʌ], ㅡ, ㅣ; ㅏ, ㅓ, ㅗ, ㅜ

② 이중모음: ㅑ, ㅕ, ㅛ, ㅠ; ㆎ[ʌy], ㅢ, ㅐ[ay], ㅔ[əy], ㅚ[oy], ㅟ[uy]; ㅘ, ㅝ

③ 삼중모음: ㅒ[yay], ㅖ[yəy], ㅙ[way], ㅞ[wəy], ㆉ[yoy], ㆌ[yuy]

④ 사중모음: (ㆇ, ㆊ)

2) 대괄호로 음가를 표시한 것들은 현대국어와 음가가 달랐거나 현대국어에 없는 자모들이다. 소괄호로 묶은 것들은 고유어 표기에 사용되지 않았거나(ㆆ, ㆇ, ㆊ), 변이음을 표기한 것들(ㄲ, ㄸ, ㅃ, ㅉ)이다.

3) 치경파찰음 ‘ts’는 ‘c’로, 경구개파찰음 ‘ʧ’는 ‘č’로 적기도 한다.

(1) 자음

① ㆁ: 연구개비음 [ŋ]. 현대국어 종성의 'ㅇ'과 음가가 같다. 17세기에 문자의 모양만 'ㅇ'으로 바뀌었다.

☞ 현대에 읽을 때에는 종성에서는 [ŋ], 초성에서는 발음하지 않거나 앞 음절의 종성으로 올려 발음한다.

② ㅈ/ㅊ: 치경파찰음 [ʦ/ʦʰ]. 현대국어에서 'ㅈ/ㅊ'은 경구개파찰음 [ʧ]/[ʧʰ]이지만 중세국어에서는 치파찰음 또는 치경파찰음 [ʦ]/[ʦʰ]이었다. 17세기 말 이전 어느 시기에 현대국어와 같은 경구개파찰음으로 바뀐 것으로 보인다.

근거: ① 'ㅈ, ㅊ, ㅉ' 뒤에 반모음 'y'가 자유롭게 연결되었다.

② 초[醋], 쵸[燭]와 같이 'y'의 연결 유무에 의해 의미가 구분되었다.

☞ 현대에 읽을 때는 각각 'ㅈ[ʧ]', 'ㅊ[ʧʰ]'으로 읽는다.

③ ㆆ: 고유어 표기에는 사용되지 않았다. 사이시옷 대신 쓰이거나 관형사형 전성어미 '-ㄹ' 뒤에서 된소리 부호로 사용되기도 했다. 훈민정음 용자례에 등장하지 않는다.

예 先考ㆆ뜯, 하ᄂᆞᇙ뜯; 건너싫 제, 홇 것

☞ 현대에 읽을 때에는 발음하지 않거나 뒷소리를 된소리로 발음한다.

④ ㅇ

가. 무음가: '모음과 모음 사이, 어두 음절'에서는 현대국어와 같이 음가가 없었다.

예 우아래, 아비, 보아

나. 유성후두마찰음 [ɦ]: {y, ㄹ, ㅿ}과 모음 사이에서. 17세기에 소멸

하였다.

예 ᄇᆡ애[梨浦], 몰애[沙], ᄀᆞᅀᆡ애[剪]. 달아[異], 알외어늘[告]

☞ 현대에 읽을 때에는 두 경우 모두 발음하지 않는다.

⑤ ㅿ: 유성치경마찰음 [z]. '모음, y, ㄴ, ㅁ'과 '모음', '모음'과 'ㅸ, ㅇ [ɦ]' 사이에 분포하였다.[4] 16세기 중엽 이후에 소멸하였다.

예 ᄆᆞᅀᆞᆯ, 새ᅀᅡᆷ, 한ᅀᅮᆷ, 몸ᅀᆞ, ᅌᅮᆺ보리, ᄀᆞᅀᆡ애

☞ 현대에 읽을 때에는 [ㅅ]으로 발음한다.

⑥ ㅸ

가. 유성양순마찰음 [β]. 모음과 모음, 'y/ㄹ/ㅿ'과 모음 사이에 분포하였다.

예 사ᄫᅵ, 메ᄫᅡᆮ고, 글ᄫᅡᆯ, ᅀᅮᆺᄫᅳ니

나. 대체로 'ㅸ > w'의 변화를 경험하나 부사파생 접미사 '-이'나 사·피동 접미사 '-이-' 앞에서 탈락하기도 한다.

예 글ᄫᅡᆯ > 글왈, 더ᄫᅥ > 더워, ᄫᅩ > 오, ᄫᅮ > 우

곱-+-이 > 고ᄫᅵ > 고이, 더럽-+-이- > 더러ᄫᅵ- > 더러이-

☞ 현대에 읽을 때에는 [ㅂ]으로 발음한다. '부부'를 이어서 발음할 때, 뒤의 'ㅂ' 소리가 바로 'ㅸ' 소리이다.

⑦ ㅺ, ㅼ, ㅽ, ㅆ, ㆅ: 각각 'ㄱ, ㄷ, ㅂ, ㅅ, ㅎ'의 된소리. 'ㅈ'의 된소리는 없었다. 어두와 어중에 모두 분포하는 음소로서의 된소리 표기였다. 'ㆅ'은 17세기에 'ㅆㅎ'으로 표기되기도 하였다.

☞ 현대에 읽을 때에는 'ㆅ'은 'ㅎ'으로, 나머지는 모두 'ㅅ' 뒤 자음의 된소리로 발음한다.

4) 드물지만 '쎨쎨'과 같은 의성어의 어두에, '쑁'처럼 중국어 차용어의 어두에 쓰인 일이 있다.(고영근, 1997:29)

⑧ ㄲ, ㄸ, ㅃ, ㅉ: 각각 'ㄱ, ㄷ, ㅂ, ㅈ'의 된소리. 어두에서 쓰인 일은 없었고 비어두에서 된소리를 표기하는 데에 쓰였다. 변이음으로서의 된소리 표기였다. 중국 성운학에서는 유성의 무기음.

☞ 현대에 읽을 때도 된소리로 발음한다.

⑨ ㅲ[pt], ㅄ[ps], ㅶ[pc], ㅷ[pt^h]: 중세국어에서는 자음군으로 두 자음이 모두 발음되었다. 17세기에는 대부분 두 번째 자음의 된소리로 바뀌어 현대에 이르고 있다. 다만, 'ㅷ'은 'ㅌ'으로 바뀌었다.

예 ᄠᅳᆮ > 뜻, ᄡᆞᆯ > 쌀, ᄩᅥᆨ > 턱

☞ 현대에 읽을 때에는 두 번째 자음의 된소리로 발음하고, 'ㅷ'은 'ㅌ'으로 발음한다.

⑩ ㅴ[pk'], ㅵ[pt']: 각각 'ㅂ+ㄱ의 된소리, ㅂ+ㄷ의 된소리'로 발음되었다. 17세기에 대부분 마지막 자음의 된소리로 바뀌어 현대에 이르고 있다.

예 ᄢᅮᆯ > 꿀, ᄣᅢ > 때

☞ 현대에 읽을 때에는 각각 [ㄲ], [ㄸ]으로 발음한다.

⑪ ㅥ[sn]: 두 자음이 모두 발음되었다.

예 ᄉᆞ나ᄒᆡ~ᄮᅡᄒᆡ > 사나이

☞ 현대에 읽을 때는 [ㄴ]으로 발음한다.

⑫ 종성 ㅅ: 현대국어에서 받침소리는 7개[ㄱ, ㄴ, ㄷ, ㄹ, ㅁ, ㅂ, ㅇ]이지만, 중세국어에서는 여기에 'ㅅ'이 하나 더 발음되었다.[5] 음가는 불파된 치마찰음 ㅅ[s˺] 정도로 여겨진다. 대체로 16세기 말엽 종성의 'ㅅ'과 'ㄷ'의 대립이 무너져 현대에 이르고 있다. 15세기에 항상 'ㄷ'으로만 적던 받[田], ᄀᆮ고[如]가 <계초심학인문, 1577>에서 '밧, ᄀᆺ고'로 적힘.

☞ 현대에 읽을 때에는 [ㄷ]으로 발음한다.

5) 표기상으로는 'ㅿ'도 사용되어 9종성이 사용되었다.

⑬ 종성의 'ᆰ, ᆱ, ᆲ; ᆬ': 중세에는 음절말에서 'ㄹ'이 선행하는 경우 두 자음이 허용되었고 'ᆬ'도 허용되었다. 현대에는 한 자음만을 허용한다.

예 ᄒᆞᆰ구들, ᄇᆞᆰ도다, ᄇᆞᆲ듯

앉+고 → 앉고, ᄋᆞᆬ+디 → ᄋᆞᆬ디, ᄃᆞᆱ디[染];

갔+고 → 갓고

맜+ᄂᆞ니 → 맛ᄂᆞ니

없+고 → 업고, 긇+ᄂᆞᆫ → 글ᄂᆞᆫ

☞ 현대에 읽을 때에는 현대의 발음에 따른다.

⑭ ᅇ: 어중의 yy 또는 yi에 나타나는 긴장된 협착으로 추정된다. 어두에는 없었고 하향이중모음을 가진 일부 피·사동 어간에 국한되었다.

예 괴ᅇᅧ, ᄆᆡᅇᅵᄂᆞ니라, ᄆᆡᅇᅮᆫ

☞ 현대에 읽을 때에는 발음하지 않는다.

(2) 모음

① ᆞ: 음가는 '아'와 '오'의 중간음인 [ʌ]. 16세기 중엽 비어두음절에서 'ᆞ > 으', 18세기 중엽 어두음절에서 'ᆞ > 아'의 변화가 일반적이다.

☞ 현대에 읽을 때에는 [아]로 발음한다.

② ᄋᆡ[ʌy], 애[ay], 에[əy], 외[oy], 위[uy]: 'ᄋᆡ'를 제외하면 현대국어와 표기가 같지만 음가는 모두 이중모음이었다. 현대국어에서 '애'와 '에'의 음가는 각각 단모음 [ɛ]와 [e]이고, '외'는 [ö/we], '위'는 [ü/wi]이다. 'ᄋᆡ, 애, 에'의 단모음화는 대체로 18세기 말엽에 일어났다. 'ᄋᆡ'가 먼저 '애'로 바뀌고, '애, 에'가 각각 단모음으로 바뀌었다. '외, 위'의 단모음화는 19세기 말에서 20세기 초에 일어났다.

☞ 현대에 읽을 때는 'ᄋᆡ'는 [애]로 발음하고 나머지는 모두 현대국

어의 발음을 한다.

③ 얘[yay], 예[yəy], 왜[way], 웨[wəy], 죄[yoy], 쥐[yuy]: 삼중모음이었다.

☞ 현대에 읽을 때에는 '죄, 쥐'를 제외하고는 현대국어의 발음대로 이중모음 '[yɛ], [ye], [wɛ], [we]'로 각각 발음한다.

(3) 성조

① 중세국어 성조는 저조(低調)인 평성[無點], 고조(高調)인 거성[一點], 낮게 시작해서 높게 끝나는 상성[二點]이 있었는데, 평성과 거성은 평판조(平板調)이고 상성은 굴곡조(屈曲調)/상승조(上昇調)였다.

② 그런데 '평성+거성'이 되면 그 성조는 '상성'으로 바뀌어 나타나므로, 중세국어 성조소는 두 개의 평판조로 이루어졌다고 할 수 있다.

예 누·리 → :뉘, 부텨+·이 → 부:톄, 지+·움 → :쥼

다리+·∅ → 다:리

③ 상성은 평성과 거성의 복합이므로 2mora로 이루어진 것으로 추정된다. 따라서 상성은 성조를 변별적 요소로, 장음을 잉여적 요소로 지니고 있었다. 이 장음이 성조가 소멸한 이후에도 계속되어 현대의 장음으로 이어졌다.

④ 입성은 소리의 고저로 구분되지 않고 종성에 의해 구분되었다. 그 성조적 특징은 평성, 상성, 거성과 같았다. 그리고 입성을 위한 방점이 마련되지 않은 점 등은 입성이 중세국어의 성조로서 변별적이지 못했음을 알려준다.

3) 형태

중세국어의 형태론적 구조는 대체로 현대국어와 별 차이가 없다. 조사나 어미에 의해 체언이나 용언이 문법적 기능을 수행하는 점, 어근에 접사가 결합하거나 어근끼리 결합하여 새로운 단어를 형성하는 점 등은 같다. 현대국어와 다른 점은 아래와 같다.

(1) 환경에 따라 교체하는 체언이 있었다.

① ㄱ-보유어: 구무 혈(穴), 구무마다, 구무를~굼기(굶+이), 굼긔(굶+의)[6)]

② ㅎ-종성체언: 나라 국(國), 나랏말ᄊᆞ미~나라히(나랗+이), 나라토(나랗+도)[7)]

③ 노ᄅᆞ~놀ㅇ[獐]: 노ᄅᆞ도, 노ᄅᆞ와, 놀이, 놀ᄋᆞᆯ

④ ᄆᆞᄅᆞ~ᄆᆞᆯㄹ[楝]: ᄆᆞᄅᆞ도, ᄆᆞᄅᆞ와, ᄆᆞᆯ리, ᄆᆞᆯᄅᆞᆯ

⑤ ᄋᆞᅀᆞ~아ᇫㅇ[弟]: 아ᅀᆞ도, 아ᅀᆞ와, 아ᇫ이, 아ᇫᄋᆞᆯ

⑥ 의존명사 'ᄉᆞ, ᄃᆞ'의 교체

조사 / 의존명사	주격(ㅣ)	목적격(ᄋᆞᆯ)	서술격(ㅣ라)
ᄉᆞ	시	ᄉᆞᆯ/ᄊᆞᆯ	시라/씨라
ᄃᆞ	디	ᄃᆞᆯ	디라

---

6) (1) ㄱ-보유 체언으로는 나모[木], 녀느[他], 불무[冶] 등이 더 있다. (2) 전통문법에서 'ㄱ-곡용어'라는 용어가 일반적으로 쓰이나 학교문법에서는 '곡용'이 인정되지 않으므로 'ㄱ-보유어'라는 용어를 사용했다.

7) 중세국어에서 ㅎ-종성 체언은 80여 단어에 이르는데 일부를 제시하면 다음과 같다. 갈ㅎ(칼), 고ㅎ(코), 그르ㅎ(그루), 긴ㅎ(끈), 나ㅎ(나이), 나라[國], 나조ㅎ[夕], 내ㅎ[川], 네ㅎ[四], 노ㅎ(끈), 니마ㅎ[이마], ᄂᆞᆯㅎ[刃], ᄯᅡㅎ(땅), 뒤ㅎ[後], 드르ㅎ[野], ᄆᆡㅎ[野], 뫼ㅎ[山], 바다ㅎ[海], 세ㅎ[三], 쇼ㅎ[俗人], 암ㅎ[雌], 수ㅎ[雄], 시내ㅎ[溪], 우ㅎ[上], 자ㅎ[尺], ᄒᆞ나ㅎ[一], 안ㅎ[內], ᄀᆞᄂᆞᆯㅎ(그늘), ᄀᆞᅀᆞᆯㅎ(가을), ᄀᆞ올ㅎ(고을), 겨슬ㅎ(겨울), 길ㅎ[道], -ᄃᆞᆯㅎ(복.접.), 돌ㅎ[石], 둘ㅎ[二], ᄆᆞᅀᆞᆯㅎ[고을], ᄇᆞᆯㅎ(팔), ᄉᆞ믈ㅎ[二十], 알ㅎ[卵], 열ㅎ[十], 올ㅎ[今年], 하ᄂᆞᆯㅎ[天], 고ㅎ[庫], 노ㅎ[爐], 보ㅎ[褓], ᅀᅭㅎ[褥] 등등

⑦ 대명사의 교체: '나, 너, 누' 등에 'ᄋᆞ로/으로, 라와, ᄃᆞ려'와 같은 부사격조사가 연결되면 '날, 널, 눌'로 교체하기도 하였다.

ㄱ. 날ᄃᆞ려 닐오ᄃᆡ〈삼강 효:30〉, 仁과 날와 보ᄂᆞ니〈석상 13:25〉

ㄴ. 널로 한 劫엣 迷惑ᄒᆞᆫ 罪ᄅᆞᆯ〈육조 중:45〉, 널라와 시름 한 나도〈청산별곡〉

ㄷ. 눌ᄃᆞ려 니ᄅᆞ료〈금삼 2:45〉

☞ 현대국어에서 체언이 환경에 따라 교체하는 일은 없다. 예외적으로 '기러기+아→기럭아'처럼 'ㅣ'로 끝나는 명사에 호격조사가 결합할 때 'ㅣ'가 탈락되기도 하며, '내+가, 네+가, 제+가'처럼 대명사에 주격조사가 결합할 때 형태가 바뀌기도 한다. '암-, 수-'는 현대국어에서 접두사로 분류되기 때문에 체언이 교체하는 것이 아니며, '머리카락, 안팎, 살코기, 마파람' 등에서 분석되는 '머리ㅎ, 안ㅎ, 살ㅎ, 마ㅎ' 등은 'ㅎ-종성 체언'이 합성어에서 화석화한 것이다.

(2) 모음조화에 의한 조사와 어미의 교체

모음조화가 대체로 잘 지켜져서, 체언에 조사가 연결되거나 용언에 어미가 연결될 때, 모음조화에 의해 각각 두 갈래의 조사와 어미가 선택되었다.

ㄱ. 흙[土]/술[酒]: 흘ᄀᆞᆫ/수른, 흘ᄀᆞᆯ/수를, 흘ᄀᆡ/수릐 (ᄋᆞᆫ/은, ᄋᆞᆯ/을, ᄋᆡ/의)

ㄴ. 잡-/죽-: 자ᄇᆞ니/주그니, 자봄/주굼, 자바/주거 (-ᄋᆞ니/으니, -옴/움, -아/-어)

☞ 현대국어에서 조사는 음모음 계열 한 종류만 있어 모음조화에 관여하지 않으며, 어미는 '-아X/-어X'계열만 모음조화에 참여한다.(잡-아/먹-어, 잡-아서/먹어서) 대체로 근대국어 말기에 현대국어와 같은 단계에 이르렀다.

	중성모음	양성모음	음성모음
중세국어	이	ᄋᆞ, 아, 오	으, 어, 우
현대국어		아, 오	이, 위, 으, 우, 에, 외, 어, 애

(3) 조사의 교체

① 주격조사와 부사격조사에는 음운론적 이형태가 있었다.

<table>
<tr><th></th><th colspan="3">중세국어</th><th colspan="2">현대국어</th></tr>
<tr><td rowspan="2">주격조사: 이</td><td>자음 뒤</td><td>모음('y/이' 제외) 뒤</td><td>'y/이' 뒤</td><td>자음 뒤</td><td>모음 뒤</td></tr>
<tr><td>이</td><td>ㅣ</td><td>∅</td><td>이</td><td>가</td></tr>
<tr><td>예</td><td>世尊이, ᄆᆞᅀᆞ미</td><td>부톄</td><td>다리</td><td>마음이</td><td>다리가</td></tr>
<tr><td rowspan="2">부사격조사: 애</td><td>양성모음 뒤</td><td>음성모음 뒤</td><td>'y/이' 뒤</td><td colspan="2" rowspan="2">에</td></tr>
<tr><td>애</td><td>에</td><td>예</td></tr>
<tr><td>예</td><td>소내</td><td>누네</td><td>다리예, 귀예</td><td colspan="2">손에, 눈에, 다리에</td></tr>
</table>

② 관형격조사에는 음운론적 이형태와 의미 자질에 따른 이형태가 있었다.

<table>
<tr><th>구분</th><th colspan="4">중세국어</th><th>현대국어</th></tr>
<tr><td rowspan="2">환경</td><td rowspan="2">무정명사 또는
존칭 명사 뒤</td><td colspan="3">평칭 유정명사</td><td rowspan="3">의</td></tr>
<tr><td>양성모음 뒤</td><td>음성모음 뒤</td><td>모음 뒤(수의적)</td></tr>
<tr><td>관형격 조사</td><td>ㅅ</td><td>ᄋᆡ</td><td>의</td><td>ㅣ</td></tr>
<tr><td>예</td><td>나랏 말ᄊᆞᆷ
부텻 道理, 世尊ㅅ</td><td>ᄉᆞᄉᆞᄆᆡ둥</td><td>거부븨 터리</td><td>내 임금
長子ㅣ 집</td><td>부처의 도리
말의 향기</td></tr>
</table>

(4) 존칭의 호격 조사

평칭의 호격조사와 존칭의 호격조사가 있었다.

예 아: 阿難아(평칭), 하: 님금하(존칭)

(5) 부사격조사의 특이성

'애/에/이' 등이 비교의 부사격조사로 쓰이기도 하였고('가'~'다'), 인용의

부사격조사는 없었다.('라'의 밑줄이 인용절)

가. 네 邪애 ᄀᆞᆮ홇가 저홇뎬〈능해 10:74〉

나. 나랏 말ᄊᆞ미 中國에 달아〈훈언 1〉

다. 부톄 ~ 敎化ᄒᆞ샤미 ᄃᆞ리 즈믄 ᄀᆞᄅᆞ매 비취요미(비취욤+이) ᄀᆞᆮᄒᆞ니라 〈월석 1:1〉

라. 耶輸(야수)ㅣ 부텻 使者(사자) 왯다 드르시고 靑衣(청의)를 브려 긔별 아라오라 ᄒᆞ시니 羅睺羅(나후라) ᄃᆞ려다가 沙彌(사미) 사모려 ᄒᆞᄂᆞ다 ᄒᆞᆯᄊᆡ 〈석상 6:2a〉

(6) 어미의 교체

① 'ㄷ'으로 시작하는 어미가 '서술격조사 '이-', 추측법 선어말어미 '-리-', 회상법 선어말어미 '-더-' 인칭활용 선어말어미 '-오-' 뒤에서 'ㄹ'로 바뀌었다.

예 이도다→이로다, ᄒᆞ리더라→ᄒᆞ리러라, 命終ᄒᆞ+오+다→命終호라

② 서술격조사 '이-' 뒤에서 어미들이 특이한 교체를 하였다.

예 져비+이-+-고→져비오, 이-+-더-+-라→이러라, 아ᄃᆞᆯ+이-+-옴→아ᄃᆞ리롬, 셓+이-+-어→세히라

(7) 일부 어미는 선어말어미 '-오-/-우-'와 통합되어 한 형태소를 이루기도 하였다.[8)]

예 막-/먹-: 마곰/머굼(-옴/-움), 마고ᄃᆡ/머구ᄃᆡ(-오ᄃᆡ/-우ᄃᆡ),

8) 중세국어에서 '-옴/-움', '-오ᄃᆡ/-우ᄃᆡ', '-오려/-우려'와 같은 어미는 선어말어미 '-오-/-우-'와 결합된 형태로만 존재하기 때문에 이런 어미들은 그 자체를 하나의 형태소로 보아야 한다. 그러므로 여기에서 형태소 '오/우'를 분리해 낼 수는 없다.

마고려/머구려(-오려/-우려)

☞ 근대국어에서 선어말어미 '-오-/-우-'가 소멸되어 현대국어에서는 '-오-/-우-'가 없는 형태로 존재한다.(막음/먹음, 막되/먹되, 막으려/먹으려)

(8) 동사의 어휘적 성격에 따른 어미 교체

어미의 형태에 의해 타동사와 비타동사를 구분할 수 있는 경우가 있었다.

ㄱ. 가거늘, 가거든, 가거니 (-거늘/-거든/-거니)

ㄴ. 머거늘, 머거든, 머거니 (-어늘/-어든/-어니)

☞ 확인법 선어말어미 '-거-/-어-'는 동사의 어휘적 성격에 따라 선택되었는데, (ㄱ)은 '-거X'계통의 어미가 비타동사에 붙은 예이고, (ㄴ)은 '-어X'계통의 어미가 타동사에 붙은 예이다. 현대국어는 어느 경우에나 '-거'로만 시작한다.[9)]

ㄷ. '-거늘∝-어늘'의 교체는 형태론적으로 조건되어 있다.

(9) 분리적 성격의 형태소

한 형태소 내부에는 다른 형태소가 끼어들지 못함이 원칙이나 일부 형태소의 경우 한 형태소가 다른 형태소 사이에 끼어드는 일이 있었다.

ㄱ. 가거시늘(-거…늘+-시-), 머거시늘(-어…늘+-시-)

ㄴ. 가ᄂᆞ닛가(-니…가+-ㅅ-), 가ᄂᆞ니잇가 (-니…가+-잇-)

☞ 현대국어에서는 선어말어미 중 주체높임 선어말어미 '-시-'가 맨

9) 확인법: 심증 따위의 화자 자신의 주관적 믿음에 근거하여 사태를 확정적으로 판단함을 나타내는 서법의 한 형태.

앞에 오기 때문에, (ㄱ)은 '-시거늘'로 바뀌어 '-시-'가 형태소 중간에 끼어드는 일은 없다. 선어말어미의 순서가 조정된 것은 18세기 말이다.(홍종선, 1998:14~15) (ㄴ)의 상대높임법 의문형 표지 '-ㅅ-, -잇-'은 현대국어에서 자취를 감추었다.

(10) 선어말어미끼리의 화합

선어말어미끼리 서로 결합되어 제3의 형태로 바뀌는 일이 있었다.

ㄱ. ᄒᆞ다라, ᄒᆞ다니 [다 ← 더(회상법)+오(인칭활용)]

ㄴ. ᄒᆞ과라, ᄒᆞ가니 [과/가 ← 거/어(확인법)+오(인칭활용)]

☞ 현대국어에서는 선어말어미와 어말어미가 서로 화합하는 일이 있기는 하지만(-느-+-이 → 네, -느-+-냐 → -니, -더-+-냐 → -디), 선어말어미끼리 화합되는 일은 없다.

(11) 비통사적 합성어의 생산성

용언 어근이 직접 합성법에 참여하는 단어형성법이 매우 생산적이었다.

예 잡-쥐다, 여위-시들다, 듣-보다, 뿟-돌['뿟돌'은 동사 어근과 명사의 합성]

[비교. 현대국어: 잡아쥐다, 여위고 시들다, 듣고 보다, 숫돌]

☞ 이런 합성법은 16세기 이후 점차 비생산적이 되었으며, 현대국어에는 화석형으로 남아 있다(오르내리-, 검붉-, 돌보-). 그러나 현대국어에서도 '먹-거리(비교. 먹을거리)'처럼 동사 어근이 단어형성에 직접 참여하는 경우도 있다.

(12) 영파생 / 영변화

용언의 어간 또는 어근이 그대로 부사가 되기도 한다.

ㄱ. 형용사→부사: 바ᄅᆞ[直], 하[多], ᄀᆞᆮ[如], ᄃᆞᆯ[異]

ㄴ. 동사→부사: 마초, 모도, ᄀᆞ초

☞ 근대국어부터 이런 단어형성법은 없어졌다.

(13) 모음교체에 의한 단어 형성

ㄱ. ᄀᆞᄂᆞᆶ:그늟[陰]

갇다:걷다[收]

곱다:굽다[曲]

ㄴ. ᄇᆞᆰ다:븕다, ᄑᆞᄅᆞ다:프르다

ㄷ. 마리:머리, ᄂᆞᆰ다:늙다

(14) 형태에 따른 품사의 구분

① 명사파생 접미사와 명사형 전성어미의 형태가 달랐다. 명사파생 접미사는 '-ᄋᆞᆷ/-음'인 반면, 명사형 전성어미는 '-옴/-움'이었다.

예 ᄒᆞᆫ 거름 나ᅀᅡ 거룸만 몯ᄒᆞ니라〈석상 6:20a〉

② 형용사에서 명사를 파생하는 접미사는 '-ᄋᆡ/-의'이고 부사를 파생하는 접미사는 '-이'이었다.

예 높-: 노ᄑᆡ(명사), 노피(부사); 크-: 킈(명사), 키(부사)

(15) 용언 어간의 형태 변이

용언 어간 뒤에 오는 어미의 음운론적 특성에 따라 형태가 달라지기도 하였다.

① 시므~싦: 시므고, 심거, 심굼

② 다ᄅᆞ~달ㅇ: 다ᄅᆞ거늘, 달아, 달옴

③ 모ᄅᆞ~몰ㄹ: 모ᄅᆞ거늘, 몰라, 몰롬

④ ᄇᆞᅀᆞ~ᄇᆞᇫㅇ: ᄇᆞᅀᆞ디, ᄇᆞᇫ아, ᄇᆞᇫ온

(16) 기타

높임의 복수접미사 '-내'가 있었고, 2인칭 대명사 '너'의 존칭인 'ᄀᆞᄃᆡ/그듸'가 있었으며, 3인칭 재귀대명사 '저'와 그것의 존칭인 'ᄌᆞ갸'가 있었다. 1인칭 대명사 '나'의 겸사말[겸양어]은 없었다.

4) 통사

중세국어의 통사적 구조는 대체로 현대국어와 일치한다. 문장 구조는 '주어+목적어+서술어'의 구성이며, 수식어는 항상 피수식어 앞에 온다. 현대국어와 다른 점을 중심으로 기술하면 아래와 같다.[10]

(1) 서술부가 길어지면 피정의항[주제어]이 서술부에 다시 반복되기도 했다.

예 衆生ᄋᆞᆫ 一體世間앳 사ᄅᆞ미며 하ᄂᆞᆯ히며 긔ᄂᆞᆫ 거시며 ᄂᆞᄂᆞᆫ 거시며 므렛 거시며 무틧 거시며 숨ᄐᆞᆫ 거슬 다 衆生이라 ᄒᆞᄂᆞ니라〈월석 1:11〉

10) 고영근(2010:43~49), 최형기·조창규(2013:344~346)를 참고하였다.

☞ 현대국어라면, '중생은 ~ 숨쉬는 것을 다 이른다'로 되어 피정의항 [주제어]이 다시 반복되지 않는 것이 일반적이다.

(2) 관형절과 명사절의 의미상 주어가 주격이 아닌 관형격 표지 'ᄋᆡ/의'를 취한다.

가. 아ᄃᆞ리 ~ <u>아ᄇᆡ 잇ᄂᆞᆫ</u> 城에 다ᄃᆞᄅᆞ니〈월석 13:9〉 (아ᄇᆡ → 아비+ᄋᆡ)

나. <u>迦葉의 能히 信受호ᄆᆞᆯ</u> 讚嘆ᄒᆞ시니라〈월석 13:57〉 (迦葉의 → 가섭+의)

☞ 현대국어에서도 '나의 살던 고향', '선영이의 착함을 칭찬하였다'와 같이 관형절이나 명사절의 주어가 관형격으로 표지되는 일이 있지만, 일반적이지는 않다.

(3) 자동사 구문의 동사 활용형에 타동사표지 '어'가 나타나기도 한다.

예 구루미 비취여늘 (비취+어늘) <능격문>

☞ 현대국어에서도 '차가 멈추었다.(→ 승우가 차를 멈추었다)'와 같이 능격문이 있으나 활용형에 타동사 표지가 붙지는 않는다.

(4) 주어 명사구가 높임의 대상이 아님에도 불구하고 선어말어미 '-시-'가 사용되는 경우가 있다.

예 故園엣 버드리 이제 이어 ᄢᅥ러디거시니 엇뎨 시러곰..

[서술어에 '-시-'가 연결되었으나 문장의 주어는 높임의 대상이 아닌 '고원엣 버드리'이다]

☞ 현대국어에서 '-시-'는 언제나 높임의 대상이 되는 인물과 직·간접적으로 관련되는 주어 명사구에 일치하여 쓰인다.

(5) 시제형태소가 없었기 때문에 서법형태소에 기대어 시간이 표현되었고,

부정법에 의해 과거시제가 표현되기도 하였다.

가. 네 이제 ᄯᅩ 묻ᄂᆞ다.〈월석 23:97〉 ('-ᄂᆞ-'에 의한 현재시제)

나. 네 아비 ᄒᆞ마 주그니라〈월석 17:21〉 (부정법에 의한 과거시제)

다. 내… 막다히를 두르고 이셔도 두립더니〈월석 7:5〉 ('-더-'에 의한 과거시제)

라. 내 願을 아니 從ᄒᆞ면 고ᄌᆞᆯ 몯 어드리라〈월석 1:12〉 ('-리-'에 의한 미래시제)

☞ 현대국어에서는 '현재, 과거, 미래'의 시제가 각각의 시제형태소 '-는-, -었-, -겠-'에 의해 표현된다. 그리고 형용사의 현재시제는 중세국어와 마찬가지로 부정법에 의해 표현되나, 원칙적으로 동사의 과거시제가 부정법에 의해 표현되지는 않는다.

(6) 객체높임법: 목적어 명사나 부사어 명사가 가리키는 인물이 주어 명사보다 높고, 화자보다도 높을 때 실현되는 문법적 절차이다. 객체높임 선어말어미 '-ᄉᆞᆸ-'이 동사의 활용형에 나타난다.[11)]

가. 내 ᄯᆞᆯ 승만이 총명ᄒᆞ니 부텨옷 보ᅀᆞᄫᆞ면〈석상 6:40〉

☞ 화자인 '나'와 문장의 주어 명사인 '내 ᄯᆞᆯ 승만'보다 목적어 명사인 '부텨'가 더 높기 때문에 서술어에 '-ᅀᆞᇦ-'이 나타났다.

나. 내 아래브터 부텻긔 이런 마롤 몯 듣ᄌᆞᄫᆞ며〈석상 13:44〉

☞ 화자(=주어)인 '나(사리불)'보다 부사어 명사인 '부텨'가 더 높다고 생각되기 때문에 서술어에 '-ᄌᆞᇦ-'이 나타났다.

다. 객체 높임법 선어말어미 '-ᄉᆞᆸ-'은 음운론적 환경에 따라 교체하였다.

11) '객체'는 행동(상태)이 미치는 대상이나 상대를 이른다.

뒷소리 / 앞소리	자음	모음
ㄱ, ㅂ, ㅅ	숩	ᄉᆞᄫ
ㄷ(ㅈ, ㅊ), ㄵ	줍	ᄌᆞᄫ
모음, ㄴ, ㅁ, (ㄹ)	ᅀᆞᆸ	ᅀᆞᄫ

ㄱ. -숩-: 막숩거늘〈월천 100〉, 닙숩고〈월석 2:72〉 좃숩고〈월석 2:51〉

ㄴ. -줍-: 듣줍게〈석상 13:17〉, 마쫍더니(< 맞+줍)〈월석 21:203〉

ㄷ. -ᅀᆞᆸ-: 보ᅀᆞᆸ건댄〈월석 18:21〉, 아ᅀᆞᆸ게(< 알+ᅀᆞᆸ)〈월석 10:85〉

ㄹ. -ᄉᆞᄫ-: 돕ᄉᆞᄫᅡ〈석상 9:34〉, 깃ᄉᆞᄫᅡ〈석상 6:21〉, 먹ᄉᆞᄫᆞ니〈월석 7:26〉

ㅁ. -ᄌᆞᄫ-: 얻ᄌᆞᄫᅡ〈용 27〉, 좇ᄌᆞᄫᆞ니〈용 55〉, 맛ᄌᆞᄫᅡ(< 맞-)〈월석 1:13〉

ㅂ. -ᅀᆞᄫ-: ᄀᆞ초ᅀᆞᄫᅡ〈용 27〉, 보ᅀᆞᄫᅡ니와〈월석 8:17〉, 안ᅀᆞᄫᅡ〈월석 2:43〉

☞ 중세국어의 객체높임 형태소는 근대국어에서 공손법 형태소로 그 기능이 바뀌었기 때문에, 현대국어에서는 '어머님을 모시다, 어머님께 드리다'와 같이 목적어 명사구와 부사어 명사구를 높일 때에는 어휘적 수단에 의존한다.

(7) 상대높임법: 화자가 청자를 높이거나 낮추는 높임법으로 'ᄒᆞ라체, ᄒᆞ야쎠체, ᄒᆞ쇼셔체'의 3등급 체계였다.

가. ᄒᆞ쇼셔체: 화자가 청자를 아주 높이는 방법.

ㄱ. 이 못 ᄀᆞᅀᅢ 큰 珊瑚 나모 아래 무두이다〈석상 11:32〉 (-이-)

ㄴ. 落水예 山行 가 이셔 하나빌 미드니잇가〈용가 125장〉 (-잇-)

ㄷ. 王이 부텨를 請ᄒᆞᅀᆞᄫᆞ쇼셔〈석상 6:38〉 (-쇼셔)

나. ᄒᆞ야쎠체: 화자가 청자를 보통으로 낮추거나 보통으로 높이는 방법

ㄱ. 내 그런 ᄠᅳ들 몰라 ᄒᆞ댕다〈석상 24:32〉 (-ᅌ-/-ㆁ-)

ㄴ. 그딋 아바니미 잇ᄂᆞ닛가〈석상 6:14〉 (-ㅅ-)

ㄷ. 내 보아져 ᄒᆞᄂᆞ다 ᄉᆞᆯᄫᅡ쎠〈석상 6:14〉 (-아쎠)

다. ᄒᆞ라체: 청자를 아주 낮추는 방법

ㄱ. 붊비치 새배 프르렛도다〈두초 6:3b〉 (-다)

ㄴ. 네 겨집 그려 가던다〈월석 7:10〉 (-ㄴ다)

ㄷ. 너희 大衆이 ᄀᆞ장 보아 後에 뉘읏붐 업게 ᄒᆞ라〈석상 23:11〉 (-라)

☞ 근대국어에서 'ᄒᆞ라체, ᄒᆞ소체, ᄒᆞ쇼셔체'로 변했다가 현대국어에서는 격식체인 '해라체, 하게체, 하오체, 하십시오체'와 비격식체인 '해체, 해요체'로 분화되었다. 그러나 최근에 젊은 세대에서는 격식체의 '하게체, 하오체'는 사용하지 않으며, 격식체를 써야 하는 상황에서도 비격식체를 쓰고 있어서, 격식체가 점차 비격식체로 합류하는 경향을 보인다.

(8) 활용형에 선어말어미 '-오-/-우-'가 나타나기도 한다.

가. 내 이제 너 더브러 니ᄅᆞ노니〈월석 13:67〉 (니ᄅᆞ노니 ← 니ᄅᆞ-+-ᄂᆞ-+-오̊-)

나. 나랏 衆生ᄋᆡ 니불 오시〈월석 8:65〉 (니불 ← 닙-+-우̊-+-ㄹ)

다. 神力으로 ᄆᆡᆼᄀᆞᄅᆞ샨 거시〈월석 18:31〉 (ᄆᆡᆼᄀᆞᄅᆞ샨 ← ᄆᆡᆼᄀᆞᆯ-+-ᄋᆞ샤-+-오̊-+ -ㄴ)

☞ (가)는 주어가 1인칭이기 때문에 서술어에 '-오-'가 연결되어 있다. 이때의 '-오-/-우-'는 주어의 인칭에 호응하는 활용형으로 인칭활용 또는 의도법이라 한다. (나)와 (다)는 관형절의 꾸밈을 받는 명사가 관형절의 의미상의 목적어가 되기 때문에 '-오-'가 연결되어 있다. 이때의 '-오-/-우-'는 주어의 인칭과 관계없이 나타나는 대상활용이다.

☞ 근대국어 시기에 선어말어미 '-오-/-우-'는 소멸되어 현대국어에서는 나타나지 않는다.

(9) 의문문의 다양성: 중세국어 의문문은 의문문의 종류에 따라 어미가 달

랐으며, 인칭에 따른 어미의 구분이 있었고, 체언 의문문도 있었다.

가. 엇데 겨르리 업스리오〈월석 서:17〉

나. 앗가븐 뜨디 잇ᄂᆞ니여〈석상 6:25〉

다. 이 엇던 光明고〈월석 10:7〉

라. 이 ᄯᆞ리 너희 죵가〈월석 8:94〉

마. 究羅帝여 네 命終ᄒᆞᆫ다〈월석 9:36〉

☞ (가)와 (나)는 ᄒᆞ라체의 1, 3인칭 의문문이다. (가)는 설명의문문으로 어미는 '-오'이며('오' 계열), (나)는 판정의문문으로 어미는 '-여' ('어/아' 계열)이다. (다)와 (라)는 체언의문문으로 의문보조사 '고'와 '가'가 쓰였는데 전자는 설명의문문 후자는 판정의문문이다. 이처럼 중세국어에서는 어미의 형태에 의해 설명의문문과 판정의문문의 구별이 가능했다. (마)는 2인칭 의문문으로 어미는 '-ㄴ다'이다. 2인칭 의문문은 어미에 의해 판정의문문과 설명의문문을 구별할 수는 없고, 의문사의 존재 여부로 판단해야 한다.

☞ 현대국어에서는 인칭에 따른 어미의 구분도 없고, 판정의문문과 설명의문문의 어미도 동일하며, 체언의문문은 일부 방언을 제외하고는 존재하지 않는다.

(10) 관형사형 전성어미의 명사적 용법: 관형사형 전성어미 '-ㄴ, -ㄹ'가 명사적으로 쓰이기도 하였다.

가. 그딋 혼 조초 ᄒᆞ야〈석상 6:8〉 (ᄒᆞ-+-오-+-ㄴ → 한 것을)

나. 내 천량앳 거시 다ᇝ 업스니〈법화 2:75〉 (다ᄋᆞ-+-ᇙ → 다함이)

☞ 고대국어에서는 '-ㄴ, -ㄹ, -ㅁ'이 명사적 기능과 관형사적 기능을 동시에 수행했다. 중세국어에서는 관형사형 어미인 '-ㄴ, -ㄹ'가 명사적 기능을 수행하기도 하였다. 그러나 현대국어에는 이런 일이

없다.

(11) 세 자리 서술어는 이중목적어를 취하기도 하였다.

가. 護彌 ~ 須達이 아ᄃᆞᄅᆞᆯ ᄯᆞᄅᆞᆯ 얼유려터니〈월천 기:149〉

나. 四海ᄅᆞᆯ 년글 주리여〈용가 20〉

☞ 중세국어는 '주어+목적어+목적어+서술어'의 구조이지만 현대국어는 '주어+목적어+부사어+서술어'의 구조이다.

(12) 비교 구문에서 주격조사와 형태가 같은 비교의 부사격조사가 있었다.

예 ㄱ. 부톄 ~ 教化ᄒᆞ샤미 ᄃᆞ리 즈믄 ᄀᆞᄅᆞ매 비취요미(비취욤+이) ᄀᆞᆮᄒᆞ니라〈월석 1:1〉

ㄴ. 지빗 音書ᄂᆞᆫ 萬金이 ᄉᆞ도다〈두초 10:6〉

☞ 중세국어는 '무엇이 무엇이 ᄀᆞᆮᄒᆞ다'의 구조이지만 현대국어는 '무엇이 무엇과 같다'의 구조를 지닌다.

(13) 관형어의 중복

관형사구에서 두 용언이 병렬될 때 대등적 연결어미 '-고' 대신 관형사형 어미가 나타나는 일이 많았다.

예 늘근 눈ᄌᆞᆫ 브ᄅᆞᆷ 사ᄅᆞ미 잇ᄂᆞ니〈월석 13:23〉

2. 근대국어 문법

근대국어는 일반적으로 17세기 초부터 19세기 말까지 약 300년 동안을 이르는데, 중세국어에서 현대국어로 넘어오는 과도기적 성격을 지닌다. 중세국어와 비교하여 음운에 많은 변화가 있었으며, 문법 형태소도 단순화되어 갔다. 통사론적인 면에서도 현대국어가 지니는 특성들을 갖추어가고 있다. 홍종선(1998:13~15)은 국어사적으로 더 많은 검증과 세밀한 보완이 필요하지만 근대국어를 전기와 후기로 나눌 수 있는 가능성을 제시하고 있다. 즉, 17세기부터 18세기 후반까지를 전기 근대국어, 18세기 말부터 19세기 말까지를 후기 근대국어로 구분하는 것이다. 중세국어와의 차이점을 중심으로 근대국어를 기술하면 아래와 같다.[12)]

1) 표기

(1) 임진왜란(1592~1598) 이전과 이후 문헌 사이의 문자 체계상의 차이

① 성조가 없어짐에 따라 방점이 표기되지 않았다.

② 'ㆁ'자가 완전히 자취를 감추었다. 'ㆁ > ㅇ' 합류 시기를 16세기 중엽 이후로 보기도 한다.

③ 'ㅿ'자가 완전히 자취를 감추었다.(표기상으로 'ㅿ'자가 16세기 말까지 유지되었는데 17세기에 들어서는 아주 사라짐) 17세기의 문자 체계는 훈민정음의 28자 체계에서 3자(ㆆ, ㆁ, ㅿ)가 소멸한 25자 체계였다.

12) 주로 이기문(1998)의 『국어사 개설』을 참고하였고, 부족한 부분은 국립국어원(1997)과 홍종선 엮음(1998)으로 보충하였다.

(2) 표기법의 혼란

① 어두합용병서의 혼란

가. 중세 문헌에는 'ㅺ, ㅼ, ㅽ', 'ㅳ, ㅄ, ㅶ, ㅷ', 'ㅴ, ㅵ'의 세 종류의 합용병서가 존재했는데 17세기에 오면 'ㅴ, ㅵ' 등이 없어지게 된다.

ㄱ. ㅴ~ㅺ~ㅲ: 17세기 초에 'ㅴ'의 새로운 異表記로서 'ㅲ'이 등장하여 'ㅴ'의 이표기로서 15・16세기 이래의 'ㅺ'과 새로운 'ㅲ'이 공존하게 되었다.

예 ᄢᅧ더 ~ ᄭᅧ디니라 ~ ᄞᅧ디니라; ᄣᅳ려 ~ ᄯᅳ리오고 ~ ᄠᅳ려

ㄴ. ㅵ~ㅳ: 'ㅵ'에 대한 이표기로 'ㅳ'도 17세기에 등장한다.

예 ᄣᅢ ~ ᄠᅢ

나. 'ㅼ:ㅳ', 'ㅄ:ㅆ'의 표기가 대체로 17세기 후반에 많이 혼동되었다.

예 ᄠᅥ나셔:ᄯᅥ나셔, ᄡᅮᆨ:쑥, ᄡᅳ고:씀이

다. 각자병서가 일부 부활되어 사용된 예가 있으므로 사실상 된소리가 세 가지 표기를 가지고 있었다고 할 수 있다.

예 ᄴᅢ여, 빼여, ᄲᅢᆯ리, 뺄리

라. 19세기에 된소리 표기는 모두 된시옷으로 통일되는 경향이 뚜렷하다. 다만, 'ㅅ'의 된소리는 'ㅆ'이 아니라 'ㅄ'으로 통용되었다.

② 종성의 'ㅅ'과 'ㄷ'의 혼란

가. 15세기에는 이 두 받침이 엄격히 구별되었는데[몯(釘):못(池)], 16세기 후반에 대립이 무너져서 17세기에는 받침에서 'ㅅ'과 'ㄷ'의 표기는 자의적이었다.

예 굳고~굿거든, 묻고~뭇디, 맛~맏, 못~몯

나. 18세기부터는 'ㄷ'은 점차 없어지고 'ㅅ'만으로 통일되는 강한 경향이

나타났다. 19세기에 들어서면서 받침 표기는 7종성(ㄱ, ㄴ, ㄹ, ㅁ, ㅂ, ㅅ, ㅇ)으로 확정된다. 실제 발음은 'ㄱ, ㄴ, ㄷ, ㄹ, ㅁ, ㅂ, ㅇ'이었다.

예 듣고 → 듯고, 받줍고 → 밧줍고; 미더 → 밋어(과도교정 표기)

③ 모음 간에서 'ㄹㄹ'과 'ㄹㄴ'이 혼용되었는데, 'ㄹㄴ' 표기는 중세국어에서는 볼 수 없었다.

예 진실노(< 진실로), 블너(< 블러), 흘너(< 흘러)

④ 목적격조사 'ᄅᆞᆯ/를'과 'ᄂᆞᆯ/늘'의 혼용

모음 뒤에서 목적격조사 'ᄅᆞᆯ/를'이 'ᄂᆞᆯ/늘'로 표기되기도 하였다.

⑤ 중철표기

가. 받침이 다음 음절 초성으로 거듭 적혔다.

예 과글리(← 과글이), ᄀᆞ슴미나(← ᄀᆞ슴이나), 갈티(← 갈이)

나. 모음 간의 된소리 또는 유기음을 표기하는 데에 있어서 분석적 표기 경향이 나타났다. 이 표기는 받침 표기는 음소적이면서 동시에 다음 음절의 초성에 원형태의 받침을 연철표기하여 표의적이고자 하는 노력이었다.

예 닥그며[← 닭-(< 돍-)+-으며], 무릅피, 앏피, 앏희셔, 갓ᄎᆞ로, 운녁크로

⑥ 형태소 구분 표기: 체언과 조사를 분리하여 표기하려는 의식이 뚜렷이 나타났다. 15세기에는 연철 위주의 표기였는데, 15세기 말에 '체언'과 '조사'의 연결에서 분철이 출현하였다. 그리고 16세기에 분철이 확대되고 중철이 출현한다. 16세기 말에는 '용언'과 '어미'의 연결에까지 분철이 확대되며 이런 표기 방식이 19세기까지 이어진다.

2) 음운

(1) 음절 구조

① 초성 자리에 올 수 있는 자음 수의 변화

가. 중세국어에서는 어두자음군인 'ㅂ-계(ㅲ, ㅄ, ㅶ, ㅷ)'와 'ㅄ-계(ㅴ, ㅵ)', 'ᄮ'가 존재하여 음절 초성 자리에 두 개의 자음이 올 수 있었다. 그러나 이런 소리들이 대부분 된소리로 바뀌면서 근대국어부터는 음절 초에 하나의 자음만이 올 수 있었다.(ㅄ-계는 17세기 초에, ㅂ-계는 17세기 중엽에 된소리로 바뀌었다)

나. 'ㆁ'이 초성에 올 수 없게 되었다.

쥬ᅌᅵ > 즁이, 바ᅌᆯ > 방ᅌᆯ > 방울

② 7종성의 확립: 종성의 자리에 올 수 있는 자음은 중세국어에서 8자(ㄱ, ㆁ, ㄷ, ㄴ, ㅂ, ㅁ, ㅅ, ㄹ)였다. 그러나 16세기 말에 'ㅅ'이 'ㄷ'에 합류되어 현대국어와 같은 7 종성 체계가 완성되었다. 18세기부터 종성의 'ㄷ' 표기는 'ㅅ'으로 통일되어 가는 강한 경향을 보인다.

③ 어간말 자음군

가. 중세국어에서는 'ㄺ, ㄻ, ㄼ, ㄳ, ㅯ' 말음을 가진 용언 어간은 활용에 있어서 자음으로 시작하는 어미가 오더라도 항상 그 표기를 유지하고 있었다. 따라서 공명음이 선행하는 어간말 자음군의 경우 음절 종성에서 최대 2자음이 허용되었다. 전광현(1997:20~28)에 의하면, 근대국어에서도 'ㄺ'은 자음어미 앞에서 늘 유지되었고, 'ㄼ'도 자음어미 앞에서 유지되는 것이 일반적이었다. 그러나 'ㄻ'은 자음어미 앞에서 'ㄹ'이 탈락하는 것이 일반적이었다.

ㄱ. ㄺ: 굵고〈두창 상:3〉, ᄇᆰ고〈두창 상:3〉

ㄴ. ㄼ: **볿다**〈역어 하:54〉, **듧고**〈두창 상:8〉

ㄷ. ㄻ: 옴기지〈오륜 3:27〉, 굼주리는〈경흥윤음 1〉, 숨는〈종덕 하:11〉

나. 종성의 'ㅅㄱ'은 근대국어에서 역행동화[연구개음화]에 의해 'ㄲ'으로 바뀌었다.

예 밗[外] > 밖, 겄-[折] > 걲-

(2) 'ㆅ'의 된소리

중세국어에서 'ㅎ'의 된소리는 'ㆅ'으로 표기하였는데, 17세기에 'ㅎ'의 된소리 표기로 'ㅅㅎ'이 등장한다. 이 된소리는 17세기 후반에 'ㅋ'에 합류된 것으로 추정된다.[13)]

예 여러 모시뵈 살 나그네 켜오라

(3) 유성후두마찰음 'ㅇ'의 소멸

16세기에 'ㅇ[ɦ]'은 'ㄹㅇ'에 남아 있었으나(몰애/놀애; 올아) 말기에 동사의 활용형에서 'ㄹㄹ'로 변했고, 17세기 문헌에서는 명사에서도 이것이 'ㄹㄹ'로 변했음이 확인되며, 'ㄹ'형도 나타난다. 15세기에 유성마찰음 계열을 이루던 'ㅸ[β]'은 15세기 후반에, 'ㅿ[Z]'은 16세기 중엽에 소멸하였다.

예 ㄹㅇ > ㄹㄹ~ㄹ > ㄹ: 놀애 > 놀래~놀내~노래 > 노래, 몰애 > 몰래~모래 > 모래

13) 이 된소리는 15세기에 'ᅘᅧ-'[引]로 표기되고 17세기에 'ㅅ혀-'로 표기된 한 단어에 나타나 기능부담량이 적었기 때문에 합류된 것으로 추정된다.(이기문, 1998:206)

(4) 유음화

16세기 이후에 나타났다.

> 예 ㄱ. 잃+는 > 일른, 슳+노라 > 슬노라 > 슬로라
> ㄴ. 열+닐굽 > 열릴굽, 솔+닙 > 솔립
> ㄷ. 벼슬 노픈 > 벼슬 로픈
> ㄹ. 쳔량 > 쳘량, 본릐 > 볼릐

'ㄹ'로 시작하는 겹받침 뒤의 유음화 중 'ㅀ'인 경우에만 유음화가 나타나는 이유는 유음화가 나타날 당시에 'ㅀ'만이 자음군 단순화가 적용되어 'ㄹ'과 'ㄴ'이 인접할 수 있었기 때문이다. 'ㄺ, ㄻ, ㄼ'의 경우는 자음군 단순화가 적용되지 않아서 유음화의 환경을 만족하지 못했다.

(5) 구개음화

① 구개음화는 'i/y' 앞에서 'ㄷ, ㅌ'이 'ㅈ, ㅊ'으로 변하는 현상을 말한다.[14] 구개음화는 대체로 17세기와 18세기의 교체기에 일어났다.[15] 이

14) 구개음화는 이 외에도 같은 환경에서 'ㄱ, ㅋ, ㄲ'이 각각 'ㅈ, ㅊ, ㅉ'으로, 'ㅎ'이 'ㅅ'으로 바뀌는 현상을 포함한다. 다만, 이 두 구개음화는 남부방언에서 주로 나타나는데, 형태소 내부, 그것도 어두에서만 적용된다. 'ㄴ, ㄹ'이 각각 'ɲ, ʎ'으로 바뀌는 현상도 구개음화이지만, 이는 음성적 구개음화이다.

15) 如東俗댜뎌呼同쟈져 탸텨呼同챠쳐 不過以按頤之此難彼易也 今唯關西之人 呼天不如千同 呼地不如至同 (…중략…) 又聞鄭丈言 其高祖昆弟 一名知和 一名至和 當時未嘗疑呼 可見디지之混 未是久遠也 [우리나라에서는 '댜, 뎌'를 '쟈, 져'와 똑같이 발음하고, '탸, 텨'를 '챠, 쳐'와 똑같이 발음한다. 이는 단지 턱을 움직임에 있어서 이것은 어렵고 저것은 쉽기 때문일 뿐이다. 오늘날 오직 관서지방의 사람들만이 天과 千, 地와 至를 달리 발음한다. (…중략…) 또 정 선생님께 듣기를, 그분의 고조부 형제 중 한 분의 이름은 '知和'이고 또 한 분의 이름은 '至和'였는데, 당시에는 이 둘을 혼동되게 부른 일이 없었다고 한다. 그러므로 '디'와 '지'의 혼란은 그리 오래되지 않은 일임을 알 수 있다.] <유희, 언문지>
☞ '(…중략…)' 앞 부분에서는 19세기 초에 있어서 서북 방언을 제외한 제방언에서 구개

구개음화는 형태소 내부와 경계에서 모두 적용되었다.(긑+이 > 긎치, 디나며 > 지나며, 먹+디 > 먹지) 이 구개음화의 결과로 '디 댜 뎌 됴 듀', '티 탸 툐 튜' 등의 결합이 국어에서 자취를 감추게 되었다.(예.ㄱ) 그러나 19세기에 들어 '듸, 틔' 등이 '디, 티'로 변하게 되어 다시 'ㄷ, ㅌ'과 'i/y'가 결합한 음절이 나타나게 되었다.(예.ㄴ)

ㄱ. 칠(< 틸) 타(打), 지새(< 디새), 지를(< 디를) ᄌᆞ(刺), 직히다(< 딕히다)

ㄴ. 견듸- > 견디-, 무듸- > 무디-, 씌 > 씨

② 구개음화는 경구개파찰음 'ㅈ[ʧ], ㅊ[ʧ^h]' 등의 존재를 전제로 한다. 중세국어에서 파찰음 'ㅈ[ts], ㅊ[ts^h]'들은 치음[현대음성학에서 치경음]이었기 때문에, 이것들이 경구개음으로 변한 뒤에야 'ㄷ, ㅌ' 등의 구개음화도 가능할 수 있다. 17세기 말 이전 어느 때에 치음 'ㅈ, ㅊ'이 경구개음 'ㅈ, ㅊ'으로 바뀌는 구개음화의 결과 18세기에는 'ㅈ, ㅊ'은 'i/y' 앞에서는 경구개음으로, 다른 모음들 앞에서는 종래대로 치음으로 발음된 것으로 추정된다. 그러다가 'ㅈ, ㅊ'이 모두 경구개음으로 발음되어 '자, 저, 조, 주'와 '쟈, 져, 죠, 쥬'의 대립이 중화되었다.

예 장(欌):쟝(醬), 초(醋):쵸(燭), 저(自):져(筋) 등.[16)]

음화가 일어난 사실을 증언하고 있으며, '(…중략…)' 뒷부분에서 '鄭丈'은 정씨 어른이라는 뜻으로 鄭東愈(晝永編의 저자로서 유희의 스승. 1744-1808)를 가리킨다. 따라서 그의 고조 생존시(17세기 중엽 전후)는 아직 구개음화가 일어나지 않았음을 증언하고 있다.(이기문, 1998:207)

16) 이 구개음화와 관련하여 과도교정에 의한 특수한 변화도 있다. 어떤 음운현상이 활발하게 일어나면 그에 대한 반작용으로 원래의 형태로 되돌려 놓으려는 경향이 나타난다. 그런데 때로는 옳지 않은 어형을 바르게 되돌린다는 것이 도리어 올바른 어형까지 잘못 되돌려서 새로운 어형이 만들어지기도 하는데 이것을 '과도교정'이라고 한다. 예컨대, '길쌈'은 원래의 형태가 '질삼'이었으나 ㄱ-구개음화의 과도교정으로 '길쌈'으로 바뀌게 되었다. 이런 단어에는 '맡기다(< 맛지다 < 맛디다), 깃(< 짗), 김치(< 짐치 < 딤치), 기와(< 지와

③ ㅈ[ts] > ㅈ[ʧ] 근거

ㄱ. 구개음화 현상이 근대국어 시기에 발생한다.

ㄴ. ㅈ 계열 뒤의 y가 근대국어를 거치면서 모두 탈락한다.

ㄷ. 평안도 방언의 ㅈ 계열은 아직도 치조 부근에서 발음된다.

④ 현대국어의 구개음화는 형태소 경계에서만 적용된다. 즉, 받침 'ㄷ, ㅌ'이 조사나 접미사 모음 '이'와 결합할 때 'ㅈ, ㅊ'으로 바뀐다.

예 굳이 → 구지, 같이 → 가치. 밭이름 → *바치름

⑤ 어두에서 'i/y'에 선행한 'ㄴ'의 탈락은 ㄴ-구개음화와 관련된 현상이다.(18세기 후반)

예 님금 > 임금, 니름 > 이름, 니르히 > 이르히

⑥ 방언에서는 ㄱ-구개음화와 ㅎ-구개음화도 나타난다.

예 기름 > 지름, 형 > 셩

(6) 평음의 경음화 및 유기음화의 확장

① 경음화

ㄱ. 씃-(< 슺- 拭), ᄭᅩᆽ-(< 곶)

ㄴ. 곳고리, ᄀᆡᆺᄀᆡᆺᄒᆞ-, 덛덛ᄒᆞ-, ᄃᆞᆺᄃᆞᆺᄒᆞ-

☞ (ㄴ)은 18세기에 역행동화에 의해 '꾀꼬리, 깨끗하-, 떳떳하-, 따뜻하-'로 바뀌었다.

② 유기음화

예 탓 < 닷, 풀무 < 불무, 코키리 < 고키리

< 지새 < 디새)' 등이 있다.

(7) 양순음 'ㅍ' 앞에서 'ㄹ'의 탈락(소수의 예가 있다)

예 앒 > 앞, 알ᄑᆞ- > 아프-, 골ᄑᆞ- > 고프-

(8) 원순모음화

양순음 아래에서 'ㅡ'가 'ㅜ'로 바뀌는 변화가 17세기 말엽 경에 일어났다. 이 음운변화의 결과 '므, 브, 프, ᄲᅳ'와 '무, 부, 푸, ᄲᅮ'의 대립이 없어졌다.

예 ᄂᆞ믈 > ᄂᆞ믈 > ᄂᆞ물, 블 > 불, 플 > 풀

(9) 'ᆞ'의 비음운화

① 제1단계 비음운화: 비어두음절에서 주로 'ᆞ > ㅡ' 변화. 16세기 후반에 완성되었다. 이 변화로 'ㅡ'는 어두에서는 음성모음으로 'ᆞ'와 대립을 이루었지만, 비어두에서는 중성모음[부분 중립모음(이기문, 1998:213)]으로 기능을 하게 되었다. 이 변화는 모음조화가 붕괴되는 결정적 계기가 되었다.

예 기ᄅᆞ마 > 기르마, 모ᄃᆞᆫ > 모든, 남ᄀᆞᆯ > 남글

② 제2단계 비음운화: 어두 음절에서 주로 'ᆞ > ㅏ'변화. 대체로 18세기 후반에 일어났다. 이 변화는 모음조화에 영향을 끼치지는 않았으나, 어두 음절의 'ㅏ'는 'ㅓ'와 대립을 이루는 한편 'ㅡ'와도 대립을 이루었다.

예 ᄃᆞ리 > 다리, ᄅᆡ년 > 래년, ᄃᆞᆯ팡이 > 달팽이

(10) 모음체계의 변화

① 원순성 대립짝의 변화: 'ᆞ'의 2단계에 걸친 비음운화에 의해 'ᆞ'가 음

운체계상에서 사라지게 되자, 중세국어에서 원순성에 의해 대립을 이루었던 'ᄋᆞ:오, 으:우'의 대립에 변화가 나타난다. 즉, 'ᄋᆞ'가 소멸하게 됨으로써 '어'가 '오'의 새로운 원순성 대립짝이 되었다. 그 결과 근대국어 이래 후설에서 '어:오, 으:우'가 원순성에 의한 대립짝이 되었다. 현대국어에서는 전설원순모음 '위, 외'가 새로 형성되어, 전설에서도 '이:위, 에:외'가 원순성에 의한 대립을 이루게 되었다.

② 전설단모음 '애[ɛ], 에[e]'의 형성

가. 'ㆍ'의 비음운화로 어두 음절의 이중모음 'ㆎ'가 'ㅐ'로 변하고, 그 뒤에 'ㅐ'[ay]와 'ㅔ[əy]'는 각각 단모음 [ɛ], [e]로 변하였다. 이 단모음화를 'ㆍ'의 소실 이후로 보는 이유는 제1음절의 'ㆎ'가 'ㅐ'와 마찬가지로 [ɛ]로 변한 사실에서 찾을 수 있다. 이 단모음화가 일어난 증거로 움라우트 현상을 들 수 있다. 움라우트는 전설단모음 'ɛ, e'의 존재를 전제로 하는데, 이 움라우트는 18세기와 19세기의 교체기에 일어난 것으로 추정된다. 따라서 이중모음 'ㅐ, ㅔ'의 단모음화는 18세기 말엽에 일어난 것으로 결론지을 수 있다.

나. 19세기 초엽에 국어는 8모음체계를 가졌던 것으로 추정된다.

③ 'ᄋᆞ > 으', '전설단모음 계열의 형성' 이 외에도 '오 > 우'의 변화는 모음조화를 약화시키는 중요한 역할을 하였다. 이런 변화의 결과 '아, 오'만이 양성모음으로 기능하게 되었다.

④ 19세기 말에서 20세기 초에 'ㅚ[oy], ㅟ[uy]'가 각각 단모음 [ö], [ü]로 변하여 현대의 10모음 체계가 형성되었다.

⑤ 모음 체계의 변화[17]

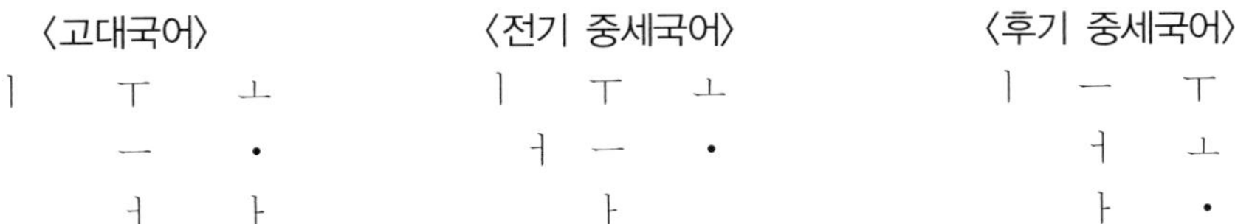

〈근대국어〉

ㅣ	ㅡ	ㅜ
ㅔ	ㅓ	ㅗ
ㅐ	ㅏ	

〈현대국어〉

ㅣ	ㅟ	ㅡ	ㅜ
ㅔ	ㅚ	ㅓ	ㅗ
ㅐ		ㅏ	

(11) 움라우트(이-역행동화)

① 움라우트는 후설모음이 [-설정성] 자음을 사이에 두고 'i/y' 앞에서 전설모음으로 바뀌는 현상이다. [+후설모음] → [-후설모음]/___[-설정성]{i/y}

② 국어사에서 움라우트는 이중모음이었던 '애[ay]/에[əy]'가 전설단모음 '애[ɛ]/에[e]'로 바뀐 뒤에야 가능하였는데, 그 시기는 대체로 18세기와 19세기 교체기인 것으로 추정된다.

③ 국어사에서 움라우트 현상은 전설단모음 형성의 증거가 되기도 한다.

예 ᄋᆡᆨ기ᄂᆞᆫ < ᄋᆞᆺ기-, ᄃᆡ리고 < ᄃᆞ리-, 메긴 < 머기-, 지ᄑᆡᆼ이 < 지팡이, ᄉᆡᆨ기 < ᄉᆞᆺ기

(12) 전설모음화

19세기에 'ㅅ ㅈ ㅊ'아래서 'ㅡ'가 'ㅣ'로 바뀌는 변화가 있었다.

예 아ᄎᆞᆷ > 아츰 > 아침, 슳다 > 싫다, 츩 > 칡, 즐겁- > 질겁-

17) 이기문(1998)에 따른다.

(13) ㅟ > ㅢ

16세기 말엽부터 시작되어 17세기에 일반화되었다.

예 불휘[根] > 불희, 뷔-[空/刈] > 븨-

(14) ㅢ > ㅣ

대체로 19세기 경에 일어났다.

예 믭-[憎] > 밉-, 불희 > 뿌리

(15) **탈락과 축약**

ㄱ. 가히 > 가이 > 개[kay > kɛ], 버히- > 버이- > 베-, 나리 > 내[nay > nɛ]

ㄴ. (ᄀᆞ술 >)ᄀᆞᄋᆞᆯ > ᄀᆞ을, 거우르 > 거울, 드르ㅎ > 들, 엱- > 얹-, 스싀로 > 스스로

(16) **이화**

거붑 > 거북, (아ᅀᆞ >)아ᄋᆞ > 아우, (처섬 >)처엄 > 처음

(17) **첨가**

ᄒᆞᄫᆞᅀᅡ > ᄒᆞ오ᅀᅡ > 호ᅀᅡ > 호자 > 혼자, 졈- > 졂-

(18) **성조의 소멸**

① 고대 국어: 성조의 존재 여부를 알 수 없음

② 중세 국어: 평성, 거성, 상성의 세 성조가 있어서, 글자 왼쪽에 방점을 찍어 표시하였다.

③ 16세기 중엽 이후 흔들리다가 16세기 말엽 문헌에서 방점이 사라진다. 적어도 16세기 후반에 성조는 소멸되었다.

④ 중세국어의 상성은 잉여적으로 장음을 지녔는데, 성조가 사라진 뒤에도 이 장음은 현대 국어로 이어져 현대국어의 비분절음운이 되었다.(평성과 거성: 짧은 소리, 상성: 긴소리)

⑤ 상성과 장음의 관련성

가. 상성은 주로 어두 음절에서 실현되고 현대국어 장음도 단어의 첫머리에서만 실현된다.

나. 상성과 관련된 성조 변동이 장음과 관련된 장단의 변동과 평행하다.

예 :알+·아→아·라; 알:+아[아라]

⑥ 경상도 방언과 함경도 방언에는 성조의 잔재가 남아 있다.

3) 형태

(1) 단어 형성

① 중세국어에서 명사형 전성어미는 '-옴/-움', 명사파생 접미사는 '-(ᄋᆞ/으)ㅁ'으로 구별되었는데, 근대국어에서 선어말어미 '-오/우-'가 소멸된 결과 명사형 전성어미와 명사파생 접미사의 형태가 같아져서 형태만으로는 명사형과 파생명사를 구분할 수 없게 되었다.

예 거룸(명사형)~거름(파생명사) > 걸음(명사형, 파생명사)

② 명사파생 접미사 '-이'는 근대국어에서 생산성을 잃었다.

③ 중세국어에서 형용사에서 명사를 파생하는 접미사는 '-ᄋᆡ/-의', 부사를

파생하는 접미사는 '-이'였다. 명사 'ᄏᆡ, 노ᄑᆡ, 기ᄅᆡ'는 17・18세기에는 그대로였으나 19세기에 있은 'ㆎ > ㅣ'의 변화로 부사 '노피, 기리'와의 구별이 없어지게 되었다.

④ 복수의 접미사에는 '-듫'(< -ᄃᆞᆶ)과 '-네'(< -내)가 있었다. 다만, 중세국어에서 '-내'는 존칭의 복수접미사였으나 근대국어에서 '-네'는 존칭의 의미는 없었다.

⑤ 중세국어에서 'ᄒᆞ-'의 사동형은 'ᄒᆡ-'이었으나 근대국어에서는 'ᄒᆞ이-'가 일반적이었고, 근대국어 후기에는 이것이 '시기-'로 바뀌었다.

예 일식이다, 排班식이다

⑥ 중세국어에서 명사에서 형용사를 파생하는 접미사는 '-ᄅᆞᇦ-~-ᄅᆞᄫᆡ-', '-ᄃᆞᇦ-~-ᄃᆞᄫᆡ-'였는데 이들이 근대국어에서는 각각 '-롭-, -되-'로 바뀌었다.

예 해롭디, 정셩되고

⑦ 18세기에 명사에서 형용사를 파생하는 접미사 '-스럽-'이 새롭게 출현하였다.

예 어룬스러운, 촌스러운

(2) 체언과 조사

① 'ㅎ-종성체언'의 소멸: 중세국어에서 'ㅎ'종성 체언들은 근대국어 전기에는 'ㅎ'을 유지하였으나 후기에는 'ㅎ'의 표기가 매우 혼란된 모습을 보이고 이런 혼란은 19세기까지 계속되었다.

② 체언 교체의 소멸: 환경에 따라 교체하던 체언들이 근대국어 후기에는 단일화의 경향을 보였다.

ㄱ. 나모~낡 > 나모(> 나무)[木]

ㄴ. 구ᇚ~구무 > 구멍[穴]

ㄷ. 노ᄅᆞ~놀ᄅ > 노로(> 노루)[獐]

ㄹ. 아ᅀᆞ~아ᇫᅌ > 아ᄋᆞ(> 아우)[弟]

③ ‘나’의 겸양어인 ‘저’가 출현하였으며, 중세국어에서 ‘너’의 존칭은 ‘그ᄃᆡ/그듸’였지만 근대국어에서는 ‘자ᄂᆡ’로 나타난다.(황화상, 1998:83~84)

ㄱ. 저 ᄒᆞ라 ᄒᆞᄂᆞᆫ 대로 ᄒᆞᄋᆞᆸ소〈인어 2:11b〉

ㄴ. 前頭의 자ᄂᆡ게 낟게 ᄒᆞ여 줄 거시니〈인어 1:19a〉

④ 3인칭대명사의 출현: 지시관형사와 의존명사가 결합한 ‘이놈, 그놈, 져놈, 이녁’ 등의 3인칭대명사가 출현하였으며, ‘이, 그, 뎌’가 인칭대명사로도 사용되었다.(황화상, 1998:83)

ㄱ. 그ᄂᆞᆫ 好權ᄒᆞᄂᆞᆫ 사ᄅᆞᆷ이매〈인어 1:17b〉

ㄴ. 뎌의 父母ㅣ 다 죽음애〈오언 1:29b〉

ㄷ. 이놈은 죠곰도 ᄌᆡ간이 업ᄉᆞ오매〈인어 2:6a〉

ㄹ. 그놈이 어린 노롬ᄒᆞᄂᆞᆫ 양 보ᄋᆞᆸ소〈인어 6:3b〉

ㅁ. 져놈은 얼골은 져리 모지러 뵈되〈인어 8:16a〉

ㅂ. 이녁이 ᄆᆡ오 대졉ᄒᆞᄂᆞᆫ 체ᄒᆞ여 달내면〈인어 1:17b〉

⑤ 존칭 재귀대명사 ‘ᄌᆞ갸’의 소멸: 중세국어에서 3인칭 재귀대명사 ‘저’의 존칭 ‘ᄌᆞ갸’는 궁중어에서 ‘ᄌᆞ가’로 남았다.

예 공쥬 ᄌᆞ가는 ᄆᆞᄉᆞ 일고, 그냥 공ᄌᆔ라 ᄒᆞ여라〈계축일기〉

⑥ 미지칭 대명사 ‘누고/누구’의 출현: 중세국어에서 미지칭 대명사는 ‘누’였는데 근대국어에서 여기에 의문보조사 ‘고’가 결합한 ‘누고/누구’가 하나의 어간형으로 굳어졌다. 그리하여 여기에 의문보조사가 붙은 어형이 나타난다.

예 이 벗은 누고고〈노걸대언해 하:5〉

⑦ 미지칭 사물대명사의 단일화: 17세기의 미지칭 사물대명사 ‘므엇/므섯’

이 18세기에 '무엇'으로 단일화되었다.

⑧ 근대국어에서 '어느'는 대명사로는 사용되지 않고 관형사로만 사용되었다.

⑨ 새로운 주격조사의 출현

가. 주격조사 '가'가 출현하여, 처음에는 'y-하향이중모음' 뒤에만 통합되었으나 점차 그 범위를 모음으로 끝나는 체언 뒤로 확대하여 모음 체언 뒤에서는 '가', 자음 체언 뒤에서는 '이'로 확정되었다.

ㄱ. ᄎᆞᆫ 구드릐 자니 ᄇᆡ가 세 니러셔 ᄌᆞ로 ᄃᆞᆫ니니〈송강자당안씨언간〉 (1572)

ㄴ. ᄇᆡ가 올 거시니〈첩신 1:8b〉 (1676)

ㄷ. 有處가 업ᄉᆞ올 ᄲᅮᆫ 아니라〈인어 1:33a〉

나. 주격조사 'ᄶᅦ셔'의 출현: 근대국어에서 존칭의 주격조사 'ᄶᅦ셔'가 쓰였다. 이것은 '겨셔, 계셔, 겨오셔, 계오셔' 등의 형태도 나타난다.

ㄱ. 曾祖ᄶᅦ셔 나시면〈가례언해 1:17〉

ㄴ. 아ᄌᆞ마님겨오셔 ~ 쵸젼ᄒᆞᄋᆞᆸ시던 긋ᄐᆡ〈신한첩〉

ㄷ. 션인계오셔 ᄭᅮᆷ에 보와 계시오더니〈한중록〉

다. 주격형 '내가/네가'의 출현: 1인칭과 2인칭 대명사의 주격형 '내가, 네가'가 근대국어에서 사용되기 시작하였다. '내가/네가'는 중세국어의 주격형 '내/네'에 다시 '가'가 연결된 것이다. 이것은 주격조사의 발달과 관련되어 있다.

⑩ 목적격조사의 단순화: 체언의 음운론적 조건에 따라 네 가지의 이형태가 있었는데 이것들이 두 가지로 단순화되었다. 이것은 'ᆞ'의 비음운화와 관련된다.

예 ᄋᆞᆯ/을/ᄅᆞᆯ/를 > 을/를

⑪ 관형격조사 'ㅅ'의 소멸: 중세국어에서 관형격조사로 쓰였던 'ㅅ'은 근대국어에서 '사이시옷'으로만 쓰이게 됨에 따라, 근대국어에서는 '의'만이 관형격조사의 기능을 지니게 되었다.

⑫ 접속조사의 통합 환경 확정: 접속조사는 근대국어에서 모음 뒤에는 '와', 자음 뒤에는 '과'로 확정되었다. 16세기에는 'y' 뒤에서도 '과'가 쓰이고 이것이 17세기에도 계속되었으나 곧 '와'로 통일되었다.

예 막대과 > 막대와, 아ᄅᆡ과 > 아래와

⑬ 존칭의 호격 조사 '하'의 소멸: 중세국어에서는 평칭의 '아'에 대응하는 존칭의 호격조사 '하'가 있었으나 이것이 근대국어에서 쓰이지 않게 되었다.

ㄱ. 샹공하 이제 다 됴ᄒᆞ야 겨신가 몯ᄒᆞ야 겨신가〈번역박통사 上:38a〉 16C

ㄴ. 相公아 이제 다 됴한ᄂᆞᆫ가 못ᄒᆞ엿ᄂᆞᆫ가〈박통사언해 上:35a~36b〉 17C

⑭ 근대국어에서 수여의 부사격조사는 평칭의 '의게', 존칭의 'ᄭᅴ'로 통일되었다.

예 青操의게〈삼역총해 6:19〉, 어마님ᄭᅴ〈염불보권문 14〉

⑮ 처소 부사격 조사(애, 에, 예: ᄋᆡ, 의)가 '에'로 통합되었다. 그리고 부사격조사 '보다가'가 출현했다. 비교를 나타내는 부사격조사로 중세국어의 '두고, 두곤'에서 변한 '도곤'이 쓰였고, 18세기에 '보다가'가 새로 생겨서 이것이 19세기 후반 유일형으로 남게 된다.

⑯ 보조사 'ᅀᅡ'의 변화: 특수의 보조사 'ᅀᅡ'는 16세기에 '야'로 바뀌어 근대국어로 이어졌다.

⑰ 근대국어의 세기별 격조사(이경희, 1998:141~142)

		17세기	18세기	19세기
주격		이/ㅣ/∅ ᄭᅴ셔/겨셔	이/ㅣ/∅/ㅣ가/가, ᄭᅴ셔/끠셔/ᄶᅧ셔/ᄭᅧ셔/겨셔/ 께셔, ᄭᅴ로셔/끠로셔	이/가, 께셔/ᄶᅦ옵셔/ 계옵셔
목적격		ᄋᆞᆯ/을/ᄅᆞᆯ/를/ㄹ	을/ᄋᆞᆯ/ᄅᆞᆯ/를/ㄹ	을/ᄅᆞᆯ/를/ㄹ
관형격		ᄋᆡ/의/(ㅣ)/에/ㅅ	ᄋᆡ/의/(ㅣ)/에/ㅅ	의/(ㅣ)/에
부사	무정명사	ᄋᆡ/의/애/에/예,	ᄋᆡ/의/애/에/예,	의/에,

격	아래	ᄋᆡ셔/의셔/애셔/에셔/예셔	의셔/ᄋᆡ셔/애셔/에셔	의셔/에셔
	유정 명사 아래	ᄋᆡ게/의게/게, ᄭᅴ, 의손대, ᄃᆞ려	의게/게, ᄭᅴ/끠/ᄭᅦ/께, 의손ᄃᆡ, ᄃᆞ려	의게/에게/게, ᄭᅴ/끠/ᄭᅦ/께, ᄃᆞ려/더러
	수단	ᄋᆞ로/으로/오로/우로/로/ㄹ로, ᄋᆞ로ᄡᅥ/으로ᄡᅥ/로ᄡᅥ	ᄋᆞ로/으로/로/ㄹ로 ᄋᆞ로ᄡᅧ/으로ᄡᅧ/로ᄡᅥ	으로/로/ㄹ로, 으로ᄡᅧ/로ᄡᅥ
	원인	ᄋᆞ로/으로/로	ᄋᆞ로/으로/로	으로/로
	자격	ᄋᆞ로/으로/로, ᄋᆞ로셔/으로셔/로셔	ᄋᆞ로/으로/로, ᄋᆞ로셔/으로셔/로셔	으로/로, 으로셔/로셔
	변성	ᄋᆞ로/으로/로	ᄋᆞ로/으로/로	으로/로
	비교	이	이/와/과	와/과
	동반	와/과	와/과	와/과
보격		이/ㅣ/Ø	이/ㅣ/Ø/가	이/ㅣ/가
서술격		이라/ㅣ라/라	이라/ㅣ라/라	이라/ㅣ라/라
호격		아/야/여/이여	아/야/여/이여	아/야/여/이여

(3) 용언과 어미

① 활용형의 단일화: 'ᄅᆞ/르'로 끝나는 용언의 어간은 '다ᄅᆞ-~달ㅇ-[異], 모ᄅᆞ-~몰ㄹ-[不知]'과 같이 두 유형의 활용형이 있었는데 근대국어에서 '모ᄅᆞ-~몰ㄹ-'형에 합류하여, 현대국어의 '르-불규칙형'으로 이어졌다.

② 어간의 단일화: 동사 '녀-[行]'는 중세국어에서 '녀-~네-~니-'로 나타나지만 근대국어에서는 '녀-' 단일형으로 굳어졌다. '겨시-'는 근대국어에서 '계시-'로 바뀌었으며, 존재를 나타내는 '이시-~잇-~시-'도 근대국어에서 '잇-' 단일형로 나타난다.

③ 'ㄱ → ㅇ' 규칙의 소멸: 중세국어에서 'ㄹ/y' 뒤에서 'ㄱ → ㅇ'으로 바뀌는 규칙이 있었으나 근대국어에서는 소멸되었다. 다만, 서술격조사 뒤에서는 '-고'가 '-오'로 바뀌었다. 알+고 > 알오 > 알고

④ 모음조화의 쇠퇴: 어간과 어미의 결합에서 모음조화는 약화되어 거의

현대국어의 경우와 같아져서 모음조화에 참여하는 어미는 대체로 '-아/-어'만으로 되었다.

⑤ 감동법 선어말어미의 단순화: 중세의 감동법의 선어말어미들(-돗-, -옷-, -도-, -ㅅ-)은 근대국어에서 단순화되어 '-도-'만이 남게 되었다.

⑥ 어미의 변화와 소멸: 중세국어의 '-곤, -곡, -곰, -며셔, -명, -악, -암, -디옷, -디위(< -디ᄫᅵ)' 등의 어미 중 근대국어에서는 '-며셔(> 면서)'만이 사용되었다. 중세국어와 형태가 달라진 어미는 다음과 같다.

중세국어	근대국어	비고
-오ᄃᆡ	-되	16세기 말부터
-건마ᄅᆞᆫ	-건마는/(-더니마ᄂᆞᆫ)	16세기 말부터
-과뎌	-과댜 > -과쟈	16세기부터
-디옷/-ㄹᄉᆞ록	-ㄹ소록	
-ᄃᆞ록	-도록	
-녀	-냐	16세기 말부터
-져	-쟈	

⑦ 객체높임 선어말어미 'ᄉᆞᆸ'은 중세국어에서 'ᄉᆞᆸ, ᄌᆞᆸ, ᅀᆞᆸ, ᄉᆞᇦ, ᄌᆞᇦ, ᅀᆞᇦ'으로 실현되었는데 근대국어에서 'ᄉᆞᆸ, ᄌᆞᆸ, ᄋᆞᆸ, ᄉᆞ오, ᄌᆞ오, ᄋᆞ오' 등으로 변하고 현대국어에서 '삽, 잡, 사오, 자오, 옵, 오'로 나타나며 그 기능도 화자 겸양의 의미로(하오니, 하옵니다), '-습(니다), -ㅂ(니다)'에서는 상대높임의 기능으로 바뀌었다.

⑧ 확인법 선어말어미 '-거/어-'는 현대국어에 '-것/렷-'의 형태로 나타나고 '-아라/어라, -거라, -너라'에서 그 흔적을 찾을 수 있다.

(4) 통사

① 명사절의 변화: 중세국어에서는 '-옴/움'으로 유도되는 명사절이 주를 이루었으나 근대국어에서는 '-기'에 의해 유도되는 명사절이 세력을

크게 확장하였다.

가. 법다이 밍ᄀᆞ로믈 됴히 ᄒᆞ엿ᄂᆞ니라〈번역노걸대 상:24〉 16세기

나. 법다이 밍ᄀᆞᆯ기를 됴히 ᄒᆞ엿ᄂᆞ니라〈노걸대언해 상:23〉 17세기

② 관형사절의 확대: 중세국어에서 명사절로 안긴문장이 근대국어에서는 관형사절로 바뀌는 경향을 보인다.

가. 네 닐옴도 올타 커니와〈번역노걸대 상:5〉 16세기

나. 네 니ᄅᆞᄂᆞᆫ 말이 올커니와〈몽어노걸대 1:6〉 18세기

③ 관형사형 어미의 기능 단순화: 중세국어에서는 관형사형 전성어미 '-ㄴ, -ㄹ/-ㅭ'이 명사적으로 사용되는 일이 있었으나 근대국어에서는 체언을 수식하는 기능만 지녔다.

④ 사동법: 중세국어와 마찬가지로 접미사에 의한 파생적 사동문과 보조적 연결어미와 보조동사[-게 ᄒᆞ-]에 의한 통사적 사동문이 있어서 큰 틀에서 보면 중세국어와 큰 차이가 없다. 다만, 중세국어에서 사동접미사 '-이-'에 의한 사동문이 근대국어에서는 '-히-, -리-, -기-, -우-' 등에 의한 사동문으로 대치되기도 하였다. 그리고 사동접미사 '-ᄋᆞ/으'는 근대국어에서 사라졌다. 또한, 접미사에 의한 사동사가 근대국어에서 소멸되기도 하여 그 공백을 통사적 사동법이 메꾸게 됨에 따라 결과적으로 중세국어의 파생적 사동문이 근대국어에서 통사적 사동문으로 바뀌기도 하였다.

가. ᄆᆞ를 ᄂᆞ리와 菩薩ᄋᆞᆯ 싯기ᅀᆞᄫᆞ니〈월석 2:39b〉 15C

가'. 이 죄로써 십 년을 물녀 뎨 이갑에 나리게 ᄒᆞ엿더니〈경신 46b〉 19C

나. 아기 나히던 어미와 아기ᄅᆞᆯ 소랏 ᄆᆞ레 노하든〈번박 상:65a〉 16C

나'. 증모로 ᄒᆞ여곰 네 집의 나게 ᄒᆞ여〈경신: 문창뎨군구겁보장〉 19C

⑤ 피동법: 중세국어 피동법에는 접미사에 의한 피동문과 보조적 연결어미와 보조동사 '-어 디-'에 의한 피동문 그리고 능격문에 의해 피동표현

이 이뤄지기도 하였다. 근대국어도 큰 틀에서 보면 중세국어와 다름이 없으나 능격문에 의한 피동표현은 18세기 이후 생산성을 잃게 된다. 그리고 중세국어에서 피동사파생 접미사 '-이-'에 의한 피동문이 근대국어에서는 '-히-, -리-, -기-' 등에 의한 피동문으로 대치되기도 한다.(가~나) 또한, 중세국어에 비해 근대국어에서는 통사적 피동문이 증가하며 이런 현상은 후기로 갈수록 심해진다.(다~라)

가. 화예 나아 걸이며〈월석 2:33〉

가'. 낙시에 걸리여 보내니〈태평 1:2〉

나. 믈바래 드러 블이니라〈두중 17:10〉

나'. 어딕 흔 지차리 블펴 죽엇느뇨〈박언 하:2〉

다. 즘싱이 죽고 초목이 것거 디되〈오언 1:44a〉

⑥ 높임법: 중세국어의 높임법 체계는 '주체높임법, 객체높임법, 상대높임법'이었으나, 근대국어에서는 '주체높임법, 상대높임법' 체계로 재편된다.

가. 중세국어의 객체높임법 형태소 '-숩-'은 문장의 객체(목적어 명사/부사어 명사)가 화자보다 높고 주체보다 높을 때 실현되었다(화자·주체 동시 겸양). 그런데 17세기부터는[18] 이 형태소가 점차 '화자 겸양'의 표지로 국한되어 사용되면서 (ㄱ)에서 보는 바와 같이 주체높임법과 상대높임법을 보조하는 역할만을 수행하게 되었고, 그 결과 객체높임법의 기능을 잃게 되었다. 근대국어에서 '-숩-'은 (ㄴ)에서 보는 것처럼 상대높임법의 '-이-'와 결합하여 청자를 아주 높이는 기능을 하였다. 중세국어에서 객체높임법과 상대높임법의 결합형인 '-숩느이다'에 소급하는 '옵닝이다, -옵닉이다, -옵느

18) 16세기 후반부터 '-숩-'의 쓰임 원칙이 지켜지지 않은 예들이 나타난다. 이것은 객체높임법이 16세기 후반부터 동요하고 있었음을 의미한다.

이다' 등은 근대국어에서 상대높임법 중 아주 높임을 나타낸다. 현대국어의 '-(으)ㅂ니다'는 여기로부터의 발달이다.

ㄱ. 힉온 것도 업ᄉᆞ온ᄃᆡ 머므로ᄋᆞᆸ기도 젓ᄉᆞᆸ건마ᄂᆞᆫ 이 구석의 다락 小園을 두엇ᄉᆞᆸ더니〈첩해신어 6:6〉

☞ 화자(화자=주어) 자신을 낮춤으로써 청자를 높이는 기능을 수행한다.

ㄴ. 본ᄃᆡ 먹디 못ᄒᆞᄋᆞᆸ것마ᄂᆞᆫ 다 먹ᄉᆞᆸᄂᆞ이다〈첩해신어 3:6a〉

☞ 청자에게 화자 자신을 낮춰 상대를 더욱 높이는 효과를 낸다.

나. 주체높임법: 중세국어와 큰 차이가 없다. 다만, (ㄱ)에서 보는 것처럼 주체높임의 선어말어미 '-시-~-샤-'는 '-시-'로 단일화된다. 그리고 (ㄴ)에서 확인할 수 있는 것처럼 '-ᄉᆞᆸ-'과 주체높임의 '-시-'가 결합한 '-ᄉᆞᆸ시-'는 주체를 더욱 높이는 데에 사용되었다.

ㄱ. 묵기ᄂᆞᆫ 二十四日만 하셔(← 시+어)〈첩해신어 7:5〉

ㄴ. 하 극진히 ᄃᆡ졉ᄒᆞᄋᆞᆸ시니〈첩해신어 3:5〉

다. 상대높임법: 상대높임법은 화자가 청자를 높이거나 낮추는 문법적 절차로, 중세국어에서는 'ᄒᆞ라체, ᄒᆞ야쎠체, ᄒᆞ쇼셔체'로 3 등급 체계였다. 그런데 근대국어에서는 'ᄒᆞ라체, ᄒᆞ소체, ᄒᆞ쇼셔체' 3 등급으로, 중세국어의 'ᄒᆞ야쎠체'가 'ᄒᆞ소체'로 대체되었다.

ㄱ. 발이 ᄎᆞ거든 ᄲᆞᆯ리 묵향산을 머겨 구완ᄒᆞ라〈두창 하:4a〉

ㄴ. 바다셔 ᄒᆞᆯ 테도 업스니 아므리커나 나 ᄒᆞᄂᆞᆫ대로 ᄒᆞ소〈첩해신어 7:7b〉

ㄷ. 원컨대 ᄌᆞ롤 ᄉᆞ렴티 마ᄅᆞ쇼셔〈동신 충1:87b〉

⑦ 시간 표현: 중세국어에서는 시제형태소가 없이 서법형태소에 기대어 시간이 표현되거나 부정법으로 시간이 표현되었으나 근대국어에서는 시제형태소에 의해 시간이 표현되었다.

가. 근대국어에서 과거시제 선어말어미 '-앗/엇-'이 확립되었다. 이것

은 중세국어에서 완료상을 나타내던 '-아/-어 잇-'에서 발달한 것이다.

예 믈리쳣다, 보내엿다

나. '-겟-(＞-겠-)'도 18세기 말에 등장하였다.19)

다. 중세국어에서 '-ᄂᆞ다'는 근대국어에서 모음 어간 뒤에서는 '-ㄴ다', 자음 어간 뒤에서는 '-ᄂᆞᆫ다/-는다'로 바뀌었다.

예 간다 ᄒᆞ여, ᄃᆞ리를 놋ᄂᆞᆫ다

⑧ 문장 종결법

가. (ㄱ)에서 보는 것처럼 평서형 종결어미 '-롸'가 출현하였다. 또한, (ㄴ~ㅂ)에서 확인되는 것처럼 중세국어의 '-더이다, -ᄂᆞ이다, -노이다, -노소이다, -도소이다'에서 '-다'가 탈락하고 음절이 줄어든 '-데, -ᄂᆡ, -뇌, -노쇠, -도쇠'(서술격조사 뒤에서는 '-로쇠') 등이 'ᄒᆞ소체'의 '평서형/감탄형' 종결어미로 쓰였다.

ㄱ. 高麗 王京으로셔브터 오롸〈노걸대언해 상:1〉

ㄴ. 問安ᄒᆞᄋᆞᆸ시데〈첩해신어 1:22〉

ㄷ. 門ᄭᆞ지 왓ᄉᆞᆸᄂᆡ〈첩해신어 1:1〉

ㄹ. 이실듯ᄒᆞ다 니르ᄋᆞᆸ노쇠〈첩해신어 5:14〉

ㅁ. 어와 아ᄅᆞᆷ다이 오ᄋᆞᆸ시도쇠〈첩해신어 1:2〉

ㅂ. 어와 자네ᄂᆞᆫ 우은 사ᄅᆞᆷ이로쇠〈첩해신어 9:19〉

나. 중세국어의 명령형 종결어미 '-아쎠'가 없어진 대신 '-소'가 등장하여 'ᄒᆞ소체' 명령형 어미로 쓰였다.

예 여긔 오ᄅᆞᄋᆞᆸ소〈첩해신어 1:2〉

19) 박병채(1989:254)에 의하면, '-겟-'은 부사형전성어미 '-게-'에 '잇[有]-'이 결합한 형태로 두 형태소의 융합은 18세기 말에서 19세기 초에 일어났다. (예) 그리 말하면 됴켓다 <한중 5:388>

다. ‘ᄒᆞ소체’ 청유형 종결어미로 ‘-(ᄋᆞᆸ)새’가 새로 등장하였다. ‘ᄋᆞᆸ’은 객체높임 선어말어미이고, ‘새’는 중세국어 ‘ᄒᆞ쇼셔체’ 청유형어미 ‘사이다’에서 ‘다’가 탈락한 형태이다. 대신 중세국어에서 ‘ᄒᆞ라체’ 청유형 어미 ‘-져’는 근대국어에서 ‘-쟈’로 바뀌었다.

ㄱ. 書契를 내셔든 보ᄋᆞᆸ새〈첩해신어 1:16〉

ㄴ. 감히 피ᄒᆞ쟈 니ᄅᆞᄂᆞᆫ 이를 버효리라〈속삼 충1:39〉

라. 의문형 종결어미는 중세국어에서 사용된 어미들이 거의 대부분 나타난다. 다만, 판정의문문 어미와 설명의문문 어미의 구별이 점차 없어졌고, 중세국어의 ‘-녀/-려’는 (ㄱ)에서 보는 것처럼 16세기에 시작되어 17세기에 ‘-냐/-랴’로 바뀌었다. 그리고 (ㄴ)에서 보는 바와 같이 2인칭 의문형어미(-ㄴ다, -ㅭ다)도 소멸하여, 인칭에 따른 의문문의 구분도 없어진다. 2인칭 의문형어미의 동요는 16세기부터 나타난다. 그리고 (ㄷ)에서 보는 바와 같이 중세국어의 체언 의문문이 근대국어에서는 동사문으로 바뀌어 가는 경향이 뚜렷하다.

ㄱ. 아니호미 가ᄒᆞ냐〈야운자경 83〉, ᄇᆞ롬 마시랴〈노걸대언해 상:18〉

ㄴ. 네 언제 王京의셔 떠난다, (네)~엇디 앗가ᅀᅡ 예 오뇨〈번노 상:1〉

ㄷ. ᄂᆞ믄 누구〈몽산법어 20〉 / 네 뉜다〈삼역총해 8:1〉

마. 감탄형 종결어미 ‘-고나’(~-고야,~-괴야)가 16세기에 나타나 근대국어에서 일반화되었다. 중세국어 감탄형 종결어미 ‘-ㄴ뎌, -ㄹ쎠, -애라, -게라’ 중 ‘-ㄴ뎌’는 근대국어에서 쓰이지 않게 되었고, ‘-ㄹ쎠’는 ‘-ㄹ싸/-ㄹ샤’로 바뀌어 17세기까지 사용되었으며, ‘-애라, -게라’는 18세기까지 사용되었다.

바. 근대국어의 세기별 종결어미[20]

20) 고경태(1998:200~201)를 통합하여 가져옴.

		격식체				비격식체	
		ᄒᆞ라체	ᄒᆞ소체	ᄒᆞ오체	ᄒᆞ쇼셔체	ᄒᆡ체	ᄒᆡ요체
평서형	17C	-다/라, -롸, -ㄹ와, -마, -ㄹ다	-옴새, -ᄂᆡ, -게, -데, -니, -리, -외, -ᄉᆞ외		-(웅)이다		
	18C	-다/라, -롸, -마	-ᄂᆡ, -ᄃᆡ, -리, -외, -ᄉᆞ외, *-옴새		*-이다		
	19C	-라/라, -어다, -마	-ㄹ세, -네, -ㅁ세	-소, -오	-이다, -올시다, -오이다(외다)/소이다, -ㅂᄂᆡ다(ㅂ니다)	-지	-오(요)
의문형	17C	-냐/뇨, -랴/료/리오, -ㄴ다, -ㄹ다, -ᄯᆞᆫ녀	-ㄴ가/-ㄴ고, -ㄹ가/ㄹ고, -리		-(웅)잇가, -(웅)잇고		
	18C	-냐/뇨, -ㄴ다/ㄹ다, -랴/료/리오	-ㄴ가/ㄴ고, -ㄹ가/ㄹ고, -리		-잇가/잇고		
	19C	-냐/뇨, -랴	-ㄴ가/ㄴ고, -ㄹ가	-오 -ㄴ가/ㄴ고, -ㄹ가	-잇가, -ㅂᄂᆡ가(ㅂ니가)		
명령형	17C	-라, -고, -어라/거나/너라(나라)	-소, -오, -고려, -과댜		-쇼셔		
	18C	-라, -고, -어라/거라/너라(나라)	-소/오, -고려		-쇼셔		
	19C	-라, -아라/어라	-게	-오, *-구려	-쇼셔, -ㅂ시오	-아	
청유형	17C	-쟈	-새		-사이다(상이다)		
	18C	-쟈	-새		-사이다		
	19C	-쟈	-세		-사이다, -ㅂ시다		
감탄형	17C	-다/라, -어라, -ㄹ러라, -고나, 괴야, -ㄹ샤, -에라/애라/게라	-도쇠, -노쇠, -ㄹ쇠				
	18C	-다/라, -어라, -ㄹ러라, -에라/애라, -고나					
	19C	-도다/로다, -라, -구나					

⑨ 인칭활용과 대상활용: 중세국어에서는 주어가 1인칭일 때 서술어에 선어말어미 '-오-'가 삽입되었으며, 관형절의 꾸밈을 받는 체언이 관형절의 목적어가 될 때 관형절의 서술어에 선어말어미 '-오-'가 삽입되었다. 그러나 선어말어미 '-오-/-우-'가 17세기에 그 기능을 잃어 가게

됨에 따라 인칭활용(가, 나)과 대상활용(다, 라)이 약화 또는 소멸하였다. '-오-'의 쓰임은 근대국어 말까지 이어져 화자의 의도를 나타내기는 하였으나 그 기능은 매우 약화되었다.

ㄱ. 네 니ᄅᆞ라 내 드로마〈번역노걸대 상:5〉 16C

ㄴ. 네 니ᄅᆞ라 내 드ᄅᆞ마〈노걸대언해 상:32〉 17C

ㄷ. 밤마다 먹논 딥과 콩이〈번역노걸대 상:12〉

ㄹ. 每夜의 먹ᄂᆞᆫ 딥과 콩이〈노걸대언해 상:11〉

4) 어휘

(1) 많은 고유어가 소멸하거나 한자어로 대체되었다.

ㄱ. 사라진 말: 이ᇦ-[迷], 외-[穿鑿], 외ᄑᆞ-[刻], 혁-[小]…

ㄴ. 한자어로 대체: 뫼[山], ᄀᆞᄅᆞᆷ[江], 아ᅀᆞᆷ[親戚], 오래[門], 온[百], 즈믄[千]…

(2) 의미 변화: 중세어에서 근대, 현대어로 내려오는 동안에 의미변화가 일어났다.

① 의미의 확대: 의미가 변화하여 그 적용 영역이 원래 영역보다 넓어지는 현상

ㄱ. 다리(脚): 사람이나 짐승의 다리 > 무생물에까지 적용

ㄴ. 영감: 당상관에 해당하는 벼슬을 지낸 사람 > 남자 노인

ㄷ. 세수(洗手)하다: 손만 씻는 동작 > 얼굴을 씻는 행위

ㄹ. 방석(方席): 네모난 모양의 깔개만 지칭 > 둥근 것까지도 지칭

② 의미의 축소: 의미가 변화하여, 그 적용 영역이 원래 영역보다 좁아지는 현상

ㄱ. 놈: 남자 > 사용범위가 축소되어 남자를 비하하는 뜻으로 사용됨.

ㄴ. 계집(< 겨집): 여자 > 사용범위가 축소되어 여자를 비하는 뜻으로 사용됨.

ㄷ. ᄉᆞ랑ᄒᆞ-: 思, 愛 > 愛

ㄹ. 힘: 筋, 힘줄 > 힘[力]

③ 의미의 이동: 본래의 의미를 잃고 다른 의미를 가지게 되는 현상

ㄱ. 어리다: 어리석다[愚] > 나이가 어리다[幼少]

ㄴ. 싁싁하다: 엄하다 > 씩씩하다

ㄷ. 어엿브다: 불쌍하다[憐憫] > 어여쁘다[美麗]

ㄹ. 쓰다: 값이 적당하다 > 값이 저렴하다

ㅁ. 엉터리: 대강 갖추어진 틀 > 갖추어진 틀이 없음

ㅂ. 에누리: 값을 더 얹어서 부르는 일 > 값을 깎는 일

ㅅ. 즛: 용모(容貌) > 품위가 떨어져 행동을 낮잡아 이르는 말

제 2 부

중세국어 문헌 강해

1

訓民正音(훈민정음)

훈민정음 해례(訓民正音 解例)

訓民正音

세종 25년(1443) 12월(음력) 중국 음운학의 지식을 활용하여 중세국어의 음운을 분석하고 이의 문자화에 성공하였는데 이것이 바로 훈민정음이다.

새로 창제된 문자인 '훈민정음'을 1446년(세종 28)에 정인지(鄭麟趾) 등이 세종의 명으로 설명한 한문 해설서 또한 『訓民正音』이다. 책이름이 새 문자 이름인 훈민정음과 같은 『訓民正音』이지만, 해례(解例)가 붙어 있어서 세칭 「훈민정음 해례본」이라고 한다. 정인지 후서에 의하면 1446년 9월 상한(上澣: 초하루에서 초열흘까지의 기간)에 이 책이 완성되었다. 완성된 때를 계산하면, 늦어도 음력 9월 10일에 이 책이 출간된 것으로 추정되며, 이것을 양력으로 환산하면 대략 10월 9일이 되기 때문에 이날을 한글날로 정하였다.

집필자들은 정인지(鄭麟趾), 신숙주(申叔舟), 성삼문(成三問), 최항(崔恒), 박팽년(朴彭年), 강희안(姜希顔), 이개(李塏), 이선로(李善老) 등 집현전의 8학자이다. 국보 70호이며, 1997년 1월 유네스코 세계기록유산 국제자문위원회에서 '세계기록유산'으로 선정하였다. 간송미술관(澗松美術館)에 소장되어 있다.

현존본은 1940년 경 경상북도 안동군 와룡면 주하동의 고가에서 발견된 것으로서, 고(故) 전형필(全鎣弼) 소장본이다. 전권 33장 1책의 목판본이며, 아직까지는 국내 유일본이다. 광곽(匡郭)은 가로 16.8cm, 세로 23.3cm이고, 본문(예의) 부분은 4장 7면으로 면마다 7행에 매행 11자, 해례 부분은 26장 51면 3행으로 면마다 8행에 매행 13자, 정인지의 서문은 3장 6면에 한 자씩 낮추어서 매행 12자로 되어 있다. 그리고 끝에는 '정통 11년(1446) 9월 상한'이라는 반포일이 기록되어 있다.

이 책도 발견 당시 완전한 것은 아니고, 처음 2장이 빠져 있던 것을 나중에 붓글씨로 적어 넣었는데, 적을 때 실수하여 세종 어제 서문의 끝 자 '이(耳)'가 '의(矣)'로 잘못되었다.

訓民正音(解例本)의 구성은 다음과 같다.

• 例義

ㅡ御製 序文: 훈민정음 창제 목적을 천명.

ㅡ새 문자의 음가와 운용법 설명. 종성, 병서, 순경음, 방점 등에 관한 규정.

• 解例(5解1例)

ㅡ制字解: 제자 원리, 제자 기준, 초성 체계, 중성 체계, 음상 등에 관하여 중국음운학과 송학이론(宋學理論: 朱子學, 易學, 陰陽五行, 太極)의 양면으로 설명.

ㅡ初聲解: 초성이란 무엇인가를 다시 설명.

ㅡ中聲解: 중성이란 무엇인가와 중성 표기에 쓰이는 문자 설명.

ㅡ終聲解: 종성의 본질, 팔종성법, 사성 등을 설명.

ㅡ合字解: 초, 중, 종성 문자를 합하여 표기하는 예(25개 단어)를 보이고 중세 국어의 성조에 대하여 설명.

ㅡ用字例: 초, 중, 종성 별로 중세국어에서 단어의 표기 예를 보임. 94개 단어를 예시하고 있음.

• 정인지 序: 새 문자 창제 이유, 창제자, 새 문자의 우수성, 이 책의 편찬자 등을 적어 놓음.

— 강신항(1994), 『한국민족문화대백과사전』

訓民正音[1)2)]

例義:1a國之語音[3)]。異乎中國。與文字[4)] 不相流通。故愚民[5)]。有所欲言 而終不得伸其情者。多矣。予[6)]。爲此憫然。新制二十八字。欲使人人易習。便於日用耳

ㄱ。牙音[7)8)]。 如君字初發聲[9)] 例義:1b竝書[10)]。如虯字初發聲 ㅋ。牙音。如快字初發聲 ㆁ。牙音。如業字 初發聲 ㄷ。舌音。如斗字初發聲 竝書 如覃字初發聲 ㅌ。舌音。如呑字初發聲 ㄴ。舌音。如那字初發聲 例義:2a ㅂ。脣音。如彆字初發聲 竝書。如步字初發聲 ㅍ。脣音。如漂字 初發聲 ㅁ。脣音。如彌字初發聲 ㅈ。齒音[11)]。如卽字初發聲 竝書。如慈字 初發聲 ㅊ。齒音。如侵字初發聲 例

1) 세종실록 25년(서기 1443년) 계해 12월조에 "是月 上親制諺文二十八字…(이 달 왕이 친히 언문 28자를 지었으니…)"와 같은 기록을 근거로 훈민정음의 창제 연대를 1443년이라고 말해 왔다. 그러나 고영근(1997:15)에서는 세종 25년 12월은 양력으로 환산하면 1444년 1월일 가능성이 많다고 보고 있다.

2) 訓民正音(훈민정음): 백성을 가르치는 바른 소리. 훈민정음은 문자체계를 가리키는 말이기도 하고 문자체계인 훈민정음을 해설한 책명(冊名)이기도 하다.

3) 國之語音(국지어음): 우리나라[조선] 말 ☞ '國'은 우리나라[朝鮮]를 가리킨다. '語音'은 구어(口語)로서의 '말'을 뜻하는데 음성보다는 음운을 뜻하는 말로 이해된다. 반면에 제자해에 나오는 '聲音(성음)'은 '음성'을 뜻하는 말이다. 훈민정음 언해(이하. <언해>라 한다)에서는 '나랏말쏨'으로 옮겨졌다.

4) 文字(문자): 한자(漢字), 특히 한자음(漢字音)을 이른다. 강신항(1994:89)와 조규태(2010:306)은 문어(文語)인 한문(漢文)으로 보기도 한다.

5) 愚民(우민): 어리석은 백성. 한자 또는 한문에 대한 소양이 없는 일반 언중(言衆)을 가리킨다. <언해>에서는 '어린百빅姓셩'으로 옮겨졌다.

6) 予(여): 나[我]. 세종대왕을 가리킨다.

7) 훈민정음에서는 음절을 '초성, 중성, 종성'으로 삼분(三分)하였다. 그러나 중국 음운학에서는 음절을 '聲母/字母(초성), 韻母(중성+종성)'로 이분(二分)하였다. 이는 훈민정음이 보여주는 독창성 중 하나다. 훈민정음은 중국음운학의 영향을 받았으나 그것을 발전적으로 그리고 우리 국어의 현실에 맞게 창제된 것이다.

8) 牙音(아음): 중국음운학에서 어두자음을 조음위치에 따라 '牙音, 舌音, 脣音, 齒音, 喉音'으로 나누었는데, 中古漢語와 訓民正音 字母 사이에는 다음과 같은 차이가 있다.(강신항, 1994:90)

義:2b ㅅ。齒音 如戌字初發聲 竝書。如邪字 初發聲 ㆆ。喉音。如挹字初發聲 ㅎ。喉音。如虛字初發聲 竝書。如洪字 初發聲 ㅇ。喉音。如欲字初發聲 ㄹ。半舌音12)。如閭字初發聲 例義:3a ㅿ。半齒音13)。如穰字初發聲 ·。如呑字中聲14)

훈민정음		중고 한어	
명칭	조음위치	명칭	조음위치
牙音	연구개음	牙音	연구개음(軟口蓋音)
舌音	치(경)음	舌頭音	치경음(齒莖音)
		舌上音	치경경구개음(齒莖硬口蓋音)
脣音	양순음	脣重音	양순음(兩脣音)
		脣輕音	순치음(脣齒音)
齒音	치경음	齒頭音	치음(齒音)
		正齒音	설첨후음(舌尖後音)
喉音	성문음	喉音	성문음(聲門音)

<참고> 中古漢語는 서기 600년경 『切韻』이라는 韻書에 수록된 언어로, 특히 陝西省의 長安 方言을 가리킨다. 唐代를 통해 점차 일종의 표준 언어로 되어, 동남 해안지방에 위치한 福建省만 제외하고는 중국 전역의 대도시 및 중심지의 교육 받은 계층에서 사용되었다. 이에 반해, 上古音(Archaic Chinese)은 西周(B.C 1028부터 시작) 때 河南 지방에서 쓰였던 언어를 가리킨다.

9) 君字初發聲(군자초발성): '군'을 발음할 때 처음 발음되는 소리. 즉 '군' 음절의 초성인 'ㄱ'을 가리킨다. <언해>에서는 "(初총發벓聲셩은) 처섬펴아나는소리"로 옮기고 있다.

10) 竝書(병서): 훈민정음에서는 둘 이상의 초성자, 중성자, 종성자를 왼쪽으로부터 오른쪽으로 아울러 쓰는 것을 병서라 하고 똑같은 초성자를 아울러 쓰는 것을 각자병서(各自竝書: ㄲ ㄸ ㅃ ㅆ ㅉ ㆅ, ㆀ), 딴 글자끼리 아울러 쓰는 것을 합용병서(合用竝書: ㅴ, ㅼ, ㅽ…; ㅘ, ㅝ…; ㄳ, ㄺ, …)라 하였다.

11) 齒音(치음): 치경음. 현대국어에서 'ㅅ'은 치경마찰음, 'ㅈ, ㅊ'은 경구개파찰음이지만, 중세국어에서 치음인 'ㅅ, ㅈ, ㅊ'은 모두 치경음으로 추정된다. 그 음가는 ㅅ[s], ㅈ[ts], ㅊ[ts^h]이었다.(허웅, 1965:355; 이기문, 1998:144) 'ㄷ-구개음화'가 17세기 말에서 18세기 초 사이에 일어났다는 점을 고려하면, 'ㅈ, ㅊ'은 17세기 말 이전 어느 때 경구개음으로 바뀐 것으로 추정된다.

12) 半舌音(반설음): 유음(流音). 중세국어에서도 유음에는 설측음[l]과 설타음[ɾ]이 있었으나 훈민정음에서는 「ㄹ」 하나만 제자하였다. 그 이유는 이들이 음소 /ㄹ/의 변이음이었기 때문이다. 그런데 훈민정음 합자해에서는 반설중음 'ㄹ'과 반설경음 'ᄛ'로 구별할 수 있다고 하였다. 반설중음은 설측음에, 반설경음은 설타음에 대응한다. 「국어의 로마자 표기법」에서도 설측음은 'l'로 설타음은 'r'로 표기한다.

一。如卽字中聲 ㅣ。如侵字中聲 ㅗ。如洪字中聲 ㅏ。如覃字中聲 ㅜ。如君字中聲 例義:3b ㅓ。如業字中聲 ㅛ。如欲字中聲 ㅑ。如穰字中聲 ㅠ。如戌字中聲ㅕ。如彆字中聲 終聲復用初聲[15)]。 ㅇ連書[16)]脣音之下◦則爲脣輕音[17)]。初聲合用 例義:4a則竝書◦終聲同。 ・ ㅡ ㅗ ㅜ ㅛ ㅠ◦附書[18)]初聲之下。ㅣ ㅏ ㅓ ㅑ ㅕ◦附書於右。凡字必合而成音[19)]。左加一點則去聲◦二則◦上聲◦無則平聲。入聲加點同而促急[20)]

13) 半齒音(반치음): 치경음의 하나로 'ㅿ'를 이름. 음가는 유성치경마찰음인 '[z]'이다.
14) 中聲(중성): 음절의 가운데에 오는 음으로 성절성을 지니는 음운을 이른다. 현대언어학의 관점에서는 모음에 해당한다. 훈민정음에서는 '단모음(單母音)'뿐만 아니라 '단모음+반모음'까지도 중성에 포함시키고 있다.
15) 終聲復用初聲(종성부용초성): 종성은 초성을 다시 사용한다 ☞ (1) 이 구절을 '받침 표기에 초성 글자를 모두 다 쓸 수 있다'는 규정으로 이해하는 것은 잘못이다. 이 규정은 종성을 위하여 문자를 만들지 않는다는 문자 제작상의 규정이다. 실제로 정음 초기 문헌에서 받침 표기에 사용된 초성자는 8자에 불과하다. (2) 받침 표기에 대한 규정은 종성해에서 "然ㄱㆁㄷㄴㅂㅁㅅㄹ八字可足用也(ㄱㆁㄷㄴㅂㅁㅅㄹ 여덟 자면 족히 쓸 수 있다)"라고 하여 받침 표기에는 8자만 쓴다고 규정하고 있다. 이것은 15세기에 음절말에서 여덟 음만이 발음됨을 밝힌 것이다. (3) 그리고 종성 글자를 따로 만들지 않고 초성 글자를 그대로 쓰도록 한 것은 초성과 종성이 음성상으로는 차이가 있어도 같은 음소에 속하는 변이음 관계에 있음을 인식하고 있었기 때문으로 보인다,
16) 連書(연서): 초성자를 위아래로 이어 써서 새로운 단위 문자로 쓰는 방법을 이른다. 이 규정에 의하여 실제로 실용에 옮겨진 것은 순음자 ㅂㅍㅃㅁ 아래에 후음자 ㅇ자를 이어써서 만든 'ㅸ, ㆄ, ㅹ, ㅱ' 자들이었고, 이들을 순경음이라고 하였다. 이 중 국어 표기에는 'ㅸ' 자만이 사용되었고 나머지는 동국정운이나 홍무정운역훈 등에서 한자음 표기에 사용되었다. 훈민정음 해례 합자해에서는 이 연서 규정을 반설음에도 응용하여 반설경음자로 'ᄛ'를 만들어 쓸 수 있다고 하였으나 실제로 쓰이지는 않았다.
17) 脣輕音(순경음): 가벼운 입술소리 ☞ 국어의 순경음 'ㅸ'은 유성양순마찰음 [β]이었다.
18) 附書(부서): 초성자의 오른쪽이나 아래쪽에 중성자를 붙여 쓰는 방법.
19) 凡字必合而成音(범자필합이성음): 무릇 글자는 반드시 어울려야 음절을 이룬다 ☞ (1) 여기서 '음(音)'은 음절을 뜻하는 것으로 볼 수 있다. 훈민정음은 음소문자이면서도 표기는 음절문자처럼 음절단위로 모아쓰도록 규정되었다. 따라서 '초성자+중성자', '초성자+중성자+종성자'와 같이 어울려야 하나의 음절을 나타낼 수 있다고 한 말이다. (2) 강신항(1994:93)에서는 이 규정이 초성·중성·종성 글자를 각각 자소(字素)처럼 생각했기 때문에 이들이 단독으로 쓰일 수는 없다는 의미로 파악하고 있으며, 여기의 '字'는 하나의 글자가 한 음절을 이루는 한자(漢字)를 의식해서 한 표현일 수 있다고 보고 있다.

解例:1a 訓民正音 解例[21)]

制字解[22)]

天地之道[23)]。一[24)]陰陽[25)]五行[26)]而已。坤復之間爲太極[27)]。而動靜之後爲陰

20) 左加一點則去聲 二則上聲 無則平聲 入聲加點同而促急(좌가일점즉거성 이즉상성 무즉평성 입성가점동이촉급): (글자) 왼쪽에 한 점을 찍으면 거성이고, 점이 둘이면 상성이며, 점이 없으면 평성이고, 입성은 점을 찍는 방식은 같으나 촉급하다 ☞ (1) 15세기 국어는 성조 언어였으므로 이를 나타내는 방점을 찍는 방식을 규정한 것이다. (2) 입성에 대하여 '촉급(促急)'이라고 한 것은 입성은 종성이 'ㅂ, ㄷ, ㄱ, ㅅ'인 음절로 모음의 지속 시간이 다른 성조에 비해 짧기 때문이다. (3) 대체로 비분절음운은 표기에 반영하지 않으나 훈민정음에서는 비분절음운인 성조도 방점으로 표기하였다. 현대국어 맞춤법이나 외래어 표기법, 로마자 표기법 등에서도 비분절음운인 장음은 표기에 반영하지 않는다.

21) 解例(해례): 훈민정음 해례편에서는 훈민정음 예의편에서 간단하게 언급된 내용을 다시 제자해, 초성해, 중성해, 종성해, 합자해, 용자례 등 五解 一例로 나누어 자세히 해설하고 있다.

22) 制字解(제자해): 훈민정음의 제자 원리, 음가 등을 성리학(性理學) 이론과 중국음운학적 견지에서 해설한 부분.

23) 天地之道(천지지도): 천지의 도. 우주 만물의 근본 원리.

24) 一(일): 오직, 오로지

25) 陰陽(음양): 음(陰)과 양(陽) ☞ (1) 우주 만물의 대립되는 원리. 이 '음양'으로 우주 만물에 나타나는 모든 현상을 설명하려는 철학이 음양설이다. (2) 주렴계(周濂溪)의 『태극도설(太極圖說)』에서는 "태극이 動해서 陽을 生하고 動이 極해지면 靜이 되고, 靜해서 陰을 生하고, 靜이 極해지면 다시 動한다. 한번 動하고 한번 靜하는 것이 서로 뿌리가 되어 陰으로 갈리고 陽으로 갈리어 양의(兩儀)가 맞서게 된다."라고 하고, "이것이 우주 만물의 대립되는 원리가 되는데, 다시 양변음합(陽變陰合)해서 五行이 생긴다."라고 하였으며, 우주 만물은 五行인 '水, 火, 木, 金, 土'와 결부되어 있다고 보았다.(강신항, 1994:95)

26) 五行(오행): 천지(天地) 사이에 널리 퍼져 끊임없이 움직이면서 만물을 생성 변화시키는 다섯 가지 요소 ☞ 음양설을 바탕으로 성립된 오행설은 음양설과 마찬가지로 중국 자연 철학의 일종이며 세계관이었다. 오행이란 목(木)・화(火)・토(土)・금(金)・수(水)의 다섯 원소를 말한다. 이 다섯 원소가 우주 사이를 유행, 변전해 만물을 생성한다는 것이 초기의 오행설이었다. 특히, 이 다섯 원소가 선발된 것은 그것들이 인간의 일상생활에 필수적인 다섯 가지 요소이기 때문이다. 오행설은 그 뒤 많은 방면에 응용되고 종교적인 예언에 이용

陽[28]。凡有生類在天地之間者。捨陰陽而何之。故人之聲音[29]。皆有陰陽之理。顧人不察耳。今正音[30]之作。初非智營而力索。但因其聲音而極其 解例:1b理而已。理旣不二。則何得不與天地鬼神同其用也[31]。正音二十八字。各象其形而制之[32]。

되기도 하였다. 서기전 3세기경 전국 시대에는 오행설에 음양설을 결부시켜 여러 가지 현상을 설명하는 이론적 틀이 되기도 하였다.

음양오행 사상은 처음 제(齊)나라 추연(鄒衍)에 의해 체계적으로 성립되었다. 이른바 오덕종시설(五德終始說)이 그것이다. 그는 종래부터 전해 내려오던 오행설을 종합·정리해 우주 사이의 모든 변화는 오행의 덕성(德性), 즉 그 운행에 의한 것이라며, 이른바 오행상승설(五行相勝說)을 제기하였다. 그에 의하면 오행의 상호 관계는 "목(木)은 토(土)를 이기고, 금(金)은 목을 이기고, 화(火)는 금을 이기고, 수(水)는 화를 이기고, 토는 수를 이긴다."라고 하는 순환, 즉 상승(相勝)의 원칙이다. 이 원칙은 사계절의 추이(推移)나 방위로부터 왕조의 흥망 등 모든 현상의 변화에 적용된다고 하였다. (『한국민족문화대백과사전』, '오행론[五行論]')

27) 坤復之間爲太極(곤복지간위태극): 곤괘와 복괘의 사이가 태극이 된다. 곤(坤), 복(復)은 주역 64괘 중의 하나이다. 坤復之間이란 易의 괘도상(掛圖上) 坤卦에서 復卦에 이르는 사이이다 ☞ 『太極圖說』의 注에 「此所謂無極而太極也」라고 했으므로 「無極」은 「太極」으로 볼 수 있다.(강신항, 1994:95)

28) 動靜之後爲陰陽(동정지후위음양): 동(動)하고 정(靜)한 뒤에 음(陰)과 양(陽)이 된다 ☞ 『太極圖說』의 "無極而太極 太極動而生陽 動極而靜 靜而生陰 靜極復動 一動一靜 互爲其根 分陰分陽 兩儀立焉"을 요약한 말이다.(강신항, 1994:96)

29) 聲音(성음): 말소리. '음성(音聲)'을 이르는 말이다. 반면 '예의(例義)'에 나오는 '어음(語音)'은 음운(音韻)을 이른다.

30) 正音(정음): 훈민정음(訓民正音)을 줄여서 쓴 말이다.

31) 用(용): 작용 ☞ 성리학(性理學)에서는 모든 사물의 근본이나 바탕이 되는 것을 '체(體)', 그 작용이나 응용, 활용을 '용(用)'이라 한다. 해례에서도 이 개념이 도입되었다.(강신항, 1994:97)

32) 各象其形而制之(각상기형이제지): 각각 그 모양을 본떠 만들었다 ☞ (1) 훈민정음의 제자 원리를 분명히 밝힌 구절이다. 중국의 문자학(文字學)에서 한자를 만드는 여섯 가지 방법을 육서(六書)라 하는데, 여기에는 '상형(象形), 지사(指事), 회의(會意), 형성(形聲), 전주(轉注), 가차(假借)'가 있다. 이 가운데서 '상형'의 원리를 훈민정음의 제자원리로 삼았다는 뜻이다. 안병희(2007:165~168)에서는 초성의 기본자는 글자가 나타내는 소리의 조음에 관여하는 주된 발음기관이나 조음할 때의 발음기관의 특징적인 모습을 본떠서 만들었기 때문에 상형의 원리가 적용되었지만, 중성은 천지인(天地人)이 추상적인 관념을 나타내기 위하여 빌려온 것이므로 지사(指事)의 방법으로 만들어진 것으로 본다. 훈민정음 28자의 제자 원리와 한자의 육서 원리의 대응 관계를 보이면 다음과 같다.

初聲凡十七字。牙音ㄱ。象舌根閉喉之形[33]。舌音ㄴ。象舌附上齶之形。脣音ㅁ。象口形。齒音ㅅ。象齒形。喉音ㅇ。象喉形。ㅋ比ㄱ。聲出稍厲[34]。故加劃[35]。ㄴ而ㄷ。ㄷ而ㅌ。ㅁ而ㅂ。ㅂ而ㅍ。ㅅ而ㅈ。ㅈ而 解例:2a ㅊ。ㅇ而ㆆ。ㆆ而ㅎ。其因聲加劃之義皆同。而唯ㆁ爲異[36]。半舌音ㄹ。半齒音ㅿ。亦象舌齒之形而異其體。無加劃之義焉[37]。夫人之有聲本於五行[38]。故合諸四時而不悖。叶

<table>
<tr><td rowspan="5">훈민정음
28자</td><td rowspan="2">기본자</td><td>초성</td><td>ㄱ ㄴ ㅁ ㅅ ㅇ</td><td>상형</td><td rowspan="2">文</td><td rowspan="5">한자</td></tr>
<tr><td>중성</td><td>· ㅡ ㅣ</td><td>지사</td></tr>
<tr><td>가획자(초성)</td><td colspan="2">ㅋ ㄷ ㅌ ㅂ ㅍ 등(이체자: ㆁ ㄹ ㅿ)</td><td>형성</td><td rowspan="3">字</td></tr>
<tr><td rowspan="2">합성자(중성)</td><td>초출자</td><td>ㅗ ㅏ ㅜ ㅓ</td><td rowspan="2">회의</td></tr>
<tr><td>재출자</td><td>ㅛ ㅑ ㅠ ㅕ</td></tr>
</table>

훈민정음의 '상형'에 대한 학자들의 여러 견해는 이현희 외(2014:288~290) 참조. (2) 제자해의 '各象其形而制之'와 정인지 서(序)의 '象形而字倣古篆'과의 관계에 대하여 강신항(1994:97~162 발췌)에서는 훈민정음의 제자원리는 '象形'에 있지만, 이렇게 해서 새로 만든 글자의 모양이 고전(古篆)과 비슷하게 되었다는 의미로 보는 것이 좋을 듯하고, 최만리의 언문 창제 반대 상소문에서 '字形雖倣古之篆文'이라고 한 것도 자형(字形)이 고전자(古篆字)와 비슷하다고 봄이 좋을 듯하다는 견해를 피력하고 있다.

33) 象舌根閉喉之形(상설근폐후지형): 혀뿌리가 목구멍을 막는 모양을 본떴다. 'ㄱ'이 연구개파열음임을 분명히 밝히고 있다.

34) 厲(려): 자음 소리의 거침 또는 셈을 나타내는 용어. 정도 자질로 해석될 수 있다. 불청불탁자인 'ㄴ, ㅁ, ㅇ'은 려(厲)의 정도가 가장 낮고 이들보다는 전청자가, 전청자보다는 차청자가 려(厲)의 정도가 더 높다. 치음에서 'ㅅ'보다는 'ㅈ'이 려(厲)의 정도가 더 높으며, 'ㅅ'은 불청불탁자보다는 려(厲)의 정도가 더 높다.

35) 加劃(가획): 초성자의 제자원리 중 하나로, 발음기관의 모양을 본떠서 기본자를 만든 후에 이것에 가획의 원리를 적용하여 나머지 초성자를 만들었다. 기본자에 획을 더함으로써 려(厲)의 정도가 높아짐을 표시하였다. 다만, 'ㆁ, ㄹ, ㅿ'에는 가획의 원리가 적용되지 않았다.

36) 唯ㆁ爲異(유ㆁ위이): 오직 'ㆁ'은 다르다 ☞ 다른 초성자들은 모두 기본 글자에다 획을 더하여 만든 글자지만 ㆁ만은 기본자인 ㄱ에 획을 더하여 만든 글자가 아니라는 뜻이다. "唯牙之ㆁ. 雖舌根閉喉聲氣出鼻. 而其聲與ㅇ相似. 故韻書疑與喩多相混用. 今亦取象於喉. 而不爲牙音制字之始"[오직 아음의 'ㆁ'은 비록 혀뿌리가 목구멍을 막고 소릿기운이 코로 나오지만 그 소리는 'ㅇ'과 비슷하여, (중국) 운서에서도 '의모(疑母)[ㆁ]는 유모(喩母)[ㅇ]와 서로 섞여 사용되는 경우가 많으므로. (훈민정음) 또한 목구멍을 상형하였으나 아음을 만드는 글자의 시초로 삼지 않았다]. 즉 ㆁ은 ㅇ에서 나온 글자라는 뜻이다.

37) 異其體 無加劃之義焉(이기체 무가획지의언): 그 몸이 다르고 획을 더하는 뜻은 없다 ☞ ㄹ, ㅿ도 각각 그 기본글자인 ㄴ과 ㅅ에 획을 더하여 만든 글자가 아니라는 뜻. 즉 체(體: 기

之五音而不戾[39]。喉邃而潤。水也。聲虛而通。如水之虛明而流通也。於時爲冬。於音爲羽。牙錯而長。木也。聲似[解例:2b]喉而實。如木之生於水而有形也。於時爲春。於音爲角。舌銳而動。火也。聲轉而颺。如火之轉展而揚揚也[40]。於時爲夏。於音爲徵。齒剛而斷。金也。聲屑而滯。如金之屑瑣而鍛成也[41]。於時爲秋。於音爲商。脣方而合。土也。聲含而廣。如土之含蓄萬物而廣大也。於時爲季夏[42]。於音爲[解例:3a]宮。然水乃生物之源。火乃成物之用。故五行之中。水火爲大。喉乃出聲之門。舌乃辨聲之管。故五音之中。喉舌爲主也[43]。喉居後而牙次之。北東之位也。舌齒又次之。南西之位也。脣居末。土無定位而寄旺四季之義也。是則初聲之中。自有陰陽五行方位之數也。又以聲音淸[解例:3b]濁而言之。ㄱㄷㅂㅈㅅㆆ。爲全淸[44]。ㅋㅌㅍㅊㅎ。爲次淸[45]。ㄲㄸㅃㅉㅆㆅ。爲全濁[46]。ㆁㄴ

본글자)인 ㄴ을 바탕으로 한 것이 아니고 달리 제자하였다는 뜻이다. 여기의 체(體)를 자형(字形)으로 보고, '그 자형이 다르다'라고 보는 견해도 있다. 이현희 외(2014:47)에서는 "모양을 달리 한 것이지, 획을 더하는 뜻은 없다"로 옮기고 있다.

38) 夫人之有聲本於五行(부인지유성본어오행): 대저 사람의 말소리가 있음도 오행에 근본을 두고 있다 ☞ 제자해 첫머리에서 사람의 성음(聲音)도 五行에 바탕을 둔 것이라고 하였으므로 말소리를 五行・五時・五方 등과 결부시켜 해설하고 있다. 이하에서는 五音에 대한 설명을 '牙, 舌, 脣, 齒, 喉'의 순서로 하지 않고, 조음기관의 순서에 따라 '喉, 牙, 舌, 齒, 脣'의 순서로 하고 있으며, 각 조음기관의 모양과 각 조음기관에서 조음되는 음을 음상(音相) 중심으로 설명하고 있다.

39) 悖(패): 어그러질 패, 叶(협): 맞을 협, 화합할 협, 戾(려): 어그러질 려.

40) 如火之轉展而揚揚也(여화지전전이양양야): 마치 불이 구르고 펼쳐지며 활활 타오름과 같다.

41) 徵(치): 화음 치, 부를 징. 屑(설): 가루 설, 부술 설. 瑣(쇄): 가루 쇄, 잘 쇄.

42) 季夏(계하): 늦여름. 음력 6월.

43) 然水乃生物之源 ~ 喉舌爲主也(연수내생물지원~후설위주야): 그러나 물은 만물을 낳는 근원이고, 불은 만물을 이루는 작용이기 때문에 오행 중에서도 물과 불이 크다. 목구멍은 곧 소리를 내는 문이고 혀는 곧 소리[음성]를 변별하는 기관이므로 목구멍과 혀가 주가 된다 ☞ 오행과 오음을 결부시키면 水=喉, 火=舌이므로 오행 중에서 '물, 불'이 가장 중요하듯, 발음기관 중에서도 '목구멍' 과 '혀'가 가장 중요하다는 뜻이다.

44) 全淸(전청): 전청음. 중고한어(中古漢語)에서 무기무성자음을 이르는데, 훈민정음에서도 무기무성자음이 이에 해당한다. 평장애음.

45) 次淸(차청): 중고한어에서 차청은 유기무성자음인데, 훈민정음에서도 유기무성자음, 즉 유기음이었다.

ㅁㅇㄹㅿ。爲不淸不濁[47]。 ㄴㅁㅇ。其聲最不厲。故次序雖在於後。而象形制字則爲之始。 ㅅㅈ雖皆爲全淸。而ㅅ比ㅈ。聲不厲。故亦爲制字之始。 唯牙之ㆁ。雖舌根閉喉聲氣出鼻[48]。而其聲與ㅇ解例:4a相似。故韻書疑與喩多相混用[49]。今亦取象於喉。而不爲牙音制字之始[50]。 盖喉屬水而牙屬木。ㆁ雖在牙而與ㅇ相似。猶木之萌芽生於水而柔軟。尙多水氣也。 ㄱ木之成質。ㅋ木之盛長。ㄲ木之老壯。故至此乃皆取象於牙也。 全淸竝書則爲全濁。以其全淸之聲凝則爲全濁解例:4b

46) 全濁(전탁): 전탁음 ☞ 중고한어(中古漢語)에서 전탁음은 비음, 유음, 반모음을 제외한 무기 유성자음이었다. 전탁음은 주로 한자음 표기(동국정운)에 사용되었고 고유어에서 'ㄲ, ㄸ, ㅃ, ㅉ'은 주로 관형사형 전성어미 '-ㄹ' 뒤에 쓰였다.('ㅆ, ㆅ'은 고유어의 어두에도 쓰였다) 훈민정음의 전탁음은 한자음 표기와 고유어 표기에서 그 기능이 달랐다.(강신항, 1994:100~101) 즉, 동국정운식 한자음이나 홍무정운역훈의 한음(漢音) 표기에서는 유성음을, 고유어 표기에서는 된소리를 표기했다.

47) 不淸不濁(불청불탁): 중고한어에서는 '비음, 유음, 반모음' 등이 이에 해당하나 훈민정음에서는 'ㆁㄴㅁㅇㄹㅿ' 등 공명음이 이에 해당한다.

48) 唯牙之ㆁ。 雖舌根閉喉聲氣出鼻(유아지ㆁ 수설근폐후성기출비): 비록 혀뿌리가 목구멍을 닫고 소리의 기운이 코로 나오나 ☞ 'ㆁ'이 연구개비음임을 분명히 하고 있다.

49) 故韻書疑與喩多相混用(고운서의여유다상혼용): (중국의) 운서에서도 의모(疑母, ㆁ)와 유모(喩母, ㅇ)가 서로 섞여 사용되는 경우가 많으므로 ☞ (1) 중국음운학에서는 한어(漢語)의 어두자음을 분류하여 36자모표를 만들고, 각 자모로 하여금 각 어두자음을 대표하게 하였을 때, 의모(疑母)는 ŋ을, 유모(喩母)는 j, ɦ를 대표하게 하는 것이었다. 그러나 원대(元代) 이후 한어(漢語)의 어두(語頭) ŋ이 소실되어, 원래 ŋ을 가졌던 한자들의 자음(字音)이 j, ɦ음을 가졌던 한자들과 같아졌으므로 여러 운서에서 한어자음(漢語字音)을 자모(字母)로 표시할 때 의모자(疑母字)와 유모자(喩母字)를 엄격히 구별하여 표음(表音)하지 못하고 의모(疑母)와 유모(喩母)의 사용에 혼동이 생기게 되었다.(강신항, 1994:101~102) (2) 제자해에서 ㆁ의 음가가 「舌根閉喉聲氣出鼻」라고 하여 그 음가가 [ŋ]임을 분명히 하고 있으며, 종성해에서 ㅇ에 대하여 「聲淡而虛」라고 하여 그 음가가 없음을 말하고 있다. 따라서 여기에서 'ㆁ'과 'ㅇ'의 소리가 서로 비슷하다는 진술은 음절의 초성자리에서 두 소리가 구분되지 않았음을, 즉 'ㆁ'이 음절초성에서 제 음가대로 발음되지 않음을 지적한 것으로 이해할 수 있다.

50) 今亦取象於喉 而不爲牙音制字之始(금역취상어후 이불위아음제자지시): 이제 또한 목구멍에서 모양을 본뜨되, 아음의 글자를 만드는 시초로(기본자로) 삼지는 않았다 ☞ 해례 편찬자들은 'ㆁ'이 'ㅇ'과 음가가 비슷하여 'ㆁ'도 'ㅇ'자와 마찬가지로 목구멍의 모양을 본떠서 글자를 만들었다고 생각하였으므로, 'ㆁ'자는 아음의 불청불탁자이면서도 아음의 기본자가 되지 않았음을 설명한 것이다.

也[51]。唯喉音次淸爲全濁者。盖以ㆆ聲深不爲之凝。ㅎ比ㆆ聲淺。故凝而爲全濁也[52]。ㅇ連書脣音之下。則爲脣輕音者。以輕音脣乍合而喉聲多也[53]。中聲凡十一字[54]。ㆍ舌縮[55]而聲深。天開於子也。形之圓。象乎天也。ㅡ舌小縮而聲不深不淺[56]。地闢於丑也。形之平。象乎地也。ㅣ舌不解例:5a縮而聲淺[57]。人生於寅

51) 以其全淸之聲凝則爲全濁也(이기전청지성응즉위전탁야): 전청의 소리가 엉기면 곧 전탁음이 된다 ☞ '응(凝)'은 [성문폐쇄음([ʔ])]으로 볼 수 있으므로, 전청에 된소리자질인 '응'이 수반되면 된소리가 된다는 설명이다.

52) 唯喉音次淸爲全濁者 盖以ㆆ聲深不爲之凝 ㅎ比ㆆ聲淺 故凝而爲全濁也(유후음차청위전탁자 개이ㆆ성심불위지응 ㅎ비ㆆ성천 고응이위전탁야): 오직 후음만은 차청에서 전탁이 되는 것은 대개 ㆆ의 소리가 깊어서 엉기지 않음에 반해 ㅎ은 ㆆ에 비해 소리가 얕으므로 엉겨서 전탁이 되기 때문이다 ☞ (1) 성심(聲深): 소리가 깊다. 자음이나 모음을 발음할 때 소리가 구강 안쪽의 깊은 곳이나 후두 쪽에서 나는 것을 말한다. (2) ㆆ의 음가가 성문폐쇄음 [ʔ]임을 말하고 이를 '深'으로 표현했다. 훈민정음의 후음은 모두 성문음으로 볼 수 있는데, 같은 후음이라도 ㆆ은 성문 그 자체에서 발음되는 폐쇄음이므로, 된소리 요소인 성문폐쇄음을 중복시켜 된소리를 만들 수 없고, 같은 성문음인 ㅎ[h]에 된소리 요소를 가미시켜 성문폐쇄수반음인 ㆅ[h']음이 되도록 한다는 설명이다(강신항, 1994:103).

53) 以輕音脣乍合而喉聲多也(이경음순사합이후성다야): 가벼운 소리로서 입술을 살짝 다물며, 목구멍소리가 많기 때문이다 ☞ (1) 순경음의 음가에 대한 설명이다. 『번역노걸대 박통사』 「범례」에서는 「合脣作聲 爲ㅂ而曰脣重音 爲ㅂ之時 將合勿合 吹氣出聲 爲ㅸ而脣輕音」이라고 더 구체적으로 설명하고 있다. (2) 15세기 문헌 자료를 통하여 'ㅸ'의 음가는 유성양순마찰음으로 파악하고 있다. (3) 훈민정음의 '脣乍合'에서 '合'은 파열음에 대한 설명으로 해석될 가능성이 있어서 마찰음에 대한 기술로는 적절하지 않다. 『번역노걸대 박통사』 「범례」의 '將合勿合'이 더 적절한 기술이다.

54) 中聲凡十一字(중성범십일자): 15세기 중세국어의 단모음은 일곱 개였으나 훈민정음 창제자들은 ㅛ, ㅑ, ㅠ, ㅕ 도 각각 단일단위자로 생각하고 있었으므로, 중성자를 11자라고 하였다. 그러나 ㅛ, ㅑ, ㅠ, ㅕ에 대하여 '起於ㅣ'라 하여 'y-상향이중모음'이었음을 인지하고 있다 ☞ 이하에서는 중성의 음가와 대립관계(설축/설소축/설불축, 성심/성천, 합/벽, 구축/구장, 양/음)를 해설하고 있다.

55) 縮(축): 혀가 오므라지는 정도를 말한 것으로, 중성의 기본자인 'ㆍ, ㅡ, ㅣ'를 각각 발음할 때의 혀의 모양을 나타낸다. 훈민정음에서의 '축'은 현대 음성학에서 말하는 혀가 올라가는 부분과 정확하게 대당되지는 않는다. 그러나 혀가 오므라지면 후설부분이 올라가고, 펴지면 전설부분이 올라가므로 '혀가 올라가는 부분'과 일치한다고 본다면, '축=후설모음, 소축=중설모음, 불축=전설모음'으로 볼 수 있다. 이 縮을 '舌根後縮'으로 해석하는 김주원(1993)과 '縮'을 현대음성학에서 말하는 [ATR] 자질과 관련시키는 논의는 박종희(1983) 참조.

也。形之立。象乎人也。此下八聲。一闔一闢[58]。ㅗ與・同而口蹙。其形則・與一合而成。取天地初交之義也。ㅏ與・同而口張[59]。其形則ㅣ與・合而成。取天地之用發於事物待人而成也。ㅜ與一同而口蹙。其形則一與・合而成。亦取天地初交之義也。ㅓ 解例:5b 與一同而口張。其形則・與ㅣ合而成。亦取天地之用發於事物待人而成也[60]。ㅛ與ㅗ同而起於ㅣ[61]。ㅑ與ㅏ同而起於ㅣ。ㅠ與ㅜ同而起於ㅣ。

56) 聲不深不淺(성불심불천): 소리가 깊지도 옅지도 않다 ☞ '・'에 비해 소리가 깊지 않으며, 'ㅣ'에 비해 소리가 얕지 않다.
57) 중성의 기본자 '・, 一, ㅣ'를 성천(聲淺)과 성심(聲深)이라는 소리의 깊이로 구분하고 있다. 여기서 소리의 깊이[深淺]는 혀의 오그림 정도[縮]에 비례하는 데 그 관계는 다음과 같다. 성심=설축=・, 성불심불천=설소축=一, 성천=설불축=ㅣ
58) 闔(합)/闢(벽): 합(闔)과 벽(闢)은 각각 '닫다'와 '열다'로 상대적인 개념이다. 합(闔)에는 'ㅗ, ㅜ, ㅛ, ㅠ'가 해당하여 원순모음을 이르고, 벽(闢)에는 'ㅓ, ㅏ, ㅕ, ㅑ'가 해당하여 개모음(開母音) 또는 비원순모음을 이른다. 두 계열의 모음을 '합'과 '벽'이라는 대립관계로 파악하고 있다. 이 '합/벽(闔/闢)'과 비슷한 용어로 '구축(口蹙: 입이 오르라지다)', '구장(口張: 입이 벌어지다)'이 있다.
59) 口張(구장): 입이 벌어짐. 개구도와 관련된 기술로 해석되기도 한다. '구축(口蹙)'과 대립되는 개념이다. 이 용어들은 원순성과 개구도를 동시에 파악한 용어로 이해된다. 즉, 원순폐모음(ㅗ, ㅜ)은 '구축, 합'이며, 비원순개모음(ㅏ, ㅓ)은 '구장, 벽'이다.
60) 이상의 모음에 대한 설명을 바탕으로 한 모음체계론

(가) 이숭녕(1947)

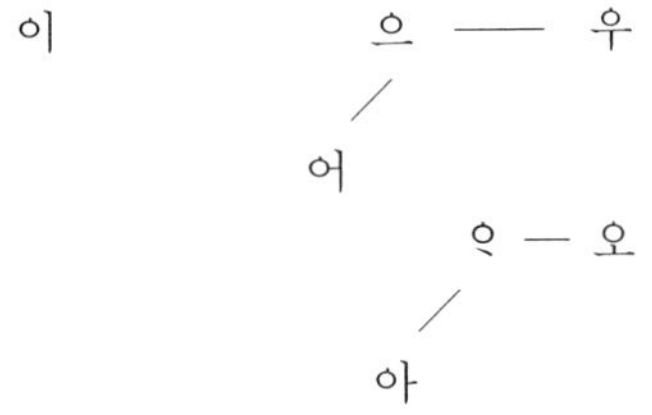

이　　　　으 —— 우
　　　　／
　　　어
　　　　　　ᄋᆞ — 오
　　　　　／
　　　　아

<고모음과 저모음의 대립 관계를 보여준다. '설축, 설소축, 설불축'은 각각 '후설, 중설, 전설'로 해석한다.>

(나) 허웅(1965)

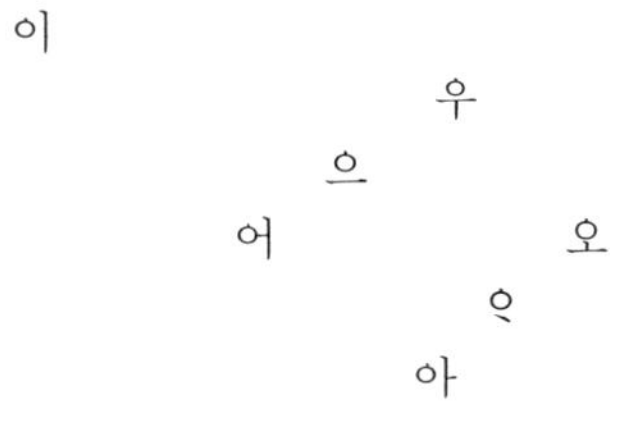

이
　　　　우
　　　으
　　어　　　오
　　　　ᄋᆞ
　　　　아

ㅕ與ㅓ同而起於ㅣ。ㅗㅏㅜㅓ始於天地◦爲初出也。ㅛㅑㅠㅕ起於ㅣ而兼乎人◦爲再出也。ㅗㅏㅜㅓ之一其圓者◦取其初生之義[解例:6a]也。ㅛㅑㅠㅕ之二其圓者◦取其再生之義也。ㅗㅏㅛㅑ之圓居上與外者◦以其出於天而爲陽也。ㅜㅓㅠㅕ之圓居下與內者◦以其出於地而爲陰也。·之貫於八聲者. 猶陽之統陰而周流萬物也. ㅛㅑㅠㅕ之皆兼乎人者. 以人爲萬物之靈而能參兩儀也62)。取象於天地人[解]

(혀의 伸縮이 '불축, 소축, 축'의 세 단계로 변별된 것으로 간주하고, '불축'은 전고음의 혀의 상태, '축'은 '불축'과 정반대의 방향인 후저모음의 혀의 상태, 그리고 '소축'은 그 중간 단계를 표현하는 것으로 해석. '축'의 정도는 후설로 갈수록, 그리고 저모음이 될 수록 심해진다.)

(다) 이기문(1998)

이　　으　　우
　　어　　오
　　아　　ᄋᆞ

(제자해가 말한 설의 '축'의 정도(축, 소축, 불축)와 현대 음성학의 설의 위치(후설, 중설, 전설)와의 일치를 부인하고 있다. 대신, '축, 소축, 불축'을 각각 '후저, 중고, 전고'로 해석하고, '축, 장'을 '원순, 비원순'으로 해석하면서도 그 배치에 일관성을 결하고 있다. 그리고 'ᄋᆞ'를 제외한 나머지 중성자들의 음가는 현대 국어에서의 음가와 동일하다. 이들 중성자들은 15세기 이래 현대까지 변화를 경험하지 않은 것으로 본다.)

(라) 김완진(1978)

이　　으(우)
　어　　　ᄋᆞ(오)
　　아

(15세기 국어 모음체계에 '축'이라는 자질을 인정함으로써 모음조화체계와 모음체계의 합치를 달성했다. 결국, '설축'이 15세기 국어의 모음체계의 주축이 되며 동시에 모음조화의 등뼈로 인식하였다. 그리고 해례의 설명에 충실하여 그것을 그대로 체계화한 점이 주목된다. 진정한 '설불축'은 오직 '이'에서만 발견되는 속성이고, 후저 쪽으로 옮아가면서 '축'의 정도가 증대될 뿐만 아니라 개구도의 증대에 따라서도 '축'의 정도가 비례적으로 늘어나므로, '축'이라는 자질이 모음도를 사선적으로 달리며 작용하는 것으로 파악. 그러나 '축'이라는 자질이 자연 언어 전반에 적용될 수 있는 일반성의 고려 없이 이루어진 것으로 다른 언어의 모음체계에는 적용될 수 없다는 비판이 있다.)

61) 起於ㅣ(기어ㅣ): 같은 이중모음인데도 'ㅛ,ㅑ,ㅠ,ㅕ'는 <제자해>에서 ㅣ로 시작하는 이중모음으로 설명하고, 'ㅘ, ㅝ'[w-상향이중모음]는 <중성해>에서 합용으로 설명하고 있다. 그리고 <중성해>에서 'ㆎ,ㅢ,ㅚ,ㅐ,ㅟ,ㅔ'[y-하향이중모음] 등은 相合者라고 하여 '起於ㅣ'인 'ㅑ,ㅕ,ㅛ,ㅠ'와는 구분하고 있다. 이것은 반모음 'ㅣ'의 전이속도에 따른 것으로 보인다.

62) 兩儀(양의): 천(天)과 지(地)

例:6b而三才[63]之道備矣。然三才爲萬物之先。而天又爲三才之始。猶・一ㅣ三字爲八聲之首。而・又爲三字之冠也。ㅗ初生於天。天一生水之位也。ㅏ次之。天三生木之位也。ㅜ初生於地。地二生火之位也。ㅓ次之。地四生金之位也。ㅛ再生於天。天七成火之數也。ㅑ次之。天九解例:7a成金之數也。ㅠ再生於地。地六成水之數也。ㅕ次之。地八成木之數也。水火未離乎氣。陰陽交合之初。故闔。木金陰陽之定質。故闢。・天五生土之位也。一地十成土之數也。ㅣ獨無位數者。盖以人則無極之眞。二五[64]之精。妙合而凝。固未可以定位成數論也。是則中聲之中。解例:7b亦自有陰陽五行方位之數也。以初聲對中聲而言之。陰陽。天道也。剛柔。地道也。中聲者。一深一淺一闔一闢。是則陰陽分而五行之氣具焉。天之用也[65]。初聲者。或虛或實或颺或滯或重若輕。是則剛柔著而五行之質成焉。地之功也[66]。中聲以深淺闔闢唱之於前。初聲以五解例:8a音淸濁和之於後。而爲初亦爲終。亦可見萬物初生於地。復歸於地也。以初中終合成之字言之。亦有動靜互根陰陽交變之義焉。動者。天也。靜者。地也。兼乎動靜者。人也[67]。盖五行在天則神之運也。在地則質之成也。在人則仁禮信義智神之運也。肝心脾肺腎質之成也。初解例:8b聲有發動之義。天之事也。終聲有止定之義。地之事也。中聲承初之生。接終之成

63) 三才(삼재): 중국 고대 철학에서 말하는 우주의 세 가지 근원. 天地人을 이른다. 훈민정음에서는 삼재를 중성의 기본자와 연관시키고 있다. 즉, 중성의 기본자인 '・, 一, ㅣ'는 각각 '天, 地, 人'을 상형했다. 안병희(2007:165~168)에서는 중성의 기본자의 제자는 상형보다는 지사의 원리가 적용된 것으로 본다.

64) 二五(이오): 二는 음양(陰陽), 五는 오행(五行)

65) 中聲者~天地用也(중성자~천지용야): 앞에서 설명한 중성(中聲)의 모든 성질을 한데 모아 설명한 것이다. 중성을 천(天)과 결부시켜서 중성의 모든 성질을 '天[하늘]'의 '用[작용]'으로 설명하고 있다.

66) 자음의 모든 성질을 한데 모아 설명한 것으로, 초성을 지(地)와 결부시켜 초성의 모든 성질을 '지(地)'의 '공(功)'으로 설명하고 있다.

67) 초성자, 중성자, 종성자를 각각 자소(字素)처럼 생각하고, 이들이 합해져 하나의 문자 단위, 즉 음절 문자처럼 쓰이는 것을 천지인 삼재(天地人 三才)와 음양설(陰陽說)로 설명했다. 천(天)은 동(動)이며 초성(初聲)이고, 지(地)는 정(靜)이며 종성(終聲)이고, 인(人)은 동겸정(動兼靜)으로 중성임을 설명하였다.

。人之事也。盖字韻之要。在於中聲[68]。初終合而成音[69]。亦猶天地生成萬物。而其財成輔相則必賴乎人也[70]。終聲之復用初聲者。以其動而陽者乾也。靜而陰者亦乾也。乾實分陰陽而無不君宰也。解例:9a 一元之氣。周流不窮。四時之運。循環無端。故貞而復元[71]。冬而復春。初聲之復爲終。終聲之復爲初。亦此義也。吁。正音作而天地萬物之理咸備。其神矣哉。是殆天啓聖心而假手焉者乎。訣曰[72]

天地之化本一氣 陰陽五行相始終

解例:9b物於兩間有形聲 元本無二理數通

正音制字尙其象 因聲之厲每加劃

音出牙舌脣齒喉 是爲初聲字十七

牙取舌根閉喉形 唯業似欲取義別.

解例:10a舌迺象舌附上齶 脣則實是取口形

齒喉直取齒喉象 知斯五義聲自明

又有半舌半齒音 取象同而體則異

那彌成欲聲不厲 次序雖後象形始

解例:10b配諸四時與沖氣 五行五音無不協

---

68) 한 음절을 세 부분으로 분석하여 중성을 설정하고 이것이 음절의 핵심임을 파악한 것은 15세기 음운 이론의 핵심이다. 중성은 현대 음운론의 모음에 대당되지 않고 음절의 봉우리(syllable peak)에 대당되는 개념이다.(이기문, 1987:97)

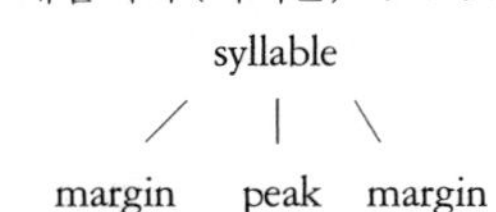

69) 成音(성음): 음절을 이룬다.

70) 而其財成輔相則必賴乎人也(이기재성보상즉필뢰호인야): 그것을 재단하여 돕는 일은 반드시 사람에게 힘입는 것과 같다. 재성(財成)은 '재단, 조정', 보상(輔相)은 '보충'. 財=裁, 相=佐. 賴: 의뢰할/힘입을 뢰(賴).

71) 貞而復元(정이부원): 정(貞)에서 다시 원(元)이 되고 ☞ 성리대전 권27 四時條에 「朱子曰 … 以一歲言之 有春夏秋冬 以乾言之 有元亨利貞云云」 元, 亨, 利, 貞은 각각 春, 夏, 秋, 冬에 해당한다.(강신항, 1994:111)

72) 訣(결): 요결(要訣). 제자해에서 설명한 순서에 따라 내용을 요약하여 7言詩로 읊었다.

維喉爲水冬與羽 牙迺春木其音角

徵音夏火是舌聲 齒則商秋又是金

脣於位數本無定 土而季夏爲宮音

解例:11a 聲音又自有淸濁 要於初發細推尋

全淸聲是君斗彆 卽戌挹亦全淸聲

若ㅐ快呑漂侵虛 五音各一爲次淸

全濁之聲叫覃步 又有慈邪亦有洪

解例:11b 全淸竝書爲全濁 唯洪自虛是不同

業那彌欲及閭穰 其聲不淸又不濁

欲之連書爲脣輕 喉聲多而脣乍合

中聲十一亦取象 精義未可容易觀

解例:12a 呑擬於天聲最深 所以圓形如彈丸

卽聲不深又不淺 其形之平象乎地

侵象人立厥聲淺 三才之道斯爲備

洪出於天尙爲闔 象取天圓合地平

解例:12b 覃亦出天爲已闢 發於事物就人成

用初生義一其圓 出天爲陽在上外

欲穰兼人爲再出 二圓爲形見其義

君業戌彆出於地 據例自知何須評

解例:13a 呑之爲字貫八聲 維天之用徧流行

四聲兼人亦有由 人參天地爲最靈

且就三聲究至理 自有剛柔與陰陽

中是天用陰陽分 初迺地功剛柔彰

解例:13b 中聲唱之初聲和 天先乎地理自然

和者爲初亦爲終 物生復歸皆於坤

陰變爲陽陽變陰 一動一靜互爲根

初聲復有發生義 爲陽之動主於天

解例:14a 終聲比地陰之靜 字音於此止定焉

韻成要在中聲用 人能輔相天地宜

陽之爲用通於陰 至而伸則反而歸

初終雖云分兩儀 終用初聲義可知

解例:14b 正音之字只廿八 探臣責 錯綜窮深幾

指遠言近牖民易 天授何曾智巧爲

初聲解

正音初聲。卽韻書之字母也[73]。聲音由此而生。故曰母。如牙音君字初聲是ㄱ

---

73) 正音初聲。卽韻書之字母也(정음초성즉운서지자모야): 정음의 초성은 곧 운서의 자모다 ☞ (1) 훈민정음의 초성체계가 중국 음운학의 자모 체계와 관련되어 있음을 단적으로 나타낸 것이다.(이기문, 1998:129) (2) 운서(韻書)는 중국의 성운학에 관한 서적이다. '자모(字母)'는 훈민정음에서는 '초성자'를 이르고, 중국 음운학에서는 동일한 성모(聲母)를 가진 글자들 중에서 대표로 삼은 글자를 말하는데, 초성을 표시하는 글자를 말한다. (3) 훈민정음에서 초성자를 분류할 때 사용한 용어인 '牙音, 舌音, 脣音, 齒音, 喉音, 半舌音, 半齒音; 全淸 次淸, 全濁, 不淸不濁' 등은 중국 음운학에서 말하는 36자모의 용어를 빌려 쓴 것이다. 그리고 훈민정음에서는 음절을 '초성, 중성, 종성'으로 3분하였는데, 훈민정음의 '초성'은 중국 음운학에서의 '성모/자모'에 대응하였기 때문에 '초성'과 '성모/자모'는 그 성격이 같았다. (4) 중국의 36자모표와 훈민정음의 23자모표를 보이면 아래와 같다.

<中國 36字母表>

五音	牙	舌頭	舌上	脣重	脣輕	齒頭	整齒	喉	半舌	半齒
全淸	見	端	知	幫	非	精	照	影		
次淸	溪	透	徹	滂	敷	淸	穿	曉		
全濁	群	定	澄	並	奉	從	牀	匣		
不淸不濁	疑	泥	娘	明	微			喩	來	日
全淸						心	審			
全濁						邪	禪			

◦ㄱ與ᅟᅮᆫ而爲군。快字初聲[解例:15a]是ㅋ◦ㅋ與ᅫ而爲쾌。虯字初聲是ㄲ◦ㄲ與ㅠ而爲뀨。業字初聲是ㆁ◦ㆁ與ᅥᆸ而爲ᅌᅥᆸ之類。舌之斗呑覃那◦脣之彆漂步彌◦齒之卽侵慈戌邪◦喉之挹虛洪欲◦半舌半齒之閭穰◦皆倣此。訣曰

君快虯業其聲牙 舌聲斗呑及覃那

[解例:15b]彆漂步彌則是脣 齒有卽侵慈戌邪

挹虛洪欲迺喉聲 閭爲半舌穰半齒

二十三字是爲母 萬聲生生皆自此

中聲解

中聲者◦居字韻[74]之中◦合初終而成[解例:16a]音[75]如呑字中聲是ㆍ◦ㆍ居ㅌㄴ之間而爲ᄐᆞᆫ。卽字中聲是ㅡ◦ㅡ居ㅈㄱ之間而爲즉。侵字中聲是ㅣ◦ㅣ居ㅊㅁ之間而爲침之類。洪覃君業欲穰戌彆◦皆倣此。二字合用者◦ㅗ與ㅏ同出於ㆍ◦故合而爲ㅘ。ㅛ與ㅑ又同出於ㅣ◦故合而爲ㆇ。ㅜ與ㅓ同出於ㅡ◦故合而爲ㅝ。ㅠ與

<訓民正音 23字母表>

五音	牙	舌	脣	齒	喉	半舌	半齒
全清	君ㄱ	斗ㄷ	彆ㅂ	卽ㅈ	挹ㆆ		
次清	快ㅋ	呑ㅌ	漂ㅍ	侵ㅊ	虛ㅎ		
全濁	虯ㄲ	覃ㄸ	步ㅃ	慈ㅉ	洪ㆅ		
不清不濁	業ㆁ	那ㄴ	彌ㅁ		欲ㅇ	閭ㄹ	穰△
全清				戌ㅅ			
全濁				邪ㅆ			

74) 字韻(자운): 자모/성모와 운모가 결합한 것으로 하나의 음절을 구성하는 漢字音. 흔히 말하는 「韻」은 하나의 음절을 이루는 字音에서 어두자음을 제외한 나머지 요소 전부를 가리키는데, 해례 편찬자들은 하나의 음절을 이루는 한자음처럼 쓰고 있다.

75) 中聲者◦居字韻之中◦合初終而成音(중성자 거자운지중 합초종이성음): 중성은 자운의 가운데 있어서 초성, 종성과 어울려 음절을 이룬다[成音] ☞ 초성과 달리 중성은 중국 음운학에 대당자가 없었기 때문에 중국 음운학과 비교하지 않았다. 중성에 사용된 용어도 중국 음운학에 없는 것들이다.

解例:16b ㅕ又同出於ㅣ。故合而爲ㆋ。以其同出而爲類[76]。故相合而不悖也。一字中聲之與ㅣ相合者十。ㆎㅢㅚㅐㅟㅔㆉㅒㆌㅖ是也。二字中聲之與ㅣ相合者四。ㅙㅞㆈㆋ 是也[77]。ㅣ於深淺闔闢之聲。竝能相隨者。以其舌展聲淺而便於開口也。亦可見人之參贊[78]開物而無所不通解例:17a也。訣曰

母字之音各有中 須就中聲尋闢闔

洪覃自呑可合用 君業出卽亦可合

欲之與穰戌與彆 各有所從義可推

侵之爲用最居多 解例:17b於十四聲徧相隨

終聲解

終聲者。承初中而成字韻[79]。如卽字終聲是ㄱ。ㄱ居즈終而爲즉。洪字終聲是ㆁ。ㆁ居ᅘᅩ終而爲ᅘᅩᇰ之類。舌脣齒喉皆同。聲有緩急之殊。故平上去其終聲不類入聲之促急[80]。不淸不濁之字。其聲不厲。故用於解例:18a終則宜於平上去。全淸次淸全濁之字。其聲爲厲。故用於終則宜於入。所以ㆁㄴㅁㅇㄹㅿ六字爲平上去聲之終。而餘皆爲入聲之終也。然ㄱㆁㄷㄴㅂㅁㅅㄹ八字可足用也[81]。如빗곶爲梨花

76) 以其同出而爲類(이기동출이위류): 함께 나와서 같은 유(類)가 되므로 ☞ 두 가지 모음 글자를 어울려서 쓸 때에도 'ㆍ'를 바탕으로 만들어진 양성모음은 양성모음끼리, 'ㅡ' 모음을 바탕으로 만들어진 음성모음은 음성모음끼리 결합됨을 설명한 것이다.

77) 중성해에서 단모음과 중모음을 합해서 29개의 모음자를 제시하고 있으나 이들 가운데 ㆈ, ㆋ, ㅙ, ㅞ 등 4모음은 국어나 한자음 표기에 쓰이지 않았다.

78) 參贊(참찬): 일에 관여하고 도움.

79) 終聲者。承初中而成字韻(종성자 승초중이성자운): 종성은 초성과 중성을 이어받아 자운(字韻)을 이룬다. 여기서 자운(字韻)은 음절을 이른다.

80) 聲有緩急之殊。故平上去其終聲不類入聲之促急(성유완급지수 고평상거기종성불류입성지촉급): 소리에는 느리고 빠름의 차이가 있으므로, 평성, 상성, 거성은 그 종성이 입성의 촉급함과는 같지 않다 ☞ 중국어의 성조는 음절 전체의 높낮이를 말하는데, 음절 말음이 -p, -t, -k인 음절들을 입성이라고 해 왔다. 여기서도 우선 종성을 기준으로 '緩[느림]'에 속하는 '평성 · 상성 · ,거성'과 '促[빠름]'에 속하는 '입성'으로 구분하여 설명하고 있다.

。엳의갗爲狐皮。而ㅅ字可以通用[82)]。故只用ㅅ字。且ㅇ聲淡而虛。不必用於終。而解例:18b中聲可得成音也[83)]。ㄷ如볃爲彆。ㄴ如군爲君。ㅂ如업爲業。ㅁ如땀爲覃。ㅅ如諺語옷爲衣。ㄹ如諺語실爲絲之類。五音之緩急。亦各自爲對如牙之ㆁ與ㄱ爲對。而ㆁ促呼則變爲ㄱ而急。ㄱ舒出則變爲ㆁ而緩。舌之ㄴㄷ。脣之ㅁㅂ。齒之ㅿㅅ。喉之ㅇㆆ。其緩急相對。亦猶是解例:19a也。且半舌之ㄹ。當用於諺。而不可用於文。如入聲之彆字。終聲當用ㄷ。而俗習讀爲ㄹ。盖ㄷ變而爲輕也[84)]。若用ㄹ爲彆之終。則其聲舒緩[85)]。不爲入也。訣曰

81) 所以ㆁㄴㅁㅇㄹㅿ六字爲平上去聲之終。而餘皆爲入聲之終也。然ㄱㆁㄷㄴㅂㅁㅅㄹ八字可足用也(소이ㆁㄴㅁㅇㄹㅿ육자위평상거성지종 이여개위입성지종야 연ㄱㆁㄷㄴㅂㅁㅅㄹ팔자가족용야): 그러므로 'ㆁㄴㅁㅇㄹㅿ' 여섯 자는 평성, 상성, 거성의 종성이 되고, 그 나머지는 입성의 종성이 된다. 그러나 'ㄱㆁㄷㄴㅂㅁㅅㄹ'의 여덟 자만으로 충분히 쓸 수 있다 ☞ 받침 글자로는 8자만으로 족하다는 표기법상의 규정이다.

82) 如빗곶爲梨花。엳의갗爲狐皮。而ㅅ字可以通用。故只用ㅅ字(여빗곶위이화 엳의갗위호피。이ㅅ자가이통용 고지용ㅅ자): '빗곶, 엳의갗'과 같은 경우에 (받침자를) 'ㅅ'으로 통용할 수 있기 때문에 다만 'ㅅ'자를 쓰는 것과 같다 ☞ 종성에 'ㅈ, ㅊ, ㅿ'과 같은 글자가 올 수도 있으나 이런 소리들이 종성의 위치에서 'ㅅ'으로 중화되어 'ㅈ, ㅊ, ㅿ, ㅅ'이 구분되지 않기 때문에 'ㅅ'으로 표기하도록 한다는 말이다. 즉 중세국어에서는 음절말에서 8자(ㄱㆁㄷㄴㅂㅁㅅㄹ)가 발음되었으므로 그것만을 표기한다는 증언이다. 현대국어의 음절말에서는 'ㄱ, ㅇ, ㄷ, ㄴ, ㅂ, ㅁ, ㄹ' 7자음만 발음된다.

83) 且ㅇ聲淡而虛。不必用於終 而中聲可得成音也(차ㅇ성담이허 불필용어종 이중성가득성음야): 또 'ㅇ'는 소리가 맑고 비어서 종성에 반드시 쓰지 않더라도 중성이 음을 이룰 수 있다 ☞ 여기에서 음(音)은 음절을 뜻한다. 동국정운의 한자음 표기에서는 중성으로 끝난 한자음에도 'ㅇ'으로 종성을 표기하였다. 그러나 여기에서의 설명은 고유어 표기를 설명한 것이다. 즉, 국어표기에서는 중성으로 끝난 음절 밑에 일일이 ㅇ자를 표기할 필요가 없다는 것이다.

84) 且半舌之ㄹ。當用於諺。而不可用於文。如入聲之彆字。終聲當用ㄷ。而俗習讀爲ㄹ。盖ㄷ變而爲輕也(차반설지ㄹ 당용어언 이불가용어문。여입성지별자。종성당용ㄷ。이속습독위ㄹ。개ㄷ변이위경야): 또 반설음 'ㄹ'은 마땅히 고유어에 써야지 한자어에는 쓸 수 없다. 입성의 '彆'자와 같은 것도 종성에 마땅히 'ㄷ'를 써야하나 세속의 관습에서 'ㄹ'로 읽는 것은 대개 'ㄷ'가 변해서 가볍게 된 것이다 ☞ 중국에서 들어온 한자음 가운데 '-t' 입성이었던 것이 우리나라에서는 모두 '-ㄹ'로 발음되므로 원래의 음대로 '-ㄷ'음으로 발음하라는 규정이다. 『東國正韻』[세종 29년(1447)]에서는 소위 「以影補來」식 표기법을 택하여 한자음의 '-ㄷ' 입성표기에 '-ㅭ'를 사용했다.

不清不濁用於終 爲平上去不爲入

全淸次淸及全濁 解例:19b是皆爲入聲促急

初作終聲理固然 只將八字用不窮

唯有欲聲所當處 中聲成音亦可通[86)]

若書卽字終用君 洪彆亦以業斗終

君業覃終又何如 解例:20a以那彆彌次第推

六聲通乎文與諺 戌閭用於諺衣絲

五音緩急各自對 君聲迺是業之促

斗彆聲緩爲那彌 穰欲亦對戌與挹

閭宜於諺不宜文 解例:20b斗輕爲閭是俗習

合字解

初中終三聲。合而成字[87)]。初聲或在中聲之上。或在中聲之左。如君字ㄱ在ㅜ上。業字ㆁ在ㅓ左之類。中聲則圓者橫者在初聲之下。ㆍㅡㅗㅛㅜㅠ是也。縱者在初聲之右。ㅣㅏㅑㅓㅕ是也。如呑字ㆍ在ㅌ解例:21a下。卽字ㅡ在ㅈ下。侵字ㅣ在ㅊ右之類。終聲在初中之下。如君字ㄴ在구下。業字ㅂ在어下之類。初聲二字三字合用並書[88)]。如諺語ᄯᅡ爲地。ᄧᅡᆨ爲隻。ᄢᅳᆷ爲隙之類。各自並書[89)]。如諺語ㆍ

85) 聲舒緩(성서완): 소리가 늘어지다 ☞ 원래 입성이어서 촉급했던 한자음의 음절말 'ㄷ'의 음상이 한국 한자음에서 부드러워지고 늘어져서 'ㄹ'로 바뀐 것을 이른다.

86) 成音(성음): 음절

87) 初中終三聲。合而成字(초중종삼성 합이성자): 초성, 중성, 종성의 세 소리가 합하여 (한) 글자를 이룬다 ☞ 여기서 자(字)는 초성, 중성, 종성이 합하여 이루어지는 음절을 이른다. 훈민정음은 음소문자이면서도 초성, 중성, 종성을 합하여 모아쓰는 음절문자의 표기방식을 택하였다.

88) 合用並書(합용병서): 초성(ㅺ, ㅵ…), 중성(ㅐ, ㅘ, ㅞ…), 종성(ㄳ, ㄺㅅ…)에서 서로 다른 두 글자나 세 글자를 아울러 나란히 쓰는 방식.

89) 各自並書(각자병서): 같은 글자를 아울러 나란히 쓰는 방식. 초성에만 존재한다. ㄲ, ㄸ, ㅃ,

혀爲舌而·ᅘᅧ爲引。괴·여爲我愛人而괴·ᅇᅧ爲人愛我。소·다爲覆物而쏘·다爲射之之類。中聲二[解例:21b]字三字合用[90)]。如諺語·과爲琴柱[91)]。홰爲炬[92)]之類。終聲二字三字合用。如諺語ᄒᆞᆰ爲土。·낛爲釣。ᄃᆞᇌᄣᅢ爲酉時之類。其合用竝書。自左而右。初中終三聲皆同。文與諺雜用則有因字音而補以中終聲者[93)]。如孔子ㅣ 魯ㅅ:사ᄅᆞᆷ之類。諺語平上去入[94)]。如활爲弓而其聲平。:돌爲石而其聲[解例:22a]上。·갈爲刀而其聲去。붇爲筆而其聲入之類。凡字之左。加一點爲去聲。二點爲上聲。無點[95)]爲平聲。而文之入聲。與去聲相似[96)]。諺之入聲無定[97)]。或

ᄊ, ᄍ, ᅘ, ᅇ 등.

90) 合用(합용): (1) 초성이나 종성에서 두 가지나 세 가지 자음을 나란히 쓰는 방식. (2) 중성에서 모음자들을 나란히 쓰는 방식. 이현희 외(2014:343)에서는 "'합용'은 초성을 복합적으로 사용한다는, 즉 어두자음군과 같은 현상이 일어나는 언어현상을, '병서'는 나란히 쓴다는 문자론적인 문제를 말하고 있음을 알 수 있다."라고 하였다.

91) 琴柱(금주): 거문고 가야금 따위 현악기의 현을 괴는 받침. 괘(棵)

92) 炬(거): 횃불 거(炬). 싸리, 갈대 따위를 묶어서 길을 밝히거나 화톳불을 놓는 물건.

93) 文與諺雜用則有因字音而補以中終聲者(문여언잡용즉유인자음이보이중종성자): 한자와 훈민정음[한글]을 섞어 쓸 경우에는 한자음[字音]에 따라서 중성자나 종성자로 보충하는 일이 있다. 여기서 문(文)은 문자로서의 한자를 이르고, 언(諺) 또한 우리말의 문자인 훈민정음을 이른다.

94) 諺語平上去入(언어평상거입): 고유어의 평성, 상성, 거성, 입성 ☞ 종성만을 가지고 성조를 설명하고 있다.

95) 無點(무점): 점이 없다. 평성을 표시하는 방식으로 一點으로 거성, 二點으로 상성을 표시하고, 점이 없는 것으로 평성을 표시하였다. 영(零)이라는 개념을 적극적으로 받아들인 결과로 이해된다.

96) 而文之入聲。與去聲相似(이문지입성 여거성상사): 한자어[口語]의 입성은 거성과 서로 비슷하다 ☞ 14세기경 이후 중국 북방음의 입성이 소실되고, 입성으로 발음되던 자음(字音)들이 거성으로 많이 변했던 것을 알고 있어서 한 말로 보인다. 또 15세기의 조선한자음(朝鮮漢字音)에 대하여 입성자에는 거성과 마찬가지로 1點을 찍은 것으로 보아 여기의 설명이 조선한자음에 해당하는 것으로 볼 수도 있다.(강신항, 1994:127)

97) 諺之入聲無定(언지입성무정): 고유어의 입성은 일정하지 않다 ☞ 중세국어에는 입성이라는 성조는 없다는 설명이다. 즉, 종성으로 보아서는 입성일지라도 실지로는 평성, 상성, 거성 중 하나로 발음됨을 설명한 것이다. 예컨대, '긷'은 종성만 보아서는 입성이지만 실지 성조로는 평성이라는 것이다. 이기문(1998)에서는 "입성을 위해 일정한 방점을 마련하지 않은 점으로 보아 이것이 중세국어의 성조 체계에서 불필요하다고 생각했기 때문"이라 하

似平聲。如긷爲柱。녑爲脅[98]。或似上聲。如:낟爲穀。:깁爲繒[99]。或似去聲。如·몯爲釘。·입爲口之類。其加點則與平上去同。平聲安而和。春也。解例:22b
萬物舒泰。上聲和而擧。夏也。萬物漸盛。去聲擧而壯。秋也。萬物成熟。入聲促而塞。冬也。萬物閉藏[100]。初聲之ㆆ與ㅇ相似。於諺可以通用也[101]。半舌有輕重二音。然韻書字母唯一。且國語[102]雖不分輕重。皆得成音。若欲備用。則依脣

였고, 강신항(1994:127)에서는 여기의 설명이 중세국어의 성조를 실태대로 설명한 것이라고 보고 있다.

98) 脅: 겨드랑이 협(脅).

99) 繒: 비단 증(繒).

100) 平聲安而和。春也。萬物舒泰。上聲和而擧。夏也。萬物漸盛。去聲擧而壯。秋也。萬物成熟。入聲促而塞。冬也。萬物閉藏(평성안이화 춘야 만물서태 상성 화이거 하야 만물점성 거성 거이장 추야 만물성숙 입성 촉이색 동야 만물폐장): 평성은 편안하고 온화하여[安而和] 봄이니 만물이 서서히 자란다. 상성은 온화하고 들려/높아[和而擧] 여름이니 만물이 점점 무성해진다. 거성은 높고/들려서 씩씩하여[擧而壯] 가을이니 만물이 성숙해진다. 입성은 빠르고 막혀 겨울이니 만물이 닫히고 감추어진다 ☞ (1) 평성, 상성, 거성을 연속되는 개념으로 파악하고 있다. '安而和 和而擧 擧而壯'에서 '和, 擧'가 중복되고 있음이 눈에 띈다. 그러나 입성은 이런 연속성에서 단절되게 기술하고 있다. (2) 상성에 평성의 기술에 사용된 '和'와 거성의 기술에 사용된 '擧'가 다 들어 있음은 상성이 두 성조의 특성을 모두 지니고 있기 때문으로 해석된다. 즉, 상성은 평성과 거성의 복합으로 볼 수 있는데(이기문, 1998) [(예) 부텨+·ㅣ(주.조.) → 부:톄, 다리+·∅(주.조.) → 다:리], 이럴 경우 중세국어의 성조소는 평성과 거성으로 이루어진 것으로 볼 수 있다. (3) 상성은 두 성조의 복합이기 때문에 장음(長音)이었다고 할 수 있다. 최세진의 훈몽자회 범례에서도 상성에 대하여 "기리혀 나죵 들티는 소리"로 기술되어 있다. 그리고 중세국어에서 상성이었던 모음들이 현대국어에서 장음으로 실현되는 것은 상성이 지녔던 장음은 성조가 소멸한 뒤에도 현대국어에까지 그대로 유지되었기 때문이다. (4) 중세국어에서 상성이었던 어간에 일정한 어미가 오면 상성이 평성으로 바뀌었다. [(예) :앗·디~아·ᅀᅡ, :돕는~도·ᄫᅡ, :알·면~아·라] 상성이 평성으로 바뀐다는 것은 상성이 지닌 장음(長音) 역시 단음(短音)으로 바뀐다는 것을 의미한다. 그런데 현대국어에서도 장모음(長母音)을 지닌 어간에 모음으로 시작하는 어미가 연결되면 단모음(短母音)으로 바뀌어 중세국어 상성과 현대국어 장음과의 관계가 밀접함을 알려준다. (예) 돕는[돕:는]~도와[도와], 알고[알:고]~알아[아라].

101) 初聲之ㆆ與ㅇ相似。於諺可以通用也(초성지ㆆ여ㅇ상사 어언가이통용야): 초성의 ㆆ는 ㅇ와 서로 비슷하여 고유어에서 통용할 수 있다 ☞ ㆆ의 음가는 [ʔ] 이고 ㅇ의 음가는 [zero, ɦ]이었으므로 초성에서 구별하기가 힘들다.

輕例。ㅇ連書ㄹ下。爲半舌輕音。舌乍附上齶[103)]。 ・ㅡ解例:23a起ㅣ聲。於國語無用。兒童之言。邊野之語。或有之。當合二字而用。如ᄀᆝᄀᆜ之類[104)]。其先縱後橫。與他不同。訣曰

初聲在中聲左上 挹欲於諺用相同

中聲十一附初聲 圓橫書下右書縱

解例:23b欲書終聲在何處 初中聲下接着寫

初終合用各竝書 中亦有合悉自左

諺之四聲何以辨 平聲則弓上則石

刀爲去而筆爲入 觀此四物他可識

---

102) 國語(국어): 우리나라 말/중앙어

103) 半舌有輕重二音。然韻書字母唯一。且國語雖不分輕重。皆得成音。若欲備用。則依脣輕例。ㅇ連書ㄹ下。爲半舌輕音。舌乍附上齶(반설유경중이음 연운서자모유일 차국어수불분경중 개득성음 약욕비용 즉의순경례 ㅇ연서ㄹ하 위반설경음 설사부상악): 반설음에는 경, 중의 두 음이 있다. 그러나 운서의 자모는 오직 하나이며 고유어는 비록 경, 중으로 나누지 않더라도 다 소리를 이룰 수 있다. 만약 갖추어 쓰려면 순경음의 예를 따라서 'ㅇ'을 'ㄹ'의 아래쪽에 이어쓰면 반설경음이 된다. 혀를 윗잇몸에 살짝 붙인다 ☞ (1) 국어의 'ㄹ'은 음절초에서 설타음 [ɾ]으로, 음절말에서는 설측음 [l]으로 실현되는데, 이 둘의 관계는 /ㄹ/의 변이음이므로 구별하여 쓸 필요가 없다는 것이다. 만일 구별해서 표기하려면 반설경음은 반설중음인 'ㄹ' 아래에 'ㅇ'을 이어적은 'ᄛ'로 제자하여 쓸 수 있다는 규정이다. 반설경음의 발음은 '혀를 윗잇몸에 살짝 대어서 발음한다'. 그러나 실제로「ᄛ」는 쓰이지 않았다. (2) 현대국어에서도 'ㄹ'은 음절초에서는 설타음으로, 음절말과 'ㄹㄹ'에서는 설측음으로 발음된다. (3) '국어의 로마자 표기법'에서 모음 앞의 'ㄹ'은 'r'로, 음절말의 'ㄹ'과 'ㄹㄹ'은 각각 'l', 'll'로 적는다. 로마자 표기법과 훈민정음의 반설음에 대한 이 규정을 적용한 표기를 보이면 다음과 같다. (예) 가로-garo/가ᄛᅩ, 길-gil/길, 갈라-galla/갈라

104) ・ㅡ起ㅣ聲。於國語無用。兒童之言。邊野之語。或有之。當合二字而用。如ᄀᆝᄀᆜ之類。(・ㅡ기ㅣ성 어국어무용 아동지언 변야지어 혹유지 당합이자이용 여ᄀᆝᄀᆜ지류): '・,ㅡ'가 'ㅣ'에서 일어나는/시작되는 것은 중앙어[國語]에서 쓰이지 않으나 아동들의 말이나 방언에 간혹 이것이 있기도 한데, 마땅히 두 자를 합하여 쓰며 'ᄀᆝ, ᄀᆜ'와 같다 ☞ 중세국어 방언에 [yʌ], [yɨ]와 같은 이중모음이 있었음을 증언하고 있다. 현대 전남방언에서도 '여덟'을 '야달'로 발음하는데, 이것이 '[yʌdal]'에서 온 것이 아닌가 한다. 그리고 중부방언에서 장음 [어:]는 '[으:]로 발음되므로, 영감[yə:ŋgam]은 [yɨ:ŋgam]으로 발음된다.

解例:24a音因左點四聲分 一去二上無點平

語入無定亦加點 文之入則似去聲

方言俚語萬不同 有聲無字書難通

一朝

制作侔神工

解例:24b大東千古開朦朧

用字例

初聲ㄱ。如:감爲柹。·ᄀᆞᆯ爲蘆105)。ㅋ。如우·케未春稻106)。콩爲大豆。ㆁ。如러·ᅌᅮᆯ爲獺107)。서·ᅌᅦ爲流澌108)。ㄷ。如·뒤爲茅。·담爲墻。ㅌ。如고티爲繭109)。 두텁爲蟾蜍110)。ㄴ。如노로爲獐。납爲猿。ㅂ。如ᄇᆞᆯ爲臂111)。:벌爲蜂。ㅍ。如파爲葱112)。ᄑᆞᆯ爲蠅113)。ㅁ。解例:25a如:뫼爲山。·마爲薯藇114)。ㅸ。如사ᄫᅵ爲蝦115)。드·ᄫᅴ爲瓠116)。ㅈ。如·자爲尺。죠·ᄒᆡ爲紙。ㅊ。如체爲籭117)。·채爲鞭118)。ㅅ。如손爲手。셤爲島。ㅎ。如·부헝爲鵂

105) ᄀᆞᆯ/蘆(노): 갈대 노(蘆)
106) 우케/春稻(용도): 벼, 메벼, 겉벼. 방아 찧을 용(春), 벼 도(稻)
107) 러ᅌᅮᆯ/獺(달): 수달 달(獺)
108) 서ᅌᅦ/流澌(유시): 성에. 떠있는 얼음 시(澌)/다할 시(澌).
109) 고티/繭(견): 누에 고치 견(繭).
110) 두텁/蟾蜍(섬여): 두꺼비 섬(蟾), 두꺼비 여(蜍).
111) ᄇᆞᆯ/臂(비): 팔 비(臂).
112) 파/葱(총): 파 총(葱).
113) ᄑᆞᆯ/蠅(승): 파리 승(蠅).
114) 마/薯藇(서여): 마 서(薯), 마 여(藇)
115) 사ᄫᅵ/蝦(하): 새우 하(蝦).
116) 드ᄫᅴ/瓠(호): 박 호(瓠). 뒤웅박
117) 체/籭(사): 체 사(籭)
118) 채/鞭(편): 채찍 편(鞭)

鸜119)。힘爲筋120)。 ㅇ。如·비육爲鷄雛121)。·ᄇᆡ얌爲蛇。 ㄹ。如무뤼爲雹122)。어름爲氷。 ㅿ。如아ᅀᆞ爲弟。:너ᅌᅵ爲鴇123)。 中聲 •。如ᄐᆞᆨ爲頤124)。ᄑᆞᆺ爲小豆。ᄃᆞ리爲橋。ᄀᆞ래爲楸。 ㅡ。解例:25b如믈爲水。발측爲跟125)。그력爲雁。드레爲汲器126)。 ㅣ。如깃爲巢127)。:밀爲蠟128)。피爲稷129)。키爲箕。 ㅗ。如논爲水田。톱爲鉅130)。호ᄆᆡ爲鉏131)。벼로爲硯。 ㅏ。如밥爲飯。낟爲鎌132)。이아爲綜133)。사ᄉᆞᆷ爲鹿。 ㅜ。如숫爲炭。울爲籬134)。누에爲蠶。구리爲銅。 ㅓ。如브ᅀᅥᆸ爲竈135)。:널爲板。서리爲霜。버들爲柳。 ㅛ。如죵爲奴。고욤解例:26a爲梬136)。쇼爲牛。삽됴爲蒼朮菜137)。 ㅑ如남샹爲龜。약爲鼅鼊138)。다야爲匜139)。쟈감爲蕎麥皮140)。 ㅠ。如율믜爲薏苡141)。쥭爲飯乘142)。슈룹爲雨

119) 부헝/鵂鶹(휴류): 수리부엉이 휴(鵂). 올빼미 류(鶹).
120) 힘/筋(근): 힘줄 근(筋).
121) 비육/鷄雛(계추): 닭 계(鷄), 병아리 추(雛)
122) 무뤼/雹(박): 우박 박(雹).
123) 너ᅌᅵ/鴇(보): 너새 보(鴇). 모양은 기러기와 같으나 훨씬 큼.
124) ᄐᆞᆨ/頤(이): 턱 이(頤).
125) 발측/跟(근): 발꿈치 근(跟).
126) 드레/汲器(급기): 두레박. 汲: 물 기를 급(汲), 그릇 기(器).
127) 깃/巢(소): 집/깃들일 소(巢)
128) 밀/蠟(납): 꿀 찌끼 납(蠟)
129) 피/稷(직): 기장 직(稷)
130) 톱/鉅(거): 톱 거(鉅)
131) 호ᄆᆡ/鉏(서): 호미 서(鉏)
132) 낟/鎌(겸): 낫 겸(鎌)
133) 이아/종(綜): 잉아(베틀의 날실을 한 칸씩 걸러서 끌어올리도록 맨 굵은 실) 종(綜)
134) 울/籬(리): 울타리 리(籬)
135) 브ᅀᅥᆸ/竈(조): 부엌 조(竈)
136) 고욤/梬(영): 고욤나무 영(梬). 감나무과의 낙엽 활엽 교목. 감나무와 비슷하나 작음.
137) 삽됴/蒼朮菜(창출채): 삽주.
138) 약/鼅鼊(구벽): 거북의 일종.
139) 다야/匜(이): 손대야. 주전자 이(匜)
140) 쟈감/蕎麥皮(교맥피): 모밀 껍질. 모밀 교(蕎), 보리 맥(麥)
141) 율믜/薏苡(의이): 율무. 율무 의(薏), 율무 이(苡)
142) 쥭/飯乘(반초): 밥 반(飯), 밥주걱 초(乘)

繖[143]。쥬련爲帨[144]。 ㅕ。如엿爲飴餹[145]。뎔爲佛寺。벼爲稻。져비爲燕。 終聲ㄱ。如ᄃᆞᆨ爲楮[146]。독爲甕[147]。 ㆁ。如굼벙爲蠐螬[148]。올창爲蝌蚪[149]。 ㄷ如ᄀᆞᆮ爲笠。싣爲楓[150]。 ㄴ。如신爲履[151]。반解例:26b되爲螢[152]。 ㅂ。如섭爲薪[153]。굽爲蹄[154]。 ㅁ。如범。爲虎。ᄉᆡᆷ爲泉。 ㅅ。如잣위海松。못爲池。 ㄹ。如ᄃᆞᆯ爲月。별爲星之類。

◎〈鄭麟趾 序〉가 이어짐. 이에 대해서는 번역문만 소개함. 〈참고 2〉 참조.

143) 슈룹/雨繖(우산): 우산/일산 산(繖)
144) 주련/帨(세): 여자의 수건. 帨: 수건 세
145) 엿/飴餹(이당): 엿. 엿 이(飴), 엿 당(餹)
146) 닥/楮(저): 닥나무. 닥나무 저(楮)
147) 독/甕(옹): 독/단지 옹(甕)
148) 굼벙/蠐螬(제조): 굼벵이. 굼벵이 제(蠐), 굼벵이 조(螬)
149) 올창/蝌蚪(과두): 올챙이, 올챙이 과(蝌), 올챙이 두(蚪)
150) 신/楓(풍): 단풍나무. 단풍나무 풍(楓)
151) 신/履(리): 신. 신 리(履)
152) 반되/螢(형): 반딧불. 개똥벌레/반디 형(螢)
153) 섭/薪(신): 섶나무. 섶나무 신(薪)
154) 굽/蹄(제): 굽. 굽/짐승의 발굽 제(蹄)

훈민정음(訓民正音)
백성을 가르치는 바른 소리

우리나라[조선]의 말이 중국과 달라 한자(음)와 서로 통하지 않으므로, 어리석은 [한자에 소양이 없는] 백성들이 말하고자 하는 바가 있어도 마침내 자기의 뜻을 능히 펼 수 없는 사람이 많다. 내가 이를 가엾게 여겨 새로 스물여덟 자를 만들었으니 사람마다 쉽게 익혀 나날이 쓰기에 편하도록 하고자 할 따름이다.

ㄱ는 어금닛소리[牙音]이니 '군(君)'자의 처음 나는 소리와 같다. 나란히 쓰면[並書] '끃(虯)'자의 처음 나는 소리와 같다.

ㅋ는 어금닛소리[牙音]이니 '쾡(快)'자의 처음 나는 소리와 같다.

ㆁ는 어금닛소리[牙音]니 '업(業)'자의 처음 나는 소리와 같다.

ㄷ는 혓소리[舌音]니 '둫(斗)'자의 처음 나는 소리와 같다. 나란히 쓰면[並書] '땀(覃)'자의 처음 나는 소리와 같다.

ㅌ는 혓소리[舌音]니 '툰(呑)'자의 처음 나는 소리와 같다.

ㄴ는 혓소리[舌音]니 '낭(那)'자의 처음 나는 소리와 같다.

ㅂ는 입술소리[脣音]니 '볋(彆)'자의 처음 나는 소리와 같다. 나란히 쓰면[並書] '뽕(步)'자의 처음 나는 소리와 같다.

ㅍ는 입술소리[脣音]니 '푷(漂)'자의 처음 나는 소리와 같다.

ㅁ는 입술소리[脣音]니 '밍(彌)'자의 처음 나는 소리와 같다.

ㅈ는 잇소리[齒音]니 ‘즉(卽)’자의 처음 나는 소리와 같다. 나란히 쓰면[竝書] ‘ᄍᆞᆼ(慈)’자의 처음 나는 소리와 같다.

ㅊ는 잇소리[齒音]니 ‘침(侵)’자의 처음 나는 소리와 같다.

ㅅ는 잇소리[齒音]니 ‘슗(戌)’자의 처음 나는 소리와 같다. 나란히 쓰면[竝書] ‘썅(邪)’자의 처음 나는 소리와 같다.

ㆆ는 목소리[喉音]니 ‘ᅙᅳᆸ(挹)’자의 처음 나는 소리와 같다.

ㅎ는 목소리[喉音]니 ‘헝(虛)’자의 처음 나는 소리와 같다. 나란히 쓰면[竝書] ‘ᅘᅩᆼ(洪)’자의 처음 나는 소리와 같다.

ㅇ는 목소리[喉音]니 ‘욕(欲)’자의 처음 나는 소리와 같다.

ㄹ는 반혓소리[半舌音]니 ‘령(閭)’자의 처음 나는 소리와 같다.

ㅿ는 반잇소리[半齒音]니 ‘ᅀᅣᆼ(穰)’자의 처음 나는 소리와 같다.

ㆍ는 ‘ᄐᆞᆫ(呑)자의 가운뎃소리[中聲]와 같다.

ㅡ는 ‘즉(卽)’자의 가운뎃소리[中聲]와 같다.

ㅣ는 ‘침(侵)’자의 가운뎃소리[中聲]와 같다.

ㅗ는 ‘ᅘᅩᆼ(洪)’자의 가운뎃소리[中聲]와 같다.

ㅏ는 ‘땀(覃)’자의 가운뎃소리[中聲]와 같다.

ㅜ는 ‘군(君)’자의 가운뎃소리[中聲]와 같다.

ㅓ는 ‘업(業)’자의 가운뎃소리[中聲]와 같다.

ㅛ는 ‘욕(欲)’자의 가운뎃소리[中聲]와 같다.

ㅑ는 ‘ᅀᅣᆼ(穰)’자의 가운뎃소리[中聲]와 같다.

ㅠ는 ‘슗(戌)’자의 가운뎃소리[中聲]와 같다.

ㅕ는 ‘볋(彆)’자의 가운뎃소리[中聲]와 같다.

종성에는 초성(글자)을 다시 사용한다. ㅇ을 입술소리 아래 이어 쓰면 입술

가벼운 소리[脣輕音]가 된다. 초성(글자)을 합하여 쓰려면 나란히 쓰라. 종성도 같다. · ㅡ ㅗ ㅜ ㅛ ㅠ는 초성 밑에 붙여 쓰고, ㅣ ㅏ ㅓ ㅑ ㅕ는 (초성) 오른쪽에 붙여 쓰라. 무릇 글자는 반드시 합하여야만 소리[음절]를 이룬다. 왼쪽에 점을 하나 찍으면 거성(去聲)이고, 점을 둘 찍으면 상성(上聲)이며, 점이 없으면 평성이고, 입성(入聲)은 점을 찍는 방식은 같으나 빠르다[促急].

훈민정음 해례(訓民正音 解例)

제자해(制字解)

천지(天地) 자연의 도(道)[원리]는 오직 음양오행(陰陽五行)뿐이다. 곤[坤卦]과 복[復卦]의 사이가 태극(太極)이 되고, 움직이고[動하고] 멎고 한[靜한] 뒤에 음(陰)과 양(陽)이 된다. 무릇 하늘과 땅 사이에 생명이 있는 무리들이 음과 양을 버리고 어디로 가리오? 그러므로 사람의 말소리에도 모두 음양의 이치가 있는 것인데, 생각건대 사람이 살피지 못할 뿐이다.

이제 정음(正音)을 만듦도 처음부터 지혜로써 마련하고 힘써 찾은 것이 아니라, 다만 그 말소리에 따라 그 이치를 다했을 뿐이다. 이치란 본래 둘이 아닌 즉, 어찌 천지귀신(天地鬼神)과 더불어 그 작용[用]을 함께 하지 않겠는가.

정음 28자는 각각 그 모양을 본떠서 이를 만들었다. 초성은 모두 17자이다. 어금닛소리[牙音] (글자) ㄱ는 혀뿌리가 목구멍을 막는 모양을 본떴다. 혓소리[舌音] (글자) ㄴ는 혀끝이 윗잇몸에 붙는 모양을 본떴다. 입술소리[脣音] (글자) ㅁ는 입의 모양을 본떴다. 잇소리[齒音] (글자) ㅅ는 이[齒]의 모양을 본떴다. 목구멍소리[喉音] (글자) ㅇ는 목구멍의 모양을 본떴다. ㅋ는 ㄱ에 비하여 소리가 조금 거세므로[厲] 획을 더하였다. ㄴ에서 ㄷ, ㄷ에서 ㅌ, ㅁ에서 ㅂ, ㅂ에서 ㅍ, ㅅ에서 ㅈ, ㅈ에서 ㅊ, ㅇ에서 ㆆ, ㆆ에서 ㅎ로 되는 것도 그 소리에 따라 획을 더한 뜻은 모두 같다. 다만, 오직 ㆁ만은 다르다. 반혓소리 (글자) ㄹ, 반잇소리 (글자) ㅿ도 역시 혀와 이의 모양을 본떴으나, 그 몸[體: 바탕으로 삼은 기본 글자]을 달리한 것이지 획을 더하는 뜻은 없다.

대저 사람의 말소리가 있음도[사람이 소리를 가짐은] 오행(五行)에 근본을 두고 있으므로, 사철에 어울려 보아도 어그러짐이 없고, (음악의) 오음(五音)에 맞추어 보아도 어긋나지 않는다. 목구멍은 (입 안) 깊숙한 곳에 있고 젖어 있으니 (오행으로 보면) 수(水)에 해당한다. (목구멍에서 나는) 소리가 비고 막힘이 없는 듯한 것은 마치 물이 투명하게 맑고 두루 흘러 통함과 같으니, 철로서는 겨울이며, (오)음으로는 우(羽)에 해당한다. 어금니는 어긋나고 길어서 (오행으로 보면) 목(木)에 해당한다. (어금니에서 나는) 소리는 목구멍소리와 비슷하나 여문 것이 마치 나무가 물에서 났으나 형상이 있음과 같으니, 철로서는 봄이며 (오)음으로는 각(角)에 해당한다. 혀는 날카롭고도 움직이니 (오행으로 보면) 화(火)에 해당한다. (혀에서 나는) 소리가 구르며 날리는 듯한 것은 마치 불이 구르고 펼쳐지며[轉展] 활활 타오름[揚揚]과 같으니, 철로서는 여름이며 (오)음으로는 치(徵)에 해당한다. 이[齒]는 단단하며 (다른 물건을) 끊으니 (오행으로 보면) 금(金)에 해당한다. (이에서 나는) 소리가 부스러지며 걸리는 것은 마치 쇠 부스러기가 단련되어 형체를 이룸과 같으니, 철로서는 가을이며 (오)음으로는 상(商)에 해당한다. 입술은 모나고 다물어지니 (오행으로 보면) 토(土)에 해당한다. (입술에서 나는) 소리가 머금고 넓어지는 듯한 것은 마치 흙이 만물을 머금어 품으면서도 넓고 큼과 같으니, 철로는 늦여름이며 (오)음으로는 궁(宮)에 해당한다.

그러나 물은 만물을 낳는 근원이고, 불은 만물을 이루는 작용이기 때문에 오행 가운데서도 물과 불이 중요한 것이 된다. 목구멍은 소리를 내는 문이고, 혀는 소리[음성]를 변별하는 기관이므로 오음(五音) 가운데서도 목구멍소리와 혓소리가 주가 된다. 목구멍이 맨 뒤에 있고 어금니가 그 다음에 있으니 (각각) 북쪽과 동쪽의 방위이고, 혀와 이가 그 다음에 있으니 (각각) 남쪽과 서쪽의 방위이며, 입술은 맨 끝에 있는데, 이는 흙[土]이 일정한 방위 없이 사철에 기대어서 왕성하게 한다는 뜻이다. 이는 곧 초성 가운데에 스스로 음양, 오행, 방위의 수가 있음이다.

또 말소리의 맑고 흐림[淸濁]으로 이를 말하자면, ㄱ ㄷ ㅂ ㅈ ㅅ ㆆ는 전청(全淸)이 되고, ㅋ ㅌ ㅍ ㅊ ㅎ는 차청(次淸)이 되며, ㄲ ㄸ ㅃ ㅉ ㅆ ㆅ는 전탁이(全濁)가 되고, ㆁ ㄴ ㅁ ㅇ ㄹ ㅿ는 불청불탁(不淸不濁)이 된다.

ㄴ ㅁ ㅇ는 그 소리가 가장 거세지 않기 때문에 차례는 비록 뒤에 있으나, 모양을 본떠서 글자를 만드는 데에 있어서는 이들을 시초로 삼았다. ㅅ와 ㅈ는 비록 다 같이 전청이지만 ㅅ가 ㅈ에 비해 소리가 거세지 않으므로 (ㅅ를) 또한 (치음) 글자를 만드는 시초로 삼았다. 다만, 오직 어금닛소리의 ㆁ만은 비록 혀뿌리가 목구멍을 닫고 소리의 기운이 코로 나오나 그 소리가 ㅇ와 더불어 서로 비슷하기 때문에 (중국의) 운서에서도 의모[疑母, ㆁ]와 유모[喩母, ㅇ]가 서로 섞여 사용되는 경우가 많다. 이제 또한 (ㆁ자를) 목구멍에서 모양을 본뜨되, 어금닛소리 글자를 만드는 시초로[기본자로] 삼지는 않은 것은 대개 목구멍은 수(水)에 속하고 어금니는 목(木)에 속하는 까닭이다. ㆁ는 비록 어금닛소리에 속해 있으면서도 (목구멍소리인) ㅇ와 서로 비슷하여 마치 나무의 싹이 물에서 나와서 부드러워 아직 물기운이 많음과 같다. ㄱ는 나무가 바탕을 이룬 것이고, ㅋ는 나무가 무성하게 자란 것이며, ㄲ는 나무가 나이가 들어 씩씩하게 된 것이므로 여기까지 모두 어금니에서 본뜬 것이다.

전청(全淸) 글자를 나란히 쓰면 전탁(全濁) 글자가 되는 것은 전청의 소리가 엉기면 곧 전탁의 소리가 되기 때문이다. 오직 목구멍소리는 차청[ㅎ]에서 전탁 소리가 되는 것은 대개 ㆆ는 소리가 깊어서 엉기지 않음에 반해, ㅎ는 ㆆ에 비해 소리가 얕으므로 엉겨서 전탁 소리가 되기 때문이다.

ㅇ를 입술소리 아래에 이어 쓰면 곧 입술 가벼운 소리[脣輕音] 글자가 되는데, 그것은 가벼운 소리로서는 입술을 살짝[잠깐] 다물며[닿았다가 바로 열어서], 목구멍소리가 많이 섞여 있기 때문이다.

중성 글자는 모두 11자이다. ·(소리)는 혀가 움츠러들고[舌縮] 소리는 깊으니[聲深], 하늘은 자시(子時)에 열린다. 모양이 둥급은 하늘을 본뜬 것이다. ㅡ(소리)는 혀가 조금 움츠러들고[舌小縮] 소리가 깊지도 얕지도 않으니[聲不深不淺], 땅은 축시(丑時)에 열린다. 모양이 평평함은 땅을 본뜬 것이다. ㅣ(소리)는 혀가 움츠러들지 않고[舌不縮] 소리는 얕으니[聲淺], 사람은 인시(寅時)에 생겨난다. 모양이 서있는 것은 사람을 본뜬 것이다. 이 아래 여덟 소리는 하나가 닫히고[闔] 하나는 열린다[闢]. ㅗ는 ·와 같으나 입이 오므러지는데[口蹙], 그 모양은 곧 ·와 ㅡ가 합하여 이루어진 것이며, 하늘과 땅이 처음 만나는 뜻을 취한 것이다. ㅏ는 ·와 같으나 입이 벌어지는데[口張], 그 모양은 ㅣ와 ·가 합하여 이루어진 것이며, 천지의 작용[用]이 사물에 나타나되 사람을 기다려서 이루어진다는 뜻을 취한 것이다. ㅜ는 ㅡ와 같으나 입이 오므러지는데, 그 모양은 ㅡ와 ·가 합하여 이루어진 것이며, 역시 하늘과 땅이 처음 만나는 뜻을 취한 것이다. ㅓ는 ㅡ와 같으나 입이 벌려지는데, 그 모양은 ·와 ㅣ가 합하여 이루어진 것이며, 역시 천지의 작용[用]이 사물에 나타나되 사람을 기다려서 이루어진다는 뜻을 취한 것이다. ㅛ는 ㅗ와 같으나 ㅣ에서 시작된다. ㅑ와 ㅏ는 같으나 ㅣ에서 시작된다. ㅠ는 ㅜ와 같으나 ㅣ에서 시작된다. ㅕ는 ㅓ와 같으나 ㅣ에서 시작된다.

ㅗ ㅏ ㅜ ㅓ는 하늘과 땅에서 비롯된 것이라 첫 번째로 생겨난 것[初出字]이 되고, ㅛ ㅑ ㅠ ㅕ는 ㅣ에서 시작되어서 사람[즉 ㅣ]을 겸하였으므로 두

번째로 생겨난 것[再出字]이 된다. ㅗ ㅏ ㅜ ㅓ에서 둥근 점[즉 ·]을 하나로 함은 첫 번째로 생겨났다는 뜻을 취한 것이다. ㅛ ㅑ ㅠ ㅕ에서 둥근 점을 두 개로 한 것은 두 번째로 생겨났다는 뜻을 취한 것이다. ㅗ ㅏ ㅛ ㅑ의 둥근 점이 위나 밖에 있는 것은 그것이 하늘[즉 ·]에서 생겨나 양(陽)이 되기 때문이다. ㅜ ㅓ ㅠ ㅕ의 둥근 것이 아래나 안에 있는 것은 그것이 땅[즉 ㅡ]에서 생겨나 음(陰)이 되기 때문이다. ·가 여덟 소리를 꿴 것은[즉 ·가 여덟 소리에 다 들어 있는 것은] 마치 양이 음을 거느리고 만물에 두루 흐르는 것과 같다. ㅛ ㅑ ㅠ ㅕ가 모두 사람을 겸함은 사람이 만물의 영장으로서 능히 양의[陰陽]에 참여할 수 있기 때문이다. 하늘과 땅과 사람에서 모양을 본떠 삼재(三才. 天地人)의 이치가 갖추어지게 되었다. 그러나 삼재가 만물의 으뜸이 되되, 하늘이 또 삼재의 시초가 되는 것처럼 · ㅡ ㅣ 석 자가 여덟 글자의 머리가 되되, 또한 ·가 석 자의 으뜸이 되는 것과 같다.

ㅗ가 처음으로 하늘에서 생겼으니, 천수(天數)로는 1이고 물을 낳는 자리이다. ㅏ가 다음으로 생겼으니, 천수로는 3이고 나무를 낳는 자리이다. ㅜ가 처음으로 땅에서 생겼으니, 지수(地數)로는 2이고, 불을 낳는 자리이다. ㅓ가 다음으로 생겼으니 지수로는 4이고, 쇠를 낳는 자리이다. ㅛ는 두 번째로 하늘에서 생겼으니, 천수(天數)로는 7이고, 불을 이루는 수(數)이다. ㅑ가 그 다음으로 생겼으니 천수(天數)로는 9이고, 쇠를 이루는 수이다. ㅠ는 두 번째로 땅에서 생겼으니, 지수(地數)로는 6이고, 물을 이루는 수이다. ㅕ는 그 다음으로 생겼으니, 지수(地數)로는 8이고 나무를 이루는 수이다. 물[ㅗ ㅠ]과 불[ㅜ ㅛ]은 아직 기(氣)에서 벗어나지 못하고 음과 양이 서로 사귀어 어울리는 시초이니 닫힌다[闔=원순모음]. 나무[ㅏ ㅕ]와 쇠[ㅓ ㅑ]는 음과 양의 정해진 바탕이므로 열린다[闢=평순모음]. ·는 천수(天數)로는 5이고, 흙을 낳는 자리이다. ㅡ는 지수(地數)로는 10이고 흙을 이루는 수(數)이다. ㅣ만 홀로 자리나 수가 없는 것은 대개 사람이란 무극(無極)의 참[眞]과 이오(二五)[음양과

오행]의 정(精)[精髓]이 미묘하게 어울려 엉겨서 진실로 일정한 자리와 이루어진 수로는 논할 수 없기 때문이다. 이는 곧 중성 가운데서도 또한 스스로 음양, 오행, 방위의 수(數)를 갖추고 있는 것이다.

초성을 중성에 대비시켜 말하자면, 음양은 하늘의 도(道)이고, 단단하고 부드러운 것은 땅의 도(道)다. 중성은 하나가 깊으면[深] 하나는 얕고[淺], 하나가 닫히면[闔], 하나가 열리니[闢], 이는 곧 음과 양이 나뉘고, 오행의 기운이 갖추어진 것이니 하늘의 작용[用]이다. 초성은 어떤 것은 비어있고, 어떤 것은 여물며, 어떤 것은 날리고, 어떤 것은 걸리며, 어떤 것은 무겁거나 가벼우니, 이는 곧 단단하고 부드러움이 드러나서 오행의 바탕이 이루어진 것이니, 땅의 공(功)이다. 중성이 깊고[深] 얕고[淺] 닫히고[闔] 열림[闢]으로써 앞에서 부르면, 초성이 오음(五音)과 맑고[淸] 흐림[濁]으로써 뒤에서 화합하여[즉, 초성이 중성을 중심으로 결합하여] (음절의) 첫소리가 되기도 하고 끝소리가 되기도 하니, 또한 만물이 땅에서 처음 나서 다시 땅으로 돌아감을 볼 수 있다.

초성, 중성, 종성 글자가 합하여 이루어진 글자에 대해 말하자면, 또한 움직임[動]과 멎음[靜]이 서로 뿌리가 되고, 음과 양이 엇바뀌어 변하는 뜻이 있으니, 움직임[動]은 하늘[초성]이고, 멎음[靜]은 땅[종성]이며, 움직임과 멎음을 겸한 것은 사람[중성]이다. 대개 오행이 하늘에 있은즉 신의 운행이고, 땅에 있은즉 바탕의 이룸이며, 사람에게 있은즉 인(仁), 예(禮), 신(信), 의(義), 지(智)가 신(神)의 운행이요, 간장, 심장, 비장, 폐장, 신장이 바탕의 이룸이다. 초성에는 발동의 뜻이 있으니 하늘이 하는 일이요, 종성에는 그치고 정해지는 뜻이 있으니, 땅이 하는 일이다. 중성은 초성의 생겨남을 이어 종성의 이룸에 이어주니 사람이 하는 일이다. 대개 자운[음절]의 요체는 중성에 있어서, 초성, 종성과 어울려서 소리[음절]를 이루니, 이 또한 하늘과 땅이 만물을 낳고 이루되 그것을 재단하여 돕는 일은 반드시 사람에게 힘입는 것과 같다.

종성에 초성(자)을 다시 쓰는 것은, 그것이 움직여 양(陽)이 된 것도 건(乾)

이요, 멎어 음(陰)이 된 것도 건(乾)이니, 건(乾)이 실지로 음양으로 나뉘더라도 주재(主宰)하지 않음이 없기 때문이다. 일원(一元)의 기운이 두루 흘러 다하지 않고, 사시(四時)의 운행이 순환하여 끝이 없으므로, 정(貞)에서 다시 원(元)이 되고[元亨利貞의 순환 원리], 겨울에서 다시 봄이 되는 것이니, 초성이 다시 종성이 되고 종성이 다시 초성이 됨도 역시 이와 같은 뜻이다.

아, 정음이 만들어짐에 천지 만물의 이치가 모두 갖추어졌으니 그 신이로움이여. 이는 아마도 하늘이 성군의 마음을 열어 그 손을 빌려주신 것이로구나! 결에 이르기를

천지의 조화(造化)는 본래 한 기운이며
음양과 오행이 서로 처음이며 끝이네
둘 사이에 있는 만물은 모양과 소리를 가지되
본디 근본에는 두 이치 없으니 이(理)와 수(數)가 통하네.
정음의 글자 만듦에 모양 본뜨기를 존중하되
소리의 세기에 따라 획을 더하였네.
아, 설, 순, 치, 후에서 소리가 나오니
이것이 초성은 열일곱 자라네.
어금닛소리는 혀뿌리가 목구멍을 닫는 모양을 취하되
다만 ㆁ(業)만은 ㅇ(欲)와 비슷하여 뜻을 취함이 다르네.
혓소리는 곧 혀끝이 윗잇몸에 닿는 모양을
입술소리는 이 곧 입의 모양을 본뜬 것.
잇소리와 목구멍소리는 바로 이와 목구멍 모양을 본떴으니
이 다섯 뜻 알게 되면 그 소리는 저절로 밝혀지리라.
또 반혓소리와 반잇소리도 있으니
모습 본뜨긴 같아도 몸[體]이 다르네

ㄴ(那) ㅁ(彌) ㅅ(戌) ㅇ(欲)는 소리가 거세지 않아
차례로는 뒤이지만 모양을 본뜨는 데는 시초로 삼네.
네 철과 충기(沖氣)에 맞추어 보면
오행과 오음에 어울리지 않음이 없네.
목구멍소리는 물[水]이며 겨울[冬]이고 우음(羽音)이며
어금닛소리는 봄[春]이며 나무[木]이고 각음(角音)이네.
치음(徵音)에 여름[夏]이며 불[火]인 것이 혓소리이며
잇소리는 상음(商音)이며 가을[秋]이고 또한 쇠[金]이네.
입술소리는 자리나 수에 정함이 없어도
흙[土]으로서 늦여름[季夏]이라 궁음(宮音)이 되네.
말소리에는 또한 제각기 맑고 흐림이 있으니,
요컨대 첫소리가 날 때 자세히 살피라.
전청(全淸) 소리는 ㄱ(君) ㄷ(斗) ㅂ(鷩)이요
ㅈ(卽) ㅅ(戌) ㆆ(挹) 또한 전청의 소리
만일 ㅋ(快) ㅌ(呑) ㅍ(漂) ㅊ(侵) ㅎ(虛)로 이를 것 같으면
이 다섯 음은 각각 차청이 되네.
전탁(全濁)의 소리는 ㄲ(虯) ㄸ(覃) ㅃ(步)
그리고 ㅉ(慈) ㅆ(邪) 또 ㆅ(洪)가 있네.
전청(全淸)을 나란히 쓰면 전탁(全濁)이 되지만
다만 ㆅ(洪)는 ㅎ(虛)에서 나와 이것이 다르네
ㆁ(業) ㄴ(那) ㅁ(彌)과 ㅇ(欲)와 ㄹ(閭) ㅿ(穰)는
그 소리가 맑지도 흐리지도 않네.
ㅇ(欲)자를 이어 쓰면 입술 가벼운 소리가 되니,
목구멍소리가 많이 섞이고 입술은 잠깐 합하네.
중성 열한 자도 또한 모양을 본떠 만들었으니

깊은 뜻은 쉽게 알아볼 수 없으리.

·(呑) 글자는 하늘을 본떠 그 소리가 가장 깊은데

둥근 모양이라 탄환 같네.

一(卽) 소리는 깊지도 않고 또 얕지도 않으니

그 모양이 평평함은 땅의 모양을 본뜬 것이네.

ㅣ(侵)는 사람이 선 모양을 본떠서 그 소리가 얕으니,

삼재의 도(道)가 여기에 갖추어졌네.

ㅗ(洪)자는 하늘[·]에서 나와 아직 닫혀 있으니

하늘의 둥긂과 땅의 평평함을 아울러 본뜨고,

ㅏ(覃)자 역시 하늘에서 나왔으나 이미 열려 있으니

사물에서 나와서 사람[모음 ㅣ]을 통하여 이루어짐을 뜻하네.

처음 생겨났다는 뜻으로 둥근 점을 하나로 하고

하늘에서 나와 양이 되어 위와 밖에 있네.

ㅛ(欲)와 ㅑ(穰)는 사람을 겸해 거듭 생겨났으니

두 개의 둥근 점으로 모양을 만들어 그 뜻을 보였네.

ㅜ(君)와 ㅓ(業)와 ㅠ(戌)와 ㅕ(彆)가 땅에서 나옴은,

예로 미루어 저절로 알 수 있는데 어찌 꼭 풀이해야 하리오.

·(呑)자가 여덟 소리에 다 들어간 것은

오직 하늘의 작용[用]이 두루 흘러 통하기 때문이네.

네 소리가 사람을 겸함 또한 까닭이 있으니,

사람이 천지에 참여하여 가장 신령스럽기 때문이네.

또 삼성[초.중.종성]에 나아가 깊은 이치를 살피면

스스로 단단함과 부드러움, 음과 양이 있으니

중성은 하늘의 작용으로 음과 양으로 나뉘고

초성은 땅의 공으로 단단하고 부드러움이 드러나네.

중성이 부르면 초성이 화답하니
하늘이 땅보다 앞섬은 이치가 스스로 그러하네.
화답하는 것은 처음이 되고 끝도 되나니,
만물이 생겨나 모두 땅으로 되돌아감이네
음이 변해 양이 되고 양이 변해 음이 되니
한번 움직이고 한번 멈춤이 서로 뿌리가 되네.
초성은 다시 발생(發生)의 뜻이 있어
양의 움직임이 되는 것은 하늘에서 주관하는 일이네.
종성은 땅에 견주어 음의 멈춤이니
글자의 소리가 여기서 그치어 정해지는 것이네.
자운(字韻)을 이루는 요체는 중성에 있으니
사람이 능히 보필하고 도와 천지가 편안함이네.
양의 작용은 음에도 통하여
지극한 데에 이르러 펴면 도로 되돌아오네.
초성과 종성이 비록 음과 양으로 나뉜다 해도
종성에 초성을 쓰는 뜻을 알리라
정음의 글자 수가 단지 스물여덟뿐이지만
복잡한 이치를 탐색하고 깊은 이치를 궁구(窮究)하였네.
뜻은 멀되 말은 가까워 백성을 인도하기 쉬우니
하늘의 주심이라 어찌 일찌기 슬기와 기교로만 된 것이리오?

초성해(初聲解)

훈민정음(訓民正音)의 초성은 곧 운서(韻書)의 자모니, 말소리가 이로부터 생겨나므로 모(母)라 한다. 어금닛소리 군(君)자의 초성은 곧 'ㄱ'인데, 'ㄱ'가

'ㄷ'과 어울려 '군'이 되고, 쾌(快)자의 초성은 'ㅋ'인데, 'ㅋ'가 'ㅙ'와 어울려 '쾌'가 된 것이고, 뀨(虯)자의 초성은 'ㄲ'인데, 'ㄲ'가 'ㅠ'와 어울려 '뀨'가 되고, 업(業)자의 초성은 'ㆁ'인데, 'ㆁ'가 'ㅂ'과 어울려 '업'이 되는 따위와 같다. 혓소리의 ㄷ(斗), ㅌ(呑), ㄸ(覃), ㄴ(那), 입술소리 ㅂ(彆), ㅍ(漂), ㅃ(步), ㅁ(彌), 잇소리의 ㅈ(卽), ㅊ(侵), ㅉ(慈), ㅅ(戌), ㅆ(邪), 목구멍소리 ㆆ(挹), ㅎ(虛), ㆅ(洪), ㅇ(欲), 반혓소리, 반잇소리의 ㄹ(閭), ㅿ(穰)도 모두 이와 같다. 결에 이르기를

ㄱ(君), ㅋ(快), ㄲ(虯), ㆁ(業) 그 소리는 어금닛소리이고,
혓소리는 ㄷ(斗), ㅌ(呑), ㄸ(覃), ㄴ(那)이네.
ㅂ(彆), ㅍ(漂), ㅃ(步), ㅁ(彌)은 곧 입술소리이며,
잇소리에는 ㅈ(卽), ㅊ(侵), ㅉ(慈), ㅅ(戌), ㅆ(邪)가 있네.
ㆆ(挹), ㅎ(虛), ㆅ(洪), ㅇ(欲)는 목구멍소리이며
ㄹ(閭)는 반혓소리 ㅿ(穰)는 반잇소리로다.
스물석 자가 자모(字母)가 되어
온갖 소리가 나고 남이 다 여기서 시작되네.

중성해(中聲解)

중성은 자운[字韻. 하나의 음절을 구성하는 한자음]의 가운데에 있으면서 초성, 종성과 어울려 소리[음절]를 이룬다. 예를 들면, 툰(呑)자의 중성은 ·인데, ·가 ㅌ와 ㄴ 사이에 있어 '툰'이 되고, 즉(卽)자의 중성은 ㅡ인데, ㅡ가 ㅈ와 ㄱ 사이에 있어 '즉'이 되고, 침(侵)자의 중성은 ㅣ인데, ㅣ가 ㅊ와 ㅁ 사이에 있어 '침'이 되는 따위와 같다. ㅗ(洪), ㅏ(覃), ㅜ(君), ㅓ(業), ㅛ(欲), ㅑ(穰), ㅠ(戌), ㅕ(彆)도 모두 이와 같다. 두 자가 합하여져서 씀[合用]에

는 ㅗ와 ㅏ는 다 같이 ㆍ에서 나왔으므로 합하여져서 ㅘ가 된다. ㅛ와 ㅑ가 또한 ㅣ에서 나왔으므로 합하여져서 ㆇ가 된다. ㅜ와 ㅓ가 다 같이 ㅡ에서 나왔으므로 합하여져서 ㅝ가 된다. ㅠ와 ㅕ가 또한 다 같이 ㅣ에서 나왔으므로 합하여져서 ㆊ가 된다. (같은 것으로부터) 함께 나와서 같은 유(類)가 되므로, 서로 합하여도 어그러짐이 없다. 한 자(字)로 된 중성으로서 ㅣ와 서로 어울린 것은 열 개이니, ㆎ, ㅢ, ㅚ, ㅐ, ㅟ, ㅔ, ㆉ, ㅒ, ㆌ, ㅖ가 그것이다. 두 자(字)로 된 중성으로서 ㅣ와 어울린 것은 네 개이니, ㅙ, ㅞ, ㆈ, ㆋ가 그것이다. ㅣ가 깊고 얕고 오므리고 벌린[深淺闔闢] 모든 소리에 어울려 능히 서로 따를 수 있는 것은, 혀가 펴지고 소리가 얕아서 입을 열기에 편하기 때문이다. 역시 가히 사람이 개물(開物)에 참여하여 통하지 않는 바가 없음을 볼 수 있다. 결에 이르기를

자모(字母)가 되는 글자의 음(音)마다 제각기 중성이 있으니
모름지기 중성에서 합벽(闔闢)을 찾으라.
ㅗ(洪)와 ㅏ(覃)는 ㆍ(呑)로부터 나왔으니 어울려 쓸 수 있고
ㅡ(卽)에서 나온 ㅜ(君) ㅓ(業) 또한 가히 합할 수 있네.
ㅛ(欲)나 ㅑ(穰)와 ㅠ(戌)나 ㅕ(彆)도
제각기 그것이 나온 글자를 따라 그 뜻을 알라.
ㅣ(侵)자의 쓰임이 가장 많아서
열넷의 소리에 두루 따르네.

종성해(終聲解)

종성은 초성과 중성을 이어받아 자운[字韻. 음절]을 이룬다. 예를 들면, 즉(卽)자의 종성은 곧 ㄱ인데, ㄱ는 '즈'의 끝에 놓여 '즉'이 되고 뽕(洪)자의 종

성은 ㆁ인데, ㆁ가 '솨'의 끝에 놓여 '쫭'이 되는 따위와 같다. 혓소리, 입술소리, 잇소리, 목구멍소리도 모두 같다.

소리에는 느리고 빠름의 차이가 있으므로, 평성(平聲), 상성(上聲), 거성(去聲)은 그 종성이 입성(入聲)의 빠름과는 같지 않다. 불청불탁(不淸不濁)의 글자는 그 소리가 거세지 않으므로 종성으로 쓰면 마땅히 평성, 상성, 거성에 속하고, 전청(全淸), 차청(次淸), 전탁(全濁)의 글자는 그 소리가 거세므로 종성으로 쓰면 마땅히 입성에 속한다. 그러므로 ㆁ, ㄴ, ㅁ, ㅇ, ㄹ, ㅿ 6자는 평성, 상성, 거성의 종성이 되고, 그 나머지는 모두 입성의 종성이 된다. 그러나 ㄱ, ㆁ, ㄷ, ㄴ, ㅂ, ㅁ, ㅅ, ㄹ 8자만으로도 족히 쓸 수 있다. 예를 들면, '빗곶[梨花]', '엿의갗[狐皮]'과 같은 경우에 (받침자를) 'ㅅ'자로 통용할 수 있기 때문에 다만 'ㅅ'자를 쓰는 것과 같다. 또 'ㅇ'는 소리는 맑고 비어서 (국어에서는) 종성에 반드시 쓰지 않더라도 중성이 음[음절]을 이룰 수 있다. ㄷ는 볃(彆), ㄴ는 군(君), ㅂ는 업(業), ㅁ는 땀(覃), ㅅ는 우리말 옷[衣], ㄹ은 우리말 실[絲] 따위와 같다.

오음(五音)의 느리고 빠름이 또한 각각 스스로 짝[對]이 된다. 예컨대, 어금닛소리의 ㆁ는 ㄱ와 짝이 된다. ㆁ를 빨리 발음하면 ㄱ로 변하여 빠르다. ㄱ를 느리게 내면 ㆁ로 변하여 느리게 된다. 혓소리의 ㄴ와 ㄷ, 입술소리의 ㅁ와 ㅂ, 잇소리의 ㅿ와 ㅅ, 목구멍소리의 ㅇ와 ㆆ도 그 느리고 빠름이 서로 짝이 됨이 또한 이와 같다. 또한 반혓소리 ㄹ는 마땅히 우리말에나 쓸 것이지 한자어(의 종성)에는 쓸 수 없다. 입성의 '彆'(볃)자와 같은 것도 종성에 마땅히 'ㄷ'를 써야 하나, 세속의 관습에서 'ㄹ'로 읽는 것은 대개 'ㄷ'가 변해서 가볍게 된 것이다. 만일 ㄹ로 '彆'(별)자의 종성을 삼는다면 그 소리가 늘어져서 입성이 되지 않는다. 결에 이르기를

불청불탁음(不淸不濁音)을 종성에 쓴즉

평성, 상성, 거성이 되고 입성이 되지 않네.

전청, 차청 그리고 전탁음은

모두 입성이라 소리가 촉급하네.

초성이 종성됨은 이치가 본래 그러하므로

다만 여덟 자만 가지고도 쓰임이 막힐 것 없네.

오직 ㅇ(欲)자가 있어야 마땅할 자리에는

중성만으로도 음절을 이루어 통할 수 있네.

만일 '즉(卽)'의 종성을 쓰려면 ㄱ(君)이요

홍(洪), 볃(彆)은 ㆁ(業)와 ㄷ(斗)로써 종성을 하니

군(君), 업(業), 땀(覃) 종성은 또한 무엇일까

차례대로 ㄴ(那), ㅂ(彆), ㅁ(彌)이라네.

여섯 소리[ㄱㆁㄷㄴㅂㅁ]는 한자와 우리말에 함께 쓰이되

ㅅ(戌)와 ㄹ(閭)는 우리말의 옷[衣]과 실[絲] 종성으로만 쓰이네

오음[아, 설, 순, 치, 후음]의 느리고 빠름이 각각 짝이 있으니

ㄱ(君) 소리는 ㆁ(業) 소리를 빠르게 낸 것이고

ㄷ(斗), ㅂ(彆) 소리가 느려지면 각각 ㄴ(那), ㅁ(彌)가 되며

ㅿ(穰)와 ㅇ(欲)는 그것 또한 ㅅ(戌), ㆆ(挹)의 짝이네

ㄹ(閭)는 우리말 표기에는 마땅하나 한자음 표기에는 마땅치 않으니

ㄷ(斗) 소리가 가벼워져서 ㄹ(閭) 소리가 된 것은 곧 세속의 관습이네

合字解

초성, 중성, 종성 세 소리가 합하여져 (한) 글자를 이룬다. 초성 글자는 중성 글자 위에 있거나 중성 글자 왼쪽에 있기도 한다. 예컨대, 군(君)자의 ㄱ는 ㅜ 위에 있고 업(業)자의 ㆁ이 ㅓ 왼쪽에 있는 따위이다. 중성 중에서 '둥근

것'과 '가로로 된 것'은 초성의 아래에 있는데, · ㅡ ㅗ ㅛ ㅜ ㅠ가 그것이다. '세로로 된 것'은 초성의 오른쪽에 있는데, ㅣ, ㅏ, ㅑ, ㅓ, ㅕ가 그것이다. 예를 들면, ᄐᆞᆫ(呑)자의 ·는 ㅌ의 아래에 있고, 즉(卽)자의 ㅡ는 ㅈ의 아래에 있으며, 침(侵)자의 ㅣ는 ㅊ의 오른쪽에 있는 따위이다. 종성은 초성, 중성의 아래에 있는데, 예를 들면, 군(君)자의 ㄴ는 '구'의 아래에 있고, 업(業)'자의 ㅂ은 '어'의 아래 있는 따위이다.

초성을 두 글자, 세 글자 아울러 쓰는 것[合用並書]은 예를 들면 우리말의 ᄯᅡ[地], ᄧᅡᆨ[雙], ᄢᅳᆷ[隙] 등과 같다. 각자병서(各自並書)는, 예를 들면 우리말의 혀[舌]가 ᅘᅧ[引], 괴여[내가 다른 사람을 사랑하다]가 괴ᅇᅧ[다른 사람이 나를 사랑하다], 소다[물건을 덮다]가 쏘다[무엇을 쏘다]가 되는 따위이다. 중성을 두 글자, 세 글자 아울러 쓰는 것은 예를 들면 우리말의 과[琴柱], 홰[炬] 등과 같다. 종성을 두 글자 또는 세 글자 아울러 쓰는 것은 예를 들면, 우리말의 ᄒᆞᆰ[土], 낛[釣], ᄃᆞᇌᄣᅢ[酉時] 등과 같다. 합용병서는 왼쪽에서 오른쪽으로 쓰는데 이것은 초, 중, 종성이 다 같다. 한자와 우리글[훈민정음]을 섞어 쓸 경우에는 한자음에 따라서 우리글의 중성자나 종성자로 보충하는 일이 있으니, 예를 들면 '孔子ㅣ 魯ㅅ사ᄅᆞᆷ' 따위와 같다.

우리말의 평성, 상성, 거성, 입성의 예를 들면, '활[弓]'은 평성이고, ':돌[石]'은 상성이며, '·갈[刀]'은 거성이고, '붇[筆]'은 입성이 되는 따위와 같다. 무릇 글자의 왼쪽에 1점을 찍으면 거성이고, 2점을 찍으면 상성이며, 점이 없으면 평성이다. 한자어의 입성은 거성과 서로 비슷하나, 우리말의 입성은 일정하지 않아서, 혹은 평성과 비슷하여, 긷[柱], 녑[脅]과 같이 되고, 혹은 상성과 비슷하여, :낟[穀], :깁[繒]과 같이 되며, 혹은 거성과 비슷하여, ·몯[釘], ·입[口]과 같은 따위인데, 그 점을 찍는 방식은 평성, 상성, 거성의 경우가 모두 같다. 평성은 편안하고 온화하여[安而和] 봄이니 만물이 서서히 자라고, 상성은 온화하고 들려[和而擧] 여름이니 만물이 점점 무성해진다. 거성은 들리고[높고] 씩씩하여[擧而壯] 가을이니 만물이 성숙해진다. 입성은 빠르고 막혀[促而塞] 겨울이니 만물이 닫히고 감추어짐과 같다.

초성의 ㆆ는 ㅇ와 서로 비슷하여 우리말에서 통용할 수 있다.

반혓소리에는 경・중(輕・重)의 두 소리가 있으나 중국 운서(韻書)의 자모(字母)에는 오직 하나뿐이다[구별이 없다]. 그리고 국어에서도 비록 경・중을 나누지 않더라도 모두 소리를 이룰 수 있다. 만일 갖추어서 쓰고자 한다면 순경음의 예를 따라서 ㅇ를 ㄹ의 아래에 이어 쓰면 반설경음(ᄛ)이 된다. 혀를 윗잇몸에 살짝 붙인다[닿도록 발음한다].

'・, ㅡ'가 'ㅣ'에서 시작되는 것은 국어[중앙어]에서 쓰이지 않으나 아동들의 말이나 시골말[방언]에 간혹 이것이 있기도 한데, 마땅히 두 글자를 합하여, 쓸 것이니 예컨대 'ᄀᆝ, ᄀᆜ' 따위와 같다. 그 세로로 된 글자를 먼저 쓰고 가로로 된 글자를 나중에 쓰는 것은 다른 글자의 경우와 같지 않다. 결에 이르기를

초성은 중성의 왼쪽과 위쪽에 있는데
ㆆ(挹)와 ㅇ(欲)는 우리말에서 서로 같이 쓰이네.
중성 열한 자는 초성에 붙이는데
둥근 것과 가로로 된 것은 아래에, 세로로 된 것만 오른쪽에 쓴다네.
종성을 쓰자면 어디에 쓰나?
초성, 중성 아래에 붙여 쓰네.
초성, 종성을 합용하려면 각각 나란히 쓰고
중성도 합용하되 다 왼쪽부터 쓰네
우리말에서는 사성(四聲)을 어떻게 구별하나?
평성은 활[弓]이요 상성은 :돌[石]이네.
・갈[刀]은 거성이 되고 붇[筆]은 입성이 되니

이 네 가지를 보면 다른 것도 알 수 있네.

소리는 왼쪽의 점에 따라 사성이 나뉘니

하나면 거성, 둘은 상성, 없으면 평성이네.

우리말 입성은 정함이 없으나 평성, 상성, 거성처럼 점찍고

한자의 입성은 거성과 비슷하네.

방언과 이어(俚語)가 모두 다르고

소리는 있고 글자는 없어 글이 통하기 어렵더니

하루아침에

만드셔서 하늘 솜씨에 비기니

우리나라 오랜 역사에 어둠을 깨우치셨네.

用字例

초성의 ㄱ는 :감[柿], ·ᄀᆞᆯ[蘆]의 초성과 같고, ㅋ는 우·케[未春稻], 콩[大豆]의 초성과 같으며, ㆁ는 러·ᅌᅮᆯ[獺], 서·ᅌᅦ[流澌]의 초성과 같으며, ㄷ는 ·뒤[茅], ·담[墻]의 초성과 같고, ㅌ는 고·티[繭], 두텁[蟾蜍]의 초성과 같다. ㄴ는 노로[獐], 납[猿]의 초성과 같고, ㅂ는 ᄇᆞᆯ[臂], :벌[蜂]의 초성과 같으며, ㅍ는 ·파[葱], ᄑᆞᆯ[蠅]의 초성과 같고, ㅁ는 :뫼[山], ·마[薯薁]의 초성과 같다. ㅸ는 사·ᄫᅵ[蝦], 드·ᄫᅴ[瓠]의 초성과 같으며, ㅈ는 ·자[尺], 죠·히[紙]의 초성과 같고, ㅊ는 ·체[籭], 채[鞭]의 초성과 같으며, ㅅ는 ·손[手], :셤[島]의 초성과 같다. ㅎ는 ·부헝[鵂鶹], ·힘[筋]의 초성과 같고, ㅇ는 ·비육[鷄雛], ·ᄇᆞ얌[蛇]의 초성과 같으며, ㄹ는 ·무뤼[雹], 어·름[氷]과 같고, ㅿ는 아ᅀᆞ[弟], :너ᅀᅵ[鴇]와 같다.

중성 ᆞ는 ·ᄐᆞᆨ[頤], ·ᄑᆞᆺ[小豆], ᄃᆞ리[橋], ᄀᆞ래[楸]의 중성과 같고, ㅡ는 ·믈[水], ·발·측[跟], 그력[雁], 드·레[汲器]의 중성과 같으며, ㅣ는 ·깃[巢], :밀

[蠟], ·피[稷], ·키[箕]의 중성과 같고, ㅗ는 ·논[水田], ·톱[鉅], 호·미[鉏], 벼·로[硯]의 중성과 같다. ㅏ는 ·밥[飯], ·낟[鎌], 이·아[綜], 사·숨[鹿]의 중성과 같고, ㅜ는 숫[炭], ·울[籬], 누·에[蠶], 구·리[銅]의 중성과 같으며, ㅓ는 브섭[竈], :널[板], 서·리[霜], 버·들[柳]의 중성과 같다. ㅛ는 :죵[奴], ·고욤[梬], 쇼[牛], 삽됴[蒼朮菜]의 중성과 같으며, ㅑ는 남샹[龜], 약[鼅鼊], 다야[匜], 쟈감[蕎麥皮]의 중성과 같고, ㅠ는 율믜[薏苡], 쥭[飯乘], 슈룹[雨繖], 쥬련[帨]의 중성과 같으며, ㅕ는 ·엿[飴餹], 뎔[佛寺], 벼[稻], :져비[燕]의 중성과 같다.

종성의 ㄱ는 닥[楮], 독[甕]의 종성과 같고, ㆁ는 :굼벙[蠐螬], 올창[蝌蚪]의 종성과 같으며, ㄷ는 ·갇[笠], 싣[楓]의 종성과 같다. ㄴ는 ·신[屨], ·반되[螢]의 종성과 같으며, ㅂ는 섭[薪], ·굽[蹄]의 종성과 같고, ㅁ는 :범[虎], :심[泉]의 종성과 같다. ㅅ은 :잣[海松], ·못[池]의 종성과 같고, ㄹ은 ·돌[月], :별[星]의 종성과 같은 따위다.

참고 2

鄭麟趾 序[1)]

천지자연의 소리가 있으면 반드시 천지자연의 글자도 있는 법이다. 그러한 까닭에 옛사람들은 소리에 따라 글자를 만들고 이로써 만물의 뜻을 능히 꿰뚫고 삼재(三才)의 도를 실었으니, 후세의 사람들이 바꿀 수 없다.

그러나 사방의 풍토는 다르고, 소리 기운[聲氣] 또한 그에 따라 달라진다. 대개 중국 이외의 나랏말은 그 말은 있으나 글자가 없어서, 중국의 글자를 빌려서 널리 쓰고 있으나 이것은 마치 둥근 구멍에 모난 자루를 끼운 것처럼 서로 어긋나는 일이므로, 어찌 능히 통하여 막힘이 없겠는가? 요컨대 다 각각 그 처한 바에 따라 편안케 하여야지 억지로 같게 할 수는 없다.

우리 동방의 예악과 문물은 중국과 견줄 만하다. 다만, 우리의 방언(方言)과 이어(俚語)가 중국말과 같지 않다. 글을 배우는 사람은 그 뜻을 깨우치기 어려움을 걱정하고, 옥사(獄事)를 다스리는 사람은 그 자세한 사정을 환히 알기 어려움을 걱정하였다.

옛날에 신라의 설총이 처음으로 이두를 만들어서[2)] 관청이나 민간에서 지금에 이르기까지 이를 사용하고 있다. 그러나 (이두는) 모두 한자를 빌려 쓰

1) 정인지 서문은 훈민정음해례본의 맨 끝에 붙어 있기 때문에, 이 책의 맨 앞에 있는 세종대왕의 서문과 구별하기 위해 '정인지 後序'라고도 한다. 특히, 이 서문에는 훈민정음의 창제에 대하여 「象形而字倣古篆」이라고 표현한 대목이 있어서 훈민정음이 「古篆文字」를 모방하여 창제되었다는 주장의 근거로 이용되기도 한다.

2) 이두(吏讀): 한자의 음과 훈을 이용하여 우리말을 표기하던 방법 중 하나. 한문을 우리말 어순으로 바꾸고, 주로 한자의 음을 이용하여 문법형태소를 표기하는 데에 이용되었다. 훈민정음이 창제되기 이전에는 이두를 이용하여 한문을 번역하기도 하였다. 강신항(1994:137)에서 이두는 설총 이전부터 존재하고 있었으므로, 설총은 이두를 만든 것이 아니고 체계화했다고 보아야 한다고 하였다.

는 것이어서 혹은 껄끄럽고 혹은 막혔었다. 다만, 몹시 속되고 터무니없을 뿐만 아니라 언어와 언어 사이에 이르면 그 만분의 일도 도달할 수 없다.

계해년[3] 겨울에, 우리 전하께서 정음 28자를 창제하시고, 간략하게 보기와 뜻[例義]을 들어 보이시며, 이름을 훈민정음[4]이라 하셨다. (훈민정음은) 상형(象形)한 결과 글자는 고전(古篆)과 비슷하고, 소리를 따른 결과 음은 칠조(七調)[5]에 맞는다. 삼극(三極)의 뜻과 이기(二氣)의 묘가 다 포함되지 않은 것이 없다.

28글자로써도 전환(轉換)이 무궁하고, 간단하면서도 요긴하며, 정밀하면서도 잘 통한다. 그러므로 슬기로운 사람은 하루아침이 못 되어 깨우치고, 어리석은 사람이라도 열흘이면 배울 수 있다. 이 글자로써 한문을 풀이하면 그 뜻을 알 수 있고, 이 글자로써 송사(訟事)를 들으면 그 사정을 알 수 있다. 자운(字韻)의 경우 청탁(淸濁)[6]을 구별할 수 있고, 악가(樂歌)의 경우 율려(律呂)[7]가 고르게 된다. 쓰는 바에 갖추어지지 않은 것이 없고, 가는 바에 도달하지 못할 것이 없다. 비록 바람소리와 학의 울음소리, 닭 우는 소리, 개 짖는 소리일지라도 모두 쓸 수 있다.

마침내 (전하께서) 자세히 풀이를 더하여 여러 사람을 가르치라고 명하셨다. 이에 신(臣)이 집현전 응교 최 항, 부교리 박팽년, 신숙주, 수찬 성삼문, 돈녕부 주부 강희안, 행(行)[8] 집현전 부수찬 이개, 이선로 등과 함께 삼가 여러 풀이와 예를 지어서 그 대강을 서술하였다. 보는 사람들이 스승이 없이도

3) 계해년: 세종 25년. 서기 1443년.
4) 여기서 훈민정음은 글자 명칭인 '훈민정음'을 이른다.
5) 칠조(七調): 음악의 7음. 즉, 궁상각치우(宮商角徵羽)와 반상(半商), 반치(半徵).
6) 청탁(淸濁): 한자음의 청(전청과 차청)과 탁(전탁과 불청불탁).
7) 율려(律呂): 六律과 六呂로 된 음악의 곡조.
8) 행(行): 품계(品階)가 보직받은 자리보다 높을 때 그 보직 이름 위에 '行'을 붙이고, 그 반대의 경우에는 '수(守)'를 붙였다.

스스로 깨우치기를 바란다. 만약 그 연원(淵源)과 정밀한 뜻의 묘(妙)가 있다면 신(臣)들이 발휘할 수 있는 바가 아니다.

공손히 생각하건대 우리 전하께서는 하늘이 내신 성인으로 지으신 법도와 베푸신 정사가 백왕(百王)을 초월한다. 정음을 지으심도 앞 시대의 것을 이어받지 않고 자연히 이루신 것이다. 그 지극한 이치가 존재하지 않는 바가 없으니 인위(人爲)의 사사로움이 아니다. 대저 동방에 나라가 있음이 오래지 아니한 것이 아니나, 개물성무(開物成務)의 큰 지혜는 대개 오늘을 기다리고 있었음인가?

정통 11년 9월 상순,[9] 자헌대부 예조판서 집현전대제학 지춘추관사 세자우빈객 신(臣) 정인지 머리를 조아려 삼가 쓰다.

9) 정통(正統)은 명(明) 제5대 영종(英宗) 때의 연호. 정통 11년은 세종 28년(1446년)이다. 9월 상순(上旬)은 음력이므로 양력으로는 10월에 해당하고 상순(上旬)은 1일부터 10일에 해당한다.

참고 3

崔萬理 等『諺文創制反對上疏文』[1)]

최만리 등 언문창제 반대 상소문

신 등이 엎디어 보옵건대, 언문(諺文)을 제작하신 것이 지극히 신묘하와 만물을 창조하시고 지혜를 운전하심이 천고에 뛰어나시오나 신 등이 구구한 좁은 소견으로는 오히려 의심되는 것이 있사와 감히 간곡한 정성을 펴서 삼가 뒤에 열거하오니 엎디어 성재(聖裁)하옵기를 바랍니다.

一. 우리 조선은 조종 때부터 내려오면서 지성스럽게 대국(大國)을 섬기어 한결같이 중화(中華)의 제도를 준행(遵行)하였는데, 이제 글을 같이하고 법도를 같이하는 때를 당하여 언문을 창작하신 것은 보고 듣기에 놀라움이 있습니다. 설혹 말하기를 "언문은 모두 옛 글자를 본뜬 것이고 새로 된 글자가 아니다." 하지만, 글자의 형상은 비록 옛날의 전문(篆文)을 모방하였을지라도[2)] 음을 쓰고 글자를 합하는[3)] 것은 모두 옛 것에

---

1) 『세종실록』 권103:19b에 실려 있다. 세종 26년(1444년) 2월 20일에 집현전 직제학 최만리, 직제학 신석조, 직전 김문, 응교 정창손, 부교리 하위지, 부수찬 송처검, 저작랑 조근 등이 훈민정음 창제에 대한 견해를 천명한 글이다. 그러나 상소문의 내용은 세종 28년(1446년) 9월에 완성된 훈민정음의 정인지 후서 내용을 일일이 반박한 듯한 항목이 상당히 많다. 이것으로 보아 비록 세종실록에 「상소문」은 세종 26년 2월에 실려 있고, 「후서」는 세종 28년 9월에 실려 있어서 전후가 뒤바뀌어 게재되어 있다고 하더라도 세종 25년(1443)에 완성된 훈민정음의 제작 과정 때 여러 문신 사이에서 상당한 논의가 거듭되었고, 이러한 논의를 정리한 것이 「상소문」과 「후서」로 나타난 것으로 보인다.(강신항, 1994:157~158). 여기의 번역과 주는 강신항(1994)에 의한다.

2) 훈민정음의 자형이 古篆字와 비슷하다고 봄이 옳을 듯. 정인지 서문에는 '象形而字倣古篆'이라 하였다.

3) 표음문자인 한글의 운용법을 말한 것이다. 즉, 초성, 중성, 종성 글자를 합하여 음절문자처럼 쓰는 것을 말한다.

반대되니 실로 의거할 데가 없사옵니다. 만일 중국에라도 흘러 들어가서 혹시라도 비난하여 말하는 자가 있사오면, 어찌 대국을 섬기고 중화를 사모하는 데에 부끄러움이 없사오리까.

一. 옛부터 구주(九州)[4]의 안에 풍토는 비록 다르오나 지방의 말에 따라 따로 문자를 만든 것이 업사옵고, 오직 몽고(蒙古). 서하(西夏), 여진(女眞), 일본(日本)과 서번(西蕃: 티벳)의 종류가 각기 그 글자가 있으되, 이는 모두 이적(夷狄)의 일이므로 족히 말할 것이 없사옵니다. 옛 글에 말하기를 "화하(華夏)를 써서 이적(夷狄)을 변화시킨다.[5]" 하였고, 화하가 이적으로 변한다는 것은 듣지 못하였습니다. 역대로 중국에서 모두 우리나라는 기자(箕子)의 남긴 풍속이 있다 하고, 문물과 예악을 중화에 견주어 말하기도 하는데, 이제 따로 언문을 만드는 것은 중국을 버리고 스스로 이적과 같아지려는 것으로서, 이른바 소합향(蘇合香)[6]을 버리고 당랑환(螗螂丸)[7]을 취함이오니, 어찌 문명의 큰 흠절이 아니오리까.

一. 신라 설총(薛聰)의 이두(吏讀)는 비록 야비한 이언(俚言)이오나, 모두 중국에서 통행하는 글자를 빌어서 어조(語助)에 사용하였기 때문에,[8] 문자가 원래 서로 분리된 것이 아니므로, 비록 서리(胥吏)나 복예(僕隸)의 무리에 이르기까지라도 반드시 익히려 하면, 먼저 몇 가지 글을 읽어서 대강 문자를 알게 된 연후라야 이두를 쓰게 되옵는데, 이두를 쓰는 자는 모름지기 문자에 의거하여야 능히 의사를 통하게 되는 때문에, 이두

4) 구주: 중국. 옛날에 중국이 아홉으로 나뉘어 있었다.

5) 중국의 영향을 받아서 오랑캐가 변하는 일은 있어도 오랑캐의 영향을 받아 중국이 변하는 일은 없다는 뜻이다.

6) 소합향(蘇合香): 페르샤 등지에서 나오는 낙엽교목의 나무껍질 속에서 딴 기름. 약용으로 쓴다.

7) 당랑환(螗螂丸): 쇠똥구리의 환약.

8) 어조(語助)에 사용하다: 이두로 문장을 기록할 적에, 실사는 한자어를 그대로 쓰고, 허사인 조사와 어미만 한자의 음훈을 빌려서 쓰기 때문에 하는 말이다.

로 인하여 문자를 알게 되는 자가 자못 많사오며, 또한 학문을 흥기시키는 데에 한 도움이 되었습니다. 만약 우리나라가 원래부터 문자를 아지 못하여 결승(結繩)[9]하는 세대라면 우선 언문을 빌어서 한 때의 사용에 이바지하는 것은 오히려 가할 것입니다. 그래도 바른 의논을 고집하는 자는 반드시 말하기를, "언문을 시행하여 임시 방편을 하는 것보다는 차라리 더디고 느릴지라도 중국에서 통용하는 문자를 습득하여 길고 오랜 계책을 삼는 것만 같지 못하다"고 할 것입니다. 하물며 이두는 시행한 지 수천 년이나 되어 부서(簿書)나 기회(期會)[10] 등의 일에 방해됨이 없사온데, 어찌 예로부터 시행하던 폐단 없는 글을 고쳐서 따로 야비하고 상스러운 무익한 글자를 창조하시나이까. 만약에 언문을 시행하오면 관리된 자가 오로지 언문만을 습득하고 학문하는 문자를 돌보지 않아서 이원(吏員)이 둘로 나누어질 것이옵니다. 진실로 관리된 자가 언문을 배워 통달한다면, 후진(後進)이 모두 이러한 것을 보고 생각하기를, 27자의 언문[11]으로도 족히 세사에 입신(立身)할 수 있다고 할 것이오니, 무엇 때문에 고심노사(苦心勞思)하여 성리(性理)의 학문을 궁리하려 하겠습니까. 이렇게 되오면 수십 년 후에는 문자를 아는 자가 반드시 적어져서, 비록 언문으로써 능히 이사(吏事)를 집행한다 할지라도, 성현의 문자를 아지 못하고 배우지 않아서 담을 대하는 것처럼 사리의 옳고 그름에 어두울 것이오니, 언문에만 능숙한들 장차 무엇에 쓸 것이옵니까. 우리나라에서 오래 쌓아 내려온 우문(右文)[12]의 교화가 점차로 땅을 쓸어버린 듯이 없어질까 두렵습니다. 전에는 이두가 비록 문

9) 결승: 끈을 맺는 방법으로 의견을 교환하고 사물을 기억하게 하는 것
10) 부서/기회: 장부와 문서/계약과 회계
11) 이 구절은 훈민정음이 애초에 28자로 창제된 것이 아니라 'ㆆ'을 제외한 27자로 창제되었을 것이라는 추측을 낳게 한다.(이동림, 1974)
12) 우문: 학문을 숭상함

자 밖의 것이 아닐지라도 유식한 사람은 오히려 야비하게 여겨 이문(吏文)[13]으로써 바꾸려고 생각하였는데, 하물며 언문은 문자와 조금도 관련됨이 없고 오로지 시골의 상말을 쓴 것이겠습니까. 가령 언문이 전조(前朝) 때부터 있었다 하여도 오늘의 문명한 정치에 변로지도(變魯至道)[14]하려는 뜻으로서 오히려 그대로 물려받을 수 있겠습니까. 반드시 고쳐 새롭게 하자고 의논하는 자가 있을 것으로서 이는 환하게 알 수 있는 이치이옵니다. 옛 것을 싫어하고 새 것을 좋아하는 것은 고금에 통한 후환이온데, 이번의 언문은 새롭고 기이한 한 가지 기예(技藝)에 지나지 못한 것으로서, 학문에 방해됨이 있고 정치에 유익함이 없으므로 아무리 되풀이하여 생각하여도 그 옳은 것을 볼 수 없사옵니다.

一. 만일에 말하기를 "형상(刑殺)에 대한 옥사(獄辭)와 같은 것을 이두 문자로 쓴다면, 문리(文理)를 아지 못하는 어리석은 백성이 한 글자의 착오로 혹 원통함을 당할 수도 있겠으나, 이제 언문으로 그 말을 직접 써서 읽어 듣게 하면, 비록 지극히 어리석은 사람일지라도 모두 다 쉽게 알아들어서 억울함을 품을 자가 없을 것이라." 하오나, 예로부터 중국은 말과 글이 같아도 옥송(獄訟) 사이에 원왕(寃枉)[15]한 것이 심히 많습니다. 가령 우리나라로 말하더라도 옥에 갇혀 있는 죄수로서 이두를 해독하는 자가 친히 초사(招辭)를 읽고서 허위인 줄을 알면서도 매를 견디지 못하여 그릇 항복하는 자가 많사오니, 이는 초사의 뜻을 알지 못하여 원통함을 당하는 것이 아님이 명백합니다. 만일 그러하오면 비록 언문을 쓴다 할지라도 무엇이 이보다 다르오리까. 이것은 형옥(刑獄)의 공

13) 이문(吏文): 對中國 외교 문서 등으로 쓰이던 특수 문체
14) 변로지도: 선왕(先王)의 유풍만 있고 행하여지지 않던 노(魯) 나라를 고치어 도(道)에 이르게 한다.
15) 원앙: 억울하게 잘못됨

평하고 공평하지 못함이 옥리(獄吏)의 어떠하냐에 있고, 말과 문자의 같고 같지 않음에 있지 않은 것을 알 수 있으니, 언문으로써 옥사를 공평하게 한다는 것은 신등은 그 옳은 줄을 알 수 없사옵니다.

一. 무릇, 사공(事功)을 세움에는 가깝고 빠른 것을 귀하게 여기지 않사온데, 국가가 근래에 조치하는 것이 모두 빨리 이루는 것을 힘쓰니 두렵건대, 정치하는 체제가 아닌가 하옵니다. 만일에 언문은 할 수 없어서 만드는 것이라 한다면, 이것은 풍속을 변하여 바꾸는 큰일이므로, 마땅히 재상으로부터 아래로는 백료(百僚)에 이르기까지 함께 의논하되, 나라 사람이 모두 옳다 하여도 오히려 선갑후경(先甲後庚)[16]하여 다시 세 번을 더 생각하고, 제왕(帝王)에 질정하여 어그러지지 않고 중국에 상고하여 부끄러움이 없으며, 백세(百世)라도 성인(聖人)을 기다려 의혹됨이 없은 연후라야 이에 시행할 수 있는 것이옵니다. 이제 넓게 여러 사람의 의논을 채택하지도 않고 갑자기 이배(吏輩) 10여 인으로 하여금 가르쳐 익히게 하며, 또 가볍게 옛사람이 이미 이룩한 운서(韻書)를 고치고[17] 근거 없는 언문을 부회(附會)하여 공장(工匠) 수십 인을 모아 刻本(각본)하여서 급하게 널리 반포하려 하시니, 천하 후세의 공의(公議)에 어떠하겠습니까. 또한 이번 청주 초수리에 거동하시는데도[18] 특히 연사가 흉년인 것을 염려하시어 호종하는 모든 일을 힘써 간략하게 하셨으므로, 전일에 비교하오면 10에 8,9는 줄어들었고, 계달하는 공무(公務)에 이르러도 또한 의정부(議政府)에 맡기시어 언문 같은 것은 국가의 급하고 부득이하게 기한에 미쳐야 할 일도 아니온데, 어찌 이것만

16) 선갑후경: 先甲三日 後甲三日, 先庚三日 後庚三日의 줄인 말. 제정한 명령을 발표하기 전에 간곡히 일러 줌. 전용하여 간곡히 함을 나타내는 말이다.
17) 세종 26년 2월경에 진행시키고 있었던 「古今韻會擧要」의 주음(注音)[諺譯] 사업을 말한다.
18) 초수리 행차는 상소문을 올린 뒷날의 일이다.

은 행재(行在)에서 급급하게 하시어 성궁(聖躬)을 조섭하시는 때에 번거롭게 하시나이까. 신등은 더욱 그 옳음을 알지 못하겠나이다.

一. 선유(先儒)가 이르기를 "여러 가지 완호(玩好)[19]는 대개 지기(志氣: 성현의 학문을 공부하는 뜻)를 빼앗는다." 하였고, "편지 쓰기는 선비에게 가장 가까운 것이나, 외곬으로 그것만 좋아하면 또한 자연히 지기가 상실된다." 하였습니다. 이제 동궁(東宮)이 비록 덕성이 성취되셨다 할지라도 아직은 성학(聖學)에 잠심(潛心)하시어 더욱 그 이르지 못한 것을 궁구해야 할 것입니다. 언문이 비록 유익하다 이를지라도 특히 문사(文士)의 육예(六藝)[20]의 한 가지일 뿐이옵니다. 하물며 만에 하나도 정치하는 도리에 유익됨이 없사온데, 정신을 연마하고 사려를 허비하며 날을 미치고 때를 옮기시오니, 실로 시민(時敏)의 학업에 손실되옵니다. 신등이 모두 문묵(文墨)의 보잘것 없는 재주로 시종(侍從)에 시죄(待罪)[21]하고 있으므로, 마음에 품은 바가 있으면 감히 함묵(含默)할 수 없어서 삼가 가슴에 있는 말씀을 다 사뢰어 상감님의 어지심을 흐리게 하였나이다.

상감께서 상소문을 보시고 만리 등에게 다음과 같이 말씀하셨다.

"그대들이 말하기를 음을 써 글자를 합하는 것이, 모두 옛 것에 어긋나는 일이라고 하였는데, 설총의 이두도 역시 음을 달리한 것이 아니냐? 또 이두를 만든 근본 취지가 곧 백성을 편안케 하고자 함에 있는 것이 아니냐? 만일 백성을 편안케 하는 일이라고 한다면, 지금의 언문도 역시 백성을 편안케 함이 아니냐? 그대들이 설총이 한 일은 옳다고 하고, 그대들의 임금이 한 일은

19) 완호: 신기하고 보기 좋은 일들
20) 육예: 선비가 갖추고 있어야 될 禮, 樂, 射, 御, 書, 數 등 여섯 가지 재주
21) 시죄: 근무한다는 말을 낮추어 이름. 또는 집현전 학사들이 가장 가까이 세종을 모시고 있는데 이것이 분수에 넘친다는 뜻임

옳지 않다고 하는 것은 무슨 까닭이냐?

또 그대가 운서를 아느냐? 사성과 칠음을 알며, 자모가 몇인지 아느냐? 만일에 내가 저 운서를 바로잡지 않는다면, 그 누가 이를 바로잡겠느냐? 또 상소문에서 말하기를 새롭고 신기한 하나의 재주라 했는데, 내가 늙으막에 소일하기가 어려워 책으로 벗 삼고 있을 뿐이지, 어찌 옛 것을 싫어하고 새 것을 좋아해서 이 일을 하고 있겠느냐? 그리고 사냥하는 일들과는 다를 터인데, 그대들의 말은, 자못 지나친 바가 있다고 할 것이다. 또 내가 나이 들어 국가의 서무는 세자가 도맡아서 비록 작은 일이라고 하더라도 의당 참여하여 결정하고 있는데, 하물며 언문은 말하여 무엇하겠느냐. 만일에 세자로 하여금 늘 동궁에만 있도록 한다면 환관이 이 일을 맡아서 해야겠냐? 그대들은 나를 가까이 모시고 있는 신하들로서, 내 뜻을 분명히 알고 있을 터인데도 이런 말을 하니 옳은 일이라고 할 수 있겠느냐?"

만리 등이 대답하여 말씀 여쭙기를, "설총의 이두가 비록 한자와 다른 음이라고 하더라도 한자의 음과 새김을 써서 어조사로 쓰이는 이두와 한자가 근본적으로 떨어지지 않사옵는데, 지금의 언문은 여러 글자를 합하고, 또 나란히 쓰나, 그 음과 새김이 변하고 글자 모양도 아닙니다. 또 신기한 하나의 재주라고 말씀 올린 것은 특히 글의 힘(문장 구성상의 문맥)으로 이런 말씀이 되었을 뿐이옵고 다른 뜻이 있어서 그렇게 된 것이 아니옵니다. 동궁은 공무라면 비록 작은 일이라고 하더라도 참여하고 결재해야 합니다만, 만일 급한 일이 아니라면 무엇 때문에 온종일 마음을 써야 하옵나이까."라고 하였다.

상감께서 말씀하시기를, "이보다 앞서 김문이 언문 제작을 꼭 해야 될 일이라고 하더니 이제는 도리어 해서는 안 되는 일이라 하고, 또 정창손이 '삼강행실도를 반포한 뒤에 충신, 효자, 열녀가 연이어 나온 것을 보지 못하였고, 사람이 행하고 행하지 않는 것은 다만 사람의 됨됨이가 어떠하냐에 달려 있을 뿐, 하필 언문으로 번역한 뒤에야 사람들이 모두 (삼강행실도의 내용을)

본받겠습니까?'라고 하니, 이들의 말은 어찌 유자(儒者)가 사리를 알고 하는 말이냐. 심히 쓸모 없는 속된 선비로구나."라고 하셨다.

그전에 상감께서 창손에게 말씀하시기를 "만일에 내가 언문으로 삼강행실도를 번역하여 여러 백성에게 나누어주면, 비록 어리석은 지아비나 지어미라고 하더라도 모두 쉽게 알아서 충신, 효자, 열녀가 연이어 나올 것이다."라고 하시니, 창손이 위와 같이 아뢰었던 까닭에, 이제 이런 말씀을 하시는 것이다.

상감께서 또 말씀하시기를, "내가 너희들을 부른 것은 애당초 벌을 주려고 한 것이 아니고 다만 상소문 가운데의 몇 마디에 대하여 물어보려고 했을 뿐인데, 너희들이 사리를 돌보지 않고 말을 바꾸어 대답을 하니 너희들의 죄는 벗어나기 힘들 것이다."라고 하셨다.

드디어 부제학 최만리, 직제학 신석조, 직전 김문, 응교 정창손, 부교리 하위지, 부수찬 송처검, 저작랑 조근을 의금부에 송치하고 다음날 풀어주도록 명하셨다. 다만 창손은 파직시키고, 거듭 의금부에 대하여 김문이 앞뒷말을 바꾸어 상주한 까닭을 심문하여 보고하도록 명령을 내리셨다.

世·솅宗종御·엉製졩訓·훈民민正·졍音흠 2

훈민정음 언해(訓民正音 諺解)

世·솅宗종御·엉製졩訓·훈民민正·졍音흠

훈민정음(訓民正音)은 두 가지 뜻으로 사용되었다. 하나는 문자체계로서의 훈민정음이다. 다른 하나는 문자체계인 훈민정음을 해설한 책명으로서의 훈민정음으로 흔히 훈민정음 해례본(訓民正音解例本)이라 일컬어지는 한문본을 가리킨다. 훈민정음은 '백성을 가르치는 바른 소리'라는 뜻으로 훈민정음 창제의 일차적인 목적이 백성을 교화하는 데에 있음을 알 수 있다.

문자 체계로서의 훈민정음은 훈민정음 창제 당시에 언문(諺文: 속된 글, 사나운 글)이라는 명칭이 사용되기도 하고, 반절(半切), 국문(國文)이라 부르기도 하였다. '한글'이란 명칭은 주시경 선생 이후에 보편화되었다.

훈민정음 언해본은 한문본인 훈민정음의 예의편(例義篇)만을 국역(國譯)한 것을 이른다. 언해 시기와 언해자를 확실히 알 수는 없으나 언해 시기는 대체로 세종 말년부터 세조 초기 사이에 이루어진 것으로 보인다. 그 이유는 언해본의 한자에는 동국정운식 한자음이 표기되어 있는데, 동국정운이 1447년에 완성되었기 때문에 언해본의 편찬은 그 이후로 추정된다. 또한, 언해본에는 해례본에 없는 치음자(齒音字)에 관한 규정, 즉 한어(漢語)의 치음을 표기하는 한글의 치음자를 치두음자(齒頭音字: ᅎ ᅕ ᅏ ᄼ ᄽ)와 정치음자(正齒音字: ᅐ ᅔ ᅑ ᄾ ᄿ)로 따로 제자해서 사용하도록 한 규정이 첨가되어 있다. 그런데 이 규정은 1455년(단종 3)에 완성된 것으로 보이는 『四聲通攷(사성통고)』의 범례에도 들어 있으므로, 언해는 1455년 이전에 완성된 것으로 보인다.

훈민정음 언해본은 여러 이본이 있으나 현재까지 알려진 가장 앞선 언해본은 1459년(세조 5년)에 간행된 월인석보 권1의 책머리에 실려 있는 「世·솅宗종御·엉製졩訓·훈民민正·졍音흠」으로 서강대학교 소장본이다.

—강신항(1994), 『한국민족문화대백과사전』

여기에서 강독하는 자료는 서강대본 「世·솅宗종御·엉製졩訓·훈民민正·졍音흠」이다.

1a世·솅宗종御·엉製·졩訓·훈民민正·졍音음

【製·졩·ᄂᆞᆫ1) ·글지·ᅀᅳᆯ ·씨·니2) 御·엉3)製·졩·ᄂᆞᆫ :님금4) 지ᅀᅳ샨5) ·그리·라

1) 製졩ᄂᆞᆫ: 製는 ☞ (1) 언해본의 한자는 동국정운식 한자음으로 표기되었다. 훈민정음 해례가 완성된 해는 1446년이고, 동국정운이 완성된 해가 1447년이며, 그것이 간행된 해가 1448년이기 때문에 언해본은 동국정운이 완성된 이후에 편찬된 것임을 알 수 있다. 동국정운식 한자음에서는 중성으로 끝난 한자음에도 'ㅇ'字를 종성으로 표기하였다. 이러한 표기 방식은 한자음은 초성, 중성, 종성이 갖추어져야 된다는 생각에서 나온 것이다. (2) 보조사 'ᄂᆞᆫ'은 '자음' 뒤에는 'ᄋᆞᆫ/은', '모음' 뒤에는 'ᄂᆞᆫ/는'이 연결되었는데, 이들은 다시 체언의 끝모음이 양성모음인지 음성모음인지에 따라 양성모음형과 음성모음형이 선택되었다. 여기서는 'y' 뒤에서 'ᄂᆞᆫ'이 연결되었다. 중성모음 '이' 뒤에서는 대체로 'ᄂᆞᆫ'이 연결되는 것이 일반적이었다. 중세국어에서는 체언과 조사, 용언 어간과 어미의 결합에서는 모음조화가 잘 지켜졌다.

2) 지ᅀᅳᆯ씨니: 짓는 것이니 ☞ 짓-[作]+-을(관.전.)#ㅆ(← ᄉᆞ. 의.명.)+ㅣ-(서.조.)+-니(종.어.). ㅅ-불규칙활용. (1) 15세기 표기법은 특별한 경우가 아니면 이어적기[연철]가 지켜졌다. 그러나 15세기 말에 '명사+조사'에서 끊어적기[분철]가 출현하였으며, 16세기에는 끊어적기가 확대되는데, 16세기 말에는 '용언+어미'에서도 끊어적기가 나타난다. 그리고 16세기 말에 거듭적기[중철]도 출현한다. (2) 의존명사 'ᄉᆞ'는 주격조사나 서술격조사 'ㅣ'와 결합하면, 'ㅅ/ㅆ'로 교체한다. (3) 중세의 한글 문헌에서는 협주에서 한자의 뜻을 풀이할 때 문법적 성질에 따라 네 가지 유형의 풀이법을 보여준다.(안병희, 1977:17; 고영근, 1977:77) ① 체언류: '-이라' (예) 國귁ᄋᆞᆫ 나라히라…語엉는 말ᄊᆞ미라 <훈언 1a> ② 용언류: '-ㄹ씨라' (예) 異잉ᄂᆞᆫ 다ᄅᆞᆯ씨라 <훈언 1a> 伸신ᄋᆞᆫ 펼씨라 <훈언 2a> ③ 부사류: '-ㄴ 마리라/-ㄴᄠᅳ디라' (예) 相샹ᄋᆞᆫ 서르 ᄒᆞᄂᆞᆫ ᄠᅳ디라 <훈언 1b> ④ 허사류: '입겨지라/겨치라'. (예) 之징ᄂᆞᆫ 입겨지라 <훈언 1a>

3) 御엉: 중세국어에서도 현대국어와 마찬가지로 어두에 [ŋ]이 올 수 없었을 것으로 추정되나 (강신항, 1994; 이기문, 1998) 동국정운식 한자음에서는 어두 자음의 하나로 ㆁ[ŋ]을 인정하고 있다. 당시 중국 본토 北方字音에서도 어두에서는 ㆁ[ŋ]이 소실되어 있었으므로 어두에 ㆁ을 설정한 것은 中古漢語의 음을 염두에 둔 복고적인 이상음이다.(강신항, 1994:144) 15세기 문헌에서 비어두에 'ㆁ'이 음절의 초성으로 쓰인 예들이 있었으나(예. 바올, 이어…) 곧 앞 음절의 종성으로 올려 표기되었다. 비어두에서도 'ㆁ'이 발음되었을지는 의문이다.

4) 님금: 임금 ☞ 중세국어에서는 어두에서도 'ㄴ'과 '이/y'의 결합이 자유로웠다. '님금 > 임금'의 변화는 'ㄴ-구개음화'에 의한 것이다. 'ㄴ-구개음화'는 치조음 'ㄴ[n]'이 경구개음 [ɲ]으로 바뀌는 현상으로 음성적 구개음화이다. 'ㄴ-구개음화'는 'ㄴ'이 탈락하는 직접적 원인이 된다.

訓·훈·은 ᄀᆞᄅᆞ·칠·씨·오 民민·ᄋᆞᆫ 百·ᄇᆡᆨ姓셩·이·오[6] 音흠[7]·은 소·리·니 訓·훈民민正·졍音흠·은 百·ᄇᆡᆨ姓·셩 ᄀᆞᄅᆞ·치시·논 正·졍ᄒᆞᆫ 소·리라[8]】 國·귁之징語:ᅌᅥᆼ音흠·이【國·귁·ᄋᆞᆫ 나·라히라 之징ᄂᆞᆫ 입·겨지·라[9] 語:ᅌᅥᆼᄂᆞᆫ :말ᄊᆞ미라】 **나·랏:말ᄊᆞ·미**[10] 異·ᅌᅵᆼ乎ᅘᅩᆼ中듀ᇰ國·귁·ᄒᆞ·야【異·ᅌᅵᆼ·ᄂᆞᆫ 다ᄅᆞᆯ씨·라 乎·ᅘᅩᆼᄂᆞᆫ :

---

5) 지ᅀᆞ샨: 지으신 ☞ 짓-[作]+-ᅌᆞ샤-(주.높.)+-오-(대상활용)+-ㄴ(관.전.). ㅅ-불규칙활용. (1) 주체높임 선어말어미 '-시-'는 모음어미 앞에서 '-샤-'로 교체한다. 이럴 경우 모음 어미는 탈락한다. (2) (관계)관형절의 꾸밈을 받는 명사가 관형절의 의미상 목적어가 되면 관형절의 서술어에 '-오-'가 삽입되었다. 이때의 '-오-'를 '대상활용 선어말어미'라 한다. 여기서는 '글'이 관계관형절 '님금 지ᅀᆞ샨'의 의미상 목적어가 된다.

6) 百ᄇᆡᆨ姓셩이오: 백성+이-+-오(←-고. 대.어.) ☞ 서술격조사 '이-' 뒤에서 'ㄱ'으로 시작하는 어미의 'ㄱ'이 약화되어 나타난다.

7) 音흠: ㆆ字의 음가는 성문폐쇄음인 [ʔ]로서 중국 36자모에서는 이를 하나의 어두 자음으로 인정하고 影母로 표시하고 있다. 그러나 중세국어에서는 어두 자음으로 쓰인 일이 없으며, 동국정운식 한자음에서만 어두자음으로 쓰였다. 훈민정음 해례 합자해에서 "初聲之ㆆ與ㅇ相似。於諺可以通用也(초성의 ㆆ는 ㅇ와 서로 비슷하여 고유어에서 통용할 수 있다)"고 하였다.

8) 소리라: 소리다 ☞ 소리+∅-(서.조.)+-라(←-다). (1) '주격조사/서술격조사'는 환경에 따라 교체를 하였는데, 자음으로 끝나는 체언 뒤에서는 '이/이-', 모음('이' 제외)으로 끝나는 체언 뒤에서는 'ㅣ/ㅣ-', 'y/이'로 끝나는 체언 뒤에서는 '∅/∅-'였다. (2) 평서형 종결어미 '-다'는 선어말어미 '-더-, -리-, -과-, -니-, -오-' 뒤에서 '-라'로 교체한다.

9) 입겨지라: 어조사(語助辭)이다. 토이다 ☞ 입겾+이-(서.조.)+-라(←-다. 평.어.). (1) '입겿'은 '입겾, 겾'으로도 나타난다. (2) 안병희 외(2002:177)에서 '입겿'을 '잎-[읊다]'과 '겿'의 결합인 비통사적 합성어로 다루고 있다.

10) 나랏말ᄊᆞ미: 나랏말이. 구어(口語)를 뜻한다. ☞ 나라ㅎ+ㅅ(관.조.)#말ᄊᆞᆷ(←말+-ᄊᆞᆷ)+이(주.조.)

<참고> 관형격조사 'ᄋᆡ/의'와 'ㅅ'

'ㅅ'

(1) 모음조화에 의한 연결: 양성 체언 뒤 'ᄋᆡ', 음성체언 뒤 '의'

(예) 도ᄌᆞᄀᆡ 알ᄑᆡ <용 60>, 거부븨 터리와 톳긔 ᄲᆞᆯ 곧거니 <능 1:74>

(2) 체언의 끝소리가 '이'인 경우 '이'가 탈락하기도 한다.

(예) 고ᄀᆡ 中에 <월석 1:14>, 그려긔 발 <월석 2:40>

(3) 'ᄋᆡ/의'는 모음으로 끝나는 체언 뒤에서 'ㅣ'로 교체하기도 한다.

(예) 쇠머리(牛頭)<월석 1:27>/내 모ᄆᆞᆯ<용 105>/네 말<석상 9:22>/제 님금<용 105>

이 경우에는 주격형과 구분되지 않으나 성조로 구분되는 경우도 있다.

아모 그에11) ·ᄒᆞᄂᆞᆫ ·겨체 ·ᄡᅳᄂᆞᆫ12) 字·ᄍᆞᆼㅣ·라 中듕國·귁·ᄋᆞᆫ 皇ᅘᅪᇰ帝·뎽 :겨신 나·라히·니 ·우리나·랏 1b常쌰ᇰ談땀·애 江강南남·이·라 ·ᄒᆞ·ᄂᆞ니·라13)】

中듕國·귁·에 달·아14) 與:영文문字·ᄍᆞᆼ·로 不·붏相샹流률通통ᄒᆞᇙ·ᄊᆡ15) 【與:

	주격	관형격		주격	관형격
나[我]	내[去聲]	내[平聲]	저(其)	제[上聲]	제[平聲]
너(汝)	네[上聲]	네[平聲]	쇼(牛)	쇠[去聲]	쇠[上聲]

(4) 관형격조사 'ᄋᆡ/의' 對 'ㅅ'

① ᄋᆡ/의: 높임의 자질이 부여되지 않는 유정명사 뒤에 쓰인다.(예.ㄱ) 단, 무정명사에 쓰이면 부사격조사로 쓰인다.(예.ㄴ)

(예) ㄱ. ᄂᆞᄆᆡ 마ᄅᆞᆯ <영가 하:42>, ㄴ. 남ᄀᆡ ᄢᅦ여 <월석 1:2>

② ㅅ: 무정명사(예.ㄱ)와 높임의 자질이 부여되는 유정명사(예.ㄴ)

(예) ㄱ. 엄쏘리 ㄴ. 世尊ㅅ神力,

11) 그에: 에게 ☞ 중세국어에서는 의존명사이나, 현대국어에서는 수여의 부사격조사 '에게'로 바뀌었다. (1) '그에/긔'가 관형격조사 'ㅅ'과 결합하면 존칭의 수여를 나타낸다. (예) 王ㅅ 그에/긔 → 왕께(존칭의 수여) (2) '그에/긔'가 관형격조사 'ᄋᆡ/의'와 결합하면 평칭의 수여를 나타낸다. (예) ᄋᆡ/의 그에/긔 → 에게(평칭의 수여)

12) ᄡᅳᄂᆞᆫ: 쓰는[用] ☞ (1) ᄡᅳ다[用/苦]: 用ᄋᆞᆫ ᄡᅳᆯ 씨라 <훈언>, 苦 ᄡᅳᆯ 고(苦) <자회 하:14> (2) 쓰다[書]: 竝뼝書셩는 ᄀᆞᆯ바 쓸 씨라 <훈언 3b>

13) ᄒᆞᄂᆞ니라: 하느니라 ☞ ᄒᆞ-+-ᄂᆞ-(직설법)+-니라(평.어.). (1) '-니라'는 '-니-(원칙법)+-라(← -다. 평.어.)로 분석될 수도 있다. (2) 고영근(1997:150)에서는 '-니라'를 '-다'보다 약간 보수성을 띠고 있는 평서형 종결어미로 처리하고 있다. 여기서도 이 견해를 따른다.

14) 中國에 달아: 중국과 달라 ☞ (1) 부사격조사 '에'가 '다ᄅᆞ다, ᄀᆞᆮᄒᆞ다'의 지배를 받으면 기준의 의미를 나타내게 되어 비교의 부사격조사로 쓰인다. (2) 달라: 다ᄅᆞ-[異]+-아(종.어.). 'ㅇ'은 음가가 없는 자소로 쓰이기도 하고 유성후두마찰음을 지닌 자음으로 쓰이기도 하였다. 여기서 'ㅇ'은 유성후두마찰음이다.

① 무음가(無音價): 자소(字素)로서 어두음이 모음임을 표시하거나 어중(語中) 음절 경계를 표시. (예) 어엿비

② 유성후두마찰음 [ɦ]: 'y, ㄹ, ㅿ'와 모음 사이에서 나타나는데, 분철표기됨. (예) 몰애[沙], ᄀᆞᇫ애[剪], 달아[異]. ᅀᆞᆺ이[← 아ᅀᆞ(弟)+ㅣ], ᄇᆡ애[梨浦]

(3) 'ㄹ'은 현대국어와 마찬가지로 중세국어에서도 음절말과 'ㄹㄹ'에서는 설측음 [l]로, 음절초에서는 설타음 [ɾ]로 실현되었다. 훈민정음 해례 합자해에서는 半舌重音 'ㄹ[l]', 半舌輕音 'ᄛ[ɾ]'로 나누어 설명하고 있다. 현대의 '국어의 로마자 표기법'에서도 모음 앞에서는 'r'로, 자음 앞과 'ㄹㄹ' 에서는 각각 'l'과 'll'로 적는다.

15) ᄒᆞᇙᄊᆡ: 하므로/하는 까닭에 ☞ ᄒᆞ-+-ㅭᄊᆡ(원인의 종.어.)

영·는 ·이·와 ·뎌·와[16] ·ᄒᆞᄂᆞᆫ ·겨체[17] ·ᄡᅳᄂᆞᆫ 字·ᄍᆼ ㅣ·라 文문·은 ·글·와리·라[18] 不·붏[19]·은 아·니 ·ᄒᆞᄂᆞᆫ ·ᄠᅳ디·라 相샹·ᄋᆞᆫ 서르 ·ᄒᆞᄂᆞᆫ ·ᄠᅳ디·라 流률通통·ᄋᆞᆫ 흘·러 ᄉᆞᄆᆞ·출·씨·라[20]】 **文문字·ᄍᆼ·와·로 서르 ᄉᆞᄆᆞᆺ·디 아·니ᄒᆞᆯ·ᄊᆡ** 故·공·로 愚웅民민·이 有:융所:송欲·욕言언[2a]·ᄒᆞ야·도 【故·공·ᄂᆞᆫ 젼·ᄎᆡ·라[21] 愚웅·는 어·릴·씨·라 有:융·는 이실·씨·라 所:송·ᄂᆞᆫ ·배·라 欲·욕·ᄋᆞᆫ ᄒᆞ·고·져ᄒᆞᆯ·씨·라 言언·은 니르·씨·라】 **·이런 젼·ᄎᆞ·로 어·린[22] ᄇᆡᆨ百姓셩·이 니르·고·져 ·홇 ·배[23] 이·셔·도** 而ᅀᅵ終즁不·붏得·득伸신其끵情쪙者·쟝ㅣ多당矣:읭·라 【而ᅀᅵ·ᄂᆞᆫ ·입·겨지·라 終즁·은 ᄆᆞ·ᄎᆞ미·라[24] 得·득·은 시·

---

16) 이와 뎌와: 이것과 저것과 ☞ '이', '뎌'는 모두 대명사이다.

17) 겨체: 어조사(語助辭)에, 허사에, 토에. 겿=입겿=입겾=구결(口訣) ☞ 겿+에(처소 부.조.). (1) 처소부사격조사에는 '애, 에, 예'와 관형격조사와 형태가 같은['특이처격조사'라고도 함] 'ᄋᆡ/의'도 있었다. (2) 보편적인 처소부사격조사는 '애, 에, 예'인데, '애'는 양성모음 체언 뒤에(ᄯᅡ해[地]), '에'는 음성모음 체언 뒤에(누네[眼]), '예'는 '이/ㅣ' 체언 뒤에 연결되었다(서리예[間]). (3) 특이처격조사 'ᄋᆡ/의'는 100여 개의 체언과 연결되었다. (예) 나조ᄒᆡ, 지븨

18) 글와리라: 글이다, ☞ 글왈[←글+-ᄫᆞᆯ(명.접.)]+이-(서.조.)+-라(←-다). 글ᄫᆞᆯ>글왈>글월. 훈민정음 언해본이 편찬된 시기(세종 말~세조 초)에 이미 'ㅸ>w'의 변화를 경험했음을 보이는 표기이다.

19) 不붏: 소위 '이영보래[以影補來: 影(ㆆ)으로 來(ㄹ)를 보충한다]식' 표기이다. 한어 입성(入聲)의 'ㄷ'음이 조선 한자음에서 'ㄹ'로 변한 것을 'ㆆ'을 보충하여 'ㄷ'에 가깝게 나타내 보이려고 한 표기이다.

20) ᄉᆞᄆᆞ출씨라: 통한다는 것이다 ☞ ᄉᆞᄆᆞᆾ-[通]+-ᄋᆞᆯ(관.어)#ᄊᆞ(←ᄉᆞ, 의, 명.)+ㅣ-(서,조.)+-라(←-다). 뒤의 'ᄉᆞᄆᆞᆺ디'는 8종성법에 따른 표기이다.

21) 젼ᄎᆡ라: 까닭이다 ☞ 젼ᄎᆞ+이-(서.조.)+-라(←-다, 평.어.).

22) 어린: 어리석은 ☞ 어리-[愚]+-ㄴ(관.어). (1) '어리다'가 중세국어에서는 '어리석다[愚]'의 의미였으나 현대국어에서는 '나이가 어리다[幼少]'의 의미로 바뀌었다. 의미변화 중 의미이동에 해당한다. (2) 중세국어에서 '나이가 어리다'를 뜻하는 단어는 '졈다'였다. (3) 의미변화의 유형에는 의미이동, 의미확대, 의미축소가 있다. p.59 참조.

23) 니르고져 홇 배: 이르고자/말하고자 하는 바가 ☞ 홇 배: ᄒᆞ-+-오-(대상활용)+-ㅭ(관.전.) 바(의.명.)+ㅣ(주.조.). 관형절의 꾸밈을 받는 '바'가 관형절의 의미상 목적어가 되기 때문에 '-오-'가 삽입되었다.

24) ᄆᆞᄎᆞ미라: 마침이다 ☞ ᄆᆞᆾ-+-옴(명.접.)+이-(서.조.)+-라(←-다, 평.어.). (1) 'ᄆᆞᄎᆞᆷ'은 파생명사이고, 'ᄆᆞᄎᆞᆷ'[←ᄆᆞᆾ-+-옴(명.전.)]은 명사형으로 품사는 동사이다.

를·씨·라25) 伸신·온 펼·씨·라 其끵·는 :제·라26) 情쪙·은 쁘디·라 者:쟝·는 ·노미·라 多당·는 할·씨·라27) 矣:읭·는 2b:말 뭇눈28) ·입·겨지·라】 **ᄆᆞ·춤:내29) 제30) ·ᄠᅳ·들 시·러 펴·디 :몯ᄒᆞᇙ31) ·노·미32) 하·니·라** 予영ㅣ 爲·윙 此:총憫:민然션·ᄒᆞ·야【予영·는 ·내 ·ᄒᆞ숩·시논33) ·ᄠᅳ·디시·니·라 此:총·는 ·이·라34) 憫:민然션·은 :어엿·비35) 너·기실·씨·라】 **·내 ·이·롤 爲·윙·ᄒᆞ·야36) :어엿·비 너·겨** 新신制·졩二·싱十·씹八·밣字·쫑·ᄒᆞ노·니 3a【新신·온 ·

25) 시를씨라: 얻는다는 것이다 ☞ 실-[得]+-을(관.전.)#ᄊᆞ(← ᄉᆞ. 의.명.)+ㅣ-(서.조.)+-라(←-다)

26) 제라: 자기이다 ☞ 저(평칭의 재귀대명사)+ㅣ-(서.조.)+-라(←-다). 존칭의 재귀대명사는 'ᄌᆞ갸'이다.

27) 할씨라: 많다는 것이다 ☞ 하-[多]+-ㄹ(관.전.)#ᄊᆞ(← ᄉᆞ. 의.명.)+ㅣ-(서.조.)+-라(←-다). (1) '하다'는 '크다, 많다'는 뜻이다. (예) 고지 하거니라(花多) <두초 15:31> (2) 'ᄒᆞ다'는 '행하다[爲]'는 뜻이다. (예) ᄒᆞᇙ 바롤 아디 몯ᄒᆞ다니 <월 서 10>

28) 뭇눈: 마치는 ☞ 뭇-(← 뭋-)+-ᄂᆞᆫ(관.전.). '뭇-'은 8종성법에 의한 표기이다.

29) ᄆᆞ춤내: 마침내 ☞ ᄆᆞ춤(명)+내(부.접.). '내종내'도 같은 방식의 파생이다.

30) 제: 자기의 ☞ '저'의 주격형은 상성이었고[:제], 관형격형은 평성이어서[제], 형태는 같지만 성조로 구분되었다. 주(10)-3 참조.

31) 몯ᄒᆞᇙ: 못하는 ☞ 몯ᄒᆞ-+-ㅭ(관.전.). (1) 관형절의 꾸밈을 받는 명사 '놈'이 관형절의 의미상 주어이기 때문에 관형절의 서술어에 '-오-'가 삽입되지 않았다. 이때는 '-오-'가 삽입되기도 하고 그렇지 않기도 하여 불규칙적이다.

32) 노미: 사람이, 자(者)가 ☞ 놈+이(주.조.). (1) 중세에 '놈'은 사람 또는 '자(者)'를 의미하는 평칭이었다. 그런데 이 단어가 현대로 오면서 '남자를 낮추어 이르는 말[비칭]'로 쓰이게 되었다. '의미축소'에 해당하는 단어이다.

33) 내 ᄒᆞ숩시논: '내가'라 하옵시는 ☞ 나[我/予]+ㅣ(주.조.)+(라고)#ᄒᆞ-+-숩-(객.높.)+-시-(주.높.)+-ᄂᆞ-(직설법)+-오-(대상활용)+-ㄴ(관.전.). (1) '나'의 주격형인 '·내'는 거성이었고, 관형격형인 '내'는 평성이었다. 주(10)-3 참조. (2) 중세국어에서는 현대국어의 '고, 라고'에 해당하는 인용부사격조사가 없었다. (3) 객체높임법에 대해서는 제1부 중세국어 문법 pp.29~30 참조.

34) 이라: 이것이다 ☞ 이(대)+∅-(서.조.)+-라(←-다)

35) 어엿비: 가엾게 ☞ 어엿브-+-이(부.접). (1) 중세국어에서 '어엿브다'는 '가엾다[憫]'의 뜻이었으나 현대국어에서는 '예쁘다[美麗]'의 뜻으로 쓰인다. 의미 변화 중 의미이동에 해당한다.

36) 爲윙ᄒᆞ야: 위하여 ☞ 중세국어에서 'ᄒᆞ다' 동사는 '야-불규칙'이었으나, 근대국어에서 '여-불규칙'으로 바뀌었다.

새·라[37] 制·졩·는 밍·ᄀ·ᄅ실·씨·라 二·싱十·씹八·밣·ᄋ ·스·믈여·들비·라】

·새·로[38] ·스·믈여·듧 字·쫑·롤 밍·ᄀ노·니[39] 欲·욕使:ᄉ人신人신·ᄋ·로 易·잉習·씹·ᄒ·야 便뼌於헝日·싏用·용耳:싱니·라【使:ᄉ·는 :히·ᅇᅧ[40] ·ᄒ논 :마리·라 人신·ᄋ :사·ᄅ미·라 易·잉·는 :쉬볼·씨·라[41] 習·씹·ᄋ 니·길·씨·라 便뼌·은 便뼌安안홀·씨·라 於헝·는 :아·모 그에 ·ᄒ논 ·겨체 ·ᄡ는 字·쫑ㅣ·라 日·싏·ᄋ ·나리·라 用·용·ᄋ ·ᄡᅳᆯ·씨·라 耳:싱·는 ᄯᄅ·미·라 ·ᄒ논 ·ᄠ디·라】 3b**:사ᄅᆞᆷ:마·다 :히·ᅇᅧ 수·ᄫᅵ 니·겨[42] ·날·로 ·ᄡ·메[43] 便뼌安한·킈 ᄒ·고·져[44] ᄒᆞᇙ ᄯᄅ·미니·라**

---

37) 새라: 새것이다 ☞ 새(명)+∅-(서.조.)+-라(←-다). (1) 여기서 '새'는 명사이다. (2) 현대국어에서 '새'는 관형사로만 쓰이나 중세국어에서 '새'는 세 품사에 통용되었다. ① 명사: 이 나래 새롤 맛보고 <두언 15:23> ② 관형사: 새 기슬 一定ᄒ얫도다 <두언 7:1> ③ 부사: 새 出家ᄒᆞᆫ 사ᄅ미니 <석상 6:2>

38) 새로: 새로 ☞ 새(명)+-로(부.접.). '-로'는 조사가 파생접미사화한 것이다. '진실로, 날로'도 같은 방식으로 파생된 부사들이다.

39) 내 이롤 ~ 밍ᄀ노니: 내가 이것을 위하여 가엾게 여겨 새로 스믈여듧 자를 만드니 ☞ (1) 이: 대 이것. "어린 빅百姓셩 ~ 노미 하니라"를 가리킨다. (2) 밍ᄀ노니: 만드니. 밍ᄀᆯ-+-ᄂ-(직설법)+-오-(인칭활용)+-니(종.어.). 주어가 1인칭이기 때문에 서술어에 '-오-'가 연결되었다. 이때의 '-오-'를 '인칭활용 선어말어미' 또는 '의도법 선어말어미'라 한다. 이에 대해서는 제1부 중세국어 문법 pp.32~33 참조.

40) 히ᅇᅧ: 하게 하여, 하여금 ☞ ᄒ-+-이-(사.접)+-어(종.어.) (1) 'ᅇ'은 세종, 세조 양대의 문헌에 나타나는데 주로 사・피동사파생 접미사 뒤에 나타나 사・피동임을 분명히 드러낸다. (2) 그 음운론적 환경은 대개 'y' 아래에서고 'i'인 경우도 발견된다. 음가는 'y/i' 뒤에서 생긴 다소 길고 심한 협착으로 추정한다. (예) 生死애 ᄆᆡᅇᆫ 根源<능 5:5>, 왕이 威嚴이 업서 ᄂᄆ 소내 쥐ᅇᅧ 이시며<월석 2:11>, 사ᄅ미게 ᄆᆡᅇᆫ 고돌 긋 아라<몽 19>

41) 쉬볼씨라: 쉽다는 것이다 ☞ 쉽-+-을(관.전.)#ᄊ(←ᄉ. 의.명.)+ㅣ-(서.조.)+-라(←-다). 쉽-+-이(부.접.)→쉬ᄫᅵ>수ᄫᅵ>수이>쉬. ㅂ-불규칙활용.

42) 니겨: 익혀 ☞ 니기-[←닉-+-이-(사.접.)]+-어(종.어.)

43) ᄡ메: 씀에, 사용함에 ☞ ᄡ-[用]+-움(명.전.)+에(부.조.). (1) 'ᄡ다'와 '쓰다'에 대해서는 주(12) 참조.

44) 便뼌安한킈 ᄒ고져: 편안하게 하고자 ☞ 便安ᄒ-+-긔(보.어.) ᄒ-(보.용.)+-고져. (1) 통사적 사동문인 '-긔 ᄒ다' 사동문이다. (2) 'ᄒ'에서 '・'가 탈락하고 뒤의 'ㄱ'과 축약되어 'ㅋ'으로 바뀌었다.

ㄱ·ᄂᆞᆫ 牙ᅌᅡ音ᅙᅳᆷ·이·니 如君ㄷ字·ᄍᆞᆼ初총發·버ᇙ聲셩ᄒᆞ·니 竝·뼝書셩ᄒᆞ·면 如ᅀᅧᆼ虯뀨ᇢ字·ᄍᆞᆼ初총發·버ᇙ聲셩ᄒᆞ·니·라【牙ᅌᅡ·ᄂᆞᆫ :어미·라 如·는 ·ᄀᆞᄐᆞᆯ·씨·라 初총發·버ᇙ聲셩·은 ·처ᅀᅥᆷ[45] ·펴·아 ·나ᄂᆞᆫ 소리·라 竝·뼝書셩·는 ᄀᆞᆯ·ᄫᅡ·ᄡᅳᆯ ·씨·라】

4a **ㄱ·ᄂᆞᆫ**[46] **:엄쏘·리·니**[47] **君ㄷ字·ᄍᆞᆼ**[48] **·처ᅀᅥᆷ ·펴·아 ·나ᄂᆞᆫ 소·리 ·ᄀᆞ ᄐᆞ·니 ᄀᆞᆯ·ᄫᅡ·쓰·면**[49] **虯뀨ᇢ字·ᄍᆞᆼ ·처ᅀᅥᆷ ·펴·아 ·나ᄂᆞᆫ 소·리 ·ᄀᆞ·ᄐᆞ니·라** ㅋ·ᄂᆞᆫ 牙ᅌᅡ音ᅙᅳᆷ·이·니 如快·쾡ᅙ字·ᄍᆞᆼ初총發·버ᇙ聲셩ᄒᆞ·니·라 **ㅋ·ᄂᆞᆫ :엄쏘·리·니 快·쾡ᅙ字·ᄍᆞᆼ ·처ᅀᅥᆷ ·펴·아 ·나ᄂᆞᆫ 소·리 ·ᄀᆞ·ᄐᆞ니·라** 4b ㆁ·ᄂᆞᆫ 牙ᅌᅡ音ᅙᅳᆷ·이·니 如ᅀᅧᆼ業·ᅌᅥᆸ字·ᄍᆞᆼ 初총發·버ᇙ聲셩ᄒᆞ·니·라 **ㆁ·ᄂᆞᆫ :엄쏘·리·니 業·ᅌᅥᆸ字·ᄍᆞᆼ ·처ᅀᅥᆷ ·펴·아 ·나ᄂᆞᆫ 소·리 ·ᄀᆞ·ᄐᆞ니·라** ㄷ·ᄂᆞᆫ 舌·쎠ᇙ音ᅙᅳᆷ·이·니 如ᅀᅧᆼ斗:두ᇢ字·ᄍᆞᆼ初총發·버ᇙ聲셩ᄒᆞ·니 竝·뼝書셩ᄒᆞ·면 如ᅀᅧᆼ覃땀ㅂ字·ᄍᆞᆼ初총發·버ᇙ聲셩ᄒᆞ·니·라【舌·쎠ᇙ·은 ·혜·라】[50] 5a **ㄷ·ᄂᆞᆫ ·혀쏘·리·니**[51] **斗:두ᇢ**

45) 처ᅀᅥᆷ: 처음 ☞ 처ᅀᅥᆷ > 처엄 > 처음.

46) 이기문(1978:4~5)에서는 훈민정음 언해에 중성모음으로 된 말에는 'ㆍ'계 모음이 오고, 훈몽자회의 모든 초성자들이 모음 '이'를 가졌다는 사실을 근거로, 초성 낱글자는 '이'를 붙여 읽었을 것으로 추정한다. 즉, 'ㄱ'은 '기'로 읽었을 것으로 추정한다.

47) 엄쏘리니: 어금닛소리이니. ☞ 엄[牙]+ㅅ(사이시옷)#소리+∅-(서.조.)+-니(종.어.). (1) '아음(牙音)/엄쏘리'는 현대음성학에서 연구개음에 해당한다. (2) 중세국어에서는 합성명사의 앞 성분이 받침이 있는 경우에도(단, 공명음이어야 함) 사이시옷을 받쳐 적었고, 이 'ㅅ'은 뒤 성분의 초성으로 내려 적을 수 있었다. 여기서는 사이시옷을 'ㅁ'받침 뒤에 받쳐적으면서 뒤 음절의 초성으로 내려 적었다.(엄소리 → 엄쏘리) (2) 사이시옷은 형태소로 다루지 않는다. 사잇소리 표기는 중세국어문법 pp.14~15 참조.

48) 君ㄷ字ᄍᆞᆼ: 군(君)자 ☞ 한자어에서는 선행음절의 말음과 같은 조음위치의 전청자를 사잇소리로 썼다. 선행음절의 말음이 'ㄴ'이기 때문에 그것과 같은 조음위치의 전청자인 'ㄷ'이 사잇소리로 사용되었다. 사잇소리 표기는 중세국어문법 pp.14~15 참조.

49) ᄀᆞᆯᄫᅡ쓰면: 나란히 쓰면, 아울러 쓰면 ☞ ᄀᆞᆲ-[竝]+-아(연.어.)#쓰-+-면(종.어.). 통사적 합성어. 통사적으로 합성어와 비통사적 합성어에 대해서는 pp.27~28, 160, 211, 273 참조.

50) 훈민정음과 중고한어 자모(中古漢語 字母) 사이의 차이점은 훈민정음 해례 pp.66~67 참조.

51) 혀쏘리니: 혓소리니 ☞ 혀[舌]+ㅅ(사이시옷)#소리[音]+∅-(서.조.)+-니(종.어.). (1) '설음(舌音)/혀쏘리'는 현대음성학에서 치경음에 해당한다. (2) 현대국어에서는 '혓소리'로 사이

字·쫑 ·처ᅀᅥᆷ ·펴·아 ·나ᄂᆞᆫ 소·리 ·ᄀᆞᄐᆞ·니 ᄀᆞᆯ·ᄫᅡ·쓰·면 覃땀ㅂ字·쫑 ·처ᅀᅥᆷ ·펴·아 ·나ᄂᆞᆫ 소·리 ·ᄀᆞ·ᄐᆞ니·라 ㅌ·ᄂᆞᆫ 舌·쎯音음·이·니 如ᅀᅧᆼ呑ᄐᆞᆫㄷ字·쫑初총發·벓聲셩ᄒᆞ·니·라 ㅌ·ᄂᆞᆫ ·혀쏘·리·니 呑ᄐᆞᆫㄷ字·쫑 ·처ᅀᅥᆷ ·펴·아 ·나ᄂᆞᆫ 소·리 ·ᄀᆞ·ᄐᆞ니·라 [5b]ㄴ·ᄂᆞᆫ 舌쎯音음·이·니 如ᅀᅧᆼ那낭ㆆ字·쫑初총發·벓聲셩ᄒᆞ·니·라 ㄴ·ᄂᆞᆫ ·혀쏘·리·니 那낭ㆆ字·쫑 ·처ᅀᅥᆷ ·펴·아 ·나ᄂᆞᆫ 소·리 ·ᄀᆞ·ᄐᆞ니·라 ㅂ·ᄂᆞᆫ 脣쓘音음·이·니 如ᅀᅧᆼ彆·볋字·쫑初총發·벓聲셩ᄒᆞ·니 並·뼝書셩ᄒᆞ·면 如ᅀᅧᆼ步·뽕ㆆ字·쫑初총發·벓聲셩ᄒᆞ·니·라 【脣쓘·은 입시·우리·라】 [6a]ㅂ·ᄂᆞᆫ 입시·울쏘·리·니[52] 彆·볋字·쫑 ·처ᅀᅥᆷ ·펴·아 ·나ᄂᆞᆫ 소·리 ·ᄀᆞᄐᆞ·니 ᄀᆞᆯ·ᄫᅡ·쓰·면 步·뽕ㆆ字·쫑 ·처ᅀᅥᆷ ·펴·아 ·나ᄂᆞᆫ 소·리 ·ᄀᆞ·ᄐᆞ니·라 ㅍ·ᄂᆞᆫ 脣쓘音음·이·니 如ᅀᅧᆼ漂푷ᄫ字·쫑 初총發·벓聲셩ᄒᆞ·니·라 ㅍ·ᄂᆞᆫ 입시·울쏘·리·니 漂푷ᄫ·쫑 ·처ᅀᅥᆷ ·펴·아 ·나ᄂᆞᆫ 소·리 ·ᄀᆞ·ᄐᆞ니·라 [6b]ㅁ·ᄂᆞᆫ 脣쓘音음·이·니 如ᅀᅧᆼ彌밍ㆆ字·쫑初총發·벓聲셩ᄒᆞ·니·라 ㅁ·ᄂᆞᆫ 입시·울쏘·리·니 彌밍ㆆ字·쫑 ·처ᅀᅥᆷ ·펴·아 ·나ᄂᆞᆫ 소·리 ·ᄀᆞ·ᄐᆞ니·라 ㅈ·ᄂᆞᆫ 齒:칭音음·이·니 如ᅀᅧᆼ卽·즉字·쫑 初총發·벓聲셩ᄒᆞ·니 並·뼝書셩ᄒᆞ·면 如ᅀᅧᆼ慈·쫑ㆆ字쫑 初총發·벓聲셩ᄒᆞ·니·라 【齒:칭·ᄂᆞᆫ ·니·라】 [7a]ㅈ·ᄂᆞᆫ ·니쏘·리·니 卽·즉字·쫑 ·처ᅀᅥᆷ ·펴·아 ·나ᄂᆞᆫ 소·리 ·ᄀᆞᄐᆞ·니 ᄀᆞᆯ·ᄫᅡ·쓰·면 慈쫑ㆆ字·쫑 ·처ᅀᅥᆷ ·펴·아 ·나ᄂᆞᆫ 소·리 ·ᄀᆞ·ᄐᆞ니·라 ㅊᄂᆞᆫ 齒:칭音음·이·니 如ᅀᅧᆼ侵침ㅂ字·쫑 初총發·벓聲셩ᄒᆞ·니·라 ㅊ·ᄂᆞᆫ ·니쏘·리·니 侵침ㅂ字·쫑 ·처ᅀᅥᆷ ·펴·아 ·나ᄂᆞᆫ 소·리 ·ᄀᆞ·ᄐᆞ니·라 [7b]ㅅ·ᄂᆞᆫ 齒:칭音음·이·니 如ᅀᅧᆼ戌슗字·쫑 初총發·벓聲셩ᄒᆞ·니 並·뼝書셩ᄒᆞ면 如ᅀᅧᆼ邪썅ㆆ字·쫑 初총發·벓聲셩ᄒᆞ·니·라 ㅅ·ᄂᆞᆫ ·

시옷을 앞말의 받침으로 적으나 중세국어에서는 뒷말의 초성으로 내려 적기도 하였다.

52) 입시울쏘리니: 입술소리니 ☞ 입시울[脣]+ㅅ(사이시옷)#소리+∅-(서.조.)+-니(종.어.). (1) '순음(脣音)/입시울소리'는 현대음성학에서 양순음에 해당한다. (2) 앞말이 'ㄹ' 받침을 가진 말이나 사이시옷을 받쳐 적었고 그것을 뒷말의 초성으로 내려 적었다. 사잇소리 표기는 중세국어문법 pp.14~15 참조.

니쏘·리·니[53] 戌·슗字·ᄍᆞᆼ ·처ᅀᅥᆷ ·펴·아 ·나ᄂᆞᆫ 소·리 ·ᄀᆞᄐᆞ·니 ᄀᆞᆯ·ᄫᅡ·쓰·면 邪썅ᅙ字·ᄍᆞᆼ ·처ᅀᅥᆷ ·펴·아 ·나ᄂᆞᆫ 소·리 ·ᄀᆞ·ᄐᆞ니·라 ᅙ·ᄂᆞᆫ 喉ᅘᅮᇢ音ᅙᅳᆷ·이·니 如ᅀᅧᆼ挹·ᅙᅳᆸ字·ᄍᆞᆼ[8a]初초ᇰ發·벓聲셩ᄒᆞ·니·라【喉ᅘᅮᇢ·ᄂᆞᆫ 모·기·라】 ᅙ·ᄂᆞᆫ 목소·리·니[54] 挹ᅙᅳᆸ字ᄍᆞᆼ ·처ᅀᅥᆷ ·펴·아 ·나ᄂᆞᆫ 소·리 ·ᄀᆞ·ᄐᆞ니·라 ㅎᄂᆞᆫ 喉ᅘᅮᇢ音ᅙᅳᆷ·이·니 如ᅀᅧᆼ虛헝ᅙ字·ᄍᆞᆼ 初초ᇰ發·벓聲셩ᄒᆞ·니 竝·뼝書셩ᄒᆞ·면 如ᅀᅧᆼ洪ᅘᅩᇰㄱ字·ᄍᆞᆼ 初초ᇰ發·벓聲셩ᄒᆞ·니·라 ㅎ·ᄂᆞᆫ 목소·리·니 虛헝ᅙ字·ᄍᆞᆼ ·처ᅀᅥᆷ ·펴·아 [8b]·나ᄂᆞᆫ 소·리 ·ᄀᆞᄐᆞ·니 ᄀᆞᆯ·ᄫᅡ·쓰·면 洪ᅘᅩᇰㄱ字·ᄍᆞᆼ ·처ᅀᅥᆷ ·펴·아 ·나ᄂᆞᆫ 소·리 ·ᄀᆞ·ᄐᆞ니·라 ㅇ·ᄂᆞᆫ 喉ᅘᅮᇢ音ᅙᅳᆷ·이·니 如ᅀᅧᆼ欲·욕字·ᄍᆞᆼ 初초ᇰ發·벓聲셩ᄒᆞ·니·라 ㅇ·ᄂᆞᆫ 목소·리·니 欲·욕字·ᄍᆞᆼ ·처ᅀᅥᆷ ·펴·아 ·나ᄂᆞᆫ 소·리 ·ᄀᆞ·ᄐᆞ니·라 ㄹ·ᄂᆞᆫ 半·반舌·쎯音ᅙᅳᆷ·이·니[55] 如ᅀᅧᆼ閭령ᅙ字[9a]·ᄍᆞᆼ 初초ᇰ發·벓聲셩ᄒᆞ·니·라 ㄹᄂᆞᆫ 半·반·혀쏘·리·니 閭령ᅙ字·ᄍᆞᆼ ·처ᅀᅥᆷ ·펴·아 ·나ᄂᆞᆫ 소·리 ·ᄀᆞ·ᄐᆞ니·라 ㅿ·ᄂᆞᆫ 半반齒:칭音ᅙᅳᆷ·이·니[56] 如ᅀᅧᆼ穰ᅀᅣᇰㄱ字·ᄍᆞᆼ 初초ᇰ發·벓聲셩ᄒᆞ·니·라 ㅿ·ᄂᆞᆫ 半반·니쏘·리·니 穰ᅀᅣᇰㄱ字ᄍᆞᆼ ·처ᅀᅥᆷ ·펴·아 ·나ᄂᆞᆫ 소·리 ·ᄀᆞ·ᄐᆞ니·라 [9b] ᆞ·ᄂᆞᆫ 如ᅀᅧᆼ 呑ᄐᆞᆫ字·ᄍᆞᆼ 中듀ᇰ聲셩 ᄒᆞ·니·라【中듀ᇰ·ᄋᆞᆫ 가·온·ᄃᆡ·라[57]】 ᆞ·ᄂᆞᆫ 呑ᄐᆞᆫ字·ᄍᆞᆼ 가·온·ᄃᆡᆺ소·리 ·ᄀᆞ·ᄐᆞ니·라 ㅡ·ᄂᆞᆫ 如ᅀᅧᆼ 卽·즉字·ᄍᆞᆼ 中듀ᇰ

53) 니쏘리니: 잇소리니 ☞ 니[齒]+ㅅ(사이시옷)#소리[音]+∅-(서.조.)+-니(종.어.). (1) '치음(齒音)/니쏘리'는 현대음성학에서 치경음에 해당하는데, 이 중 'ㅅ'은 치경마찰음, 'ㅈ, ㅊ'은 치경파찰음이었던 것으로 보인다. (2) 사이시옷이 뒷말의 초성으로 내려 적혔다.

54) 목소리니: 목소리니 ☞ 목#소리+∅-+-니. (1) '후음(喉音)/목소리'는 현대음성학에서 '성문음'에 해당한다. (2) 사이시옷은 합성명사나 합성명사구에서 앞말이 모음 또는 'ㄴ, ㄹ, ㅁ, ㆁ' 등의 유성자음으로 끝나고 뒷말이 자음으로 시작될 때 받쳐 적는 것이 원칙이다. 여기서 사이시옷이 삽입되지 않은 이유는 앞말이 무성자음으로 끝났기 때문이다.

55) '반설음(半舌音)/반혀쏘리'는 현대음성학에서 유음에 해당한다. 중세국어 유음에는 설측음 [l]과 설타음 [ɾ]이 있었으나 훈민정음에서는 'ㄹ' 하나만 제자(制字)하였다. 훈민정음 해례 합자해에서는 半舌重音 'ㄹ'과 半舌輕音 'ᄛ'로 구별할 수 있다고 하였다. 중고한어에서 유음은 설측음 [l]밖에 없었다.

56) '반치음(半齒音)/반니쏘리'는 치경음의 하나로 유성치경마찰음 [z]이다.

57) 가온ᄃᆡ라: 가운데다 ☞ 가온ᄃᆡ[中]+∅-(서.조.)+-라(←-다). 가ᄫᆞᆫᄃᆡ > 가온ᄃᆡ

聲셩 ᄒᆞ·니·라 **ㅡ·는 即·즉字·ᄍᆞᆼ 가·온·ᄃᆡᆺ소·리 ·ᄀᆞ·ᄐᆞ니·라** ㅣ·ᄂᆞᆫ 如ᅀᅧᆼ侵침ㅂ字·ᄍᆞᆼ 中듕聲셩 ᄒᆞ·니·라 [10a] **ㅣ·ᄂᆞᆫ 侵침ㅂ字·ᄍᆞᆼ 가·온·ᄃᆡᆺ소·리 ·ᄀᆞ·ᄐᆞ니·라** ㅗ·ᄂᆞᆫ 如ᅀᅧᆼ洪ᅘᅩᆼㄱ字·ᄍᆞᆼ 中듕聲셩 ᄒᆞ·니·라 **ㅗ·ᄂᆞᆫ 洪ᅘᅩᆼㄱ字·ᄍᆞᆼ 가·온·ᄃᆡᆺ소·리 ·ᄀᆞ·ᄐᆞ니·라** ㅏ·ᄂᆞᆫ 如ᅀᅧᆼ 覃땀ㅂ字·ᄍᆞᆼ 中듕聲셩 ᄒᆞ·니·라 **ㅏ·ᄂᆞᆫ 覃땀字·ᄍᆞᆼ 가·온·ᄃᆡᆺ소·리 ·ᄀᆞ·ᄐᆞ니·라** [10b]ㅜ·는 如ᅀᅧᆼ 君군ㄷ字·ᄍᆞᆼ 中듕聲셩 ᄒᆞ·니·라 **ㅜ·는 君군ㄷ字·ᄍᆞᆼ 가·온·ᄃᆡᆺ소·리 ·ᄀᆞ·ᄐᆞ니·라** ㅓ·는 如ᅀᅧᆼ業·업字·ᄍᆞᆼ 中듕聲셩 ᄒᆞ·니·라 **ㅓ·는 業·업字·ᄍᆞᆼ 가·온·ᄃᆡᆺ소·리 ·ᄀᆞ·ᄐᆞ니·라** ㅛ·ᄂᆞᆫ 如ᅀᅧᆼ欲·욕字·ᄍᆞᆼ 中듕聲셩 ᄒᆞ·니·라 [11a]**ㅛ·ᄂᆞᆫ 欲·욕字·ᄍᆞᆼ 가·온·ᄃᆡᆺ소·리 ·ᄀᆞ·ᄐᆞ니·라** ㅑ·ᄂᆞᆫ 如ᅀᅧᆼ穰ᅀᅣᆼㄱ字·ᄍᆞᆼ 中듕聲셩 ᄒᆞ·니·라 **ㅑ·ᄂᆞᆫ 穰ᅀᅣᆼㄱ字·ᄍᆞᆼ 가·온·ᄃᆡᆺ소·리 ·ᄀᆞ·ᄐᆞ니·라** ㅠ·는 如ᅀᅧᆼ戌·슗字·ᄍᆞᆼ 中듕聲셩 ᄒᆞ·니·라 **ㅠ·는 戌·슗字·ᄍᆞᆼ 가·온·ᄃᆡᆺ소·리 ·ᄀᆞ·ᄐᆞ니·라** ㅕ·는 如ᅀᅧᆼ彆·볋字·ᄍᆞᆼ 中듕聲셩 ᄒᆞ·니·라 [11b]**ㅕ·는 彆·볋字·ᄍᆞᆼ 가·온·ᄃᆡᆺ소·리 ·ᄀᆞ·ᄐᆞ니·라** 終즁聲셩·은 復·ᄲᅮᇢ用·용初총聲셩·ᄒᆞ·ᄂᆞ니·라[58)] 【復·ᄲᅮᇢ·는 다·시 ·ᄒᆞᄂᆞᆫ ·ᄠᅳ디·라】 **:乃냉終즁ㄱ소·리·ᄂᆞᆫ 다·시 ·첫소·리·ᄅᆞᆯ ·ᄡᅳ·ᄂᆞ니·라** ㅇ·ᄅᆞᆯ 連련書ᅀᅧᆼ脣쑨音흠之징下:ᅘᅡᆼᄒᆞ·면 則·즉爲윙脣쑨輕켱音흠·ᄒᆞ·ᄂᆞ니·라[59)] 【連련·은 니[12a]·ᅀᅳᆯ ·씨·라 下:ᅘᅡᆼ·ᄂᆞᆫ 아·래·라 則·즉·은 :아·ᄆᆞ리 ᄒᆞ·면 ·ᄒᆞᄂᆞᆫ ·겨·체 ·ᄡᅳᄂᆞᆫ 字·ᄍᆞᆼㅣ·라 爲윙·ᄂᆞᆫ ᄃᆞ욀·씨·라 輕켱·은 가·ᄇᆡ야·ᄫᆞᆯ ·씨·라】 **ㅇ·ᄅᆞᆯ 입시·울쏘·리 아·래 니·ᅀᅥ·쓰·면 입시·울가·ᄇᆡ야·ᄫᆞᆫ소·리 ᄃᆞ외ᄂᆞ·니·라**[60)] 初총聲셩·을 合·ᅘᅡᆸ用·용·ᄒᆞᇙ디·면 則·즉 竝·뼝書ᅀᅧᆼᄒᆞ·라 終즁聲셩·도 同똥ᄒᆞ·니·라【合·ᅘᅡᆸ·ᄋᆞᆫ 어·울 ·씨·라 同똥·ᄋᆞᆫ ᄒᆞᆫ가·지·라 ·ᄒᆞᄂᆞᆫ ·ᄠᅳ디·라】 [12b]**·첫**

58) 종성부용초성(終聲復用初聲)/乃냉終즁ㄱ소리ᄂᆞᆫ 다시 첫소리ᄅᆞᆯ ᄡᅳᄂᆞ니라: 종성을 위해 문자를 따로 만들지 않고 초성을 위해 만들어 놓은 문자를 종성의 문자로 쓰겠다는 제자상(制字上)의 설명이다. 종성 표기법과 관련 규정은 해례 종성해의 '八終聲可足用(팔종성가족용)'이다.

59) 순경음(脣輕音)/입시울ᄀᆞᄇᆡ야ᄫᆞᆫ소리: (1) 음가: 유성양순마찰음([β]) (2) 변화: ㅸ[β] > w. ᄫᅡ > 와, ᄫᅥ > 워, ᄫᆞ > 오, ᄫᅳ > 우

60) ᄃᆞ외ᄂᆞ니라: 된다 ☞ ᄃᆞ외-(< ᄃᆞᄫᆡ-)+-ᄂᆞ-(직설법)+-니라(종.어.).

소·리·ᄅᆞᆯ 어·울·워 ·ᄡᅮᇙ·디·면[61] **ᄀᆞᆯ·ᄫᅡ·쓰·라** 乃:냉終즁ㄱ**소·리·도 ᄒᆞᆫ가·지·라** ·ㆍ ㅡ ㅗ ㅜ ㅛ ㅠ·란 附·뿡書셩初총聲셩之징下:ᅘᅡᆼᄒᆞ·고【附·ᄂᆞᆫ 브·틀 ·씨·라】 **·ㆍ·와 ㅡ·와 ㅗ·와 ㅜ·와 ㅛ·와 ㅠ·와·란 ·첫소·리 아·래 브·텨·쓰·고** ㅣ ㅏ ㅓ ㅑ ㅕ·란 附·뿡書셩於헝右:ᅌᅮᇢᄒᆞ·라 [13a]【右:ᅌᅮᇢ·ᄂᆞᆫ ·올ᄒᆞᆫ녀·기·라】 **ㅣ·와 ㅏ·와 ㅓ·와 ㅑ·와 ㅕ·와·란 ·올ᄒᆞᆫ녀·긔 브·텨·쓰·라** 凡뻠字·ᄍᆞㅣ 必·빓合·ᅘᅡᆸ而싱成셩音흠[62]·ᄒᆞᄂᆞ·니【凡뻠·은 믈읫·ᄒᆞᄂᆞᆫ ·ᄠᅳ디·라 必·빓·은 모·로·매 ·ᄒᆞᄂᆞᆫ ·ᄠᅳ디·라 成·쎵은 :일 ·씨·라】 **믈읫字·ᄍᆞㅣ 모·로·매 어·우러·ᅀᅡ**[63] **소·리 :이ᄂᆞ·니**[64] [13b]左:장加강一·ᅙᅵᇙ點:뎜ᄒᆞ·면 則·즉去·컹聲셩·이·오【左:장·ᄂᆞᆫ :왼녀·기라 加강·ᄂᆞᆫ 더을 ·씨·라 一·ᅙᅵᇙ·은 ᄒᆞ나·히·라 去·컹聲셩·은 ·ᄆᆞᆺ 노·ᄑᆞᆫ 소·리·라】 **:왼녀·긔 ᄒᆞᆫ 點:뎜·을 더으·면 ·ᄆᆞᆺ 노·ᄑᆞᆫ 소·리·오**[65] 二·싱則·즉上:썅聲셩·이·오【二·싱·ᄂᆞᆫ :둘히·라 上:썅聲셩·은 ·처ᅀᅥ·미 ᄂᆞᆺ:갑·고[66] 乃:냉終즁·이 노·ᄑᆞᆫ 소·리·라】 [14a]**點:뎜·이 :둘·히·면 上:썅聲셩·이·오** 無뭉則·즉平뼝聲셩·이·오【無뭉·ᄂᆞᆫ :업슬 ·씨·라 平

---

61) ᄡᅮᇙ디면: 쓸 것이면 ☞ ᄡᅳ-[書]+-우-(대상활용)+-ㅭ(관.전.)#ㄷ(← ᄃᆞ. 의.명.)+ㅣ-(서.조.)+-면(종.어)

62) 凡字必合而成音(범자필합이성음): 무릇 글자는 반드시 어울려야 소리를 이룬다 ☞ 훈민정음은 음소문자로 창제되었으면서도 음절문자처럼 쓰도록 규정되어 있다. 초성·중성·종성 글자를 각각 자소(字素)처럼 생각한데서 이들이 단독으로 쓰일 수는 없고, '초성자+중성자' 또는 '초성자+중성자+종성자'와 같이 합해져야만 하나의 음절을 나타낼 수 있다고 한 말이다.

63) 어우러ᅀᅡ: 어울려야 ☞ 어울-+-어ᅀᅡ(종.어.). 'ᅀᅡ'는 '단독'과 '특수'의 보조사이나 어미 '-어'에 붙어 '조건'을 나타내는 종속적 연결어미로 쓰였다. 'ᅀᅡ'는 16세기에 '야'로 바뀌어 현대에 이른다.

64) 소리 이ᄂᆞ니: 소리가 이루어지니 ☞ 소리+∅(주.조.) 이-(←일-[成])+-ᄂᆞ-(직설법)+-니(종.어.). 'ㄴ' 앞에서 어간의 'ㄹ'이 탈락했다.

65) 소리오: 소리이고 ☞ 소리+∅-(서.조.)+-오(←-고. 대.어.). 서술격조사 뒤에서 '고'의 'ㄱ'이 약화되어 '오'로 바뀌었다.

66) ᄂᆞᆺ갑고: 낮고 ☞ ᄂᆞᆺ-(←ᄂᆞᆽ-)+-갑-(형.접.)+-고. 'ᄂᆞᆺ갑다'는 8종성법에 의한 표기이다. '녇갑다(←녙-)'도 같은 방식의 파생어이다.

뼝聲셩·은 ·뭇ᄂᆞᆺ가·ᄫᆞᆫ 소·리·라】 **點:뎜·이 :업스·면 平뼝聲셩·이·오** 入·십聲셩·은 加강點:뎜·이 同똥而ᅀᅵᆼ促·쵹急·급ᄒᆞ·니·라【入·십聲셩·은 ᄲᆞᆯ·리 긋ᄃᆞᆮ논[67] 소·리·라 促·쵹急·급·은 ᄲᆞᄅᆞᆯ ·씨·라】 **入·십聲셩·은 點:뎜 더·우·믄[68] ᄒᆞᆫ가·지로·ᄃᆡ** [14b]**ᄲᆞᄅᆞ·니·라** 漢·한音ᅙᅳᆷ 齒:칭聲셩·은 有:ᅌᅮᇢ齒:칭頭·뚷[69]正·졍齒:칭[70]之징別·볋ᄒᆞ·니【漢·한音ᅙᅳᆷ·은 中듕國·귁 소·리·라 頭뚷·는 머·리·라 別·볋·은 ᄀᆞᆯ·ᄒᆡᆯ ·씨·라】 **中듕國·귁 소·리·옛 ·니쏘·리·ᄂᆞᆫ 齒:칭頭뚷·와 正·졍齒:칭·왜 ᄀᆞᆯ·ᄒᆡ요·미**[71] **잇ᄂᆞ·니** ᅎ ᅔ ᅏ ᄼ ᄽ字·ᄍᆞᆼ·ᄂᆞᆫ 用·ᅇᅭᆼ於·ᅙᅥᆼ齒:칭頭뚷ᄒᆞ·고 [15a]【·이 소·리·ᄂᆞᆫ ·우리나·랏 소·리예·셔[72] 열·ᄫᆞ·니[73] ·혀·그·티 웃·닛머·리·예[74] 다ᄔᆞ·니·라[75]】 **ᅎ ᅔ ᅏ ᄼ ᄽ 字·ᄍᆞᆼ·ᄂᆞᆫ 齒:칭頭뚷ㅅ소·리·예 ·ᄡᅳ·고** ᅐ ᅕ ᅑ ᄾ ᄿ字·ᄍᆞᆼ·ᄂᆞᆫ 用·ᅇᅭᆼ於ᅙᅥᆼ正·졍齒:칭·ᄒᆞᄂᆞ·니【이 소·리·ᄂᆞᆫ ·우·리나·랏 소·리예·셔 두터·ᄫᆞ·니[76] ·혀·그·티 아·랫·닛므유·메[77] 다ᄔᆞ·니·라】 **ᅐ ᅕ ᅑ ᄾ ᄿ 字·ᄍᆞᆼ·ᄂᆞᆫ 正·졍齒:칭ㅅ 소리**[15b]**·예 ·ᄡᅳᄂᆞ·니** 牙아舌·쎯脣쑨喉ᅘᅮᇢ之징字·ᄍᆞᆼ·ᄂᆞᆫ 通통用·ᅇᅭᆼ於ᅙᅥᆼ漢·한音ᅙᅳᆷ·ᄒᆞ·ᄂᆞ니·라 **:엄·과 ·혀·와 입시·울·와 목소·리·옛 字·ᄍᆞᆼ·ᄂᆞᆫ 中듕國·귁 소·리·예 通통·히 ·ᄡᅳ·ᄂᆞ니·라**

訓·훈民민正·졍音ᅙᅳᆷ

---

67) 긋ᄃᆞᆮ논: 그치는, 끊어지는 ☞ 긋ᄃᆞᆮ-[←긋-(←긏-)#ᄃᆞᆮ-]+-논(관.전.). 비통사적 합성어.

68) 더우믄: 더함은 ☞ 더으-[加]+-움(명.어.)+은(보조사)

69) 齒頭(치두): 상치경파열음(上齒莖破裂音). 또는 치파열음(齒破裂音).

70) 正齒(정치): 권설음(捲舌音) 또는 경구개치경음(硬口蓋齒莖音)

71) ᄀᆞᆯᄒᆡ요미: 나눔이. 가름이 ☞ ᄀᆞᆯᄒᆡ[別]+-욤(←-옴. 명.전.)+이(주.조.)

72) 소리예셔: 소리보다 ☞ 소리+예셔(비교의 부.조.)

73) 열ᄫᆞ니: 엷으니 ☞ 엷-+-으니. 'ㅂ-불규칙활용'

74) 웃닛머리: 윗니 끝.

75) 다ᄔᆞ니라: 닿느니라 ☞ 닿-+-ᄂᆞ-+-니라→(닫ᄂᆞ니라→단ᄂᆞ니라)→다ᄔᆞ니라. 'ᄔ'은 'ㄴ'중자음으로 'ㄴ'이 길게 발음되었다.

76) 두터ᄫᆞ니: 두터우니 ☞ 둩-(형)+-업-(형.접)+-으니(종.어.) '므겁다'도 같은 방식으로 파생된 단어다.

77) 아랫닛므유메: 아랫잇몸에 ☞ 아랫닛므윰+에

참고 4

訓蒙字會[1)2)]

〈凡例〉

一 무릇 물건 이름을 나타내는 여러 글자들 가운데, 혹 한 글자나 두 글자로 가리켜서 이름이 되는 것은 한결같이 이를 모두 수록했는데, 허자를 연철해서 水扎子(도요새, 鷸鳥) 馬布郎(개거머리, 또는 馬不刺)와 같이 되는 것은 이를 취하지 않았다. 그러나 혹시 주 안에 나타나는 것은 있을 것이다.

一 한 물건의 이름으로 몇 글자가 있거나 속칭이나 별명이 역시 몇 가지씩 다른 것을, 만일에 한 글자 밑에 모두 수록하면 여백은 좁고 주는 번거로울까 두려워서 여러 글자 아래로 나누어서 수록했는데 비록 각 물건의 이름과 같더라도 실은 한 가지 물건이며, 그 주를 간편하게 하고자 해서 그렇게 된 것이다.

---

1) 해제와 번역문은 강신항(1994)에 의지하였다.

2) <해제> 훈민정음이 창제(1443)된 지 약 70년 뒤인 중종 22년(1527)에 한자교과서인 『훈몽자회』가 최세진에 의해서 편찬되었다. 『훈몽자회』의 편찬 목적은 종래 우리나라에서 초학자용 한자 학습의 기본서로 사용되어 온 천자문과 유합의 결함을 시정코자 함에 있었다. <引>은 서문으로 『훈몽자회』의 편찬 방침이 밝혀져 있다. <凡例>는 '일러두기'에 해당하는데 10條로 되어 있다. 『훈몽자회』를 이용하려는 사람들이 알아 두어야 할 여러 가지 원칙을 설명하고 있다. 이 <범례>의 부록격으로 실려 있는 것이 <언문자모> 조항이다. 이 조항에서 최세진은 처음으로 한글 자모의 이름을 기록했고, 성조에 관하여 설명하고 있다. 그리고 자모의 배열이 훈민정음과는 달리 되어 있어서, 훈민정음의 변천상을 알려 주고 있기 때문에 종래에 여러 학자들의 큰 관심을 끌어왔다. 그리고 『훈몽자회』는 한자교과서이지만 수록된 모든 한자에 당시의 국어로 소위 석(釋)을 달아 놓아 국어사 연구의 귀중한 자료를 제공하고 있다.

- 한 글자가 여러 가지 이름을 나타내는 것은, 이제 모두 두세 곳에 수록했으니, 예를 들면 葵字는 葵菜(아욱 규) 葵花(해바라기), 朝字는 朝夕(아침 조) 朝廷(조정조), 行字는 德行(행실 행) 市行(행할 행, 장사를 함) 行步(다닐 행)와 같은 것이 이것이다.
- 무릇 물건 이름을 나타내는 여러 글자로서 상·중권에 넣기가 어려워 수록하지 못한 것은 하권에 수록하고, 다른 허자(虛字)들도 공부해야 될 것이 비록 많으나 이제 책의 부피가 너무 두터워질까봐 모두 수록하지 못했다.
- 무릇 자음(字音) 가운데 우리나라에서 전해 오는 발음이 달라진 것은 이제 이를 많이 바로잡아, 앞으로 여러 사람이 배울 수 있게 했다.
- 의학의 병명과 약명을 나타내는 여러 글자에 혹 의미가 여러 가지로 있어서 하나로 발음하기가 어렵거나 일반에서 발음하지 않는 것은 이제 모두 수록하지 않았다.
- 주 안에 '속'이라고 일컬은 것은 중국 사람이 말함을 가리킴이니, 사람들 중에 혹시 중국어를 배우는 사람이 있으면, 겸하여 통하게 할 수 있어서 중국어의 속어를 많이 수록했는데, 역시 주가 너무 번잡할까봐 모두 수록하지는 않았다.
- 무릇 한 글자에 여러 가지 물건을 나타내는 뜻이 있는 글자는, 혹시 늘 쓰는 뜻을 취하지 않고 다른 뜻으로 쓰이는 글자를 먼저 들었는데, 이것은 다른 뜻을 취하고 상식적으로 쓰이는 것은 취하지 않았기 때문이다.
- 무릇 시골이나 지방 사람들 가운데, 언문을 모르는 이가 많아서 이제 언문 자모를 함께 적어 그들로 하여금 먼저 언문을 배운 다음 훈몽자회를 공부하게 하면, 혹시 밝게 깨우치는데 이로움이 있을 것이니, 한자를 모르는 사람도 역시 모두 언문을 배우고 한자를 알면, 비록 스승의

가르침이 없더라도 한문을 통할 수 있는 사람이 될 것이다.

一 무릇 지방의 각 군에서 이 책을 출판하여 한 고을마다 각각 훈장을 두고 어린이들을 모아 가르치어 권선징악을 한 다음 소년이 되기를 기다려 향교나 국학에 진학시키면 사람들이 모두 배우기를 즐길 것이니 어린이들이 발전되는 바가 있을 것이다.

언문자모(諺文字母), 즉 일반 사람들이 말하는 반절 27자가 이것이다.[3)]

• 초성과 종성으로 두루 쓰이는 여덟 글자[4)]

ㄱ 其役 ㄴ 尼隱 ㄷ 池㊄ ㄹ 梨乙 ㅁ 眉音 ㅂ 非邑 ㅅ 時㊂ ㅇ 異凝[5)]

—㊄, ㊂ 두 글자는 이 글자의 새김만을 취하여 새김인 국어로 성(聲)을 삼는다.

—其 尼 池 梨 眉 非 時 異 여덟 음은 초성에 쓰고 役 隱 ㊄ 乙 音 邑 ㊂ 凝 여덟 음은 종성에 쓴다.

• 초성에만 쓰이는 여덟 글자

ㅋ㊅ ㅌ 治 ㅍ 皮 ㅈ 之 ㅊ 齒 ㅿ 而 ㅇ 伊 ㅎ屎

—㊅자는 역시 이 글자의 새김을 취하여 새김인 국어로 성(聲)을 삼는다

• 중성으로만 쓰이는 열한 글자

ㅏ 阿 ㅑ 也 ㅓ 於 ㅕ 余 ㅗ 吾 ㅛ 要 ㅜ 牛 ㅠ 由 ㅡ 應(종성은 안 쓴다)

ㅣ 伊(중성만 쓴다) ·思(초성은 안 쓴다)

• 초성과 중성을 합하여 글자를 만든 예

가 갸 거 겨 고 교 구 규 그 기 ᄀᆞ

—ㄱ으로써 초성을 삼고 ㅏ로써 중성을 삼아 ㄱ과 ㅏ를 합하여 글자를 만들면 '가'가 되니 이것이 가(家)자의 음이다. 또 ㄱ으로써 종성을 삼아 '가'와 ㄱ을 합하여 글자를 만들면 '각'이 되니 이것이 각(各)자의

---

3) 정음 28자 중 ㆆ이 줄어 27자가 되었다.

4) 훈민정음 해례 종성해에서 '然ㄱㆁㄷㄴㅂㅁㅅㄹ 八字可足用也'라 했다.

5) 異凝은 최세진의 착각으로 중고음에서도 異字의 聲母는 ㆁ[ŋ]이 아니었다. (강신항, 1994: 215)

음이다. 나머지도 이와 같다.

• 초성, 중성, 종성 3성을 합하여 글자를 만든 예

간肝 간㊣ 갈㉠ 감柹 갑甲 갓皮 강江

'ㄱ, ㅋ' 아래 각 음은 초성이 되고 'ㅏ' 아래 각 음은 중성이 되어 글자를 만드니 '가, 갸'와 같이 하여 176글자를 만들고, 'ㄴ' 아래 7음으로써 종성을 삼아 글자를 만드니 '肝'부터 '江'까지의 일곱 자와 같다.[6] 다만 초성으로 쓰인 'ㆁ'은 'ㅇ'으로 나는 자음과 대중들의 발음이 서로 가까우므로 대중의 초성을 쓰면 모두 'ㅇ'음이다. 만일에 윗글자에 'ㆁ'음 종성이 있으면, 곧 아래 글자는 반드시 'ㆁ'음을 써서 초성을 삼는다.[7] 'ㆁ'자의 음은 코를 움직여 소리를 내고, 'ㅇ'자의 음은 목구멍 속에서 내어서 가볍게 비어 있는 소리뿐이니, 처음에는 비록 조금 다르나 대체로 서로 비슷하다. 한음의 'ㆁ'음 초성은 혹 '尼(ㄴ)'음과 같아졌거나 혹은 'ㆁ'과 'ㅇ'이 서로 섞여서 구별이 없게 되었다.[8]

무릇 字音의 고저는 모두 글자 옆의 점이 있고 없고 많고 적음을 가지고 기준을 삼으니 평성은 점이 없고, 상성은 두 점이며, 거성과 입성은 모두 한 점이다. 평성은 슬픈 듯 편안하며, 상성은 거세고 들리며, 거성은 맑고 멀며, 입성은 곧고 빠르니, 언해도 역시 같다.

믈읫 귿字ᄌᆞ音음의 노ᄑᆞ며 ᄂᆞᆽ가오미 다 字ᄌᆞㅅ겨틔 點뎜이 이시며 업스며 하며 져금으로 보라믈 ᅀᅡ믈거시니 ᄂᆞᆽ가온소릐옛 字ᄌᆞ는 平평聲셩이니 點뎜이

6) 이러한 결합에 의해 만들어진 글자는 각각 국어의 음절 단위가 되는데, 이와 같은 음절표를 反切表라고 한다.

7) 15 · 6세기 중세국어에서도 語頭에서는 ㆁ이 발음된 일이 없고, 語中 초성으로는 발음된 일이 있음을 설명한 것이다.

8) 중국 본토 字音 가운데 중고음에서 ㆁ음/ŋ/이었던 것이 후세에 /n/이 되거나 소실된 것을 말한 것이다.

업고 기리혀 나죵 들티ᄂᆞᆫ 소릐옛 字ᄌᆞᄂᆞᆫ 上샹聲셩이니 點뎜이 둘히오 곧고 바ᄅᆞ 노ᄑᆞᆫ 소릐옛 字ᄌᆞᄂᆞᆫ 去거聲셩이니 點뎜이 ᄒᆞ나히오 곧고 ᄲᆞᄅᆞᆫ 소릐옛 字ᄌᆞᄂᆞᆫ 入입聲셩이니 點뎜이 ᄒᆞ나히라 諺언文문으로 사김ᄒᆞᆫᄃᆡ ᄒᆞᆫ가지라 ᄯᅩ 字ᄌᆞᄃᆞᆯ히 본ᄃᆡᆺ소릐 두고 다ᄅᆞᆫ ᄠᅳᆮ 다ᄅᆞᆫ 소릐로 ᄡᅳ면 그 달이 ᄡᅳᄂᆞᆫ 소릐로 그 ᄌᆞᆺ귀예 돌임ᄒᆞᄂᆞ니 行녈힝 平평聲셩 本본音음 行져제항 平평聲셩 行힝뎍힝 去거聲셩[9]

9) 성조에 대한 훈민정음과 훈몽자회의 비교

	훈민정음		훈몽자회	
	언해	해례	언해	해례
평성	ᄆᆞᆺ ᄂᆞᆽ가ᄫᆞᆫ 소리	安而和(편안하고 부드럽다)	ᄂᆞᆽ가온 소리	哀而安(슬픈 듯 편안하다)
상성	처ᅀᅥ미 ᄂᆞᆽ갑고 내죵이 노ᄑᆞᆫ 소리	和而擧(부드럽고 들린다)	기리혀 나죵 들티ᄂᆞᆫ 소리	厲而擧(거세고 들린다)
거성	ᄆᆞᆺ 노ᄑᆞᆫ 소리	擧而壯(들리고 씩씩하다)	곧고 바ᄅᆞ 노ᄑᆞᆫ 소리	淸而遠(맑고 멀다)
입성	ᄲᆞᆯ리 긋돋ᄂᆞᆫ 소리	促而塞(빠르고 막힌다)	곧고 ᄲᆞᄅᆞᆫ 소리	直而促(곧고 빠르다)

釋譜詳節 3

釋譜詳節

'석보상절'은 '석가모니 부처님의 일생의 일을 가려서 자세히 기록한다'는 뜻이다. 『월인석보』 권1, 석보상절 서(序)에 의하면, 서명(書名)의 '석보'는 석가의 일대기, '상절'은 요긴한 것은 상세히, 요긴하지 않은 것은 생략한다는 뜻이다.

1446년(세종 28년)에 세종의 왕비인 소헌왕후 심씨가 사망하자 세종은 소헌왕후의 명복을 빌기 위해 수양대군(훗날 세조)에게 명하여 석가모니불의 연보인 『釋譜詳節』을 엮게 하였다. 수양대군은 김수온 등과 함께 석가보(釋迦譜), 법화경(法華經), 지장경(地藏經), 아미타경(阿彌陀經), 약사경(藥師經) 등에서 뽑아 모은 글을 훈민정음으로 옮겼다. 『釋譜詳節』의 간행 연대는 분명하지 않으나 1447년(세종 29년)에 책의 내용이 완성되고, 1449년(세종 31년)에 책으로 간행된 것으로 보인다.

전편(全篇)은 모두 24권이었던 것으로 추정된다. 현전하는 원간본으로는 국립도서관 소장의 권6, 권9, 권13, 권19, 동국대 도서관 소장의 권23, 권24, 호암미술관 소장의 권20, 권21이 있다. 특히 국립도서관 소장의 4책은 본문과 난상(欄上)에 묵서로 교정까지 되어 있어서, 이 책 간년의 추정에 중요한 근거가 되고 있다. 이들은 모두 구리로 주조된 한자 활자[갑인자(甲寅字)]와 한글 활자로 인쇄된 활자본이다.

책의 내용은 석가족의 연출(緣出)로부터 석가모니의 전세 이야기, 그리고 현세에서의 석가모니의 탄생, 성장, 출가, 성불, 멸도에 이르기까지의 일대기와 석가모니 사후의 경률(經律)의 결집(結集), 불법(佛法)의 유포 등에 관한 이야기를 담고 있다. 특히 「아미타경(阿彌陀經)」, 「약사경(藥師經)」, 「법화경(法華經)」, 「지장경(地藏經)」 등 석가모니가 설법한 주요 불경 내용이 석가의 일대기 속에 함께 실려 있어 기존에 중국에서 편찬되었던 『석가보』 등과 편찬 방식에서 차이를 보여 준다.

『석보상절』은 한글로 표기된 최초의 산문 자료이다. 특히 15세기의 다른 언해서들과는 달리 한문 원문이 없고 또한 문체도 자연스러운 점에서 당시의 언어 사실을 더 잘 보여주는 것으로 평가되어 왔다.

표기법에 있어서도 같은 세종대의 문헌인 『용비어천가』, 『월인천강지곡』과는 달리 8종성법 등 음소적 표기법만을 보여 준다. 비록 동명사형 표기에서 'ㅭ+단일초성'과 'ㄹ+각자병서'의 두 가지 방식의 혼용(디닗 사름, 디닐 싸름), ㅅ의 표기 위치(닷가, 다까; 부텻긔, 부텨씌), ㅇ의 표기 위치(야올, 양올) 등 부분적인 표기법의 혼란은 있으나,

이는 정음창제 초기에 아직 확정되지 않은 몇 가지 표기법에 한정되는 문제이다. 또한 이 표기법의 혼란은 전체 24권이라는 분량의 방대함에서도 그 한 원인을 찾을 수 있다.

이 책의 표기법은 그 이후의 한글 표기법의 전범(典範)이 된다. 한자음 부기(附記)의 방식도 그러하다. 15세기 한글 문헌들은 한자별로 그 아래에 동국정운식 한자음을 부기하는데 그러한 방식의 최초 모습을 보여 주고 있다. 다만 이 책에 부기된 한자음 가운데에는 『동국정운(東國正韻)』의 한자음과 일치하지 않는 것도 소수 존재한다. "鬼·귕, 勞롱, 部:뽕, 最:죙, 化:황, …"(비교. 동국정운음 - :귕, 롷, :뽕/:뽕, ·죙, ·황,…). 이는 두 문헌의 편찬시기의 선후와 관련된 문제로 보인다.

한자어의 표기에 있어서도 비슷한 시기의 다른 문헌들에 비해 더 많은 한글 표기를 보여 주는데(위두, 미혹, 풍류, 위ᄒᆞ-, 뎐디ᄒᆞ-…) 이는 이 문헌의 편찬자가 상정하고 있던 독자층의 문제와 관련된 것으로 이해될 수 있다.

『석보상절』이 학문적으로 갖는 가치는 첫째, 불교학적인 면에서 당시의 불교를 조직화한 것으로 조선 초기의 불교학 수준을 말하는 것이며, 최초의 번역 불경이라는 점에서 높이 평가된다. 둘째, 문학적인 면에서 국문으로 된 최초의 산문 작품이지만, 한문으로 기록된 내용을 바탕으로 쉽고 아름다운 국어 문장으로 개작한 것이어서 문장이 유려하고 세련되어 후대의 고전소설에도 영향을 주었을 것이다. 셋째, 국어학적으로는 그 풍부한 어휘와 이에 따른 어법 · 음운 · 표기법 등 15세기 중엽의 국어 연구 및 한자음 연구에 중요한 자료를 제공하고 있다. 넷째, 서지학적으로는 『월인천강지곡』과 함께 최초의 국문 활자본이란 점에서 값진 문화재로서 가치가 인정된다.

—『한국민족문화대백과사전』, 『국어국문학자료사전』

여기서 강독하는 자료는 제6권으로 대제각 영인본(1978, 1a~38a)과 21세기 세종계획 1차년도 말뭉치 구축 사업에 의해 구축된 말뭉치(A5CD0007, 38b~40b)이다. 대제각 영인본의 경우 38a와 38b의 내용이 연결되지 않아 본문이 빠뜨려진 것으로 보인다. 그래서 뒷부분은 말뭉치를 이용하였다. 원본에 달려 있는 동국정운식 한자음과 성조는 제거하였다. 그리고 강독의 편의를 위해 본문에 한자의 독음을 소괄호 안에 제시하였다.

釋譜詳節(第六)

6:1a世尊[1)]이 象頭山애[2)] 가샤[3)] 龍과 鬼神과[4)] 위ᄒᆞ야 說法(설법)ᄒᆞ더시다[5)]
【龍鬼 위ᄒᆞ야 說法ᄒᆞ샤미[6)] 부텻[7)] 나히[8)] 설흔둘히러시니[9)] 穆王(목왕) 여슷찻

1) 世尊(세존): 부처님 10호 중 하나. 부처를 높여서 일컫는 말. 온갖 공덕을 갖추어 세간의 존중을 받으므로 세존이라 한다.
2) 象頭山(상두산)애: 상두산에 ☞ 象頭山+애[부.조.(낙착점)]. 부사격조사 '애'는 앞 체언이 양성모음이기 때문에 연결되었다. 반면, '에'는 음성모음 뒤, '예'는 '이/ㅣ' 뒤에 연결되었다.
3) 가샤: 가시어 ☞ 가-+-샤-(主.높.)+-아(종.어.). 문장의 주체인 '세존'을 높인다.
<참고> 주체높임법: (1) 주어 명사를 높이는 높임법으로, 주어 명사가 화자에게 높임의 대상이 될 때 실현된다. 대표적 형태소는 '-시-'이다. 이 형태소는 모음 어미 앞에서는 '-샤-'로 교체한다. 이럴 경우 어미의 모음은 탈락한다.
가. 如來 太子 時節에 나ᄅᆞᆯ 겨집 사ᄆᆞ시니 <석상 6:4>
나. ᄒᆞᆫ 菩薩이 … 나라ᄒᆞᆯ 아ᅀᆞ 맛디시고 道理 ᄇᆡ호라 나아가샤 <월석 1:5>
다. 부텻 뎡바깃뼈 노ᄑᆞ샤 ᄲᅩᆫ머리 ᄀᆞᄐᆞ실씨 <월석 8:34>
(가)는 화자인 '나[耶輸]'에게 주어 명사인 여래(如來)가 높임의 대상이기 때문에 활용형에 '-시-'가 나타났다. (나)는 석보상절 편찬자[설화자]에게 주어 명사인 'ᄒᆞᆫ 菩薩'이 높임의 대상이 되기 때문에 활용형에 '-시-'가 나타났다. (다)는 높임의 대상이 되는 인물의 신체 일부나, 소유물 등이 문장의 주어가 될 때 서술어에 '-시-'가 나타난 예이다. 이런 높임법을 '간접주체높임'이라 한다. '뎡바깃뼈'가 '부텨'의 신체 일부이기 때문에 주체높임의 활용형 '-시-'를 취하고 있다. (2) 주체높임법은 현대국어에 그대로 이어졌다.
4) 龍(용)과 鬼神(귀신)과: 용과 귀신을 ☞ '과'는 접속조사. 중세국어에서는 접속조사가 나열하는 마지막 체언에도 붙었다.
5) 說法ᄒᆞ더시다: 설법하시더라 ☞ 說法ᄒᆞ-+-더-(회상법)+-시-(主.높.)+-다(평.어.). 18세기 말엽 선어말어미의 순서가 조정되어 선어말어미 중 '-시-'가 맨 앞에 위치하게 되었다.
6) 설법ᄒᆞ샤미: 설법하심이 ☞ 說法ᄒᆞ-+-샤-(主.높.)+-옴(명.전.)+이(主.조.)
7) 부텻: 부처님의 ☞ 부텨+ㅅ(관.조.). 관형격조사에는 'ᄋᆡ/의'와 'ㅅ'이 있는데 전자는 '높임의 자질이 없는[평칭] 유정명사'에 쓰이고 후자는 '무정명사' 또는 높임의 자질이 있는[존칭] 유정명사에 쓰인다. 이들은 형태·어휘론적으로 조건된 이형태들이다. p.24, 127(주10-4) 참조
8) 나히: 나이가 ☞ 나ㅎ+이(主.조.)
9) 설흔둘히러시니: 설흔둘이시더니 ☞ 설흔둘ㅎ+이-(서.조.)+-러-(← 더. 회상법)+-시-(主.높.)+-니(종.어.). 서술격조사 뒤에 연결되는 어미는 다음과 같이 교체한다. '-오-→-로-', '-다→-라', '-더-→-러-', '-도-→-로-', '-어→-라, -고→-오, -거-→-어-'

히[10] 乙酉(을유)ㅣ라】 부:톄[11] 目連(목련)이ᄃᆞ려[12] 니ᄅᆞ샤ᄃᆡ[13] 네 迦毘羅國(가비라국)에 가아 아바ᇝ긔와 아ᄌᆞ마ᇝ긔와[14] 【아ᄌᆞ마니ᄆᆞᆫ 大愛道(대애도)ㅣ[15] 니르시니 大愛道ㅣ 摩耶夫人(마야부인)ㅅ 6:1b 兄(형)니미시니 양ᄌᆡ[16] 摩耶夫人만 몯

10) 중세국어의 서수사는 현대국어와 달리 양수사에 '차히'가 붙어 성립된다. 그밖에 '채, 차, 자히, 재, 자'가 붙기도 한다. 16세기에는 'ᄒᆞ낫재, 둘재, 셋재, 넷재, 다ᄉᆞᆺ재'로 나타난다. 현대국어는 수관형사에 '째'를 붙인다. (예) ᄒᆞ나차히, 둘차히, 세차히… 열차히…

11) 부:톄: 부처가 ☞ 부텨+ · 이(주.조.). (1) 평성인 '텨'에 거성인 '· 이'가 연결되어 상성인 ':톄'로 바뀌었다. (2) 중세국어 성조는 저조(低調)인 평성[無點], 고조(高調)인 거성[一點], 저조로 시작해서 고조로 끝나는 상성[二點]이 있었는데, 평성과 거성은 평판조(平板調)이고 상성은 상승조(上昇調)였다. 그런데 '평성+거성'이 되면 그 성조는 '상성'으로 바뀌어 나타나므로, 중세국어 성조소(聲調素)는 두 개의 평판조로 이루어졌다고 할 수 있다. (3) 상성은 평성과 거성의 복합이므로 2mora로 이루어진 것으로 추정된다(이기문, 1977:148). 따라서 상성은 성조를 변별적 요소로, 장음을 잉여적 요소로 지니고 있었다. 이 장음이 성조가 소멸한 이후에도 계속되어 현대의 장음으로 이어진다.

12) 目連이ᄃᆞ려: 목련에게 ☞ 목련[人名]+-이(인.접.)+ᄃᆞ려(낙착점 부.조.). (1) 'ᄃᆞ려'는 'ᄃᆞ리-'에 접사화한 '-어'가 붙어 파생된 조사이다. (2) 목련(目連): 산스크리트어 maudgalyāyana의 음사. 부처의 십대제자(十大弟子) 중 한 분. 대목건련 또는 마하목건련이라고도 한다. 마가다국(magadha國)의 바라문 출신으로, 신통력이 뛰어나 신통제일(神通第一)이라 일컬었다.

13) 니ᄅᆞ샤ᄃᆡ: 이르시되 ☞ 니ᄅᆞ-+-샤-(주.높.)+-ᄃᆡ(←-오ᄃᆡ). '-오ᄃᆡ'는 종속적 연결어미인데, 늘 '-오-'를 선접한다. 여기서 '-오-'는 독립된 형태소가 아니다. '-오-'가 없는 형태인 '-ᄃᆡ'가 쓰인 일이 없기 때문이다. 근대국어에서 '-오-'가 소멸하여 현대국어에서는 '-되(<-ᄃᆡ)'로만 나타난다.

14) 아바ᇝ긔와 아ᄌᆞ마ᇝ긔와: 아버님께와 숙모님께 ☞ (1) 아바(←아비[父])+-님(높.접.)+ㅅ(관.조.)+긔(의존명사)+와(접.조.). (2) 아ᄌᆞ마(←아ᄌᆞ미[叔母])+-님+ㅅ+긔+와. (3) '아비, 아ᄌᆞ미, 아자비' 등은 높임접미사 '-님'이 결합할 때, 각각 '아바, 아ᄌᆞ마, 아자바' 등으로 교체한다. (4) 관형격조사 'ㅅ'은 무정명사와 존칭 유정명사 뒤에 연결되는데, 여기서는 존칭 유정명사 뒤에 연결되었다. (5) 'ㅅ'이 높임 유정명사에 연결되었기 때문에 의존명사 '긔/그에'가 결합한 'ᄭᅴ/ᄭᅳ에' 등은 현대국어에서 존칭 수여의 부사격조사인 '께'로 바뀌었다. 반면에, 평칭의 유정명사에 연결되었던 '이/의'와 결합된 '긔/그에'는 평칭의 부사격조사인 '에게'로 바뀌었다.

15) 大愛道(대애도): 산스크리트어 mahāprajāpatī의 음사. 싯다르타의 어머니인 마야(māyā)의 여동생. 마야가 싯다르타를 낳은 지 7일 만에 세상을 떠나자 그를 양육하였다. 정반왕(淨飯王)과 결혼하여 난타(難陀)를 낳았고, 왕이 세상을 떠나자 싯다르타의 아내 야쇼다라와 함께 출가하여 맨 처음 비구니(比丘尼)가 되었다.

16) 양ᄌᆡ: 모습이, 용모가 ☞ 양ᄌᆞ(樣子)+ㅣ(주.조.)

ᄒᆞ실ᄊᆡ 버근 夫人이[17] ᄃᆞ외시니라】 아자바님내ᄭᅴ[18] 다 安否(안부)ᄒᆞᅀᆞᆸ고[19] ᄯᅩ 耶輸陀羅(야수다라)[20]ᄅᆞᆯ 달애야[21] 恩愛(은애)ᄅᆞᆯ[22] 그쳐[23] 羅睺羅(나후라)ᄅᆞᆯ[24] 노하 보내야 샹재[25] ᄃᆞ외에[26] ᄒᆞ라 羅睺羅ㅣ 得道(득도)ᄒᆞ야 도라가ᅀᅡ[27] 어미ᄅᆞᆯ

---

17) 버근 夫人이: 버금 부인, 둘째 부인 ☞ 버근(관) 부인+이(보.조.)

18) 아자바님내ᄭᅴ: 아주버님네께 ☞ 아자바(←아자비[叔父])+-님(높.접.)+-내(높임 복.접.)+ㅅ(관.조.)#긔(의.명.), (1) '-내'는 존칭의 복수접미사로 근대국어에서는 '-네'로 나타나는데, 높임의 의미는 없었다. 현대국어에는 높임의 기능을 지닌 복수접미사가 없다. (2) 기능상으로 'ᄭᅴ'는 낙착점 처소[수여]를 나타내는 높임의 부사격조사로 쓰였다. (3) 현대국어와 달리 중세국어에서는 명사나 대명사에 높임의 자질이 주어지면 별도의 복수접미사가 선택되었다.

가. 이 사ᄅᆞᆷ돌히 다 神足이 自在ᄒᆞ야 <석보 6:18>

나. 어마님내 뫼ᅀᆞᆸ고 누의님내 더브러 <월석 2:6>

(가)는 높임의 자질이 없는 '사ᄅᆞᆷ'에 '-돌ㅎ'이 붙어 복수성을 표시하고 있는 반면, (나)는 높임 명사인 '어마님, 누의님'에 '-내'가 붙어 복수를 표시하고 있다. (나)와 같은 용법은 현대국어에서 발견되지 않는다. (4) 현대국어에서 제한된 범위에서 쓰이는 '-네'(여인네들)는 '같은 처지에 있는 무리'라는 의미로 높임의 의미가 없다. (5) 중세국어에서는 현대국어의 '빨리들 가거라'에서 보는 바와 같은 주어가 복수임을 표시하는 보조사의 기능도 없었다.

19) 安否ᄒᆞᅀᆞᆸ고: 안부하옵고 ☞ 安否ᄒᆞ-+-ᅀᆞᆸ-(객.높.)+-고. (1) 문장의 주어인 '목련'과 화자인 '부텨'보다 부사어 명사인 '아바님, 아ᄌᆞ마님, 아자바님내'가 더 높기 때문에 서술어에 '-ᅀᆞᆸ-'이 연결되어 객체높임법이 실현되었다. 객체높임법에 대해서는 p.30~31 참조.

20) 耶輸陀羅/耶輸多羅(야수다라): 산스크리트어 yaśodharā의 음사. 콜리야족 출신으로, 싯다르타의 아내, 곧 나후라(羅睺羅)의 어머니. 정반왕(淨飯王)이 세상을 떠나자 마하파사파제(摩訶波闍波提)와 함께 출가하여 비구니가 됨. '耶輸(야수)'로도 불림.

21) 달애야: 달래여 ☞ 달애-+야

22) 恩愛: ① 은혜와 사랑. ② 부모 자식 간이나 부부간의 애정. ③ 부모자식, 또는 부부간의 은정에 집착하여 떨어지기 어려운 일.

23) 그쳐: 그치게 하여 ☞ 그치-[止][←긏-+-이-(사.접)]+-어(종.어.)

24) 羅睺羅(나후라): 산스크리트어 rāhula의 음사. 나후라발다라(羅睺羅跋多羅)의 준말. 십대제자(十大弟子) 중 한 사람. 붓다의 맏아들로, 붓다가 깨달음을 성취한 후 고향에 왔을 때 출가함. 지켜야 할 것은 스스로 잘 지켜 밀행제일(密行第一)이라 일컫는다. '나운(羅云, 羅雲)'으로도 불린다.

25) 샹재: 상자가/사미가 ☞ 샹자+ㅣ(보.조.). '샹자'는 사미(沙彌: 십계를 받기는 했으나 수행을 쌓지 아니한 소년 중. 사미승)를 이른다. (예) 沙彌ᄂᆞᆫ 샹재오 <법 5:18>

26) ᄃᆞ외에: 되게 ☞ ᄃᆞ외-(<ᄃᆞᄫᆡ-)+-에(←-게. 보.어.). 'y' 뒤에서 'ㄱ'이 약화되었다.

27) 도라가ᅀᅡ: 돌아가야 ☞ 도라가-+-아ᅀᅡ(종.어.). 'ᅀᅡ'는 단독과 특수의 보조사이나 어미

濟渡(제도)ᄒᆞ야 涅槃(열반) 得(득)호ᄆᆞᆯ 나 ᄀᆞᆮ게 ᄒᆞ리라[28] 目連(목련)이 그 말 듣ᄌᆞᆸ고[29] [6:2a]즉자히 入定(입정)ᄒᆞ야 펴엣던[30] ᄇᆞᆯᄒᆞᆯ[31] 구필[32] ᄊᆞᅀᅵ에【섈론 주를 니르니라】迦毘羅國(가비라국)에 가아 淨飯王(정반왕)[33]ᄭᅴ 安否(안부) ᄉᆞᆲ더니 耶輸(야수)ㅣ 부텻[34] 使者(사자) 왯다[35] 드르시고[36]【使者ᄂᆞᆫ 브리신 사ᄅᆞ미라】青衣(청의)[37]ᄅᆞᆯ 브려 긔별 아라오라[38] ᄒᆞ시니 羅睺羅(나후라) ᄃᆞ려다가 沙彌(사미) 사모려 ᄒᆞᄂᆞ다 ᄒᆞᆯᄊᆡ[39]【沙彌ᄂᆞᆫ 새[40] 出家(출가)ᄒᆞᆫ 사ᄅᆞ미니 世間(세간)앳 [6:2b]ᄠᅳ들

'-아'에 붙어서 '조건'을 나타내는 종속적 연결어미로 쓰이고 있다. 'ᅀᅡ'는 16세기에 '야'로 바뀌어 현대에 이른다.

28) ᄒᆞ리라: 하겠다 ☞ ᄒᆞ-+-리-(추측법)+-라(←-다. 평.어.). 추측법 선어말어미 '-리-' 뒤에서 'ㄷ'으로 시작하는 어미는 'ㄹ'로 바뀐다.

29) 듣ᄌᆞᆸ고: (공손하게) 듣고 ☞ 듣-+-ᄌᆞᆸ-(객.높.)+-고(종.어.) (1) 주어인 '목련'이나 서술자인 편찬자보다 '부텨'가 높고 목적어인 '그 말'은 부텨의 말이므로 높임의 대상이 되어 객체높임이 실현되었다. 간접객체높임법이다.

30) 펴엣던: 폈던 ☞ 펴-+-어(보.어.)#잇-(보.용.)+-더-(회상법)+-ㄴ(관.전.) (1) '-어 잇-'은 완료상을 나타낸다. '-어 잇-'이 줄어 '엣'이 되었다. 이 '-어 잇-'은 근대국어에서 과거시제선어말어미인 '-엇-'으로 발달한다. (2) '-더-+-ㄴ'은 '-던(관.전.)'으로 분석할 수도 있다.

31) ᄇᆞᆯᄒᆞᆯ: 팔을 ☞ ᄇᆞᆯㅎ+ᄋᆞᆯ(목.조.). 'ᄇᆞᆯㅎ > ᄑᆞᆯㅎ > 팔'

32) 구필: 굽힐 ☞ 구피-[←굽-[曲]+-히-(사.접.)]+-ㄹ(관.전.)

33) 淨飯王(정반왕): 가비라국의 왕. 곧 석가모니의 아버지. 구리성의 왕인 선각왕의 누이동생 마야를 왕비로 맞았는데, 왕비가 싯다르타(석가)를 낳고 죽자, 그녀의 언니(대애도)를 후계 왕비로 맞아들여 싯다르타를 기르게 하였다. 뒤에 그녀에게서 난타가 태어났다.

34) 부텻: 부처님의 ☞ 부텨[佛]+ㅅ(관.조.). '부텨'가 높임의 대상이 되기 때문에 높임 관형격 조사인 'ㅅ'이 쓰였다.

35) 왯다: 와 있다 ☞ 오-[來]+-아(보.어)#잇-(보.용.)+-다(평.어.). '오아잇'이 줄어들어 '왯'이 되었다. 완료상을 나타낸다.

36) 耶輸ㅣ ~드르시고: (1) 주어인 '耶輸ㅣ'가 서술자에게 높임의 대상이 되기 때문에 서술어에 '-시-'가 연결되어 있다. 주체높임법. (2) 耶輸는 부처가 출가하기 전 부인이기 때문에 서술자에게 높임의 대상으로 인식되고 있어서 높임법이 쓰이고 있으나 '목련'은 서술자에게 높임의 대상으로 인식되지 않고 있어서 높임법이 쓰이지 않고 있다. 반면에 '야수'는 '목련'을 높임의 대상으로 인식하고 있다.

37) 青衣: 천한 사람이 입던 푸른 옷으로, 종이나 사환(使喚)을 이른다.

38) (긔별) 아라오라: (기별/소식) 알아오라 ☞ 아라오-(←알아오-)+-라(명.어.). 명령문이다.

39) 羅睺羅 ~ ᄒᆞᄂᆞ다: 인용문이지만 인용의 부사격조사가 없이 'ᄒᆞᆯᄊᆡ'라는 인용의 동사가 쓰

그치고 慈悲(자비)ㅅ 힝뎌글 ᄒᆞ다 ᄒᆞᄂᆞᆫ ᄠᅳ디니 처ᅀᅥᆷ 佛法(불법)에 드러 世俗(세속)앳 ᄠᅳ디 한 젼ᄎᆞ로 모로매 모딘 ᄠᅳ들 그치고 慈悲ㅅ 힝뎌글 ᄒᆞ야ᅀᅡ ᄒᆞᇙ씨 沙彌라 ᄒᆞ니라】 耶輸(야수)ㅣ 그 긔별 드르시고 羅睺羅(나후라) 더브러 노ᄑᆞᆫ 樓(누) 우희[41] 오ᄅᆞ시고【樓는 다라기라】 門돌ᄒᆞᆯ[42] 다 구디[43] ᄌᆞᆷ겨 뒷더시니[44] 目連(목련)이 耶輸ㅅ 宮(궁)의 가보니 門ᄋᆞᆯ 다 ᄌᆞᄆᆞ고 유무[45] 드ᇙ[46] 사ᄅᆞᆷ도 업거늘 즉자히 6:3a神通力(신통력)으로 樓 우희 ᄂᆞ라올아[47] 耶輸ㅅ 알ᄑᆡ[48] 가 셔니 耶輸ㅣ 보시고 ᄒᆞ녀ᄀᆞ론 분별ᄒᆞ시고[49] ᄒᆞ녀ᄀᆞ론 깃거 구쳐[50] 니러 절ᄒᆞ시고 안ᄌᆞ쇼셔[51] ᄒᆞ시고 世尊(세존)ㅅ 安否(안부) 묻ᄌᆞᆸ고 니ᄅᆞ샤ᄃᆡ 므스므라[52]

였다. 중세국어에서는 인용의 부사격조사는 없었다. 현대국어에서는 직접인용에는 '라고', 간접인용에는 '고'라는 인용의 부사격조사가 쓰인다.

40) 새: [부] 새로 ☞ '새[新]'는 세 가지 품사로 쓰였는데, 여기서는 서술어 '出家ᄒᆞᆫ'을 꾸미는 부사로 쓰였다.

41) 우희: 위에 ☞ 우ㅎ[上](←위ㅎ)+ᄋᆡ(부.조. 특이처격)

42) 문돌ᄒᆞᆯ: 문들을 ☞ 문(門)+-돌ㅎ(복.접.)+ᄋᆞᆯ(목.조.)

43) 구디: 굳게. ☞ 굳-[固]+-이(부.접.)

44) 뒷더시니: 두고 있으시더니 ☞ 두-+-어(보.어.)#잇-(보.용.)+-더-(회상법)+-시-(주.높.)+-니(종.어.). (1) '두-'에 '-어 잇-'이 결합하여 줄어들면 '뒛'이 되어야 하나, '뒷'으로 줄어 불규칙한 모습을 보이고 있다.

45) 유무: 편지/서신(書信).

46) 드ᇙ: 들일 ☞ 들이-[←들-[入]+-이-(사.접.)]+-우-(대상활용)+-ᇙ(관.전.). 관형절의 꾸밈을 받는 명사 '사ᄅᆞᆷ'이 관형절의 의미상 주어가 되나 선어말어미 '-우-'가 연결되었다. 이런 경우는 '-오/우-'의 연결이 불규칙적이다.

47) ᄂᆞ라올아: 날아올라 ☞ ᄂᆞ라오ᄅᆞ-(←ᄂᆞᆯ아오ᄅᆞ-)+-아(종.어.). 어간이 'ᄅᆞ/르'로 끝나는 용언은 모음 어미와 결합하면 'ㄹㅇ' 또는 'ㄹㄹ'로 활용하였다. 오ᄅᆞ-+-아→올아, ᄲᆞᄅᆞ-+-아→ᄲᆞᆯ라. 'ㄹㅇ'의 활용은 유성후두마찰음 'ㅇ'이 첨가되어 분철 표기된 것으로 처리한다. 현대국어에서 '르-불규칙활용'의 직접적 소급형들이다.

48) 耶輸ㅅ 알ᄑᆡ: 야수님의 앞에 ☞ (1) 서술자에게 耶輸가 높임의 대상이 되기 때문에 존칭의 관형격조사 'ㅅ'이 쓰였다. (2) 알ᄑᆡ: 앒+ᄋᆡ(부.조. 특이처격). 근대국어에서 '앒'은 'ㄹ'이 탈락하여 '앞'으로 바뀐다.

49) 분별ᄒᆞ시고: 생각하시고, 걱정하시고 ☞ 분별ᄒᆞ-+-시-+-고

50) 구쳐: 힘들여, 부득이(不得已).

51) 안ᄌᆞ쇼셔: 앉으십시오 ☞ 앉-[坐]+-ᄋᆞ쇼셔(ᄒᆞ쇼셔체 명.어.). ᄒᆞ쇼셔체 명령문으로 직접인용문이다. 야수는 청자인 목련을 높임의 대상으로 인식하고 있다.

오시니잇고[53] 目連이 ᄉᆞᆯᄫᆞᄃᆡ 太子(태자) 羅睺羅ㅣ 나히 ᄒᆞ마 아호빌ᄊᆡ 出家(출가)[6:3b]히여[54] 聖人(성인)ㅅ 道理(도리) ᄇᆡ화ᅀᅡ[55] ᄒᆞ리니[56] 어버ᅀᅵ 子息(자식) ᄉᆞ랑호ᄆᆞᆫ 아니한 ᄉᆞᅀᅵ어니와[57] ᄒᆞᄅᆞᆺ 아ᄎᆞᄆᆡ 命終ᄒᆞ야【命終(명종)은 목숨 ᄆᆞᄎᆞᆯ 씨라】 모딘 길헤 ᄠᅥ러디면 恩愛(은애)ᄅᆞᆯ 머리 여희여 어즐코 아ᄃᆞᆨᄒᆞ야 어미도 아ᄃᆞᄅᆞᆯ 모ᄅᆞ며 아ᄃᆞᆯ도 어미ᄅᆞᆯ 모ᄅᆞ리니 羅睺羅(나후라)ㅣ 道理ᄅᆞᆯ 得(득)ᄒᆞ야ᅀᅡ 도라와 어마니ᄆᆞᆯ [6:4a]濟渡(제도)ᄒᆞ야 네 가짓 受苦(수고)ᄅᆞᆯ 여희여 涅槃(열반) 得호ᄆᆞᆯ 부텨 ᄀᆞᄐᆞ시긔 ᄒᆞ리이다[58]【네 가짓 受苦ᄂᆞᆫ 生(생)과 老(노)와 病(병)과 死(사)왜라】 耶輸ㅣ 니ᄅᆞ샤ᄃᆡ 如來(여래) 太子ㅅ 時節(시절)에 나ᄅᆞᆯ 겨집[59] 사ᄆᆞ시니 내 太子ᄅᆞᆯ 셤기ᅀᆞᄫᆞᄃᆡ[60] 하ᄂᆞᆯ 셤기ᅀᆞᆸ듯ᄒᆞ야 ᄒᆞᆫ 번도 디만ᄒᆞᆫ[61] 일 업수니

---

52) 므스므라: 부 무슨 까닭으로 ☞ 므슴(대)+-으라(부.접.). 접미사 '-으라'는 다른 어근에 붙는 일이 없는 불규칙한 접미사이다.

53) 오시니잇고: 오셨습니까? ☞ 오-+-시-+-니잇고(ᄒᆞ쇼셔체 의.어.). (1) 야수에게 문장의 주어이자 청자인 목련이 높임의 대상이기 때문에 주체높임법이 실현되고, 'ᄒᆞ쇼셔'체 상대높임법이 사용되었다. (2) '니잇고'는 '-잇-(상.높. ᄒᆞ쇼셔체 표지)+-니고(의.어.)'으로 분석할 수 있다. '-잇-'이 '-니고'라는 한 형태소 사이에 끼어들었다. '-니고'와 같은 형태소를 분리적 형태소라고도 한다. 현대국어에서는 한 형태소가 다른 형태소 사이에 끼어드는 일은 없다. (3) 중세국어에서는 설명의문문('오' 계열)과 판정의문문('아/어' 계열)의 어미가 달라서 어미의 형태만으로도 두 의문문을 구분할 수 있었다. '-니잇고'는 ᄒᆞ쇼셔체 설명의문문 어미이고, '-니잇가'는 ᄒᆞ쇼셔체 판정의문문 어미이다. 중세국어 의문문은 중세국어문법 p.33 참조.

54) 出家히여: 출가시키어 ☞ 出家히-[← 出家ᄒᆞ-+-이-(사.접.)]+-어(종.어)

55) ᄇᆡ화ᅀᅡ: 배워야 ☞ ᄇᆡ호-+-아ᅀᅡ(종.어.). '-아ᅀᅡ'에 대해서는 주(27) 참조.

56) ᄒᆞ리니: 할 것이니 ☞ ᄒᆞ+리(추측법)+니(종.어)

57) 아니한 ᄉᆞᅀᅵ어니와: 많지/길지 않은 사이려니와 ☞ (1) '아니한'은 '아니'와 형용사 '하다'의 관형사형 '한'이 결합한 합성관형사이다. (2) ᄉᆞᅀᅵ어니와: ᄉᆞᅀᅵ+∅-(서.조.)+-어니와(← -거니와. 종.어.). 서술격조사 뒤에 비타동사에 붙는 '-거니와'가 결합하였다가 'ㄱ'이 약화되었다.

58) ᄀᆞᄐᆞ시긔 ᄒᆞ리이다: 같으시게 할 것입니다 ☞ ᄀᆞᇀ-+-ᄋᆞ시-(주.높.)+-긔(보.어.)#ᄒᆞ-(보.용.)+-리-(추측법)+-이-(상.높. ᄒᆞ쇼셔체 표지)+-다(평.어). 통사적 사동문인 '-긔 ᄒᆞ다' 사동문이다.

59) 겨집: 아내/妻, 여자 ☞ 현대국어에서는 '겨집'은 여자의 낮춤말로 쓰이므로 의미변화 중 '의미축소'에 해당하는 단어이다.

妻眷(쳐권)ᄃᆞ외얀 디 三年이 6:4b몯 차 이셔 世間(세간) ᄇᆞ리시고 城(성) 나마[62] 逃亡(도망)ᄒᆞ샤 車匿(차닉)이[63] 돌아보내샤 盟誓(맹서)ᄒᆞ샤ᄃᆡ 道理(도리) 일워ᅀᅡ 도라오리라[64] ᄒᆞ시고 鹿皮(녹피) 옷 니브샤 미친 사ᄅᆞᆷᄀᆞ티 묏고래 수머 겨샤 여슷 ᄒᆡᄅᆞᆯ 苦行(고행)ᄒᆞ샤 부텨 ᄃᆞ외야[65] 나라해 도라오샤도 ᄌᆞ올아ᄫᅵ[66] 아니 ᄒᆞ샤 아랫 恩惠(은혜)ᄅᆞᆯ 니저 ᄇᆞ리샤 길 넚 6:5a사ᄅᆞᆷ과 ᄀᆞ티 너기시니 나ᄂᆞᆫ 어버ᅀᅵ 여희오 ᄂᆞᄆᆡ 그에 브터 사로ᄃᆡ 우리 어ᅀᅵ아ᄃᆞ리[67] 외ᄅᆞᆸ고 입게 ᄃᆞ외야[68] 人生(인생) 즐거ᄫᅳᆫ[69] ᄠᅳ디 업고 주구믈 기드리노니 목수미 므거ᄫᅳᆫ[70] 거실씨 손ᅀᅩ 죽디 몯ᄒᆞ야 셟고 애왇븐[71] ᄠᅳ들 머거 갓가ᄉᆞ로 사니노니 비록 사ᄅᆞ미 무레 사니고도 즁ᄉᆡᆼ마도 몯호이다 셜ᄫᅳᆫ 人生이 6:5b어듸던[72] 이 ᄀᆞᄐᆞ니

60) 셤기ᅀᆞᄫᅩᄃᆡ: 셤기옵되 ☞ 셤기-+-ᅀᆞᇦ-(객.높.)+-오ᄃᆡ(종.어.). 목적어 명사인 '太子'가 화자인 주어보다 높기 때문에 객체높임법이 실현되어 '-ᅀᆞᇦ-'이 연결되었다.
61) 디만ᄒᆞᆫ: 소홀한 ☞ 디만ᄒᆞ-+-ㄴ / 藥ᄋᆞᆯ 디마니ᄒᆞ면(用藥遲緩) <구방 상:31>
62) 나마: 넘어 ☞ 남-[越]+-아(종.어.)
63) 車匿(차닉): 시타르타 태자가 출가할 적에 흰말인 건특(蹇特)을 끌고 간 마부 이름.
64) 도라오리라: 돌아오겠다 ☞ 도라오-(←돌아오-]+-오-(인칭활용)+-리-(추측법)+-라(←-다). 추측법 선어말어미 '-리-'는 '의도'를 나타낸다.
65) 부텨 ᄃᆞ외야: 부처가 되어서 ☞ 보격조사가 연결된 '부톄'가 기대되지만 보격조사가 생략되었다.
66) ᄌᆞ올아ᄫᅵ: 친하게 ☞ ᄌᆞ올압-+-이(부.접.). ㅂ-불규칙활용. 親ᄋᆞᆫ ᄌᆞ올아ᄫᆞᆯ씨오 <석상 13:15>
67) 어ᅀᅵ아ᄃᆞ리: 모자(母子)가 ☞ '어ᅀᅵ'는 부모(父母)의 뜻이나 '어ᅀᅵ아ᄃᆞᆯ', '어ᅀᅵᄯᆞᆯ'은 각각 母子, 母女를 뜻한다.
68) 입게 ᄃᆞ외야: 괴롭게/고달프게 되어 ☞ 입-[迷/苦]+-게(보.어.)#ᄃᆞ외-(보.용)+-야. '-게 ᄃᆞ외다' 피동문. / 갏 길히 입더시니(則迷于行) <용 19>
69) 즐거ᄫᅳᆫ: 즐거운 ☞ 즐겁-+-은(관.전.). '즐겁다'는 동사 어근 '즐기-'에 형용사파생 접미사 '-업'이 붙어 파생된 형용사이다. '앗갑다, 붓그럽다' 등이 동일한 방법에 의해 파생되었다. 통사적 파생에 해당한다.
70) 므거ᄫᅳᆫ: 무거운 ☞ 므겁-+-은. '므겁-'은 형용사 어근 '믁-'에 형용사 파생접미사 '-업'이 붙어 파생된 파생어이다. '두텁다'도 동일한 방법에 의해 파생되었다. 어휘적 파생에 해당한다.
71) 애왇븐: 분한, 슬픈, 애달픈, ☞ 애왇-(불규칙어근)+-브-(형.접.)+-ㄴ(관.전.).
72) 어듸던: 어찌. /다른 나래 分別 ᄃᆞ외요미 어듸던 그지 이시리오 <내 1:81>

이시리잇고 이제 ᄯᅩ 내 아ᄃᆞᄅᆞᆯ ᄃᆞ려가려 ᄒᆞ시ᄂᆞ니 眷屬(권속)ᄃᆞ외ᅀᆞᄫᆞ셔 셜본 일도 이러ᄒᆞᆯ쎠[73] 【眷屬ᄋᆞᆫ 가시며 子息(자식)이며 죵이며 집앗 사ᄅᆞᄆᆞᆯ 다 眷屬이라 ᄒᆞᄂᆞ니라[74]】 太子(태자)ㅣ 道理(도리) 일우샤 ᄌᆞ개[75] 慈悲(자비)호라[76] ᄒᆞ시ᄂᆞ니 慈悲ᄂᆞᆫ 衆生(중생)ᄋᆞᆯ 便安(편안)케 ᄒᆞ시ᄂᆞᆫ 거시어늘[77] 이제 도ᄅᆞᅘᅧ[78] ᄂᆞ미 어ᅀᅵ아ᄃᆞᄅᆞᆯ 여희에 6:6a ᄒᆞ시ᄂᆞ니[79] 셜본 잀 中에도 離別(이별)ᄀᆞᄐᆞ니 업스니 【離別은 여흴씨라】 일로 혜여 보건덴[80] 므슴 慈悲(자비) 겨시거뇨[81] ᄒᆞ고 目連이ᄃᆞ려 니ᄅᆞ샤ᄃᆡ 도라가 世尊ᄭᅴ 내 ᄠᅳ들 펴아 ᄉᆞᆯᄫᆞ쇼셔[82] 그ᄢᅴ 目連(목련)이 種種方便(종종방편)으로 다시곰 ᄉᆞᆯᄫᅡ도 耶輸(야수)ㅣ 잠ᄭᆞᆫ도 듣디 아니ᄒᆞ실ᄊᆡ 目連이 6:6b 淨飯王(정반왕)ᄭᅴ 도라가 이 辭緣(사연)을 ᄉᆞᆯᄫᆞᆫ대 王이 大愛道(대애도)ᄅᆞᆯ 블러 니ᄅᆞ샤ᄃᆡ 耶輸ᄂᆞᆫ 겨지비라 法을 모ᄅᆞᆯᄊᆡ 즐급드리워[83] ᄃᆞᆺ온[84] ᄠᅳ들

---

73) 셜본 일도 이러ᄒᆞᆯ쎠: 서러운 일도 이러하구나! ☞ 이러ᄒᆞ-+-ㄹ쎠(감.어). 감탄형 종결어미 '-ㄹ쎠'가 쓰인 감탄문이다. 감탄형 종결어미는 이 외에도 '-ㄴ뎌, -애라, -게라'가 더 있다.

74) 眷屬~ᄒᆞᄂᆞ니라: 피정의항[주제어]에 대한 서술이 길어지자 서술부에 피정의항[주제어]이 다시 반복되었다. 중세국어의 한 특징이다.

75) ᄌᆞ개: 자기가. 당신이 ☞ ᄌᆞ갸+이(주.조.). 'ᄌᆞ갸'는 재귀대명사 '저'의 높임말이다.

76) 慈悲호라: 자비롭다 ☞ 慈悲ᄒᆞ-+-오-(인칭활용)+-라(←-다). 간접인용문이다. 직접인용문이 간접인용문으로 바뀌더라도 인칭활용의 '-오-'는 그대로 유지되었다. 직접인용일 경우 'ᄌᆞ갸'는 '나'로 대치된다.

77) 거시어늘: 것이거늘 ☞ 것+이-(서.조.)+-어늘(←-거늘). 비타동사에 붙는 '-거늘'이 서술격조사 뒤에서 'ㄱ'이 약화되었다. '-거X/-어X' 계열의 어미는 모두 확인법 선어말어미 '-거-/-어-'를 바탕으로 하기 때문에 교체 조건이 확인법 선어말어미의 교체 조건과 같다. 즉, 타동사 뒤에는 '-어X'형이 비타동사 뒤에서는 '-거X'형이 연결되었다.

78) 도ᄅᆞᅘᅧ: 도리어 ☞ 도ᄅᆞᅘᅧ-[←돌-[回]+-ᄋᆞᅘᅧ-(강.접.)]+-어(부.접.)

79) 여희에 ᄒᆞ시ᄂᆞ니: 여희게 하시니 ☞ 여희-+-게(보.어.)#ᄒᆞ-(보.용.)+-시-(주.높.)+-ᄂᆞ-(직설법)+-니(종.어.). 'y' 뒤에서 'ㄱ'이 약화되었다. '-게 ᄒᆞ다' 사동문이다.

80) 보건덴→[본다면]. 보-+-거-(확인법)+-ㄴ덴(조건, 가정의 종.어.)

81) 므슴~겨시거뇨: 무슨 자비가 있었느냐? ☞ 겨시거뇨: 겨시-+-거-(확인법)+-뇨(1.3인칭 설명 의문문 종결어미). (1) '겨시다'는 '잇다'의 높임말이다. (2) 확인법 선어말어미 '-거-'가 동사에 연결되면 과거시제를 나타낸다. (3) ᄒᆞ라체 1.3인칭 의문형어미 '-뇨/-녀'도 의문문의 종류에 따라 어미의 형태가 다르다. '오'계열인 전자가 설명의문문의 어미이고, '어/아' 계열인 후자가 판정의문문 어미이다. 높임법이 일관되지 않는다. -겨시니잇고 ᄒᆞ시고

82) 世尊ᄭᅴ 내 ᄠᅳ들 펴아 ᄉᆞᆯᄫᆞ쇼셔: 세존께 내 뜻을 펴 사뢰주십시오. 'ᄒᆞ쇼셔'체 명령문이다.

몯 ᄡᅳ러ᄇᆞ리ᄂᆞ니[85] 그듸[86] 가아 아라듣게 니르라[87] 大愛道ㅣ 五百 青衣 더브르시고 耶輸ᄭᅴ 가아 種種方便(종종방편)으로 두ᅀᅥ 번 니르시니 耶輸ㅣ 6:7a ᄉᆞᆫ지[88] 듣디 아니ᄒᆞ시고 大愛道(대애도)ᄭᅴ ᄉᆞᆯᄫᆞ샤ᄃᆡ 내 지븨 이싫 저긔 여ᄃᆞᆲ 나랏 王이 난겻기로[89] ᄃᆞ토거늘 우리 父母ㅣ 듣디 아니ᄒᆞ샨 고ᄃᆞᆫ[90] 釋迦太子(석가태자)ㅣ 지ᄌᆡ 奇特(기특)ᄒᆞ실ᄊᆡ【奇ᄂᆞᆫ 神奇(신기)ᄒᆞᆯ씨오 特은 ᄂᆞᄆᆡ 무리예 ᄠᅡ로 다ᄅᆞᆯ씨라】 우리 父母 이 며느리 어드샤ᄆᆞᆫ[91] 6:7b 溫和(온화)히 사라 千萬(천만) 뉘예 子孫(자손)이 니ᅀᅥ가ᄆᆞᆯ 위ᄒᆞ시니 太子ㅣ ᄒᆞ마[92] 나가시고 ᄯᅩ 羅睺羅(나후라)ᄅᆞᆯ 出家(출가)히샤[93] 나라 니ᅀᆞ리ᄅᆞᆯ[94] 긋게[95] ᄒᆞ시ᄂᆞ니 엇더ᄒᆞ니잇고[96]. 大愛道(대애도)ㅣ 드르시고 ᄒᆞᆫ 말도 몯ᄒᆞ야 잇더시니 그ᄢᅴ 世尊(세존)이 즉자히 化人ᄋᆞᆯ 보내샤【化人(화인)ᄋᆞᆫ 世尊ㅅ 神力으로 ᄃᆞ외의 ᄒᆞ샨 사ᄅᆞ미라】 6:8a 虛空(허공)애셔 耶輸(야수)ᄭᅴ 니ᄅᆞ샤ᄃᆡ 네 디나건 녜 뉫 時節(시절)에 盟誓 發願(맹서 발원)ᄒᆞᆫ 이ᄅᆞᆯ 혜ᄂᆞᆫ다 모ᄅᆞᄂᆞᆫ다[97] 釋迦如來(석가여래) 그ᄢᅴ 菩薩(보살)ㅅ 道理ᄒᆞ노라

---

83) 겨지비라: 겨집+이(서.조.)+라(←어. 종.어.) 즐급드리워: 얽매여, 애착하여

84) ᄃᆞᇫ온: 사랑하는 ☞ ᄃᆞᇫ-[愛]+-오-(대상활용)+-ㄴ(관.전.). 동격관형절에 '-오-'가 쓰였다.

85) ᄡᅳ러ᄇᆞ리ᄂᆞ니: 쓸어버리니

86) 그듸: 당신. '너'의 약간 높임말이다.

87) 그듸 가아 아라듣게 니르라: 당신이 가서 알아듣게 이르라 ☞ 주어가 '그듸'로 '너'의 높임말이므로 서술어는 'ᄒᆞ라'체인 '니르라'보다 'ᄒᆞ야쎠'체인 '닐어쎠' 정도가 더 어울린다. 주어와 서술어의 호응관계가 맞지 않다.

88) ᄉᆞᆫ지: 오히려.

89) 난겻기로: [부] 겨루어. 다투어 ☞ '난겻'은 부사인데 여기에 '-기로'가 다시 붙어 부사로 파생되었다. 어휘적 파생이다.

90) 고ᄃᆞᆫ: 바는 ☞ 곧(의.명.)+ᄋᆞᆫ(보조사)

91) 어드샤ᄆᆞᆫ: 얻으심은 ☞ 얻-+-으샤-(주.높.)+-옴(명.전.)+ᄋᆞᆫ(보조사). '샤' 뒤에서 '오'가 탈락했다.

92) ᄒᆞ마: 벌써, 이미; 곧, 장차 ☞ 여기서는 '벌써, 이미'의 뜻으로 쓰였다.

93) 出家히샤: 출가시키셔 ☞ 出家히-[← 出家ᄒᆞ-+-이-(사.접.)]+-샤-(주.높.)+-어(종.어.)

94) 니ᅀᆞ리ᄅᆞᆯ: 이을 사람을 ☞ 닛-+-을(관.전.)#이(의.명.)+ᄅᆞᆯ(목.조.). '니ᅀᆞ리'는 통사적 합성어.

95) 긋게: 그치게. 끊어지게 ☞ 긏-+-게(보.어.). 8종성법에 의한 표기이다.

96) 엇더ᄒᆞ니잇고: 어떠합니까? ☞ '-니잇고'는 'ᄒᆞ쇼셔'체 설명의문문 종결어미이다.

97) 네 디나건 녜 뉫 時節에 盟誓 發願ᄒᆞᆫ 이ᄅᆞᆯ 혜ᄂᆞᆫ다 모ᄅᆞᄂᆞᆫ다: 네가 지나간 옛 세상 시절에

ᄒᆞ야 네 손ᄃᆡ98) 五百銀(오백은) 도ᄂᆞ로 다ᄉᆞᆺ 줄깃 蓮花(연화)ᄅᆞᆯ 사아 錠光佛(정광불)ᄭᅴ99) 받ᄌᆞᄫᆞᆯ 쩌긔 네 發願(발원)을 호ᄃᆡ 世世예 妻眷(처권)이 6:8b ᄃᆞ외져100) ᄒᆞ거늘 내 닐오ᄃᆡ 菩薩(보살)이 ᄃᆞ외야 劫劫(겁겁)에101) 發願行(발원행)ᄒᆞ노라 ᄒᆞ야 一切 布施(일체 보시)ᄅᆞᆯ ᄂᆞᄆᆡ ᄠᅳᆮ 거스디 아니ᄒᆞ거든 네 내 마ᄅᆞᆯ 다 드를ᄠᅡ102) ᄒᆞ야ᄂᆞᆯ 네 盟誓(맹서)ᄅᆞᆯ 호ᄃᆡ 世世예 난 ᄯᅡ마다 나라히며 자시며103) 子息(자식)이며 내 몸 니르리104) 布施(보시)ᄒᆞ야도 그ᄃᆡᆺ 혼105) 조초106) ᄒᆞ야 뉘읏븐107)

맹서발원한 일을 생각하느냐 못하느냐? ☞ (1) 혜ᄂᆞᆫ다: 혜-+-ᄂᆞ-+-ㄴ다, 모ᄅᆞᄂᆞᆫ다: 모ᄅᆞ-+-ᄂᆞ-+-ㄴ다'. (2) '-ㄴ다'는 2인칭 의문형어미이다. 2인칭 의문형어미는 이 외에도 '-ㅭ다/-ㄹ따'가 있다. (3) 2인칭 의문문은 어미로 의문문의 종류는 알 수 없고, 의문사의 존재 여부로 판단해야 한다. 이 문장은 2인칭 판정의문문이다.

98) 네 손ᄃᆡ: 너에게 ☞ 너[你]+ㅣ(관.조.)#손ᄃᆡ(의.명.). 현대국어에서 '손ᄃᆡ'는 수여의 부사격 조사로 대치되었다.

99) 錠光佛: 나실 때 온몸에 불빛이 등불같이 빛났다 하여 붙여진 이름이다. 燃燈佛, 普光佛이라고도 한다. 久遠한 옛적에 출현하여 석존에게 뒷세상에 반드시 석가모니불이 되리라 수기하신 부처님이다.

100) 世世예 妻眷(처권)이 ᄃᆞ외져: (태어나는) 세상마다 처권이 되자 ☞ ᄃᆞ외-+-져(청.어.). ᄒᆞ라체에서는 '-져', ᄒᆞ쇼셔체에서는 '-사이다'가 청유형어미로 쓰였다. ᄒᆞ라체 청유문이다.

101) 劫劫: 끝없는 세월.

102) 네 내 마ᄅᆞᆯ 다 드를ᄠᅡ: 네가 내 말을 다 듣겠느냐? ☞ 드를ᄠᅡ: 듣-[聽]+-(으)ㄹᄠᅡ(2인칭 의문형어미). 2인칭 판정의문문이다. 주(97) 참조.

103) 자시며: 성(城)이며 ☞ 잣[城]+이며(접.조.)

104) 니르리: 이르기까지/이르도록 ☞ 니를-[至]+-이(부.접.). (1) '니르리'는 형태상으로 파생부사이지만, 접미사 '-이'가 기능상으로는 굴접접사의 기능을 띠어서 서술기능을 지니고 있다. 현대국어의 부사파생 접미사 '-이'에 의해 파생된 '없이, 같이, 달리'와 같다. (2) 여기서 '내 몸 니르리'는 부사절로 '니르리'가 주어를 동반하고 있다.

105) 혼: 한 것을 ☞ ᄒᆞ-+-오-(대상활용)+-ㄴ(관형사형 어미의 명사적 용법). 형태상으로는 관형어이지만 기능상으로는 'ㄴ'이 명사적 용법으로 쓰이고 있다. p.34 참조.

106) 조초: 뷔 따라, 좇아 ☞ 좇-+-오(부.접.). (1) '조초'는 형태상으로는 파생부사이지만, 접미사 '-오'가 기능상으로는 굴절접사의 기능을 띠어 서술기능을 지니고 있다. 주(104) 참조. (2) 여기서는 목적어(그듸 혼)를 수반하고 있다.

107) 뉘읏븐: 뉘우치는 ☞ '뉘읏브-'는 동사 '뉘읏-(← 뉘읓-)'에 형용사파생 접미사 '-브-'가 붙어 파생된 형용사이다. 통사적 파생에 해당한다.

[6:9a] 무슨몰 아니호리라 호더니 이제 엇뎨 羅睺羅(나후라)롤 앗기는다[108)] 耶輸(야수) ㅣ 이 말 드르시고 무수미 훤호야 前生(전생)앳 이리 어제 본 둧호야 즐굽드뷘[109)] 무수미 다 스러디거늘 目連이롤 블러 懺悔(참회)호시고 【懺은 추물씨니 내 罪롤 추마 브리쇼셔 호논 쁘디오 悔는 뉘으츨씨니 아랫 이롤 외오호라 홀씨라】 羅睺羅의 소놀 자바 目連일 [6:9b]맛디시고[110)] 울며 여희시니라. 淨飯王(정반왕)이 耶輸(야수)의 쁘들 누규리라[111)] 호샤 즉자히 나랏 어비몬내롤[112)] 모도아 니르샤딕 金輪王(금륜왕)[113)] 아드리 出家호라[114)] 가느니 그듸내 各各(각각) 호 아돌옴[115)] 내야 내 孫子(손자) 조차 가게 호라[116)] 호시니 즉자히

108) 이제 엇뎨 羅睺羅롤 앗기는다: 이제 어찌 나후라를 아끼느냐? ☞ 2인칭 설명의문문.

109) 즐굽드뷘: 얽맨, 감겨 달라붙은 ☞ 즐굽드뵈-+-ㄴ

110) 羅睺羅의 소놀 자바 目連일 맛디시고: 나후라의 손을 잡아 (나후라를) 목련을(에게) 맡기시고 ☞ 맛디시고: 맛디-[←맜-+-이-(사.접.)]+-시-(주.높.)+-고(대.어.) (1) 目連일: 目連이+ㄹ(목.조.). 중세국어에서는 3자리 서술어의 경우 목적어가 두 개 오는 경우가 있었다. 여기서 '目連일'은 목적어지만 현대국어에서는 부사어로 옮겨진다. (2) '-고'는 대등적 연결어미이나 여기서는 시간의 흐름에 따라 사건이 나열되고 있으므로 종속적인 기능으로 쓰이고 있다.

111) 누규리라: 누그러뜨리겠다 ☞ 누기-[←눅-+-이-(사.접)]+-우-(인칭활용)+-리-(추측법)+-라(←-다). (1) 주어가 3인칭인 '淨飯王이'이므로 서술어에 인칭활용 선어말어미가 연결되지 않는 것이 원칙이다. 그러나 이 문장은 간접인용문으로, 주어 '정반왕이'는 직접인용문에서 화자를 가리키기 때문에 인칭활용이 나타났다. 직접인용문이 간접인용문으로 바뀔 때, 인칭활용의 선어말어미는 그대로 유지되었다. (2) 중세국어에서 직접인용절이 간접인용절로 바뀔 때에는 대명사, 공대법, 문체법에서는 변화가 있으나 화자 주어에 일치하여 나타나는 선어말어미 '-오-'와 시제표시의 서법형태소는 그대로 유지되어 자유간접화법을 구성한다.(고영근, 2010:372) (3) 추측법 선어말어미 '-리-'는 양태적 의미로 '의도'를 나타낸다.

112) 어비몬내: 족장(族長) ☞ 어비몬+-내(복.접.). '-내'는 높임 복수접미사이다. 복수접미사는 주(18) 참조.

113) 金輪王: 사천하(四天下)를 다스리는 사륜왕(四輪王) 가운데의 하나. 금륜왕(金輪王)은 금수레를 굴리며 수미(須彌) 사주(四洲)인 네 천하, 곧 동녘의 불바제(弗婆提), 서녘의 구타니(瞿陁尼), 남녘의 염부제(閻浮提), 북녘의 울단월(鬱單越)을 다 다스렸다. 전륜왕(轉輪王) 가운데에서 가장 수승한 윤왕(輪王)이다. 석가 세존을 가리킨다.

114) 出家호라: 출가하러 ☞ 出家호-+-라(의도의 종.어.)

115) 아돌옴: 아들씩 ☞ 아돌+-옴(←-곰. 접미사). (1) 'ㄹ' 뒤에서 '곰'의 'ㄱ'이 약화되었다.

쉰 아히 몯거늘 羅睺羅 조차 부텨끠 가아 禮數(예수)[117][6:10a]ᄒᆞᅀᆞᄫᆞᆫ대 부톄 阿難(아난)일[118] 시기샤 羅睺羅ᄋᆡ 머리 갓기시니[119] 녀느[120] 쉰 아히도 다 出家ᄒᆞ니라. 부톄 命ᄒᆞ샤 舍利弗(사리불)을[121] 和尙(화상)이 ᄃᆞ외오【和尙ᄋᆞᆫ 갓가ᄫᅵ[122] 이셔 외오다 ᄒᆞᄂᆞᆫ 마리니 弟子ㅣ 샹녜 갓가ᄫᅵ 이셔 經(경) ᄇᆡ호아 외올씨니 和尙ᄋᆞᆫ 스스ᇰ을[123] 니르니라】目連이 闍梨[124] ᄃᆞ외야【闍梨(도리)ᄂᆞᆫ 法이라 혼 마리니 弟子ᄋᆡ 힝뎌글 正케 홀씨라】열 가짓 戒(계)롤 [6:10b]ᄀᆞ라치라 ᄒᆞ시니【열가짓 戒ᄂᆞᆫ 산 것 주기디 마롬과 도ᄌᆞᆨ 마롬과 淫亂(음란) 마롬과 거즛말 마롬과 수을 고기 먹디 마롬과 모매 香(향) 기름 ᄇᆞᄅᆞ며 花鬘(화만) 瓔珞(영락) 빗이디[125] 마롬과 놀애[126] 춤 마롬과 노ᄑᆞᆫ 平床(평상)애 안ᄶᅵ[127] 마롬과 時

(2) 수사나 수표시어에 붙는 '-곰/-옴'은 의존명사로도, 보조사로도 다루고 있다.

116) 내 孫子 조차 가게 ᄒᆞ라: ᄒᆞ-+-라(명.어.). 'ᄒᆞ라'체 명령문.

117) 禮數: 신분에 의하여 각각 다른 예의와 대우.

118) 阿難: 산스크리트어 ānanda의 음사. 붓다의 사촌 동생으로, 붓다가 입멸할 때까지 보좌하면서 가장 많은 설법을 들어서 다문제일(多聞第一)이라 일컫는다. 붓다에게 여성의 출가를 세 번이나 간청하여 허락을 받았다.

119) 갓기시니: 깎게 하시니 ☞ 갓기-[←갔-+-이-(사.접.)]+-시-(주.높.)+-니(종.어.) (1) 근대국어에서 'ㅅㄱ'은 역행동화에 의해 'ㄲ'으로 바뀌었다.

120) 녀느: 남. 타인(他人) ☞ '녀느'는 ㄱ-보유어이다. 녀느+ㅣ→년기, 녀느+을→년글

121) 舍利弗을: 사리불을. (1) 사리불: 산스크리트어 śāriputra의 음사. 마가다국(magadha國)의 바라문 출신으로, 붓다의 10대 제자 중 한 사람. 지혜가 뛰어나 지혜제일(智慧第一)이라 일컫는다. (2) '을': 목적격조사가 쓰여 목적어로 보이지만, 기능상으로는 주어이다. 목적격조사의 주격적 용법이라 할 만하다.

122) 갓가ᄫᅵ: 가까이 ☞ 갓갑-+-이(부.접.). 갓갑+이 > 갓가ᄫᅵ > 갓가이 > 가까이. 'ᄫ'은 주로 'w'로 변했으나 부사파생 접미사, 사.피동사파생 접미사 앞에서는 탈락하였다.

123) 스스ᇰ을: 스승을 ☞ 스스ᇰ[師]+을. 'ㅇ'이 어두에 쓰인 일은 없으나 비어두에서 음절 초성으로 표기된 예들이 있다. 중세국어 표기법이 표음적이고 음절적이었다는 점을 고려하면, 이 위치에서 'ㅇ'이 발음되었을 가능성을 배제하지는 못한다. 그러나 동시대에 '스스ᇰ을~스승ᄋᆞᆫ', '바올~방올'과 같은 표기들이 있는 것으로 보아서는 'ㅇ'이 비어두 음절초성에서 발음되었을 가능성에 의문이 든다.

124) 闍梨(도리): 승려에게 덕행을 가르치는 스승.

125) 빗이디: 꾸미게 하지 ☞ 빗이-[←빗-+-이-(사.접.)]+-디(보.어). '빗-'은 'ㅅ-불규칙활용'을 하므로 '빙이디'로 표기되어야 할 것이나 여기서는 그렇지 않았다.

126) 놀애: 노래 ☞ *놀개 > 놀애. (1) 'ㅇ'이 유성후두마찰음이기 때문에 'ㄹ'이 연철표기되지

節 아닌 저긔 밥 먹디 마롬과 金銀(금은) 보비 잡디 마롬괘라】 羅雲(나운)이[128] 져머[129] 노ᄅᆞᄉᆞᆯ[130] 즐겨 法(법) 드로ᄆᆞᆯ 슬히[131] 너겨 ᄒᆞ거든 부톄 ᄌᆞ로 니ᄅᆞ샤도 從(종)ᄒᆞᄉᆞᆸ디 아니ᄒᆞ더니 後(후)에 부톄 羅雲이ᄃᆞ려 니ᄅᆞ샤ᄃᆡ 부텨 6:11a맛나미 어려ᄫᅳ며 法 드로미 어려ᄫᅳ니 네 이제 사ᄅᆞᄆᆡ 모ᄆᆞᆯ 得ᄒᆞ고 부텨를 맛나 잇ᄂᆞ니 엇데 게을어 法을 아니 듣ᄂᆞ다[132] 羅雲이 ᄉᆞᆯᄫᆞᄃᆡ 부텻 法이 精微(정미)ᄒᆞ야[133] 져믄 아ᄒᆡ 어느 듣ᄌᆞᄫᆞ리잇고 아래 ᄌᆞ조 듣ᄌᆞᄫᆞᆫ 마ᄅᆞᆫ 즉자히 도로 니저 ᄀᆞᆺᄇᆞᆯ[134] ᄲᅮ니니 이제 져믄 저그란 아ᄌᆞᆨ ᄆᆞᅀᆞᆷᄭᆞ장 노다가[135] ᄌᆞ라면 6:11b어루[136] 法을 ᄇᆡ호ᅀᆞᄫᆞ리이다[137] 부톄 니ᄅᆞ샤ᄃᆡ 자ᄇᆞᆫ 이리 無常(무상)ᄒᆞ야 모ᄆᆞᆯ 몯 미듫[138] 거시니 네 목수믈 미더 ᄌᆞ랋 時節을 기드리ᄂᆞᆫ다 ᄒᆞ시고 다시 說法(설법)ᄒᆞ시니 羅雲의 ᄆᆞᅀᆞ미 여러[139] 아니라【羅雲이 出家호미 부텻 나

않았다. 'ㄱ'은 대체로 다음과 같은 변화를 경험하여 유성후두마찰음이 된 것으로 보인다. k > g > ɣ(연구개마찰음) > ɦ(유성후두마찰음) (2) 'ㅇ'이 소멸하는 17세기에는 '놀래~놀내~노래' 등의 표기가 보인다.

127) 안ᄶᅵ: 앉지 ☞ 앗-(← 앉-)+-디(보.어). '앉디'의 8종성에 따른 표기법이 '앗디'이다. 중세국어에서는 8종성 외에도 'ㄺ, ㄻ, ㄼ; ㄵ'과 같은 겹받침이 음절말에서 발음되었을 것으로 추정한다.

128) 羅雲: 나후라(羅睺羅)의 다른 이름.

129) 져머: 어려 ☞ 졈-[幼少]+-어. '졈다'는 뒤에 '젊다'로 바뀐다. 중세국어에서는 '나이가 적다'는 의미였지만, '어리석다'의 의미를 지닌 '어리다'가 '나이가 적다'는 의미로 이동함에 따라 '졈다'는 그보다 좀 더 위의 나이 대를 가리키는 청년/소년(青年/少年)의 의미로 이동하게 되었다. 의미변화 중 의미이동에 해당한다.

130) 노ᄅᆞᄉᆞᆯ: 놀이를, 장난을 ☞ 노ᄅᆞᆺ+ᄋᆞᆯ

131) 슬히: 싫게 ☞ 슬ᄒᆞ-+-이(부.접.)

132) 엇데 게을어 法을 아니 듣ᄂᆞ다: 2인칭 설명의문문. 주어는 앞에 있는 '네'이다.

133) 精微: 정밀하고 자세함.

134) ᄀᆞᆺᄇᆞᆯ: 고단할, 힘에 겨울, 가쁠 ☞ ᄀᆞᆺᄇᆞ-+-ㄹ

135) 노다가: 놀다가 ☞ 놀-+-다가. 'ㄹ'이 'ㄷ' 앞에서 탈락하였다. 조음위치가 중복되기 때문이다. 현대국어에서는 'ㄹ'이 'ㄷ' 앞에서 탈락하지 않는다.

136) 어루: 가히(可-).

137) ᄇᆡ호ᅀᆞᄫᆞ리이다: 배우겠사옵니다 ☞ ᄇᆡ호-+-ᅀᆞᇦ-(객.높.)+-오-(인칭활용)+-리-(추측법)+-이-(상대높임)+-다(평.어.). 청자는 '부텨'이고, 목적어는 '(부텨의) 法을'이다.

138) 미듫: 믿을 ☞ 믿-+-읋(관.전.)

히 셜흔세히러시니 穆王(목왕) 닐굽찻히 丙戌(병술)이라】

偸羅國(투라국) 婆羅門(바라문) 迦葉(가섭)이 三十二相이 6:12a ᄀᆞᆽ고140) 글도 만히 알며 가ᄉᆞ며러141) 布施(보시)도 만히 ᄒᆞ더니 제142) 겨집도 됴ᄒᆞᆫ 相이 ᄀᆞᆽ고 世間(세간)앳 情欲(정욕)이 업더라 迦葉(가섭)이 世間 ᄇᆞ리고 뫼해143) 드러 닐오ᄃᆡ 諸佛(제불)도 出家ᄒᆞ샤ᅀᅡ 道理(도리)ᄅᆞᆯ 닷ᄀᆞ시ᄂᆞ니144) 나도 그리 호리라145) ᄒᆞ고 손소146) 머리 갓고147) 묏고래 이셔 道理 ᄉᆞ랑ᄒᆞ더니 6:12b虛空(허공)애셔 닐오ᄃᆡ 이제 부텨 나아 겨시니라 ᄒᆞ야ᄂᆞᆯ 즉자히148) 니러 竹園(죽원)으로 오더니 부텨 마조149) 나아 마ᄌᆞ샤 서르 고마ᄒᆞ야150) 드르샤151) 說法(설법)ᄒᆞ시니 곧 阿羅漢(아라한)ᄋᆞᆯ152) 아니라 威嚴(위엄)과 德(덕)괘 커 天人이 重(중)히 너길ᄊᆡ 大

139) ᄆᆞᅀᆞ미 여러: 마음이 열어/열려 ☞ 열-[開]+-어. 구문상으로는 자동사문이나 활용형은 타동사이다.

140) ᄀᆞᆽ고: 자 갖춰지고, 구비되고 ☞ ᄀᆞᆽ-(←ᄀᆞᆾ-)+-고(대.어.). 8종성법에 의한 표기.

141) 가ᄉᆞ며러: 부유하여 ☞ 가ᄉᆞ멸-+-어

142) 제: 자기의 ☞ 저(평칭의 3인칭 재귀대명사)+ㅣ(관.조.). 가섭(迦葉)을 가리킨다.

143) 뫼해: 산에 ☞ 뫼ㅎ[山]+애(부.조.)

144) 닷ᄀᆞ시ᄂᆞ니: 닦으시니 ☞ 닭-+-ᄋᆞ시-(주.높.)+-ᄂᆞ-(직설법)+-니(종.어.). 근대국어에서 '닭->닦-'의 변화를 경험한다. 이 변화는 후행하는 'ㄱ'의 조음위치에 동화된 것이다.

145) 나도 그리 호리라: 나도 그렇게 하겠다 ☞ 호리라: ᄒᆞ-+-오-(인칭활용)+-리-(추측법)+-라(←-다. 평.어.). 주어가 1인칭이어서 서술어에 '-오-'가 연결되었다. '-리-'는 추측법 선어말어미로 미래시제를 표현하지만 주어가 1인칭이면 양태적 의미를 나타낸다. 여기서는 '의도'를 나타낸다.

146) 손소: 손수 ☞ 손[手]+-소(명.접.). 어휘적 파생이다.

147) 갓고: 깎고 ☞ 갓-(←갉-)+-고(대.어.). '-고'는 대등적 연결어미이나 기능상으로는 종속적으로 쓰였다. 갉->깎-

148) 즉자히; 즉시, 곧. '즉재'와 유의관계.

149) 마조: 마주 ☞ 맞-+-오(부.접.)

150) 고마ᄒᆞ야: 공경하여 ☞ 'ᄒᆞ다'는 중세국어에서 '야-불규칙'이었는데, 근대국어에서 '여-불규칙'으로 바뀌었다. /고마 경(敬) 고마 건(虔) <유합 하:1, 하:3>

151) 드르샤: (안으로) 드시어 ☞ 들-[入]+-으샤-(주.높.)+-어(종.어.) 현대국어에서는 'ㅅ' 앞에서 'ㄹ'이 탈락하나, 중세국어에서는 매개모음이 개입하였기 때문에 'ㄹ'이 유지되었다.

152) 阿羅漢: 온갖 번뇌를 끊고 깨달음을 얻어 공덕을 갖춘 성자(聖者).

迦葉(대가섭)이라 ᄒᆞ더니 부텨 업스신 後에 法 디녀 後世(후세)예 6:13a펴디게 호미 이 大迦葉의 히미라 舍衛國(사위국) 大臣(대신) 須達(수달)153)이 가ᅀᆞ며러154) 쳔랴이155) 그지업고 布施ᄒᆞ기ᄅᆞᆯ 즐겨 艱難(간난)ᄒᆞ며 어엿븐156) 사ᄅᆞᄆᆞᆯ 쥐주어157) 거리칠씨158) 號(호)ᄅᆞᆯ 給孤獨(급고독)이라 ᄒᆞ더라【給은 줄씨오 孤ᄂᆞᆫ 져머셔 어버ᅀᅵ 업슨 사ᄅᆞ미오 獨ᄋᆞᆫ 늘구ᄃᆡ 子息(자식) 업서 ᄒᆞ옷모민159) 사ᄅᆞ미라】6:13b給孤獨 長者(장자)ㅣ 닐굽 아ᄃᆞ리러니160) 여슷 아ᄃᆞᆯ란 ᄒᆞ마 갓 얼이고161) 아기아ᄃᆞ리162) 양ᄌᆡ163) 곱거늘 各別(각별)히 ᄉᆞ랑ᄒᆞ야 아ᄆᆞ례나 맛ᄃᆞᆰ흔164) 며느리ᄅᆞᆯ 어두리라165) ᄒᆞ야 婆羅門(바라문)ᄋᆞᆯ ᄃᆞ려166) 닐오ᄃᆡ 어듸ᅀᅡ 됴

---

153) 須達: 사위성(舍衛城)의 부호(富豪). 기원정사(祇園精舍)를 지어 세존께 바친 사람이며, 가난한 이에게 베풀므로 급고독(給孤獨)이라고도 한다.

154) 가ᅀᆞ며러: 부유하여 ☞ 가ᅀᆞ멸-+-어

155) 쳔랴이: 재물이 ☞ 쳔량+이(주.조.)

156) 어엿븐: 가엾은, 불쌍한 ☞ 어엿브-+-ㄴ. '어엿브다'는 원래 '가엾다'는 뜻이었는데, 현대에는 '예쁘다'로 의미가 이동하였다.

157) 쥐주다: 쥐어주다 ☞ 쥐주-(←쥐-#주-)+-다. 동사 어근끼리 직접 결합한 비통사적 합성어이다. 합성어에서 구성 성분들의 배열 방식이 국어 문장에서 어절들의 배열 방식과 같은 방식으로 구성된 합성어를 통사적 합성어라 하고 그렇지 않은 것을 비통사적 합성어라 한다. 국어에서 용언 어간 뒤에 어미의 연결은 필수적이나 '쥐-' 뒤에 어미가 연결되지 않은 채로 '주-'와 결합하였기 때문에 비통사적 합성어이다.

158) 거리칠씨: 구제(救濟)하므로, 건지므로 ☞ 거리치-+-ㄹ씨(종.어.)

159) ᄒᆞ옷모민: 홀몸인 ☞ ᄒᆞ옷몸(←ᄒᆞ옺[獨]#몸)+이-(서.조.)+-ㄴ(관.조.). 'ᄒᆞ옷'은 현대국어에서 접두사 '홀-'로 바뀌었다. 'ᄒᆞ옷'은 8종성법에 의한 표기이다.

160) 아ᄃᆞ리러니: 아들이더니 ☞ 아ᄃᆞᆯ[子]+이-(서.조.)+-러-(←-더-. 회상법)+-니(종.어.). 서술격조사 뒤에서 어미의 교체는 주(9) 참조.

161) ᄒᆞ마 갓 얼이고: 이미 아내와 결혼시키고 ☞ 얼이고: 얼이-[←얼-+-이-(사.접.)]+-고(대.어.)

162) 아기아ᄃᆞᆯ: 막내아들

163) 양ᄌᆡ: 모습이, 자태가, 얼굴 생김새가 ☞ 양ᄌᆞ+ㅣ(주.조.)

164) 아ᄆᆞ례나 맛ᄃᆞᆰ흔: 어떻든 마뜩한

165) 어두리라: 얻으리라/얻겠다 ☞ 얻-+-우-(인칭활용)+-리-(추측법)+-라(←-다. 평.어.). 간접인용문에서 인칭활용의 '-오-'는 그대로 유지된다. 주(112-2) 참조.

166) 婆羅門ᄋᆞᆯ ᄃᆞ려: 바라문에게 ☞ 'ᄃᆞ려'는 동사 'ᄃᆞ리-'에 접사화한 어미 '-어'가 붙어 형성된 조사이다. 그러나 이 'ᄃᆞ려'가 중세국어에서 완전히 조사화하지 못해서 조사 '을'을

ᄒᆞᆫ ᄯᆞ리 양ᄌᆞ ᄀᆞᄌᆞ니[167] 잇거뇨 내 아기 위ᄒᆞ야 어더 보고려[168] 婆羅門[169]이 그 말 듣고 고ᄫᆞᆫ ᄯᆞᆯ 얻니노라[170] 6:14aᄒᆞ야 빌머거[171] 摩竭陀國(마갈타국) 王舍城(왕사성)의 가니 그 城 안해 ᄒᆞᆫ 大臣 護彌(호미)라 호리[172] 가ᅀᆞ멸오 發心ᄒᆞ더니 婆羅門이 그 지븨[173] 가 糧食(양식) 빈대[174] 그 나랏 法에 布施호ᄃᆡ 모로매 童女(동녀)로 내야 주더니 그 짓[175] ᄯᆞ리 ᄡᆞᆯ 가져 나오나ᄂᆞᆯ[176] 婆羅門이 보고 깃거 이 각시ᅀᅡ 내 6:14b얻니논 ᄆᆞᅀᆞ매 맛도다[177] ᄒᆞ야 그 ᄯᆞᆯᄃᆞ려 무로ᄃᆡ 그딋 아바니미 잇ᄂᆞ닛가[178] 對答(대답)호ᄃᆡ, 잇ᄂᆞ니이다 婆羅門이 닐오ᄃᆡ 내 보

앞세우고 있다.

167) ᄀᆞᄌᆞ니: 갖추어진 사람이 ☞ ᄀᆞᆽ-(자)+-ᄋᆞᆫ(관.전.)#이(의.명.)+∅(주.조.)

168) 보고려: 봐(라) ☞ 보-+-고려(반말체의 명.어. 청원의 뜻이 있다). '-고려'에 대한 처리는 이기문(1998:178~179), 고영근(2010:318~319) 참조.

169) 婆羅門: 인도 4姓의 최고 지위에 있는 종족으로 僧侶 階級.

170) 얻니노라: 얻으러 다니겠다 ☞ 얻-#니-+-ᄂᆞ-(직설법)-+-오-(인칭활용)+-라(←-다). 비통사적 합성어. 중세국어에서는 비통사적 합성어가 생산적이었으나 근대국어부터는 비생산적이었다.

171) 빌머거: 빌어먹어 ☞ 빌먹-(←빌-#먹-)+-어. 비통사적 합성어. 주(157) 참조.

172) 호리: 하는 사람이 ☞ ᄒᆞ-+-오-(대상활용)+-ㄹ(관.전.)#이(의.명.)+∅(주.조.)

173) 지븨: 집에 ☞ 집+의(부.조. 특이처격)

174) 빈대: 빌므로 ☞ 빌-[乞]+-ㄴ대(종.어.)

175) 짓: 집 ☞ 중세국어의 용례를 보면, '짓'은 주로 관형격으로 쓰이고 나머지의 경우는 '집'이 쓰이고 있다. 이런 예들을 토대로 보면 '짓'은 '집'에 관형격조사 'ㅅ'이 결합하면서 'ㅂ'이 탈락한 어형으로 이해된다. '집'은 부사격조사로 특이 처격인 '의'를 취하기 때문에 형태상으로는 관형격조사를 취한 형태와 구분이 되지 않는다. 따라서 이들을 구분하기 위해 '짓'을 쓴 것으로 추정된다. 사이시옷이나 관형격조사 'ㅅ'은 무성자음 뒤에는 연결되지 않는 것이 원칙이다.

176) 나오나ᄂᆞᆯ: 나오거늘 ☞ 나오-+-나ᄂᆞᆯ(←-거ᄂᆞᆯ). '-거ᄂᆞᆯ'은 동사 '오-' 뒤에서 '-나ᄂᆞᆯ'로, 'ᄒᆞ-' 뒤에서는 '-야ᄂᆞᆯ'로 교체한다. 현대국어에서도 '오다'는 '너라-불규칙'이다.

177) 맛도다: 맞구나 ☞ 맛-(←맞-)+-도-(감동법)+-다(평.어.). 중세국어에서는 감동법 선어말어미에 의해 화자의 느낌을 표현하기는 하였으나 감탄문은 아니다. 문장의 종류는 종결어미로 판단하기 때문이다. 이 문장은 평서문이다.

178) 그딋 아바니미 잇ᄂᆞ닛가: 당신의 아버님이 있는가?/있소? ☞ (1) 그딋: '그듸/그ᄃᆡ'는 '너'의 존칭이기 때문에 높임 유정명사에 연결되는 관형격조사 'ㅅ'이 연결되었다. '그듸/그ᄃᆡ'는 주로 'ᄒᆞ야ᄡᅧ'체와 호응하였다. (2) 아바님: 아바(←아비)+님. '아비, 어미, 아ᄌᆞ미, 아자비' 등은 접미사 '-님'과 결합하면 각각 '아바-, 어마-, 아ᄌᆞ마-, 아자바-' 등으로

아져179) ᄒᆞᄂᆞ다 ᄉᆞᆯᄫᅡ쎠180) 그 ᄯᆞ리 드려 니ᄅᆞᆫ대 護彌(호미) 長者ㅣ 나아오나ᄂᆞᆯ 婆羅門이 安否(안부) 묻고 닐오ᄃᆡ 舍衛國(사위국)에 ᄒᆞᆫ 大臣 須達(수달)이라 ᄒᆞ리181) 잇ᄂᆞ니 6:15a아ᄅᆞ시ᄂᆞ니ᅌᅵᆺ가 護彌(호미) 닐오ᄃᆡ 소리ᄲᅮᆫ 듣노라.182) 婆羅門이 닐오ᄃᆡ 舍衛國 中에 ᄆᆞᆺ 벼슬 놉고 가ᅀᆞ며루미 이 나라해 그듸183) ᄀᆞᄐᆞ니 ᄒᆞᆫ ᄉᆞ랑ᄒᆞᄂᆞᆫ 아기아ᄃᆞ리 양ᄌᆞ며 ᄌᆡ죄 ᄒᆞᆫ 그티니 그딋 ᄯᆞᄅᆞᆯ 맛고져 ᄒᆞ더이다184) 護彌 닐오ᄃᆡ 그리 호리라 ᄒᆞ야ᄂᆞᆯ 마초아185) 흥졍바지186) 舍衛國(사위국)으로 가리187) 6:15b잇더니 婆羅門(바라문)이 글왈ᄒᆞ야 須達(수달)ᄋᆡ손ᄃᆡ188) 보내야ᄂᆞᆯ 須達이 깃거189) 波斯匿王(파사닉왕)ᄭᅴ 가아 【그 나랏 王 일후미 波斯匿이라】 말ᄆᆡ190) 엳ᄌᆞᆸ고191) 쳔량 만히 시러192) 王舍城(왕사성)으로 가며 길헤 艱難

교체한다. 주(14) 참조. (3) 잇ᄂᆞ닛가: 잇-+-ᄂᆞ-(직설법)+-ㅅ-(ᄒᆞ야쎠체 상.높. 의문형표지)+-니가(ᄒᆞ야쎠체 판정 의.어.). 'ㅅ'이 분리적 형태소인 '-니…가' 사이에 끼어들었다.

179) 내 보아져: 내가 보자 ☞ '-져'는 청유형 종결어미이다.

180) ᄉᆞᆯᄫᅡ쎠: 말해주오 ☞ ᄉᆞᆲ-+-아쎠(ᄒᆞ야쎠체 명.어.).

181) 호리: 하는 사람이 ☞ ᄒᆞ-+-오-(대상활용)+-ㄹ(관.전.)#이(의존명사)+∅(주.조.).

182) 듣노라: 듣는다 ☞ 듣-+-ᄂᆞ-+-오-(인칭활용)+-라(←-다). (1) 주어는 생략된 '나'로 화자(=호미)가 주어이다. (2) 수달과 호미의 대화를 보면, 수달은 호미에게 'ᄒᆞ쇼셔'체를 사용하고, 호미는 수달에게 'ᄒᆞ라'체를 쓰고 있어서 신분에 큰 차이가 있음을 알 수 있다.

183) 그듸: 당신과 ☞ 그듸+∅(비교 부.조.). 중세국어에는 주격조사와 형태가 같은 부사격조사가 있었다.

184) ᄒᆞ더이다: 합디다 ☞ ᄒᆞ-+-더-(회상법)+-이-(상.높. ᄒᆞ쇼셔체 표지)+-다(평.어.)

185) 마초아: 마침 ☞ '마초아'는 동사 '맞-'에 '-호-'가 붙어 파생된 단어에 다시 접사화한 어미 '-아'가 붙어 부사로 파생된 단어다.

186) 흥졍바지=흥졍바치: 장사치. 상인(商人) ☞ '흥졍#바지' 구조의 합성어이다. '바지'는 접미사적 성격이 강한 어근이다. 중세국어에서 '바지'는 자립적으로 쓰이기도 했다. (예) 匠ᄋᆞᆫ 바지라<법화 서:21>. 접사적 성격이 강한 어근으로는 '바치, 암, 수, ᄆᆞᆮ' 등이 더 있다.

187) 가리: 갈 사람이 ☞ 가-+-ㄹ(관.전.)#이(의.명.)+∅(주.조.)

188) 須達ᄋᆡ손ᄃᆡ: 수달에게 ☞ 須達+ᄋᆡ(관.조.)#손ᄃᆡ(의.명.). 'ᄋᆡ손대'는 현대국어에서 '에게'로 대치되었다.

189) 깃거: 기뻐 ☞ 깄-+-어.

190) 말ᄆᆡ: 말미. 事由./ 말ᄆᆡ 유(由) 말ᄆᆡ 연(緣) <유합 하:11, 하:29>

191) 엳ᄌᆞᆸ고: 여쭙고 ☞ 엳-(←옅-)+-ᄌᆞᆸ-(객.높.)+-고(대.어.→종.어.). 부사어 명사인 파사닉왕(波斯匿王)이 주어인 수달보다 높고, 화자인 서술자보다 높다고 인식되었기 때문에 객체높임법이 실현되었다.

(간난)ᄒᆞᆫ 사ᄅᆞᆷ 보아ᄃᆞᆫ[193] 다 布施(보시)ᄒᆞ더라 須達이 護彌 지븨 니거늘[194] 護彌 깃거 나아 迎逢(영봉)ᄒᆞ야 6:16a지븨[195] 드려 재더니[196] 그 지븨셔 차반 ᄆᆡᇰᄀᆞᇙ 쏘리[197] 워즈런ᄒᆞ거늘[198] 須達이 護彌ᄃᆞ려 무로ᄃᆡ 主人이 므슴 차바ᄂᆞᆯ 손ᅀᅩ ᄃᆞᆫ녀 ᄆᆡᇰᄀᆞ노닛가[199] 太子ᄅᆞᆯ 請(청)ᄒᆞᅀᆞᄫᅡ 이받ᄌᆞᄫᅩ려 ᄒᆞ노닛가 大臣ᄋᆞᆯ 請ᄒᆞ야 이바도려 ᄒᆞ노닛가[200] 護彌 닐오ᄃᆡ 그리 아닝다[201] 須達이 ᄯᅩ 무로ᄃᆡ 婚姻(혼인) 위ᄒᆞ야 6:16b아ᅀᆞ미[202] 오나ᄃᆞᆫ 이바도려 ᄒᆞ노닛가【사회 녀긔셔[203] 며느리 녁 지블 婚이라 니ᄅᆞ고 며느리 녀긔셔 사회 녁 지블 姻이라 니ᄅᆞᄂᆞ니 댱

192) 시러: 실어 ☞ 실-[載](←싣-)+-어(종.어.). 'ㄷ-불규칙활용'

193) 보아ᄃᆞᆫ: 보거든 ☞ 보-+-아ᄃᆞᆫ(종.어.). '보다'가 타동사이기 때문에 '-거ᄃᆞᆫ'이 아닌 '-아ᄃᆞᆫ'이 연결되었다.

194) 니거늘: 가니/갔더니 ☞ 니-[行]+-거늘. '녀다'는 '거'로 시작하는 어미 앞에서 '니-'로 교체한다. '녀-'와 '니-'는 형태·어휘론적으로 조건된 이형태이다.

195) 지븨: 집에 ☞ 집+의(부.조.). '이/의'가 부사격조사로 쓰이면 뒤에 용언이 오고, 관형격조사로 쓰이면 체언이 온다.

196) 드려 재더니: 들이어 재우더니 ☞ (1) 드려: 드리-[←들-+-이-(사.접.)]+-어(종.어.). (2) 재-[←자-+-이-(사.접.)]+-더-+-니. 현대국어 '재우다'는 '재-'에 다시 사동접미사 '-우-'가 붙었다.

197) ᄆᆡᇰᄀᆞᇙ 쏘리: 만드는 소리가 ☞ ᄆᆡᇰᄀᆞᆯ-+-ㄹ(←-ᇙ. 관.어) 쏘리+∅(주.조.). 관형사형 전성어미 '-ᇙ' 뒤이기 때문에 'ㅅ'이 'ㅆ'으로 바뀌었다. 현대국어에서 관형사형 전성어미 '-ㄹ' 뒤에서 된소리로 발음되는 것은 중세국어의 관형사형어미가 '-ᇙ'이었던 데에 원인이 있다.

198) 워즈런ᄒᆞ거늘: 어수선하거늘, 수선스럽거늘 ☞ 워즈런ᄒᆞ-+-거늘

199) 主人이 므슴 차바ᄂᆞᆯ 손ᅀᅩ ᄃᆞᆫ녀 ᄆᆡᇰᄀᆞ노닛가: 주인이 무슨 음식을 손수 다니며 만드오? ☞ 의문사 '므슴'이 있으므로 설명의문형 어미 '-닛고'가 연결된 'ᄆᆡᇰᄀᆞ노닛고'가 기대되지만 판정의문문어미 '-닛가'가 연결된 'ᄆᆡᇰᄀᆞ노닛가'가 나타났다. ᄒᆞ야쎠체에서는 판정의문문과 설명의문문의 형태적 구별이 전혀 확인되지 않는다(고영근, 2010:315).

200) 主人이 ~ 이바도려 ᄒᆞ노닛가: ᄆᆡᇰᄀᆞ노닛가(ᄆᆡᇰᄀᆞᆯ-+-ᄂᆞ-+-오-+-닛가), ᄒᆞ노닛가(ᄒᆞ-+-ᄂᆞ-+-오-+-닛가) 등에 연결된 선어말어미 '-오-'는 예외적이다. 주어가 2인칭(형태상으로는 3인칭)인데 '-오-'가 연결되었기 때문이다.

201) 아닝다: 아니오 ☞ 아니(명)+∅-(서.조.)+-ㆁ-(상.높. ᄒᆞ야쎠체 표지)+-다(평.어.). 상대높임법 ᄒᆞ야쎠체 표지는 의문문에서 '-ㅅ-', 명령문에서 '-아쎠/-야쎠', 평서문에서 '-ᅌᅵ-/-ㆁ-'으로 나타난다.

202) 아ᅀᆞ미: 친척이 ☞ 아ᅀᆞᆷ+이(주.조.)

203) 녀긔셔: 녘에서 ☞ 녁+의셔. '녁>녘'의 변화가 있었다.

가들며 셔방 마조믈 다 婚姻ᄒᆞ다 ᄒᆞᄂᆞ니라】 護彌 닐오ᄃᆡ 그리 아니라 부텨와 즁과ᄅᆞᆯ 請ᄒᆞᅀᆞᄫᆞ려 ᄒᆞ뇡다204) 須達이 부텨와 즁괏 마ᄅᆞᆯ 듣고 소홈 도텨205) 自然(자연)히 ᄆᆞᅀᆞ매 깃븐206) ᄠᅳ디 이실ᄊᆡ 다시 무로ᄃᆡ 엇뎨 부톄라 ᄒᆞᄂᆞ닛가 그 ᄠᅳ들 6:17a닐어쎠207) 對答(대답)호ᄃᆡ 그듸ᄂᆞᆫ 아니 듣ᄌᆞᄫᆡᆺ더시닛가208) 淨飯王(정반왕) 아ᄃᆞ님 悉達(실달)이라 ᄒᆞ샤리 나실 나래 ᄒᆞᄂᆞᆯ로셔 셜흔 두가짓 祥瑞(상서) ᄂᆞ리며 一萬 神靈(신령)이 侍衛(시위)ᄒᆞᅀᆞᄫᆞ며 자ᄇᆞ리 업시 닐굽 거르믈 거르샤 니ᄅᆞ샤ᄃᆡ 하ᄂᆞᆯ 우 하ᄂᆞᆯ 아래 나ᄲᅮᆫ 尊(존)호라 ᄒᆞ시며 모미 金ㅅ 비치시며 三十6:17b二相 八十種好ㅣ ᄀᆞᆽ더시니 金輪王(금륜왕)이 ᄃᆞ외샤 四天下ᄅᆞᆯ ᄀᆞ숨아ᄅᆞ시련마ᄅᆞᆫ209) 늘그니 病(병)ᄒᆞ니 주근 사ᄅᆞᆷ 보시고 世間 슬히210) 너기샤 出家ᄒᆞ샤 道理 닷ᄀᆞ샤 六年 苦行(고행)ᄒᆞ샤 正覺(정각)ᄋᆞᆯ 일우샤211) 魔王(마왕)ㅅ 兵馬(병마) 十八億萬을 降服(항복)히 6:18a오샤212) 光明이 世界ᄅᆞᆯ ᄉᆞᄆᆞᆺ213) 비취샤 三世옛214) 이ᄅᆞᆯ 아ᄅᆞ실ᄊᆡ 부톄시다 ᄒᆞᄂᆞ닝다215). 須達이 ᄯᅩ 무로ᄃᆡ 엇뎨 쥬

---

204) 請ᄒᆞᅀᆞᄫᆞ려 ᄒᆞ뇡다: 請하려 하오 ☞ 청ᄒᆞ-+-ᅀᆞᇦ-(객.높.)+-오-(인칭활용)+-려(종.어.) ᄒᆞ-+-ᄂᆞ-(직설법)+-오-(인칭활용)+-ᅌᅵ-(상.높. ᄒᆞ야쎠체 표지)+-다. 목적어 명사인 '부텨와 즁'이 높임의 대상이기 때문에 객체높임법이 나타났다.

205) 소홈 도텨: 소름 돋쳐 ☞ 도텨: 도티-[←돋-+-티-(강.접.)]+-어(종.어.)

206) 깃븐: 기쁜 ☞ 깃브-[←깄-(동)+-브-(형.접.)]+-ㄴ(관.어). 통사적 파생이다.

207) 그 ᄠᅳ들 닐어쎠: 그 뜻을 말해주오 ☞ 닐어쎠: 니르-+-어쎠(ᄒᆞ야쎠체 명.어.). '니르-'의 'ㅡ'가 모음 어미 앞에서 탈락하여 분철표기가 되었다.

208) 듣ᄌᆞᄫᆡᆺ더시닛가: 들으시었소? ☞ 듣-+-ᄌᆞᆸ-(객.높.)+-아(보.어.)#잇-(보.용.)+-더-(회상법)+-시-(주.높.)+-닛가(ᄒᆞ야쎠체 판정 의.어.)

209) ᄀᆞ숨아ᄅᆞ시련마ᄅᆞᆫ: 주관하시련마는 ☞ ᄀᆞ숨알-+-ᄋᆞ시-(주.높.)+-리-(추측법)+-언마ᄅᆞᆫ(대.어.). 'ᄀᆞ숨알다'가 타동사이기 때문에 '-언마ᄅᆞᆫ'이 연결되었다. 비타동사에는 '-건마ᄅᆞᆫ'. 주(77) 참조.

210) 슬히: 싫게 ☞ 슬ᄒᆞ-+-이(부.접)

211) 일우샤: 이루어 ☞ 일우-[←일-[成]+-우-(사.접.)]+-샤-(주.높.)+-아(종.어.)

212) 降服히오샤: 항복하게 하셔, 항복시키셔 ☞ 降服히오-[←降服ᄒᆞ-+-이-(사.접)+-오-(사.접.)]+-샤-(주.높.)+-아(종.어.)

213) ᄉᆞᄆᆞᆺ: 꿰뚫어, 통하여. 'ᄉᆞᄆᆞᆺ'은 동사 어근이 그대로 부사로 파생된 것이다. '마초, 모도, ᄀᆞ초…'도 같은 방식의 파생이다. 형용사의 어근 또는 어간이 그대로 부사로 파생된 것에는 '바ᄅᆞ, 비브르, 하…' 등이 있다.

이라 ᄒᆞᄂᆞ닛가 對答호ᄃᆡ 부톄 成道(성도)ᄒᆞ야시ᄂᆞᆯ[216] 梵天(범천)이 轉法ᄒᆞ쇼셔 請ᄒᆞᅀᆞᄫᆞᄂᆞᆯ【轉法(전법)은 法을 그우릴씨니[217] 부톄 說法ᄒᆞ샤 世間애 法이 펴디여 갈ᄊᆡ 그우리다 ᄒᆞᄂᆞ니 說法호ᄆᆞᆯ 轉法이라 ᄒᆞᄂᆞ니라[218]】 波羅[6:18b]棕國(파라내국) 鹿野苑(녹야원)에 가샤 憍陳如(교진여)[219]ᄃᆞᆯ 다ᄉᆞᆺ 사ᄅᆞᄆᆞᆯ 濟渡(제도)ᄒᆞ시며 버거[220] 鬱卑(울비) 迦葉 三兄弟의 물[221] 一千 사ᄅᆞᄆᆞᆯ 濟渡ᄒᆞ시며 버거 舍利弗 目楗連(목건련)의 물 五百ᄋᆞᆯ 濟渡ᄒᆞ시니 이 사ᄅᆞᆷᄃᆞᆯ히 다 神足(신족)이 自在(자재)ᄒᆞ야 衆生ᄋᆡ 福田이 [6:19a]ᄃᆞ욀ᄊᆡ 쥬이라 ᄒᆞᄂᆞ닝다【福田(복전)은 福 바티니 衆生ᄋᆡ 福이 쥬의그에셔 남과 나디[222] 바티셔 남과 가ᄐᆞᆯᄊᆡ 福 바티라 ᄒᆞ니라】須達이 이 말 듣고 부텻긔 發心ᄋᆞᆯ 니ᄅᆞ와다[223] 언제 새어든[224] 부텨를 가 보ᅀᆞ

---

214) 三世옛: 삼세(전세, 현세, 내세)에의 ☞ 三世+예(부.조.)+ㅅ(관.조.). 부사격조사에는 '애, 에, 예; ᄋᆡ/의'가 있었는데 체언의 모음이 양성이면 '애', 음성이면, '에', '이/y'이면 '예'가 연결되었다. 'ᄋᆡ/의'가 연결되는 체언은 100여 개로 정해져 있었다.

215) ᄒᆞᄂᆞ닝다: 하오 ☞ ᄒᆞ-+-ᄂᆞ-(직설법)+-니-(원칙법)+-ㆁ-(상대높임 ᄒᆞ야쎠체 평서문표지)+-다

216) 成道ᄒᆞ야시ᄂᆞᆯ: 성도하셨거늘 ☞ 成道ᄒᆞ-+-시-(주.높.)+-야ᄂᆞᆯ(종.어.). (1) '-시-'가 '-야ᄂᆞᆯ' 사이에 끼어들었다. 18세기 말엽에 선어말어미의 순서가 조정되어 '-시-'가 선어말어미 중 맨 앞에 위치하게 되어 현대국어에서는 '-시-'가 다른 형태소 사이에 끼어드는 일이 없다. (2) '-야ᄂᆞᆯ'은 '-거ᄂᆞᆯ'의 교체형이다. '-거X' 계열의 형태소는 타동사('ᄒᆞ-' 제외)에 연결될 때는 '-어X'로 비타동사에 연결될 때는 '-거X'로, 'ᄒᆞ-'에 연결될 때는 '-야X'로 교체한다.

217) 그우릴씨니: 굴리는 것이니 ☞ 그우리-[←그울-[轉]+-이-(사.접.)]+-ㄹ(관.전.)#ᄊᆞ(←ᄉᆞ. 의.명.)+ㅣ-(서.조.)+-니(종.어.). 의존명사 'ᄉᆞ'는 서술격조사와 결합하면 'ㅅ/ㅆ'로 교체한다.

218) 轉法은~轉法이라 ᄒᆞᄂᆞ니라: 피정의항[주제어]인 '轉法'의 설명이 길어지자 서술어에서 다시 피정의항[주제어]인 '轉法'이 반복되고 있다. 이런 현상은 중세국어의 한 특징이다.

219) 憍陳如: 석존이 출가한 뒤 정반왕이 밀파(密派)한 사람. 석존이 성도(成道)하신 후 먼저 불제자가 되어 오비구(五比丘)의 우두머리가 되었다.

220) 버거: 다음으로

221) 물: 무리[衆]

222) 나디: 낟알이 ☞ 낟+이(주.조).

223) 니ᄅᆞ와다: 일으키어 ☞ 니ᄅᆞ왇-+-아(종.어). / 起ᄂᆞᆫ 니ᄅᆞ와ᄃᆞᆯ씨오 <월석 2:14>

224) 새어든: (날이) 새거든: ☞ 새-+-어든(←-거든). 'y' 뒤에서 'ㄱ'이 약화되었다.

보려뇨 ᄒᆞ더니 精誠(정성)이 고죽ᄒᆞ니225) 밤 누니 번ᄒᆞ거늘226) 길흘 ᄎᆞ자 부텻긔로 가는 저긔 城門(성문)애 내ᄃᆞ라 하놀 祭(제)ᄒᆞ던 ᄧᅡ홀 보고 절ᄒᆞ다가 6:19b忽然(홀연)히 부텨 向(향)ᄒᆞᆫ ᄆᆞᅀᆞ물 니즈니 누니 도로 어듭거늘 제 너교ᄃᆡ 바미 가다가 귓것과 모딘 즁ᄉᆡᆼ이 므싀엽도소니227) 므스므라 바미 나오나뇨 ᄒᆞ야 뉘으처 도로 오려 ᄒᆞ더니 아래 제 버디 주거 하놀해 갯다가228) ᄂᆞ려와 須達일ᄃᆞ려229) 닐오ᄃᆡ 須達이 뉘읏디230) 말라 내 아랫 네 버디라니231) 부텻法 듣ᄌᆞᄫᆞᆫ 6:20a德(덕)으로 하놀해 나아 門神(문신)이 ᄃᆞ외야 잇노니【門神ᄋᆞᆫ 門ㅅ 神靈(신령)이라】네 부텨를 가 보ᅀᆞᄫᆞ면 됴ᄒᆞᆫ 이리 그지 업스리라. 四天下애 ᄀᆞ독ᄒᆞᆫ 보ᄇᆡ롤 어더도 부텨 向ᄒᆞᅀᆞᄫᅡ ᄒᆞᆫ 거름 나소 거룸만232) 몯ᄒᆞ니라 須達이 그 말 듣고 더욱 깃거 다시 ᄉᆡᄃᆞ라 世尊(세존)ᄋᆞᆯ 念(염)ᄒᆞᅀᆞᄫᆞ니 누니 도로 ᄇᆞᆰ거늘 길흘 ᄎᆞ6:20b자 世尊ᄭᅴ 가니라. 世尊이 須達이 올 ᄯᅢᆯ233) 아ᄅᆞ시고

225) 고죽ᄒᆞ니: 극진하니.

226) 번ᄒᆞ거늘: 뻔하거늘. 훤하거늘 / 눈이 번ᄒᆞ다(眼亮子) <한 179 ㄷ>

227) 므싀엽도소니: 무서우니 ☞ 므싀엽-(← 므싀업-)+-돗-(감동법)+-ᄋᆞ니. (1) 'y' 뒤에서 '업 → 엽'의 변동이 있다. (2) '므믜엽돗ᄋᆞ니 → 므싀엽도ᄉᆞ니 → 므싀엽도소니'에서 'ᄉᆞ → 소'는 'ᄉᆞ'의 'ㆍ'가 '도'의 '오'에 순행동화한 것이다.

228) 갯다가: 가 있다가 ☞ 가-+-아(보.어.)#잇-(보.용.)+-다가(종.어.). '-아/어 잇-'이 줄어들어 근대국어에서 과거시제선어말어미 '-앗-/-엇-'이 형성되었다.

229) 須達일ᄃᆞ려: 수달에게 ☞ 須達+-이(인.접.)+ㄹ(목.조.)+ᄃᆞ려(부.조.). 'ᄃᆞ려'는 동사 'ᄃᆞ리-'에 접사화한 어미 '-어'가 붙어 조사로 파생된 단어이다. 그러나 중세국어에서 이 단어는 완전히 조사화하지는 못해서 앞에 목적격조사 'ㄹ'을 동반하고 있다.

230) 뉘읏디 말라: 뉘우치지 마라 ☞ 뉘읏-(← 뉘읓-)+-디(보.어.) 말-+-라. (1) '뉘읓- → 뉘읏-'은 8종성에 의한 표기다. (2) '말다' 부정문으로 명령문과 청유문에 쓰인다. 현대국어에서는 '마라'로 'ㄹ'이 탈락한다.

231) 내~버디라니: 내가 옛적의 네 벗이었으니 ☞ 버디라니: 벋[友]+이-(서.조.)+-라[← -다(← -더-+-오-)]+-니(종.어.). 회상법의 '-더-'와 인칭활용의 '-오-'가 결합하여 '-다-'로 바뀌고, 다시 서술격조사 뒤에서 '-다-'가 '-라-'로 바뀐 것이다.

232) ᄒᆞᆫ 거름 나소 거룸만: 한 걸음 나아가 걸음만 ☞ (1) 걷-+-음(명.접) → 거름(명), 걷-+-움(명.전.) → 거룸(동). 명사파생 접미사와 명사형 전성어미의 형태가 달랐다. 그러나 현대국어에서는 두 형태가 같다. (2) 나소: 낫-+-오(부.접.) '나아가다'라는 뜻의 '낫-'에 부사파생 접미사 '-오'가 붙어 파생된 부사이다.

밧긔[234] 나아 걷니더시니 須達이 ᄇᆞ라ᄉᆞᆸ고 몯내 과ᄒᆞᅀᆞᄫᅡ[235] 호ᄃᆡ 부텨 뵈ᄉᆞᆸᄂᆞᆫ 禮數(예수)를 몰라 바ᄅᆞ[236] 드러 묻ᄌᆞᄫᆞᄃᆡ 瞿曇(구담) 安否ㅣ 便安ᄒᆞ시니잇가 ᄒᆞ더니 世尊이 방석 주어 안치시니라 그ᄢᅴ 首陀會天(수타회천)이 【首陀會 6:21a天은 淨居天(정거천)[237]이라】 須達ᄋᆡ 버릇 업순[238] 주를 보고 네 사ᄅᆞ미 ᄃᆞ외야 와 世尊ᄭᅴ 禮數(예수)ᄒᆞᄉᆞᆸ고 ᄭᅮ러 安否 묻ᄌᆞᆸ고 올ᄒᆞᆫ 녀그로 세 ᄇᆞᆯ 값도ᄉᆞᆸ고[239] ᄒᆞ녀긔 앉거늘 그제ᅀᅡ 須達이 설우ᅀᆞᄫᅡ[240] 恭敬(공경)ᄒᆞᄉᆞᆸᄂᆞᆫ 法이 이러ᄒᆞᆫ 거시로다 ᄒᆞ야 즉자히 다시 니러 네 사ᄅᆞᆷᄒᆞᄂᆞᆫ 양ᄋᆞ로 禮數ᄒᆞᄉᆞᆸ고 ᄒᆞ녀 6:21b긔 안ᄌᆞ니라 그ᄢᅴ 世尊이 須達이 위ᄒᆞ야 四諦法(사체법)을 니ᄅᆞ시니 듣ᄌᆞᆸ고 깃ᄉᆞᄫᅡ 須陀洹(수타원)[241]ᄋᆞᆯ 일우니라 그저긔[242] 舍衛國(사위국)엣 사ᄅᆞ미 邪曲(사곡)ᄒᆞᆫ 道理ᄅᆞᆯ 信(신)ᄒᆞ야 正ᄒᆞᆫ 法 ᄀᆞᄅᆞ쵸미 어렵더니 須達이 부텨ᄭᅴ ᄉᆞᆯᄫᆞᄃᆡ 如來(여래)하[243] 우리 나라해 오샤 衆生(중생)ᄋᆡ 邪曲 6:22aᄋᆞᆯ 덜에[244] ᄒᆞ쇼셔

233) ᄯᆞᆯ: 줄 ☞ ㄸ(← ᄃᆞ. 의.명)+ᄋᆞᆯ(목.조.). ‘ᄃᆞ’가 ‘ᄋᆞᆯ’과 연결되면서 ‘ㄸ’로 바뀌었다.

234) 밧긔: 밖에 ☞ 밗[外]+의(부.조.). ‘ᄋᆡ/의’가 무정명사에 연결되면 특이 처격의 부사격조사이다.

235) 과ᄒᆞᅀᆞᄫᅡ: 칭송하여, 칭찬하여, 부러워하여 ☞ 과ᄒᆞ-+-ᅀᆞᆸ-+-아 / 義士ᄅᆞᆯ 올타 과ᄒᆞ샤(深奬義士) <용 106>

236) 바ᄅᆞ: 바로 ☞ 형용사 ‘바ᄅᆞ-[直]’에서 어근이 그대로 부사로 파생되었다. 주(213) 참조.

237) 淨居天: 色界의 제4 선천(禪天). 무번천(無煩天), 무열천(無熱天), 선현천(善現天)이라고도 한다.

238) 須達ᄋᆡ 버릇 업순: 수달이 버릇이 없는 ☞ 관형절의 의미상 주어인 ‘須達’이 주격이 아닌 관형격을 취하고 있다. 이것은 중세국어의 한 특징이다. ‘수달ᄋᆡ’의 문장 성분은 관형어이다.

239) 값도ᄉᆞᆸ고: (공손하게) 감돌고 ☞ 값돌-(← 값-#돌-)+-ᄉᆞᆸ-+-고. (1) ‘ㄹ’이 ‘ㅿ’ 앞에서 탈락했다. (2) ‘값돌다’는 ‘감다’와 ‘돌다’의 어근끼리 결합한 비통사적 합성어이다. 주(157) 참조.

240) 설우ᅀᆞᄫᅡ: 마음이 편치 않아 ☞ 설우-+-ᅀᆞᆸ-+-아

241) 須陀洹(수타원): 성문사과(聲聞四果)의 하나이며, 무루도(無漏道)에 처음 참례하여 들어간 증과(證果).

242) 그저긔: 그때

243) 如來하: 여래시여 ☞ 如來+하(존칭 호.조.). 중세국어에는 존칭의 호격조사 ‘하’와 평칭의 호격조사 ‘아’ 두 가지가 있었다. 존칭의 호격조사는 근대국어에서 소멸하였다.

世尊이 니르샤딕 出家훈 사르믄 쇼히[245] 곧디 아니후니 그에 精舍(정사)ㅣ 업거니 어드리[246] 가료 須達이 솔보딕 내 어루 이르슥보리이다[247] 須達이 辭후숩고 가【辭(사)는 하딕이라 후듯 훈 마리라】 제 아기아돌 댱가드리고 제 나라후로 갈 쩌긔 부텨씌 와 솔보딕 舍衛國(사위국)에 도라가 精舍 6:22b이르슥보리니 弟子 후나홀 주어시든[248] 말 드러 이르슥바 지이다[249] 世尊이 너기샤딕 舍衛國 婆羅門이 모디러 년기[250] 가면 몯 이긔리니 舍利弗옷[251] 聰明(총명)후고 神足(신족)이 ᄀ존니 舍利弗(사리불)이 가ᅀ 일우리라 후샤 舍利弗을 須達이 조차 가라 후시다[252] 길헤 가6:23a며 須達이 舍利弗 더브러 무로딕 世尊이 후

---

244) 덜에: 덜게 ☞ 덜-+-게(보.어.). 'ㄹ' 뒤에서 'ㄱ'이 약화됨.

245) 쇼히: 속인(俗人)과 ☞ 쇼ㅎ+이(비교 부.조.). 중세국어에는 주격조사와 형태가 같은 비교의 부사격조사가 있었다.

246) 어드리: 어찌, 어떻게.

247) 이르슥보리이다: 세우겠습니다 ☞ 이르-[←일-[成]+-ᄋ-(사.접.)]+-ᅀᆞᆸ-(객.높.)+-오-(인칭활용)+-리-(추측법)+-이-(상.높. 후쇼셔체 표지)+-다(평.어.). 자동사인 '일-'에 사동접미사 '-ᄋ-'가 붙어 타동사로 바뀌었다.(이기문, 1998:160~161) 그런데 사동접미사 '-우-'에 의해 형성된 '일우다'와는 의미의 차이가 있다. 사동접미사에 의한 '일우다'는 '어떤 일을 성취하게 하다'라는 의미라면, '-ᄋ'-에 의해 형성된 '이르다'는 '집이나 탑을 세우다'의 의미를 지닌다. 즉, 주동사의 의미와 관계가 잘 맺어지지 않는다. 이런 면을 고려하면, '-ᄋ-'는 주동사와는 전혀 다른, 의미가 특수화된 타동사를 파생시키는 기능을 가지고 있다고 해야 한다. 따라서 주동사에 '-ᄋ/으-'가 붙어 형성된 타동사문을 사동문으로 처리하기 어려운 점이 있다. 현대국어의 '우리 집에서 소를 먹인다.'와 비교. 여기서는 '-ᄋ-/-으-'를 사동접미사로 처리하여 사동문으로 본다(고영근, 2010:255~256).

248) 주어시든: 주시거든 ☞ 주-+-시-+-어든

249) 이르슥바 지이다: 세우고 싶습니다 ☞ 지이다: 지-(보.용.)+-이-(상.높. 하쇼셔체 표지)+-다.

250) 년기: 다른 사람이 ☞ 녀느+이(주.조.). 'ㄱ-보유어'

251) 舍利佛옷: 사리불만 ☞ 舍利佛+옷(단독의 보조사). 산스크리트의 샤리푸트라, 팔리어(語) 샤리푸타(Sāriputta)의 음역(音譯)이며, 추자(鶖子)·사리자(舍利子)라고도 한다. 원명 우파티사. 주로 교화 활동에 종사하였는데, 부처의 10대 제자 중 수제자로, 지혜가 가장 뛰어나 '지혜 제일(智慧第一)'로 칭송되었다.

252) 舍利弗을 須達이 조차 가라 후시다: 사리불에게 수달이를 따라가라 하셨다.

ᄅᆞ 몃 里(리)ᄅᆞᆯ 녀시ᄂᆞ니잇고 對答(대답)호ᄃᆡ, ᄒᆞᄅᆞ 二十里ᄅᆞᆯ 녀시ᄂᆞ니 轉輪王(전륜왕)ᄋᆡ 녀샤미 ᄀᆞᄐᆞ시니라[253] 須達이 王舍城으로셔 舍衛國에 올 ᄊᆞᅀᅵ 길헤 二十里예 ᄒᆞᆫ 亭舍(정사)옴 짓게 ᄒᆞ야 사ᄅᆞᄆᆞᆯ ᄀᆡ걸ᄒᆞ야[254] 두[6:23b]고【亭은 亭子ㅣ오, 舍ᄂᆞᆫ 지비니, 부텨 舍衛國ᄋᆞ로 오ᇝ 길헤 머므르ᇝ 지비라】 舍衛國애 도라와 精舍 지ᅀᅮᇙ 터흘 어드니 맛당ᄒᆞᆫ ᄃᆡ 업고 오직 太子 祇陀(기타)ᄋᆡ 東山이 ᄯᅡ토[255] 平ᄒᆞ며 나모[256]도 盛(성)ᄒᆞ더니 舍利弗이 닐오ᄃᆡ ᄆᆞᅀᆞᆯ히 멀면 乞食(걸식)ᄒᆞ디[257] 어렵고 하 갓가ᄫᆞ면 조티[258] 몯ᄒᆞ리니 이 東山이 甚(심)히 [6:24a]맛갑다[259] 須達이 깃거 太子ᄭᅴ 가 ᄉᆞᆯᄫᆞᆫᄃᆡ 이 東山ᄋᆞᆯ 사아 如來 위ᄒᆞᅀᆞᄫᅡ 精舍(정사)ᄅᆞᆯ 이ᄅᆞᅀᆞᄫᅡ 지이다 太子ㅣ 우ᅀᅳ며[260] 닐오ᄃᆡ 내 ᄆᆞᅀᅳ거시 不足ᄒᆞ료[261] 젼혀 이 東山ᄋᆞᆫ 남기 됴ᄒᆞᆯᄊᆡ 노니논 ᄯᅡ히라 須達이 다시곰 請(청)ᄒᆞᆫ대 太子ㅣ 앗겨 ᄆᆞᅀᆞ매 너교ᄃᆡ 비ᄃᆞᆯ[262] 만히 니르면 [6:24b]몯 ᄉᆞᇙ가[263] ᄒᆞ야 닐오ᄃᆡ 金으로 ᄯᅡ해 ᄭᆞ로ᄆᆞᆯ ᄢᅳᆷ[264] 업게 ᄒᆞ면 이 東山ᄋᆞᆯ ᄑᆞ로리라 須達(수달)이 닐오ᄃᆡ 니ᄅᆞ샨

---

253) 轉輪王ᄋᆡ 녀샤미 ᄀᆞᄐᆞ시니라: 전륜왕이 가심과 같으시느니라 ☞ 녀샤미: 녀-+-샤-+-옴(명.어.)+이(비교 부.조.). 명사절(전륜왕의 녀샤미)의 의미상의 주어인 '전륜왕'이 관형격의 형태를 취하고 있다. 명사절의 문장 성분은 부사어이다.

254) ᄀᆡ걸ᄒᆞ야: 명령하여

255) ᄯᅡ토: 땅도 ☞ ᄯᅡᇂ+도(보조사)

256) 나모: 나무 ☞ 'ㄱ-보유어'. 주격형은 '남기', 목적격형은 '남ᄀᆞᆯ', 부사격형은 '남ᄀᆡ'.

257) 乞食ᄒᆞ디: 빌어먹기가, 탁발하기가 ☞ 乞食ᄒᆞ-+-디(명.어.)+∅(주.조.)

258) 조티: 깨끗하지. 맑지 ☞ 좋-[淨]+-디(보.어.)

259) 맛갑다: 마땅하다, 알맞다 ☞ 맛갑-[←맞-[適]+-갑-(형.접.)]+-다. '맞-[適]'은 형용사이다. 어휘적 파생.

260) 우ᅀᅳ며: 웃으며 ☞ 웃-+-으며. 중세국어에서는 '웃다'가 'ㅅ-불규칙활용'을 하였으나 현대국어에서는 규칙활용을 한다.

261) 내 ᄆᆞᅀᅳ거시 不足ᄒᆞ료: 내가 무엇이 부족하겠는가? ☞ 不足ᄒᆞ-+-료(1.3인칭 설명의문형어미). (1) 1.3인칭 의문형어미. '설명의문문어미/판정의문문어미=-뇨/-녀, -료/-려, -오/여' (2) '오' 계열은 설명의문문 어미이고, '어/아' 계열은 판정의문문 어미이다.

262) 비들: 값을 ☞ 빋[價]+을

263) ᄉᆞᇙ가: 살까 ☞ 사-+-ᇙ가(←-ᇙ가. 간접 의.어.). '-ㄹㄱ'은 '-ᇙ'의 표음적 표기로 이해된다. 'ㆆ' 뒤에서는 된소리로 발음되므로 'ᄉᆞᇙ가'와 '살까'는 같은 발음이었다. (예) 참고. (예) 어더 보ᅀᆞᄫᆞᇙ까 <석상 24:43>

양ᄋᆞ로 호리이다 太子ㅣ 닐오ᄃᆡ 내 롱담ᄒᆞ다라[265] 須達이 닐오ᄃᆡ 太子ㅅ 法은 거즛마ᄅᆞᆯ 아니ᄒᆞ시ᄂᆞᆫ 거시니 구쳐[266] ᄑᆞᄅᆞ시리이다 ᄒᆞ고 太子와 ᄒᆞ야[267] 그위[268]예 決(결)ᄒᆞ라 가려ᄒᆞ더[6:25a]니 그ᄢᅴ 首陀會天(수타회천)이 너교ᄃᆡ 나랏 臣下ㅣ 太子ㅅ 녀글 들면[269] 須達ᄋᆡ 願(원)을 몯 일울까[270] ᄒᆞ야 ᄒᆞᆫ 사ᄅᆞ미 ᄃᆞ외야 ᄂᆞ려와 分揀(분간)ᄒᆞ야 太子ᄭᅴ 닐오ᄃᆡ 太子ᄂᆞᆫ 거즛말을 몯 ᄒᆞ시ᄂᆞᆫ 거시니 뉘으처 마ᄅᆞ쇼셔 太子ㅣ 구쳐 ᄑᆞ라ᄂᆞᆯ 須達이 깃거 象(상)애 金을 시러 여든 頃(경) [6:25b]ᄯᅡ해 즉자히 다 ᄭᆞ로【頃은 온 畝(무)[271]ㅣ니 ᄒᆞᆫ 畝ㅣ 二百 마ᄉᆞᆫ 步ㅣ라】 아니한[272] ᄃᆡ 몯 다 ᄭᆞ랫거늘[273] 須達이 잔ᄌᆞᆨ고[274] ᄉᆞ랑ᄒᆞ더니[275] 太子ㅣ 무로ᄃᆡ 앗가ᄫᅳᆫ ᄠᅳ디 잇ᄂᆞ니여 對答호ᄃᆡ 그리 아니라 내 ᄉᆞ랑호ᄃᆡ 어누[276] 藏(장)ㅅ金이ᅀᅡ 마치 ᄭᆞᆯ이려뇨[277] ᄒᆞ노이다 太子ㅣ 너교ᄃᆡ 부텻 德이 至極(지

---

264) ᄡᅳᆷ: 틈[隙]

265) 내 롱담ᄒᆞ다라: 내가 농담하였다 ☞ 롱담ᄒᆞ다라: 롱담ᄒᆞ-+-다-(← -더-+-오-)+-라(← -다). (1) 회상법 선어말어미 '-더-'와 인칭활용 선어말어미 '-오-'가 결합하면, '-다-'로 바뀐다. (2) 이렇게 형성된 '-다-'는 '-오-'를 가지고 있기 때문에 종결어미 '-다'는 '-라'로 바뀐다.

266) 구쳐: 부득이(不得已), 힘들여

267) ᄒᆞ야: 부 더불어, 함께 ☞ 'ᄒᆞ다'의 활용형이 부사로 굳어졌다. '하여금'의 의미로도 쓰인다.

268) 그위: 관청(官廳).

269) 太子ㅅ 녀글 들면: 태자 편을 들면.

270) 일울까: 이룰까? ☞ 일우-[← 일-[成]+-우-(사.접.)]+-ㄹ까(간접의문형어미).

271) 畝(무): 이랑/두둑 무(畝) ☞ 육척 사방(六尺 四方)을 일보(一步)라 하고, 백보(百步)를 일무(一畝)라 한다. 진(秦)나라 이후에는 240 보(步)를 1무라 했다.

272) 아니한: 관 많지 않은 ☞ 부정부사 '아니'와 '하다'의 관형사형 '한'이 결합하여 형성된 합성관형사이다.

273) ᄭᆞ랫거늘: 깔았거늘 ☞ ᄭᆞᆯ-+-아(보.어.)#잇-(보.용.)+-거늘. '-아/-어 잇-'은 완료상을 나타내는데, 근대국어에서 과거시제선어말어미 '-앗-/-엇-'으로 발달하였다.

274) 잔ᄌᆞᆨ고: 고자누룩하고(한참 떠들썩하다가 잠잠하고, 괴롭고 답답하던 병세가 좀 가라앉고)

275) ᄉᆞ랑ᄒᆞ더니: 생각하더니 ☞ 'ᄉᆞ랑ᄒᆞ다'는 중세국어에서 '愛'와 '思' 두 뜻을 지니고 있었다. 현대국어에 오면서 '愛'의 뜻만으로 쓰이므로, 의미변화 중 의미축소에 해당한다.

276) 어누: 관 어느

극)ᄒᆞ샤ᅀᅡ 이 사ᄅᆞ미 보비[6:26a]ᄅᆞᆯ 뎌리도록 아니 앗기놋다[278)] ᄒᆞ야 須達이ᄃᆞ려 닐오ᄃᆡ 金을 더 내디 말라 ᄡᅡᄒᆞᆫ 그듸 모ᄀᆡ[279)] 두고, 남ᄀᆞ란 내 모ᄀᆡ 두어 둘히 어우러 精舍 밍ᄀᆞ라 부텨ᄭᅴ 받ᄌᆞᄫᅩ리라 須達이 깃거 지븨 도라가 精舍 지ᅀᅮᆯ 이ᄅᆞᆯ 磨鍊(마련)[280)]ᄒᆞ더니 그 나랏 六師ㅣ 듣고 王ᄭᅴ ᄉᆞᆯᄫᅩᄃᆡ【六師ᄂᆞᆫ 外道ᄋᆡ 스승 여스시라】長[6:26b]者 須達이 祇陀(기타) 太子ㅅ 東山ᄋᆞᆯ 사아 瞿曇沙門(구담사문) 위ᄒᆞ야 精舍ᄅᆞᆯ 지수려 ᄒᆞᄂᆞ니 우리 모다 ᄌᆡ조ᄅᆞᆯ 겻고아[281)] 뎌옷[282)] 이긔면 짓게 ᄒᆞ고 몯 이긔면 몯 짓게 ᄒᆞ야 지이다 王이 須達이 블러 닐오ᄃᆡ 六師ㅣ 이리 니ᄅᆞᄂᆞ니 그듸 沙門 弟子ᄃᆞ려 어루 겻굴따[283)] 무러보[6:27a]라 須達이 지븨 도라와 ᄣᅵ 무든 옷 닙고 시름ᄒᆞ야 잇더니 이틋나래[284)] 舍利弗이 보고 무른대 須達이 그 ᄠᅳ들 닐어늘 舍利弗이 닐오ᄃᆡ 분별 말라 六師ᄋᆡ 무리 閻浮提(염부제)예[285)] ᄀᆞᄃᆞᆨᄒᆞ야도 내 바랫 ᄒᆞᆫ 터리ᄅᆞᆯ 몯 무으리니[286)] 므ᄉᆞᆫ 이ᄅᆞᆯ 겻고오려 ᄒᆞᄂᆞᆫ고[287)] 제 ᄒᆞᆯ 양ᄋᆞ로 ᄒᆞ게 ᄒᆞ라 須達[6:27b]이 깃거 香湯(향탕)애 沐

277) ᄭᆞᆯ이려뇨: 깔리겠느냐?, 깔리겠는가? ☞ ᄭᆞᆯ이-[←ᄭᆞᆯ-+-이-(피.접.)]+-리-(추측법)+-어뇨(의.어.). 간접의문문 ‘-ㄹᄭᅩ’가 예상되나 직접의문문 어미가 쓰였다.

278) 앗기놋다: 아끼도다 ☞ 앗기-+-ᄂᆞ-(직설법)+-옷-(감동법)+-다

279) 모ᄀᆡ: 목으로 ☞ 목+ᄋᆡ(부.조.)

280) 磨鍊: 준비, 궁리나 계획을 함

281) 겻고아: 겨루어

282) 뎌옷: 저이만, 저 사람만 ☞ (1) ‘뎌’는 3인칭 대명사로 보인다. 근대국어에서도 ‘뎌’가 3인칭 대명사로 쓰인 예가 나온다. (2) ‘옷/곳’은 단독의 보조사이다.

283) 겻굴따: 겨루겠느냐? ☞ 겻구-+-ㄹ따(2인칭 의.어.). 간접인용이다.

284) 이틋나래: 이튿날에 ☞ 이틋날(←이틄#날)+애. 중세국어에서는 합성명사를 이룰 때 앞 성분이 유성자음으로 끝나도 사이시옷을 받쳐 적었기 때문에 ‘이틄날’이 되었다. ‘이틋날’은 받침에서 ‘ㅅ’ 앞에서 ‘ㄹ’이 탈락하는 표음적 표기이다. 현대국어 맞춤법에서 ‘이튿날’은 통시적으로 ‘ㄹ’이었던 받침이 ‘ㄷ’으로 소리나기 때문에 ‘ㄷ’으로 적기로 한 것이다. 그러나 이는 잘못이다. 원리적으로는 ‘ㅅ’받침으로 적어 ‘이틋날’로 적거나 (고영근・구본관, 2008:253; 이관규, 2012:147~150), 원형을 밝혀 ‘이틀날’로 적는 게 옳다.

285) 閻浮提: 수미산의 남쪽 함수(鹹水) 바다에 있는 大洲 이름

286) 무으리니: 흔드니, 흔들 것이니 / 元良ᄋᆞᆯ 무우리라(欲搖元良) <용 71>

287) ᄒᆞᄂᆞᆫ고: 하는가? ☞ ᄒᆞ-+-ᄂᆞ-+-ㄴ고(간접 의.어.). 간접 설명의문문이다.

浴(목욕)ᄒᆞ고 새 옷 ᄀᆞ라 닙고 즉자히 王ᄭᅴ 가 ᄉᆞᆯᄫᆞᄃᆡ 六師ㅣ 겻구오려 ᄒᆞ거든 제 홀 양ᄋᆞ로 ᄒᆞ라 ᄒᆞ더이다 그저긔 六師ㅣ 나라해 出令(출령)호ᄃᆡ 이 後 닐웨예 城(성) 밧 훤ᄒᆞᆫ ᄹᅡ해 가 沙門(사문)과 ᄒᆞ야 ᄌᆡ조 겻구오리라 그 날 다ᄃᆞ라 金 부플[288] 티니 나랏 사ᄅᆞᆷ 十八億(십팔억)이 [6:28a]다 모ᄃᆞ니【舍衛國 사ᄅᆞ미 十八億이러니 그 나랏 法에 붑 텨 사ᄅᆞᄆᆞᆯ 모도오ᄃᆡ[289] 퉁[290] 부플 티면 十二億 사ᄅᆞ미 몯고 銀(은) 부플 티면 十四億 사ᄅᆞ미 몯고, 金 부플 티면 十八億 사ᄅᆞ미 다 몯더니라】 六師ᄋᆡ 무리 三億萬이러라 그저긔 나랏 사ᄅᆞ미 모다[291] 王과 六師와 위ᄒᆞ야 노ᄑᆞᆫ 座(좌) ᄆᆡᆼᄀᆞᆯ오 須達인 舍利弗 위ᄒᆞ야 노ᄑᆞᆫ 座 ᄆᆡᆼᄀᆞ니 그ᄢᅴ 舍利弗[6:28b]이 ᄒᆞᆫ 나모 미틔 안자 入定ᄒᆞ야 諸根이 괴외ᄒᆞ야[292]【諸根(제근)ᄋᆞᆫ 여러 불휘니 눈과 귀와 고콰[293] 혀와 몸과 ᄠᅳᆮ괘라 ᄆᆞᅀᆞ미 一定ᄒᆞᆫ 고대 들면 봄과 드롬과 마톰과 맛 아롬과 모매 다홈과 雜(잡) ᄠᅳᆮ괘 다 업스릴ᄊᆡ 諸根이 괴외타 ᄒᆞᄂᆞ니라】 너교ᄃᆡ 오ᄂᆞᆯ 모댓ᄂᆞᆫ[294] 한 사ᄅᆞ미 邪曲(사곡)ᄒᆞᆫ 道理 비환 디 오라아 제 노포라 ᄒᆞ야 衆生ᄋᆞᆯ 프ᅀᅥᆼ귀만 너기ᄂᆞ니 엇던 德으로 降服(항복)ᄒᆡ려뇨[295] 세 德[6:29a]으로 호리라 ᄒᆞ고【세 德은 法身(법신)과 般若(반야)와 解脫(해탈)왜라 解脫ᄋᆞᆫ 버서날씨니, 變化(변화)ᄅᆞᆯ ᄆᆞᅀᆞᆷ 조초[296] ᄒᆞ야 ᄆᆞᅀᆞ미 自得(자득)ᄒᆞ야 드트릐 얽ᄆᆡ유미[297] 아니 ᄃᆞ욀씨라】 盟誓(맹서)ᄅᆞᆯ 호ᄃᆡ 나옷 無數(무수)ᄒᆞᆫ 劫

---

288) 부플: 북을 ☞ 붚[鼓]+을(목.조.). '붚 > 붑 > 북'

289) 모도오ᄃᆡ: 모으되 ☞ 모도-[← 몯-+-오-(사.접.)]+-오ᄃᆡ(종.어.). '몯다'는 자동사이고, '모도다' 타동사이다.

290) 퉁: 동(銅)

291) 모다: 모두

292) 괴외ᄒᆞ야: 고요하여

293) 고콰: 코와 ☞ 고ㅎ[鼻]+과. 고ㅎ > 코ㅎ > 코

294) 모댓ᄂᆞᆫ: 모여 있는 ☞ 몯-+-아(보.어.)#잇-(보.용.)+-ᄂᆞ-(직설법)+-ㄴ(관.전.)

295) 降服ᄒᆡ려뇨: 항복시키려느냐?/항복시키련가? ☞ 降服ᄒᆡ-[← 降服ᄒᆞ-+-이-(사.접.)]+-리-(추측법)+-어뇨(의.어.). 간접의문형어미 '-ㄹ꼬/-ㅭ고'가 기대되는 곳이다.

296) 조초: 부 따라, 좇아 ☞ 좇-+-오(부.접.)

297) 드트릐 얽ᄆᆡ유미: 티끌이 얽매임이 ☞ (1) 드트릐: 드틀+의(관.조.). '드틀'은 부사격조사로 '에'를 취한다. (예. ᄇᆞ롬과 드트레 머리 돌아보고<두중 21:5>, 거즛 듣그레<법화

(겁)에 父母 孝道(효도)ᄒᆞ고 沙門과 婆羅門(바라문)과롤 恭敬(공경)ᄒᆞᆫ ᄃᆡ면[298] 내 처ᅀᅥᆷ 모든 ᄃᆡ 드러니거든 한 사ᄅᆞ미 날 위ᄒᆞ야 禮數(예수)ᄒᆞ리라 ᄒᆞ더라 그ᄢᅴ 六6:29b師ᄋᆡ 무른 다 모댓고 舍利弗이 ᄒᆞ오ᅀᅡ[299] 아니 왯더니 六師ㅣ 王ᄭᅴ ᄉᆞᆯ ᄫᅩᄃᆡ 瞿曇(구담)ᄋᆡ 弟子ㅣ 두리여[300] 몯 오ᄂᆞ이다 王이 須達이ᄃᆞ려 닐오ᄃᆡ 네 스스의 弟子ㅣ 엇데 아니 오ᄂᆞ뇨 須達이 舍利弗ᄭᅴ 가 ᄭᅮ러 닐오ᄃᆡ 大德하[301] 사ᄅᆞ미 다 모다 잇ᄂᆞ니 오쇼셔【大德은 큰 6:30a德이니 舍利弗을 니르니라】舍利弗이 入定(입정)으로셔 니러 옷 고티고 尼師檀ᄋᆞᆯ 왼 녁 엇게예 엱고【尼師檀(이사단)은 앉는 거시라】ᄌᆞᄂᆞᆨᄌᆞᄂᆞ기[302] 거러 모든 ᄃᆡ 니거늘 모든 사ᄅᆞᆷ과 六師왜 보고 ᄀᆞ마니 몯 이셔 自然히 니러 禮數ᄒᆞ더라 舍利弗이 須達ᄋᆡ ᄆᆡᇰᄀᆞ론 座애 올아 앉거늘 六師6:30b이 弟子 勞度差(노도차)[303]ㅣ 幻術(환술)을 잘ᄒᆞ더니 한 사ᄅᆞᆷ 알ᄑᆡ 나아 呪(주)ᄒᆞ야 ᄒᆞᆫ 남ᄀᆞᆯ 지ᅀᅳ니 즉자히 가지 퍼디여 모든 사ᄅᆞ ᄆᆞᆯ ᄀᆞ리두프니[304] 곶과 여름괘[305] 가지마다 다ᄅᆞ더니[306] 舍利弗이 神力으로

6:53>) 15세기 국어의 질서에 따르자면 관형격조사는 'ㅅ'이 연결되어야 한다. (예. 이 드틄 象ᄋᆞᆯ<능엄 3:2>) 그런데 명사절에서는 관형격조사로 '의'가 연결된다. (예. 거즛 듣 그릐 더러움과<법화 1:180>) 여기의 '드트릐'도 명사절의 의미상의 주어이기 때문에 관형격조사 '의'가 쓰였다. (2) 얽미ᅇᅲ미: 얽ᄆᆡ-+-움(명.어.)+이(보.조.). 'y'의 영향으로 '우'가 'ᅇᅲ'로 바뀌었다. 음운론적으로는 'y-첨가' 현상이다. 'ᅇ'의 음가는 'yy' 또는 'yi'에 나타나는 긴장된 협착 정도로 추정한다.

298) ᄃᆡ면: 것이면 ☞ ᄃᆞ(의.명)+ㅣ-(서.조.)+-면(종.어.)

299) ᄒᆞ오ᅀᅡ: 혼자. ᄒᆞᄫᆞᅀᅡ > ᄒᆞ오ᅀᅡ > ᄒᆞ오아/ᄒᆞᄫᆞᅀᅡ > ᄒᆞ오ᅀᅡ > 호ᅀᅡ > 호자 > 혼자

300) 두리여: 두려워하여, 무섭게 여겨 ☞ 두리-+-여(←-어)

301) 大德하: 대덕이시여 ☞ '하'는 존칭의 호격조사다.

302) ᄌᆞᄂᆞᆨᄌᆞᄂᆞ기: 천천히, 조용히

303) 勞度差: 외도인(外道人)으로 환술(幻術)에 능했다는 사람. 사리불과 재주 겨룸에 진 뒤 그의 제자가 되었다.

304) ᄀᆞ리두프니: 가리어 덮으니 ☞ ᄀᆞ리둪-(←ᄀᆞ리-#둪-)+-으니. 비통사적 합성어. 주(157) 참조.

305) 곶과 여름괘: 꽃과 열매가 ☞ (1) 곶과: 곶(←곶[花])+과(접.조.). 8종성법에 의한 표기. (2) 여름괘: 여름[←열-+-음(명.접.)]+과(접.조.)+ㅣ(주.조.). 중세국어에서는 나열되는 마지막 단어에도 접속조사가 연결되었다.

306) 다ᄅᆞ더니: 다르더니 ☞ 다ᄅᆞ-[異]+-더-+-니

旋嵐風올 내니【旋嵐風(선람풍)은 ᄀᆞ장 미ᄫᆞᆫ ᄇᆞᄅᆞ미라】그 나못 불휘를 ᄲᅢ혀 그우리[307] 부러[308] 가지 것비쳐[309] 드트리 6:31a ᄃᆞ외ᄋᆡ ᄇᆞᆺ아디거늘 모다 닐오ᄃᆡ 舍利弗이 이긔여다 勞度差(노도차)ㅣ 또 呪(주)ᄒᆞ야 ᄒᆞᆫ 모ᄉᆞᆯ 지ᅀᅳ니 四面이 다 七寶(칠보)ㅣ오, 가온ᄃᆡ 種種(종종) 고지 ᄑᆡ더니[310] 舍利弗이 큰 六牙白象(육아백상)올 지ᅀᅥ내니【六牙ᄂᆞᆫ 여슷 어미라】엄마다 닐굽 蓮花(연화)ㅣ오 곳 우 마다 닐굽 玉女ㅣ러니 그 못 므를 6:31b다 마시니 그 모시 다 ᄉᆞ러디거늘[311] 모다 닐오ᄃᆡ 舍利弗이 이긔여다 勞度差ㅣ 또 ᄒᆞᆫ 뫼ᄒᆞᆯ 지ᅀᅳ니 七寶로 莊嚴(장엄)ᄒᆞ고 못과 곳과 果實(과실)왜 다 ᄀᆞ초 잇더니 舍利弗이 金剛力士(금강역사)[312]를 지ᅀᅥ내야 金剛杵(금강저)[313]로 머리셔 견지니[314]【杵는 방핫괴니 굴근 막다히 ᄀᆞᄐᆞᆫ 거시라】그 뫼히 ᄒᆞᆫ 것도 업시 믈6:32a어 디거늘 모다 닐오ᄃᆡ 舍利弗이 이긔여다 勞度差ㅣ 또 ᄒᆞᆫ 龍(용)올 지ᅀᅳ니 머리 열히러니 虛空(허공)애셔 비 오ᄃᆡ 고ᄅᆞᆫ[315] 種種(종종) 보ᄇᆡ 듣고 울에 번게 ᄒᆞ니 사ᄅᆞ미 다 놀라더니 舍利弗이 ᄒᆞᆫ 金翅鳥[316]를 지ᅀᅥ내니【金翅鳥(금시조)ᄂᆞᆫ 迦樓羅(가루라)ㅣ라】그 龍ᄋᆞᆯ 자바 ᄧᅥ머거늘 모다 닐오ᄃᆡ 舍利6:32b弗이 이긔여다 勞度差(노도차)ㅣ 또 ᄒᆞᆫ 쇼ᄅᆞᆯ 지ᅀᅥ내니 모미 ᄀᆞ장 크고 다리 굵고 ᄲᅳᆯ리 ᄂᆞᆯ캅더니[317] ᄧᅡ 허위며[318] 소리

307) 그우리: 구르게 ☞ 그울-+-이(부.접.)
308) 부러: 불어 ☞ 불-[吹]+-어
309) 것비쳐: 꺾어 넘어져, 꺽어 비뚜러지게 넘어져
310) ᄑᆡ더니: 피어 있더니 ☞ ᄑᆡ-+-어#잇-+-더-+-니
311) ᄉᆞ러디거늘: 사라지거늘.
312) 金剛力士: 금강저를 들고 불법을 호지하는 두 천신이 두신의 형상을 절문 양쪽에 두어 왼쪽은 밀적금강, 오른쪽은 나라연금강이라 한다.
313) 금강저: 승려들이 법을 닦을 때에 쓰는 도구의 하나. 여기서는 금강역사가 든 것을 말한다. 저(杵)는 본래 인도의 무기다.
314) 견지니: 견주니[指]
315) 고ᄅᆞᆫ: 관 純한
316) 금시조 = 가루라: 불경에 나오는 상상의 새. 머리는 매, 몸은 사람을 닮았고, 입에서 불을 내뿜는다 하는데, 용을 잡아먹는다고 한다.
317) ᄂᆞᆯ캅더니: 날카롭더니.

ᄒᆞ고 ᄃᆞ라오거늘 舍利弗(사리불)이 ᄒᆞᆫ 獅子(사자)ㅣ롤 지ᅀᅥ내니 그 쇼ᄅᆞᆯ 자바머그니 모다 닐오ᄃᆡ 舍利弗이 이긔여다 勞度差ㅣ ᄒᆞ다가 몯ᄒᆞ야 제 모미 夜叉(야차)ㅣ ᄃᆞ외야 모미 [6:33a]길오 머리 우희 블 븓고 누니 핏 무적[319] ᄀᆞᆮ고 톱[320]과 엄괘 ᄂᆞᆯ캅고 이베 블 吐(토)ᄒᆞ며 ᄃᆞ라오거늘 舍利弗도 자내[321] 毘沙門王(비사문왕)[322]이 ᄃᆞ외니 夜叉ㅣ 두리여 믈러ᄃᆞ로려 ᄒᆞ다가 四面에 ᄇᆞ리 니러셜ᄊᆡ 갈 ᄯᅵ 업서 오직 舍利弗 알ᄑᆡ옷[323] ᄇᆞ리 업슬ᄊᆡ 즉자히 降服(항복)ᄒᆞ야 업더디여 사ᄅᆞ쇼[6:33b]셔[324] 비니 그리 降服ᄒᆞ야ᅀᅡ ᄇᆞ리 즉자히 ᄢᅳ거늘[325] 모다 닐오ᄃᆡ 舍利弗이 이긔여다 그제ᅀᅡ 舍利弗이 虛空(허공)애 올아[326] 거르며 셔며 안ᄌᆞ며 누ᄫᅳ며 ᄒᆞ고 몸 우희 믈 내오 몸 아래 블 내오 東 녀긔셔 수므면 西ㅅ녀긔 내ᄃᆞᆮ고 西녀긔셔 수므면 東녀긔 내ᄃᆞᆮ고 北녀긔셔 수므면 南[6:34a]녀긔 내ᄃᆞᆮ고 南녀긔셔 수므면 北녀긔 내ᄃᆞᆮ고 모미 크긔 ᄃᆞ외야 虛空애 ᄀᆞᄃᆞᆨᄒᆞ야 잇다가 ᄯᅩ 져긔 ᄃᆞ외며 ᄯᅩ ᄒᆞᆫ 모미 萬億身(만억신)이 ᄃᆞ외야 잇다가 도로 ᄒᆞ나히 ᄃᆞ외며 ᄯᅩ 虛空애 ᄯᅡ히 ᄃᆞ외야 ᄯᅡ홀 ᄇᆞᆯᄫᅩᄃᆡ 믈 ᄇᆞᆲ듯ᄒᆞ고 므를 ᄇᆞᆯᄫᅩᄃᆡ ᄯᅡ ᄇᆞᆲ듯ᄒᆞ더니 이런 變化(변화)ᄅᆞᆯ 뵈오ᅀᅡ 神足(신족)ᄋᆞᆯ 가다[327] 도[6:34b]로 本座애 드러 안ᄌᆞ니라【本座(본좌)ᄂᆞᆫ 本來ㅅ 座ㅣ라】그ᄢᅴ 모댓ᄂᆞᆫ[328] 사ᄅᆞ미 다 降

318) 허위며: (발로 땅을) 허비며 /ᄯᅡ 허위여 드리 ᄃᆞ라 오더니 <월곡 162>
319) 무적: 무더기[塊], 덩이.
320) 톱: 손톱[爪]
321) 자내: 몸소, 스스로. / 자내 지ᅀᅳ시리오(自作) <금강 후서 15>
322) 毘沙門王: 사천왕의 하나 늘 부처의 도량을 수호하면서 불법을 들었으므로 다문천왕(多聞天王)이라고도 한다.
323) 알ᄑᆡ옷: 앞에만 ☞ 알ᄑᆡ[←앒+ᄋᆡ(부.조.)]+옷(보조사)
324) 사ᄅᆞ쇼셔: (목숨을) 살려주십시오 ☞ 사ᄅᆞ-[←살-+-ᄋᆞ-(사.접.)]+-쇼셔(ᄒᆞ쇼셔체 명.어.). '살-'에 접미사 '-ᄋᆞ-'가 붙어 타동사로 바뀌었으나 주동사 '살다'의 사동의미인 '살게 하다'와는 멀어져있다. 사동문으로 보기 어려운 면이 있다. 주(247) 참조.
325) ᄢᅳ거늘: 꺼지거늘.
326) 올아: 올라 ☞ 오ᄅᆞ-[登]+-아.
327) 가다: 걷어, 거두워 ☞ 갇-[收]+-아(종.어.)
328) 모댓ᄂᆞᆫ: 모여 있는 ☞ 몯-+-아#잇-+-ᄂᆞ-+-ㄴ

服ᄒᆞ야 깃거ᄒᆞ더니 舍利弗이 그제ᅀᅡ 說法(설법)ᄒᆞ니 제여곰 前生애 닷곤[329] 因緣(인연)으로 須陀洹(수타원)[330]ᄋᆞᆯ 得ᄒᆞ리도 이시며 斯陀含(사타함)[331]ᄋᆞᆯ 得ᄒᆞ리도 이시며 阿那含(아나함)[332]ᄋᆞᆯ 得ᄒᆞ리도 이시며 阿羅[6:35a]漢(아라한)[333]ᄋᆞᆯ 득ᄒᆞ리도 잇더라 六師ᄋᆡ 弟子ᄃᆞᆯ토[334] 다 舍利弗ᄭᅴ 와 出家ᄒᆞ니라 ᄌᆡ조 겻구고ᅀᅡ 須達이와 舍利弗왜 精舍(정사)ᄅᆞᆯ 짓더니 ᄃᆞᆯ히 손ᅀᅩ 줄 마조 자바 터 되더니[335] 舍利弗이 젼ᄎᆞ 업시 우ᅀᅥ늘 須達이 무른대 對答(대답)호ᄃᆡ 그듸 精舍 지ᅀᅮ려 터흘 ᄀᆞᆺ 始[6:35b]作(시작)ᄒᆞ야 되어늘 여슷 하ᄂᆞ래【여슷 하ᄂᆞᄅᆞᆫ 欲界(욕계) 六天이라】 그듸 가 들 찌비 볼쎠 이도다[336] ᄒᆞ고 道眼(도안)ᄋᆞᆯ 빌여늘【道眼ᄋᆞᆫ 道理(도리)옛 누니라】 須達이 보니 여슷 하ᄂᆞ래 宮殿(궁전)이 ᄉᆡᆨᄉᆡᆨᄒᆞ더라[337] 須達이 무로ᄃᆡ 여슷 하ᄂᆞ리 어늬ᅀᅡ ᄆᆞᆺ 됴ᄒᆞ니잇가[338] 舍利弗이 닐오ᄃᆡ 아랫 세 하ᄂᆞᄅᆞᆫ 煩惱(번뇌)ㅣ 만ᄒᆞ고 ᄆᆞᆺ 우흿 두 [6:36a]하ᄂᆞᄅᆞᆫ 너무 게을이 便安(편안)ᄒᆞ고 가온ᄃᆡ 네찻 하ᄂᆞ리ᅀᅡ 샹녜 一生 補處(보처) 菩薩(보살)이 그에 와 나샤【一

329) 닷곤: 닦은 ☞ 닭-+-오-(대상활용)+-ㄴ(관.전.)
330) 須陀洹: 성문사과의 하나이며 무루천에 처음 참례하여 들어간 증과(證果).
331) 斯陀含: 성문사과의 하나 일래과(一來果)라 번역한다. 욕계의 수혹 구품(修惑 九品) 중 위의 육품(六品)을 끊은 이가 얻는 증과(證果)
332) 阿那含: 성문사과 중의 제3 욕계에서 죽어 색계, 무색계에 나고는 번뇌가 없어져서 다시 돌아오지 아니한다는 뜻
333) 아라한: 소승의 교법을 수행하는 성문 사과의 가장 윗자리
334) 弟子ᄃᆞᆯ토: 제자들도 ☞ 弟子+-ᄃᆞᆯㅎ(복.접.)+도(보조사)
335) 되더니: 재더니, 측량하더니. ☞ 되-+-더-+-니
336) 그듸 가 들 찌비 볼쎠 이도다: 당신이 가 들 집이 벌써 이루어졌도다 ☞ (1) 들 찌비: 들-[入]+-ㄹ(←-ㅭ. 관.전.)#찝(←집[家])+이(주.조.). 관형사형어미 '-ㅭ' 뒤에서 'ㅈ'이 'ㅉ'으로 바뀌었다. (2) 이도다: 일-[成]+-도-(감동법)+-다. 'ㄹ'이 'ㄷ' 앞에서 탈락했다.
337) ᄉᆡᆨᄉᆡᆨᄒᆞ더라: 장엄하더라, 엄숙하더라 ☞ ᄉᆡᆨᄉᆡᆨᄒᆞ-+-더-+-라(←-다)
338) 여슷 하ᄂᆞ리 어늬ᅀᅡ ᄆᆞᆺ 됴ᄒᆞ니잇가: 여섯 하늘이 어느 것이 가장 좋습니까? ☞ '어늬'라는 의문사가 있으므로 설명의문문어미인 '-니잇고'가 기대되지만 판정의문문어미가 쓰였다. 이 시기에 판정의문문어미와 설명의문문어미가 단일화되기 시작했다는 증거로 볼 수 있다.

生ᄋᆞᆫ ᄒᆞᆫ 번 날씨니 ᄒᆞᆫ 번 다ᄅᆞᆫ 地位(지위)예 난 後ㅣ면 妙覺地位(묘각지위)예 오ᄅᆞᆯ씨니 等覺位(등각위)ᄅᆞᆯ 니르니라 等覺애셔 金剛乾慧(금강건혜)예 ᄒᆞᆫ 번 나면 後에 妙覺(묘각)애 오ᄅᆞᄂᆞ니 나다 ᄒᆞ논 마ᄅᆞᆫ 사라나다 ᄒᆞ논 마리 아니라 다ᄅᆞᆫ 地位예 올마가다 ᄒᆞ논 ᄠᅳ디라】 法訓(법훈)이 긋디339) 아니ᄒᆞᄂᆞ니라【訓은 ᄀᆞᄅᆞ칠씨라】 須達6:36b이 닐오ᄃᆡ 내 正히 그 하ᄂᆞ래 나리라 ᄀᆞᆺ 그 말 다ᄒᆞ니 녀느 하ᄂᆞ랫 지븐 업고 네찻 하ᄂᆞ랫 지비 잇더라 주를 다ᄅᆞᆫ ᄃᆡ 옮겨 터 되더니 舍利弗이 축ᄒᆞᆫ340) ᄂᆞᆾ고지341) 잇거늘 須達이 무른대 對答호ᄃᆡ 그듸 이 굼긧342) 개야미 보라 그듸 아래 디나건 毘婆尸佛(비파시불) 위ᄒᆞᅀᆞᄫᅡ 이 ᄯᅡ해 精舍 이르ᅀᆞᄫᆞᆯ343) 6:37a쩨도 이 개야미 이에셔 살며 尸棄佛(시기불) 위ᄒᆞᅀᆞᄫᅡ 이 ᄯᅡ해 精舍 이르ᅀᆞᄫᆞᆯ 쩨도 이 개야미 이에셔 살며 毘舍佛(비사불) 위ᄒᆞᅀᆞᄫᅡ 이 ᄯᅡ해 精舍 이르ᅀᆞᄫᆞᆯ 쩨도 이 개야미 이에셔 살며 拘留孫佛(구류손불) 위ᄒᆞᅀᆞᄫᅡ 이 ᄯᅡ해 精舍(정사) 이르ᅀᆞᄫᆞᆯ 쩨도 이 개야미 이에셔 살며 迦那含牟尼佛(가나함모니불) 6:37b위ᄒᆞᅀᆞᄫᅡ 이 ᄯᅡ해 精舍 이르ᅀᆞᄫᆞᆯ 쩨도 이 개야미 이에셔 살며 迦葉佛(가섭불) 위ᄒᆞᅀᆞᄫᅡ 이 ᄯᅡ해 精舍 이르ᅀᆞᄫᆞᆯ 쩨도 이 개야미 이에셔 사더니 처섬 이에셔 사던 저그로 오ᄂᆞᆳ낤 ᄀᆞ장 헤면 아ᄒᆞᆫᄒᆞᆫ 劫(겁)이로소니344) 제 ᄒᆞᆫ가짓 모ᄆᆞᆯ 몯 여희여 죽사리도 오랄쎠345) ᄒᆞ노라 아마도 福(복)이 조ᅀᆞᄅᆞᄫᆡ니346) 아

---

339) 긋디: 그치지 ☞ 긋-[止](← 긏-)+-디(보.어.)

340) 축ᄒᆞᆫ: 슬퍼하는

341) ᄂᆞᆾ고지: 낯빛이 ☞ ᄂᆞᆾ곶(← ᄂᆞᆾ#곶)+이(주.조.)

342) 굼긧: 구멍의 ☞ 굼ㄱ(← 구무)+읫[← 의(부.조.)+ㅅ(관.조.)]. ㄱ-보유어.

343) 이르ᅀᆞᄫᆞᆯ: 세울 ☞ 이르-[← 일-[成]+-으-(사.접.)]+-ᅀᆞᆸ-(객.높.)+-ᄋᆞᆯ(관.전.). 접미사 '-으-'는 자동사를 타동사로 파생하기는 하지만 주동사의 의미와 달리 의미가 특수화되었다. 사동문으로 다루기 어려운 점이 있다. 주(247) 참조.

344) 劫이로소니: 겁이니 ☞ 劫+이-(서.조.)+-롯-(← -돗-. 감동법)+-ᄋᆞ니 → 겁이로ᄉᆞ니 → 겁이로소니. '로ᄉᆞ'가 '로소'로 된 것은 'ㆍ'가 앞의 'ㅗ'에 동화되었기 때문이다.

345) 죽사리도 오랄쎠: 생사도 오래구나 ☞ 오랄쎠: 오라-+-ㄹ쎠(감.어.). 감탄문이다. 중세국어 감탄형 종결어미에는 이 외에도 '-ㄴ뎌, -애라, -게라' 등이 있다.

346) 조ᅀᆞᄅᆞᄫᆡ니: 종요로우니(없어서는 안 될 만큼 몹시 긴요하니) ☞ 조ᅀᆞᄅᆞᄫᆡ-+-니

니 심[6:38a]거[347)] 몯홀 꺼시라 須達이도 그 말 듣고 슬허 ᄒᆞ더라 須達이 精舍 이르숩고 窟(굴) 밍ᄀᆞ오 栴檀香(전단향)[348)] ᄀᆞᄅᆞ로[349)] ᄇᆞᄅᆞ고 別室(별실)이ᅀᅡ 一千二百이오 쇠붑 든 지비ᅀᅡ 一百 스믈 고디러라 須達이 精舍 다 짓고 王ᄭᅴ 가 ᄉᆞᆯᄫᅩᄃᆡ 내 世尊 위ᄒᆞᅀᆞᄫᅡ 精舍ᄅᆞᆯ ᄒᆞ마 짓[6:38b]ᄉᆞᄫᅩ니 王이 부텨를 請(청)ᄒᆞᅀᆞᄫᅳ쇼셔 王이 使者 브리샤 王舍城의 가 부텨를 請ᄒᆞᅀᆞᄫᆞ니 그ᄢᅴ 世尊ᄭᅴ 四衆이 圍繞(위요)ᄒᆞᅀᆞᆸ고[350)] 큰 光明을 펴시고 天地 드러치더니[351)] 舍衛國에 오실 쩌긔 須達ᄋᆡ 지순 亭舍마다 드르시며 길헤 사ᄅᆞᆷ 濟渡(제도)ᄒᆞ샤미 그[6:39a]지 업더시다 世尊이 舍衛國에 오샤 큰 光明을 펴샤 三千大千世界ᄅᆞᆯ 다 비취시고 밧가라ᄀᆞ로[352)] ᄯᅡ홀 누르시니 ᄯᅡ히 다 드러치고 그 잣 안햇 풍륫가시[353)] 절로 소리ᄒᆞ며 一切(일체) 病ᄒᆞᆫ 사ᄅᆞ미 다 됴터니[354)] 그 나랏 十八億 사ᄅᆞ미 그런 祥瑞(상서)ᄅᆞᆯ 보ᅀᆞᆸ고 모다 오나ᄂᆞᆯ 부톄 [6:39b]妙法(묘법)을 施說(시설)ᄒᆞ시니 제여곲 因緣(인연)으로 須陀洹(수타원)도 得ᄒᆞ며 斯陀含(사타함)도 得ᄒᆞ며 阿羅漢(아라한)도 得ᄒᆞ며 辟支佛(벽지불) 因緣(인연)도 지ᅀᅳ며 無上道理ᄅᆞᆯ 發心(발심)ᄒᆞ리도 잇더라 부톄 後에 阿難(아난)이ᄃᆞ려 니ᄅᆞ샤ᄃᆡ 이 東山ᄋᆞᆫ [6:40a]須達ᄋᆡ 산 거시오[355)] 나

---

347) 심거: 심어 ☞ 심ㄱ-(← 시므-)+-어. ㄱ-보유 용언. 모음 어미 앞에서는 '싦-', 자음 어미 앞에서는 '시므-'로 교체한다.

348) 전단향(栴檀香): 檀香木 紫檀, 白檀 등 향나무의 총칭

349) ᄀᆞᄅᆞ로: 가루로 ☞ ᄀᆞᆯ(← ᄀᆞᄅᆞ[粉])+ᄋᆞ로. 'ᄅᆞ'의 'ㆍ'가 탈락하면서 유성후두마찰음 'ㅇ'이 얹혀 분철된 것으로 본다. 주격형은 'ᄀᆞᆯ이'. '노ᄅᆞ[獐], 자ᄅᆞ[袋], ᄂᆞᄅᆞ[津], 시르[甑]' 등도 교체 유형이 같다.

350) 圍繞: 「1」 어떤 지역이나 현상을 둘러쌈. 「2」 「불」 부처를 중심으로 그 주위를 돌아다니는 일.

351) 드러치더니: 흔들리더니

352) 밧가라ᄀᆞ로: 발가락으로 ☞ 밧가락(← 밠가락)+ᄋᆞ로. 'ㄹ' 뒤에 사이시옷이 삽입되어 'ㄽ'이 되었고, 'ㅅ' 앞에서 'ㄹ'이 탈락하여 '밧가락'이 되었다. 주(284) 참조.

353) 풍륫가시: 악기가 ☞ 풍륫갓+이

354) 됴터니: 좋아지더니 ☞ 둏-+-더-+-니. 형용사 '둏다'가 동사로 전성되어 쓰였다.

355) 이 東山ᄋᆞᆫ 須達ᄋᆡ 산 거시오: 이 동산은 수달이 산 것이고 ☞ 관형절인 '須達ᄋᆡ 산'에서 의미상의 주어인 '須達'이 관형격의 형태를 취하고 있다. 현대국어에서는 주격의 형태를 취한다.

모와 곳과 果實(과실)와ᄂᆞᆫ 祇陀(기타)ᄋᆡ 뒷논[356] 거시니 두 사ᄅᆞ미 어우러 精舍 지ᅀᆞ란ᄃᆡ 일후믈 太子祇陀樹給孤獨園(태자기타수급고독원)이라 ᄒᆞ라【須達ᄋᆡ 精舍 지ᅀᅳᇙ 저기 부텻 나히 셜흔네히러시니 穆王(목왕) 여ᄃᆞᇑ찻ᄒᆡ 丁亥(정해)라】波斯匿王(파사닉왕)과 末利夫人(말리부인)괘 부텨 보ᅀᆞᆸ고 과ᄒᆞᅀᆞᄫᅡ[357] 닐오ᄃᆡ 내

6:40b ᄯᆞᆯ 勝鬘(승만)이 聰明(총명)ᄒᆞ니 부텨옷 보ᅀᆞᄫᆞ면 당다이 得道ᄅᆞᆯ ᄲᆞᆯ리 ᄒᆞ리니 사ᄅᆞᆷ 브려 닐어ᅀᅡ ᄒᆞ리로다 勝鬘이 부텻 功德(공덕)을 듣ᄌᆞᆸ고 깃거 偈(게)ᄅᆞᆯ 지ᅀᅥ 부텨를 기리ᅀᆞᆸ고 願(원)호ᄃᆡ 부톄 나ᄅᆞᆯ 어엿비 너기샤 나ᄅᆞᆯ 보ᅀᆞᆸ게 ᄒᆞ쇼셔…

356) 祇陀ᄋᆡ 뒷논: 기타가 두어 놓은 ☞ 뒷논: 두-+-어#잇-+-ᄂᆞ-+-오-+-ㄴ. (1) 관형절의 의미상의 주어인 '祇陀'가 관형격의 형태이다. (2) '뒛-'이 '뒷-'으로 불규칙 활용을 하였다.

357) 과ᄒᆞᅀᆞᄫᅡ: 찬양하여, 칭송하여 ☞ 목적어 명사인 '부텨'가 주어인 '波斯匿王, 末利夫人'보다 높고, 서술자(=화자)보다 높기 때문에 '-ᅀᆞᆸ-'이 쓰였다. 객체높임법.

月印釋譜 4

月印釋譜

월인석보는 1459년(세조 5년)에 세조가 선왕인 세종이 지은 월인천강지곡을 본문으로 하고 자신이 수양대군 시절에 지은 석보상절을 설명 부분으로 하여 합편해서 간행한 책이다. 월인석보를 편찬한 동기는 서(序)에서 죽은 부모(세종과 소헌왕후)와 일찍 죽은 아들을 위한다고 되어 있다. 그러나 어린 조카 단종을 폐위하고 왕위에 올라 사육신 등 많은 신하를 죽였기 때문에, 이에 대한 정신적 고통과 회한, 무상(無常)의 깊은 수렁에서 벗어나기 위해 추진된 것으로 추정하고 있다.

월인석보는 목판본으로 모두 25권으로 추정되지만, 현재 전하고 있는 것은 중간본까지 합쳐도 완질이 되지 못한다. 초간본 10권(권1, 2, 7, 8, 9, 10, 13, 14, 17, 18) 8책과 중간본 4권(권21, 22, 23, 25) 4책이 보물 제745호로 지정되었으며, 초간본 2권(권11・12) 2책이 보물 제935호로 지정되어 있다. 월인석보가 두 책의 합편이라고는 하지만 합편을 함에 있어서 조권(調卷)도 다르고 내용에도 많은 첨삭을 가하는 등 상당한 변개를 행하였다. 그리고 문장과 표기법에서도 변화를 보인다. 석보상절은 원문(석가보, 법화경 등)에 있는 한자어를 고유어로 바꾸어 옮겼지만, 월인석보는 원문의 한자어를 그대로 옮기고 있어서, 석보상절은 의역에 가깝고, 월인석보는 직역에 가깝다고도 한다.

문장과 표기법에서 「월인천강지곡」은 한자와 독음 표기의 위치, 한자음 종성 'ㅇ'과 협주(夾註)의 추가, 어구의 수정 등 부분적인 손질이 있었으나, 『석보상절』은 대폭적인 수정이 있었다. 그리하여 『월인석보』는 전혀 새로운 문헌이 되었다.

이 책은 세종과 세조의 2대에 걸쳐 임금이 짓고 편찬한 것으로, 현존본에 나타난 판각 기법이나 인출(印出) 솜씨 등을 보면 조선 초기 불교문화의 정수라 할 수 있다. 그리고 세종의 훈민정음 반포 당시에 편찬, 간행되었던 「월인천강지곡」과 『석보상절』을 세조 때 다시 편집하였기 때문에, 초기의 한글 변천을 살피는 데 있어서 중요한 가치를 지닌다. 또한, 조선 초기에 유통된 중요 경전이 취합된 것이므로 당시 불교 경전의 수용태도를 살필 수 있는 자료이다.

―『한국민족문화대백과사전』

여기서 강독하는 월인석보 제일(第一)은 서강대 소장본(서강대 인문과학연구소 영인)이고, 제십삼(第十三)은 연세대 소장본(홍문각 영인)으로 두 본 모두 원간본이다. 강독의 편의를 위해 동국정운식 한자음과 방점은 제거하였고, 본문의 한자에 독음을 삽입하였다.

(1) 月印釋譜(第一)

석서:1a **釋譜詳節序(석보상절 서)**

【序는 글 뮝ᄀᆞ론 ᄠᅳ들 子細(자세)히 後(후)ㅅ 사ᄅᆞᄆᆞᆯ 알의 ᄒᆞᄂᆞᆫ[1] 거시라】佛(불)이 爲三界之尊(위삼계지존)ᄒᆞ샤【佛은 부텨시니라[2] 爲ᄂᆞᆫ ᄃᆞ외야 겨실씨라[3] 三界ᄂᆞᆫ 欲界 色界 無色界(욕계 색계 무색계)라 之ᄂᆞᆫ 입겨지라 尊ᄋᆞᆫ 노ᄑᆞ신 부니시니라 ᄒᆞᄂᆞᆫ ᄠᅳ디라】**부톄 三界옛 尊이 ᄃᆞ외야 겨샤** 弘渡群生(홍도군생)ᄒᆞ시ᄂᆞ니【弘□□□□□석서:1b디라 渡ᄂᆞᆫ 濟渡(제도)홀씨라 群은 무리라[4] 生ᄋᆞᆫ 世界(세계)예 나아 사라 ᄒᆞ니ᄂᆞᆫ[5] 것돌히라】**衆生(중생)ᄋᆞᆯ 너비 濟渡ᄒᆞ시ᄂᆞ니** 無量功德(무량공덕)이【無量ᄋᆞᆫ 몯내 혤씨라[6]】그지업서 **몯내 혜ᅀᆞᄫᆞᆯ[7] 功과 德괘**

---

1) 알의 ᄒᆞᄂᆞᆫ: 알게 하는 ☞ 알-+-의(←긔. 보.어.)#ᄒᆞ-(보.용.)+-ᄂᆞᆫ(관.전.). '-긔/-게 ᄒᆞ다'는 통사적 사동문을 만드는 보조적 연결어미와 보조동사이다

2) 부:톄시·니·라: 부처이시다 ☞ 부텨+·ㅣ-(서.조.)+-시-(주.높.)+-·니·라(평.어.) (1) ① '평성'(텨)과 '거성'(·ㅣ-)이 결합하여 '상성'(:톄)으로 바뀌었다. '상성'은 높낮이와 음장을 동시에 지니고 있었다. (2) '-니-'는 원칙법 선어말어미인데, 평서형 종결어미 '-라(←-다)'와만 결합한다. 여기서는 '-니라' 전체를 평서형 종결어미로 처리한다. (3) 주체높임 선어말어미 '-시-'는 뒤에 모음으로 시작하는 어미가 연결되면 '-샤'-로 교체하고 어미의 모음은 탈락한다. ᄒᆞ샤←ᄒᆞ-+-샤-+-아

3) 겨실씨라: 계신다는 것이다 ☞ 겨시-('잇다'의 높임말)+-ㄹ(관.전.)#ᄊᆞ(←ᄉᆞ. 의.명.)+이-(서.조.)+-라(←-다. 평.어.). 의존명사 'ᄉᆞ'가 서술격조사 '이-'를 만나 'ᄊᆞ'로 바뀌었다

4) 무리라: 무리이다 ☞ 물[衆]+이-(서.조.)+-라(←-다). 서술격조사 '이-' 뒤에서 'ㄷ'으로 시작하는 어미는 'ㄹ'로 바뀐다. 서술격조사 뒤에서 어미의 교체는 석보상절 p.146 주(9) 참조.

5) 사라 ᄒᆞ니ᄂᆞᆫ: 살아 움직이는/행동하는 ☞ 살-+-아 ᄒᆞ-[爲]#니-[行]+-ᄂᆞᆫ(관.전.)

6) 몯내 혤씨라: 끝내 못 세는 것이다 ☞ 몯내 혜-+-ㄹ(관.전.)#ᄊᆞ(←ᄉᆞ. 의.명.)+이-(서.조.)+-라(평.어.).

7) 혜ᅀᆞᄫᆞᆯ: 헤아릴/셀 ☞ 혜-+-ᅀᆞᆸ-(객.높.)+-을(관.전.) (1) 관계관형절 '몯내 혜ᅀᆞᄫᆞᆯ'의 의미상 목적어가 되는 '(부처의) 공과 덕'을 높이고 있기 때문에 객체높임법이 사용되었다 (2) 관형절의 꾸밈을 받는 명사가 관형절의 의미상 목적어가 될 때 대상활용의 '-오-'가 삽입되는

人天所不能盡讚(인천소유능진찬)이시니라【人ᄋᆞᆫ 사ᄅᆞ미라 天은 하ᄂᆞᆯ히라[8] 所ᄂᆞᆫ 배라 不能은 □□□□□[석서:2a]ᄒᆞᄂᆞᆫ ᄠᅳ디라 盡ᄋᆞᆫ 다ᄋᆞᆯ씨라[9] 讚ᄋᆞᆫ 기릴씨라】 **사ᄅᆞᆷᄃᆞᆯ콰 하ᄂᆞᆯᄃᆞᆯ히 내내 기리ᅀᆞᆸ디 몯ᄒᆞᅀᆞᆸᄂᆞᆫ 배시니라** 世之學佛者(세지학불자)ㅣ【世ᄂᆞᆫ 世間(세간)이라 學ᄋᆞᆫ ᄇᆡ홀씨라 者ᄂᆞᆫ 사ᄅᆞ미라 ᄒᆞᄃᆞᆺ ᄒᆞᆫ ᄠᅳ디라】 **世間애 부텻**[10] **道理**(도리) **ᄇᆡ호ᅀᆞᄫᆞ리**[11] [석서:2b]鮮有知出處始終(선유지출처시종)ᄒᆞᄂᆞ니【鮮有는 ᄑᆞᆺ바리[12] 잇디 아니타 ᄒᆞᄂᆞᆫ ᄠᅳ디라 知ᄂᆞᆫ 알씨라 出은 나아 ᄒᆞᆫ닐씨라[13] 處는 나아 ᄒᆞ니디 아니ᄒᆞ야 ᄀᆞ마니[14] 이실씨라 始ᄂᆞᆫ 처ᅀᅥ미라 終은 ᄆᆞᄎᆞ미라[15]】 **부텨 나아 ᄃᆞᆮ니시며**[16] **ᄀᆞ마니 겨시던 처ᅀᅥᆷ ᄆᆞᄎᆞᄆᆞᆯ 알리**[17] **노니**[18] 雖欲知者(수욕지자)ㅣ라도【雖ᄂᆞᆫ 비록 ᄒᆞᄂᆞᆫ ᄠᅳ디라 [석서:3a]欲ᄋᆞᆫ ᄒᆞ고져 ᄒᆞᆯ씨라】 **비록 알오져**[19] **ᄒᆞ리라도**[20] 亦不過八相而止(역불과팔상이지)ᄒᆞᄂᆞ니라【亦

데, 여기서는 그렇지 않았다. (2) 모음조화는 지켜지지 않고 있다 (비교) 혜ᅀᆞᄫᆞᆯ

8) 하ᄂᆞᆯ히라: 하늘이다 ☞ 하ᄂᆞᆯㅎ+이-+-라. '하ᄂᆞᆯ'은 'ㅎ' 종성 체언이다.

9) 다ᄋᆞᆯ씨라/기릴씨라/ᄇᆡ홀씨라: 다한다는 것이다/기린다는 것이다/배운다는 것이다 > ☞ 다ᄋᆞ-/기리-/ᄇᆡ호-+-ㄹ(관.전.)#ᄊ(←ᄉᆞ. 의.명.)+ㅣ-(서.조.)+-라(←-다. 평.어.)

10) 부텻: 부처님의 ☞ 부텨+ㅅ(존칭 관.조.). 관형격조사에는 'ᄋᆡ/의'와 'ㅅ'이 있었는데, 전자는 평칭의 유정명사 아래에 쓰이고, 후자는 무정명사와 존칭의 유정명사 아래에 쓰인다. 'ᄋᆡ/의'가 무정명사 뒤에 연결되면 부사격조사로 쓰인다.

11) ᄇᆡ호ᅀᆞᄫᆞ리: 배울 사람이 ☞ ᄇᆡ호-+-ᅀᆞᆸ-(객.높.)+-ᄋᆞᆯ(관.전.)#이(의.명.)+∅(주.조.). (1) 목적어인 '부텻 道理'를 높이고 있다. (2) '이/y' 뒤에서는 주격조사가 영형태(∅)로 실현된다. (3) 현대국어에서 의존명사 '이'는 '사람'만을 뜻하지만, 중세국어에서는 '사람'과 '사물'을 모두 지칭하였다.

12) ᄑᆞᆺ바리: 많이, 흔히

13) 나아 ᄒᆞᆫ닐씨라: 나아다닌다는 것이다 ☞ 나-[出]+-아(보.어.) ᄒᆞ-#니-[行]+-ㄹ(관.전.)#ᄊ(←ᄉᆞ. 의.명.)+이-(서.조.)+-라(←다. 평.어.)

14) ᄀᆞ마니: 가만히

15) 처ᅀᅥ미라/ᄆᆞᄎᆞ미라: 처음이다, 마침이다 ☞ (1) 첫+-엄(명.접.)+이-+-라, (2) ᄆᆞᆾ-+-ᄋᆞᆷ(명.접.)+이-+-라. (1)은 관형사에서, (2)는 동사에서 각각 파생된 명사이다.

16) ᄃᆞᆮ니시며: 다니시며 ☞ ᄃᆞᆮ니-[←ᄃᆞᆮ-(走)#니-(行)]+-시-(주.높.)+-며(대.어.). 비통사적 합성어

17) 알리: 알 사람이 ☞ 알-[知]+-ㄹ(관.전.)#이(의.명.)+∅(주.조.)

18) 노니: 드무니 ☞ 놀-[鮮有]+-니(종.어.). (1) 'ㄴ' 앞에서 'ㄹ'이 탈락했다. (2) '놀다'는 '드물다, 귀하다'의 뜻이다.

은 ᄯᅩ ᄒᆞᄂᆞᆫ ᄠᅳ디니 사ᄅᆞ미 다 모ᄅᆞ거늘 其中에 알오져 ᄒᆞ리 비록 이셔도 子細(자세)히 모ᄅᆞᆯᄊᆡ ᄯᅬ라[21] ᄒᆞ니라 不은 아니 ᄒᆞᄂᆞᆫ ᄠᅳ디라 過ᄂᆞᆫ 너믈씨라 八ᄋᆞᆫ 여들비라 相ᄋᆞᆫ 양ᄌᆡ라[22] 八相ᄋᆞᆫ[23] 兜率來儀 毗藍降生 四門遊觀 逾城出家 雪山修道 樹下(도솔내의 비람항생 사문유관 유성출가 설산수도 수하) [석서:3b]降魔 鹿苑轉法 雙林涅槃(항마 녹원전법 쌍림열반)이라 而ᄂᆞᆫ 입겨지라 止ᄂᆞᆫ 마ᄂᆞ다[24] ᄒᆞᄂᆞᆫ ᄠᅳ디라】 **ᄯᅩ 八相(팔상)ᄋᆞᆯ 넘디 아니ᄒᆞ야셔 마ᄂᆞ니라** 頌(경)에 因追薦(인추천) ᄒᆞᅀᆞᄫᅡ【頌은 近間(근간)이라 因ᄋᆞᆫ 그 이ᄅᆡ[25] 젼ᄎᆞ로 ᄒᆞᄃᆞᆺ ᄒᆞᆫ ᄠᅳ디라 追薦은[26] 爲ᄒᆞᅀᆞᄫᅡ

---

19) 알오져: 알고자 ☞ 알-[知]+-오져(←-고져). 'ㄹ/y' 뒤에서 'ㄱ'이 약화되어 유성후두마찰음으로 바뀌었다. 'ㄹ'이 연철되지 않은 것은 이 때문이다.

20) ᄒᆞ리라도: 하는 사람이라도 ☞ ᄒᆞ-+-ㄹ(관.전.)#이(의.명.)+∅-(서.조.)+-라도(종.어.)

21) ᄯᅬ라: '또'라고 ☞ ᄯᅩ[亦]+이-+-라. 중세국어에서는 인용부사격조사 '고, 라고'가 없었다.

22) 양ᄌᆡ라: 모습이다 ☞ 양ᄌᆞ[相]+ㅣ-+-라(←-다).

23) 八相: <불교> 부처가 중생을 제도하려고 이 세상에 나타내 보인 여덟 가지 상(相). 대승불교에서는 종도솔천퇴상(從兜率天退相)・입태상(入胎相)・주태상(住胎相)・출태상(出胎相)・출가상(出家相)・성도상(成道相)・전법륜상(轉法輪相)・입열반상(入涅槃相)을 이르고, 소승 불교에서는 종도솔천하상(從兜率天下相)・탁태상(託胎相)・출생상(出生相)・출가상・항마상(降魔相)・성도상・전법륜상・입열반상을 이른다.

24) 마ᄂᆞ다: 말다, 그만 둔다, 하지 않는다 ☞ 말-[止]+-ᄂᆞ-(직설법)+-다(평.어.) (1) 직설법 선어말어미 '-ᄂᆞ-'는 현재시제를 나타낸다. (2) 중세국어 시간표현의 대강을 보이면 다음과 같다.

① 현재시제: 동사+-ᄂᆞ-(직설법), 형용사/서술격조사+∅(부정법)

(예) ㄱ. 내 이제 ᄯᅩ 묻ᄂᆞ다/ 소리ᄲᅮᆫ 듣노라(묻-+-ᄂᆞ-/듣-+-ᄂᆞ-+-오-)

ㄴ. 네 겨지비 고ᄫᆞ니여/ 진실로 우리 죵이니이다(곱-+-ᄋᆞ니여/죵+이-+-니이다)

② 과거시제: 동사+∅(부정법), 동사+-더-(회상법), 동사+-거/어-(확인법), 동사+-돗/옷-(감동법)

(예) ㄱ. 네 아비 ᄒᆞ마 주그니라(죽∅으니라)

ㄴ. 그듸 ᄡᆞᄅᆞᆯ 맛고져 ᄒᆞ더이다/ 내 롱담 ᄒᆞ다라 (ᄒᆞ+더/ᄒᆞ+더+오)

ㄷ. 王ㅅ 中엣 尊ᄒᆞ신 王이 업스시니 나라히 威神을 일허다 (잃+어+다)

ㄹ. 그듸 가 들 ᄶᅵ비 ᄇᆞᆯ셔 이도다/ 三災八難이 一時 消滅ᄒᆞ샷다 (일+도+다/ᄒᆞ샤+옷+다)

③ 미래시제: 동사+-리-(추측법). 관형사형 전성어미에서는 '-ㄹ'로 나타남

(예) ㄱ. 내 願을 아니 從 ᄒᆞ면 고ᄌᆞᆯ 몯 어드리라

ㄴ. ᄒᆞ마 命終ᄒᆞᇙ 사ᄅᆞᄆᆞᆯ 善惡 묻디 말오

25) 이ᄅᆡ: 일의 ☞ 일+ᄋᆡ(관.조.). '일'이 무정명사이므로 무정명사에 쓰이는 관형격조사 'ㅅ'

佛事(불사) ᄒᆞᅀᆞᄫᅡ 됴ᄒᆞᆫ27) ᄡᅡ해 가 나시게 홀ᄊᆡ라】 석서:4a**近間애 追薦ᄒᆞᅀᆞᄫᅩᆯ 因ᄒᆞᅀᆞᄫᅡ** 爰來諸經(원래제경)ᄒᆞ야【爰은 이제 ᄒᆞᄂᆞᆫ ᄠᅳ디라 來ᄂᆞᆫ ᄀᆞᆯᄒᆡᆯ씨라28) 諸ᄂᆞᆫ 여러 가지라 經은 부텻 그리라】

이 저긔 여러 經에 ᄀᆞᆯᄒᆡ여 내야 別爲一書(별위일서)ᄒᆞ야【別은 닫29) 내야 ᄒᆞ닷30) ᄒᆞᆫ ᄠᅳ디라 爲ᄂᆞᆫ ᄆᆡᇰᄀᆞᆯ씨라 一ᄋᆞᆫ ᄒᆞ나히라 書ᄂᆞᆫ 글와리라31)】 석서:4b**各別**(각별)**히 ᄒᆞᆫ 그를 ᄆᆡᇰᄀᆞ라** 名之曰 釋譜詳節(명지왈 석보상절)이라 ᄒᆞ고【名은 일후미니 名之ᄂᆞᆫ 일훔지흘씨라32) 曰은 ᄀᆞ로ᄃᆡ ᄒᆞᄂᆞᆫ ᄠᅳ디라 釋은 釋迦(석가)ㅣ시니라 譜ᄂᆞᆫ 平生앳 처ᅀᅥᆷ 乃終(내종)ㅅ 이ᄅᆞᆯ 다 ᄡᅳᆫ 글와리라 詳ᄋᆞᆫ 조ᅀᆞᄅᆞᄫᆡᆫ33) 말ᄅᆞᆫ

이 연결되어 '잀'로 나타날 것이 기대되나, 'ᄋᆡ'가 쓰였다.

26) 追薦(추천): 추선(追善). <불교> 죽은 사람의 넋의 괴로움을 덜고 명복을 축원하려고 선근복덕(善根福德)을 닦아 그 공덕을 회향함. 여기서는 수양대군의 생모인 소헌왕후의 명복을 비는 일을 말한다.

27) 됴ᄒᆞᆫ: 좋은 ☞ 둏-[好]+-ᄋᆞᆫ(관.전.). (1) 둏다 > 죻다 > 좋다. (2) 중세국어 시기에 'ㅈ, ㅊ'은 치음이었기 때문에 이 시기에는 구개음도 없었고, 구개음화도 존재할 수 없었다. 구개음화가 대체로 17세기와 18세기 교체기에 일어났으므로, 'ㅈ, ㅊ'의 경구개음화는 17세기 말 이전 어느 때였을 것으로 추정된다.

28) ᄀᆞᆯᄒᆡᆯ씨라: 가린다는 것이다, 구별한다는 것이다 ☞ ᄀᆞᆯᄒᆡ-+-ㄹ(관.전.)#ᄊᆞ(← ᄉᆞ. 의.명.)+ㅣ-(서.조.)+-라(← -다. 평.어.)

29) 닫: 따로

30) 別은 닫 내야 ᄒᆞ닷: 別은 따로 내여 한다는/한다고 하는 ☞ 'ㅅ'은 문장 뒤에 쓰여, 관형사형 전성어미 또는 인용부사격조사의 기능을 한다.

(1) 간접인용문의 관형어적 용법: 관형격조사 'ㅅ'은 현대국어의 '-고, -라고, -하고'의 관형사형 '-다는, -라는, -라 하는'에 해당하는 기능을 한다.

(예) ㄱ. 술 닉닷 말 어제 듯고 <송강가사 210> (-다+ㅅ)

ㄴ. 廣熾(광치)ᄂᆞᆫ 너비 光明이 비취닷 ᄠᅳ디오 <월석 2:9> (-다+ㅅ)

ㄷ. 衆生濟度ᄒᆞ노랏 ᄆᆞᅀᆞ미 이시면 <금강경삼가해> (-라+ㅅ)

(2) 'ㅅ'이 관형격 조사의 자격을 상실하면서 중세국어 말기부터 'ㄴ'으로 변화되어 '-단', '-란' 등이 생겨났다.

(예) 學校ㅣ란 거ᄉᆞᆫ <번역소학>

31) 글와리라: 글월이다 ☞ 글왈[← 글+-ᄇᆞᆯ(명.접.)]+이-+-라

32) 일훔지흘씨라: 이름짓는다는 것이다 ☞ 일훔짛-+-을#ᄊᆞ+ㅣ-+-라 '일훔짓-'도 같은 의미이다.

33) 조ᅀᆞᄅᆞᄫᆡᆫ: 종요로운, (없어서는 안 될 정도로) 매우 긴요한 ☞ 조ᅀᆞᄅᆞᄫᆡ-(← 조ᅀᆞ+-ᄅᆞᄫᆡ-)

子細(자세)히 다 쓸씨라 節은 조ᄉᆞ룹디 아니ᄒᆞᆫ 말란 더러[34] 쓸씨라】 **일훔지허 ᄀᆞ로ᄃᆡ 釋譜詳節**(석보상절)[석서:5a]**이라 ᄒᆞ고** 旣據所次(기거소차)ᄒᆞ야【旣는 ᄒᆞ마[35] ᄒᆞ논 ᄠᅳ디라 據는 브틀씨라[36] 次는 次第(차제) 혜여 글왈 ᄆᆡᆼᄀᆞᆯ씨라】 **ᄒᆞ마 次第 혜여 ᄆᆡᆼᄀᆞ론 바ᄅᆞᆯ브터**[37] 繪成世尊成道之迹(회성세존성도지적) ᄒᆞᄉᆞᆸ고【繪는 그릴씨라 成은 일울씨라[38] 世尊ᄋᆞᆫ 世界(세계)예 ᄆᆞᆺ 尊ᄒᆞ시닷[39] ᄠᅳ디라 道는 부텻 法이라 迹은 처ᅀᅥᆷ으로셔 ᄆᆞᄎᆞᆷ 니르리[40] ᄒᆞ산 믈[석서:5b]읫[41] 이리라】 **世尊ㅅ 道 일우산 이릐 양ᄌᆞᄅᆞᆯ 그려 일우ᅀᆞᆸ고** 又以正音(우이정음)으로 就加譯解(취가역해) ᄒᆞ노니【又는 ᄯᅩ ᄒᆞ논 ᄠᅳ디라 以는 ᄡᅧ ᄒᆞ논 ᄠᅳ디라 正音은 正ᄒᆞᆫ 소리니 우리 나랏 마ᄅᆞᆯ 正히 반ᄃᆞ기 올히[42] 쓰논 그릴ᄊᆡ 일후믈 正音이라 ᄒᆞᄂᆞ니라 就는 곧 因(인)ᄒᆞ야 ᄒᆞ둣 ᄒᆞᆫ ᄠᅳ디니 漢字(한자)로 몬져 그를 ᄆᆡᆼᄀᆞᆯ[석서:6a]오 그를[43] 곧 因ᄒᆞ야 正音으로 ᄆᆡᆼᄀᆞᆯᄊᆡ 곧 因ᄒᆞ다 ᄒᆞ니라 加는 힘드려 ᄒᆞ다 ᄒᆞ둣 ᄒᆞᆫ ᄠᅳ디라 譯은 飜譯(번역)이니 ᄂᆞᄆᆡ 나랏 그를 제 나랏 글로 고텨 쓸씨라】 **ᄯᅩ 正音으로**

+-ㄴ(관.전.) (1) 명사에서 형용사를 파생하는 접미사 '-룹-'은 모음이나 'ㄹ'로 끝나는 어근 뒤에 붙고, '-둡-'은 자음으로 끝나는 어근 뒤에 붙는다. '-둡-/-룹-'은 모음으로 시작하는 어미나 매개모음을 취하는 어미 앞에서 '-ᄃᆞᄫᆡ-/-ᄅᆞᄫᆡ-'로 교체되기도 한다.

34) 더러: 덜어, 제거하여 ☞ 덜-[除去]+-어

35) ᄒᆞ마: 이미, 벌써 ☞ 때에 따라서는 '장차'의 의미로 쓰이기도 한다. (예) ᄒᆞ마 주글 내어니 子孫ᄋᆞᆯ 의론ᄒᆞ리여 <월석 1:7>

36) 브틀씨라: 붙는다는 것이다, 의지한다는 것이다 ☞ 븥-+-을#ㅆ+ㅣ-+-라

37) 바ᄅᆞᆯ브터: 바로부터 ☞ 바[所]+ᄅᆞᆯ브터. '브터'는 동사 '븥다'에 접사화한 어미 '-어'가 붙어 파생된 조사이다. 그러나 중세국어 당시에는 아직 완전히 조사화하지 않아서 목적격조사 'ᄅᆞᆯ'을 동반하고 있다.

38) 일울씨라: 이루는 것이다. ☞ 일우-[←일[成]-+-우-(사.접.)]+-ㄹ(관.전.)#ㅆ+ㅣ-+-라

39) 世尊ᄋᆞᆫ 世界예 ᄆᆞᆺ 尊ᄒᆞ시닷: 세존은 세계에서 가장 높으시다고 하는 ☞ 여기서의 'ㅅ'은 문장 뒤에 붙어 관형사형 전성어미 또는 인용의 부사격조사 기능을 한다. 주(30) 참조.

40) 니르리: 이르기까지 ☞ 니를-[至]+-이(부.접.)

41) 믈읫: 관 모든 ☞ '믈읫'은 관형사와 부사로 쓰였는데, 여기서는 명사 '일'을 꾸미므로 관형사로 쓰였다. 부사로 쓰이면 '무릇(대체로 헤아려 생각하건대)'의 뜻이다.

42) 올히: 옳게 ☞ 옳-+-이(부.접.)

43) 그를: 그것을 ☞ 그(대)+를(목.조.)

뼈 곧 因ᄒᆞ야 더 翻譯ᄒᆞ야 사기노니[44] 庶幾人人(서기인인)이 易曉(이효)ᄒᆞ야 而歸依三寶焉(이귀의삼보언)이니라【庶幾ᄂᆞᆫ 그러ᄒᆞᆨ고[45] ᄇᆞ라노라 ᄒᆞᄂᆞᆫ ᄠᅳ디라 人人ᄋᆞᆫ 사ᄅᆞᆷ마대라 易ᄂᆞᆫ 쉬ᄫᅳᆯ씨라 석서:6b曉ᄂᆞᆫ 알씨라 歸ᄂᆞᆫ 나ᅀᅡ갈씨라 依ᄂᆞᆫ 브틀씨라 三寶ᄂᆞᆫ 佛와 法과 僧(승)괘라 焉은 입겨지라】**사ᄅᆞᆷ마다 수ᄫᅵ**[46] **아라 三寶애 나ᅀᅡ가 븓긧고**[47] **ᄇᆞ라노라**

正統十二年七月二十五日(정통십이년칠월이십오일)**에 首陽君 諱 序**(수양군 휘 서)**ᄒᆞ노라**【正統ᄋᆞᆫ[48] 이젯 皇帝(황제) 셔신[49] 後로 샹녜 ᄡᅳᄂᆞᆫ 힛일후미라[50]】

월석서:1a御製月印釋譜 序(어제 월인석보 서)

夫眞源(부진원)이 廓寥(확요)ᄒᆞ고 性智湛寂(성지담적)ᄒᆞ며【夫ᄂᆞᆫ 말ᄊᆞᆷ 始作(시작)ᄒᆞᄂᆞᆫ 겨체 ᄡᅳᄂᆞᆫ 字ㅣ라 眞源ᄋᆞᆫ 眞實(진실)ㅅ 根源(근원)이라 廓ᄋᆞᆫ 뷜씨오[51] 寥

44) 사기노니: 새기니 ☞ 사기-[刻]+-ᄂᆞ-(직설법)+-오-(인칭활용)+-니(종.어.) (1) '사기- > 새기-'는 '움라우트(이-역행동화)'의 결과이다. 움라우트는 18세기와 19세기 교체기에 나타나는데, 중세국어 시기에 이중모음이었던 '애, 에, ᄋᆡ' 등이 단모음으로 바뀐 뒤에야 가능한 음운현상이다. '애, 에'의 단모음화는 대체로 18세기 말 경에 일어났다. 그리고 '외, 위'의 단모음화는 대체로 19세기 말에서 20세기 초에 일어났다. (2) 인칭활용의 '-오-'가 쓰인 것은 필자(수양대군)가 곧 문장의 주어이기 때문이다.
45) 그러ᄒᆞᆨ고: 그러하게끔, 그러하기를 ☞ 그러ᄒᆞ-+-긧고(희망의 종.어.)
46) 수ᄫᅵ: 쉽게 ☞ 쉽-+-이(부.접.). 쉬ᄫᅵ > 수ᄫᅵ > 수이 > 쉬
47) 븓긧고: 의지하게끔, 귀의하게끔, 의지하기를 ☞ 븓-(← 븥-)+-긧고(희망의 종.어.)
48) 正統(정통): 중국 명나라 영종 때의 연호(1436~1449)
49) 셔신: 서신 ☞ 셔-[立]+-시-(주.높.)+-ㄴ(관.전.)
50) 힛일후미라: 연호(年號)이다 ☞ 힛일훔+이-+-라
51) 뷜씨오: 빈다는 것이고 ☞ 뷔-[空]+-ㄹ(관.전.)#ᄊᆞ(← ᄉᆞ. 의.명.)+ㅣ-(서.조.)+-오(← 고. 대.어.) (1) '뷔- > ᄇᆡ- > 비-'는 비원순모음화와 단모음화를 경험한 것이다. 근대국어에서 'ㅁ, ㅂ, ㅍ, ㅃ' 등의 순음 아래에서 원순모음이 비원순모음으로 바뀌는 변화가 일어났다 '몬져 > 먼저, 보션 > 버선' 등. (2) 중세국어에서는 'ᄋᆞ:오, 으:우'가 각각 원순성에 의한 대립짝이었고, 근대국어에서는 '어:으, 으:우'가 각각 원순성에 의한 대립짝이었다. 따라서 중세국어에서 비원순모음화는 '오 → ᄋᆞ, 우 → 으'로 나타나고, 근대국어에서 비원순모음화는 '오 → 어, 우 → 으'로 나타난다.

ᄂᆞᆫ 괴외ᄒᆞᆯ씨라52) 湛ᄋᆞᆫ ᄆᆞᆯᄀᆞᆯ 씨오 寂ᄋᆞᆫ 괴외ᄒᆞᆯ씨라】 **眞實ㅅ 根源이 뷔여 괴외ᄒᆞ고 性智 ᄆᆞᆰ고 괴외ᄒᆞ며** 월석서:1b靈光獨耀(영광독요)ᄒᆞ고 法身常住(법신상주)ᄒᆞ야【光ᄋᆞᆫ 비치라 獨ᄋᆞᆫ ᄒᆞ오ᅀᅢ오53) 耀ᄂᆞᆫ 빗날씨라54) 身ᄋᆞᆫ 모미라 住ᄂᆞᆫ 머므러 이실씨라 **靈ᄒᆞᆫ 光明이 ᄒᆞ오ᅀᅡ 빗나고 法身이 샹녜 이셔** 色相이 一泯(일민)ᄒᆞ며 能所都亡(능소도망)ᄒᆞ니【色ᄋᆞᆫ 비치오 相ᄋᆞᆫ 얼구리라55) 泯월석서:2a은 업슬씨라 能은 내56) 호미오 所ᄂᆞᆫ 날 對(대)ᄒᆞᆫ 거시라 都ᄂᆞᆫ 다 ᄒᆞ논 ᄠᅳ디오 亡ᄋᆞᆫ 업슬씨라】 **色相이 ᄒᆞᆫ가지로 업스며 能所ㅣ 다 업스니** 旣無生滅(기무생멸)커니 焉有去來(언유거래)리오【生ᄋᆞᆫ 날씨오 滅은 업슬씨라 焉은 엇뎨57) ᄒᆞ논 ᄠᅳ디오 有ᄂᆞᆫ 이실씨라 去ᄂᆞᆫ 갈씨오 來ᄂᆞᆫ 올씨라】 월석서:2b**ᄒᆞ마 나며 업수미58) 업거니 엇뎨 가며 오미 이시리오** 只緣妄心(지연망심)이 瞥起(별기)ᄒᆞ면 識境(식경)이 競動(경동)ᄒᆞ거든【只ᄂᆞᆫ 오직 ᄒᆞ논 ᄠᅳ디오 緣은 브틀씨라 妄心ᄋᆞᆫ 妄量(망량)앳 ᄆᆞᅀᆞ미라59) 瞥은 누네 어른 디날60) ᄊᆞᅀᅵ오61) 起ᄂᆞᆫ 닐씨라 境은 境界(경계)라 競

52) 괴외ᄒᆞᆯ씨라: 고요하다는 것이다 ☞ 괴외ᄒᆞ-+-ㄹ#ㅆ(←ᄉᆞ)+ㅣ-+-라(←-다)
53) ᄒᆞ오ᅀᅢ오: 혼자이고, 홀로이고 ☞ ᄒᆞ오ᅀᅡ[獨]+ㅣ-(서.조.)+-오(←-고. 대.어.). ᄒᆞ오ᅀᅡ > 호ᅀᅡ > 호자 > 혼자.
54) 빗날씨라: 빛난다는 것이다 ☞ 빗나-[←빛#나-]+-ㄹ#ㅆ+ㅣ-+-라. '빛'이 8종성법에 의해 '빗'으로 표기되었다. '빗나-'는 통사적 합성어.
55) 얼구리라: 모습이다 ☞ 얼굴+이-+-라. '얼굴'은 '모습, 형체'를 나타내던 말이나 현대국어에서는 '낯[顔面]'만을 뜻하므로 의미변화 중 의미축소에 해당한다.
56) 내: 나의 ☞ 나[我]+ㅣ(관.조.). 대명사와 조사가 연결될 때 성조 바뀜이 있었는데 규칙적이지는 않았다. 그러나 인칭대명사와 의문대명사에서 주격형과 관형격형이 성조로 구별되었다.

ㄱ. 내(거성-주격):내(평성-관형격) ㄴ. 네(상성-주격):네(평성-관형격)
ㄷ. 제(상성-주격):제(평성-관형격) ㄹ. 뉘(거성-주격):뉘(상성-관형격)

57) 엇뎨: 어찌
58) 업수미: 없어짐이 ☞ 없-+-움(명.전.)+이(주.조.). 여기서 '없다'는 '죽다'의 뜻이다. '죽다'가 금기어이기 때문에 에둘러서 완곡하게 표현했다고 할 수 있다.
59) 妄量(망량)앳 ᄆᆞᅀᆞ미라: 허망하게/망령되이 분별하는 마음이다.
60) 어른 디날: 얼른 지날
61) ᄊᆞᅀᅵ오: 사이이고 ☞ ᄊᆞᅀᅵ+∅-(서.조.)+-오(←-고. 대.어.). 'ᄊᆞᅀᅵ'는 둘 간의 사이이고, '서리'는 여럿의 사이이다.

은 드톨씨오 動은 뮐씨라】 월석서:3a**오직 妄量앳 ᄆᆞᅀᆞ미 믄득 니러나몰[62] 브트면 識境이 난겻[63] 뮈여[64] 나거든** 攀緣取著(반연취저)ᄒᆞ야 恒繫業報(항계업보)ᄒᆞ야【攀ᄋᆞᆫ 혈씨라[65] 取ᄂᆞᆫ 가질씨오 著ᄋᆞᆫ 브톨씨라 恒ᄋᆞᆫ 長常(장상)이오 繫ᄂᆞᆫ 밀씨라 業은 이리오 報ᄂᆞᆫ 가폴씨니 제 지ᅀᅳᆫ[66] 이릐 됴ᄒᆞ며 구주ᄆᆞ로 後에 됴ᄒᆞ며 구즌 가포ᄆᆞᆯ 얻ᄂᆞ니라】 월석서:3b**緣**(연)**ᄋᆞᆯ ᄇᆞᆯᄃᆞᆼ기야[67] 가져 著ᄒᆞ야 長常業報**(장상업보)**애 ᄆᆡᅇᅧ[68]** 遂昧眞覺於長夜(수매진각어장야)ᄒᆞ며 瞽智眼於永劫(고지안어영겁)ᄒᆞ야【遂ᄂᆞᆫ 브틀씨니 아모 다ᄉᆞᆯ[69]브터 이러타 ᄒᆞ논 겨치라 昧ᄂᆞᆫ 어드블씨라 覺ᄋᆞᆫ 알씨라 長夜ᄂᆞᆫ 긴 바미라 瞽ᄂᆞᆫ 눈멀씨라 眼ᄋᆞᆫ 누니라 永은 길씨라】 월석서:4a**眞實**(진실)**ㅅ 覺ᄋᆞᆯ 긴 바ᄆᆡ[70] 어듭게 ᄒᆞ며 智慧**(지혜)**ㅅ 누늘 긴 劫**(겁)**에 멀워[71]** 輪廻六道而不暫停(윤회육도이불잠정)ᄒᆞ며 焦煎八苦而不能脫(초전팔고이불능탈)홀씨【輪은 술위ᄢᅵ니[72] 輪廻ᄂᆞᆫ 휫돌씨라 六道ᄂᆞᆫ 여슷 길히라 停은 머믈

---

62) 니러나몰: 일어남을 ☞ 니러나-(닐-+-어#나-)+-옴(명.전.)+ᄋᆞᆯ(목.조.). '오'는 '아/어'에 연결되면 탈락했다. 이때는 성조의 변화가 있었다.
63) 난겻: 다투어, 겨루어
64) 뮈여: 움직여 ☞ 뮈-[動]+-여(←-어)
65) 혈씨라: 끌어당긴다는 것이다 ☞ 혀-[引]+-ㄹ#ᄊᆞ+ㅣ-+-라
66) 제 지ᅀᅳᆫ: 자기의 지은 ☞ 제[←저(재귀대명사)+ㅣ(관.조.)] 짓-[作]+-오-(대상활용)+-ㄴ(관.전.) (1) 관형절 '제 지ᅀᅳᆫ'의 의미상의 주어가 관형격의 형태인 '제'로 나타났다. '제'의 성조는 평성이다. 주격형이면 성조가 상성이다. 주(56) 참조. (2) 관형절 '제 지ᅀᅳᆫ'의 꾸밈을 받는 명사인 '일'이 관형절의 의미상 목적어가 되기 때문에 '-오-'가 연결되었다. (3) '짓-'은 'ㅅ-불규칙활용'을 한다.
67) ᄇᆞᆯᄃᆞᆼ기야: 끌어당겨, 붙당기어, ☞ ᄇᆞᆯᄃᆞᆼ기-+-야(←아. 종.어.)
68) ᄆᆡᅇᅧ: 매이어 ☞ ᄆᆡ이-[←ᄆᆡ-+-이-(피.접.)]+-어(종.어.). 'ᅇ'은 피동형이나 사동형에 나타나는데, 음가는 어중의 yy 또는 yi에 나타나는 긴장된 협착으로 추정한다. 어두에는 없었고 하향이중모음을 가진 일부 피·사동 어간에 국한되었다.
69) 다ᄉᆞᆯ: 탓을, 까닭을 ☞ 닷+ᄋᆞᆯ(목.조.)
70) 바ᄆᆡ: 밤에 ☞ 밤[夜]+ᄋᆡ(특이 부.조.). 관형격조사 'ᄋᆡ/의'는 높임의 의미가 없는 유정명사에 연결되었고 뒤에 체언이 따라온다. 반면, 'ᄋᆡ/의'가 부사격조사로 쓰이면 무정명사에 연결되고 뒤에 용언이 따라온다.
71) 멀워: 멀게 하여 ☞ 멀우-[←멀-+-우-(사.접.)]+-어(종.어.)
72) 술위ᄢᅵ: 수레바퀴

씨라 焦煎은 봇ᄀᆞᆯ씨라[73] 脫은 버슬씨라[74]】 [월석서:4b]**여슷 길헤 횟도녀[75] 잠간도 머므디[76] 몯ᄒᆞ며 여듦 受苦(수고)애 봇겨 能히 벗디 몯홀씨[77]** 我 佛如來雖妙眞淨身(아불여래수묘진정신)이 居常寂光土(거상적광토)ᄒᆞ시나 【我는 내라 淨은 조ᄒᆞᆯ씨라[78] 居는 살씨라 土는 ᄯᅡ히라 [월석서:5a]妙眞淨身(묘진정신)은 淸淨法身(청정법신)을 ᄉᆞᆯᄫᆞ시니라[79] 무로ᄃᆡ[80] 寂寂(적적)호미 일후미 긋거늘[81] 엇데 法身이라 일훔지ᄒᆞ뇨 對答(대답)호ᄃᆡ 法이 實(실)로 일훔 업건마ᄅᆞᆫ 機(기)ᄅᆞᆯ 爲ᄒᆞ야 ᄀᆞᆯᄒᆡ야[82] 니ᄅᆞ노라 ᄒᆞ야 寂寂體(적적체)ᄅᆞᆯ ᄉᆞᆯᄫᆞᄃᆡ 구틔여 法身이라 일ᄏᆞᄌᆞᄫᆞ니라[83] 常은 곧 法身이오 寂은 곧 解脫(해탈)이오 光은 곧 般若(반야)ㅣ니 옮디 아니ᄒᆞ며 變(변)티 아니호미[84] 常이오 이슘 여희며 업숨[85] 여희유미[86] 寂이오

73) 봇ᄀᆞᆯ씨라: 볶는다는 것이다 ☞봇ᄀᆞ-+-ᄋᆞᆯ(관.전.)#ᄊᆞ+ㅣ-+-라. 근대국어 시기에 역행동화에 의해 '봈-＞볶-'의 변화를 경험한다.

74) 버슬씨라: 벗는다는 것이다 ☞ 벗-+-을#ᄊᆞ(←ᄉᆞ)+ㅣ-+-라

75) 횟도녀: 휘돌아다녀 ☞ 횟도니-[←횟-(접두.)+돌-#니-]+-어(종.어.)

76) 머므디: 머물지 ☞ 머믈-+-디(보.어.).

77) 몯홀씨: 못하므로 ☞ 몯ᄒᆞ-+-ㄹ씨(종.어.)

78) 조ᄒᆞᆯ씨라: 깨끗하다는 것이다 ☞ 좋-[淨]+-ᄋᆞᆯ#ᄊᆞ+-ㅣ+-라. '둏다'는 '好'의 뜻이다.

79) ᄉᆞᆯᄫᆞ시니라: 이르신다 ☞ ᄉᆞᆲ-[白]+-(ᄋᆞ)시-(주.높.)+-니라(평.어.)

80) 무로ᄃᆡ: 묻되 ☞ 물-[問](←묻-)+-오ᄃᆡ. ㄷ-불규칙활용

81) 긋거늘: 끊어지거늘 ☞ 긋-(←긏-)+-거늘(종.어.). (1) '-거늘/-거놀'에서 '거'는 확인법 선어말어미이다 그러나 '-늘/-놀'만이 쓰이는 일이 없으므로, '-거늘/-거놀'은 하나의 어미이다. 확인법 선어말어미 '-거-'는 비타동사에, '-어-'는 타동사에 연결된다. (2) '긏-'이 8종성법에 의해 '긋-'으로 표기되었다.

82) ᄀᆞᆯᄒᆡ야: 가리어/ 구별하여 ☞ ᄀᆞᆯᄒᆡ-[擇]+-야(종.어.). '하-'가 '야-불규칙활용'을 하기 때문에, '-아' 대신 '-야'가 연결되었다. 근대국어에서 'ᄒᆞ-'는 '여-불규칙'으로 바뀌었다.

83) 일ᄏᆞᄌᆞᄫᆞ니라: 일컬으니라, 칭송하니라 ☞ 일ᄏᆞᆯ-(←일ᄏᆞᆮ-)+-ᄌᆞᆸ-+-(ᄋᆞ)니-+-라. ㄷ-불규칙활용.

84) 아니호미: 아니함이 ☞ 아니ᄒᆞ-+-옴(명.전.)+이(주.조.)

85) 이슘/업숨: 있음/없음 ☞ 이시-[有]+-움(명.전.)/없-+-움(명.전.). 중세국어에서 명사형 전성어미는 '-옴/-움'이었고, 명사파생 접미사는 '-옴/-음'이어서 명사형과 파생명사가 형태상으로 구분되었다. 그러나 근대국어에서 '-오/우-'가 소멸함에 따라 현대국어에서는 명사형과 파생명사의 형태가 같아졌다. (예) 중세: 거름 거루미, 여름 여루미. 현대: 잠을 잠은, 걸음을 걸음은.

86) 여희유미: 이별함이 ☞ 여희-+-윰(←움. 명.전.)+이(주.조.)

俗(속) 비취며 眞(진) 비취유미 光이라】 월석서:5b**우리 부텨 如來(여래) 비록 妙眞淨身이 常寂光土애 사ᄅᆞ시나**【釋迦牟尼(석가모니)ㅅ87) 일후미 毗盧遮那(비로차나)ㅣ시니 그 부텨 住ᄒᆞ신 짜히 일후미 常寂光(상적광)이라】以本悲願(이본비원)으로 運無緣慈(운무연자)ᄒᆞ샤 現神通力(현신통력)ᄒᆞ샤【運은 뮈울씨라88) 現은 나톨씨라89) 力은 히미라】 월석서:6a**本來ㅅ 悲願으로 無緣慈ᄅᆞᆯ 뮈우샤 神通力을 나토샤** 降誕閻浮(강탄염부)ᄒᆞ샤 示成正覺(시성정각)ᄒᆞ샤【降誕은 ᄂᆞ려 나실씨라 示ᄂᆞᆫ 뵐씨라90)】**閻浮에 ᄂᆞ려 나샤 正覺 일우샤ᄆᆞᆯ 뵈샤**91) 월석서:6b號(호)ㅣ 天人師ㅣ시며 稱一切智(칭일체지)샤92)【稱ᄋᆞᆫ 일ᄏᆞᄅᆞᆯ씨라】**일후미 天人師ㅣ시며 일ᄏᆞᄌᆞᄫᅡᆷ미 一切智샤** 放大威光(방대위광)ᄒᆞ샤 破魔兵衆(파마병중)ᄒᆞ시고【放ᄋᆞᆫ 펼씨라 大ᄂᆞᆫ 클씨라 威ᄂᆞᆫ 저플씨라93) 破ᄂᆞᆫ ᄒᆞ야ᄇᆞ릴씨라94) 兵ᄋᆞᆫ 잠개95) 자븐 사ᄅᆞ미오 衆은 할씨라】 월석서:7a**큰 威光을 펴샤 魔兵衆을 ᄒᆞ야ᄇᆞ리시고** 大啓三乘(대계삼승)ᄒᆞ시며 廣演八敎(광연팔교)ᄒᆞ샤【啓ᄂᆞᆫ 열씨라 廣ᄋᆞᆫ 너블씨오 演은 부를씨라96)】**三乘ᄋᆞᆯ 크게 여ᄅᆞ시며 八敎ᄅᆞᆯ 너비 부르샤** 월석서:7b潤之六合(윤지

87) 釋迦牟尼ㅅ: 석가모니의 ☞ '석가모니'는 존칭의 대상이기 때문에 관형격조사로 'ㅅ'이 쓰였다. 'ㅅ'은 무정명사와 존칭 유정명사에 연결되는 관형격조사이고, 'ᄋᆡ/의'는 평칭의 유정명사에 연결되는 관형격조사다. p.24 참조.

88) 뮈울씨라: 움직인다는 것이다 ☞ 뮈우-[←뮈-[動]+-우-(사.접.)]+-ㄹ(관.전.)#ㅆ(←ᄉᆞ)+ㅣ-+-라

89) 나톨씨라: 나타낸다는 것이다 ☞ 나토-[←낟-[現]+-호-(사.접.)]+-ㄹ#ㅆ+ㅣ-+-라

90) 뵐씨라: 보이게 한다는 것이다 ☞ 뵈-[←보-+-이-(사.접.)]+-ㄹ#ㅆ+ㅣ-+-라

91) 일우샤ᄆᆞᆯ 뵈샤: 이루심을 보이셔 ☞ 일우-[←일-[成]+-우-(사.접.)]+-샤-(주.높.)+-옴(명.전.)+ᄋᆞᆯ(목.조.) 뵈-[←보-+-이-(사.접.)]+-샤-+-아

92) 一切智샤: 일체지이시어 ☞ 一切智+∅-(서.조.)+-샤-+-아

93) 저플씨라: 두렵다는 것이다 ☞ 저프-(←젛-+-ᄇᆞ-)+-읋#ㅆ+ㅣ-+-라

94) ᄒᆞ야ᄇᆞ릴씨라: 헐어 버린다는 것이다, 깨 버린다는 것이다 ☞ ᄒᆞ야ᄇᆞ리-+-ㄹ#ㅆ+ㅣ-+-라

95) 잠개: 병기(兵器), 연장

96) 열씨라/너블씨오/부를씨라: 연다는 것이다/넓다는 것이다/펼친다(또는 퍼뜨린다)는 것이다 ☞ 열-/넙-/부르-+-(으)ㄹ(관.전.)#ㅆ(←ᄉᆞ. 의.명.)+ㅣ-/이-(서.조.)+-라(←-다)/-오(←-고)

육합)ᄒᆞ시며 沾之十方(첨지시방)ᄒᆞ샤【潤沾은 저질씨라97) 合은 對ᄒᆞ야 서르 ᄡᅡᆨ 마촐씨니98) 六合은 天地四方이라】**六合애**99) **저지시며 十方애**100) **저지샤** 言言이 攝無量妙義(섭무량묘의)ᄒᆞ시고 句句ㅣ 含恒沙[월석서:8a]法門(함항사법문)ᄒᆞ샤【攝은 모도101) 디닐씨라 義ᄂᆞᆫ ᄠᅳ디라 句ᄂᆞᆫ 말ᄊᆞᆷ 그츤102) ᄯᅡ히라 含은 머구믈씨라103)】**말ᄊᆞᆷ마다 그지업슨 微妙**(미묘)**ᄒᆞᆫ ᄠᅳ들 모도 자ᄇᆞ시고 句마다 恒沙法門을 머구므샤** 開解脫門(개해탈문)ᄒᆞ샤 納淨法海(납정법해)ᄒᆞ시니【開ᄂᆞᆫ 열씨라 解脫은 버슬씨니 아[월석서:8b]모ᄃᆡ도 마ᄀᆞᆫ ᄃᆡ 업서 듣긇ᄢᅴ104) 걸위디105) 몯ᄒᆞᆯ씨라 納ᄋᆞᆫ 드릴씨오 海ᄂᆞᆫ 바ᄅᆞ리라】**解脫門을 여르샤 淨法海예 드리시니** 其撈摝人天(기로록인천)ᄒᆞ시며 拯濟四生(증제사신)ᄒᆞ신 功德(공덕)을 可勝讚哉(가승찬재)아【撈ᄂᆞᆫ 므레 거릴씨오106) 摝ᄋᆞᆫ [월석서:9a]ᄠᅥᆯ씨라107) 拯은 거려 낼씨오108) 濟ᄂᆞᆫ 걷날씨라109) 可ᄂᆞᆫ 어루110) ᄒᆞᄂᆞᆫ 마리오 勝은 이긜씨라 哉ᄂᆞᆫ 입겻체 ᄡᅳᄂᆞᆫ 字ㅣ라】**人天을 거려 내시며 四生ᄋᆞᆯ 거려 濟度**(제도)**ᄒᆞ신 功德을 어루 이긔여 기리ᅀᆞᄫᆞ려**111) 天龍所誓願以流通(천룡소서원이유통)이시며 國王所受囑[월석서:9b]

97) 저질씨라: 젖게 한다는 것이다 ☞ 저지-[←젖-+-이-(사.접.)]+-ㄹ#ᄊᆞ+ㅣ-+-라
98) 마촐씨니: 맞춘다는 것이니 ☞ 마초-[←맞-+-호-(사.접.)]+-ㄹ#ᄊᆞ+ㅣ-+-니
99) 육합(六合)애: 천지와 사방을 통틀어 이르는 말 ☞ 육합+애(부.조.)
100) 시방(十方): 불교에서, 사방(四方), 사우(四隅), 상하(上下)를 통틀어 이르는 말
101) 모도: 모두 ☞ '모도다'(모으다)의 어간이 그대로 부사로 파생되었다. '모도다'는 '몯-(모이다)+-오-(사.접.)'의 구조로 파생동사이다.
102) 그츤: 끊어진 ☞ 긏-+-은
103) 머구믈씨라: 머금는다는 것이다 ☞ 머굼-+-을#ᄊᆞ+ㅣ-+-라,
104) 듣긇ᄢᅴ: 티끌과 때 ☞ 듣글+ㆆ(사잇소리)#ᄢᅴ. 'ㄹ'과 'ㅄ' 사이에서 사잇소리로 'ㆆ' 이 쓰였다. (예) 하ᄂᆞᇙᄠᅳᆮ
105) 걸위디: 걸리게 하지, 거리끼게 하지 ☞ 걸위-[←걸우-+-이-(사.접.)]+-디(보.어.)
106) 거릴씨오: 건진다는 것이고 ☞ 거리-[濟]+-ㄹ#ᄊᆞ+ㅣ-(서.조.)+-오(←고. 대.어.)
107) ᄠᅥᆯ씨라: 떤다는 것이다/흔든다는 것이다 ☞ ᄠᅥᆯ-+-ㄹ(관.전.)#ᄊᆞ+ㅣ-+-라
108) 거려 낼씨오: 건져 낸다는 것이고 ☞ 거리-+-어(보.어.) 내-+-ㄹ#ᄊᆞ+ㅣ+-오
109) 걷날씨라: 건넌다는 것이다 ☞ 걷나-+-ㄹ#ᄊᆞ+ㅣ-+라
110) 어루: 가히, 넉넉히
111) 어루 이긔여 기리ᅀᆞᄫᆞ려: 가히 감당하여 기릴 수 있겠는가? ☞ 기리-+-ᅀᆞᆸ-+-(ᄋᆞ)리(추측법) +-어(의.어.). '-려'를 의문형어미로 분석할 수도 있다. 수사의문문이다.

以擁護(국왕소수촉이옹호) ㅣ니 **天龍이 誓願ᄒᆞ샤 流通ᄒᆞ시논 배시며 國王이 付囑**(부촉)[112] **받ᄌᆞᄫᅡ 擁護ᄒᆞ논 배니** 昔在丙寅(석재병인)ᄒᆞ야 昭憲王后(소헌왕후) ㅣ 奄棄榮養(암기영양)ᄒᆞ야시ᄂᆞᆯ 痛言在疚(통언재구)ᄒᆞ야 월석서:10a罔知攸措(망지유조)ᄒᆞ다니[113) 【昔은 녜라 在ᄂᆞᆫ 이실씨라 奄은 믄득 ᄒᆞ논 ᄠᅳ디라 棄ᄂᆞᆫ ᄇᆞ릴씨라 榮養은 榮華(영화)ㅅ 供養(공양)이라 痛ᄋᆞᆫ 셜ᄫᅳᆯ씨라 言은 맔겨체[114] ᄡᅳᄂᆞ니라 疚ᄂᆞᆫ 슬허ᄒᆞᄂᆞᆫ[115] 病(병)이라 罔ᄋᆞᆫ 업슬씨오 攸ᄂᆞᆫ 所ㆆ字[116] ᄒᆞᆫ가지오 措ᄂᆞᆫ 둘씨라】 **녜 丙寅年에 이셔 昭憲王后ㅣ 榮養ᄋᆞᆯ ᄲᆞᆯ리 ᄇᆞ려시ᄂᆞᆯ** 월석서:10b**셜ᄫᅥ**[117] **슬ᄊᆞᄫᆞ매**[118] **이셔 ᄒᆞ옳**[119] **바ᄅᆞᆯ 아디 몯ᄒᆞ다니**[120] 世宗이 謂予(위여)ᄒᆞ샤ᄃᆡ[121] 薦拔(천발)이 無如轉經(무여전경)이니 汝宜撰譯釋譜(여의찬역석보)ᄒᆞ라 ᄒᆞ야

---

112) 부촉(付囑) 받ᄌᆞᄫᅡ: 부탁하여 맡김을 받아, 부탁을 받아 ☞ 받-+-ᄌᆞᆸ-(객.높.)+-아. 목적어인 '부촉'이 부처님의 '부촉'이므로 객체높임법이 실현되었다.

113) ᄒᆞ다니: 하더니 ☞ ᄒᆞ-+-다-[←더(회상법)+-오-(인칭활용)]+-니. 회상법 선어말어미 '-더-'와 선어말어미 '-오-'가 통합되면, '-다-'로 바뀐다.

114) 맔겨체: 조사(助辭)에, 토(吐)에 ☞ 말+ㅅ#겿+에. (1) 현대국어에서는 합성어가 형성될 때 사이시옷을 모음 뒤에만 받쳐 적고, 한자어에는 여섯 단어를 제외하고는 받쳐 적지 않는다. (2) 그러나 중세국어에서는 합성명사나 명사구에서 모음 뒤뿐만 아니라, 'ㄴ, ㄹ, ㅁ, ㆁ'과 같은 유성자음 뒤에서도 받쳐 적었고, 한자어에도 적었다(소위 補以中終聲). 그리고 사이시옷을 다음 음절의 첫소리로 내려적기도 하였다. (예) 빗곶; 아바닚 뒤; 東海ㅅ ᄀᆞᅀᅵ; ᄆᆞᅀᆞᇝ장

115) 슬허ᄒᆞᄂᆞᆫ: 슬퍼하는 ☞ 슳-어#ᄒᆞ-+-ᄂᆞᆫ

116) 所송ㆆ字ᄍᆞᆼ: 'ㆆ'은 사잇소리이다 '所'의 동국정운식 표기가 '송'이므로 받침인 후음 'ㅇ'과 같은 조음위치의 전청자인 'ㆆ'이 사잇소리로 쓰였다. 사잇소리 표기는 중세국어문법 pp.14~15 참조.

117) 셜ᄫᅥ: 서러워 ☞ 셟-+-어. 현대국어에서 '서럽다/섧다'는 복수 표준어이고 둘 다 'ㅂ-불규칙활용'을 한다.

118) 슬ᄊᆞᄫᆞ매: 슬퍼하옴에 ☞ 슳-+-ᄉᆞᆸ-(객.높.)+-옴(명.전.)+애(부.조.). 'ㅅ'의 격음이 없기 때문에 'ㅎ'과 'ㅅ'이 결합하여 'ㅆ'이 되었다. 축약으로 본다면 특이한 축약이다. 축약된 음은 축약되기 전 두 음소의 성격을 모두 지니기 때문이다.

119) ᄒᆞ옳: 하올 ☞ ᄒᆞ-+-오-(대상활용)+-ㅭ(관.전.)

120) 아디 몯ᄒᆞ다니: 알지 못하였더니 ☞ 아(←알-[知])+디(보.어.) 몯ᄒᆞ-+-다-[←-더-(회상법)+-오-(인칭활용)]+-니(종.어.). 생략된 주어가 필자(=화자)인 수양대군이기 때문에 인칭활용이 실현되었다.

시놀【謂ᄂᆞᆫ 니ᄅᆞᆯ씨라 薦은 올일씨오[122] 拔ᄋᆞᆫ ᄢᅢ혈씨니[123] 追薦(추천)이라 汝ᄂᆞᆫ 네라 宜ᄂᆞᆫ 맛당ᄒᆞᆯ씨라 撰ᄋᆞᆫ ᄆᆡᆼᄀᆞᆯ씨라】 월석서:11a**世宗이 날ᄃᆞ려[124] 니ᄅᆞ샤ᄃᆡ 追薦이 轉經[125] ᄀᆞᄐᆞ니[126] 업스니 네 釋譜ᄅᆞᆯ ᄆᆡᆼᄀᆞ라 翻譯(번역)호미 맛당ᄒᆞ니라[127] ᄒᆞ야시놀** 予受慈命(여수자명)ᄒᆞᅀᆞ바 益用覃思(익용담사)ᄒᆞ야 得見祐宣二律師(득견우선이율사)월석서:11b ㅣ 各有編譜(각유편보)호ᄃᆡ 而詳略(이상략)이 不同(부동)커늘【命은 시기논 마리라 益은 더을씨라 覃은 너블씨오 思ᄂᆞᆫ ᄉᆞ랑ᄒᆞᆯ씨라[128] 見은 볼씨라 祐는 南齊律師 僧祐(남제 율사 승우)ㅣ오 宣은 唐律師 道宣(당율사 도선)이라 編은 글월 ᄆᆡᆼᄀᆞᆯ씨라 略ᄋᆞᆫ 져글씨라 南齊와 唐과는[129] 나랏 일후미라】

내 慈命(자명)을 받ᄌᆞᄫᅡ 더욱 ᄉᆞ랑호ᄆᆞᆯ 월석서:12a**너비[130] ᄒᆞ야 僧祐 道宣 두**

---

121) ᄒᆞ샤ᄃᆡ: 하시되 ☞ ᄒᆞ-+-샤-(주.높.)+-오ᄃᆡ(종.어.)

122) 올일씨오: 올린다는 것이고 ☞ 올이-[←오ᄅᆞ-+-이-(사.접.)]+-ㄹ#ᄊᆞ+ㅣ-+-오(←-고). '오ᄅᆞ-'가 모음으로 시작하는 접미사와 결합하여 'ᄋᆞ'가 탈락하고 'ㄹ'이 앞 음절의 받침으로 올라가면서 유성후두마찰음 'ㅇ'이 얹힌 것이다. 즉, '오ᄅᆞ-~올ㅇ-'로 교체하였다 '다ᄅᆞ-[異]'도 '달ㅇ-'으로 교체한다 '모ᄅᆞ-[不知], ᄲᆞᄅᆞ-[速]'는 같은 환경에서 '몰ㄹ-, ᄲᆞᆯㄹ-'로 교체한다.

123) ᄢᅢ혈씨니: 뺀다는 것이니. ←ᄢᅢ혀-+-ㄹ#ᄊᆞ(←ᄉᆞ)+ㅣ-+-니

124) 날ᄃᆞ려: 나에게 ☞ 나[我]+(ㄹ)+ᄃᆞ려(부.조.) (1) 인칭대명사 '나, 너, 누'와 'ᄃᆞ려'가 결합하는 경우 'ㄹ'이 덧나기도 하였다. (예) 널ᄃᆞ려, 눌ᄃᆞ려 등. '으로/ᄋᆞ로'도 '나, 너, 누, 이'에 연결되면 'ㄹ'이 덧난다. (2) 중세국어에서는 '나'의 낮춤말이 없었다. 중세국어에서 '저'는 평칭의 재귀대명사이고 'ᄌᆞ갸'는 존칭의 재귀대명사이다. (3) 'ᄃᆞ려'는 동사 'ᄃᆞ리-'에 접사화한 어미 '-어'가 붙어 파생된 조사이다.

125) 轉經: 불경을 옮김/번역함.

126) ᄀᆞᄐᆞ니: 같은 것이 ☞ ᄀᆞᄐᆞ-+-ㄴ(관.전.)#이(의.명.)+∅(주.조.)

127) 네~맛당ᄒᆞ니라: 네가 석보를 만들어 번역함이 마땅하니라 ☞ 직접인용문이다. 중세국어에서는 인용의 부사격조사가 없었다.

128) ᄉᆞ랑ᄒᆞ다: 생각하다 ☞ 중세국어에서 'ᄉᆞ랑ᄒᆞ다'는 '생각하다[思]'와 '사랑하다[愛]' 두 뜻이 있었으나 현대국어에서는 '사랑하다'의 뜻으로만 쓰이므로, 의미변화 중 의미 축소에 해당한다.

129) 南齊와 唐과는: 남제와 당은 ☞ 중세국어에서는 접속조사가 열거되는 마지막 단어에까지 연결되었다.

130) 너비: 넓게 ☞ 넙-[廣]+-이(부.접.). 중세국어에서는 형용사에서 부사를 파생하는 접미사는 '-이'이고(예. 노피, 기리), 형용사에서 명사를 파생하는 접미사는 'ᄋᆡ/의'였다.(예. 높

律師ㅣ 各各 譜 ᄆᆡᇰᄀᆞ로니131) **잇거늘 시러**132) **보ᄃᆡ 詳略이 ᄒᆞᆫ가지 아니어늘** 爰合兩書(원합양서)ᄒᆞ야 撰成釋譜詳節(찬성석보상절)ᄒᆞ고 就譯以正音(취역이정음)ᄒᆞ야 俾人人易[월석서:12b]曉(비인인이효)케 ᄒᆞ야【兩은 둘히라 俾ᄂᆞᆫ 使ᅙ字 ᄒᆞᆫ가지라】 **두 글워ᄅᆞᆯ 어울워**133) **釋譜詳節을 ᄆᆡᇰᄀᆞ라 일우고 正音으로 翻譯**(번역)**ᄒᆞ야 사ᄅᆞᆷ마다 수ᄫᅵ 알에 ᄒᆞ야**134) 乃進(내진)ᄒᆞᅀᆞᄫᆞ니 賜覽(사람)ᄒᆞ시고 輒製讚頌(첩제찬송)ᄒᆞ샤 名曰 月印千江(명왈 월인천강)이라 [월석서:13a]ᄒᆞ시니【乃ᄂᆞᆫ ᅀᅡᄒᆞᄂᆞᆫ135) 겨치라 進은 올일씨라 賜ᄂᆞᆫ 줄씨오 覽은 볼씨라 輒은 곧 ᄒᆞᄂᆞᆫ 마리라 頌은 놀애라】 **進上ᄒᆞᅀᆞᄫᆞ니 보ᄆᆞᆯ 주ᅀᆞ오시고**136) **곧 讚頌ᄋᆞᆯ 지ᅀᅳ샤 일후믈 月印千江이라 ᄒᆞ시니** 其在于今(기재우금)ᄒᆞ야 崇奉(숭봉)ᄋᆞᆯ 曷弛(갈이)리오【于ᄂᆞᆫ 於ᅙ字 ᄒᆞᆫ가지오 今은 이[월석서:13b]제라 崇ᄋᆞᆫ 尊ᄒᆞᆯ씨오 奉은 바ᄃᆞᆯ씨라 曷은 엇뎨 ᄒᆞᄂᆞᆫ 마리오 弛ᄂᆞᆫ 누길씨라137)】 **이제 와 이셔 尊奉**(존봉)**ᄒᆞᅀᆞᄫᆞᄆᆞᆯ 엇뎨 누기리오** 頃丁家戹(경정가액)ᄒᆞ야 長嗣(장사)ㅣ 夭亡(요망)ᄒᆞ니 父母之情은 本乎天性이라 哀戚之[월석서:14a]感(애척지감)이 寧殊久近(영수구근)이리오【丁은 맛날씨라 家ᄂᆞᆫ 지비라 長ᄋᆞᆫ ᄆᆞ디오138) 嗣ᄂᆞᆫ 니ᅀᅳᆯ씨라 夭ᄂᆞᆫ 즐어딜씨라139) 父ᄂᆞᆫ 아비오 母ᄂᆞᆫ 어

+ᄋᆡ → 노ᄑᆡ, 길+의 → 기릐). 따라서 파생부사와 파생명사가 형태만으로 구분되었다. 그러나 19세기에 있은 '의 > 이' 변화에 의해 부사와 명사의 형태가 같아지게 되었다.

131) ᄆᆡᇰᄀᆞ로니: 만든 것이 ☞ ᄆᆡᇰᄀᆞᆯ-+-오-(대상활용)+-ㄴ(관.전.)#이(의.명.)+∅(주.조.). 의존명사 '이'가 관형절의 목적어가 되므로 '-오-'가 연결되었다.

132) 시러: 얻어 ☞ 실-[得]+-어(종.어.).

133) 어울워: 아울러, 합하여 ☞ 어울우-[←어울-+-우-(사.접.)]+-어(종.어.)

134) 알에 ᄒᆞ야: 알게 하여 ☞ 알-[知]+-에(보.어.) ᄒᆞ-(보.용.)+-야. '-게 ᄒᆞ다' 사동문이다.

135) ᅀᅡᄒᆞᄂᆞᆫ: '~이야' 하는 ☞ 'ᅀᅡ'는 특수의 보조사

136) 보ᄆᆞᆯ 주ᅀᆞ오시고: 봄을 주시옵고 ☞ 보-+-옴+ᄋᆞᆯ 주-+-ᅀᆞᆸ-+-ᄋᆞ시-+고. 객체높임법이 실현된 것은 '봄'의 대상이 석가의 일대기이기 때문이다.

137) 누길씨라: 늦춘다는 것이다, (마음을)눅인다는 것이다 ☞ 누기-[←눅-+-이-(사.접.)]+-ㄹ(관.전.)#ᄊᆞ(←ᄉᆞ. 의.명.)+ㅣ-(서.조.)+-라(←다). 누기다: 누그러뜨리다, 늦추다, 용서하다

138) ᄆᆞ디오: 맏이이고 ☞ ᄆᆞᆮ+이-(서.조.)+-오(←고. 대.어.). 현대국어에서 '맏-'은 접두사이나 중세국어에서는 명사이다. 현대국어의 입장에서 '맏이'는 접두사와 접미사가 결합하여 형성된 특이한 파생어가 되겠지만, 중세국어에서 'ᄆᆞᆮ(>맏)'은 명사였기 때문에 명사

미라 本은 미티라 哀戚은 슬흘씨라 感운 므슴 뮈울씨라 寧은 엇데 ᄒᆞ논 마리라 殊는 다롤씨라 久는 오랄씨오 近은 갓가ᄫᆞᆯ씨라】 **近間**(근간)**애 家臣올 맛나 몬아ᄃᆞ리 즐어 업스니 父母 ᄠᅳ든 天性**[월석서:14b]**에 根源**(근원)**혼 디라**140) **슬픈**141) **ᄆᆞᅀᆞᆷ 뮈유미 엇뎨 오라며 갓가보매 다ᄅᆞ리오**142) 予惟欲啓三途之苦(여유욕계삼도지고)ᄒᆞ며 要求出離之道(요구출리지도)ㅣ댄 捨此(사차)ᄒᆞ고 何依(하의)리오【惟는 ᄉᆞ랑 □□□ 三途는 세 길히니 地獄餓鬼畜生(지옥 아귀 축생)이라 要는 ᄒᆞ고져 홀씨라 離는 여흴씨라 捨는 ᄇᆞ랄씨라 何는 엇[월석서:15a]뎨라 ᄒᆞ논 마리라】 **내 ᄉᆞ랑호ᄃᆡ 三途ㅅ 受苦애 열오져 ᄒᆞ며 나**143) **여희욣 道롤 求코져 홇 딘댄**144) **이**145) **ᄇᆞ리고 어듸 브트리오**146) 轉成了義(전성료의)호미 雖則旣多(수즉기다)ᄒᆞ나【了義는 決斷(결단)ᄒᆞ야 ᄉᆞᄆᆞᄎᆞᆫ147) ᄠᅳ디니 大乘敎(대승교)롤 니ᄅᆞ니라】[월석서:15b]**了義**148)**롤 轉ᄒᆞ며 일우미**149) **비록 ᄒᆞ마 하나** 念此月印釋譜(염차월인석보)는 先考所製(선고소제)시니 依然霜露(의연상로)애 慨增悽愴(개증처창)ᄒᆞ노라【先

에 접미사 '-이'가 붙어 파생된 정상적인 파생어였다. 후대로 내려오면서 '맏'이 명사로서의 기능을 잃어버리고 접두사로 변한 것이다.

139) 즐어딜씨라: 일찍 죽는다는 것이다 ☞ 즈르-+-어(보.어.)#디-(보.용.)+-ㄹ(관.전.)#ᄊᆞ(←ᄉᆞ. 의.명.)+ㅣ-(서.조.)+-라(←-다. 평.어.). '즈르'에 어미 '어'가 연결되면서 어간의 'ㅡ'가 탈락하고 유성후두마찰음 'ㅇ'이 얹혔다. (예) 다ᄅᆞ-[異]+-아→달아. 'ㅇ' 대신 'ㄹ'이 얹힌 경우도 있다 (예) ᄲᆞᄅᆞ-+-아→ᄲᆞᆯ라

140) 디라: 것이다 ☞ ㄷ(←ᄃᆞ. 의.명.)+ㅣ-(서.조.)+-라(←-다)

141) 슬픈: 슬픈 ☞ 슬프-[←슳-+-브-(형.접.)]+-ㄴ(관.전.)

142) 다ᄅᆞ리오: 다르겠는가? ☞ 다ᄅᆞ-[異]+-리-(추측법)+-오(ᄒᆞ라체 의.어.). '엇데'라는 의문사가 있고, 어미도 '오'계열이므로, 설명의문문이다. 판정의문문의 어미는 '어/아' 계열이다.

143) 나: 나가서 ☞ 나-[出]+-아

144) 딘댄: 것이면 ☞ ㄷ(←ᄃᆞ. 의.명.)+ㅣ-(서.조.)+-ㄴ댄(조건, 가정의 종.어.)

145) 이: 대 이것(을)

146) 브트리오: 붙겠는가? ☞ 븥-+-(으)리-+-오('ᄒᆞ라'체 의.어.)

147) ᄉᆞᄆᆞᄎᆞᆫ: 통하는, 꿰뚫는, 사무친 ☞ ᄉᆞᄆᆞᆾ-+-ᄋᆞᆫ(관.전.)

148) 了義(요의): 불법(佛法)의 이치를 분명하게 다 말함.

149) 일우미: 이룸이, 이루게 하는 것이 ☞ 일우-[←일-[成]+-우-(사.접.)]+-움(명.전.)+이(주.조.)

은 몬졔오150) 考는 아비라 依然은 이셧다151) ᄒᆞ둣ᄒᆞᆫ 마리라 霜ᄋᆞᆫ 서리오 露는 이스리라 慨는 애와틸씨라 增은 더을씨라 월석서:16a悽愴ᄋᆞᆫ 슬허ᄒᆞᄂᆞᆫ 양지라】 **念호ᄃᆡ 이 月印釋譜는 先考 지ᅀᆞ샨 거시니 依然ᄒᆞ야 霜露애 애와텨152) 더욱 슬허ᄒᆞ노라** 【ᄀᆞᄅᆞᆯ히 霜露ㅣ와 草木이 이울어든153) 슬픈 ᄆᆞᅀᆞ미 나ᄂᆞ니 時節이 ᄀᆞᆯ어든154) 어버ᅀᅵ롤 일흔 ᄃᆞᆺᄒᆞ니라】 仰思聿追(앙사율추)컨댄 必先述월석서:16b事(필선술사)ㅣ니 萬機縱浩(만기종호)ᄒᆞ나 豈無閑暇(기무한가)ㅣ리오 廢寢忘食(폐침망식)ᄒᆞ야 窮年繼日(궁년계일)ᄒᆞ야 【仰은 울월씨라155) 聿은 말씀 始作ᄒᆞᄂᆞᆫ 겨치오 追ᄂᆞᆫ 미조출씨니 先王ㄱ ᄠᅳ들 미조ᄎᆞ샤 孝道ᄒᆞᅀᆞᄫᆞ실씨라 述은 니슬씨오 事는 이리니 父母ㅅ 이롤 니ᅀᅥ ᄆᆞᄎᆞ실씨라 幾는 조가기니 님굼 이리 만ᄒᆞ실씨 ᄒᆞᄅᆞᆺ 內예 一萬 조가기시다 ᄒᆞᄂᆞ니라 縱월석서:17aᄋᆞᆫ 비록 ᄒᆞᄂᆞᆫ ᄠᅳ디오 浩는 넙고 클씨라 豈는 엇데 ᄒᆞᄂᆞᆫ 마리라 閑暇는 겨르리라 廢는 말씨오 寢ᄋᆞᆫ 잘씨라 忘ᄋᆞᆫ 니즐씨오 食은 바비라 窮은 다ᄋᆞᆯ씨라 繼는 니슬씨라】

울워러 聿追롤 ᄉᆞ랑ᄒᆞ건댄 모로매 일 ᄆᆞᄌᆞ156) 일우ᅀᆞᄫᅩᄆᆞᆯ 몬져 ᄒᆞᇙ 디니 萬機 비록 하나 엇데 겨르리 업스리오 자디 아니ᄒᆞ며 飮食을 니저 ᄒᆡ 월석서:17b**다ᄋᆞ며 나롤 니ᅀᅥ 날 니ᅀᅩᄆᆞᆫ 밤 새알씨라** 上爲(상위) 父母仙駕(부모선가)ᄒᆞᅀᆞᆸ고 兼爲亡兒(겸위망아)ᄒᆞ야 速乘慧雲(속승혜운)ᄒᆞ샤 逈出諸塵(형출제진)ᄒᆞ샤 直了自性(직료자성)ᄒᆞ샤 頓證覺地(돈증각지)ᄒᆞ시게 ᄒᆞ야 【上ᄋᆞᆫ 우히라 仙ᄋᆞᆫ 仙人이

150) 몬졔오: 먼저이고 ☞ 몬져+ㅣ-(서.조.)+-오(←고. 대.어.). 몬져 > 먼저(비원순모음화, y-탈락)

151) 이셧다: 비슷하다 ☞ 이셧ᄒᆞ-+-다. 'ㅅ' 뒤에서 'ᄒᆞ'가 탈락하였다. 모음과 공명음 뒤에서는 'ᄒᆞ'의 'ㆍ'가 탈락하여 뒤의 평장애음과 축약되고, 무성자음 뒤에서는 'ᄒᆞ'가 통째로 탈락하였다. 현대국어에서도 이와 같다. <한글맞춤법 제40항> 참조.

152) 애와텨: 애타하여, 분해하여, 슬퍼하여 ☞ 애와티-[←애-(불규칙어근)+-왇-(강.접.)+-히-(사.접)]+-어

153) 이울어든: 시들거든 ☞ 이울-+-어든(←거든). 'ㄹ' 뒤에서 'ㄱ'이 약화됨.

154) ᄀᆞᆯ어든: 대신하거든, 바뀌거든 ☞ ᄀᆞᆯ-[改/代替]+-어든(←-거든). 'ᄀᆞᆯ다'는 능격동사이다.

155) 울월씨라: 우러른다는 것이다 ☞ 울월-[仰]+-ㄹ(관.전.)#ᄊᆞ(←ᄉᆞ 의.명.)+ㅣ-+-라

156) ᄆᆞᄌᆞ: 마저.

오 駕ᄂᆞᆫ 술위니 仙駕ᄂᆞᆫ 월석서:18a 업스시닐157) 술ᄫᆞ시논 마리라 兼은 아올씨라 兒ᄂᆞᆫ 아ᄒᆡ라 速ᄋᆞᆫ ᄲᆞᄅᆞᆯ씨오 乘은 ᄐᆞᆯ씨라 慧ᄂᆞᆫ 智慧(지혜)오 雲ᄋᆞᆫ 구루미라 逈ᄋᆞᆫ 멀씨라 直ᄋᆞᆫ 바ᄅᆞᆯ씨라 自ᄂᆞᆫ 제라 頓은 ᄲᆞᄅᆞᆯ씨오 證은 마긔와158) 알씨라 覺은 알씨오 地ᄂᆞᆫ ᄯᅡ히니 覺地ᄂᆞᆫ 부텻 地位(지위)라】 **우흐로 父母 仙駕ᄅᆞᆯ 爲ᄒᆞᅀᆞᆸ고 亡兒ᄅᆞᆯ 조쳐 爲ᄒᆞ야 ᄲᆞᆯ리 智慧** 월석서:18bㅅ **구루믈 ᄐᆞ샤 諸塵에 머리**159) **나샤 바ᄅᆞ**160) **自性을 ᄉᆞᄆᆞᆺ**161) **아ᄅᆞ샤 覺地를 믄득 證ᄒᆞ시게 호리라 ᄒᆞ야**

乃講劘研精於舊卷(내강마연정어구권)ᄒᆞ며 檃括更添於新編(은괄갱첨어신편)ᄒᆞ야 【講은 議論(의론)ᄒᆞᆯ씨오 劘ᄂᆞᆫ ᄀᆞ다ᄃᆞᄆᆞᆯ씨라 研은 다ᄃᆞᆯ게162) 알씨라 아못 것도 至極(지극)ᄒᆞᆫ 거시 精이라 舊ᄂᆞᆫ 월석서:19a 녜오 卷은 글월 ᄆᆞ로니라163) 檃은 구븐 것 고틸씨오 括은 方ᄒᆞᆫ164) 것 고틸씨라 更은 다시 ᄒᆞᆯ씨오 添은 더을씨라】 **녯 글워레 講論ᄒᆞ야 ᄀᆞ다ᄃᆞ마 다ᄃᆞᆯ게 至極**(지극)**게 ᄒᆞ며 새**165) **ᄆᆡᇰᄀᆞ논 글워레**

---

157) 업스시닐: 계시지 않는 사람을, 돌아가신 사람을 ☞ 없-+-(으)시-(주.높.)+-ㄴ(관.전.)#이(의.명.)+ㄹ(목.조.)

158) 마긔와: 따져, 증거를 대 ☞ 마긔오-+-아

159) 머리: 멀리 ☞ 멀-+-이(부.접.)

160) 바ᄅᆞ: 바로 ☞ 형용사 '바ᄅᆞ다'의 어근이 그대로 부사로 쓰인 것이다. (1) 형용사 어근→부사: 해[多], ᄀᆞᆮ[如], 닫[異] (2) 동사 어근→부사: 마초, 모도, ᄀᆞ초, ᄉᆞᄆᆞᆺ… 등등이 있다. 이런 일은 현대국어와 다른 중세국어의 한 특징이다.

161) ᄉᆞᄆᆞᆺ: 뚜렷하게, 철저하게 ☞ 'ᄉᆞᄆᆞᆾ다'라는 동사의 어근이 그대로 부사로 쓰인 것이다. 위의 '바ᄅᆞ'와 같다.

162) 다ᄃᆞᆯ게: 다다르게 ☞ 다ᄃᆞᆮ-+-게(보.어.)

163) ᄆᆞ로니라: 말아 놓은 것이다 ☞ ᄆᆞᆯ-+-오-(대상활용)+-ㄴ(관.전.)#이(의.명.)+∅-(서.조.)+-라(←다. 평.어.)

164) 方ᄒᆞᆫ: 여기저기 널려 있는

165) 새: 뿌 새로 ☞ (1) 중세국어에서 '새'는 명사, 관형사, 부사로도 쓰였다. (예) 명사: 일후미 새와 ᄂᆞᆯᄀᆞ니와 어즈러운 想골이니<능해 7:83>. 관형사: 이본 남ᄀᆡ 새 닢 나니이다 <용 84장> (2) 현대국어에서 특이한 구성을 보이는 '새롭다'는 중세국어 명사 '새'에 명사에 붙어 형용사를 파생하는 접미사 '-롭-'이 결합하여 파생된 형용사이다. (3) '맏이'의 파생에 대해서는 주(138) 참조. (4) '암'과 '수'도 중세국어에서는 각각의 명사였기 때문에, '암수'도 중세국어에서는 합성어였다. 그러나 현대국어의 입장에서는 접두사끼리 결합한 특이한 단어 구성에 속한다.

고텨 다시 더어 出入十二部之修多羅(출입십이부지수다라)호ᄃᆡ 曾靡遺力(증미유력)ᄒᆞ며 월석서:19b增減一兩句之去取(증감일량구지거취)호ᄃᆡ 期致盡心(기치진심)ᄒᆞ야【入은 들씨라 曾은 곧 ᄒᆞᄂᆞᆫ ᄠᅳ디오 靡ᄂᆞᆫ 업슬씨오 遺ᄂᆞᆫ 기틀씨라166) 減은 덜씨라 去ᄂᆞᆫ 덜씨오 取ᄂᆞᆫ 가질씨라 期ᄂᆞᆫ 긔지오167) 致ᄂᆞᆫ 니를에 ᄒᆞᆯ씨라168)】**十二部修多羅애 出入호ᄃᆡ 곧 기튼 히미 업스며 ᄒᆞᆫ두 句**월석서:20a**ᄅᆞᆯ 더으며 더러 ᄇᆞ리며 ᄠᅳ디 ᄆᆞᅀᆞᆷ다보ᄆᆞᆯ**169) **닐윓**170) **ᄀᆞ장 긔지ᄒᆞ야**171) 有所疑處(유소의처)ㅣ어든 必資博問(필자박문)ᄒᆞ야【疑ᄂᆞᆫ 疑心이오 處는 고디라 資ᄂᆞᆫ 브틀씨라 博은 너블씨오 問은 무를씨라】**疑心ᄃᆞᄫᆡᆫ**172) **고디 잇거든 모로매 너비 무루ᄆᆞᆯ브터**173)【묻더신 사ᄅᆞᄆᆞᆫ 慧覺尊者 信眉(혜각존자 신미)와 判禪宗事 守월석서:20b眉(판선종사 수미)와 判教宗事 雪峻(판교종사 설준)과 衍慶住持 弘濬(연경주지 홍준)과 前檜菴住持 曉雲(전회암주지 효운)과 前大慈住持 智海(전대자주지 지해)와 前逍遙住持

166) 기틀씨라: 남는다는 것이다 ☞ 깉-+-을(관.전.)#ᄊᆞ(← ᄉᆞ. 의.명.)+ㅣ-+-라
167) 긔지오: 끝이고, 기약(期約)이고 ☞ 긔지+∅-(서.조.)+-오(← -고)
168) 니를에 ᄒᆞᆯ씨라: 이르게 하는 것이다 ☞ '-에(← 게 보.어.) ᄒᆞ-(보.용.)' '-게 ᄒᆞ다' 사동문.
169) ᄆᆞᅀᆞᆷ다보ᄆᆞᆯ: 마음을 다함을 ☞ '盡心'의 의미이므로, 고영근·남기심(2012:117)를 따라 '다ᄋᆞ-[盡]+옴(명.전.)+ᄋᆞᆯ(목.조.)'의 잘못으로 본다.
170) 닐윓 ᄀᆞ장: 이르게 할 때까지, 도달하게 할 때까지 ☞ (1) 닐위-[← 니르-[致]+-위-(사.접.)]+-ᇙ(관.전.)#ᄀᆞ장(의.명.). (2) 사전[고어사전(남광우, 1997)]에는 '닐위다'가 '이루다'는 의미로 풀이되어 있다. 그러나 제시된 예문은 모두 '致'에 대응하고 타동사로 쓰이고 있다. <신증유합>과 <석봉천자문>에 '닐월 티 致'라 되어 있다. '이르게 하다'로 뜻풀이 하는 것이 옳아 보인다.
171) 긔지ᄒᆞ야: 한정하여, 기약하여.
172) 疑心ᄃᆞᄫᆡᆫ: 의심스러운 ☞ 疑心+-ᄃᆞᄫᆡ-(형.접.)+-ㄴ(관.전.) (1) 접미사 '-ᄃᆞᆸ-, -ᄅᆞᆸ-, -ᄃᆞᄫᆡ-, ᄅᆞᄫᆡ-'는 이형태이다. 사용 환경을 보이면 아래와 같다.

형태소	-ᄃᆞᆸ-	-ᄅᆞᆸ-	-ᄃᆞᄫᆡ-	-ᄅᆞᄫᆡ-
어근의 끝소리	자음	모음, ㄹ	자음	모음, ㄹ
어미의 첫소리	자음	자음	매개모음, 모음	매개모음, 모음

173) 무루ᄆᆞᆯ브터: 물음으로 ☞ 물-[問](← 묻-)+-움(명.전.)+ᄋᆞᆯ브터(보조사) '브터'는 동사 '븥-'에 접사화한 어미 '-어'가 붙어 파생된 조사이다. 중세국어에서는 아직 완전히 조사화하지 않아서 목적격조사를 동반하고 있다.

海超(전소요주지 해초)와 大禪師 斯智(대선사 사지)와 學悅(학열)와 學祖(학조)와 嘉靖大夫同知中樞院事 金守溫(가정대부 동지중추원사 김수온)괘라】 庶幾搜剔玄根(서기수척현근)ᄒᆞ야 敷究一乘之妙旨(부구일승지묘지)ᄒᆞ며 磨礱理窟(마롱이굴)ᄒᆞ야 疏達萬法之深原(소달만법지심원)ᄒᆞ노니 【搜ᄂᆞᆫ 求[월석서:21a]ᄒᆞᆯ씨오 剔은 ᄇᆞ릴씨라[174] 玄은 머러 그지업슬씨오 根은 불휘라 敷ᄂᆞᆫ 펼씨오 究ᄂᆞᆫ ᄀᆞ장ᄒᆞᆯ씨라[175] 旨ᄂᆞᆫ ᄠᅳ디라 磨礱ᄋᆞᆫ 돌 ᄀᆞ다ᄃᆞᄆᆞᆯ씨라[176] 窟ᄋᆞᆫ 굼기라 疏達ᄋᆞᆫ ᄉᆞᄆᆞᄎᆞᆯ씨라 深原은 기픈 根源(근원)이라】 **먼 불휘ᄅᆞᆯ 求ᄒᆞ야 다ᄃᆞ마[177] 一乘의 微妙(미묘)ᄒᆞᆫ ᄠᅳ들 펴 ᄀᆞ장ᄒᆞ며 道理ㅅ 굼글 ᄀᆞ다ᄃᆞ마 萬法의 기[월석서:21b]픈 根源을 ᄉᆞᄆᆞᆺ게 코져 ᄇᆞ라노니** 蓋文非爲經(개문비위경)이며 經非爲佛(경비위불)이라 詮道者(전도자)ㅣ 是經(시경)이오 體道者(체도자)ㅣ 是佛(시불)이시니 【蓋ᄂᆞᆫ 말ᄊᆞᆷ 내ᄂᆞᆫ 그티라[178] 文은 글워리라 非ᄂᆞᆫ 아니라 詮은 ᄀᆞ초 니를씨라 體ᄂᆞᆫ 모미라】 [월석서:22a]**글워리 經이 아니며 經이 부톄 아니라[179] 道理 닐온 거시 이 經이오 道理로 몸 사ᄆᆞ시니 이 부톄시니** 讀是典者(독시전자)ᄂᆞᆫ 所貴廻光以自照(소귀회광이자조)ㅣ오 切忌執指而留筌(절기집지이류전)이니라 【讀은 닐글씨오 典은 經이라 廻ᄂᆞᆫ 두르혤씨라[180] 照ᄂᆞᆫ 비췰씨라 切[월석서:22b]은 時急(시급)ᄒᆞᆯ씨니 ᄀᆞ장 ᄒᆞ논 ᄠᅳ디라 忌ᄂᆞᆫ 저플씨라[181] 執은 자ᄇᆞᆯ씨오 指ᄂᆞᆫ 소ᇇ가라기오[182] 留ᄂᆞᆫ 머믈씨오 筌ᄋᆞᆫ 고기 잡ᄂᆞᆫ

174) ᄇᆞ릴씨라: 발라내는 것이다, 베어내는 것이다 ☞ ᄇᆞ리-+-ㄹ(관.전.)#ᄊ(← ᄉᆞ. 의.명.)+ㅣ-(서.조.)+-라(← 다) *剔(척): (뼈를) 바르다, 깎다, 베다, 없애다
175) ᄀᆞ장ᄒᆞᆯ씨라: 가장 한다는 것이다, 끝까지 한다는 것이다 ☞ ᄀᆞ장ᄒᆞ-+-ㄹ#ᄊ(← ᄉᆞ)+ㅣ-+-라
176) ᄀᆞ다ᄃᆞᄆᆞᆯ씨라: 가다듬는다는 것이다 ☞ ᄀᆞ다ᄃᆞᆷ-+-ᄋᆞᆯ#ᄊ+ㅣ-+-라
177) 다ᄃᆞ마: 다듬어 ☞ 다ᄃᆞᆷ-+-아
178) 그티라: 토(吐)이다 ☞ 긑+이-+-라
179) 經이 부톄 아니라: 경이 부처가 아니다 ☞ '주어+보어+서술어'의 구성이다.
180) 두르혤씨라: 돌이킨다는 것이다 ☞ 두르혀-+-ㄹ#ᄊ+이-+라
181) 저플씨라: 두렵다는 것이다 ☞ 젛-+-브-(형.접.)+-ㄹ(관.전.)#ᄊ+ㅣ-+라. '젛다'는 동사로 '두려워하다'의 의미다.
182) 소ᇇ가라기오: 손가락이고 ☞ 손+ㅅ(사이시옷)#가락+이-+(서.조.)+-오(← 고. 대.어.) 중세국어에서는 합성명사를 이룰 때 모음 뒤뿐만 아니라 'ㄴ, ㄹ, ㅁ, ㆁ' 뒤에도 사이시옷

대로[183] 밍ᄀᆞ론 거시라】

이 經 닐ᄀᆖᇙ 사ᄅᆞᄆᆞᆫ 光明을 두르혀 제 비취요미 貴ᄒᆞ고 ᄉᆞᆫ가락 자ᄇᆞ며 筌두미 ᄀᆞ장 슬ᄒᆞ니라[184] ᄉᆞᆫ가락 자보ᄆᆞᆫ ᄃᆞᆯ ᄀᆞᄅᆞ치ᄂᆞᆫ[185] ᄉᆞᆫ가라ᄀᆞᆯ 보고 ᄃᆞᄅᆞᆯ 아니 볼씨오 그릇 두ᄆᆞᆫ 고기ᄅᆞᆯ 잡고 고기 잡ᄂᆞᆫ 그월석서:23a**르슬 ᄇᆞ리디 아니ᄒᆞᆯ씨니 다 經文에 븓들인[186] 病이라** 嗚呼(오호) ㅣ라 梵軸(범축)이 崇積(숭적)이어든 觀者(관자) ㅣ 猶難於讀誦(유난어독송)커니와 方言(방언)이 謄布(등포)ᄒᆞ면 聞者(문자) ㅣ 悉得以景仰(실득이경앙)ᄒᆞ리니【呼ᄂᆞᆫ 한숨디ᄐᆞᆺᄒᆞᆫ[187] 겨치라 軸은 글월 ᄆᆞ로니라[188] 崇은 노ᄑᆞᆯ씨오 積은 싸ᄒᆞᆯ씨라 觀은 볼씨오 猶는 오월석서:23b히려 ᄒᆞᄂᆞᆫ 마리라 難은 어려ᄫᆞᆯ씨라 誦은 외올씨라 方言은 우리 東方ㅅ 마리라 謄은 옮길씨오 布ᄂᆞᆫ 펼씨라 聞은 드를씨라 悉은 다ᄒᆞᆯ씨라 景은 클씨오 仰ᄋᆞᆫ 울월씨라[189]】 **西天ㄷ字앳[190] 經이 노피 사햇거든[191] 보ᇙ 사ᄅᆞ미 오히려 讀誦ᄋᆞᆯ 어려ᄫᅵ 너기거니와 우리나랏말로 옮겨써 펴면 드르ᇙ 사ᄅᆞ미 다 시러[192] 키[193] 울월리니** 월석서:24a肆與宗宰勳戚百官四衆(사여종재훈척백관사중)과 結

을 받쳐 적었다.

183) 대로: 대나무로 ☞ 대[竹]+(ᄋᆞ)로.

184) 슬ᄒᆞ니라: 싫다, 싫으니라. '슬ᄒᆞ-'가 동사(싫어하다)가 아닌 형용사(싫다)로 쓰였다.

185) ᄀᆞᄅᆞ치ᄂᆞᆫ: 가리키는 ☞ ᄀᆞᄅᆞ치-+-ᄂᆞᆫ. 'ᄀᆞᄅᆞ치다'는 '가르치다'와 '가리키다' 두 가지 의미로 쓰였다. 현대국어에서는 '가르치다'의 의미만으로 쓰이므로 의미변화 중 의미축소에 해당한다.

186) 븓들인: 붙들린 ☞ 븓들이-[←븓들-+-이-(피.접.)]+-ㄴ(관.전.)

187) 한숨디ᄐᆞᆺ: 한숨짓듯 ☞ 한숨딯-+-ᄃᆞᆺ(종.어.)

188) ᄆᆞ로니라: 만/말아놓은 것이다 ☞ ᄆᆞᆯ-+-오-(대상활용)+-ㄴ(관.전.)#이(의.명.)+∅-(서.조.)+-라

189) 울월씨라: 우러른다는 것이다. 울월-[仰]+-ㄹ(관.전.)#ᄊᆞ+ㅣ-+-라

190) 西天ㄷ字앳: 인도글자에의 ☞ 중세국어에서는 한자어 합성어에서도 사이시옷을 표기하였는데, 받침 글자와 같은 조음위치의 전청자를 사잇소리 글자로 사용하였다. 여기서는 'ㄴ' 뒤이기 때문에 설음의 전청자인 'ㄷ'이 사잇소리 글자로 사용되었다.

191) 사햇거든: 쌓아 있거든 ☞ 샇-+-아#잇-+-거든. '-아 잇-'은 완료상을 나타내는데, 근대국어에서 과거시제선어말어미 '-앗-'으로 발달하였다.

192) 시러: 능히. 얻어 ☞ 실-[得]+-어(부.접.). 동사 '실다'에 접사화한 어미 '-어'가 붙어 부

願軫於不朽(결원진어불후)ᄒᆞ며 植德本於無窮(식덕본어무궁)ᄒᆞ야【肆ᄂᆞᆫ 故ㆆ字 ᄒᆞᆫ가지라 宗ᄋᆞᆫ 宗親(종친)이오 宰ᄂᆞᆫ 宰相(재상)이오 勳ᄋᆞᆫ 功臣(공신)이오 戚ᄋᆞᆫ 아ᅀᆞ미오[194] 百官ᄋᆞᆫ 한 朝士(조사)ㅣ오 四衆은 比丘(비구)와 比丘尼(비구니)와 優婆塞(우바새)과 優婆夷(우바이)왜라 結은 ᄆᆡᆯ씨오 軫은 술[월석서:24b]위 우흿 앒뒤헷[195] 빗근[196] 남기니 짐 거두ᄂᆞᆫ 거시라 또 ᄆᆡᆯ씨라 朽ᄂᆞᆫ 서글씨라 植ᄋᆞᆫ 시믈씨라[197]】 **그럴ᄊᆡ 宗親과 宰相과 功臣과 아ᅀᆞᆷ과 百官 四衆과 發願ㅅ 술위를 석디[198] 아니호매 ᄆᆡ며 德本을 그지업소매 심거** 冀神安民樂(기신안민락)ᄒᆞ며 境靜[월석서:25a]祚固(경정조고)ᄒᆞ며 時泰而歲有(시태이세유)ᄒᆞ며 福臻而災消(복진이재소)ᄒᆞ노니【冀ᄂᆞᆫ 欲字(욕자) ᄒᆞᆫ가지라 安ᄋᆞᆫ 便安(편안)ᄒᆞᆯ씨라 樂ᄋᆞᆫ 즐길씨라 境은 나랏ᄀᆞᅀᅵ오 靜은 괴외ᄒᆞ야[199] 일 업슬씨라 祚ᄂᆞᆫ 福(복)이오 固ᄂᆞᆫ 구들씨라 時ᄂᆞᆫ 時節이오 泰ᄂᆞᆫ 便安(편안)ᄒᆞᆯ씨라 歲ᄂᆞᆫ ᄒᆡ니 歲有ᄂᆞᆫ 녀름 ᄃᆞ욀씨라 臻ᄋᆞᆫ 니를씨라 災ᄂᆞᆫ 厄(액)이오 消ᄂᆞᆫ 스러딜씨라 [월석서:25b]**神靈이 便安ᄒᆞ시고 百姓이 즐기며 나랏 ᄀᆞᅀᅵ 괴외ᄒᆞ고 福이 구드며 時節이 便安ᄒᆞ고 녀르미 ᄃᆞ외며 福이 오고 厄이 스러디과뎌 ᄒᆞ노니**[200] 以向所修功德(이향소수공덕)으로 迴向實際(회향실제)

사로 파생되었다.

193) 키: 크게 ☞ 크-+-이(부.접.). 명사는 'ᄏᆡ'이다. 근대국어에 있은 'ᄋᆡ > 이' 변화에 의해 'ᄏᆡ'가 '키'로 바뀌어 현대국어에서는 파생부사와 파생명사의 형태가 같아졌다.

194) 아ᅀᆞ미오: 친척이고 ☞ 아ᅀᆞᆷ+이-(서.조.)+-오(←고)

195) 앒뒤헷: 앞뒤에의 ☞ 앒+뒤ㅎ+에(부.조.)+ㅅ(관.조.) (1) '앒'이 8종성법에 의해 '앏'으로 표기되었다. 중세국어에서는 'ㄺ, ㄻ, ㄼ, ㄵ' 등의 겹자음은 모두 발음된 것으로 추정된다. (2) 근대국어에서 'ㄹ'이 탈락하여 '앞'으로 바뀌었다. 반면에 '넙-'은 'ㄹ'이 첨가되어 '넓-'이 되었다.

196) 빗근: 비뚤어진, 가로 된 ☞ 빍-+-은(관.전.)

197) 시믈씨라: 심는다는 것이다 ☞ 시므-+-ㄹ#ᄊᆞ(←ᄉᆞ)+ㅣ-+-라. '시므-'는 자음어미 앞에서, '싪-'은 모음어미 앞에서 실현된다. 싪-+어 → 심거. 체언에서는 '나모, 구무' 등이 이런 교체를 보인다.

198) 석디: 썩지 ☞ 석-+-디(보.어.)

199) 괴외ᄒᆞ야: 고요하여

200) 스러디과뎌 ᄒᆞ노니: 스러지기를/사라지기를 바라니 ☞ 스러디-+-과뎌(희망 종.어.) ᄒᆞ-+-ᄂᆞ-+-오-+-니

ᄒᆞ야 願共一[월석서:26a]切有情(원공일체유정)과 速至菩提彼岸(속지보리피안)ᄒᆞ노라【向ᄋᆞᆫ 아니 오란 요ᄉᆞᅀᅵ라 實際ᄂᆞᆫ 眞實ㅅ ᄀᆞᅀᅵ라 共ᄋᆞᆫ ᄒᆞᆫ가지라 有情은 ᄠᅳᆮ 이실씨니 衆生ᄋᆞᆯ 니ᄅᆞ니라 至ᄂᆞᆫ 니를씨오 彼ᄂᆞᆫ 뎌오[201] 岸은 ᄀᆞᅀᅵ라】**우희 닐온 요ᄉᆞᅀᅵ예 ᄒᆞ욘 功德으로 實際예 도ᄅᆞ혀[202] 向ᄒᆞ야 一切有情과 菩提彼岸[월석서:26b]애 ᄲᆞᆯ리 가고져 願ᄒᆞ노라**

天順三年己卯七月七日序[203]

201) 뎌오: 저것이고. 뎌(대)+ㅣ-+-오(←고. 대.어.)
202) 도ᄅᆞ혀: 돌이켜 ☞ 도ᄅᆞ혀-+-어
203) 天順 三年: 1459년. 天順은 중국 명나라 영조 때의 연호(1457~1464년)

月印釋譜(第一)

1:1a **月印千江之曲 第一[1)](월인천강지곡 제일)**

【부톄[2)] 百億世界(백억세계)예 化身(화신)ᄒᆞ야 敎化(교화)ᄒᆞ샤미 ᄃᆞ리 즈믄 ᄀᆞᄅᆞ매 비취요미 ᄀᆞᆮᄒᆞ니라[3)] 第ᄂᆞᆫ 次第라】

釋譜詳節 第一(석보상절 제일)

其一(기일)

巍巍釋迦佛無量無邊功德(외외 석가불 무량무변 공덕)을 劫劫(겁겁)에[4)]

1:1b 어느[5)] 다 ᄉᆞᆯᄫᆞ리[6)] 【巍巍ᄂᆞᆫ 놉고 클씨라 邊은 ᄀᆞᅀᅵ라】

---

1) 월인석보 1권은 총 104면(1a~52b)로 이루어져 있는데, 여기에서 강독하는 내용은 1a~18a 까지다.

2) 부:톄: 부처가 ☞ 부텨+ · 이(주.조.) → 부:톄(평성+거성 → 상성). (1) 중세국어 성조에는 평성, 상성, 거성이 있었는데, 평성은 저조(低調)에 단음(短音), 거성은 고조(高調)에 단음, 상성은 저조에서 시작하여 고조로 끝나는 상승조(上昇調)로 장음(長音)이었다. (2) 상성은 평성과 거성의 복합이었기 때문에 장음을 잉여적으로 지니고 있었다.

3) <u>부톄 百億世界예 化身ᄒᆞ야 敎化ᄒᆞ샤미</u> <u>ᄃᆞ리 즈믄 ᄀᆞᄅᆞ매 비취요미</u> ᄀᆞᆮᄒᆞ니라
명사절 - 주어 명사절 - 부사어
(1) 부처가 백억세계에 화신하여 교화하심이 달이 천 개의 강에 비침과 같으니라. (2) 교화ᄒᆞ샤미: 교화ᄒᆞ-+-샤-(주.높.)+-옴(명.전.)+이(주.조.) (3) 비취요미: 비취-+-옴(명.전.)+이(비교 부.조.). (4) 중세국어에서는 주격조사와 형태가 같은 비교의 부사격조사가 있었다.

4) 劫劫에: 계산할 수 없는 무한히 긴 시간에. ☞ (1) 劫: 천지가 한 번 개벽한 때부터 다음 개벽할 때까지의 동안. 계산할 수 없는 무한히 긴 시간을 이른다. (2) 부사격조사에는 '에, 애, 예'가 있었는데 '에'는 음성모음 뒤에(눈에), '애'는 양성모음 뒤에(정사애), '예'는 '이/y' 뒤에(귀예) 연결되었다. (3) 특이 부사격조사로 'ᄋᆡ/의'도 있었다.

5) 어느 [부] 어찌 ☞ '어느'는 세 가지 품사로 쓰였다. (1) 부사: 國人 ᄠᅳ들 <u>어느</u> 다 ᄉᆞᆯᄫᆞ리<용 118>/ 져믄 아ᄒᆡ <u>어느</u> 듣ᄌᆞᄫᆞ리잇고<석6:1> <u>어느</u> 다시 디나가리오<두초 7:9>. (2) 대명사: 이런 일이 慈悲 <u>어늬</u>신고<월천 144>/ <u>어느</u>ᄃᆞᆯ히 네코(何等爲四)<영가 상:25>/ 國王ᄋᆞᆫ

其二

世尊(세존)ㅅ 일 솔ᄫᅩ리니 萬里外(만리외)ㅅ7) 일이시나8) 눈에 보논가9) 너기ᅀᆞᄫᆞ쇼셔【萬里外는 萬里 밧기라】

世尊ㅅ 말 솔ᄫᅩ리니 千載上(천재상)ㅅ 말이시나 귀예 듣논가 너기1:2aᅀᆞᄫᆞ쇼셔10)【千載上ᄋᆞᆫ 즈믄 ᄒᆡᆺ 우히라】

其三

阿僧祇11)前世劫(아승기 전세겁)에 님금 位ㄹ12) ᄇᆞ리샤 精舍(정사)애 안잿더시니13)

오쇼셔 龍王ᄋᆞᆫ 겨쇼셔 이 두 말을 어늘 從ᄒᆞ시려뇨<월석 7:26> (3) 관형사: 어느 뉘 請ᄒᆞ니<용가 18>/ 어느 누를 더브르시려뇨<월천 52>

6) 솔ᄫᅩ리: 사뢰리. 말하리 ☞ ᄉᆞᆲ-[白]+-(ᄋᆞ)리(의.어.)+(-잇고). (1) '-리-'는 추측법 선어말어미이나 여기서는 반말체 의문형 종결어미로 쓰였다.

7) 世尊ㅅ/萬里外ㅅ: 세존의/만리 밖의 ☞ '世尊ㅅ'에서 'ㅅ'은 존칭 유정명사에 연결된 관형격조사이고 '萬里外ㅅ'에서 'ㅅ'은 무정명사에 연결된 관형격조사이다.

8) 일이시나: 일이시지만 ☞ 15세기 문헌은 이어적기[연철]가 일반적이었지만, 월인천강지곡은 예외적으로 끊어적기[분철]가 상당히 규칙적이었다. 명사의 끝소리가 'ㄴ, ㄹ, ㅁ'일 때와 동사의 끝소리가 'ㄴ, ㄹ'일 때는 끊어적기로 통일되어 있었다.

9) 눈에 보논가/귀예 듣논가: 눈으로 보는가/귀로 듣는가 ☞ 보-/듣-+-ᄂᆞ-(직설법)+-오-+-ㄴ가(간접 의.어.) (1) 간접의문형어미에는 '-ㄴ가/-ㄴ고, -ㅭ가/-ㅭ고~-ㄹ까/-ㄹ꼬'가 있었는데, '판정의문형/설명의문형' 어미이다. (2) 중세국어에서는 두 의문문이 어미의 형태로 구분되었다. '아/어' 계열은 판정의문문, '오' 계열은 설명의문문이다. (3) 주어가 2인칭임에도 '-오-'가 쓰였다. 청자를 1인칭 주어로 한 "(내)눈에 보논가"가 인용절로 안겼기 때문에 '-오-'가 삽입되었다고 볼 수도 있다.

10) 너기ᅀᆞᄫᆞ쇼셔: 여기오소서 ☞ 너기-+-ᅀᆞᆸ-(객.높.)+-(ᄋᆞ)쇼셔. (1) 목적어인 '일/말'이 세존에 소속되기 때문에 객체높임법이 실현되었다. (2) '-쇼셔'는 상대높임법 'ᄒᆞ쇼셔'체 명령형어미이다. 현대국어에서는 의고적 표현인 '-소서'로 남아 있다.

11) 阿僧祇: 셀 수 없이 많은 수 또는 그런 시간. 劫(겁): 어떤 시간 단위로도 계산할 수 없는 무한히 긴 시간. 하늘과 땅이 한 번 개벽한 때에서부터 다음 개벽할 때까지 동안.
수의 단위는 다음과 같다.
1 만(萬): 천(千)의 열 배가 되는 수 또는 그런 수의, 즉 10^4을 이른다.
2 억(億): 만(萬)의 만 배가 되는 수 또는 그런 수의, 즉 10^8을 이른다.
3 조(兆): 억(億)의 만 배가 되는 수 또는 그런 수의, 즉 10^{12}을 이른다.
4 경(京): 조(兆)의 만 배가 되는 수 또는 그런 수의, 즉 10^{16}을 이른다.
5 해(垓): 경(京)의 만 배가 되는 수 또는 그런 수의, 즉 10^{20}을 이른다.

五百前世怨讐(오백 전세 원수)ㅣ 나랏 쳔[14] 일버ᅀᅡ[15] 精舍를 디나아가[1:2b]니

其四

兄(형)님올 모롤씨 발자쵤 바다[16] 남ᄀᆡ[17] ᄢᅦ여[18] 性命(성명)을 ᄆᆞᄎᆞ시니[19]

---

6 자(秭): 해(垓)의 만 배가 되는 수 또는 그런 수의, 즉 10^{24}을 이른다.

7 양(穰): 자(秭)의 만 배가 되는 수 또는 그런 수의, 즉 10^{28}을 이른다.

8 구(溝): 양(穰)의 만 배가 되는 수 또는 그런 수의, 즉 10^{32}을 이른다.

9 간(澗): 구(溝)의 만 배가 되는 수 또는 그런 수의, 즉 10^{36}을 이른다.

10 정(正): 간(澗)의 만 배가 되는 수 또는 그런 수의, 즉 10^{40}을 이른다.

11 재(載): 정(正)의 만 배가 되는 수 또는 그런 수의, 즉 10^{44}을 이른다.

12 극(極): 재(載)의 만 배가 되는 수 또는 그런 수의, 즉 10^{48}을 이른다.

13 항하사(恒河沙/恒河砂): 극(極)의 만 배가 되는 수 또는 그런 수의, 즉 10^{52}을 이른다

14 아승기(阿僧祇): 항하사(恒河沙)의 만 배가 되는 수 또는 그런 수의, 즉 10^{56}을 이른다

15 나유타(那由他): 아승기(阿僧祇)의 만 배가 되는 수 또는 그런 수의, 즉 10^{60}을 이른다

16 불가사의(不可思議): 나유타의 만 배가 되는 수 또는 그런 수의, 즉 10^{64}을 이른다

17 무량수(無量數): 불가사의의 만 배가 되는 수 또는 그런 수의, 즉 10^{68}을 이른다. 모든 수 가운데 가장 큰 수이다.

12) 位ㄹ: 자리를 ☞ 位+ㄹ(목.조.). (1) 한자와 한글[훈민정음]을 섞어 쓸 경우에는 한자음에 따라 중성자나 종성자로 보충하는 일이 있었다. 여기서는 'ㄹ'로 종성을 보충하고 있다. (2) 훈민정음 합자해에서 "文與諺雜用則有因字音而補以中終聲者"(문여언잡용즉유인자음이보이중종성자): 한자와 훈민정음[한글]을 섞어 쓸 경우에는 한자음[字音]에 따라서 중성자나 종성자로 보충하는 일이 있다. 여기서 문(文)은 문자로서의 한자를 이르고, 언(諺) 또한 우리말의 문자인 훈민정음을 가리킨다.

13) 안잿더시니: 앉아 있으시더니 ☞ 앉-+-아(보.어.)#잇-(보.용.)+-더-(회상법)+-시-(주.높.)+-니(이다). (1) '-아 잇-'은 완료상을 나타낸다. 음절이 줄어들면 '앳'으로 된다. 이것은 근대국어에서 과거시제선어말어미 '-앗-'으로 발달한다. (2) 18세기 말엽에 '-더시-'는 '-시더-'로 조정된다. (3) '-니'는 반말체의 종결형어미이다. 운문형식인 용비어천가와 월인천강지곡에서 많이 나타난다. 반말체는 청자를 높이기도 낮추기도 어려울 때 쓰이는 말씨다. 용비어천가에서는 일반 백성을 대상으로 할 때는 [i]로 끝나고, 왕손을 대상으로 할 때는 'ᄒᆞ쇼셔'체로 끝난다. 고영근(1987:266)에서는 반말체가 ᄒᆞ라체와 ᄒᆞ야쎠체 사이를 왕래하는 말씨로 규정하고 있다.

14) 쳔: 돈[錢(전)], 재물(財物)

15) 일버ᅀᅡ: 훔쳐 ☞ 일벗-+-아(종.어.)

16) 바다: 따라, 좇아 ☞ 받-+-아

17) 남ᄀᆡ: 나무에 ☞ 낡+ᄋᆡ(특이 부.조.). '나모'는 ㄱ-보유어로 단독형이거나 자음조사와 연

子息(자식) 업스실씨 몸앳20) 필 뫼화 그르세 담아 男女를 내ᅀᆞᄫᆞ니21)

其五

1:3a어엿브신22) 命終(명종)에 甘蔗氏(감자씨) 니ᅀᆞ샤ᄆᆞᆯ23) 大瞿曇(대구담)이 일우니이다24)

아ᄃᆞᆨᄒᆞᆫ 後世(후세)예 釋迦佛(석가불) ᄃᆞ외싫 ᄃᆞᆯ 普光佛(보광불)이 니ᄅᆞ시니이다

其六

1:3b外道人五百이 善慧(선혜)ㅅ 德(덕) 닙ᄉᆞᄫᅡ 弟子ㅣ ᄃᆞ외야 銀(은)돈ᄋᆞᆯ25) 받ᄌᆞᄫᆞ니26)

결되면 '나모', 모음 조사와 연결되면 '낡'으로 교체한다. 나모#/나모도/나모와 ~ 남기(←낡+이)/남ᄀᆞᆯ(←낡+ᄋᆞᆯ)

18) ᄢᅦ여: 꿰이어 ☞ ᄢᅦ이-[←ᄢᅦ-+-이-(피.접.)]+-어

19) ᄆᆞᄎᆞ시니: 마치셨으니 ☞ ᄆᆞᆾ-+-(ᄋᆞ)시-(주.높.)+-니(평.어.). (1) 문장의 주체는 생략된 '兄님'으로, 서술자에게 높임의 대상이 되기 때문에 주체높임법이 실현되었다. (2) 중세국어에서 동사는 부정법으로 과거시제가 실현되었다. 현대국어에서는 과거시제선어말어미 '-었-'에 의해 실현된다. 시제에 대해서는 '석보상절서' p.30, p.186 주(24) 참조.

20) 몸앳: 몸에의. 몸에 있는 ☞ 몸+애(부.조.)+ㅅ(관.조.) (1) 명사의 끝소리가 'ㅁ'이어서 끊어적기가 되었다. 주(8) 참조. (2) '몸'이 부처의 전신(前身)인 보살의 몸이기 때문에 높임의 대상으로 파악하여 존칭 관형격조사 'ㅅ'이 사용되었다.

21) 내ᅀᆞᄫᆞ니: 냈사오니 ☞ 내-[←나-(出)+-이-(사.접.)]+-ᅀᆞᆸ-+-(ᄋᆞ)니(반말체 평.어.). 목적어인 '男女'가 석가모니 전세의 조상이므로 주어(대구담)나 서술자(편찬자)보다 존귀한 인물이어서 객체높임의 '-ᅀᆞᆸ-'이 연결되어 객체높임법이 실현되었다.

22) 어엿브신: 가엾으신 ☞ 어엿브-+-시-(주.높.)+-ㄴ(관.전.). '어엿브다'는 '가엾다/가엾게 여기다[憫]'의 뜻이었는데, 현대국어에서는 '예쁘다/곱다[美麗]'의 뜻으로 바뀌었다. 의미변화 중 의미이동에 해당한다.

23) 니ᅀᆞ샤ᄆᆞᆯ: 이으심을 ☞ 닛-[連]+-(ᄋᆞ)샤-(주.높.)+-옴(명.전.)+ᄋᆞᆯ(목.조.). 주체높임 선어말어미는 자음 어미 앞에서는 '-시-', 모음 어미 앞에서는 '-샤-'로 교체한다.

24) 일우니이다: 이루었습니다 ☞ 일우-[←일-[成]+-우-(사.접.)]+-니-(원칙법)+-이-(상.높.하쇼셔체 표지)+-다(평.어.). 상대높임법 'ᄒᆞ쇼셔'체 표지 '-이-'는 평서문에, '-잇-'은 의문문에 쓰였다. 'ᄒᆞ쇼셔'체 명령형은 '-쇼셔'이다.

25) 돈ᄋᆞᆯ ☞ 명사의 끝소리가 'ㄴ'이어서 끊어적기 되었다. 주(8) 참조.

26) 받ᄌᆞᄫᆞ니: 바치오니 ☞ 받-+-ᄌᆞᆸ-(객.높.)+-ᄋᆞ니. (1) 생략된 부사어 '善慧ᄭᅴ'가 주어 명사인 外道人 五百보다 높고, 화자(서술자)보다도 높다고 생각되기 때문에 객체높임법이 실현되었다.

賣花女 俱夷(매화녀 구이) 善慧ㅅ 뜨들 아ᅀᆞᄫᅡ[27] 夫妻願(부처원)으로 고ᄌᆞᆯ 받ᄌᆞᄫᆞ시니

其七

1:4a다ᄉᆞᆺ 곶[28] 두 고지 空中(공중)에 머믈어늘[29] 天龍八部(천룡팔부)ㅣ 讚嘆(찬탄)ᄒᆞᅀᆞᄫᆞ니

옷과 마리ᄅᆞᆯ[30] 路中(노중)에 펴아시ᄂᆞᆯ[31] 普光佛(보광불)이 ᄯᅩ 授記(수기)ᄒᆞ시니[32) 【路中은 긼 가온ᄃᆡ라】

其八

1:4b닐굽 고ᄌᆞᆯ 因(인)ᄒᆞ야[33] 信誓(신서) 기프실ᄊᆡ 世世예 妻眷(처권)이[34] ᄃᆞ외시니 【誓는 盟誓(맹서)라】

다ᄉᆞᆺ ᄭᅮ믈 因ᄒᆞ야 授記(수기) ᄇᆞᆯᄀᆞ실ᄊᆡ[35] 今日에 世尊이 ᄃᆞ외시니

---

27) 아ᅀᆞᄫᅡ: 알아 ☞ 알-[知]+-ᅀᆞᇦ-+-아. 목적어 명사인 '善慧ㅅ 뜯'이 높임의 대상인 선혜에 소속되기 때문에 실현된 간접객체높임법이다.

28) 곶: 꽃 ☞ 8종성법에 의하면 '곳'. 용비어천가와 월인천강지곡은 형태음소적 표기법을 따르고 있어 8종성법을 지키지 않았다.

29) 머믈어늘: 머믈었거늘 ☞ 머믈-+-어늘(←-거늘). (1) 'ㄹ' 아래에서 'ㄱ'이 약화되었다. 여기에서 'ㅇ'은 유성후두마찰음이다. (2) 확인법 선어말어미가 동사에 연결되면 과거시제를 나타냈다. 시제는 p.30, p.186 주(24) 참조.

30) 마리ᄅᆞᆯ: 머리카락을 ☞ '머리/마리' 둘 다 '頭(두)' 또는 '髮(발)'의 의미로 쓰였으나 '머리'는 주로 '頭[머리]'로, '마리'는 주로 '髮[머리카락]'로 썼다.

31) 펴아시ᄂᆞᆯ: 펴셨거늘 ☞ 펴-+-시-(주.높.)+-아ᄂᆞᆯ(종.어.). (1) 불연속형태소인 '-아ᄂᆞᆯ'의 사이에 '-시-'가 끼어들었다. 현대국어에서는 '시'가 선어말어미의 맨 앞에 오기 때문에 이런 일이 없다. (2) '-아ᄂᆞᆯ'은 '펴다'가 타동사이기 때문에 붙었고, 비타동사이면 '-거ᄂᆞᆯ'로 교체된다.

32) 授記: 부처가 그 제자에게 내생에 성불(成佛)하리라는 예언기(豫言記)를 주는 일.

33) 고ᄌᆞᆯ 因ᄒᆞ야: 꽃으로 인하여 ☞ 현대국어에서는 '인하다'가 불완전자동사로, 필수적 부사어를 요구하는 두 자리 서술어인데, 여기서는 타동사로 쓰여 목적어를 수반하는 두 자리 서술어로 쓰이고 있다.

34) 妻眷: 아내로서의 가족[眷屬]

35) ᄇᆞᆯᄀᆞ실ᄊᆡ: 밝아졌으므로 ☞ ᄇᆞᆰ-+-(ᄋᆞ)시-+-ㄹᄊᆡ(종.어.) 형용사 'ᄇᆞᆰ다'가 형태변화 없이 동사로 전성되었다. 형용사가 동사로 전성될 때는 직설법 선어말어미 '-ᄂᆞ-'가 연결되기

넷[36] 阿僧祇劫時節(아승기겁시절)에【阿[1:5a]僧祇ᄂᆞᆫ 그지 업ᄉᆞᆫ[37] 數(수)ㅣ라 ᄒᆞ논 마리라 劫은 時節(시절)이라 ᄒᆞ논 ᄠᅳ디라】ᄒᆞᆫ 菩薩(보살)이 王 ᄃᆞ외야 겨샤【菩薩ᄋᆞᆫ 菩提薩埵(보리살타)ㅣ라 혼 마ᄅᆞᆯ 조려[38] 니ᄅᆞ니 菩提(보리)ᄂᆞᆫ 부텻[39] 道理오[40] 薩埵ᄂᆞᆫ 衆生(중생)ᄋᆞᆯ 일울씨니[41] 부텻 道理로 衆生濟渡(중생제도)ᄒᆞ시ᄂᆞᆫ 사ᄅᆞᄆᆞᆯ 菩薩이시다 ᄒᆞᄂᆞ니라】나라ᄒᆞᆯ 아ᅀᆞ[42] 맛디시고[43] 道理 ᄇᆡ호라 나아가샤 瞿曇婆羅門(구담바라문)을 맛나샤[44] [1:5b]【瞿曇ᄋᆞᆫ 姓(성)이라 婆羅門은 조ᄒᆞᆫ[45] 힝뎌기라 ᄒᆞ논 마리니 뫼해 드러 일 업시[46] 이셔 힝뎌기 조ᄒᆞᆫ 사ᄅᆞ미라】ᄌᆞ걋[47] 오ᄉᆞ란 밧고 瞿曇ᄋᆡ 오ᄉᆞᆯ 니브샤 深山(심산)애 드러 果實(과실)와 믈와 좌

도 한다.

36) 여기서부터 월인천강지곡 其一 ~ 其八에 해당하는 석보상절의 내용이다.

37) 그지 업ᄉᆞᆫ: 끝이 없는 ☞ 긏+이(주.조.)

38) 조려: 줄여 ☞ 조리-[←졸-+-이-(사.접.)]+-어

39) 부텻: 부처님의 ☞ 부텨+ㅅ(관.조.). 관형격조사 'ㅅ'은 무정명사와 존칭 유정명사 뒤에 연결되었다.

40) 道理오: 도리고 ☞ 도리+∅-(서.조.)+-오(←-고. 대.어.). (1) 체언의 끝 모음이 '이/y'이면 영형태의 서술격조사가 연결되었다. (2) '오'는 서술격조사 뒤에서 '고'의 'ㄱ'이 약화된 것이다.

41) 일울씨니: 이루는 것이니 ☞ 일우-[←일-[成]+-우-(사.접.)]+-ㄹ#ㅆ(←ᄉᆞ)+ㅣ-+-니.

42) 아ᅀᆞ: 아우 ☞ 아ᅀᆞ > 아ᄋᆞ > 아우[弟]

43) 맛디시고: 맡기시고 ☞ 맛디-[←맜-+-이-(사.접.)]+-시-+-고.

44) 맛나샤: 만나시어 ☞ 맛나(←맞-[迎]#나-[出])+-샤-(주.높.)+-아. 비통사적 합성어. 동사 어근끼리 직접 결합한 비통사적 합성어이다. 합성어에서 구성 성분들의 배열 방식이 국어 문장에서 어절들의 배열 방식과 같은 방식으로 구성된 합성어를 통사적 합성어라 하고 그렇지 않은 것을 비통사적 합성어라 한다. 국어에서 용언 어간 뒤에 어미의 연결은 필수적이나 '맛-' 뒤에 어미가 연결되지 않은 채로 '나-'와 결합하였기 때문에 비통사적이라 한다.

45) 조ᄒᆞᆫ: 깨끗한, 맑은 ☞ 좋-[淨]+-ᄋᆞᆫ(관.전.). '둏다'는 '좋다[好]'의 뜻이다.

46) 일 업시: 초연히 ☞ 없-+-이(부.접.) (1) '일 업시'는 부사절로 안겨있다. (2) 학교문법에서는 '-이'를 부사파생 접미사로 처리하기 때문에 '없이'가 형식상으로는 파생부사이다. 그러나 서술성을 지니고 있어서 '일'을 주어로 동반하고 있다. '-이'를 부사형전성어미로 처리하는 것도 이런 문제점을 해결할 수 있는 방안이다.

47) ᄌᆞ걋: 당신의, 자기의 ☞ ᄌᆞ갸+ㅅ(관.조.) (1) 'ᄌᆞ갸'는 재귀대명사 '저'의 높임말이다. 여기서는 'ᄒᆞᆫ 菩薩'을 받는다. (2) 'ㅅ'은 존칭 유정명사에 연결되는 관형격조사이다.

시고48) 【深山ᄋᆞᆫ 기픈 뫼히라】 坐禪(좌선)ᄒᆞ시다가 【坐禪은 안자 이셔 기픈 道理 ᄉᆞ랑ᄒᆞᆯ씨라】 나라해 빌머그라49) 오시니 다 몰라보ᅀᆞᆸ더니 小瞿曇(소구담)이라 ᄒᆞ[1:6a]더라 【小ᄂᆞᆫ 져글씨라】 菩薩(보살)이 城(성) 밧50) 甘蔗園(감자원)에 【城은 자시라 甘蔗ᄂᆞᆫ ᄑᆞ리니 시믄 두ᅀᅥ 힛자히51) 나ᄃᆡ52) 대 ᄀᆞᆮ고 기리53) 열 자 남죽ᄒᆞ니 그 汁으로 粆糖(사당)ᄋᆞᆯ ᄆᆡᇰᄀᆞᄂᆞ니라 園은 東山이라】 精舍(정사) ᄆᆡᇰᄀᆞᆯ오 【精舍ᄂᆞᆫ 조심ᄒᆞᄂᆞᆫ 지비라】 ᄒᆞ오ᅀᅡ54) 안자 잇더시니 도ᄌᆞᆨ 五百이 【五ᄂᆞᆫ 다ᄉᆞ시오 百ᄋᆞᆫ 오니라】 그윗55) 거슬 일버ᅀᅥ56) 精舍ㅅ 겨ᄐᆞ로57) 디나가니 [1:6b]그 도ᄌᆞ기 菩薩ㅅ 前世生ㅅ 怨讐(원수)ㅣ러라 【前世生ᄋᆞᆫ 아랫 뉘옛 生이라】 이틄

48) 果實와 믈와 좌시고: 과실과 물(을) 잡수시고 ☞ 과실+와(←과. 접.조.) 믈+와(←과. 접.조.). 중세국어에서는 나열되는 말의 마지막에도 접속조사가 연결되었다. '와'는 'ㄹ' 아래에서 'ㄱ'이 약화된 것이다. (2) '좌시고'는 '먹다'의 높임말이다.

49) 빌머그라: 빌어먹으러 ☞ 빌먹-(←빌[乞]#먹-[食]+-(으)라. 비통사적 합성어. 주(44) 참조.

50) 밧: 밖[外]

51) 두ᅀᅥ 힛자히: 두어 해째, 이삼 년째 ☞ 두ᅀᅥᇂ 히[年]+-ㅅ(관.조.)+-자히(접미사). (1) *둘서ㅎ > 둘ᅀᅥᇂ > 두ᅀᅥᇂ > 두어ㅎ > 두어 (2) '-자히'는 명사나 명사구, 수사 등에 붙어 '차례'의 뜻을 더하는 접미사이다.

52) 나ᄃᆡ: 나되 ☞ 나-+-오ᄃᆡ. 선어말어미 '-오-'는 '-아/-어'와 연결되면 탈락하였다.

53) 기리: 길이 ☞ 기리[←길-+-이(명.접)]+∅(주.조.). '형용사'에서 명사를 파생하는 접미사는 '-ᄋᆡ/-의'였고, 부사를 파생하는 접미사는 '-이'였다. '기릐'가 기대되는 곳이나 '기리'로 나타났다.

54) ᄒᆞ오ᅀᅡ: 혼자 ☞ ᄒᆞ오ᅀᅡ > 호ᅀᅡ > 호자 > 혼자

55) 그윗: 나라의, 관청의 ☞ 그위+ㅅ(관.조.). '그위'가 무정명사이기 때문에 관형격조사 'ㅅ'이 연결되었다.

56) 일버ᅀᅥ: 훔쳐, 빼앗아 ☞ 일벗-+-어. 월인천강지곡 <其三>에서는 '일버ᅀᅡ'로 나타난다. 모음조화가 완벽하게 지켜지지는 않았다.

57) 겨ᄐᆞ로: 곁으로 ☞ 곁[傍]+ᄋᆞ로. '겨트로'가 예상되나 '겨ᄐᆞ로'로 나타났다. 이기문(1977:126~127)에서는 '여러~여라'의 공존은 '여'의 고형이 '*yʌ'였기 때문이었을 것으로 추정하기도 하였다. 즉, '여' 뒤에서 모음조화 규칙에 어긋나는 일부의 예는 'yʌ > yə'의 변화에 기인하는 것으로 해석하였다. 한편, 훈민정음에서 /yʌ/를 표기하는 문자로 'ᆝ'가 쓰이기도 하였고, 신경준은 이에 대해 『운해 훈민정음』에서 'ᆢ'라는 새로운 문자로 이를 표기하였다. (ᄋᆢ듧[八])

나래58) 나라해이셔59) 도ᄌᆞ기 자최 바다가아 그 菩薩ᄋᆞᆯ 자바 남기 모ᄆᆞᆯ 뻬ᅀᆞ바 뒷더니60) 【菩薩이 前生애 지ᅀᅳᆫ 罪(죄)로61) 이리 受苦(수고)ᄒᆞ시니라】 大瞿曇이 天眼(천안)ᄋᆞ로 보고 菩薩ᄋᆞᆯ 小瞿曇이시다 ᄒᆞᆯᄊᆡ 【婆羅1:7a門을 大瞿曇이라 ᄒᆞ니 大는 클씨라 天眼ᄋᆞᆫ 하ᄂᆞᆳ 누니라 ᄒᆞ논 마리라】 虛空(허공)애62) ᄂᆞ라와 묻ᄌᆞᄫᅩᄃᆡ63) 그ᄃᆡ 子息 업더니 므슷 罪오64) 菩薩이 對答(대답)ᄒᆞ샤ᄃᆡ ᄒᆞ마65) 주글 내어니66) 子孫(자손)ᄋᆞᆯ 議論(의론)ᄒᆞ리여67) 【子는 아ᄃᆞ리오 孫ᄋᆞᆫ 孫子ㅣ니 子孫

58) 이틄나래: 이튿날에 ☞ 이틀+ㅅ#날+애(부.조.) (1) 중세국어에서는 현대국어와 달리 합성명사가 형성될 때 앞 성분이 유성자음인 'ㄴ, ㄹ, ㅁ, ㆁ'일 때도 사이시옷을 받쳐 적었다. (2) 근대국어에서 'ㅅ' 앞의 'ㄹ'이 탈락하여 '이틄날'이 '이틋날'로 표기되었다. <석상 6:27a>에서도 '이틋날'로 나타난다. 현대 맞춤법에서는 '이틀+날 > 이튿날'('ㄷ~ㄹ' 호전현상)로 잘못 이해하여 '이튿날'로 표기하게 되었다. 釋譜詳節(六) p.171 주(284) 참조.

59) 나라해이셔: 나라에서 ☞ 나라ㅎ+애이셔(주.조.) (1) '애이셔'는 단체무정명사에 나타나는 주격조사로, 현대국어의 단체무정명사에 나타나는 주격조사 '에서'와 기능이 같다.

60) 뒷더니: 두었더니 ☞ 두-+-어#잇-+-더-+-니. '뒛더니~두엣더니'로 나타나지 않고 '뒷더니'로 나타나 불규칙적이다.

61) 지ᅀᅳᆫ: 지은 ☞ 짓-+-오-(대상활용)+-ㄴ. 관계관형절의 꾸밈을 받는 명사가 관형절의 의미상의 목적어가 될 때 대상활용의 '오'가 관형절의 서술어에 연결된다. 여기에서는 '죄'가 관형절 '菩薩이 前生애 지ᅀᅳᆫ'의 의미상의 목적어가 된다.

62) 虛空애: 허공에서 ☞ 허공+애(출발점 부.조.) '애'는 낙착점을 뜻하기도 한다.

63) 묻ᄌᆞᄫᅩᄃᆡ: 묻되 ☞ 묻-+-ᄌᆞᆸ-+-오ᄃᆡ. 'ᄌᆞᆸ'이 쓰인 이유는 화자(편찬자)나 주어(대구담)보다 소구담이 높기 때문이다. 대구담 ≦ 화자 < 소구담

64) 그ᄃᆡ 子息 업더니 므슷 罪오: 당신 자식 없더니 무슨 죄인가? ☞ (1) 체언의문문으로 설명의문문이다. 체언의문문을 만드는 보조사에는 '고/오'(설명의문문), '가/아'(판정의문문)가 있었다. 의문보조사 '고/가'는 'ㄹ'과 'y' 뒤에서 'ㄱ'이 약화되어 '오/아'로 나타난다. (2) '그ᄃᆡ'는 2인칭 대명사 '너'의 존칭으로, 대체로 'ᄒᆞ야쎠'체 정도의 높임이다. 현대국어의 '자네' 또는 '당신' 정도에 해당한다. 여기서는 '그ᄃᆡ'로 나타나지만, 원래의 형태는 '그듸/그ᄃᆡ'이다. (3) 중세국어 의문문은 'ᄒᆞ라체'에서 1.3인칭 의문문, 2인칭 의문문, 체언의문문 등이 있었다. 그리고 설명의문문과 판정의문문의 어미의 형태가 달랐다. 단, 'ᄒᆞ야쎠'에서는 설명의문문과 판정의문문의 형태적 구별이 확인되지 않는다. 의문문에 대해서는 중세국어문법 pp.33~34 참조.

65) ᄒᆞ마: 장차 ☞ 시간부사 'ᄒᆞ마'는 과거(이미, 벌써)와 미래(장차, 이제 곧)에 다 쓰였다. 여기서는 미래의 용법으로 쓰였다.

66) 내어니: 나이거니 ☞ 나[我]+ㅣ-(서.조.)+-어(←거. 확인법)+-니. '-어-'는 확인법 선어말어미 '-거-'가 서술격조사 뒤에서 'ㄱ'이 약화된 것이다.

ᄋᆞᆫ 아ᄃᆞ리며 孫子ㅣ며 後ㅅ 孫子ᄅᆞᆯ 無數(무수)히 ᄂᆞ리 닐온 마리라】 그 王이 [1:7b]사ᄅᆞᆷ 브려 쏘아 주기ᅀᆞᄫᆞ니라[68] 大瞿曇이 슬허[69] ᄧᅳ리여[70] 棺(관)애 녀ᄊᆞᆸ고[71] 피 무든 ᄒᆞᆯᄀᆞᆯ 파 가져 精舍애 도라와 왼녁 피 닫[72] 담고 올ᄒᆞᆫ녁 피 닫다마 두고 닐오ᄃᆡ 이 道士(도사)ㅣ 精誠(정성)이 至極(지극)ᄒᆞ단디면[73] 【道士ᄂᆞᆫ 道理 ᄇᆡ호ᄂᆞᆫ 사ᄅᆞ미니 菩薩ᄋᆞᆯ ᄉᆞᆯᄫᆞ니라】 하ᄂᆞᆯ히 당다이[74] 이 피ᄅᆞᆯ [1:8a]사ᄅᆞᆷ ᄃᆞ외에[75] ᄒᆞ시리라 열 ᄃᆞᆳ 마내 왼녁 피ᄂᆞᆫ 男子ㅣ ᄃᆞ외오【男子ᄂᆞᆫ 남지니라】 올ᄒᆞᆫ 녁 피ᄂᆞᆫ 女子ㅣ ᄃᆞ외어늘【女子ᄂᆞᆫ 겨지비라[76]】 姓을 瞿曇氏(구담씨)라 ᄒᆞ더니【氏ᄂᆞᆫ 姓 ᄀᆞᄐᆞᆫ 마리라】 일로브터[77] 子孫이 니ᅀᅳ시니 瞿曇氏 다시 니러 나시니라【小瞿曇이 甘蔗園에 사ᄅᆞ실ᄊᆡ[78] 甘蔗[1:8b]氏라도 ᄒᆞ더니라】 普光佛(보

---

67) 子孫을 議論ᄒᆞ리여: 자손을 말하겠는가? ☞ 어미가 '어/아' 계열로 판정의문문이다.

68) 주기ᅀᆞᄫᆞ니라: 죽였다 ☞ 주기-[← 죽-+-이-(사.접.)]+-ᅀᆞᆸ-(객.높.)+-니라. (1) 생략된 목적어인 '보살'이 높임의 대상이 되므로 객체높임법이 실현되었다. (2) 부정법으로 과거시제가 실현되었다.

69) 슬허: 슬퍼하여 ☞ 슳-+-어. '슳다'는 동사로 '슬퍼하다'의 뜻이고, 형용사는 '슬프다← [슳-+-브-(형.접.)]'이다.

70) ᄧᅳ리여: 꾸리어, 싸 ☞ ᄧᅳ리-+-어

71) 녀ᄊᆞᆸ고: 넣고 ☞ 넣-+-ᄉᆞᆸ-+-고. 목적어 명사인 '소구담'을 높인다. 'ㅎ'과 'ㅅ'이 결합하여 'ㅆ'으로 바뀌었다. 축약으로 보면 특이한 축약에 속한다. '넣ᄉᆞᆸ고→녇ᄉᆞᆸ고→녇ᄊᆞᆸ고→녀ᄊᆞᆸ고'의 과정을 거친 것으로 보는 것도 한 방법이다.

72) 닫: 따로 ☞ '*닫-'[異]의 어간이 바로 부사로 파생되었다. *닫+ᄋᆞ > 다ᄅᆞ- > 다르-

73) 至極ᄒᆞ단디면: 지극하다 할 것 같으면 ☞ 至極ᄒᆞ-+-단디면(종.어.)

74) 당다이: 마땅히

75) ᄃᆞ외에 ᄒᆞ시리라: 되게 하실 것이다 ☞ ᄃᆞ외+-에(보.어.) ᄒᆞ-(보.용.)+-시-+-리-+-라. (1) '-게 ᄒᆞ다' 사동문이다. (2) '-에'는 '-게'의 'ㄱ'이 'y' 뒤에서 약화된 것이다. ㄱ → ㅇ [ɦ]/{y, ㄹ}___. 이 규칙은 근대국어에서 없어진다.

76) 겨지비라: 여자이다 ☞ 겨집[女子]+이-(서.조.)+라(← 다). '겨집'은 '여자, 아내'의 의미로 쓰였으나 현대에는 여자의 낮춤말[卑稱]로 쓰이므로 의미변화 중 의미축소에 해당한다.

77) 일로브터: 이로부터 ☞ 이(㉹)+(ㄹ)로(부.조.)+브터(보조사). 대명사 '이'에 부사격조사 '로'가 연결되면서 'ㄹ'이 덧생겼다. 대명사 '나, 너, 누' 등도 이런 현상이 일어난다. 날로/널로/눌로/일로/눌와 등. 文章은 다 날록 몬졔로다 <두언 20:6>

78) 사ᄅᆞ실ᄊᆡ: 사시므로 ☞ 살-+-(ᄋᆞ)시-+-ㄹᄊᆡ. 중세국어에서는 어간 말음 'ㄹ'은 '-시-' 앞에서 탈락하지 않고 매개모음이 삽입되었다. 현대국어에서는 '시' 앞에서 'ㄹ'이 탈락한다. 알-+-시-+-니→아시니.

광불)이【普光ᄋᆞᆫ 너븐 光明이라 이 부텨 나ᄉᆙᇙ 저긔79) ᄆᆞᇝ ᄀᆞᅀᆡ 光이 燈(등) ᄀᆞᄐᆞ실ᄊᆡ 燃燈佛(연등불)이시다도80) ᄒᆞᄂᆞ니 燃은 블 혈씨라81) ᄯᅩ 錠光佛(정광불)이시다도 ᄒᆞᄂᆞ니 錠은 발 잇ᄂᆞᆫ 燈이라 佛은 알씨니 나 알오82) ᄂᆞᆷ 조쳐83) 알욀씨니84) 부텨를 佛이시다 ᄒᆞᄂᆞ니라】世界예 나거시ᄂᆞᆯ85)【하ᄂᆞᆯ히며 사ᄅᆞᆷ 사ᄂᆞᆫ ᄯᅡ할 다 뫼호아 世界라 ᄒᆞᄂᆞ니라】그ᄢᅴ 善慧(선혜)라 호ᇙ86) 仙人(선인)이【仙人ᄋᆞᆫ 제87) 몸 구텨88) 오래 사ᄂᆞᆫ 사1:9aᄅᆞ미니 뫼해 노니ᄂᆞ니라89)】五百 外道(외도)ᄋᆡ 그르 아논 이ᄅᆞᆯ90)【外道ᄂᆞᆫ 밧 道理니 부텻 道理예 몯 든 거시라】ᄀᆞᄅᆞ쳐

79) 나ᄉᆙᇙ 저긔: 나실 때에 ☞ 'ㆆ'은 된소리부호이다. 관형사형 전성어미 '-ㄹ' 뒤의 'ㆆ'이 된소리부호로 사용된 흔적이 현대국어에서 관형사형 전성어미 'ㄹ' 뒤에서의 된소리 발음으로 남아 있다.

80) 燃燈佛이시다도: 연등불이시다(라고)도 ☞ 중세국어에서는 인용부사격조사가 없었다.

81) 혈씨라: 켠다는 것이다. ☞ 혀-[點火]+-ㄹ#ᄊᆞ(← ᄉᆞ. 의.명.)+ㅣ-(서.조.)+-라(← 다. 평.어.)

82) 알오: 알고 ☞ 알-+-오(←-고. 대.어.). 'ㄹ' 아래에서 'ㄱ' 약화되었다. 이때의 'ㅇ'은 유성후두마찰음이다.

83) ᄂᆞᆷ 조쳐: 남까지 아울러 ☞ 조치-[←좇-+-이-(사.접.)]+-어

84) 알욀씨니: 알게 한다는 것이니 ☞ 알외-[←알-[知]+-외-(사.접.)]+-ㄹ#ᄊᆞ+ㅣ-+-니. '외'는 사동접미사 '오'와 '이'의 복합으로도 볼 수 있다.

85) 나거시ᄂᆞᆯ: 나시거늘 ☞ 주체높임 선어말어미 '-시-'가 불연속형태소 '-거ᄂᆞᆯ' 사이에 끼어들었다. 18세기 말엽 선어말어미의 순서가 조정되어 '-시-'가 선어말어미 중 가장 앞에 위치하게 되었기 때문에 현대국어에서는 '-시-'가 다른 형태소 사이에 끼어드는 일이 없다.

86) 호ᇙ: 하는 ☞ ᄒᆞ-+-오-+-ㅭ. 중세국어에서는 관형사형 전성어미 '-ㅭ/-ㄹ'이 미래시제가 아닌 일반적인 동작을 나타내는 비시칭(非時稱)으로도 쓰였다. 현대국어에서 관형사형 전성어미 '-ㄹ'은 미래시제를 나타낸다.

87) 제: 자기의 ☞ 저(3인칭 재귀대명사)+ㅣ(←의. 관.조.)

88) 구텨: 튼튼하게 하여 ☞ 구티-[←굳[堅/固]+-히-(사.접.)]+-어

89) 노니ᄂᆞ니라 ☞ 노니-(←놀-[遊]#니-[行])+-ᄂᆞ-(직설법)+-니라(평.어.). (1) '노니-'는 어근끼리 결합한 비통사적 합성어이다. (2) '-니라'는 하나의 종결어미로 볼 수도 있고, '-니-(원칙법)+-라(평.어.)'로 분석할 수도 있다. 여기서는 '-니라'를 하나의 형태소로 다룬다.

90) 五百 外道ᄋᆡ 그르 아논 이ᄅᆞᆯ: 오백 외도가 잘못 아는 일을 ☞ (1) '그르 아논'의 의미상 주어는 '오백 외도'이다. 중세국어에서는 관형절이나 명사절의 의미상의 주어가 일반적으로 관형격의 형태를 취했다. (2) 아논 ☞ 알-+-ᄂᆞ-+-오-(대상활용)+-ㄴ. 선어말어미 '-오-'가 연결된 이유는 관형절 '五百 外道ᄋᆡ 그르 아논'의 피수식어 '일'이 관형절의 의미상

고텨시ᄂᆞᆯ91) 그 五百 사ᄅᆞ미 弟子ㅣ ᄃᆞ외아지이다92) ᄒᆞ야 銀돈 ᄒᆞᆫ 낟곰93) 받ᄌᆞᄫᆞ니라【法 ᄀᆞᄅᆞ치ᄂᆞ닌94) 스승이오 ᄇᆡ호ᄂᆞ닌 弟子ㅣ라】그 저긧 燈照王(등조왕)이 普光佛을 請(청)ᄒᆞᅀᆞᄫᅡ 供[1:9b]養(공양)호리라 ᄒᆞ야 나라해 出令(출령)호ᄃᆡ 됴ᄒᆞᆫ 고ᄌᆞ란95) ᄑᆞ디96) 말오 다 王ᄭᅴ 가져오라 善慧 드르시고 ᄎᆞ기97) 너겨 곳 잇ᄂᆞᆫ ᄯᅡ홀 ᄌᆞᆯ가98) 가시다가 俱夷(구이)ᄅᆞᆯ 맛나시니【俱夷ᄂᆞᆫ ᄇᆞᆯᄀᆞᆫ 녀펴니라99) ᄒᆞ논 ᄠᅳ디니 나ᅀᆞᆶ 저긔 ᄒᆡ 디여가ᄃᆡ 그 지븐 光明이 비췰ᄊᆡ 俱夷라100) ᄒᆞ니라】곳 닐굽 줄기ᄅᆞᆯ 가져 겨샤ᄃᆡ101) 王ㄱ出令102)[1:10a]을 저ᄊᆞᄫᅡ103) 甁(병)ㄱ

의 목적어가 되기 때문이다.

91) 고텨시ᄂᆞᆯ: 고치시거늘. ☞ 고티-[正/改]+-시-+-어ᄂᆞᆯ. '시'가 '-어ᄂᆞᆯ' 사이에 끼어듦. '고티-'가 타동사이므로 '-어ᄂᆞᆯ'이 연결됨.

92) 그 五百 사ᄅᆞ미 弟子ㅣ ᄃᆞ외아지이다: 그 오백 사람이 제자가 되고 싶습니다 ☞ (1) '주어+보어+서술어'의 구조이다. (2) ᄃᆞ외아지이다: ᄃᆞ외-+-아지이다(상.높. ᄒᆞ쇼셔체 소망종결형어미). '이'는 ᄒᆞ쇼셔체 상대높임법 표지이다. '-거지라/-어지라'의 ᄒᆞ쇼셔체 상대높임법은 '-거지이다/-어지이다'이다. '-거/-어'의 선택은 확인법의 연결 조건과 같다. 여기서는 바타동사에 붙는 '거'가 'y' 뒤에서 'ㄱ'이 약화되어 '아'로 나타났다. (3) 간접인용문이다. 직접인용문이라면 '우리 弟子ㅣ ~' 일 것이다.

93) ᄒᆞᆫ 낟곰: 한 개씩 ☞ 수사나 수 표시어에 붙는 '-곰/-옴'은 접미사이다. 부사나 부사형 뒤에 붙는 '-곰/-옴'은 강조의 보조사이다. (예) 노피곰/ᄒᆡᅘᅧ곰

94) ᄀᆞᄅᆞ치ᄂᆞ닌: 가르치는 사람은 ☞ ᄀᆞᄅᆞ치-[敎]+-ᄂᆞ-(직설법)+-ㄴ(관.전.)#이(의.명.)+(ᄋᆞ/으)ㄴ(보조사)

95) 고ᄌᆞ란: 꽃은, 꽃일랑은 ☞ 곶[花]+ᄋᆞ란(지적의 보조사)

96) ᄑᆞ디: 팔지 ☞ ᄑᆞᆯ-[賣]+-디(보.어.) 'ㄷ' 앞에서 'ㄹ'이 탈락했다.

97) ᄎᆞ기: 안타깝게, 측은하게, 가엾게.

98) ᄌᆞᆯ가: 따라, 좇아

99) 녀펴니라: 여자이다 ☞ 녀편(女便)+이-+-라(←-다). '녀편'은 여성을 '남편'은 남성을 뜻하였으나 의미축소가 일어났다.

100) 俱夷라: 구이이다 ☞ 俱夷+∅-(서.조.)+-라(←-다)

101) 겨샤ᄃᆡ: 계시되 ☞ 겨시-+-오ᄃᆡ

102) 王ㄱ出令: 왕의 명령 ☞ (1) 한자어 체언 결합에서 앞 단어의 끝소리가 불청불탁음이면 그것과 같은 조음위치의 전청자가 사잇소리로 쓰였다. 이런 표기는 용비어천가와 훈민정음언해에서만 보이는데, 여기에서도 나타난다. 선행음이 아음의 불청불탁인 'ㆁ'이므로 아음의 전청인 'ㄱ'이 사잇소리로 쓰였다. (2) 현대국어에서는 선행어가 모음으로 끝날 때만 사이시옷을 받쳐 적고, 선행어가 모음으로 끝난다 하더라도 후행어가 된소리나 거센소리로 시작하면 사이시옷을 받쳐 적지 않는다. (예) 위층/위쪽/나무꾼. 다만, 현대국어

소배[104] ᄀᆞ초아[105] 뒷더시니 善慧 精誠이 至極(지극)ᄒᆞ실ᄊᆡ 고지 소사나거늘 조차 블러 사아지라 ᄒᆞ신대[106] 俱夷 니ᄅᆞ샤ᄃᆡ 大闕(대궐)에 보내ᅀᆞᄫᅡ【大闕은 큰 지비니 님금 겨신 지비라】 부텻긔 받ᄌᆞᄫᆞᆶ 고지라 몯ᄒᆞ리라 善慧 니ᄅᆞ샤ᄃᆡ 五百銀 도ᄂᆞ[1:10b]로 다ᄉᆞᆺ 줄기ᄅᆞᆯ 사아지라 俱夷 묻ᄌᆞᄫᆞ샤ᄃᆡ[107] 므스게 ᄡᅳ시리 善慧 對答ᄒᆞ샤ᄃᆡ 부텻긔 받ᄌᆞᄫᅩ리라 俱夷 ᄯᅩ 묻ᄌᆞᄫᆞ샤ᄃᆡ 부텻긔 받ᄌᆞᄫᅡ 므슴 호려[108] ᄒᆞ시ᄂᆞ니 善慧 對答ᄒᆞ샤ᄃᆡ 一切種種智慧(일체종종지혜)를 일워 衆生(중생)ᄋᆞᆯ 濟渡(제도)코져 [1:11a]ᄒᆞ노라【一切는 다 ᄒᆞᄃᆞᆺᄒᆞᆫ[109] 마리오 種種ᄋᆞᆫ 여러 가지라 ᄒᆞ논 ᄠᅳ디라 衆生ᄋᆞᆫ 一體世間(일체세간)앳 사ᄅᆞ미며 하ᄂᆞᆯ히며 긔는 거시며 ᄂᆞᄂᆞᆫ 거시며 므렛 거시며 무틧 거시며 숨ᄐᆞᆫ 거슬[110] 다 衆生이라 ᄒᆞᄂᆞ니라[111] 濟渡ᄂᆞᆫ 믈 건낼씨니[112] 世間앳 煩惱(번뇌) 만호미 바ᄅᆞᆳ믈 ᄀᆞᄐᆞ니 부톄

에서는 후행어가 모음으로 시작하더라도 사이시옷을 받쳐 적기도 한다. (예) 나뭇잎, 뒷윷

103) 저ᅀᆞᄫᅡ: 두려워하여 ☞ 젛-+-숩-+-아. 주어인 '구이'는 화자(편찬자)에게 높임의 대상이 되고, '왕'은 높임의 대상이 되지 못하므로, '저허'가 되어야 할 것으로 보이나, 出令하는 왕과 그 영을 받는 백성의 관계를 고려하여 '숩-'이 쓰인 것으로 보인다.

104) 소배: 속에 ☞ 솝+애. '솝>속'.

105) ᄀᆞ초아: 감추어 ☞ 'ᄀᆞ초-'는 '갖추다[備]'와 '감추다[藏]'의 두 가지 뜻을 지니고 있었는데, 'ᄀᆞ초->갖추-, ᄀᆞ초->ᄀᆞᆷ초->감추-'로 분화되었다.

106) 사아지라 ᄒᆞ신대: 사고싶다 하신즉 ☞ 사-+-아지라(소망 평.어.) ᄒᆞ-+-시-+-ㄴ대(이유. 종.어.)

107) 俱夷 묻ᄌᆞᄫᆞ샤ᄃᆡ: 구이가 (선혜에게) 물으시기를 ☞ 묻-[問]+-ᄌᆞᇦ-+-ᄋᆞ샤-+-오ᄃᆡ ☞ (1) 'ᄌᆞᇦ'은 선혜를 높이고, '샤'는 구이를 높인다. (2) 화자(편찬자)에게 있어 구이와 선혜가 모두 높임의 대상이나 구이(석가 부인, 야수다라의 전신)에 비해 선혜(석가의 전신)가 더 높다고 생각되어 '-ᄌᆞᇦ-'이 쓰였다. 뒤의 선혜와 구이의 대화에서도 구이는 선혜에게 주체 높임을 쓰고 있고, 선혜는 구이에게 'ᄒᆞ라'체를 쓰고 있다.

108) 므슴 호려: 무엇 하려 ☞ 므슴ᄒᆞ-+-오려('의도' 종.어.). '-오려'는 항상 '오/우'를 선접하므로 더 이상 분석하지 않는다.

109) 다 ᄒᆞᄃᆞᆺ ᄒᆞᆫ: '(모두) 다'라고 하는 것과 같은 ☞ '-ᄃᆞᆺ'이 어간 뒤에 바로 연결되었으므로 어미이다.

110) 숨ᄐᆞᆫ 거슬: 목숨을 받은 것을, 살아 숨쉬는 것을

111) ·衆生ᄋᆞᆫ~·衆生이라 ᄒᆞᄂᆞ니라: (1) 피정의항인 '중생'을 서술하는 부분이 길어지자 서술부에서 다시 피정의항이 반복되었다. 이런 구성도 중세국어의 한 특징이다. (2) '·衆

法 ᄀᆞᄅᆞ치샤 煩惱 바ᄅᆞ래 건내야 내실쏠113) 濟渡ㅣ라 ᄒᆞᄂᆞ니라】 俱夷 너기샤ᄃᆡ 이 男子ㅣ 精誠이 至極홀씨 보ᄇᆡ롤 아니 1:11b앗기놋다114) ᄒᆞ야 니ᄅᆞ샤ᄃᆡ 내 이 고ᄌᆞᆯ 나ᅀᆞ리니115) 願(원)ᄒᆞᆫᄃᆞᆫ116) 내 生生애 그ᄃᆡᆺ 가시 ᄃᆞ외아지라 善慧 對答ᄒᆞ샤ᄃᆡ 내 조ᄒᆞᆫ 힝뎌글 닷가 일 업슨117) 道理롤 求ᄒᆞ노니 죽사릿 因緣118)(인연)은 둗디 몯호려다119) 【因緣은 젼ᄎᆞ니 前生앳 이릐 젼ᄎᆞ롤 因緣이라 ᄒᆞ고 그 이롤 因ᄒᆞ야 後生애 ᄃᆞ외요ᄆᆞᆯ 果1:12a報(과보)ㅣ라 ᄒᆞᄂᆞ니 果(과)ᄂᆞᆫ 여르미오 報(보)ᄂᆞᆫ 가ᄑᆞᆯ씨라 됴ᄒᆞᆫ ᄣᅵ 심거든120) 됴ᄒᆞᆫ 여름 여루미 前生앳 이릐 因緣으로 後生애 됴ᄒᆞᆫ 몸 ᄃᆞ외어나 구즌 몸 ᄃᆞ외어나 호미121) ᄀᆞᄐᆞᆯ씨122) 果ㅣ라 ᄒᆞ고 後生애 ᄃᆞ외요미 前生 因緣을 가포밀씨123) 報ㅣ라 ᄒᆞᄂᆞ니라 夫妻(부처)ᄒᆞ야 사

生'과 '즁ᄉᆡᆼ'에 대해서는 주(128-2) 참조.

112) 건낼씨니: 건너게 한다는 것이니 ☞ 건내-[←건나-+-이-(사.접.)]+-ㄹ#ᄊᆞ+ㅣ-+-니

113) 내실쏠: 내시는 것을 ☞ 내-[←나-[出]+-이-(사.접.)]+-시-(주.높.)+-ㄹ#ᄊᆞ+ᄋᆞᆯ(목.조.)

114) 앗기놋다: 아끼는구나 ☞ 앗기-+-ᄂᆞ-(직설법)+-옷-(감동법)+-다

115) 나ᅀᆞ리니: 바치겠으니, 진상(進上)하겠으니 ☞ 나ᅀᆞ-[←낫-[進]+-오-(사.접.)]+-오-(인칭활용)+-리-(추측법)+-니(종.어.)

116) 願ᄒᆞᆫᄃᆞᆫ: 원컨대 ☞ 願ᄒᆞ-+-ㄴᄃᆞᆫ(종.어.)

117) 일 업슨: 일 없는, 세속을 초월한

118) 죽사릿 因緣: 생사(生死)의 인연, 부부의 인연 ☞ 죽살-(←죽-#살-)+-이(명.접.)+ㅅ(관.조.). 비통사적 합성어인 '죽살-'에 명사파생 접미사 '-이'가 붙은 파생어이다.

119) 둗디 몯호려다: 듣지 못하겠다 ☞ (1) '둗디'는 '듣-[聽]+-디(보.어.)'의 잘못. (2) 몯(부사)#ᄒᆞ-+-오-(인칭활용)+-리-(추측법)-+-어-(확인법)+-다(평.어.)

120) 심거든 ☞ 심-+-어든(종.어.). 시므-(자음어미앞) ~ 심-(모음어미앞)

121) 호미 ☞ ᄒᆞ-+-옴+이(비교 부.조.)

122) 됴ᄒᆞᆫ 여름 여루미 … 됴ᄒᆞᆫ 몸 ᄃᆞ외어나 구즌 몸 ᄃᆞ외어나 호미 ᄀᆞᄐᆞᆯ씨: 좋은 열매가 열리는 것이 전생에의 일의 인연으로 후생에 좋은 몸이 되거나 궂은 몸이 되거나 함과 같으므로 ☞ (1) 여름 여루미: 열-+-음(명.접) 열-+-움(명.전.)+이(주.조.). '여름'은 명사이고, '여룸'은 명사형으로 동사이다. 중세국어에서는 명사파생 접미사와 명사형 전성어미의 형태가 달랐다. (2) 호미: ᄒᆞ-+-옴(명.전.)+이(비교. 부.조.). 중세국어에서는 주격조사와 형태가 같은 비교 부사격조사가 있었다. (3) '됴ᄒᆞᆫ 여름 여루미'는 명사절로 안은문장에서 문장성분은 주어이고, '됴ᄒᆞᆫ 몸 ᄃᆞ외어나 구즌 몸 ᄃᆞ외어나 호미'는 명사절로 안은 문장에서 문장성분은 부사어이다.

123) 가포밀씨: 갚음이므로 ☞ 갚-+-옴(명.전.)+이-(서.조.)+-ㄹ씨(종.어.)

로ᄆᆞᆫ 힝뎌기 조티 몯ᄒᆞ야 輪廻(윤회)ᄅᆞᆯ 벗디 몯ᄒᆞᄂᆞᆫ 根源(근원)일ᄊᆡ 죽사릿 因緣이라 ᄒᆞ니라 夫는 샤오이오124) 妻는 가시라 輪廻ᄂᆞᆫ 술윗ᄢᅵ 횟돌씨니125) 부텨는 煩惱(번뇌)ᄅᆞᆯ ᄠᅥ러ᄇᆞ리실ᄊᆡ 죽사릿 受苦(수고)ᄅᆞᆯ 아니 ᄒᆞ거시니와 샹녯126) 사ᄅᆞ[1:12b]ᄆᆞᆫ 煩惱ᄅᆞᆯ 몯 ᄠᅥ러ᄇᆞ릴ᄊᆡ 이 生애셔 後生 因緣을 지ᅀᅥ 사ᄅᆞ미 ᄃᆞ외락127) 벌에 즁ᄉᆡᆼ이128) ᄃᆞ외락 ᄒᆞ야 長常(장상) 주그락 살락 ᄒᆞ야 受苦호ᄆᆞᆯ 輪廻라 ᄒᆞᄂᆞ니라】 俱夷 니ᄅᆞ샤ᄃᆡ 내 願을 아니 從(종)ᄒᆞ면 고ᄌᆞᆯ 몯 어드리라 善慧 니ᄅᆞ샤ᄃᆡ 그러면 네 願을 從호리니 나ᄂᆞᆫ 布施(보시)ᄅᆞᆯ 즐겨【布施ᄂᆞᆫ 쳔랴ᇰᄋᆞᆯ 펴아내야 ᄂᆞᆷ 줄씨라】 사ᄅᆞ미 ᄠᅳ들 거스디 [1:13a]아니ᄒᆞ노니 아뫼어나129) 와 내 머릿바기며 눉ᄌᆞᅀᆞ며 骨髓(골수)며 가시며 子息(자식)이며 도라130) ᄒᆞ야도【骨髓ᄂᆞᆫ ᄲᅧᆺ 소개 잇ᄂᆞᆫ 기르미라】 네 거튫 ᄠᅳᆮᄒᆞ야131) 내 布施ᄒᆞ논 ᄆᆞᅀᆞᄆᆞᆯ 허디 말라 俱夷 니ᄅᆞ샤ᄃᆡ 그딋 말다히132) 호리니 내 겨지비라133) 가져가디 어려ᄫᅳᆯ

124) 샤오이오: 남편이고 ☞ 샤옹+이-(서.조.)+-오(← 고)

125) 횟돌씨니: 휘돈다는 것이니 ☞ 횟돌-[← 횟-(접두.)+돌-]+-ㄹ(관.전.)#ᄊ(← ᄉ)+ㅣ-(서.조.)+-니

126) 샹녯: 상례(常例)의, 보통의 ☞ 샹례 > 샹녜. 'ㅇ' 뒤에서 'ㄹ'이 'ㄴ'으로 바뀌었다.

127) ᄃᆞ외락: 되었다가 ☞ ᄃᆞ외-+-락(동작이나 상태의 전환을 나타내는 연결어미), '-락 … -락'의 형태는 반복의 의미를 나타낸다.

128) 벌에 즁ᄉᆡᆼ이: 벌레와 짐승이 ☞ (1) *벌게 > 벌에. 'ㅇ'은 후두마찰음이다. (2) '즁ᄉᆡᆼ'은 기원적으로 '衆生'에서 온 것이나 의미가 축소되었다. 생물의 총칭을 뜻할 때는 한자로 '衆生'이라 적고, '짐승'을 뜻할 때는 한글로 '즁ᄉᆡᆼ'이라 적었다. '衆生'의 현실 한자음은 [·즁ᄉᆡᆼ]으로 '거성 평성'이었고, 훈민정음으로 표기된 '즁ᄉᆡᆼ'은 [즁ᄉᆡᆼ]으로 '평성 평성'이었다.

129) 아뫼어나: 아무나 ☞ 아모+이어나(보조사). 중세국어에서 '아모[某]'는 부정칭(不定稱), '누[誰]'는 미지칭(未知稱)으로 구분되어 사용되었다. 현대국어에서는 '누/누구'가 부정칭에도 사용되어 구분이 분명하지 않다. (예) 누가 왔니?(미지칭) 누구나 오라.(부정칭)

130) 도라 ᄒᆞ야도: 달라고 하여도 ☞ '자기에게 건네다'를 의미하는 '주다'의 보충법적 형태이다. 간접명령형어미 '-라' 앞에서는 '도-/달-'이 된다. '도라'와 '달라'는 수의적으로 교체한다. 예) 수를 달라 ᄒᆞ야 먹ᄂᆞ다<두언 25:18>

131) 거튫 ᄠᅳᆮ ᄒᆞ야: 거리껴 하는 마음을 내어 ☞ 거튜-[← 거티-+-우-(사.접.)]+-ㅭ(관.전.)

132) 말다히: 말대로 ☞ 말+-다히(부.접). '말ᄃᆞᇦ-[← 말+-ᄃᆞᇦ-[如](형.접.)]+-이(부.접.)'로도 분석할 수도 있다. '-다ᄫᅵ > 다이'로도 나타난다.

ᄡᅵ 두 줄기를 조쳐 맛디노니134) 1:13b부텻긔 받ᄌᆞᄫᅡ 生生애 내 願을 일티 아니케 ᄒᆞ고라135) 그 ᄢᅴ 燈照王(등조왕)이 臣下(신하)와 百姓(백성)과 領(영)코【領은 거느릴씨라】種種 供養(종종 공양) 가져 城의 나아 부텨를 맛ᄌᆞᄫᅡ 저ᅀᆞᆸ고136) 일훔난 고ᄌᆞᆯ 비터라137) 녀느 사ᄅᆞ미 供養 ᄆᆞ차ᄂᆞᆯ 善慧 다ᄉᆞᆺ 고ᄌᆞᆯ 비ᄒᆞ시니 1:14a다 空中(공중)에 머므러 곳 臺(대) ᄃᆞ외어늘【空中은 虛空(허공)ㅅ 가온ᄃᆡ라】後에 두 줄기를 비ᄒᆞ니 ᄯᅩ 空中에 머므러 잇거늘 王이며 天龍八部(천룡팔부)ㅣ 과ᄒᆞ야138) 네 업던 이리로다139) ᄒᆞ더니【八部는 여듧 주비니140) 天과 龍과 夜叉(야차)와 乾闥婆(건달파)와 阿修羅(아수라)와 迦樓羅(가루라)와 緊那羅(긴나라)와 摩睺羅伽(마후라가)왜니 龍ᄋᆞᆫ 고ᄀᆡ141) 中에 위1:14b두ᄒᆞᆫ142) 거시니 ᄒᆞᆫ 모미 크락 져그락 ᄒᆞ야 神祇(신기)ᄒᆞᆫ 變化(변화)ㅣ 몯내 앓 거시라 夜叉ᄂᆞᆫ ᄂᆞᆯ나고 모디다 ᄒᆞᆫ ᄠᅳ디니 虛空(허공)애 ᄂᆞ라ᄃᆞᆫ니ᄂᆞ니라 乾闥婆(건달파)ᄂᆞᆫ 香(향)내 맏ᄂᆞ다143) ᄒᆞᆫ

---

133) 겨지비라: 여자여서 ☞ 겨집+이-(서.조.)+-라(←-어) '-라'는 서술격조사 뒤에서 연결어미 '-아/어'가 교체한 것이다. 서술격조사 뒤에서 어미의 교체는 p.25 참조.

134) 맛디노니: 맡기니 ☞ 맛디-[←맜-+-이-(사.접.)]+-ᄂᆞ-(직설법)+-오-(인칭활용)+-니. 1인칭 주어가 생략되어 있다. 화자 주어는 '구이'이다.

135) ᄒᆞ고라: 하구려 ☞ ᄒᆞ-+-고라(명.어.) (1) '-고라'는 반말의 명령형어미이다. '-고려'로도 나타난다. (2) 명령형어미는 'ᄒᆞ라'체에서는 '지시'의 의미로 해석되나 'ᄒᆞ야쎠'체나 'ᄒᆞ쇼셔'체에서는 우회적 지시나 허락, 청원, 탄원 등의 의미로 해석된다. 비슷한 의미의 평서형 '-아지라/-거지라'가 단순히 화자의 소망을 진술하는 데 비해, '-고라'는 상대에게 행동을 요구하는 태도가 강하므로 명령법의 범주로 분류한다. (예) 가. 아가 아가 하 셜ᄫᅥ ᄒᆞ노니 아ᄆᆞ례나 救ᄒᆞ야 내오라<월석 23:87> 나. 내 아기 위ᄒᆞ야 어더 보고려<석상 6:13>

136) 저ᅀᆞᆸ고: 절하고 ☞ 저ᅀᆞᆸ-+-고. '저ᅀᆞᆸ-'은 기원적으로 '절+-ᅀᆞᆸ-'으로 형성된 것이나, 중세국어에 동사 '절-'이 존재하지 않으므로 더 이상 분석되지 않는다. '절ᄒᆞᅀᆞᆸ-'도 있다.

137) 비터라: 뿌리더라, 흩뿌리더라 ☞ 빟[散]-+-더-+-라(←다)

138) 과ᄒᆞ야: 칭찬하여, 찬탄하여

139) 이리로다: 일이도다 ☞ 일+이-+-로-(←-도-. 감동법)+-다.

140) 주비니: 무리이니 ☞ 주비[類]+∅-(서.조.)+-니(종.어.)

141) 고ᄀᆡ: 물고기의 ☞ 고기[魚]+ᄋᆡ(관.조.). 관형격조사 연결될 때 체언의 '이'는 탈락하기도 한다.

142) 위두ᄒᆞᆫ: 으뜸가는, 우두머리가 되는 ☞ 위두(爲頭)ᄒᆞ-+-ㄴ

쁘디니 하놄 풍류ᄒᆞᄂᆞᆫ[144] 神靈(신령)이니 하늘해이셔[145] 풍류호려 홇 저기면 이 神靈이 香내 맏고 올아가ᄂᆞ니라[146] 阿修羅ᄂᆞᆫ 하늘 아니라 ᄒᆞᆫ 쁘디니 福(복)과 힘과ᄂᆞᆫ 하늘콰 ᄀᆞᆮ토ᄃᆡ 하놄 힝뎌기 업스니 瞋心(진심)이[147] 한 젼ᄎᆡ라 迦樓羅ᄂᆞᆫ 金 놀개라 ᄒᆞᆫ 쁘디니 두 놀개 ᄊᆞᅀᅵ[148] 三百三十六萬里오 모ᄀᆡ 如意珠(여의주)ㅣ 잇고 [1:15a]龍(룡)올 밥 사마 자바먹ᄂᆞ니라 緊那羅ᄂᆞᆫ 疑心(의심)ᄃᆞᄫᆡᆫ[149] 神靈(신령)이라 ᄒᆞᆫ 쁘디니 사ᄅᆞᆷ ᄀᆞᆮ토ᄃᆡ ᄲᅳᆯ리 이실씨 사ᄅᆞ민가 사ᄅᆞᆷ 아닌가 ᄒᆞ야 疑心ᄃᆞᄫᆡ니 놀애 브르ᄂᆞᆫ 神靈(신령)이니 부텨 說法(설법)ᄒᆞ신다마다[150] 다 能(능)히 놀애로 브르ᅀᆞᆸᄂᆞ니라 摩睺羅伽ᄂᆞᆫ 큰 ᄇᆡᆺ바다ᄋᆞ로[151] 그여 ᄒᆞ니ᄂᆞ다[152] ᄒᆞᆫ 쁘디니 큰 ᄇᆡ얌ᄉ[153] 神靈이라 變(변)은 常例(상례)예셔 다ᄅᆞᆯ 씨오 化ᄂᆞᆫ ᄃᆞᄫᆡᆯ 씨라 三ᄋᆞᆫ 세히오 十ᄋᆞᆫ 열히오 六은 여스시라 열百이 千이오 열千이 萬이라 여슷 자히 步(보)ㅣ오 三百步ㅣ 里라 珠(주)ᄂᆞᆫ 구스[1:15b]리라 說은 니ᄅᆞᆯ씨

143) 맏ᄂᆞ다: 맡는다 ☞ 맏-(←맡-)+-ᄂᆞ-+-다

144) 풍류ᄒᆞᄂᆞᆫ: 연주하는 ☞ 풍류(風流)ᄒᆞ-+-ᄂᆞ-+-ㄴ. '풍류'는 '器樂'을 뜻하는데, 원래의 의미인 '세속을 떠나 풍치 있게 노는 일'에서 변한 것이다.

145) 하늘해이셔 ☞ 하늘ㅎ+애이셔(단체무정명사에 붙는 주.조.)

146) 올아가ᄂᆞ니라 ☞ 올아가-(←오ᄅᆞ-+-아#가-)+-ᄂᆞ-+-니라. '오ᄅᆞ+아'에서 'ᄋᆞ'가 탈락하면서 유성후두마찰음이 얹혔다. 통사적 합성어.

147) 진심(瞋心): 왈칵 성내는 마음

148) 두 놀개 ᄊᆞᅀᅵ: 두 날개 사이 ☞ 두 날개+ㅅ ᄉᆞᅀᅵ. 관형격조사 'ㅅ'이 후행 음절의 초성으로 내려가 표기되었다.

149) 疑心ᄃᆞᄫᆡᆫ: 의심스러운 ☞ 疑心+-ᄃᆞᄫᆡ-(형.접.)+-ㄴ(관.전.). 형용사파생 접미사 '-ᄃᆞᆸ-'은 자음 어근 뒤에, '-ᄅᆞᆸ-'은 모음 어근 뒤에 붙는데 모음 어미 앞에서는 '-ᄃᆞᄫᆡ-/-ᄅᆞᄫᆡ-'로 교체된다. 접미사 '-ᄃᆞᆸ-'의 교체에 대해서는 p.187 주(33) 참조.

150) 설법ᄒᆞ신다마다: 설법하시자마자, 설법하실 때마다 ☞ 설법ᄒᆞ-+-시-+-ㄴ다마다. '-ㄴ다마다'는 한 가지 일이 다른 일로 바뀜을 나타내는 연결어미이다.

151) ᄇᆡᆺ바다ᄋᆞ로: 뱃바닥으로 ☞ ᄇᆡᆺ바닿+ᄋᆞ로(부.조.)

152) ᄒᆞ니ᄂᆞ다: 움직인다(고), 활동하고 있다(고) ☞ ᄒᆞ[爲]-#니[行]-+-ᄂᆞ-+-다. 'ᄒᆞ니-'는 비통사적 합성어이다. '니-'가 '진행'을 뜻하는 접미사로 변한 것으로 본다면 파생어이다.

153) ᄇᆡ얌ᄉ: 뱀의 ☞ ᄇᆡ얌[蛇]+ㅅ(관.조.). 중세국어의 질서에 의하면 관형격조사 'ᄋᆡ'가 기대된다.

라】 普光佛이 讚歎(찬탄)ᄒᆞ야 니ᄅᆞ샤ᄃᆡ【讚歎ᄋᆞᆫ 기릴씨라】 됴타 네 阿僧祇劫(아승기겁)을 디나가 부톄 ᄃᆞ외야 號(호)ᄅᆞᆯ 釋迦牟尼(석가모니)라 ᄒᆞ리라【號ᄂᆞᆫ 일훔사마 브르ᄂᆞᆫ 거시라 釋迦ᄂᆞᆫ 어딜며 ᄂᆞᆷ 어엿비154) 너기실 씨니 衆生 爲ᄒᆞ야 世間애 나샤ᄆᆞᆯ ᄉᆞᆲ고 牟尼ᄂᆞᆫ 괴외ᄌᆞᆷᄌᆞᆷᄒᆞᆯ155) 씨니 智慧ㅅ 根源(근원)을 ᄉᆞᆯᄫᆞ니 釋迦ᄒᆞ실ᄊᆡ156) 涅槃(열반)애 아[1:16a]니 겨시고 牟尼ᄒᆞ실ᄊᆡ 生死애 아니 겨시니라 涅槃ᄋᆞᆫ 업다157) ᄒᆞ논 ᄠᅳ디라】 授記(수기) 다 ᄒᆞ시고【授記ᄂᆞᆫ 네 아모 저긔 부텨 ᄃᆞ외리라 미리 니ᄅᆞ실씨라】 부텨 가시논 ᄯᅡ히 즐어늘158) 善慧(선혜) 니버 잇더신 鹿皮(녹피)오ᄉᆞᆯ 바사159) ᄯᅡ해 ᄭᆞᄅᆞ시고【鹿皮ᄂᆞᆫ 사ᄉᆞᄆᆡ 가치라】 마리ᄅᆞᆯ 펴 두퍼시ᄂᆞᆯ160) 부톄 ᄇᆞᆯᄫᆞ디나시고 ᄯᅩ 授記ᄒᆞ샤ᄃᆡ 네 後에 부[1:16b]톄 ᄃᆞ외야 五濁惡世(오탁악세)예【濁ᄋᆞᆫ 흐릴 씨오 惡ᄋᆞᆫ 모딜 씨라 五濁ᄋᆞᆫ 劫濁(겁탁) 見濁(견탁) 煩惱濁(번뇌탁) 衆生濁(중생탁) 命濁(명탁)이니 本來(본래) ᄆᆞᆯᄀᆞᆫ 性에 흐린 ᄆᆞᅀᆞᆷ 니러나미 濁이라 劫은 時節(시절)이니 時節에 모딘 이리 만ᄒᆞ야 흐리워161) 罪業(죄업)을 니르ᄫᅡᄃᆞᆯ씨라162) 見은 볼씨니 빗근163) 보미라 煩은 만ᄒᆞᆯ씨오 惱ᄂᆞᆫ 어즈릴164) 씨라 주그며 살며 ᄒᆞ야 輪廻(윤회)호미 衆生濁이라 목수믈 몯 여희

---

154) 어엿비: 가없게 ☞ 어엿브-+-이(부.접.)
155) 괴외ᄌᆞᆷᄌᆞᆷᄒᆞᆯ씨니: 고요하고 잠잠하다는 것이니 ☞ 괴외ᄌᆞᆷᄌᆞᆷᄒᆞ-(← 괴외ᄒᆞ-#ᄌᆞᆷᄌᆞᆷᄒᆞ-) +-ㄹ#ᄊᆞ+ㅣ-+-니
156) 釋迦ᄒᆞ실ᄊᆡ: 어질며 남을 불쌍하게 여기시므로
157) 업다: 없어지다, 죽다 ☞ '죽다[死]'의 완곡한 표현으로 자동사로 쓰였다. '업다'는 형용사로도 쓰였다.
158) 즐어늘: 질거늘, 지저분하거늘 ☞ 즐-+-어늘(← -거늘) 'ㄹ' 뒤에서 'ㄱ' 약화되었다. 근대국어에서 'ㅅ, ㅈ, ㅊ' 아래의 'ㅡ'가 'ㅣ'로 전설모음화한다. 즐- > 질-
159) 바사: 벗어 ☞ 밧-+-아. 목적어가 구체물이면 '밧-'이, 추상물이면 '벗-'이 사용되었다.
160) 퍼 두퍼시ᄂᆞᆯ: 펴서 덮으시거늘 ☞ 프-[開/敍]+-어 둪-+-시-+-어늘 [펴서 덮으시거늘] (1) '덮-'과 '둪-'은 동의어이다. (2) '-시-'가 불연속형태소인 '-어늘'의 사이에 끼어들었다.
161) 흐리워: 흐리게 하여 ☞ 흐리우-[← 흐리-+-우-(사.접.)]+-어.
162) 니르ᄫᅡᄃᆞᆯ씨라: 일으킨다는 것이다 ☞ 니르ᄫᅡᆮ-[← 니르-+-ᄫᅡᆮ-(강.접.)]+-ᄋᆞᆯ(관.전.)#ᄊᆞ+ㅣ-+-라. 니르ᄫᅡᆮ- > 니르왇-
163) 빗근: 비뚤어진, 삐딱한 ☞ 빇[斜]-+-은

유미 命濁이라 命은 목수미라】 天人濟渡(천인제도)[1:17a]호몰 ᄡᅥᆯᄫᅵ165) 아니호미 당다이 나 ᄀᆞᆮᄒᆞ리라166)【天人ᄋᆞᆫ 하늘콰 사ᄅᆞᆷ괘라】 그ᄢᅴ 善慧 부텻긔 가아 出家(출가)ᄒᆞ샤 世尊ㅅ긔 ᄉᆞᆯᄫᆞ샤ᄃᆡ【出은 날씨오 家ᄂᆞᆫ 지비니 집 ᄇᆞ리고 나가 머리 갓ᄀᆞᆯ씨라】 내 어저ᄢᅴ 다ᄉᆞᆺ가짓 ᄭᅮ믈 ᄭᅮ우니167) ᄒᆞ나ᄒᆞᆫ 바ᄅᆞ래 누ᄫᅳ며 둘흔 須彌山(수미산)ᄋᆞᆯ 볘며【須彌ᄂᆞᆫ ᄀᆞ장 놉다ᄒᆞᄂᆞᆫ ᄠᅳ디라】 세ᄒᆞᆫ 衆[1:17b]生ᄃᆞ리 내168) 몸 안해 들며 네ᄒᆞᆫ 소내 ᄒᆡᄅᆞᆯ 자ᄇᆞ며 다ᄉᆞᄉᆞᆫ 소내 ᄃᆞᄅᆞᆯ 자보니 世尊하169) 날 爲ᄒᆞ야 니ᄅᆞ쇼셔 부톄 니ᄅᆞ샤ᄃᆡ 바ᄅᆞ래 누ᄫᅮᆫ 이ᄅᆞᆫ 네 죽사릿 바ᄅᆞ래 잇ᄂᆞᆫ 야이오170) 須彌山 볘윤 이ᄅᆞᆫ 죽사리ᄅᆞᆯ 버서날 느지오171) 衆生이 모매 드로ᄆᆞᆫ 衆生ᄋᆡ 歸[1:18a]依(귀의)ᄒᆞᇙ ᄯᅡ히 ᄃᆞ욀 느지오 ᄒᆡᄅᆞᆯ 자보ᄆᆞᆫ 智慧(지혜) 너비 비췰 느지오 ᄃᆞᄅᆞᆯ 자본 이ᄅᆞᆫ ᄆᆞᆰ고 간다ᄫᆞᆫ172) 道理로 衆生ᄋᆞᆯ 濟渡(제도)ᄒᆞ야 더ᄫᅳᆫ173) 煩惱(번뇌)ᄅᆞᆯ 여희의 ᄒᆞᆯ174) 느지니 더ᄫᅳᆫ 煩惱ᄂᆞᆫ【煩惱ㅣ 블ᄀᆞ티 다라나ᄂᆞᆫ175) 거실씨 덥다 ᄒᆞᄂᆞ니라】 이 ᄭᅮ믜176) 因緣(인연)은 네 쟝ᄎᆞ 부텨 ᄃᆞ욇 相이로다177) 善慧(선혜)…

164) 어즈릴: 어지럽히는 ☞ 어즈리-[←어즐-+-이-(사.접.)]+-ㄹ
165) ᄡᅥᆯᄫᅵ: 어렵게 ☞ ᄡᅥᆲ-+-이(부.접.)
166) 네 後에 ~ 나 ᄀᆞᆮᄒᆞ리다: 직접인용문이다.
167) ·내~ᄭᅮ믈 ᄭᅮ우니: 내가 어저께 다섯 가지 꿈을 꾸니 ☞ ᄭᅮ-+-음(명.접.)+을(목.조.) ᄭᅮ-+-우-(인칭활용)+-니(종.어.). '내'는 주격형으로 성조가 거성이다.
168) 내: 나의 ☞ 내[我]+ㅣ(관.조.). '내'는 관형격형으로 성조가 평성이다.
169) 世尊하: 세존이시여! ☞ '하'는 존칭의 호격조사이다.
170) :네 죽사릿~야이오: 네가 생사의 바다에 있는 모습이고 ☞ (1) '네'는 상성으로 주격형이다. (2) 양[樣]+이-(서.조.)+-오(←-고)
171) 느지오: 조짐이고, 징후이고 ☞ 늦[兆]+이-(서.조.)+-오(←-고)
172) 간다ᄫᆞᆫ: 깨끗한 ☞ 간답-+-ᄋᆞᆫ
173) 더ᄫᅳᆫ: 뜨거운 ☞ 덥-[熱, 暑, 暖]+-은
174) 여희의 ᄒᆞᆯ: 여의게 할 ☞ 여희-+-의(←-긔) ᄒᆞ-+-ㄹ. '-긔 ᄒᆞ다' 사동문
175) 다라나ᄂᆞᆫ ☞ 달아오르는
176) ᄭᅮ믜: 꿈의 ☞ ᄭᅮᆷ+의(관.조.). 'ᄭᅮᆷ'이 무정명사이므로 관형격조사로 'ㅅ'이 기대되는 곳이다. 관형격조사는 pp.126~127 주(10) 참조
177) :네 쟝ᄎᆞ 부텨 ᄃᆞ욇 相이로다 ☞ 相+이-(서.조.)+-로-(←도. 감동법)+-다. '네'는 주격형으로 성조는 상성이다.

(2) 月印釋譜(第十三)

13:6b큰 善利(선리)[1]를 어더 그지 업슨 보비롤 아니 求ᄒᆞ야셔 얻ᄌᆞᆸ과이다[2] 世尊하[3] 우리 오ᄂᆞᆯ 譬喩(비유)를 즐겨 닐어 이 ᄠᅳ들 볼교리이다[4] 가ᄌᆞᆯ비건댄[5] ᄒᆞᆫ 사ᄅᆞ미 나히[6] 져머셔[7] 아비 ᄇᆞ리고 逃亡(도망)ᄒᆞ야 가 다ᄅᆞᆫ 나라해[8] 오래

1) 선리(善利): 깨달음의 이익
2) 얻ᄌᆞᆸ과이다: 얻었사옵니다 ☞ 얻-+-ᄌᆞᆸ-(객.높.)+-과-[←-어-(확인법)+-오-(인칭활용)]+-이-(상대높임 ᄒᆞᇢ쇼셔체 표지)+-다(평.어.). (1) 확인법 선어말어미 '-거-/-어-'와 '-오-'가 결합하면 '-과-/-가-'로 바뀐다. (2) 확인법은 화자의 주관적 믿음에 근거하여 사태를 확정적으로 판단하는 서법의 한 형태이다. ① 확인법 선어말어미 '-거-'는 비타동사와 연결되고, '-어-'는 타동사에 연결된다. 'ㄹ/y' 어간이나 서술격조사 '이-' 뒤에서는 '-거-'가 '-어-'로 교체한다. ② 확인법이 동사와 결합하면 동작이 발화시 직전에 완료되어 있음을 의미하고, 형용사와 결합하면 현대시제를 나타낸다. 학자에 따라서는 확인법 선어말어미를 과거시제 형태소로 처리하기도 한다. 그러나 현대 국어의 확인법 '-것-'은 오히려 발화시에 일치하는 시제를 표시한다. (예) 지금쯤 익산에 비가 오것다.
   가. 尊ᄒᆞ신 王이 업스시니 나라히 威神을 일허다<월석 10:9> (잃+-어-+-다/잃었다)
   나. 오ᄂᆞᆯ사 ᄉᆞᄉᆡ 얻과라<월석 7:9>[얻-+-과-(←어+오)+-라/얻었다]
   다. 내 이제 훤히 즐겁과라<법 2:137>[즐겁-+-과-(←거+오)+-라/즐겁것다]
3) 世尊하: 세존이시여 ☞ '하'는 높임호격조사. 평칭의 호격조사는 '아'. 17세기가 되면 '하'가 없어지고 '아' 하나로 통일된다.
4) 볼교리이다: 밝히겠습니다 ☞ 볼기-[←ᄇᆞᆰ-+-이-(사.접.)]+-오-(인칭활용)+-리-(추측법)+-이-(ᄒᆞᇢ쇼셔체 상.높.)+-다. 중세국어의 추측법은 종결형과 연결형에서는 '-리-'로 실현되고, 관형사형에서는 '-ㄹ'로 나타난다. 주어가 화자일 때는 일반적으로 '의도'의 의미가 파악된다.
5) 가ᄌᆞᆯ비건댄: 비유(比喩)하자면, 비교(比較)하자면/ ☞가ᄌᆞᆯ비-+-거-(확인법)+-ㄴ댄(조건, 가정의 종.어.)/ 가ᄌᆞᆯ뵬몰 보디 몯ᄒᆞ리로다(不見比) <두초 7:14>
6) 나히: 나이 ☞ 나ㅎ[歲]+이(주.조.)
7) 져머셔: 어려서 ☞ 졈-+-어셔. '졈다'는 어리다[幼少]는 뜻이고, '어리다'는 '어리석다[愚昧]'는 뜻이다. '어리다'가 의미이동으로 '幼少'의 의미를 얻게 되자, '졈다'는 자연 그보다 좀더 나이가 든 것을 의미하게 되었다.
8) 나라해: 나라에 ☞ 나라ㅎ+애(부.조.). 부사격조사에는 '애, 에, 예'가 있었는데, '애'는 양성모음 체언 아래, '에'는 음성모음 체언 아래, '예'는 '이/y' 아래 연결되었다. 그리고 관형격조사와 형태가 같은 'ᄋᆡ/의'가 부사격조사로도 쓰였다. 이른바 특이처격이라고도 하는데 이

이셔 열 히 스믈 히 쉰 히예[9)] 니르더니【져무믄 無知(무지)호믈 가[13:7a]줄비고 아비 ᄇᆞ료믄 本覺(본각)[10)] ᄇᆞ료믈 가ᄌᆞᆯ비고 다른 나라ᄒᆞᆫ 五道(오도)[11)]애 ᄲᅥ듀믈[12)] 가ᄌᆞᆯ비니 그럴ᄊᆡ 쉰 히예 니르다[13)] ᄒᆞ니라 열 히 스믈 히ᄂᆞᆫ 次第(차제)로 ᄲᅥ듀믈 가ᄌᆞᆯ비니라】나히 ᄒᆞ마 ᄌᆞ라 더욱 窮困(궁곤)ᄒᆞ야 四方애 ᄃᆞ녀 옷밥[14)] 求(구)ᄒᆞ야 漸漸(점점) ᄃᆞ녀 믿나라ᄒᆞᆯ[15)] 마초아[16)] 向(향)ᄒᆞ니【나히 ᄌᆞ라 窮困ᄒᆞ야 四方애 밥 求호ᄆᆞᆫ 五道애 困ᄒᆞ야 四生[17)]애 ᄃᆞ녀 목숨 사로믈 가ᄌᆞᆯ비고 漸漸 本國 向[13:7b]호ᄆᆞᆫ 부텻[18)] 敎化(교화) 맛나ᅀᆞᄫᆞ믈[19)] 因(인)ᄒᆞ야 能(능)히 두르혀[20)] ᄉᆞᆯ펴마ᄅᆞᆫ[21)] 그러나 ᄀᆞᆺ[22)] 向ᄒᆞ고 다ᄃᆞᆮ디[23)] 몯호믈 가ᄌᆞᆯ비니라】그

런 조사를 취하는 체언은 정해져 있었다. '체언+ᄋᆡ/의' 뒤에 체언이 오면 관형격조사이고, 용언이 오면 부사격조사[특이처격]이다.

9) ᄒᆡ예: 해[年]에 ☞ 'y'로 끝나는 체언이어서 부사격조사 '예'가 연결되었다.

10) 본각: 마음의 본성은 본래가 청정한 객체

11) 오도: 지옥, 아귀, 축생, 사람, 하늘 등 사람이 왕래하는 곳.

12) ᄲᅥ듀믈: 빠짐을, 꺼짐을 ☞ ᄲᅥ디-+-움(명.전.)+을(목.조.)

13) 니르다: 이르렀다(고) ☞ 니르-+-다. 중세국어에서 동사는 부정법으로 과거시제가 실현되었다. 시간표현은 p.186 주(24) 참조.

14) 옷밥: 옷과 밥 ☞ (1) 통사적 합성어. 합성어는 배열 방식에 따라 통사적 합성어와 비통사적 합성어로 구분한다. 통사적 합성어라 합성어에서 구성 성분의 배열 방식이 국어 문장에서 어절의 배열 방식과 같은 것을 이른다. (2) 체언은 조사와 결합하여 문장 성분을 이루나 조사는 생략될 수 있으므로, 접속조사 '과'가 생략된 '옷밥'은 통사적 합성어이다.

15) 믿나라ᄒᆞᆯ: 본국(本國)을, 본디 살던 나라 ☞ 믿나라ㅎ-[本國]+ᄋᆞᆯ(목.조.)

16) 마초아: 마침, 마침내

17) 사생(四生): 사람이 태어나는 네 가지 형태. 태생, 난생, 습생, 화생.

18) 부텻: 부처님의 ☞ 부텨+ㅅ(관.조.). 관형격조사 'ㅅ'은 무정명사와 존칭 유정명사 뒤에 연결되었다.

19) 맛나ᅀᆞᄫᆞ믈: 만났음을 ☞ 맛나-(←맞-#나-)+-ᅀᆞᇦ-(객.높.)+-옴(명.전.)+ᄋᆞᆯ(목.조.). 목적어인 '교화'가 부처님의 교화이기 때문에 높임의 대상으로 인식하여 간접객체높임이 실현되었다.

20) 두루혀: 돌이켜 ☞ 두루혀-[←두루-+-혀-(강.접.)]+-어. (1) 'ㆅ'은 'ㅕ'에만 선행한다. 그 음가는 'ㅎ'의 된소리이다. (2) '-혀-'는 강세 접미사로 어근의 뜻을 강조하여 감정적 색채를 더해준다. '-혀-'로도 나타난다.(허웅, 1975:194~195) (예) 기우리혀다[傾]./ 내 ᄂᆞᆾ 두르혀 보리니 (反觀己面) <능 1:61>

21) ᄉᆞᆯ펴마ᄅᆞᆫ: 살폈지마는 ☞ ᄉᆞᆯ피-+-언마ᄅᆞᆫ(대.어.)

아비[24] 아ᄅᆡ아ᄃᆞᆯ 求ᄒᆞ다가 몯 어더 ᄒᆞᆫ 城(성)에 잇더니 그 지비 ᄀᆞ장 가ᅀᆞ며러[25] 쳔랴ᇰ[26] 보ᄇᆡ 그지업서 金銀 琉璃 珊瑚 琥珀 玻瓈珠(금은 유리 산호 호박 파려주) ᄃᆞᆯ히[27] 倉庫(창고)애 다 ᄀᆞᄃᆞᆨᄒᆞ야 넚디며[28] 죠ᅌᅵ며[29] 臣[13:8a]下ㅣ며 百姓(백성)이 만ᄒᆞ며 象馬車乘(상마거승)[30]과 牛羊이 數(수) 업스며 내며 드리며 利 불우미[31] 다ᄅᆞᆫ 나라해 ᄀᆞᄃᆞᆨᄒᆞ며 商估賈客(상고고객)이【商估ᄂᆞᆫ 댱ᄉᆡ오[32] 賈客ᄋᆞᆫ 홍졍바지[33]라】ᄯᅩ 甚(심)히 하더니[34]【그 아비ᄂᆞᆫ 覺皇(각황)ᄋᆞᆯ 가ᄌᆞᆯ비고 <覺皇ᄋᆞᆫ 아ᄅᆞ시ᄂᆞᆫ 皇帝(황제)라 ᄒᆞᆫ 마리니 부텨를 ᄉᆞᆯᄫᆞ니라> [13:8b]몬져[35] 求ᄒᆞ다가 몯 어두믄 아ᄅᆡ[36] 敎化ᄒᆞ시다가 後에 도로 믈러 겨샤ᄆᆞᆯ[37] 가ᄌᆞᆯ비고 ᄒᆞᆫ 城에

---

22) ᄀᆞᆺ: 처음, 방금, 겨우 ☞ (처음) ᄀᆞᆺ 디나니(始過) <법 5:114>, (방금) 터흘 ᄀᆞᆺ 始作ᄒᆞ야 되어늘 <석상 6:35>, (겨우) 나못가지 ᄀᆞᆺ 자바시늘 <월석 2:36>

23) 다ᄃᆞᆮ디: 이르지, 도달하지 ☞ 다ᄃᆞᆮ-+-디(보.어.)/ 엇뎨 능히 實所에 바ᄅᆞ 다ᄃᆞᄅᆞ리오 <남명 상:80>

24) 아비: 아비가 ☞ 아비+∅(주.조.). 주격조사 '이'는 자음 뒤에서는 '이', 모음 뒤에서는 'ㅣ', '이/y' 뒤에서는 '∅'으로 실현된다.

25) 가ᅀᆞ며러: 부유하여 ☞ 가ᅀᆞ멸-+-어/ 가ᅀᆞ멸 부(富) <자회 하:26>

26) 쳔랴ᇰ: 재물(財物)/ 布施(보시)ᄂᆞᆫ 쳔랴ᇰᄋᆞᆯ 펴아 내야 ᄂᆞᆷ 줄씨라 <월석 1:12>

27) ᄃᆞᆯ히: 들이 ☞ ᄃᆞᆯㅎ(의.명.)+이(주.조.). 여기서는 복수접미사가 아니라 나열할 때 쓰이는 의존명사이다.

28) 넚디며: 넘치며 ☞ 넚디-+-며(대.어.). '넘ᄢᅵ-'로도 나타난다.

29) 죠ᅌᅵ며: 종이며 ☞ 죠ᇰ+이며(접.조.). 'ㆁ'이 어두에 쓰인 일은 없으나 비어두에서 음절 초성으로 표기된 예들이 있다. 중세국어 표기법이 표음적이고 음절적이었다는 점을 고려하면, 이 위치에서 'ㆁ'이 발음되었을 가능성을 배제하지는 못한다. 그러나 동시대에 '스스ᅌᅳᆯ~스승ᄋᆞᆫ', '바ᅌᅩᆯ~방올'과 같은 표기들이 있다. 이런 표기 상의 혼란은 음절의 경계와 관련된다.

30) 象馬車乘: 코끼리, 말, 수레 등의 탈것.

31) 불우미: 불어나게 함이 ☞ 부르-+-움-(명.전.)+이(주.조.)

32) 댱ᄉᆡ오: 장사이고 ☞ 댱ᄉᆞ+ㅣ-(서.조.)+-고(대.어.)

33) 홍졍바지라: 장사치, 상인 ☞ 홍졍바지+∅-(서.조.)+-라(←-다, 평.어.). '홍졍바지'는 '홍졍+바지' 구성의 합성어이다. '바지'가 접사적 성격을 지니고 있지만, 하나의 명사로 자립적으로도 쓰였다.

34) 하더니: 많더니 ☞ 하-[多, 大]+-더-(회상법)+-니. 'ᄒᆞ다'는 '위(爲)'의 의미다.

35) 몬져: 먼저 ☞ '몬져 > 먼저' 변화는 비원순모음화와 'ㅈ' 뒤 'y'탈락 현상을 경험한 것이다. 이 변화는 'ᄋᆞ'가 비음운화하여 '어:오'가 원순성 대립짝을 이룬 뒤에 나타난 현상이다.

이슈ᄆᆞᆫ 華嚴法 菩提場(화엄법 보리장)ᄋᆞᆯ 가ᄌᆞᆯ비고 그 지비 ᄀᆞ장 가ᅀᆞ며러 보ᄇᆡ ᄃᆞᆯᄒᆞᆫ 道場(도량)애 得(득)ᄒᆞ샨 法이 無量功德(무량공덕) ᄀᆞᄌᆞ샤ᄆᆞᆯ[38] 가ᄌᆞᆯ비고 倉(창)애 法喜(법희)옛 바비 ᄀᆞᄃᆞᆨᄒᆞ고 庫(고)[39]애 諸法(제법)엣 쳔[40]이 넚디니라 죠ᄋᆞᆫ 제 몸 위왇ᄂᆞᆫ[41] 거시오 臣下ᄂᆞᆫ 百姓 다ᄉᆞ리ᄂᆞᆫ 거시니 ᄌᆞ개[42] 利(이)ᄒᆞ시고 ᄂᆞᆷ 利ᄒᆞ시ᄂᆞᆫ 이ᄅᆞᆯ 가ᄌᆞᆯ비니라 象馬牛羊ᄋᆞᆫ 五乘(오승)을 가ᄌᆞᆯ비고 13:9a<五乘ᄋᆞᆫ 聲聞 緣覺 菩薩 人 天(성문 연각 보살 인 천)이라> 教授滋息(교수자식)[43]을 大千에 너비[44] 니필ᄊᆡ[45] 내며 드리며 利 불우미 다ᄅᆞᆫ 나라해 ᄀᆞᄃᆞᆨ 다ᄒᆞ니라 일로브터 群生이 다 法利(법리)ᄅᆞᆯ 求ᄒᆞᆯᄊᆡ 商賈(상고)[46]ㅣ 만타 ᄒᆞ니 利澤(이택)[47] 니ᄅᆞ

---

36) 아ᄅᆡ: 전에, 일찌기

37) ᄆᆞᆯ러 겨샤ᄆᆞᆯ: 물러 계심을 ☞ ᄆᆞᄅᆞ-+-어(보.어.) 겨샤-(보.용.)+-옴(명.전.)+ᄋᆞᆯ(목.조.). (1) '겨시다'에 있는 '시'가 주체높임의 '시'이기 때문에 모음 어미 앞에서 '샤'로 교체한 것이다. 주어는 '아비=부처'이므로 화자보다 높기 때문에 주체높임이 실현되었다. (2) 'ᄆᆞᄅᆞ-'는 'ᄆᆞᆯㄹ'로 교체한다. '다ᄅᆞ-'는 '달ㅇ'으로 교체한다. 'ᄅᆞ/르'로 끝나는 용언은 모두 이 두 유형 중 하나에 속하기 때문에 불규칙활용이라 하지 않는다. 현대국어 '르-불규칙'의 소급형이다.

38) ᄀᆞᄌᆞ샤ᄆᆞᆯ: 구비하셨음을, 갖추었음을 ☞ ᄀᆞᆽ-+-ᄋᆞ샤-(주.높.)+-옴(명.전.)+ᄋᆞᆯ(목.조.). 주체높임 선어말어미 '-시-'는 자음어미 앞에 나타나고, '-샤-'는 모음어미 앞에 나타난다. '-샤-' 뒤에 오는 모음어미는 의무적으로 탈락한다.

39) 창(倉), 고(庫): '창(倉)'은 곡식 따위를 저장하는 창고이며, '고(庫)'는 무기를 넣어두는 창고로, 후세에는 다른 재화도 저장하는 창고로 널리 쓰였다.

40) 쳔: 돈, 재물(財物).

41) 위왇는: 떠받드는, 위하는 ☞ 위왇-[← 위-+-왇-(<-받-. 강.접.)]+-는(관.전.)

42) ᄌᆞ개: 자기를 ☞ ᄌᆞ갸+ㅣ(주.조 → 목.조.). 'ᄌᆞ갸'는 재귀대명사 '저'의 존칭이다. 재귀대명사는 앞에 나온 3인칭 주어가 되풀이됨을 피할 때 쓴다. 'ᄌᆞ갸'가 받는 것은 '아비=覺皇=부처'이다.

(예) 가. 廣熾 깃거 제 가져 가아 ᄇᆞᄅᆞᅀᆞᄫᆞ니 <월석 2:9>

나. 淨班王이 깃그샤 부텻 소ᄂᆞᆯ 손ᅀᅩ 자ᄇᆞ샤 ᄌᆞ갸 가ᄉᆞ매 다히시고 <월석 10:9>

43) 교수자식(教授滋息(자식): 법을 가르치고 전수함

44) 너비: 넓게 ☞ 넙-+-이(부.접.). (1) '너비'는 부사이고, 명사파생 접미사 '-의'가 붙은 '너븨'는 명사이다. 근대국어에서 '의 > 이' 변화에 의해 파생부사와 파생명사의 형태상의 구분이 없어졌다. (2) 현대국어의 '넓다'는 '넙다'에서 'ㄹ'이 첨가된 형태이다.

45) 니필ᄊᆡ: 입히므로 ☞ 니피-[← 닙-+-히-(사.접.)]+-ㄹᄊᆡ(종.어.)

46) 商賈(상고): 장사치

와다48) 내요ᄆᆞᆯ 모도아49) 가ᄌᆞᆯ비니라 澤ᄋᆞᆫ 恩澤(은택)이라】 그제 貧窮(빈궁)ᄒᆞᆫ 아ᄃᆞ리 ᄆᆞᅀᆞᆯ돌해 노녀 國邑(국읍)을 디나 아비 잇ᄂᆞᆫ50) 城에 다ᄃᆞᄅᆞ니,【貧窮ᄒᆞᆫ 아ᄃᆞᄅᆞᆫ 五道애 困(곤)ᄒᆞ[13:9b]야 功德(공덕) 쳔량 업수믈 가ᄌᆞᆯ비니라 ᄆᆞᅀᆞᆯᄒᆞᆫ 녇가ᄫᆞ니51) 小乘權教(소승권교)52)ᄅᆞᆯ 가ᄌᆞᆯ비고 國邑은 盛(성)ᄒᆞ니 中乘漸教(중승점교)53)ᄅᆞᆯ 가ᄌᆞᆯ비고 아비 잇ᄂᆞᆫ54) 城은 大乘正教(대승정교)55)ᄅᆞᆯ 가ᄌᆞᆯ비니 녜56) 迷惑(미혹)ᄒᆞ야 ᄢᅥ디여 잇다가 ᄀᆞᄅᆞ쵸ᄆᆞᆯ 因ᄒᆞ야 漸漸(점점) ᅘᅧ57) 正道애 드류ᄆᆞᆯ58) 너겨 니ᄅᆞ니라】 아비 每常(매상) 아ᄃᆞᄅᆞᆯ 念(염)호ᄃᆡ59) 아ᄃᆞᆯ와 여희연 디60) 쉬나ᄆᆞᆫ ᄒᆡ어다61) 호ᄃᆡ ᄂᆞᆷᄃᆞ려 이런 이ᄅᆞᆯ 잢간도 니르디 아니ᄒᆞ고 오[13:10a]직 제 ᄉᆞ랑

---

47) 利澤: 이익과 은택
48) 니ᄅᆞ와다: 일으켜 ☞ 니ᄅᆞ왇-[←니ᄅᆞ-[起]+-왇-(<ᄫᆞᆮ-(강.접.)]+-아.
49) 모도아: 모아 ☞ 모도-+-아./ 經文을 結ᄒᆞ야 모도시니라(結會經文) <영가 상:54>
50) 아비 잇ᄂᆞᆫ: 아버지가 있는 ☞ 아비+ᄋᆡ(관.조.). 관형절의 의미상의 주어가 관형격을 취하고 있다. 현대국어에도 이런 현상이 있기는 하지만 일반적이지는 않다. 중세국어에서는 관형절이나 명사절의 의미상의 주어가 관형격의 형태를 취하는 것이 일반적이었다.
51) 녇가ᄫᆞ니: 옅으니 ☞ 녇갑-[←녇-+-갑-(형.접.)]+-ᄋᆞ니(종.어.). '녇갑다, ᄂᆞᆽ갑다, 므겁다(믁-+-업-), 두텁다(둩-+-업-)' 등은 같은 방식의 파생이다.
52) 권교(權教): 깨달음에 이르게 하기 위해 중생의 소질에 따라 일시적인 방편으로 설한 가르침.
53) 점교(漸教): 설법 내용으로 보아 오랫동안 수행하여 점차 깨달음에 이르는 교법(教法). 또는 순서를 밟아서 점차 불과(佛果)에 이르는 교법.
54) 아비 잇ᄂᆞᆫ: 아비가 있는 ☞ 아비+ᄋᆡ(관.전.). 관형절의 의미상의 주어가 관형격의 형태를 취하고 있다. 중세국어에서는 관형절과 명사절의 의미상의 주어가 관형격의 형태를 취하는 것이 일반적이었다.
55) 정교(正教): 부처님의 바른 가르침
56) 녜: 예, 옛적.
57) ᅘᅧ: 당겨 ☞ ᅘᅧ-+-어./ 혀爲舌而 ᅘᅧ爲引 <훈해:합자해>
58) 드류ᄆᆞᆯ: 들임을 ☞ 드리-[←들-[入]+-이-(사.접.)]+-움(명.전.)+을(목.조.)
59) 念호ᄃᆡ: 생각하되 ☞ 염ᄒᆞ-+-오ᄃᆡ. '-오ᄃᆡ'는 늘 '-오-'를 선접한다. 근대국어에서 '-오-'가 소멸하여 현대국어에서는 '-되(<-오ᄃᆡ)'로 나타난다.
60) 여희연 디: 이별한 지가 ☞ 여희-+-여-(←-어-. 확인법)+-ㄴ(관.어.) 디+∅(주.조.) '디'는 시간의 경과를 나타내는 의존명사이다.
61) 쉬나ᄆᆞᆫ ᄒᆡ어다(고): 50여 년이다 ☞ ᄒᆡ어다: ᄒᆡ[年]+∅-(서.조.)+-어-(←-거-. 확인법)+

ᄒᆞ야[62] ᄆᆞᅀᆞ매 뉘읏브며[63] 애왇부ᄆᆞᆯ[64] 머거 제 念호ᄃᆡ 늙고 쳔랴이 만ᄒᆞ야 金銀珍寶(금은진보)ㅣ 倉庫(창고)애 ᄀᆞ독ᄒᆞ야 넚듀ᄃᆡ[65] 子息(자식)이 업수니 ᄒᆞᄅᆞᆺ 아ᄎᆞ미 주그면 쳔랴ᄋᆞᆯ 일허 맛듏[66] ᄡᅡ히 업스리로다[67] ᄒᆞ야 브즈러니 每常(매상) 아ᄃᆞᄅᆞᆯ ᄉᆡᇰ각ᄒᆞ야 ᄯᅩ 너교ᄃᆡ ᄒᆞ[13:10b]다가[68] 아ᄃᆞᄅᆞᆯ 어더 쳔랴ᄋᆞᆯ 맛디면 훤히[69] 快樂(쾌락)ᄒᆞ야 ᄂᆞ외야[70] 分別(분별) 업스리로다 ᄒᆞ더니【아비 每常 子息 念홈ᄃᆞᆯᄒᆞᆫ 부톄 二乘(이승)[71] 아ᄃᆞ리 五道애 오래 ᄢᅥ디여 性 비ᄒᆞ시[72] 어득고[73] 녇가ᄫᅡ 어루[74] 큰 일 몯 니르리로다[75] 念ᄒᆞ샤ᄆᆞᆯ 가줄비니라 ᄉᆞ랑ᄒᆞ야

-다. (1) 비타동사에 연결되는 확인법 선어말어미 '-거-'가 영형태의 서술격조사 뒤에서 '-어-'로 바뀐 것이다. (2) 주격조사와 서술격조사는 자음 뒤에서 '이', 모음 뒤에서 'ㅣ', '이/y' 뒤에서 'Ø'으로 교체하였다. (3) 중세국어에서는 인용의 부사격조사가 없었다.

62) ᄉᆞ랑ᄒᆞ야: 생각하여 ☞ ᄉᆞ랑ᄒᆞ-+-야. (1) 'ᄒᆞ-'는 '야-불규칙활용'을 한다. 근대국어에서 '여-불규칙활용'으로 바뀌었다. (2) 'ᄉᆞ랑ᄒᆞ다'는 '사랑하다[愛]'와 '생각하다[思]' 두 의미로 쓰였으나 현대국어에서는 '사랑하다' 의미만으로 쓰인다. 의미변화 중 의미축소에 해당한다.

63) 뉘읏브며: 뉘우치며 ☞ 뉘읏브-[← 뉘읓-+-브-(형.접.)]+-며(대.어.). (1) 동사에서 형용사를 파생하는 접미사의 예를 보이면 다음과 같다. ① -ᄇᆞ-: 골ᄑᆞ-(곯-+-ᄇᆞ-), 깃브-(깄-+-브-), 우ᇫᄫᅳ-(우ᇫ-+-브-) ② -ㅂ-: 그립-(그리-+-ㅂ-), 두립-, 너깁-[念], 놀랍- 믭-, ᄆᆡᆸ-, ᄉᆞ랑ᄒᆞᆸ-, 怒ᄒᆞᆸ-,… ③ -압-: 앗갑다(앗기-+-압-), 븟그럽다(븟그리-+-업-)…

64) 애왇부ᄆᆞᆯ: 애타함을, 분함을, 분한 마음을 ☞ 애왇브-[← 애-(불규칙어근)+-왇-(< 받. 강.접.)+-브-(형.접.)]+-움(명.전.)+ᄋᆞᆯ(목.조.)

65) 넚듀ᄃᆡ: 넘치되 ☞ 넚디-+-우ᄃᆡ

66) 맛듏: 맏길 ☞ 맛디-[← 맜-+-이-(사.접.)]+-우-(대상활용)+-ㄹ(관.전.)

67) 업스리로다: 없겠구나 ☞ 없-+-으리-(추측법)+-로-(← -도-. 감동법)+-다(평.어.). 추측법 '-리-' 뒤에서 'ㄷ'으로 시작하는 어미는 'ㄹ'로 교체한다.

68) ᄒᆞ다가: 만일

69) 훤히: 훤하게, 크게, 넓게 ☞ 훤ᄒᆞ-+이(부파접)

70) ᄂᆞ외야: 다시, 다시는

71) 이승(二乘): 대승과 소승

72) 비ᄒᆞ시: 버릇이 ☞ 비ᄒᆞᆺ+이(주.조.)/ 비ᄒᆞ시 수ᄫᅵ 거츠러 (習之易荒) <내 1:33>

73) 어득고: 제법 어둡고, 되바라지지 않고 어수룩하고 ☞ 어득ᄒᆞ-+-고. 무성자음 아래에서 'ᄒᆞ'가 탈락하였다. 모음과 공명음 아래에서는 'ᄒᆞ'에서 'ㆍ'만 탈락하여 'ㅎ'이 후행 음절의 평장애음과 축약된다.

74) 어루: 가(可)히

75) 니르리로다: 이르겠구나 ☞ 니르-+-리-(추측법)+-로-(← 도. 감동법)+-다.

뉘으츠며 애와툐믄[76] 네 ᄀᆞᄅᆞ치샤미 깁디[77] 몯호ᄆᆞᆯ 뉘으츠시고 이젯 機(기) 큰 게[78] 믈로ᄆᆞᆯ 애와티샤미라 제[79] 念호ᄃᆡ 늘구라[80] 홈ᄃᆞᆯ혼 부텻 목숨 니ᅀᅳ리 업슨 ᄃᆞᆯ 시름ᄒᆞ샤미라】 世[13:11a]尊(세존)하[81] 그ᄢᅴ 窮子(궁자) ㅣ 傭賃(용임) ᄒᆞ야[82] 【ᄂᆞ미 ᄡᅳ유미[83] ᄃᆞ욀씨 傭이오 힘드려 利(이) 가죠미 賃이라】 그우녀[84] 마초아[85] 아비 지븨[86] 다ᄃᆞ라 門ㅅ 겨틔 셔셔 【城(성)은 잢간 드로ᄆᆞᆯ 가ᄌᆞᆯ비고 지븐 기피 드로ᄆᆞᆯ 가ᄌᆞᆯ비니, 權乘(권승)을브터[87] 漸漸(점점) 기피 나ᅀᅡ가ᄆᆞᆯ 니ᄅᆞ니라 그러나 傭賃호미 ᄒᆞᆫ갓[88] 죠고맛 利ᄅᆞᆯ 가져 功(공)ᄋᆞᆯ 제 몯 두니 權教(권교) ᄇᆞ투미 乃終(내종)내[89] 實證(실증) 업수ᄆᆞᆯ 가ᄌᆞᆯ비니라 지븨 다ᄃᆞ라 門ㅅ 겨틔 셔믄 비록 佛道(불도)ᄅᆞᆯ [13:11b]맛나도[90] 正히 드디[91] 몯ᄒᆞ야 ᄉᆞᆫ지[92] 偏空

---

76) 애와툐믄: 애타함은 ☞ 애와티-[←애-(불규칙어근)+-왇-(<-받-)+-히-(사.접.)]+-옴(명.전.)+ ᄋᆞᆫ(보조사)/ 가난ᄒᆞ닌 ᄒᆞᆫ 모미 하ᄆᆞᆯ 애와티ᄂᆞ니라(貧恥恨一心多) <금삼 4:9>
77) 깁디: 깊지 ☞ 깁-(←깊)+-디(보.어.). 8종성법에 의한 표기.
78) 게: 거기에
79) 제: 자기가 ☞ 저(재귀대명사)+ㅣ(주.조.)
80) 늘구라: 늙었구나!(라고) ☞ 늙-+-우라(감.어.). 감탄형어미에는 '-ㄴ뎌, -ㄹ쎠, -애라, -게라' 등이 더 있다.
81) 世尊하: 세존이시여 ☞ 세존+하(존칭 호.조.). 중세국어에서 호격조사는 '하'와 '아'가 있었는데, 전자는 존칭이고 후자는 평칭이다. 근대국어에서 존칭의 호격조사는 소멸하여 '아'만 남았다.
82) 傭賃ᄒᆞ야: 품팔이하여
83) ᄡᅳ유미: 쓰임이 ☞ ᄡᅳ-[←ᄡᅳ-[用]+-이-(피.접.)]+-윰(←움. 명.전.)+이(보.조.). 쓰다[書]
84) 그우녀: 굴러 ☞ 그우니-[轉]+-어/ 諸有에 그우니ᄂᆞ니(輪迴諸有) <금강 76>
85) 마초아: 마침.
86) 지븨: 집에 ☞ 집+의(특이처격). 뒤의 '겨틔(←곁+의)'도 특이처격이 연결되었다.
87) 權乘(권승)을브터: 권승부터, 권승으로부터 ☞ '브터'는 동사 '븥-'에 접사화한 어미 '-어'가 붙어 파생된 보조사이다. 아직 완전한 조사가 되지 못해 목적격조사 '을'을 동반하고 있다.
88) ᄒᆞᆫ갓: 단지, 오직, 공연히.
89) 내죵내: 끝끝내.
90) 맛나도: 만나도 ☞ 맛나(←맞-[迎]#나-[出])+-도. '맛나-'는 비통사적 합성어로 8종성법에 의한 표기이다.
91) 드디: 들지 ☞ 들-[入]+-디. 'ㄷ' 앞에서 'ㄹ'이 탈락하였다. 현대국어에서는 탈락하지 않는다.

(편공)올브터 이쇼ᄆᆞᆯ 가ᄌᆞᆯ비니 져근 이(利)ᄅᆞᆯ 즐기ᄂᆞᆫ 전ᄎᆡ라[93])】 머리셔[94]) 보ᄃᆡ 제 아비 師子床(사자상)ᄋᆡ 걸앉고[95]) 寶几(보궤)[96]) 발 받고[97]) 婆羅門(바라문)과 刹利(찰리)와 居士(거사)[98]) 둘히 다 恭敬圍繞(공경위요)ᄒᆞ며[99]) 眞珠瓔珞(진주영락)이[100]) 갑시 千萬이 ᄊᆞ니로[101]) 모매 莊嚴(장엄)ᄒᆞ고 吏民[102])과 13:12a僮僕(동복)괘【吏ᄂᆞᆫ 官員(관원)이오 民ᄋᆞᆫ 百姓이오 僮ᄋᆞᆫ 겨집 죵이오 僕은 남진 죵이라】 白拂(백불)[103]) 잡고 左右에 셔며 보ᄇᆡ옛 帳(장) 둡고 빗난 幡(번)[104]) 드리우며 香水(향수)ᄅᆞᆯ ᄯᅡ해 ᄲᅳ리고 한 일훔 난 곳[105]) 비흐며[106]) 보ᄇᆡ옛 것 느러니[107]) 버리고 내며 드리며 가지며 주어 이ᄀᆞ티 種種(종종)ᄋᆞ로[108]) 싁싀기[109]) ᄭᅮ며 威德(위

92) ᄉᆞᆫ직: 오히려.
93) 전ᄎᆡ라: 까닭이다 ☞ 젼ᄎᆞ+ㅣ-(서.조.)+-라(←-다. 평.어.)
94) 머리셔: 멀리서, 멀리에서 ☞ 멀-+-이(부.접.)+셔(부.조.)
95) 걸앉고: 걸터앉고 ☞ 걸앉-(←걸-#앉-)+-고. 국어에서 용언 어간 뒤에 어미의 연결은 필수적이나 '걸-' 뒤에 어미가 연결되지 않은 채로 '앉-'과 결합하였기 때문에 비통사적 합성어이다.
96) 寶几(보궤): 진귀한 발 받침대 ☞ '几(궤)'는 늙어서 벼슬을 그만두는 대신이나 중신(重臣)에게 임금이 주던 물건으로, 앉아서 팔을 기대어 몸을 편하게 하는 것이다. 여기서는 발 받침대를 이르고 있다.
97) 받고: 받들어 올리고, 지탱하고.
98) 바라문/찰리/거사: (1) 婆羅門(바라문): '브라만(Brahman)의 음역어로 인도 카스트 제도에서 가장 높은 지위인 승려 계급. (2) 刹利(찰리): 인도 카스트 제도에서 두 번째 지위인 왕족과 무사 계급. 크샤트리아. (3) 居士(거사): 속세에 있으면서 불교를 믿는 남자. 우바새.
99) 圍繞ᄒᆞ며: 둘러싸며
100) 瓔珞(영락): 구슬을 꿰어 만든 장신구. 목이나 팔 따위에 두른다.
101) ᄊᆞ니로: (그만한) 값이 있는 것으로, 비싼 것으로 ☞ ᄊᆞ-+-ㄴ(관.전.)#이(의.명.)+로(부.조.). 'ᄊᆞ다'는 현대국어에서 '맞아도 싸다'에 흔적이 남아 있다.
102) 吏民(이민): 지방의 아전과 백성
103) 拂(불): 중국산 얼룩소의 긴 꼬리를 묶어 자루를 단 불구(佛具). 원래 먼지를 털거나 파리를 잡기 위해서 중이 가졌던 물건.
104) 帳(장)/幡(번): (1) 帳: 둘러쳐서 가리게 되어 있는 장막, 휘장, 방장 따위를 통틀어 이르는 말. (2) 번: 깃발
105) 곳: 꽃. '곶'의 8종성법에 의한 표기다.
106) 비흐며: 뿌리며 ☞ 빟-+-으며.
107) 느러니: 느런히. 죽 벌려서.

ᄃᆡ)[13:12b]이 特別(특별)히 尊(존)터니, 窮子(궁자)ㅣ 아비 큰 力勢(역세) 잇거늘 보고 ᄀᆞᆮ 두리ᄫᅳᆫ[110)] ᄆᆞᅀᆞᄆᆞᆯ 머거 예 온 이ᄅᆞᆯ 뉘으처 ᄀᆞᄆᆞ니 너교ᄃᆡ 이 王이어나 王等이로소니【王 等은 王ᄋᆡ 아ᅀᆞ미라[111)]】 내 傭力(용력)ᄒᆞ야[112)] 物(물) 어도ᇙ[113)] ᄯᅡ히 아니니 艱難(간난)ᄒᆞᆫ ᄆᆞᅀᆞᆯ히 가 힘 드류ᇙ[114)] ᄯᅡ히 이셔 옷밥 쉬[13:13a]ᄫᅵ[115)] 어드니만[116)] 몯다[117)] ᄒᆞ다가 이에 오래 이시면 시혹 우기눌러[118)] 일 시기리로다 ᄒᆞ고 ᄲᆞᆯ리[119)] ᄃᆞ라가거늘【二乘이 佛果(불과)[120)]앳 萬德種智(만덕종지)ㅅ 이ᄅᆞᆯ 처ᅀᅥᆷ 듣고 져근 이레 迷惑(미혹)ᄒᆞ야 큰 일 두류ᄆᆞᆯ[121)] 가ᄌᆞᆯ비니라 머리셔 아비 보ᄆᆞᆫ 親(친)히 證(증)티 몯호ᄆᆞᆯ 가ᄌᆞᆯ비고, 師子床(사자상)애 걸안조ᄆᆞᆫ 저품[122)] 업스신 德을 表ᄒᆞ고 寶几(보궤) 발 바도ᄆᆞᆫ 萬行ㅅ미틀 尊ᄒᆞ고 萬行이 本來 眞實(진실)호ᄃᆡ 能히 俗(속)ᄋᆞᆯ 버므리실ᄊᆡ[123)] [13:13b]刹利 居士ㅣ 다 圍繞(위요)

108) 種種: 가지가지
109) ᄉᆡᆨᄉᆡ기: 엄하게, 엄숙하게.
110) 두리ᄫᅳᆫ: 두려운 ☞ 두립-[← 두리-+-ㅂ-(형.접)]
111) 아ᅀᆞ미라: 친척이다 ☞ 아ᅀᆞᆷ+이-+-라./ 宗族ᄋᆞᆫ 아ᅀᆞ미라 <월석 2:11>
112) 傭力ᄒᆞ야: 품팔이하여
113) 어도ᇙ: 얻을 ☞ 얻-+-오-(대상활용)+-ㅭ(관.전.). 관형절의 꾸밈을 받는 명사가 관형절의 의미상 부사어가 되지만 '-오-'가 삽입되었다.
114) 드류ᇙ: 들일, 들게 할 ☞ 드리-[← 들-[入]+-이-(사.접.)]+-우-(대상활용)+-ㅭ(관.전.)
115) 쉬ᄫᅵ: 쉽게, 쉬 ☞ 쉽-+-이(부.접.) → 쉬ᄫᅵ > 수ᄫᅵ > 수이 > 쉬. 'ᄫ'은 일반적으로 'w'로 바뀌나 부사파생 접미사와 사·피동접미사 앞에서 탈락하였다.
116) 어드니만: 얻는 것만 ☞ 얻-+-은(관.전.)#이(의.명.)+만(보조사)
117) 몯다: 못하다 ☞ 몯ᄒᆞ-+-다. 'ㄷ' 뒤에서 'ᄒᆞ'가 탈락하였다. 현대국어에서도 모음과 유성자음 뒤에서는 '하'의 'ㅏ'만 탈락하고, 무성자음 뒤에서는 '하'가 탈락한다. (예) 결단하고 → 결단코, 연구하지 → 연구치, 답답하지 → 답답지.
118) 우기눌러: 우겨 눌러, (윽박질러) 억눌러, 욱대겨 ☞ 우기누르-(← 우기-#누르-)+-어. 비통사적 합성어.
119) ᄲᆞᆯ리: 빨리 ☞ ᄲᆞᄅᆞ-+-이(부.접.). 'ᄲᆞᄅᆞ-'는 모음 어미를 만나면 'ᄲᆞᆯㄹ'로 교체한다. 현대국어 '르-불규칙'의 소급형이다.
120) 佛果앳 萬德種智ㅅ: 불과에의 만덕종지의 ☞ 불과(佛果): 불도를 닦아 이르는 부처의 지위, 만덕종지(萬德種智): 현상계의 만법을 다 아는 불지(佛智)의 하나.
121) 두류ᄆᆞᆯ: 무섭게 여김을, 겁냄을 ☞ 두리-+-움-+을
122) 저품: 두려움 ☞ 저프-+-움/ 엄과 톱괘 놀카와 저퍼도(利牙爪可怖) <법화 7:90>

ᄒᆞ니 二乘ᄋᆞᆫ 俗ᄋᆞᆯ 버므리디 몯ᄒᆞᄂᆞ니라 萬行ᄋᆞᆯ 因ᄒᆞ야 萬德을 일우실ᄊᆡ 眞珠瓔珞(진주영락)ᄋᆞ로 모ᄆᆞᆯ 莊嚴ᄒᆞ니 二乘은 이 莊嚴이 업스니라[124] 吏ᄂᆞᆫ 다ᄉᆞ리ᄂᆞᆫ 거시오 民ᄋᆞᆫ 브리ᄂᆞᆫ 거시오 僮ᄋᆞᆫ 所任이 가ᄇᆡ얍고 僕ᄋᆞᆫ 所任이 므거ᄫᅳ니 一乘法 中에 다ᄉᆞ리며 브리며 가ᄇᆡ야ᄫᆞ며 므거ᄫᅳ며 纖悉(섬실)ᄒᆞᆫ[125] 法이 몯 ᄀᆞᄌᆞ니[126] 업슨 ᄃᆞᆯ 가ᄌᆞᆯ비니 <纖은 ᄀᆞᄂᆞᆯ씨라> 13:14a世間 다ᄉᆞ리ᄂᆞᆫ 말와[127] 資生(자생)ᄒᆞᄂᆞᆫ[128] 業(업)ᄃᆞᆯ히[129] 다 正法을 順ᄒᆞᄂᆞ니라 니ᄅᆞ샤미니 오직 덞디[130] 아니ᄒᆞ며 기우디 아니호미 爲頭(위두)ᄒᆞᆯᄊᆡ 白拂 잡고 左右에 侍衛(시위)ᄒᆞ니 拂은 能히 드트를[131] 앗고 白ᄋᆞᆫ 덞디 아니호ᄆᆞᆯ 니ᄅᆞ고 左右ᄂᆞᆫ 空假(공가)[132]ㅅ 드트를 ᄠᅥ러ᄇᆞ려 中道애 가샤ᄆᆞᆯ 表ᄒᆞ니라 寶帳ᄋᆞᆫ 慈悲(자비) 너비 니피샤ᄆᆞᆯ[133] 가ᄌᆞᆯ빌ᄊᆡ ᄃᆞᆸ다 ᄒᆞ고 華幡은 한 善으로 教化 ᄂᆞ리오샤ᄆᆞᆯ[134] 가ᄌᆞᆯ빌ᄊᆡ 드리우다 ᄒᆞ고 므른 智ᄅᆞᆯ 가ᄌᆞᆯ비고 ᄀᆞᄌᆞᆫ 因ᄋᆞᆯ 가ᄌᆞᆯ비니 香水로 ᄡᅡ해 ᄡᅳ료ᄆᆞᆫ *妙*13:14b智로 衆生ᄋᆡ 心地ᄅᆞᆯ 조케 ᄒᆞ샤미오 여러 가짓 일훔난 곳 비호ᄆᆞᆫ *妙*

123) 버므리실ᄊᆡ: 얽매므로, 얽매게 하므로 ☞ 버므리-[← 버믈-+-이-(사.접.)]+-시-(주.높.)+-ㄹᄊᆡ(종.어.)
124) 업스니라: 없다 ☞ 없-+-으니라
125) 纖悉(섬실): 상세하게 갖춤, 섬세하게 구비함.
126) ᄀᆞᄌᆞ니: 갖춘 것이 ☞ ᄀᆞᆽ-+-ᄋᆞᆫ(관.전.)#이(의.명.)+∅(주.조.)
127) 말와: 말[言]과.
128) 자생(資生): 생계를 유지함.
129) 業(업): <불교> 미래에 선악의 결과를 가져오는 원인이 된다고 하는, 몸과 입과 마음으로 짓는 선악의 소행.
130) 덞디: 더러워지지, 물들지 ☞ 덞-+-디(보.어.)/ ᄆᆞᅀᆞᆷ 性이 덞몸 업슨 ᄃᆞᆯ ᄉᆞᄆᆞᆺ 아라(了知心性無染) <진 38>
131) 드틀: 티끌. 緣ᄋᆞᆫ ᄇᆞ틀씨오 塵ᄋᆞᆫ 드트리라 <능 1:3>
132) 空假(공가): 한 물건도 실재한 일이 없거나 실재하거나 실재한 것이 아니지만 모든 현상은 분명하게 있는 것.
133) 니피샤ᄆᆞᆯ: 입히심을, 입게 하심을 ☞ 니피-[← 닙-+-히-(사.접.)]+-샤-(주.높.)+-옴(명.전.)+ᄋᆞᆯ(목.조.)
134) ᄂᆞ리오샤ᄆᆞᆯ: 내리게 하심을 ☞ ᄂᆞ리오-[← ᄂᆞ리-+-오-(사.접.)]+-샤-(주.높.)+-옴(명.전.)+ᄋᆞᆯ(목.조.)

因으로 衆生ᄋᆡ 心地ᄅᆞᆯ 莊嚴(장엄)ᄒᆞ샤미라 보ᄇᆡ옛 것 버류믄135) 玩好(완호)136) 뵈샤미오 내며 드리며 가지며 주믄 欲樂(욕락) 조ᄎᆞ샤미니 大根(대근)을 일우시고 小乘을 달애야137) 나ᅀᆞ샤ᄆᆞᆯ 가ᄌᆞᆯ비니라 우흔 다 萬德 種智옛 이리오 窮子ㅣ 아비 보다 혼 아래ᄂᆞᆫ 져근 이레 迷惑ᄒᆞ야 큰 일 두리ᄂᆞᆫ 이리라 王과 王 等과ᄂᆞᆫ 法身 報身을 가ᄌᆞᆯ비고 艱難ᄒᆞᆫ ᄆᆞ술ᄒᆞᆫ 二乘 져근 道ᄅᆞᆯ 가ᄌᆞᆯ비고 힘 드룛 ᄡᅡ 잇다호[13:15a]믄 나ᅀᅡ 닷곪 術(술) 이슈믈 가ᄌᆞᆯ비고 物 어둟 ᄡᅡ 아니라 호믄 큰 法 證티 어려ᄫᅮ믈 가ᄌᆞᆯ비고 옷밥 쉬ᄫᅵ 어드리라 호믄 져근 果 쉬ᄫᅵ 求호ᄆᆞᆯ 가ᄌᆞᆯ비고 시혹 우기누르리라 호믄 佛道ㅣ 길오 머러 오래 브즈러니 受苦홀까 分別호ᄆᆞᆯ 가ᄌᆞᆯ비니라】 그제 가ᅀᆞ면 長者ㅣ 師子座애셔 아ᄃᆞᄅᆞᆯ 보고 아라보아 ᄆᆞᅀᆞ매 ᄀᆞ장 깃거 너교ᄃᆡ 내 쳔량 庫藏(고장)ᄋᆞᆯ 이제 맛듏 ᄃᆡ 잇거다 [13:15b]내 샹녜 이 아ᄃᆞᄅᆞᆯ 思念호ᄃᆡ 봃 주리 업다니138) 믄득 제 오니 내 願에 甚히 맛거다 내 비록 나히 늙고도 손ᄌᆡ139) 貪ᄒᆞ야 앗기노라140) ᄒᆞ고 즉재 겨틧 사ᄅᆞᄆᆞᆯ 보내야 ᄲᆞᆯ리 미조차141) 가 ᄃᆞ려 오라 ᄒᆞ야ᄂᆞᆯ 【아ᄃᆞᆯ 보고 아라보ᄆᆞᆫ 녯 緣(연)이 ᄒᆞ마 니근 ᄃᆞᆯ 가ᄌᆞᆯ비고 쳔랴ᇰ이 맛듏 ᄃᆡ142) 이슈믄 法이 심굟 ᄃᆡ143) 겨샤ᄆᆞᆯ 가ᄌᆞᆯ비고 내 비록 늘거도 손ᄌᆡ 앗기노라 호[13:16a]ᄆᆞᆫ 오란 劫에 닷ᄀᆞ샨 거슬 간 대로 주디 아니ᄒᆞ샤ᄆᆞᆯ 가ᄌᆞᆯ비고, 사ᄅᆞᆷ 브려 ᄲᆞᆯ리 미조차 가ᄆᆞᆫ 菩薩(보살)ᄋᆞᆯ

---

135) 버류믄: 버림은 ☞ 버리-+-움(명.전.)+은(보조사)
136) 완호(玩好): 진귀한 노리갯감, 사랑하여 곁에 두고 즐기며 좋아함
137) 달애야: 달래어 / 달앨 유(誘) <자회 하:28>
138) 내~업다니: 내가 항상 이 아들을 생각하되 볼 줄이 없더니 ☞ 업다니: 업-(←없-)+-다-[←-더-(회상법)+-오-(인칭활용)]+-니(종.어.)
139) 손ᄌᆡ: 오히려
140) 내~앗기노라: 내가 비록 나이 늙고도 오히려 욕심을 내어 아낀다 ☞ 앗기노라: 앗기-+-ᄂᆞ-+-오-(인칭활용)+-라(←다. 평.어.)
141) 미조차: 뒤쫓아 ☞ 미좇-+-아/ 追ᄂᆞᆫ 미조ᄎᆞᆯ씨니 <월석 서:16>
142) 맛듏 ᄃᆡ: 맡겨질 데가 ☞ 맛디-[←맜-+-이-(피.접.)]+-우-(대상활용)+-ㅭ(관.전.)#ᄃᆡ(의.명.)+∅(주.조.)
143) 심굟 ᄃᆡ: 심어질 데가 ☞ 심기-[←ᄉᆞᆱ-[植]+-이-(피.접.)]+-오-(대상활용)+-ㅭ#ᄃᆡ(의.명.)+∅(주.조.)

ᄒᆞ야 頓法(돈법) 니ᄅᆞ라 ᄒᆞ샤ᄆᆞᆯ 가졸비니, 곧 華嚴(화엄) 五位 法門이 다 菩薩 니ᄅᆞ샨 거시라 五位ᄂᆞᆫ 十住 十行 十向 十地 等覺(등각)이라】 그ᄢᅴ 使者ㅣ ᄲᆞᆯ리 ᄃᆞ라 가 자본대 窮子ㅣ 놀라 怨讐(원수)ㅣ여 ᄒᆞ야 ᄀᆞ장 우르고[144] 내 犯(범)혼 일 업거늘 엇데 잡는다[145] 使

144) 우르고: 부르짖고.

145) 잡는다: 잡느냐? ☞ 잡-+-ᄂᆞ-+-ㄴ다(2인칭 의.어.). (1) 생략된 주어가 화자인 2인칭이기 때문에 2인칭 의문형어미가 쓰였다. (2) 2인칭 의문문은 어미의 형태로는 설명의문문과 판정의문문을 구별할 수 없으므로 의문사의 여부로 확인해야 한다.

杜詩諺解 5

杜詩諺解

중국 당(唐)나라 시인 두보(杜甫)의 한시를 언해한 책으로, 원제는 '분류두공부시언해(分類杜工部詩諺解)'이다. 25권 17책이다.

초간본은 세종·성종대에 걸쳐 왕명으로 유윤겸(柳允謙) 등의 문신들과 승려 의침(義砧)이 우리말로 번역하여 1481년(성종 12)에 간행하였다. 권두에 있는 조위(曺偉)의 서문에 의하면 간행목적이 세교(世敎)에 있었음을 짐작할 수 있다.

중간본은 초간본 발간 이후 150여 년 뒤인 1632년(인조 10)에 간행되었다. 장유(張維)의 서문에 의하면, 초간본을 보기 힘들던 차에 경상감사 오숙(吳䎘)이 한 질을 얻어 베끼고 교정하여 영남의 여러 고을에 나누어 간행시켰다고 한다. 이 중간본은 초간본을 복각(覆刻)한 것이 아니라 교정(校正)한 것이므로, 15세기 국어를 보여주는 초간본과는 달리 17세기 국어를 보여준다는 점에서 국어사적인 가치를 지닌다.

체재는 두보의 시 전편(全篇)인 1,647편과 다른 사람의 시 16편을 기행·술회·회고·우설(雨雪)·산악·강하(江河)·문장·서화·음악·송별·경하(慶賀) 등 52부로 분류하였다. 국어사적으로 볼 때, 초간본과 중간본의 비교연구는 중세국어에서 근대국어로의 언어변화를 이해할 수 있게 한다.

두시언해는 초·중간본의 언어 차이에 의한 국어사적 가치뿐만 아니라, 최초의 국역 한시집(漢詩集)이라는 점과 지금은 사라져버린 순수 고유어를 풍부하게 구사하고 있는 점, 그리고 문체에 있어 운문의 성격을 최대한 살리고 있다는 점 등 국어국문학연구에 중요한 문헌으로 간주되고 있다.

두시언해 중간본은 규장각도서와 서강대학교 도서관 등 각지에 그 완질(完帙)이 산재되어 있으나, 초간본은 지금까지 알려진 바로는 완질 25권 중 권1·2·4·5·12의 5개권이 발견되지 않고 그 나머지만 현존하고 있다.

—『한국민족문화대백과사전』

여기에서는 두시언해 6권(초간본) 중 일부(1a~7b)를 강독하되, 비교를 위해 중간본도 함께 제시한다.

杜詩諺解

[두초6:1a] 玉華宮(옥화궁)

:시내 횟:돈[1] ·딕 ·숤ᄇᆞᄅᆞ·미[2] 기·리[3] :부ᄂᆞ·니 프·른 ·쥐 :녯 디샛[4] ·서리·예 ·숨ᄂᆞ·다 :아디 :몯ᄒᆞ·리로·다[5] 어·느 :님긊 宮殿(궁전)·고[6] 기·튼 지

1) 횟돈: 휘돈 ☞ 횟돌-[←횟-(접두.)+돌-]+-ㄴ. 동사는 부정법으로 과거시제가 표현되었다. 시제에 대해서는 p.30, p.186 주(24) 참조.
2) 숤ᄇᆞᄅᆞ미: 솔바람이 ☞ 솔[松(송)](ㅅ)#ᄇᆞᄅᆞᆷ+이(주.조.). 현대국어에서는 합성명사를 이룰 때, 앞 성분이 모음으로 끝날 때만 사이시옷을 받쳐 적으나 중세국어에서는 모음뿐만 아니라 유성자음으로 끝날 때도 사이시옷을 받쳐 적었다. 그리고 이 사이시옷은 다음 음절의 초성으로 내려 적기도 하였다. (예) 없소리→엄쏘리
3) 기리: 길게, 길이 ☞ 길-+-이(부.접.). 중세국어에서는 '-의'에 의해 파생된 '기릐'가 명사로, '-이'에 의해 파생된 '기리'가 부사로 쓰여 형태상으로 구분이 되었으나, 19세기에 있은 '의>이'의 변화 결과 현대국어에서는 두 품사의 어형이 같다.
4) 디샛: 기와의 ☞ 딜(陶)#새(茅)>디새>지새>지와>기와 '지와>기와'의 변화는 과도교정의 결과이다. 어떤 음운현상이 활발하게 일어나면 그에 대한 반작용으로 원래의 형태로 되돌려 놓으려는 경향이 나타난다. 그런데 때로는 옳지 않은 어형을 바르게 되돌린다는 것이 도리어 올바른 어형까지 잘못 되돌려서 새로운 어형이 만들어지기도 하는데 이것을 과도교정이라고 한다. 예컨대, '길쌈'은 원래의 형태가 '질삼'이었으나 ㄱ-구개음화의 과도교정으로 '길쌈'으로 바뀌게 되었다. 이런 단어에는 '맡기다(<맛지다<맛디다), 깃(<짗), 김치(<짐치<딤치)' 등이 있다.
5) 몯ᄒᆞ리로다: 못하겠도다 ☞ 몯ᄒᆞ-+-리-(추측법)+-로-(←-도-. 감동법)+-다(평.어.). (1) '이-(서.조.), -리-(추측법), -더-(회상법), -오-(인칭활용)' 등의 뒤에 연결되는 'ㄷ'으로 시작하는 어미는 'ㄹ'로 교체한다. (2) 감동법 선어말어미는 화자의 느낌을 나타내서 감탄의 의미가 있으나 문장의 종류는 종결어미에 의해 결정되기 때문에 이 문장은 평서문이다.
6) 어느 님긊 宮殿고: 어느 임금의 궁전인가? ☞ (1) 설명의 의문보조사 '고'가 체언 뒤에 연결되어 형성된 체언의문문이다. 체언의문문은 근대국어에서 '체언+서술격조사+의문형어미' 구조의 의문문으로 바뀐다. (2) '님금>임금'의 변화는 'ㄴ-구개음화'와 관련이 있다. 'ㄴ-구개음화'는 치조음 'ㄴ[n]'이 경구개음 [ɲ]으로 바뀌는 현상으로 음성적 구개음화이다. 'ㄴ-구개음화'는 'ㄴ'이 탈락하는 직접적 원인이 된다.

·슨 거·시7) 노·픈 石壁(석벽)ㅅ 아·래로·다8) ·어득ᄒᆞᆫ 房(방)·앤 귓거·싀 ·브리9) ᄑᆞ·ᄅᆞ·고 믈·어딘10) 길·헨 슬픈 ·므리 흐르·놋·다11) 6:1b여·러 가·짓 소·리 眞實(진실)ㅅ12) 뎌·13)와 ·피릿 소·리 ·ᄀᆞᆮ·도소·니14) ᄀᆞ·ᅀᆞᆳ15) ·비치 正·히 ᄌᆞᆽᄌᆞᆽ·ᄒᆞ도·다16) :고온17) :사ᄅᆞ·미 누·른 ᄒᆞᆯ·기 ᄃᆞ외·니 ·ᄒᆞᄆᆞᆯ·며 粉黛(분대)·ᄅᆞᆯ 비·러 ·ᄡᅳ·던 거·시ᄯᆞ·녀18) 그 時節(시절)·에 金輿(금여)·ᄅᆞᆯ 侍衛(시위)·ᄒᆞ던 :녯 거·슨 ᄒᆞ올·로 잇ᄂᆞ·닌 :돌 ᄆᆞ·리로·다19) 시·름 :오매 ·프를 지·즐안·자·셔20) 훤히 놀·애 블·로니21) 눉·므리 소·내 ᄀᆞ득·ᄒᆞ도·다 6:2a어

7) 기튼 지슨 거시: 남은 지은 것이, 남은 건축물이 ☞ 깉-[遺]+-은. 깉-+-이-(사.접.) → 기티- > 끼치-(경음화, 구개음화)
8) 아래로다: 아래도다 ☞ 아래+∅-(서.조.)+-로-(← -도-, 감동법)+-다
9) 귓거싀 브리: 귀신의 불이, 도깨비불이 ☞ 귓것[← 귀(鬼)+ㅅ#것]+의 블[火]+이. '블 > 불'의 변화는 원순모음화로 대체로 17세기 말엽에 나타난다.
10) 믈어딘: 무너진 ☞ 므르(退)-+어#디-+-ㄴ. 통사적 합성어. 합성어에서 구성 성분들의 배열 방식이 국어 문장에서 어절들의 배열 방식과 같은 방식으로 구성된 합성어를 통사적 합성어라 하고 그렇지 않은 것을 비통사적 합성어라 한다. 국어에서 용언 어간 뒤에 어미의 연결은 필수적이기 때문에 '므르-' 뒤에 어미 '-어'가 연결된 뒤에 '디-'와 결합하였기 때문에 통사적이라 한다.
11) 흐르놋다: 흐르는구나 ☞ 흐르-+-ᄂᆞ-+-옷-(감동법)+-다. 감동법 선어말어미에는 '-돗-, -도-, -옷-, -ㅅ-'이 있는데, '-돗-'은 매개모음을 취하는 어미 앞에서, '-도-'는 자음 어미 앞에서 실현된다. '-옷-'은 '-ᄂᆞ-, -시-' 뒤에서 실현되고, '-ㅅ-'은 '-ㄴ다, -ᄋᆞ라, -오라, -오니' 앞에서 실현된다.
12) 眞實ㅅ: 진실로, 정말로 ☞ 眞實+ㅅ(관.조.). 형태상 '眞實'의 관형격형이지만 문맥상 부사어로 해석된다.
13) 뎌: 저[笛(적)]. 가로로 불게 되어 있는 관악기를 통들어 이르는 말.
14) ᄀᆞᆮ도소니: 같은데 ☞ ᄀᆞᆮ-+-돗-(감동법)+-ᄋᆞ니 ☞ ᄀᆞᆮ도ᄉᆞ니 → ᄀᆞᆮ도소니(순행적 원순모음화)
15) ᄀᆞᅀᆞᆳ: 가을의 ☞ ᄀᆞᅀᆞᆶ > ᄀᆞ올 > ᄀᆞ을 > 가을
16) ᄌᆞᆽᄌᆞᆽᄒᆞ도다: 깨끗하도다, 맑구나 ☞ ᄌᆞᆽᄌᆞᆽᄒᆞ-+-도-(감동법)+-다. 'ᄌᆞᆽᄌᆞᆽᄒᆞ- > ᄀᆞᆽᄒᆞ- > 깨끗하-' 어두 경음화 현상은 후행 음절의 경음에 동화(역행동화)된 것이다. 18세기에 나타난 현상이다.
17) 고온: 고운 ☞ 곱-+-ᄋᆞᆫ → 고ᄫᆞᆫ > 고온
18) 粉黛ᄅᆞᆯ 비러 ᄡᅳ던 거시ᄯᆞ녀: 화장을 빌려 쓰던 것이겠는가, 꾸미던 화장이겠는가 ☞ 수사의문문. '-이ᄯᆞ녀'는 수사의문의 어미. 粉黛: 분을 바른 얼굴과 먹으로 그린 여자의 눈썹.
19) 金輿ᄅᆞᆯ 侍衛ᄒᆞ던 녯 거슨 ᄒᆞ올로 잇ᄂᆞ닌 돌ᄆᆞ리로다: 금수레를 시위하던 옛 것은 홀로 있는 것인 돌말[石馬]이도다. ☞ 잇ᄂᆞ닌: 잇-+-ᄂᆞ-+-ㄴ(관.전.)#이(의.명.)+ㄴ(보조사)

른어른[22] ·녀는 ·깂 ᄉᆞ·ᅀᅵ·예 ·뉘 ·이 ·나홀 기·리 :살 :사ᄅᆞᆷ·고[23]

두중 6:1a **玉華宮**

시내 횟돈ᄃᆡ 숤ᄇᆞᄅᆞ미 기리 부ᄂᆞ니 프른 쥐 녯 디샛 서리예 숨ᄂᆞ다 아디 몯ᄒᆞ리로다 어느 님긊 宮殿고 기튼 *지은* 거시 노ᄑᆞᆫ 石壁ㅅ 아래로다 어드운 房앤 귓거시 ᄇᆞ리 프ᄅᆞ고 믈어딘 길헨 슬픈 므리 흐르놋다 6:1b여러 가짓 소리 眞實ㅅ 뎌와 피릿 소리 ᄀᆞᆮ도소니 ᄀᆞᅀᆞᆳ 비치 ᄑᆞᆫ히 ᄌᆞᆽᄒᆞ도다 고온 *사ᄅᆞ미 누른 ᄒᆞᆯ기 ᄃᆞ외니* ᄒᆞ물며 粉黛ᄅᆞᆯ 비러 ᄡᅳ던 거시ᄯᆞ녀 그 時節에 金輿ᄅᆞᆯ 侍衛ᄒᆞ던 녯 거슨 ᄒᆞ올로 잇ᄂᆞᆫ 돌ᄆᆞ리로다 시름 오매 프를 지즐안자셔 훤히 놀애 *블오니* 눉므리 *손애* ᄀᆞ둑ᄒᆞ도다 6:2a어른어른 녀는 깂 *ᄉᆞ이예* 뉘 이 나홀 기리 살 사ᄅᆞᆷ고

九成宮(구성궁)

프·른 :뫼ᄒᆞ·로 百里ᄅᆞᆯ ·드러:오·니[24] 비·레 그·츠니[25] 방·핫·고·와 호왁[26]·과 ·ᄀᆞᆮ도·다 層層(층층)인 宮殿(궁전)·이 ᄇᆞᄅᆞ·ᄆᆞᆯ 비·겨[27] ·아ᅀᆞ·라ᄒᆞ ·

20) 지즐안자셔: 깔고 앉아서 ☞ 지즐앉-(← 지즐-#앉-)+-아셔. '지즐앉다'는 비통사적 합성어. 고영근·남기심(2012:367)에서는 합성어로 처리하지 않고, '지즐'을 동사 어간이 바로 부사로 파생된 단어로 처리하고 있다.

21) 블로니: 브르니 ☞ 브르[歌]-+-오-(인칭활용)+-니 (1) '브르-'는 모음 어미와 연결되면 '블ㄹ'로 교체한다. (2) 작자인 두보가 화자 주어이기 때문에 인칭활용의 '-오-'가 연결되었다.

22) 어른어른: 얼른얼른

23) 뉘 이 나홀 기리 살 사ᄅᆞᆷ고: 누가 나이를 길게 살 사람인가? ☞ (1) 누[誰(수)]+이(주.조.) (2) '이'는 원문 한자 '是'의 축자적(逐字的) 번역이므로 현대어로 옮기지 않아도 된다. (3) 나홀: 낳[歲]+올(목.조.) (4) '고'는 설명의 의문보조사. 체언의문문이다. 체언의문문은 근대국어에서 '체언+서술격조사+의문형어미'의 형태로 바뀐다. 현대국어는 일부 방언을 제외하고는 체언의문문이 없다.

24) 드러오니 ☞ 들어오-+-오-(인칭활용)+-니. (1) 주어가 화자[두보]와 일치하기 때문에 '-오-'가 연결되었다. (2) ·드·러오-+-·오→·드러:오-. 성조의 변화가 있다.

25) 비레 그츠니: 벼랑이 끊어진 것이 ☞ 비레[崖]+∅(주.조.) 긏-+-은(관.전.)#이(의.명.)+∅(주.조.). 주격조사는 자음 뒤에서 '이', 모음 뒤('이' 제외)에서 'ㅣ', '이/y' 뒤에서 '∅'로 실현되었다.

니28) :뫼:곬 이·페29):뫼히 놉·도다 神靈(신령)·을 :셰·여30) 棟樑(동량)·ᄋᆞᆯ 더·위자·폣·고31) 프·른 ·뒬 ·파 ·이플 여·렛도·다32) 그 陽(양)녀6:2b·권33) 靈芝(영지)ㅣ ·냇·고 그 陰(음)녀·권 牛斗星(우두셩)·이 ·자놋·다 ·어·즈러·이 ·폣는34) :긴 ·소리35) 갓·ᄀᆞᆯ·오36) 노·ᄑᆞᆫ 怪異(괴이)ᄒᆞᆫ :돌히 ᄃᆞᆫᄂᆞᆫ37) ·ᄃᆞᆺ도 ·다38) 슬·픈 ·나·비39) ᄒᆞᆫ ·소·리·ᄅᆞᆯ :울어·ᄂᆞᆯ 나·그내 ·눉·므·를 수·프레 흘·료·라40) 荒淫(황음)ᄒᆞᆯ·셔41) 隋(수)ㅅ :님·그미·여42) 이ᄅᆞᆯ 지·ᅀᅥ ·이제 믈 ·어·더 서·겟도·다43) 萬一·에 :히여·곰 나·라히 :배디 아·니터·든44) :엇데 ·큰 唐·ᄋᆡ :두

26) 호왁: 확. 방앗공이로 찧을 수 있게 돌절구 모양으로 우묵하게 판 돌, 절구의 아가리로부터 밑바닥까지의 부분. ☞ ᄒᆞ왁 > 호왁(원순모음화). 衆生이 ᄒᆞ왁 소배 이셔 <월석 23:78>
27) 비겨: 기대어, 의지하여 ☞ 비기-+-어
28) 아ᄉᆞ라ᄒᆞ니: 아득한데, 까마득하니
29) 이페: 입구에, 문에 ☞ 잎[戶]+에
30) 셰여: 세워 ☞ 셰-[←셔[立]-+-이-(사.접.)]+-어
31) 더위자폣고: 붙잡게 하여 있고, 붙잡게 하였고, 부여잡게 하였고 ☞ 더위자피-[←더위잡-+-히-(사.접.)]+-어(보.어.) 잇-(보.용.)+-고. '-어 잇-'은 완료상을 나타내는데, 근대국어에서 과거시제 선어말어미 '-엇-'으로 발달하였다.
32) 이플 여렛도다: 입구를 열어 있구나, 입구를 열었구나 ☞ 열-[開]+-어(보.어.)#잇-(보.용.)+-도-(감동법)+-다
33) 陽녀권: 陽쪽에는 ☞ 陽#녁+의(부.조.)+ㄴ(보조사)
34) 폣는: 흩어져 있는 ☞ 펴-+-어#잇-+-ᄂᆞ-+-ㄴ
35) 긴 소리: 긴 소나무가 ☞ 솔[松]+이
36) 갓ᄀᆞᆯ오: 거꾸러지고 ☞ 갓ᄀᆞᆯ-+-오(←-고),
37) ᄃᆞᆫᄂᆞᆫ: 달리는 ☞ ᄃᆞᆮ-[走]+-ᄂᆞ-+-ㄴ. 비음동화가 표기에 반영되었다. 일반적으로 중세문헌들에서는 비음동화가 표기에 잘 반영되지 않았다.
38) ᄃᆞᆺ도다: 듯하구나 ☞ ᄃᆞᆺ(ᄒᆞ)-+-도-+-다
39) 나비: 원숭이가 ☞ 납[猿]+이
40) 흘료라: 흘렸다 ☞ 흘리-[←흐르-[流]+-이-(사.접.)]+-오-(인칭활용)+-라(←-다) (1) 화자(=두보) 주어이므로 인칭활용 선어말어미 '-오-'가 연결되었다. (2) 동사는 부정법에 의해 과거시제가 표현된다. (3) 중세국어에서 'ᄅᆞ/르'로 끝나는 용언은 두 유형의 활용을 하였다. 하나는 '다ᄅᆞ-~달ㅇ-'이고 다른 하나는 '흐르-~흘ㄹ-' 유형이다.
41) 荒淫ᄒᆞᆯ셔: 함부로 음탕한 짓을 했구나 ☞ 荒淫ᄒᆞ-+-ㄹ셔(감.어.). 감탄형 종결어미는 '-ㄴ뎌, -애라, -게라'가 더 있었다.
42) 님그미여: 임금이여 ☞ 님금+이여(호.조.). '이여'는 격식체의 호격조사이다.
43) 서겟도다: 썩어 있도다, 썩었구나 ☞ 석[朽]-+-어(보.어.)#잇-(보.용.)+-도-(감동법)+-다

미 ᄃᆞ외·리오[45] 6:3a비·록 ·새려[46] 더 修補(수보)·호미 :업스·나 ·오히·려 그위·롤 ·두워[47] 딕희·우·며[48] 巡狩(순수)·ᄒᆞ샤·미 瑤水(요수)·의 머·로미 아·니·나 자·최·ᄂᆞᆫ ·이 다·매 ·그림 ·그·린 後ㅣ로·다[49] 내 :오미[50] 時節(시절)·이 바·ᄃᆞ라·온[51] 제 브·트니 :울워·러 ·ᄇᆞ라·고[52] 嗟嘆(차탄)·호ᄆᆞᆯ 오·래 ·ᄒᆞ노·라 :님그·미 太白山·애 巡守(순수)·ᄒᆞ·야 :겨시·니 ᄆᆞ ·롤 머·믈워·셔 다·시 머·리[53] ·도ᄅᆞ·혀[54] ·ᄇᆞ라노·라

44) 배디 아니터든: 망하지 않았던들 ☞ 배-[亡]+-디 아니ᄒᆞ-+-더든(종.어.) '-더든'은 반사실적 가정을 나타내는 종속적 연결어미이다. (2) 안병희 외(2002:240)에서는 '힉여곰'이 들어간 구문은 그 자체가 사동문이므로 '배디'는 '배에 ᄒᆞ디'와 같은 표현이라 보고 있다. 즉 사동적 표현이라는 것이다.

45) 엇데 큰 唐이 두미 ᄃᆞ외리오: 어찌 큰 당나라의 소유가 되겠는가 ☞ -오(설명 의.어.)

46) 새려: 새로 ☞ 새(명, 新)+-려(부.접.). '새로'도 부사파생 접미사 '-로'가 붙어 파생된 부사다.

47) 그위롤 두워: 관청을/관리를 두어 ☞ 두[置]-+-워(←어). w-첨가.

48) 딕히우며: 지키게 하며 ☞ 딕히우-[←딕히-[守]+-우-(사.접.)]+-며

49) 巡狩ᄒᆞ샤미 瑤水의 머로미 아니나 자최ᄂᆞᆫ 이 다매 그림 그린 後ㅣ로다: (당나라 임금께서) 다니심이 (옛날 주나라 목왕이 서왕모를 만나러) 요수에 갔던 것처럼 먼 것은 아니지만, (당나라의) 자취가 이 담에 그린 그림 그린 뒤로구나(=이 담에 그림 그린 이후에 당나라의 자취가 남아 있구나) ☞ (1) 巡狩ᄒᆞ샤미: 왕이 나라 안을 두루 살피며 돌아다니심이 ☞ 巡狩ᄒᆞ-+-샤-+-옴+이(주.조.). 주체높임 선어말어미는 자음 어미 앞에서 '시', 모음 어미 앞에서 '샤'로 교체한다. 이런 교체는 근대국어에서 '-시-'로 단일화된다. 주체높임법은 화자보다 문장의 주체가 신분이 더 높을 때 실현되는 높임법이다. (2) 瑤水의 머로미: 요수가 멂이 ☞ 요수+의 멀-+-옴+이. 명사절의 의미상의 주어가 관형격의 형태를 취하고 있다. 명사절과 관형절의 의미상 주어가 관형격의 형태를 취하는 것은 중세국어의 한 특징이었다. 현대국어에서는 주격의 형태를 취하는 것이 일반적이다.

50) 내 오미: 내가 오는 것이 ☞ 나+ㅣ(관.조.), 명사절의 의미상 주어가 관형격의 형태를 취하고 있다. 주(49-2) 참조.

51) 바ᄃᆞ라온: 위태로운 ☞ 바ᄃᆞ랍[危]-+-ᄋᆞᆫ →바ᄃᆞ라ᄫᆞᆫ > 바ᄃᆞ라온. 'ㅸ'은 15세기에 'w'로 변하였다.

52) 울워러 ᄇᆞ라고: 우러러 바라보고 ☞ 울월-[仰(앙)]+-어 ᄇᆞ라-[望(망)]+-고

53) 머리: 머리[首](를)

54) 도ᄅᆞ혀: 돌려, 돌이켜 ☞ 도ᄅᆞ혀-[←돌[回]-+-ᄋᆞ-(사.접.)+-혀(강.접.)]+-어. '-ᄋᆞ-/-으-'가 사동접미사로 쓰이면 의미가 특수화되는 경우가 있다. p.168 주(247) 참조.

九成宮

프른 뫼ᄒᆞ로 百里를 드러오니 비레 그츠니 *방하고와* 호왁과 ᄀᆞᆺ도다 層層인 宮殿이 ᄇᆞᄅᆞ믈 비겨 아ᄋᆞ라ᄒᆞ니 묏곬 이페 뫼히 놉도다 神靈을 세여 棟樑ᄋᆞᆯ 더위자뱃고 프른 뎔 파 이플 여렛도다 그 *陽녀큰* 靈[6:2b]芝ㅣ 냇고 그 *陰녀큰* 牛斗星이 자놋다 어즈러이 펫ᄂᆞᆫ 긴 소리 *갓골고* 노ᄑᆞᆫ 怪異ᄒᆞᆫ 돌히 ᄃᆞᆮᄂᆞᆫ ᄃᆞᆺ도다 슬픈 나비 ᄒᆞᆫ 소리ᄅᆞᆯ 울어ᄂᆞᆯ 나그내 눉므를 수프레 흘료라 荒淫ᄒᆞᆯ셔 隋ㅅ 님그미여 이ᄅᆞᆯ *지어* 이제 믈어뎌 서겟도다 萬一에 *ᄒᆞ여곰* 나라히 배디 *아니턴들* 엇뎨 큰 唐ᄋᆡ 두미 *되오리오* [6:3a]비록 새려 더 修補(수보)호미 업스나 오히려 그위를 두워 딕희우며 巡狩(순수)ᄒᆞ샤미 瑤水(요수)의 머로미 아니나 자최ᄂᆞᆫ 이 다매 그림 그린 後ㅣ로다 내 오미 時節(시절)이 바ᄃᆞ라온 제 브트니 울워러 ᄇᆞ라고 嗟嘆(차탄)호ᄆᆞᆯ 오래 ᄒᆞ노라 님그미 太白山애 巡守(순수)ᄒᆞ야 겨시니 ᄆᆞᄅᆞᆯ 머믈워셔 다시 머리 도ᄅᆞ혀 ᄇᆞ라노라

早朝大闕宮呈兩省察友 賈至(조조대궐궁정양성찰우 가지)

[6:3b]銀燭(은촉) 혀·고 朝天(조천)·호매 紫陌(자맥)[55)]·이 :기니 禁城(금성)·엣 ·봆 ·비치 새배[56)] 프·르·렛도·다[57)] ·즈믄 :옰[58)] 보·ᄃᆞ라·온 버·드른 青瑣門(청쇄문)·에 드·리·옛·고[59)] ·온[60)] 가·지로 :울며 :옮ᄃᆞᆫ·니ᄂᆞᆫ[61)] 곳고·리[62)]는 建章

---

55) 紫陌(자맥): 도성의 길
56) 새배: 새벽에
57) 프르렛도다: 푸르렀구나, 푸르러져 있구나 ☞ 프르-[蒼])+-러(←-어)#잇-+-도-+-다, (1) '프르-'는 '르'로 끝나는 어간이지만 다른 'ᄅᆞ/르' 어간과 다르게 활용한다. 어미가 불규칙하게 연결된 '러-불규칙 활용'을 한다. 현대국어 '러-불규칙'의 소급형이다. (2) 중세국어에서 'ᄅᆞ/르'로 끝나는 어간은 두 유형의 교체를 하기 때문에 규칙활용으로 처리한다. 하나는 '다ᄅᆞ-~달ㅇ-' 유형이고 다른 하나는 '흐르-~흘ㄹ' 유형이다. '프르-'는 이 두 유형 중 어디에도 속하지 않는다(*플ㅇ-, *플ㄹ-).
58) 옰: 올의, 가닥의. ☞ 올[條]+ㅅ
59) 드리옛고: 드리워져 있고 ☞ 드리-[垂]+-어#잇-+-고
60) 온: 백(百)
61) 옮ᄃᆞᆫ니ᄂᆞᆫ: 옮아 다니는 ☞ 옮ᄃᆞᆫ니-(←옮-#ᄃᆞᆮ니-)+-ᄂᆞᆫ(관.전.). '옮ᄃᆞᆫ니-'는 어근끼리 직접 붙은 비통사적 합성어이다. 'ᄃᆞᆮ니-'는 'ᄃᆞᆮ-'과 '니-'의 어근끼리 붙은 비통사적 합성어

宮(건장궁)·에 ᄀᆞ독·ᄒᆞ·얫도·다 ·갈·콰 佩玉(패옥)ㅅ 소·리ᄂᆞᆫ 玉墀(옥지) ·옛[63] 거·르·믈 좇·고 衣冠(의관)ᄒᆞᆫ 모·매ᄂᆞᆫ 御爐(어로)·앳 香(향)·내 버·므 ·렛도·다[64] :님긊 恩波(은파)·ᄅᆞᆯ 鳳池(봉지) :소개·셔 다·ᄆᆞᆺ[65] 저·저 아ᄎᆞᆷ:마다 부·데[66] ·먹 무·텨[67] :님그·믈: 뫼ᅀᆞᆸ·노라[68]

> **早朝大闕宮呈兩省寮友 賈至**
>
> 6:3b 銀燭 혀고 朝天호매 紫陌이 기니 禁城엣 봆비치 새배 *프르렛도다* 즈믄 옰 보ᄃᆞ라온 버드른 青瑣門에 드리옛고 온 가지로 울며셔 옮ᄃᆞ니ᄂᆞᆫ *굇고리ᄂᆞᆫ* 建章宮에 *ᄀᆞ독ᄒᆞ얘도다* 갈콰 佩玉ㅅ 소리ᄂᆞᆫ 玉墀옛 거르믈 좇고 衣冠ᄒᆞᆫ 모매ᄂᆞᆫ 御爐앳 香내 *버므렛도다* 님긊 恩波ᄅᆞᆯ 鳳池 소개셔 다ᄆᆞᆺ *저처* 아ᄎᆞᆷ마다 부데 먹 무텨 님그믈 *뫼ᅀᆞᆸ노라*

6:4a 和賈至舍人早朝大明宮(화고지사인조조대명궁)

다·ᄉᆞᆺ 바·ᄆᆡᆺ 漏刻(누각) 소·리ᄂᆞᆫ[69] 새뱃 ·사ᄅᆞᆯ[70] 뵈·아ᄂᆞ·니[71] 九重(구중) ·엣 ·봆 ·비ᄎᆞᆫ 仙桃(선도)ㅣ 醉(취)·ᄒᆞ·얫ᄂᆞᆫ ·ᄃᆞᆺ·ᄒᆞ도·다 旌旗(정기)·예 ·히 :덥

이다. 이 시기에 '니'가 접사화했다고 본다면 파생어로 처리할 수도 있다. 'ᄃᆞᆮ니- → ᄃᆞᆫ니-'는 비음동화가 표기에 반영된 것이다.

62) 곳고리: 꾀꼬리 ☞ 곳고리 > 굇고리~괴꼬리 > 꾀꼬리. 역행동화에 의한 어두경음화. 중간본에는 '굇고리'로 나온다.

63) 玉墀옛: 옥지에의, 址臺(지대) 뜰에서의 ☞ 玉墀(옥지)+예(부.조.)+ㅅ(관.조.). '墀'는 계단 위의 빈곳. 부사격조사 '애'는 양성모음 뒤에, '에'는 음성모음 뒤에, '예'는 '이/y' 뒤에 연결되었다.

64) 버므렛도다: 둘러 있구나, 배어 있구나 ☞ 버믈-+-어#잇-+-도-+-다

65) 다ᄆᆞᆺ: 더불어, 한가지로, 함께

66) 부데: 붓에 ☞ 붇[筆]+에

67) 무텨: 묻히어, 묻혀 ☞ 무티-[←묻-+-히-(사.접.)]+-어

68) 뫼ᅀᆞᆸ노라: 모신다 ☞ 뫼ᅀᆞᆸ-+-ᄂᆞ-+-오-(인칭활용)+-라(←-다). 화자 주어는 두보이다.

69) 다ᄉᆞᆺ 바ᄆᆡ 漏刻 소리ᄂᆞᆫ: 오경(五更:새벽 3시~5시)의 물시계(에서 물 떨어지는) 소리는

70) 새뱃 사ᄅᆞᆯ: 새벽의 화살을. 새벽을 알리는 화살을 ☞ 새배+ㅅ 살[矢]+ᄋᆞᆯ(목.조.)

71) 뵈아ᄂᆞ니: 재촉하니 ☞ 뵈아[催]-+-ᄂᆞ-+-니

게 :뻐니 龍(룡)·과 ·비얌·괘72) :뮈오 宮殿(궁전)·에 ᄇᆞᄅᆞ·미 :잖간 :부니 :져비·와 :새·왜 노·피 ᄂᆞ·놋다73) 朝會(조회) ᄆᆞᆺ·고74) 香爐(향로)ㅅ ·닉를 ·ᄉᆞ매·예75) ·ᄀᆞᄃᆞ기 가·져·가ᄂᆞ·니 詩句(시구)·ᄅᆞᆯ 일·우니76) 구·스6:4b리 ·붇 두루·튜메77) 잇·도다 世世·로 絲綸(사륜) ᄀᆞ숨아·로미 아·름다·오몰 ·알오·져 ·홀뎬78) ·못79) 우·희 ·이제 鳳(봉)·의 터·리80) 잇·도다

6:4a**和賈至舍人早朝大明宮**

다ᄉᆞᆺ 바밋 漏刻 소리는 *사뱃* 사ᄅᆞᆯ 뵈아ᄂᆞ니 九重엣 봆 비즌 仙桃ㅣ 醉ᄒᆞ얫는 ᄃᆞᆺᄒᆞ도다 旌旗에 ᄒᆡ 덥게 뻐니 龍과 비얌괘 뮈오 宮殿에 ᄇᆞᄅᆞ미 잖간 부니 져비와 새왜 노·피 ᄂᆞ놋다 朝會 ᄆᆞᆺ고 香爐ㅅ 닉를 ᄉᆞ매예 ᄀᆞᄃᆞ기 가져가ᄂᆞ니 詩句ᄅᆞᆯ 일우니 구스6:4b리 붇 두루튜매 잇도다 世世로 絲綸 *ᄀᆞ옴아로미* 아름다오몰 알오져 *홀뎬* 못 *우*희 이제 鳳의 터리 잇도다

同前 王維(왕유)

6:5a블·근 곳·갈 ·ᄉᆞᆫ81) 鷄人(계인)82)·이 새뱃 漏籌(누주)83)·ᄅᆞᆯ 보·내ᄂᆞ·니 尙衣

---

72) 龍과 비얌괘: (깃발에 그려진) 용과 뱀이 ☞ 비암+과(접.조.)+이(주.조.)
73) ᄂᆞ놋다: 나는구나 ☞ ᄂᆞᆯ-+-ᄂᆞ-+-옷-(감동법)+-다
74) ᄆᆞᆺ고: 마치고 ☞ ᄆᆞᆺ-[畢, 完了](← ᄆᆞᆾ-)+-고
75) ᄉᆞ매예: 소매에 ☞ ᄉᆞ매[袖]+예. ᄉᆞ매 > 소매
76) 일우니: 이루니 ☞ 일우-[← 일-[成]+-우-(사.접.)]+-니
77) 붇 두루튜메: 붓을 둘러침에, 붓을 휘두름에, 휘호(揮毫)함에 ☞ 두루티-[← 두르-(揮)+-티-(강.접.)]+-움(명.전.)+에
78) 絲綸(사륜) ᄀᆞ숨아로미 아름다오몰 알오져 홀뎬: 조칙을 관장함이 아름다움을 알고자 한다면 ☞ (1) 絲綸: 천자의 조칙(詔勅) (2) ᄀᆞ숨아로미: 주관함이, 관장함이. ᄀᆞ숨알-+-옴+익(관.조.). 명사절의 의미상의 주어가 관형격의 형태를 취하고 있다. (3) 알오져 홀뎬: 알고자 한다면. 알-+-오져(← -고져) ᄒᆞ-+-오-+-ㄹ뎬(조건 또는 가정의 종.어.) (4) 문장의 구조: [[[絲綸]목3 [ᄀᆞ숨아·로미]서3]주2 [아·름다·오몰]서2]목1 [·알오·져 ·홀뎬]서1
79) 못: 연못, 봉황지(鳳凰池) ☞ 여기서는 봉황지(鳳凰池), 곧 대궐을 가리킨다.
80) 鳳의 터리: 봉의 털이, 봉모(鳳毛)가 ☞ 봉모는 자식의 자질이 선대에 뒤지지 않음을 일컫는 말이다. 여기서는 아버지와 한 가지로 천자를 곁에서 모신 가지(賈至)를 가리킨다.

(상의)ㅅ 마·ᄉᆞ리[84] 보야·ᄒᆞ로 프·른 ·구룸 ᄀᆞᄐᆞᆫ 갓·오ᄉᆞᆯ 進上(진상)·ᄒᆞᄂᆞ ·다 九天·엣 門·은 宮殿·을 :열오 萬國ㅅ 衣冠(의관)ᄒᆞ·닌[85] 冕旒(면류)·ᄅᆞᆯ ·절 ·ᄒᆞ·ᅀᆞᆸᄂᆞᆺ·다[86] ·힛·비츤 仙掌(선장)·애 ᄀᆞᆺ 비·취·여 :뮈오 香ㅅ·ᄂᆡ는 袞龍袍(곤룡포)·ᄅᆞᆯ 바·라[87] ·ᄠᅥᆺ도·다[88] 朝會 ᄆᆞᆺ·고 모·로·매 五色 詔書[89]·ᄅᆞᆯ 지·ᅀᅳᆯ시 佩玉 소:리 鳳池ㅅ 6:5b머·리로 니·르·러 가ᄂᆞᆺ·다[90]

> **同前 王維**
>
> 6:5a블근 곳갈 ᄡᅳᆫ 鷄人이 새뱃 漏籌ᄅᆞᆯ 보내ᄂᆞ니 尙衣ㅅ *마ᄉᆞ리* 보야ᄒᆞ로 프른 구룸 ᄀᆞᄐᆞᆫ 갓오ᄉᆞᆯ 進上ᄒᆞᄂᆞ다 九天엣 門은 宮殿을 열오 萬國ㅅ 衣冠ᄒᆞ닌 冕旒ᄅᆞᆯ *절ᄒᆞᅀᆞᆸᄂᆞᆺ다* 힛비츤 仙掌애 ᄀᆞᆺ 비취여 뮈오 香ㅅᄂᆡ는 袞龍袍ᄅᆞᆯ 바라 ᄠᅥᆺ도다 朝會 ᄆᆞᆺ고 모로매 五色詔書ᄅᆞᆯ 지ᅀᅳᆯ시 佩玉 소리 鳳池ㅅ 6:5b머리로 니르러 가ᄂᆞᆺ다

同前 岑參(잠참)

ᄃᆞᆰ: 울·오 紫陌(자맥)·애 새뱃 ·비치 ·서늘ᄒᆞ·니 곳고·리 :우는 皇州(황주)·에

81) 곳갈 ᄡᅳᆫ: 고깔 쓴 ☞ 'ᄡᅳᆫ'은 원각경언해(1465) 이후 각자병서가 폐지되면서 나타난 표기이다. 원 형태는 '쓰다'이다.
82) 鷄人: 닭 울음소리를 내어 새벽을 알리는 벼슬아치
83) 漏籌: 물시계
84) 마ᄉᆞ리: 관청이 ☞ ᄆᆞᄉᆞᆯ+이(주.조.). 'ᄆᆞᄉᆞᆯㅎ'은 마을[村]. ᄆᆞᅀᆞᆯ > ᄆᆞᅀᆞᆯ > ᄆᆞᄋᆞᆯ > 마을
85) 衣冠ᄒᆞ닌: 의관한 사람은 ☞ 衣冠ᄒᆞ-+-ㄴ(관.전.)#이(의.명.)+ㄴ(보조사)
86) 冕旒ᄅᆞᆯ 절ᄒᆞᅀᆞᆸᄂᆞᆺ다: 면류관에 절하는구나. ☞ 절ᄒᆞ-+-ᅀᆞᆸ-+-ᄂᆞ-+-옷-(감동법)+-다. (1) 면류관(冕旒冠): 제왕(帝王)의 정복(正服)에 갖추어 쓰던 관. 거죽은 검고 속은 붉으며, 위에는 긴 사각형의 판이 있고 판의 앞에는 오채(五彩)의 구슬꿰미를 늘어뜨린 것으로, 국가의 대제(大祭) 때나 왕의 즉위 때 썼다. 천자는 12줄, 제후는 9줄. (2) 목적격조사 'ᄅᆞᆯ'이 쓰였으나 부사어로 해석된다.
87) 바라: 더불어, 곁에 붙어 ☞ 밝[傍]-+-아
88) ᄠᅥᆺ도다: 떠 있구나 ☞ ᄠᅳ-[浮]+-어#잇-+-도-+-다
89) 詔書(조서): 임금의 명령을 일반에게 알릴 목적으로 적은 문서
90) 니르러 가ᄂᆞᆺ다: 이르러 가는구나 ☞ 니를-[到]+-어 가-+-ᄂᆞ-(직설법)+-옷-(감동법)+-다. 모음 어미 앞에서는 '니를-', 자음 어미 앞에서는 '니르-'로 교체하였다.

·봆·비치 다ᄋᆞ·놋·다[91] 金闕(금궐)·엣 새뱃 ·부픈[92] 萬人·의 집 門·을 :열오 玉堦(옥계)·옛 儀仗(의장)[93]·은 千官(천관)·을 ᄢᅳ·렛도·다[94] 고·지 ·갈콰 佩玉(패옥)과롤 맛거·눌[95] :벼리 ·처섬 디·고 버·드리 旌旗(정기)·롤 다 이·즈니[96] 이·스리 므ᄅᆞ·디 아·니·ᄒᆞ·얫도·다 6:6a ᄒᆞ올·로 잇는 鳳凰(봉황)·못 우·희 잇는 소·닉[97] 陽春(양춘)ㅅ ᄒᆞᆫ 놀·애·롤[98] 和答(화답)호미 :다 어·렵도·다

同前 耂参

ᄃᆞᆰ 울오 紫陌애 새뱃 비치 서늘ᄒᆞ니 곳고리 우는 皇州에 봆비치 다ᄋᆞ놋다 金闕엣 새뱃 부픈 萬人의 집 門을 열오 玉堦엣 儀仗은 千官을 *ᄢᅳ렛도다* 고지 *갈과* 佩玉과롤 *맛거*늘 벼리 *처엄* 디고 *버ᄃᆞ리* 旌旗롤 다 이즈니 이스리 *므ᄅᆞ지* 아니ᄒᆞ얫도다 6:6a ᄒᆞ올로 잇는 鳳凰 못 *우희* 잇는 소닉 陽春ㅅ ᄒᆞᆫ *노래롤* 和答ᄒᆞ요미 다 어렵도다

宣政殿退朝晩出左掖(선정전퇴조만출좌액)

6:6b하·ᄂᆞᆳ 門·에 ·힛·비치 黃金榜(황금방)·애 ·소·앳ᄂᆞ·니[99] ·봆 宮殿(궁전)·에

---

91) 다ᄋᆞ놋다: 다하는구나 ☞ 다ᄋᆞ-[盡]+-ᄂᆞ-+-옷-+-다

92) 부픈 :종(鐘)은, 북[鼓]은 ☞ 붚+은. '붚'은 종(鐘)과 북(鼓)을 다 가리킨다. '붚 > 북'의 변화는 이화.

93) 儀仗(의장): 천자(天子)나 왕공(王公) 등 지위가 높은 사람이 행차할 때에 위엄을 보이기 위하여 격식을 갖추어 세우는 병장기(兵仗器)나 물건. 의(儀)는 위의(威儀)를, 장(仗)은 창이나 칼 같은 병기를 가리킨다.

94) ᄢᅳ렛도다: 옹위하고 있구나, 감싸고 있구나 ☞ ᄢᅳ리-[抱, 擁衛]+-어#잇-+-도-+-다

95) 맛거늘: 맞이하거늘 ☞ 맞-[迎]+-거늘. '맞-'이 타동사이므로 '-아늘'이 연결되어야 하지만, 비타동사에 연결되는 '-거늘'이 연결되었다. 문장은 타동사문이다.

96) 다이즈니: 부딪치니 ☞ 다잊-[擊, 拂]+-(으)니

97) ᄒᆞ올로 잇는 鳳凰못 우희 잇는 소닉: 홀로 있는 봉황 연못 위에 있는 손님의, 봉황 연못 위에 홀로 있는 손님의 ☞ 'ᄒᆞ올로 잇는'과 '鳳凰 못 우희 잇는'은 뒤의 '손[客]'을 꾸미는 관형절이다. 중세국어에서는 관형어가 몇 개 중복되는 경우가 있었다. 예) 늘근 늘근 브룺 사ᄅᆞ미 잇ᄂᆞ니 <월석 13:23>

98) 陽春ㅅ ᄒᆞᆫ 놀·애·롤: [賈至(가지)가 지은] '양춘'이라는 한 곡조의 노래를 ☞ '놀애'에서 'ㅇ'은 유성후두마찰음([ɦ])이다. 'ㅇ'이 17세기에 소멸하면서 '놀래~놀내~노래' 등으로 표기된다. 중간본에서는 '노래'로 표기되었다.

:갠 ·비치 블·근 ·지ᄎᆞ·로[100] ·혼[101] 旗(기)·예 우·렛도·다[102] 宮殿·엣 프른 微微(미미)·히 서·리·뎻는[103] 佩玉(패옥)·올 바·댓거·늘[104] 香爐(향로)·앳 ·닋[105] 細細(세세)ᄒᆞᆫ ·뒨 遊絲(유사)[106] ㅣ 머·므·렛도·다 ·구루·믄 蓬萊殿(봉래전)·에 갓가·와 샹·네 다·ᄉᆞᆺ ·비치·로소·니[107] :누는[108] 鳷鵲觀(지작관)·애 노·가 :가미 ·ᄡᅩ ·ᄣᅵ[109] ·하도·다 近侍(근시)ᄒᆞᆫ 臣下ㅣ 날·호야[110] 거·러 靑瑣門(청쇄문)·에 갯다·가 밥 머·그라 믈·러 올 저·긔 ᄌᆞ녹ᄌᆞ는기[111] ·나:오몰 미·샹 날·호야 ·ᄒᆞ는·다

宣政殿退朝晩出左掖

하ᄂᆞᇗ 門에 힛비치 黃金榜애 소앳ᄂᆞ니 ᄇᆞᆷ 宮殿에 갠 비치 블근 지ᄎᆞ로 ᄒᆞᆫ 旗예 우렛도다 宮殿엣 프른 微微히 서리 *뎻는* 佩玉올 밧댓거늘 香爐앳 닋 細細ᄒᆞᆫ 뒨 遊絲ㅣ *머므렷도다* 구루믄 蓬萊殿에 갓가와 상네 다ᄉᆞᆺ 비치로소니 누는 鳷鵲觀애 노가 가미 ᄡᅩ ᄣᅵ 하도다 近侍ᄒᆞᆫ 臣下ㅣ *날회야* 거러 靑瑣門에 갯다가 밥 *머그러* 믈러 올 저긔 ᄌᆞ녹ᄌᆞ는기 나오몰 *미양* 날호야 ᄒᆞ는다

99) 소앳ᄂᆞ니: 쏘았으니 ☞ 소(←쏘-[射])+-아#잇-+-ᄂᆞ-+-니. 각자병서의 폐지로 인한 표기.
100) 지ᄎᆞ로: 깃으로 ☞ 짗[羽]+ᄋᆞ로. '짗 > 깃'의 변화는 과도교정에 의한다. 주(4) 참조.
101) 혼: 한 ☞ ᄒᆞ-+-오-(대상활용)+-ㄴ. 관형절(비치~혼)의 꾸밈을 받는 '旗'가 관형절의 의미상 목적어가 되기 때문에 대상활용의 '-오-'가 연결되었다.
102) 우렛도다: 어려 있구나, 어렸구나 ☞ 우리-+-어#잇-+-도-+-다
103) 서리뎻는: 드리워져 있는, 늘어뜨려져 있는 ☞ 서리디-[委, 垂]+-어#잇-+-ᄂᆞ-+-ㄴ
104) 바댓거늘: 받아 있거늘, 받들어 있거늘 ☞ 받[受, 承]-+-아#잇-+-거늘
105) 닋: 연기[煙]
106) 遊絲: 아지랑이
107) 비치로소니: 빛인데, ☞ 빛+이-(서.조.)+-롯-(←-돗-)+-(ᄋᆞ)니 ☞ 비치로ᄉᆞ니 > 비치로소니(순행적 원순모음화)
108) 누는: 눈[雪]은
109) ᄣᅵ 하도다: 시간이 오래구나 ☞ ᄣᅵ: ᄣᅳ[時]+ㅣ(주.조.)
110) 날호야: 천천히 ☞ 날회-[←날호-[徐]+-이-(사.접.)]+-아(부.접.). 접사화한 어미 '-아'가 붙어 파생된 부사이다. '날회야'로도 나타난다.
111) ᄌᆞ녹ᄌᆞ는기: 조용히

[6:7a]紫宸殿退朝口號(자신전퇴조구호)

戶外(호외)·예 昭容(소용)·이 블·근 ·ᄉᆞ매 드·리오·고[112] :둘히 御座(어좌)·롤 ·보아·셔 朝儀(조의)·롤 引進(인진)·ᄒᆞᄂᆞᆺ·다 香氣(향기)ㅣ 오·온[113] 殿(전)·에 飄散(표산)ᄒᆞ·니 ·ᄇᆞᆰᄇᆞᄅᆞ·미 옮·기·고 고·지 千官·을 두·퍼시·니[114] 몰·ᄀᆞᆫ ·힛 ·비치 :옮ᄂᆞᆺ·다 나·좃[115] 漏刻(누각)·올 노·픈 지·븨·셔 알·외요·몰 ·드므리[116] 드르·리·로소·니[117]:님긊 ᄂᆞ·치[118] 깃·거·ᄒᆞ샴 이 [6:7b]·쇼몰 近侍ᄒᆞᆫ 臣下ㅣ :아ᄂᆞᆺ·다[119] 宮中·에·셔 :미샹 ·나 東省(동성)·애 ·가 夔龍(기룡)·ᄋᆡ 鳳池(봉지)·예 모·도·몰[120] 모·다[121] 보·내노·라…

> [6:7a]**紫宸殿退朝口號**
> 戶外예 昭容이 블근 ᄉᆞ매 드리오고 둘히 御座롤 보아셔 朝儀롤 引進ᄒᆞᄂᆞᆺ다 香氣ㅣ 오온 殿에 飄散ᄒᆞ니 ᄇᆞᆰᄇᆞᄅᆞ미 옮기고 고지 千官을 두퍼시니 *몰ᄀᆞᆫ* 힛비치 옮ᄂᆞᆺ다 나좃 漏刻올 노픈 지븨셔 *알외오몰* 드므리 드르리로소니 님긊 ᄂᆞ치 깃거ᄒᆞ샴 이 [6:7b]쇼몰 近侍ᄒᆞᆫ 臣下ㅣ 아ᄂᆞᆺ다 宮中에셔 *미양* 나 東省애 가 夔龍ᄋᆡ *鳳池에 모ᄃᆞ믈* 모다 보내노라

---

112) 드리오고: 드리우고 ☞ 드리오-[垂]+-고
113) 오온: 온, 온전한 ☞ 오올-(← 오올[全])+-ㄴ(관.전.) → 오온 > 온
114) 두퍼시니: 덮고 있으니, 덮었으니 ☞ 둪-+-어#시-(← 이시-[有])+-니. '이시-'는 매개모음을 취하는 어미 앞에서 실현되는 형태로, '-어' 뒤에서 수의적으로 '시-'로 교체한다. 자음어미 앞에서는 '잇-'으로 교체한다.
115) 나좃: 낮에의 ☞ 낮[晝]+ᄋᆡ(부.조.)+ㅅ(관.조.). '나조ㅎ'은 저녁[夕].
116) 드므리: 드물게 ☞ 드믈-+-이(부.접.)
117) 드르리로소니: 들을 것이니 ☞ 듣-[聞]+-(으)리-(추측법)+-롯-(← -돗-. 감동법)+-(ᄋᆞ)니
118) ᄂᆞ치: 얼굴에 ☞ ᄂᆞᆾ[面]+ᄋᆡ(부.조.)
119) 近侍ᄒᆞᆫ 臣下ㅣ 아ᄂᆞᆺ다: 가까이서 모시는 신하가 아는구나 ☞ 알-+-ᄂᆞ-+-옷-+-다. 두보 자신은 낮은 벼슬에 있어서 천자를 가까이 모시지 못함을 나타내는 말이다.
120) 夔龍ᄋᆡ 鳳池예 모도몰: 기룡이 봉황지에 모임을 ☞ 夔龍+ᄋᆡ(관.조.), 모도몰: 몯-[集]+-옴+올. (1) 명사절의 의미상의 주어가 관형격의 형태를 취하고 있다. (2) 鳳池는 중서성(中書省)을 비유하는 말이다.
121) 모다: 모두

飜譯老乞大 6

飜譯老乞大

조선 중종 때 최세진(崔世珍)이 전래의 한문본 『노걸대』의 원문에 중국어의 음을 한글로 달고 언해한 중국어 학습서로 『사성통해(四聲通解)』(중종 12)보다 앞서 된 것으로 추정된다. 상하 2권 2책.

원간본은 전하지 않으나, 현재 전하는 책이 을해자본의 복각으로 보이고, 동시에 간행된 것으로 추정되는 『번역박통사(飜譯朴通事)』가 을해자본이므로 이 책도 원래 을해자로 간행되었을 것으로 생각된다. 현재 전하는 중간본은 서문, 발문, 간기가 없으나, 최세진의 『사성통해 서(序)』에 『노걸대』와 『박통사』를 언해하였다는 기록이 있고, 또 『사성통해』(1517)에 「번역노걸대박통사범례(飜譯老乞大朴通事凡例)」가 실려 있으므로 그보다 앞섰음을 알 수 있다.

서명이 책에는 '노걸대'라고만 되어 있으나, 원본인 『노걸대』와 1670년(현종 11)의 『노걸대언해』와 구별하여 『번역노걸대』라고 부르고 있다. 책 이름인 '노걸대'의 의미에 대해서는 여러 가지 견해가 있으나 '노숙(老宿)한 중국인' 정도의 의미로 이해할 수 있다 이 책의 원간본은 전하지 않고 16세기 중엽의 복각본만이 전하는데, 오각(誤刻)이 많다. 본문의 내용은 고려 상인이 북경에 가서 말을 팔고 난 뒤에 다시 물건을 사서 고려로 돌아오는 동안에 일어나는 일이 대화 형식으로 되어 있으므로 당시의 구어체를 보여주는 특이한 자료이다.

후대의 『노걸대언해』와의 비교에 의하여 국어의 변천을 연구하는 데 이용될 수 있다. 또한, 원문의 한자에 단 한글 독음은 중국어의 음운사연구 자료도 된다.

—『한국민족문화대백과사전』

여기서 강독하는 판본은 복각본으로 아세아문화사 영인본이다. 비교를 위해 1670년에 간행된 노걸대언해도 함께 제시한다. 강독의 편의를 위해 한자의 독음을 소괄호 속에 제시하였다.

飜譯老乞大(上)

上:1a 큰 형님 네 어드러로셔브터 온다[1] 내 高麗(고려) 王京(왕경)으로셔브터 오라[2] 이제 어드러 가는다 내 北京(북경) 향ᄒᆞ야 가노라 네 언제 王京의셔 떠

1) 큰 형님 네 어드러로셔브터 온다: 큰 형님 네가 어디에서 왔느냐? ☞ 어드러(何處)+로셔(부.조.)+브터(보조사) (1) 2인칭 의문문으로 시제는 과거이다. 동사는 부정법에 의해 과거시제가 표현되었다. 현재시제이면 '오ᄂᆞᆫ다(오+ᄂᆞ+ㄴ다)'로 나타났을 것이다. (2) 중세국어 의문문의 대강을 보이면 다음과 같다.

① ᄒᆞ라체 의문문:

가. 체언의문문: 의문 보조사 '-가/-고'(체언의문문)

(예) ㄱ. 이 ᄯᆞ리 너희 죵가 <월석 8:94>

ㄴ. 어느 님금 宮殿고 <두초 6:1>

나. 1・3인칭 의문문: 의문형 종결어미 '-녀/-여(판정의문문), -뇨/-요(설명의문문)'

(예) ㄱ. 이 大施主의 得혼 功德이 하녀 져그녀 <월석 17:48>

ㄴ. ᄒᆞ마 주글 내어니 子孫ᄋᆞᆯ 議論ᄒᆞ리여 <월석 1:7>

ㄷ. 구라제 이제 어듸 잇ᄂᆞ뇨 <월석 9:36>

ㄹ. 엇뎨 겨르리 업스리오 <월석 서:17>

다. 2인칭 의문문: '-ㄴ다', '-ㄹ따/-ㅭ다'. 판정의문문과 설명의문문의 구분은 어미의 형태로 되지 않고 의문사의 여부에 의해 구분된다.

(예) ㄱ. 네 언제 王京의셔 떠난다 <번역노걸대>

ㄴ. 네 내 마롤 다 드를따 <석상 6:8>

② ᄒᆞ쇼셔체 의문문: 의문보조사 '-가/-고'에 의하여 '판정/설명'의문문이 구별된다. 인칭에 따른 의문문의 구분은 없었다.

(예) ㄱ. 사로미 이러커늘ᅀᅡ 아ᄃᆞᆯᄋᆞᆯ 여희리잇가 <월인143>

ㄴ. 몃 間ㄷ 지븨 사ᄅᆞ시리잇고 <용가 110장>

③ 간접 의문문: 물음의 상대가 없이 하는 의문문(독백, 혼잣말): -ㄴ가/-ㄹ까, -ㄴ고/-ㄹ꼬

(예) ㄱ. 어더 보ᅀᆞᄫᆞᆯ까 <석상 24:43>

ㄴ. 뎨 엇던 功德을 뒷더시니고 <석상 2437>

2) 내 高麗 王京으로셔브터 오라: 나는 고려 수도에서 왔다 ☞ 오-[來]+-오-(인칭활용)+-라(←-다). (1) 주어가 1인칭이므로 '-오-'가 삽입되었다. 인칭활용의 '-오-'가 삽입되지 않았다면, 종결형어미 '-다'가 '-라'로 교체하지 않았을 것이다. (2) 시제는 과거이다. 현재시제이면 '오노라(오-+-ᄂᆞ-+-오-+-라)'가 되었을 것이다. 중세국어 시간표현의 대강을 보이면 다음과 같다.

① 현재시제: 동사+-ᄂᆞ-(직설법), 형용사/서술격조사+∅(부정법)

난다 내 이ᄃᆞᆯ 초ᄒᆞᄅᆞᆺ 날 王京의셔 ᄠᅥ나라[3]) 이믜 이 ᄃᆞᆯ 초ᄒᆞᄅᆞᆺ 날 王京의셔 上:1bᄠᅥ나거니[4]) 이제 반 ᄃᆞ리로ᄃᆡ[5]) 엇디 앗가ᅀᅡ 예 오뇨[6]) 내 ᄒᆞᆫ 버디 ᄠᅥ디여 올ᄉᆡ 내 길조차 날회여[7]) 녀 기ᄃᆞ리워[8]) 오노라 ᄒᆞ니 이런 젼ᄎᆞ로 오미 더듸요라 그 버디 이제 미처 올가 몯 올가[9]) 이 버디 곧 긔니 上:2a어재 ᄀᆞᆺ 오다 네 이 ᄃᆞᆯ 그믐ᄭᅴ 北京의 갈가 가디 몯ᄒᆞᆯ가 모로리로다[10]) 그 마ᄅᆞᆯ 엇디 니ᄅᆞ리오 하ᄂᆞᆯ히 어엿비 너기샤 모미 편안ᄒᆞ면 가리라

(예) ㄱ. 내 이제 ᄯᅩ 묻ᄂᆞ다/ 소리ᄲᅮᆫ 듣노라

ㄴ. 네 겨지비 고ᄫᆞ니여/ 진실로 우리 좋이니이다

② 과거시제: 동사+∅(부정법), 동사+-더-(회상법), 동사+-거/어-(확인법), 동사+-돗/옷-(감동법)

(예) ㄱ. 엇던 行業을 지ᅀᅥ 惡道애 ᄠᅥ러딘다/ 네 아비 ᄒᆞ마 주그니라(ᄠᅥ러디∅ㄴ다, 죽∅으니라)

ㄴ. 그믓 ᄯᅳ를 맛고져 ᄒᆞ더이다/ 내 롱담 ᄒᆞ다라 (ᄒᆞ+더+오)

ㄷ. 王ㅅ 中엣 尊ᄒᆞ신 王이 업스시니 나라히 威神을 일허다 (잃+어+다)

ㄹ. 그듸 가 들 찌비 불셔 이도다/ 三災八難이 一時 消滅ᄒᆞ샷다 (소멸ᄒᆞ샤+옷+다)

③ 미래시제: 동사+-리-(추측법). 관형사형 전성어미에서는 '-ㄹ'로 나타난다.

(예) ㄱ. 내 願을 아니 從 ᄒᆞ면 고졸 몯 어드리라

ㄴ. ᄒᆞ마 命終ᄒᆞᇙ 사ᄅᆞᄆᆞᆯ 善惡 묻디 말오

3) 내 ~ ·ᄠᅥ:나·라: 나는 이 달 초하룻날 왕경에서 떠났다 ☞ ·ᄠᅥ나-+-·오-(인칭활용)+-라(←-다) (1) 인칭활용의 '-오-'가 삽입되었기 때문에 종결어미 '-다'가 '-라'로 교체하였다. (2) '-오-'는 '아/어'와 결합하면 탈락하여 표면에 드러나지는 않으나 성조에는 변화가 있었다. '·ᄠᅥ나-'에서 '나'의 성조가 평성에서 상성으로 바뀌었다.

4) ·ᄠᅥ·나거·니: 떠났으니 ☞ ·ᄠᅥ나-+-거-(확인법)+-니. (1) 확인법 선어말어미와 연결되면서 평성이었던 '나'의 성조가 거성으로 바뀌었다. (비교 ·ᄠᅥ난·다) (2) 확인법 선어말어미가 동사와 통합되면 과거시제를 나타낸다.

5) ᄃᆞ리로ᄃᆡ ☞ ᄃᆞᆯ[月]+이-(서.조.)+-로ᄃᆡ(←-오ᄃᆡ). 서술격조사 뒤에서 어미 '오'는 '로'로 바뀐다.

6) 엇디 앗가ᅀᅡ 예 오뇨: 어찌 아까 전에야 여기에 왔느냐? ☞ 주어가 2인칭이므로 '온다'가 기대되는 곳이나 1·3인칭 의문형어미 '-뇨'가 쓰였다. 2인칭 의문문(설명의문문)이 1·3인칭 의문문과 통합되는 과정을 보이는 것으로 이해된다.

7) 날회여: 천천히 ☞ '날회-[徐]+-어(부.접.). 접사화한 어미 '-어'가 붙어 파생된 부사이다.

8) 기ᄃᆞ리워: 기다려서 ☞ 기ᄃᆞ리우-+-어

9) 올가 몯 올가: 올까 못 올까 ☞ 간접의문문이다. '-ㄴ가/-ㅭ가~-ㄹ까'는 간접의문형어미이다.

10) 모로리로다: 모르겠구나 ☞ 모로-(←모ᄅᆞ)+-리-(추측법)+-로-(←-도-, 감동법)+-다

〈老乞大諺解〉 上:1a큰 형아 네 어드러로셔브터 온다 내 高麗 王京으로셔브터 오롸 이제 어드러 가는다 내 北京으로 향후야 가노라 네 언제 王京의셔 떠난다 내 이돌 초호룻날 王京셔 떠난노라 이믜 이 돌 초호룻날 王京의셔 떠나시면 이제 반 돌에 다드라씨든上:1b 엇디 又 여긔 오뇨 내 흔 벗이 이셔 떠뎌 오매 내 길흘조차 날호여 녜여 기드려 오노라 후니 이런 젼츠로 오미 더듸여라 그 벗이 이제 미처 올가 못 올가 이 벗이 곧 긔니 어제 又 오니라 네 이돌 그몸씌 北京의 갈가 上:2a가디 못홀가 모로리로다 그 말을 엇디 니르리오 하늘이 어엿비 너기샤 몸이 편안후면 가리라

너는 高麗ㅅ 사루미어시니11) 또 엇디 漢語(한어) 닐오미 잘후누뇨12) 내 漢兒人(한아인)의손딕13) 글 빅호니 上:2b이런 젼츠로 져그나 漢語 아노라 네 뉘손딕14) 글 빅혼다 내 되 흑당의셔 글 빅호라15) 네 므슴 그를 빅혼다 論語 孟子 小學을 닐고라 네 믹실 므슴 이력후는다16) 믹실 이른 새배17) 니러 흑당의 가 上:3a스승님씌 글 듣줍고 흑당의 노하든18) 지븨 와 밥머기 뭋고19) 또 흑당의 가 셔품20)

11) 사루미어시니: 사람이거니. 사람인데 ☞ 사름+이-(서.조.)+-어-(←-거-, 확인법)#시-(←이시-)+-니

12) 엇디 漢語 닐오미 잘후누뇨: 어찌 중국어 말하기를 잘 하느냐? ☞ (1) 2인칭 의문형어미 '-ㄴ다(후는다)'가 기대되지만 '-뇨(후누뇨)'가 쓰였다. 2인칭 설명의문문에서 2인칭 의문문이 혼란을 일으켰다. (2) '후누뇨'가 타동사이므로 '닐오미'보다는 '닐오믈'이라야 한다. 노걸대언해에서는 '니롬을'로 나온다.

13) 漢兒人의손딕: 중국사람에게 ☞ 漢兒人+의(관.조.)#손딕(의.명.). '의손딕'는 부사격조사 '에게'로 대치되었다.

14) :뉘손딕: 누구에게 ☞ 누(㉺)+의(관.조.)#손대(의.명.). '뉘'가 관형격이어서 성조가 상성으로 나타난다.

15) 내 되 흑당의셔 글 빅호라: 내가 중국 학당에서 글 배웠다 ☞ 빅호라: 빅호-+-오-(인칭활용)+-라(←-다. 평.어.)

16) 므슴 이력후는다: 무슨 공부를 하느냐? ☞ 이력후-+-누-(직설법)+-ㄴ다(2인칭 의.어.)

17) 새배: 새벽에 ☞ 시간, 장소를 뜻하는 명사 가운데 말음이 'y'인 단어는 부사격조사 '예'가 연결되지 않고도 그 자체로 부사어로 쓰이기도 하였다.

18) 흑당의 노하든: 학당에서 놓으면, 학당에서 끝나면 ☞ 노하든: 놓-+-아든(종.어.). '의'는

쓰기 ᄒᆞ고 셔품 쓰기 ᄆᆞᆺ고 년구ᄒᆞ기21) ᄒᆞ고 년구ᄒᆞ기 ᄆᆞᆺ고 글이피 ᄒᆞ고 글입피22) ᄆᆞᆺ고 스승님 앏픠23) 글 강ᄒᆞ노라 므슴 그를 강ᄒᆞᄂᆞ뇨 小學 論語 孟子를 강ᄒᆞ노라 上:3b글 사김ᄒᆞ기24) ᄆᆞᆺ고 ᄯᅩ 므슴 공부ᄒᆞᄂᆞ뇨 나죄 다듣거든25) 스승님 앏픠셔 사술 ᄲᅢ혀26) 글 외오기 ᄒᆞ야 외오니란27) 스승님이 免帖(면쳡) ᄒᆞ나ᄒᆞᆯ 주시고 ᄒᆞ다가 외오디 몯ᄒᆞ야든 딕실 션븨 ᄒᆡ야 어피고28) 세 번 티ᄂᆞ니라

> 너는 高麗ㅅ 사ᄅᆞᆷ이어니 ᄯᅩ 엇디 漢語 니ᄅᆞᆷ을 잘ᄒᆞᄂᆞ뇨 내 漢ㅅ 사ᄅᆞᆷ의손ᄃᆡ 글 ᄇᆡ호니 이런 젼ᄎᆞ로 져기 漢ㅅ 말을 아노라 네 뉘손ᄃᆡ 글 ᄇᆡ혼다 上:2b내 漢혹당의셔 글 ᄇᆡ호라 네 므슴 글을 ᄇᆡ혼다 論語 孟子 小學을 닐그롸 네 每日 므슴 공부ᄒᆞᄂᆞᆫ다 每日 이른 새배 니러 學堂의 가 스승님ᄭᅴ 글 ᄇᆡ호고 學堂의셔 노하든 집의 와 밥먹기 ᄆᆞᆺ고 ᄯᅩ 혹당의 가 셔품쓰기 ᄒᆞ고 上:3a셔품쓰기 ᄆᆞᆺ고 년구ᄒᆞ기 ᄒᆞ고 년구ᄒᆞ기 ᄆᆞᆺ고 글읇기 ᄒᆞ고 글읇기 ᄆᆞᆺ고 스승 앏피셔 글을 강ᄒᆞ노라 므슴 글을 강ᄒᆞᄂᆞ뇨 小學 論語 孟子을 강ᄒᆞ노라 글 니ᄅᆞ기를 ᄆᆞᆺ고 ᄯᅩ 므슴 공부ᄒᆞᄂᆞ뇨 나죄 다ᄃᆞᆺ거든 스승 앏피셔 사술 ᄲᅢ혀 글 외오기 ᄒᆞ야 외오니란 스승이 免帖 ᄒᆞ나ᄒᆞᆯ 주고 ᄒᆞ다가 외오디 못ᄒᆞ여든 上:3b딕일 션ᄇᆡᄒᆞ여 어피고 세ᄒᆞᆯ 티ᄂᆞ니라

부사격조사[특이처격]이다.

19) ᄆᆞᆺ고: 마치고 ☞ ᄆᆞᆺ-(← ᄆᆞᆾ-)+-고. 8종성법에 의한 표기이다.

20) 셔품(書品): 글자본, 習字

21) 년구ᄒᆞ기: 연구(聯句)하기, 한시 배우기. 년구(聯句)는 한시의 대구(對句)

22) 글이피/글입피: 글읇기 ☞ 글이피: 글#잎-[吟]+-이(명.접.)/글입피: 글#입프+-이(명.접.). '글이피'의 중철표기. 여기서 '이'는 기능상 명사형 전성어미임.

23) 앏픠: 앞에서 ☞ 앏프(← 앒)+의. 모음조화가 지켜지고 연철표기되었다면, '알ᄑᆡ'로 표기되었을 것이다. '앏픠'는 '알픠'의 중철표기다.

24) 사김ᄒᆞ기: 글 해석하기 ☞ 사김ᄒᆞ[← 사기-[釋]+-ㅁ(명.접.)+-ᄒᆞ-(동.접.)]+-기(명.전.)

25) 나죄 다듣거든: 저녁에 다다르거든 ☞ 다듣-[到](← 다ᄃᆞᆮ-)+-거든. '나죄'와 '나조ㅎ'의 뜻은 '저녁[夕]'이다. '나죄'는 'ㅎ'종성체언이 아닌데, '나조ㅎ'은 'ㅎ'종성체언이라는 점이 다르다.

26) ᄲᅢ혀: 빼어 ☞ ᄲᅢ혀-+-어(종.어.)

27) 외오니란: 외운 사람은, 외운 사람에게는 ☞ 외오-+-ㄴ(관.전.)#이(의.명.)+란(지적의 보조사)

28) 딕실 션븨 ᄒᆡ야 어피고: 당직 학생을 시켜 업드리게 하고 ☞ 어피-[← 엎-+-이-(사.접.)]. 'ᄒᆡ야'는 'ᄒᆞ-'의 사동형 '히-'의 활용형(히-+-어)으로 '히여'와 같다.

엇디ᄒᆞᆯ 시[29] 사술 ᄲᅢ혀 글 외오기며 엇디 ᄒᆞᆯ 시 免帖인고[30] 上:4aᄆᆡ[31] ᄒᆞᆫ 대ᄧᅡᆨ애 ᄒᆞᆫ 션븨 일훔 쓰고 모든 션븨 일후믈 다 이리 써 ᄒᆞᆫ 사술 통애 다마 딕실 션븨 ᄒᆞ야 사술 통 가져다가 흔드러 그 듕에 ᄒᆞ나 ᄲᅢ혀 ᄲᅢ혀니 뉜고 ᄒᆞ야[32] 믄득 그 사ᄅᆞᆷ ᄒᆞ야 글 외오요ᄃᆡ[33] 上:4b외와든[34] 스승이 免帖 ᄒᆞ나ᄒᆞᆯ 주ᄂᆞ니 그 免帖 우희 세 번 마조ᄆᆞᆯ 면ᄒᆞ라 ᄒᆞ야 쓰고 스승이 우희 쳐 두ᄂᆞ니라[35] ᄒᆞ다가 다시 사술 ᄲᅢ혀 외오디 몯ᄒᆞ야도 免帖 내여 ᄒᆡ야ᄇᆞ리고[36] 아릐 외와 免帖 타 잇던 공오로[37] 이 번 몯 외온 죄를 마초와[38] 티기를 면ᄒᆞ거니와 ᄒᆞ다가 免帖 곳 업스면 上:5a일뎡[39] 세 번 마조ᄆᆞᆯ 니브리라

엇디ᄒᆞᆯ ᄉᆞᆫ 사술 ᄲᅢ혀 글 외오기며 엇디ᄒᆞᆯ ᄉᆞᆫ 免帖인고 每 ᄒᆞᆫ 대ᄧᅡᆨ에 ᄒᆞᆫ 션븨 일홈을 쓰고 모든 션븨 일홈을 다 이리 써 ᄒᆞᆫ 사술 통애 둠아 딕일 션븨ᄒᆞ여 上:4a 사술통 가져다가 흔드러 그 듕에 ᄒᆞ나ᄒᆞᆯ ᄲᅢ혀 ᄲᅢ히니 뉜고 ᄒᆞ야 믄득 그 사ᄅᆞᆷᄒᆞ여 글 외오ᄃᆡ 외온 이ᄂᆞᆫ 스승이 免帖 ᄒᆞ나ᄒᆞᆯ 주ᄂᆞ니 그 免帖 우희 세 번 마즈믈 면ᄒᆞ라 ᄒᆞ여 쓰고 스승이 우희 도셔 두ᄂᆞ니라 ᄒᆞ다가 다시 사술 ᄲᅢ혀 외오디 몯ᄒᆞ여도 免帖 내여 해여 ᄇᆞ리고 上:4b곳 功을다가 過에 마초아 마즘을 면ᄒᆞ거니와 ᄒᆞ다가 免帖곳 업스면 일뎡 세 번 마즘을 닙ᄂᆞ니라

---

29) 엇디ᄒᆞᆯ 시: 어찌(어떻게) 하는 것이 ☞ 엇디ᄒᆞ-+-ㄹ(관.전.)#ㅅ(← ᄉᆞ. 의.명.)+이(주.조.)
30) 免帖인고: 면첩인가? ☞ 免帖+이-(서.조.)+-ㄴ고(간접 의.어.). 체언의문문이라면 '免帖고'일 것이나 어미에 의한 의문문이 쓰이고 있다. 중세국어의 체언의문문은 근대국어에서 어미에 의한 의문문으로 점차 바뀐다. 현대국어에서는 체언의문문이 일부 방언을 제외하고는 없다.
31) ᄆᆡ ☞ 매(每)
32) ᄲᅢ혀니 뉜고 ᄒᆞ야: 뽑힌 사람이 누구인가? 하여 ☞ ᄲᅢ혀-+-ㄴ(관.전.)#이(의.명.)+∅(주.조.). 누(대명사)+이-(서.조.)+-ㄴ고(간접 의.어.). 여기서는 'ᄲᅢ혀-'가 피동사로 쓰였다.
33) 외오요ᄃᆡ: 외우게 하되. 외오이-[← 외오-+-이-(사.접.)]+-오ᄃᆡ(종.어.)
34) 외와든: 외우거든, 외우면 ☞ 외오-+-아든
35) 쳐 두ᄂᆞ니라: (수결을) 쳐 둔다 ☞ '수결(手決)'은 오늘날의 '사인(sign)'과 같다.
36) ᄒᆡ야ᄇᆞ리고: 찢어 버리고 ☞ ᄒᆡ야ᄇᆞ리[毁)-+-고
37) 공오로: 공으로 ☞ 공+오로(← ᄋᆞ로). '-오로'는 'ᄋᆞ'가 후행하는 '로'에 동화된(역행적원순모음화) 것이다.
38) 마초와: 맞추어 ☞ 마초-+-아. '오' 뒤에서 'w'가 첨가되었다.
39) 일뎡: 반드시, 一定

너ᄂᆞᆫ 高麗(고려)ㅅ 사ᄅᆞᆷ미어시니 漢人(한인)의 글 ᄇᆡ화 므슴ᄒᆞᆯ다40) 네 닐옴도41) 올타커니와 각각 사ᄅᆞ미 다 웃듬으로 보미 잇ᄂᆞ니라 네 므슴 웃듬 보미 잇ᄂᆞ뇨42) 네 니ᄅᆞ라 내 드로마43) 이제 됴뎡이 텬하를 一統(일통)ᄒᆞ야 겨시니 上:5b 셰간애 ᄡᅳ노니44) 漢人의 마리니 우리 이 高麗ㅅ 말소ᄆᆞᆫ45) 다ᄆᆞᆫ 高麗ㅅ ᄯᅡ해만 ᄡᅳᄂᆞᆫ 거시오 義州(의주) 디나 中朝 ᄯᅡ해 오면 다 漢語 ᄒᆞᄂᆞ니 아뫼나 ᄒᆞᆫ 마ᄅᆞᆯ 무러든 ᄯᅩ ᄃᆡ답디 몯ᄒᆞ면 다ᄅᆞᆫ 사ᄅᆞ미 우리ᄅᆞᆯ다가46) 므슴 사ᄅᆞᄆᆞᆯ 사마 보리오

> 너ᄂᆞᆫ 高麗ㅅ 사ᄅᆞᆷ이어니 뎌 漢ㅅ 글 ᄇᆡ화 므슴ᄒᆞᆯ다 네 니ᄅᆞᆷ도 올커니와 각각 사ᄅᆞᆷ이 다 主見이 잇ᄂᆞ니라 네 므슴 主見이 잇ᄂᆞ뇨 네 니ᄅᆞ라 내 드ᄅᆞ마 이제 朝廷이 天下ᄅᆞᆯ 一統ᄒᆞ여시니 上:5a 셰간에 ᄡᅳᄂᆞᆫ 거ᄉᆞᆫ 한말이니 우리 이 高麗ㅅ 말은 다만 高麗ㅅ ᄯᅡ히만 ᄡᅳ고 義州 디나 漢ㅅ ᄯᅡ히 오면 다 한말이라 아믜나 ᄒᆞᆫ 말을 무러든 ᄯᅩ ᄃᆡ답디 못ᄒᆞ면 다ᄅᆞᆫ 사ᄅᆞᆷ이 우리ᄅᆞᆯ다가 므슴 사ᄅᆞᆷ을 사마 보리오

40) 너ᄂᆞᆫ 高麗ㅅ 사ᄅᆞᆷ미어시니 漢人의 글 ᄇᆡ화 므슴ᄒᆞᆯ다: 너는 고려 사람인데 중국 글 배워 무엇 하려느냐? ☞ (1) '-ㄹ다(므슴ᄒᆞ-+-ㄹ다)'는 2인칭 의문형어미. (2) '사ᄅᆞᆷ미'는 '사ᄅᆞ미'의 중철표기.

41) 네 닐옴도: 네가 말한 것도, 너의 말도 ☞ '네'는 '너'의 관형격으로 명사절의 의미상의 주어가 관형격의 형태를 취한 것이다. 중세국어에서는 관형절과 명사절의 의미상의 주어가 관형격의 형태를 취하는 것이 일반적이었다.

42) 네 므슴 웃듬 보미 잇ᄂᆞ뇨: 네가 무슨 으뜸으로 보는 것이 있느냐? ☞ 2인칭 의문문이지만 1.3인칭 의문형어미 '-뇨'가 쓰였다. 주(12) 참조.

43) 드로마: 들으마 ☞ 들-[聞](←듣-)+-오마(약속 평.어.). ㄷ-불규칙

44) ᄡᅳ노니: 쓰는 것이 ☞ ᄡᅳ-+-ᄂᆞ-+-오-(대상활용)+-ㄴ(관.전.)#이(의.명.)+∅(주.조.). 의존명사 '이'가 선행하는 관형절의 의미상 목적어가 되기 때문에 '-오-'가 삽입되었다.

45) 말소ᄆᆞᆫ: 말은 ☞ 말ᄉᆞᆷ[←말+-ᄉᆞᆷ(명.접)]. 훈민정음에서는 '말ᄊᆞᆷ'으로 나온다. 현대국어에서 '말씀'은 상대의 말을 높일 때도 쓰이지만, 자신의 말을 낮출 때도 쓰인다.

46) 우리ᄅᆞᆯ다가: 우리를, 우리를 갖다가 ☞ 우리+ᄅᆞᆯ다가(보조사). '다가'는 '닥-[將]'에 접사화한 어미 '-아'가 붙어 파생된 보조사이다. 그러나 15세기 당시에는 완전히 조사화하지 않아 체언과 결합할 때는 목적격조사 '을'을 동반한다. 'ᄅᆞᆯ다가' 전체를 보조사로 처리한다. 이런 유형의 조사에는 '브터, ᄃᆞ려' 등이 더 있다. 현대국어의 '-어다가', '-에다가', '-한테다가', '-로다가'에 남아있다. 허웅(1989:117~118)에 따르면, 15세기에는 '-다가'가 체언에 바로 붙는 예가 보이지 않지만 16세기에는 그런 예가 나타난다고 한다. (예) ᄒᆞᆫ 솽 풀쇠다가 호리라 <번박 상:20>, 나그내 조차 가 더 번다가 주고 <번노 상:43>

上:6a네 이리 漢人손ᄃᆡ47) 글 ᄇᆡ호거니 이 네 ᄆᆞᅀᆞ모로 ᄇᆡ호ᄂᆞᆫ다 네 어버ᅀᅵ 너를 ᄒᆞ야 ᄇᆡ호라 ᄒᆞ시ᄂᆞ녀 올ᄒᆞ니48) 우리 어버ᅀᅵ 나를 ᄒᆞ야 ᄇᆡ호라 ᄒᆞ시ᄂᆞ다 네 ᄇᆡ환 디49) 언머 오라뇨 내 ᄇᆡ환디 반 ᄒᆡ 남즉ᄒᆞ다 알리로소녀50) 아디 몯ᄒᆞ리로소녀 ᄆᆡ실 漢兒(한아) 션ᄇᆡ들과 ᄒᆞ야 上:6bᄒᆞᆫᄃᆡ셔 글 ᄇᆡ호니 이런 젼ᄎᆞ로 져기 아노라 네 스승이 엇던 사ᄅᆞᆷ고51) 이 漢人이라 나히 언메나 ᄒᆞ뇨 셜흔 다ᄉᆞ시라 즐겨 ᄀᆞᆮᄂᆞ녀52) 즐겨 ᄀᆞᄅᆞ치디 아닛ᄂᆞ녀53) 우리 스승이 셩이 온화ᄒᆞ야 ᄀᆞ장 즐겨 ᄀᆞᄅᆞ치ᄂᆞ다 上:7a네 모든 션ᄇᆡ 듕에 언메나 漢兒人이며 언메나 高麗ㅅ 사ᄅᆞᆷ고 漢兒와 高麗 반이라 그 듕에 ᄀᆞᆯ외ᄂᆞ니 잇ᄂᆞ녀 ᄀᆞᆯ외ᄂᆞ니 잇닷54) 마리ᅀᅡ 니ᄅᆞ려 ᄆᆡ실 學長이 ᄀᆞᆯ외ᄂᆞᆫ 學生을다가55) 스승님ᄭᅴ 숣고 그리

---

47) 漢人손ᄃᆡ: 중국사람에게 ☞ '손ᄃᆡ(←손ᄃᆡ)'는 관형격조사 'ᄋᆡ/의' 뒤에 통합되어 쓰이는 의존명사이나 여기서는 명사에 바로 통합되었다.

48) 올ᄒᆞ니: 옳거니 ☞ 옳-+-(ᄋᆞ)니

49) ᄇᆡ환 디: 배운 지 ☞ ᄇᆡ호-+-아-(확인법)+-ㄴ(관.전.) 디(의.명.). '디'는 시간의 경과를 표시하는 의존명사로 현대국어 '지'의 직접적 소급형이다.

50) 알리로소녀: 알겠느냐? ☞ 알-+-리-(추측법)+-롯-(←돗. 감동법)+-(ᄋᆞ)녀(의.어.). 알리로ᄉᆞ녀→알리로소녀(순행적 원순모음동화)

51) 네 스승이 엇던 사ᄅᆞᆷ고: 네 스승이 어떤 사람이냐? ☞ '사ᄅᆞᆷ'에 의문보조사 '고'가 연결된 체언의문문이다.

52) ᄀᆞᆮᄂᆞ녀: 가르치느냐? ☞ 'ᄀᆞᆮ-[曰, 稱, 指稱]'은 '말하다, 가르치다, 가리키다'의 뜻으로, 'ᄀᆞ로ᄃᆡ, ᄀᆞᆯ온, ᄀᆞᆮᄂᆞ-'의 활용형만 보이는 불완전동사이다. 여기 'ᄀᆞᆮᄂᆞ-'의 형태는 매우 드문 예이다.(안병희 외, 2002:266) <노걸대언해>에서는 'ᄀᆞᄅᆞ치ᄂᆞ냐'로 되어 있다. 의문형어미가 '-녀'에서 '-냐'로 바뀌었음을 볼 수 있다.

53) 아닛ᄂᆞ녀: 않느냐?, 아니 하느냐? ☞ '아니 ᄒᆞᄂᆞ녀'에서 'ᄒᆞ-'의 '·'가 탈락하고 'ㅎ'이 선행음절과 합쳐진 '*아닣ᄂᆞ녀'가 음절끝소리규칙에 의해 '아닏ᄂᆞ녀'로 되었다 다시 음절말에서 'ㄷ'과 'ㅅ'이 중화되어 '아닛ᄂᆞ녀'로 나타난 것이다. 여기에 비음동화를 경험한 '아닌ᄂᆞ-'의 표기도 아래에 보인다. 주(57) 참조.

54) ᄀᆞᆯ외ᄂᆞ니 잇닷: 말썽피는 사람이 있다고 하는 ☞ ᄀᆞᆯ외-+-ᄂᆞ-(직설법)+-ㄴ(관.전.)#이(의.명.)+∅(주.조.) 잇-+-다+-ㅅ(관.조.). 'ㅅ'은 문장 뒤에 쓰여, 관형사형 전성어미 또는 인용부사격조사의 기능을 한다.

(1) 간접인용문의 관형어적 용법: 관형격조사 'ㅅ'은 현대국어의 '-고, -라고, -하고'의 관형사형 '-다는, -라는, -라 하는'에 해당하는 기능을 한다.

(예) ㄱ. 술 닉닷 말 어제 듯고 <송강가사 210> (-다+ㅅ)

텨도 다함[56] 저티 아닌ᄂᆞ니라[57] 上:7b漢兒 아ᄒᆡᄃᆞᆯ히 ᄀᆞ장 ᄀᆞᆯ외거니와 高麗ㅅ 아ᄒᆡᄃᆞᆯᄒᆞᆫ 져기 어디니라

네 이리 上:5b漢ㅅ 글을 ᄇᆡ홀 쟉시면 이 네 ᄆᆞᅀᆞᆷ으로 ᄇᆡ호ᄂᆞᆫ다 네 어버이 널로 ᄒᆞ야 ᄇᆡ호라 ᄒᆞᄂᆞ냐 올ᄒᆞ니 우리 어버이 날로 ᄒᆞ여 ᄇᆡ호라 ᄒᆞᄂᆞ니라 네 ᄇᆡ환디 언머 오라뇨 내 ᄇᆡ환디 반 ᄒᆡ 남즉ᄒᆞ다 알리로소냐 아디 못ᄒᆞ리로소냐 每日에 漢ㅅ 션ᄇᆡ들과 ᄒᆞᆫ듸셔 글 ᄇᆡ호니 이런 젼ᄎᆞ로 上:6a져기 아노라 네 스승이 엇던 사ᄅᆞᆷ고 이 漢ㅅ 사ᄅᆞᆷ이라 나히 언머나 ᄒᆞ뇨 셜흔 다ᄉᆞᆺ시라 즐겨 ᄀᆞᄅᆞ치ᄂᆞ냐 즐겨 ᄀᆞᄅᆞ치디 아니ᄒᆞᄂᆞ냐 우리 스승이 셩이 온화ᄒᆞ여 ᄀᆞ장 즐겨 ᄀᆞᄅᆞ치ᄂᆞ니라 네 뎌 모든 션ᄇᆡ 듕에 언머ᄂᆞᆫ 漢ㅅ 사ᄅᆞᆷ이며 언머ᄂᆞᆫ 高麗ㅅ 사ᄅᆞᆷ고 上:6b漢과 高麗ㅣ 바로 반이라 그 듕에 ᄀᆞ래ᄂᆞ니 잇ᄂᆞ냐 그리어니 ᄀᆞ래ᄂᆞ니 잇ᄂᆞ니라 每日 學長이 뎌 ᄀᆞ래ᄂᆞᆫ 學生을다가 스승ᄭᅴ ᄉᆞᆲ고 그리 티되 그저 젓티 아니ᄒᆞᄂᆞ니라 漢ㅅ 아ᄒᆡ들은 ᄀᆞ장 ᄀᆞ래거니와 高麗ㅅ 아ᄒᆡ들은 져기 어디니라

큰 형님 네 이제 어듸 가ᄂᆞᆫ다 나도 北京 향ᄒᆞ야 가노라 네 ᄒᆞ마[58] 北京 향ᄒᆞ야 가거니 나ᄂᆞᆫ 高麗ㅅ 사ᄅᆞ미라[59] 한 ᄡᅡ해 니기[60] ᄃᆞᆫ니디 몯ᄒᆞ야 잇노니 네 모로매 나를 ᄃᆞ려[61] 벋지ᅀᅥ 가上:8a고려[62] 이러면 우리 ᄒᆞᆷᄭᅴ[63] 가져 형님 네

ㄴ. 廣熾(광치)ᄂᆞᆫ 너비 光明이 비취닷 ᄠᅳ디오 <월석 2:9> (-다+ㅅ)

ㄷ. 衆生濟度ᄒᆞ노랏 ᄆᆞᅀᆞ미 이시면 <금강경삼가해> (-라+ㅅ)

(2) 'ㅅ'이 관형격 조사의 자격을 상실하면서 중세국어 말기부터 'ㄴ'으로 변화되어 '-단', '-란' 등이 생겨났다. (예) 學校ㅣ란 거슨 <변역소학>

55) 學生을다가: 학생을 ☞ 학생+을다가(보조사). '다가'에 대해서는 주(46) 참조.

56) 다함: 그저, 여전히, 오히려, 또한. 다함~다하~다홈

57) 아닌ᄂᆞ니라: 아니 한다, 않는다 ☞ 주(53) 참조.

58) ᄒᆞ마: 이미 ☞ 미래[곧, 머지 않은 장래에]와 과거[이미]에 다 쓰였다. 여기서는 과거의 의미다.

59) 사ᄅᆞ미라: 사람이어서 ☞ 사ᄅᆞᆷ+이-(서.조.)+-라(←-어). 서술격조사 뒤에서 어미 '-어/아'는 '-라'로 교체한다. 서술격조사 뒤에서 어미들은 다음과 같이 교체한다. (예) 져비고(져비+이+고)→져비오, 이더라→이러라, 아ᄃᆞ리옴(아ᄃᆞᆯ+이+옴)→아ᄃᆞ리롬, 세히어(셓+이+어)→세히라

60) 니기: 익히, 익숙하게 ☞ 닉-[熟]+-이(부.접.)

셩은[64] 내 셩이 王개로라[65] 네 지비 어듸셔 사는다 내 遼陽(요양) 잣 안해셔 사노라 네 셔울 므슴 일 이셔 가는다 내 아니 여러 몰[66] 가져 폴라 가노라 그러면 ᄀ장 됴토다

> 큰 형아 네 이제 上:7a어듸 가는다 나도 北京 향ᄒ야 가노라 네 이믜 北京을 향ᄒ야 갈 쟉시면 나는 高麗ㅅ 사름이라 漢ㅅ 짜히 니기 ᄃ니디 못ᄒ엿노니 네 모로미 나를 ᄃ려 벗지어 가고려 이러면 우리 홈믜 가쟈 형아 네 셩이여 내 셩이 王개로라 네 집이 어듸셔 사는다 上:7b내 遼陽 잣 안해셔 사노라 네 셔울 므슴 일 이셔 가는다 내 이 여러 몰 가져 폴라 가노라 그러면 ᄀ장 됴토다 나도 이 여러 몰 폴라 가며 이 몰쩨 실은 져근 모시뵈도 이믜셔 폴고져 ᄒ야 가노라 네 이믜 몰 폴라 가거든 우리 벗지어 가미 마치 됴토다

上:8b나도 이 여러 몰 폴라 가며 이 몰 우희 시론[67] 아니한 모시뵈도 이믜셔[68] 폴오져 ᄒ야 가노라 네 ᄒ마 몰 폴라 가거니 우리 벋지ᅀ 가미 마치 됴토다 형님 일즉 아ᄂ니 셔울 몰 갑시 엇더ᄒᆞᆫ고 요ᄉᆞᅀᅵ예 사괴ᄂᆞᆫ 사ᄅᆞ미 와 닐오ᄃᆡ 몰 갑시 上:9a요ᄉᆞᅀᅵ 됴호모로[69] 이 ᄒᆞᆫ 등엣 ᄆᆞᄅᆞᆫ 열닷 량 우후로 폴

61) ᄃᆞ려: 데리고 ☞ ᄃᆞ리-[率]+-어

62) 가고려: 가구려 ☞ 가-+-고려(명.어.). (1) '-고려'는 반말체의 청원의 명령형 종결어미로 '우회적 지시 또는 허락'의 의미로 파악된다. (2) 이 어미는 15세기에는 주로 '-고라'로 나타나나, 16세기에는 주로 '-고려'로 나타난다.

63) 홈콰 가져: 함께 가자 ☞ (1) '홈콰'는 '홈믜(< ᄒᆞᆫ쁴)'의 오각(誤刻)으로 보인다. (2) 가져: 가-+-져(청.어.). '-져'는 'ᄒᆞ라'체의 청유형어미다. 'ᄒᆞ셔셔'체는 '-사이다'이다.

64) 네 셩은: 너의 성씨는? ☞ '你貴姓'의 번역인데, 의문보조사나 의문형어미가 없이 의문문으로 쓰였다. 현대국어에서 서술어를 생략하고 체언에 조사를 연결하여 억양에 의해 의문문을 만드는 방식과 유사하다. (예) 학교는?↺ 어디를?↺

65) 王개로라: 왕가이다 ☞ 王+-가(哥)+이-(서.조.)+-로-(← 오. 인칭활용)+-라(← -다)

66) 아니 여러 몰: 몇 마리 말, 여럿이 아닌 말 ☞ 관형사 '여러' 앞에 부정의 부사 '아니'가 온 것은 중세국어 부정표현의 한 특징이다.

67) 시론: 실은 ☞ 실-[載](← 싣-)+-오-(대상활용)+-ㄴ(관.전.). '아니 한 모시뵈'가 관형절의 의미상 목적어가 되기 때문에 '-오-'가 삽입되었다.

68) 이믜셔: 곧, 이미

오 이 ᄒᆞᆫ 등엣 ᄆᆞᄅᆞᆫ 열 량 우후로 ᄑᆞᆯ리라 ᄒᆞ더라 일즉 아ᄂᆞ니 뵛 갑슨 ᄊᆞ던가 디던가[70] 뵛 갑슨 니건ᄒᆡᆺ[71] 갑과 ᄒᆞᆫ가지라 ᄒᆞ더라 셔울 머글 거슨 노던가 흔턴가[72] 내 뎌 사괴ᄂᆞᆫ 사ᄅᆞ미 일즉 닐오ᄃᆡ 上:9b 제[73] 올 저긔 여듧 푼 은에 ᄒᆞᆫ 말 경미오 닷 분에 ᄒᆞᆫ 말 조ᄡᆞ리오 ᄒᆞᆫ 돈 은에 열 근 ᄀᆞᆯ이오[74] 두 푼 은에 ᄒᆞᆫ 근 양육이라 ᄒᆞ더라 이러ᄐᆞᆺᄒᆞ면 내 니건ᄒᆡ 셔울 잇다니[75] 갑시 다 ᄒᆞᆫ가지로다

> 上:8a 형은 일즉 아ᄂᆞ니 셔울 ᄆᆞᆯ 갑시 엇더ᄒᆞᆫ고 요ᄉᆞ이 서ᄅᆞ 아ᄂᆞᆫ 사ᄅᆞᆷ이 와 니ᄅᆞ되 ᄆᆞᆯ 갑시 요ᄉᆞ이 됴ᄒᆞ니 이 ᄒᆞᆫ 등엣 ᄆᆞᆯ은 열닷 냥 우흐로 ᄑᆞᆯ고 이 ᄒᆞᆫ 등엣 ᄆᆞᆯ은 열 량 우흐로 ᄑᆞᆯ리라 ᄒᆞ더라 일즉 아ᄂᆞ니 뵛 갑시 ᄊᆞ던가 디던가 뵛 갑슨 往年 갑과 ᄒᆞᆫ가지라 ᄒᆞ더라 上:8b 셔울 머글 거시 노든가 흔튼가 내 뎌 아ᄂᆞᆫ 사ᄅᆞᆷ이 일즉 니ᄅᆞ되 제 올 저긔 팔 푼 은애 ᄒᆞᆫ 말 경미오 오 푼애 ᄒᆞᆫ 말 조ᄡᆞᆯ이오 ᄒᆞᆫ 돈 은애 열 ᄉᆞᆫ ᄀᆞᆯ리오 두 푼 은애 ᄒᆞᆫ 근 羊肉이라 ᄒᆞ더라 이러ᄐᆞᆺᄒᆞ면 내 前年에 셔울 잇더니 갑시 다 ᄒᆞᆫ가지로다

우리 오ᄂᆞᆳ 바ᄆᆡ 어듸 가 자고 가료 우리 上:10a 앏푸로[76] 나ᅀᅡ가 십 리만 ᄯᅡ해

---

69) 됴호모로: 좋으므로 ☞ 둏-+-옴(명.전.)+-오로(← ᄋᆞ로)

70) ᄊᆞ던가 디던가: 값있던가 값싸던가. (1) 'ᄊᆞ다'는 '값있다, 해당하다'의 뜻이고, '디다'는 '값싸다'의 뜻이다. (2) 간접의문형 어미 '-ㄴ가'가 직접의문의 상황까지 확장되어 쓰였다. 17세기에 '-ㄴ가/-ㄴ고'가 'ᄒᆞ소체' 의문형어미로 자리잡은 것을 고려하면, 여기서의 쓰임은 'ᄒᆞ소체' 의문형어미로 발달하는 과정을 보인 것으로 이해할 수 있다.

71) 니건ᄒᆡᆺ: 지난해의 ☞ 니건ᄒᆡ[去年]+ㅅ(관.조.)

72) 노던가 흔턴가: 귀하던가 흔하던가 ☞ 노-+-더-+-ㄴ가 흔ᄒᆞ-+-더-+-ㄴ가

73) 제: 자기가 ☞ 저(3인칭 재귀대명사)+ㅣ(주.조.). '저'는 '뎌 사괴ᄂᆞᆫ 사ᄅᆞᆷ'을 가리킨다.

74) ᄀᆞᆯ이오: 가루이고 ᄀᆞᄅᆞ[粉]+이-(서.조.)+-오(←-고). 'ᄋᆞ/으'로 끝난 명사가 모음으로 시작하는 조사와 연결되면 두 유형으로 교체되었다. 하나는 'ᄀᆞᄅᆞ+이 → ᄀᆞᆯ이'처럼 모음이 탈락하면서 후두음 'ㅇ'이 얹히는 'ㄹㅇ' 유형이고, 다른 하나는 'ᄒᆞᄅᆞ+이 → ᄒᆞᆯ리'처럼 모음이 탈락하면서 'ㄹ'이 얹히는 'ㄹㄹ' 유형이다.

75) 잇다니: 있더니, 있던 때와 ☞ 잇-+-다-[←-더-(회상법)+-오-(인칭활용)]+-니

76) 앏푸로: 앞으로 ☞ 앏ㅍ(←앒)+우로(← 으로 ← ᄋᆞ로). 모음조화가 지켜졌다면 'ᄋᆞ로'가 연결되었어야 하나 '으로'가 연결되었고, 순음 아래에서 원순모음화가 일어났으며, 중철표

ᄒᆞᆫ 뎜이 이쇼ᄃᆡ 일호믈 瓦店(와점)이라 ᄒᆞ야 브르ᄂᆞ니 우리 가면 혹 이르거나 혹 늣거낫[77] 듕에 그저 뎨 가 자고 가져[78] ᄒᆞ다가 디나가면 뎌 녀긔 ᅀᅵ십릿 ᄯᅡ해 人家ㅣ 업스니라 ᄒᆞ마 그러ᄒᆞ면 앏프로 촌애 다ᄃᆞᆮ디 몯ᄒᆞ고 뒤후로ᄂᆞᆫ 上:10b뎜에 다ᄃᆞᆮ디 몯ᄒᆞ리니 우리 그저 뎨 드러 자고 가져 뎨 가 곧 일어도 ᄯᅩ 됴ᄒᆞ니 우리 ᄆᆞ쇼 쉬워[79] ᄂᆡ실 일 녀져[80] 예셔 셔울 가매 몃 즘겟길[81] 하 잇ᄂᆞᆫ고[82] 예셔 셔울 가매 당시론 五百里 우호로 잇ᄂᆞ니 하ᄂᆞᆯ히 어엿비 너기샤 모미 편안ᄒᆞ면 上:11a열닷쇄만 두면 가리라 우리 가면 어듸 브리여ᅀᅡ 됴ᄒᆞᆯ고 우리 順城門(순성문)읫 뎜에 가 브리엿져 뎨셔 곧 ᄆᆞᆯ 져제 감도 ᄯᅩ 갓가오니라 네 닐오미 올타 나도 ᄆᆞᅀᆞ매 이리 너기노라 네 닐오미 내 ᄠᅳᆮ과 ᄀᆞᆮ다

> 上:9a우리 오ᄂᆞᆯ밤의 어듸 자고 가료 우리 앏흐로 향ᄒᆞ여 녜여 十里ᄂᆞᆫ ᄒᆞᆫ ᄯᅡ희 ᄒᆞᆫ 店이 이쇼ᄃᆡ 일홈을 瓦店이라 브르ᄂᆞ니 우리 가면 혹 일으나 혹 느즈나 그저 뎌긔 자고 가쟈 ᄒᆞ다가 디나가면 뎌 편 二十里 ᄯᅡ희 人家ㅣ 업스니라 이믜 그러면 앏흐로 村애 다ᄃᆞᆺ디 못ᄒᆞ고 上:9b뒤흐로 뎜에 다ᄃᆞᆺ디 못ᄒᆞ리니 우리 그저 뎌긔 드러 자고 가쟈 뎌긔 가 곳 일러도 됴흐니 우리 ᄆᆞ쇼 쉬워 ᄂᆡ일 일 녜쟈 예셔 셔울 가기 몃 즘게 길히 잇ᄂᆞ뇨 예셔 셔울 가기 당시롱 五百里 우흐로 잇ᄂᆞ니 하ᄂᆞᆯ이 어엿비 너기샤 몸이 편안ᄒᆞ면 上:10aᄯᅩ 닷쇄만 ᄒᆞ면 가리라 우리 가면 어듸 브리워야 됴홀고 우리 順城門읫 官店을 향ᄒᆞ야 브리오라 가쟈 뎨셔 곳 ᄆᆞᆯ 져제 가미 ᄯᅩ 갓가오니라 네 니ᄅᆞ미 올타 나도 ᄆᆞᄋᆞᆷ애 이리 ᄉᆡᆼ각ᄒᆞ엿더니 네 닐오미 맛치 내 ᄠᅳᆺ과 ᄀᆞᆺ다

기가 되어 있다.

77) 늣거낫: 늦거나 하는 ☞ 늣-(←늦-)+-거나+ㅅ(관.조.) ‘ㅅ’은 문장 뒤에 쓰여, 관형사형 전성어미 또는 인용부사격조사의 기능을 한다. 간접인용문의 관형어적 용법에 대해서는 주(54) 참조.

78) 그저 뎨 가 자고 가져: 그저 저기 가서 자고 가자 ☞ ‘-져’는 ‘ᄒᆞ라’체 청유형 종결어미다.

79) 쉬워: 쉬어 ☞ 쉬-[休]+우(사.접.)+어

80) 녀져: 가자 ☞ 녀-[行]+-져(청.어.) 청유형어미 ‘져’는 16C에 ‘쟈’로 바뀐다. <노걸대언해> 참조.

81) 즘겟길: 큰 樹木길

82) 잇ᄂᆞᆫ고: 있는가? ☞ ‘-ㄴ고’는 설명의 간접의문형어미인데 직접의문의 상황까지 확장되어 쓰였다. 근대국어 ‘ᄒᆞ소체’ 의문형어미 ‘-ㄴ가/-ㄴ고’의 소급형으로 볼 수 있다. 주(70) 참조.

小學諺解 7

小學諺解

1587년(선조 20) 교정청(校正廳)에서 간행한 『소학(小學)』의 언해서. 6권 4책, 활자본.

중종 때에 『번역소학(飜譯小學)』이 처음 간행되었으나, 의역(意譯)되어 있어서, 선조 때에 이를 비판하고 직역(直譯)을 원칙으로 간행한 것이 『소학언해』이다. 현재 내사본(內賜本) 완질이 도산서원(陶山書院)에 소장되어 있다.

책 첫머리에 「범례」가 있고, 끝에 이산해(李山海)의 발문과 간행에 관여한 관원의 명단이 붙어 있어 편찬, 간행에 관한 자세한 사정을 알 수 있다. 발문은 1587년(선조 20) 4월로 되어 있고, 내사기(內賜記)는 이듬해 1월로 되어 있다. 이 교정청본의 복각본(覆刻本)이 임진 전후에 몇 차례 간행된 것으로 보인다.

『소학』에 관한 이 2종의 번역은 우리나라에서 번역의 원칙과 방법 문제가 논의된 중요한 사례로서도 주목된다. 『번역소학』이 비교적 구어에 가까운 언어 현실을 보여준다면, 『소학언해』는 유사한 내용을 직역하였기 때문에 『번역소학』에 비하여 원문에 사용된 한자어를 그대로 사용한 경우가 많으며, 구문에서도 차이를 보인다. 따라서 두 문헌을 비교하는 것은 다른 언해서의 해독과 연구에도 중요한 영향을 미친다. 그리고 영조 때에 다시 한 번 번역되어 『어제소학언해(御製小學諺解)』로 간행되었다.

『소학언해』는 교정청에서 간행된 다른 언해본들과 함께 16세기 말엽의 국어 자료로서 큰 가치를 지닌다. 종래 이런 자료를 확인할 수 없어서 임진왜란 때문에 일어난 것으로 생각하였던 변화가 그 이전에 일어났음이 증명된 것이 적지 않다. 가장 대표적인 예로 'ㅿ'을 들 수 있다. 이 자음은 임진왜란을 계기로 없어졌다는 것이 통설이었으나, 『소학언해』는 이 책이 간행된 시기에 이미 완전히 소실되었음을 보여주고 있으며, 방점 표기에 있어서도 심한 혼란을 보여준다. 이 밖에도 중세국어와 근대국어의 중요한 차이를 이루는 음운변화와 문법변화가 이때에 일어났음을 보여준다는 점에서 큰 가치를 지닌다.

—『한국민족문화대백과사전』

여기서 강독하는 자료는 도산서원본으로 홍문각 영인본이다. 번역소학과 소학언해를 비교하기 위해 번역소학 9권의 일부와 소학언해 6권의 일부를 제시하였다.

小學諺解

凡:1a戊寅(무인)년 칙[1)]애 사름이 수이[2)] 알과댜[3)] ᄒᆞ야 字 ᄠᅳᆮ 밧긔 註(주)엣 말을[4)] 아오로[5)] 드려[6)] 凡:1b사겨시모로[7)] 번거코[8)] 용잡ᄒᆞᆫ[9)] 곧이 이심을[10)] 免(면)티 몯ᄒᆞ니[11)] 이제는 지만ᄒᆞᆫ[12)] 말을 업시 ᄒᆞ야 ᄇᆞᆯ이고[13)] ᄒᆞᆫ골ᄋᆞ티[14)] 大文을

1) 戊寅(무인)년 칙: 무인년(1518년)에 간행한 『번역소학』을 이른다. 『번역소학』은 중종의 명에 의해 김전, 최숙생 등이 언해하여 찬집청에서 중종 13년인 무인년(1518년) 7월에 간행된 책이다. 간행된 해의 간지에 따라 무인본이라 부르는데, 당시의 전통이었던 직역을 하지 않고 의역을 하였다.

2) 수이: 쉽게 ☞ 쉽-+-이(부.접.). 쉬ᄫᅵ > 수ᄫᅵ > 수이

3) 알과댜: 알고자 ☞ 알[知]-+-과댜(종.어.). '-과댜'는 행동의 의도나 소망, 목적 따위를 나타내는 어미이다. -과뎌 > -과댜

4) '칙애, 사름이, 말을' 등 체언과 조사의 결합에서 분철이 확대되어 나타났다.

5) 아오로: 아울러 ☞ 아올-[竝]+-오(부.접.)

6) 드려: 들이어, 넣어 ☞ 드리-[←들-[入]+-이-(사.접.)]+-어(종.어.)

7) 사겨시모로: 새겨있으므로, 번역하였으므로 ☞ 사기-+-어(보.어.)#시-[有](←이시-. 보.용.)+-ㅁ(명.전.)+오로(<ᄋᆞ로). '-어 시-'는 완료상을 나타낸다.

8) 번거코: 번거롭고 ☞ 번거ᄒᆞ-+-고

9) 용잡ᄒᆞᆫ(冗雜--): 쓸데없이 복잡하고 어수선한.

10) 이심을: 있음을 ☞ 이시-+-(으)ㅁ(명.전.). (1) 15세기 문헌에서는 명사형 전성어미가 '옴/움', 명사파생 접미사가 '옴/음'으로 구분되었다. 15세기 문헌이라면 '이시-'가 명사형 전성어미와 결합하면, '이숌/이슘(←이시+옴/움)'이었을 것이다. 그러나 선어말어미 '-오-'가 16세기 말엽에 소멸하였기 때문에 명사형 전성어미와 명사파생 접미사의 형태가 같아지게 되었다. <소학 11:13b>에서는 '이쇼믈'로 나타나기도 한다. 주(180) 참조. (2) 선어말어미 '-오-'는 15세기에 동요하여 16세기에 소멸하고 마는데 대상활용의 '-오-'가 16세기 전반에, 인칭활용의 '-오-'가 16세기 후반에 소멸하였다. 소학언해는 '-오-'(인칭활용)의 소멸이 완성되었음을 보여준다.(이기문, 1972:162)

11) 번역소학(중종 13년, 1518)이 의역을 하였기 때문에 이에 대한 비판이다. 소학언해는 직역을 하였다.

12) 지만ᄒᆞᆫ: 대수롭지 않은 ☞ 지만ᄒᆞ-(<디만ᄒᆞ-)+-ㄴ. ㄷ-구개음화가 실현되었다. 구개음화는 대체로 17세기에서 18세기 교체기에 일어난 것으로 본다. 그런데 16세기 말엽의 문헌에서 구개음화를 경험한 어형이 나타난다. 방언이 반영된 것으로 볼 수 있다.

13) ᄇᆞᆯ이고: 버리고 ☞ ᄇᆞ리-+-고. 과도 분철된 표기이다.

14) ᄒᆞᆫ골ᄋᆞ티: 한결같이 ☞ ᄒᆞᆫ골+ᄋᆞ티(←ᄀᆞ티)

의거ᄒᆞ야[15] 字를 조차셔 사교ᄃᆡ 사겨 통티 몯ᄒᆞᆯ 곧이 잇거든 가ᄅᆞ[16] 주 내여 사기니라 믈읫 字 ᄠᅳᆮ과 篇(편) 일홈과 사ᄅᆞᆷ의 姓名(셩명)을 이믜 前의 사긴 이ᄂᆞᆫ 後에 두 凡:2a번 사기디 아니ᄒᆞ니라

凡:2b믈읫 字ㅅ 音의 놉ᄂᆞᆺ가이를[17] 다 겨틧 點(졈)으로ᄡᅥ[18] 법을 삼을디니 點 업슨 이ᄂᆞᆫ 편히 ᄂᆞᆺ가이 ᄒᆞ고 두 點은 기리 혀 들고 ᄒᆞᆫ 點은 바ᄅᆞ 노피 ᄒᆞᆯ 거시니라 訓蒙字會(훈몽자회)[19]예 平聲은 點이 업고 上聲은 두 點이오 去聲 入聲은 ᄒᆞᆫ 點이로ᄃᆡ 요ᄉᆞ이 時俗凡:3a애 音이 上去셩이 서르 섯기여 ᄡᅥ 과글리[20] 고티기 어려온 디라[21] 만일 다 本音을 ᄡᅳ면 시쇽[22] 듣기예 ᄒᆡ괴홈이 이실 故(고)로 戊寅(무인)년 최에 上去 두 聲을 시쇽을 조차 點(졈)을 ᄒᆞ야실ᄉᆡ 이제 이 법네를 의지ᄒᆞ야 ᄡᅥ[23] 닐그리를[24] 便(편)케 ᄒᆞ니라

書:1a져근 아ᄒᆡ ᄇᆡ홀 글월의 쓴 거시라

녜 小學[25]애 사ᄅᆞᆷ올 ᄀᆞᄅᆞ츄ᄃᆡ 믈 ᄲᅳ리고 ᄡᅳᆯ며 應(응)ᄒᆞ며 對(대)ᄒᆞ며【應ᄋᆞᆫ 블러든[26] ᄃᆡ답홈이오 對ᄂᆞᆫ 무러든[27] ᄃᆡ답홈이라】나ᄋᆞ며[28] ᄆᆞ르ᄂᆞᆫ 졀ᄎᆞ와[29]

---

15) 大文을 의거ᄒᆞ야: 원문에 의거하여
16) 가ᄅᆞ: 갈라, 따로
17) 놉ᄂᆞᆺ가이: 높낮이 ☞ 놉ᄂᆞᆽ-[←놉-(←높)#ᄂᆞᆽ-(←ᄂᆞᆽ-)]+-갑-(형.접.)+-이(명.접.). 비음 동화가 표기에 반영되었다. '높→놉→놈'
18) 겨틧 點(졈)으로ᄡᅥ: 방점으로, 곁의 점으로
19) 『訓蒙字會(훈몽자회)』: 중종 22년(1527)에 최세진이 지은 어린이용 한자 교습서. 상·중·하 각 권에 1,120자씩 총 3,360자를 싣고 있다. 이 책의 상권 첫머리에 '인(引)'과 '범례'가 실려 있는데, 범례의 끝에 언문자모(諺文子母)라 하여 당시 한글 체계와 용범에 대하여 간단하게 설명하고 있다. 여기에서 최초로 한글 낱글자에 대한 이름이 기록되어 있다. 『훈몽자회』 <범례>는 p.137 참조.
20) 과글리: 갑자기, 문득 ☞ 과글ㄹ-(←과글-)+-이(부.접.). '과글이'의 중철표기.
21) 어려온 디라: 어려운 것이다 ☞ 어렵-+-ᄋᆞᆫ ᄃᆞ(의.명.)+ㅣ-+-라
22) 시쇽(時俗) : 당시에 일반적으로 행해지는 풍속
23) ᄡᅥ: '以'를 옮긴 말로, 직역체의 번역에서 나타난다. 우리말로 옮길 필요는 없다.
24) 닐그리를: 읽을 사람을 ☞ 닑-[讀]+-을(관.전.)#이(의.명.)+를(목.조.).
25) 小學(소학): 어린이들을 가르치는 학교. 중국의 하, 은, 주가 융성했을 때는 어린이가 8세가 되면 모두 소학에 들어가 교육을 받았다.

어버이롤 ᄉᆞ랑ᄒᆞ書:1b며30) 얼운을 공경ᄒᆞ며 스승을 존뒤ᄒᆞ며 번을 親(친)히 홀 道로뻐31) ᄒᆞ니 다 뻐 몸올 닷ᄀᆞ며32) 집을 ᄀᆞᄌᆞ기33) ᄒᆞ며 나라홀 다ᄉᆞ리며 天下롤 平히 홀 근본을 ᄒᆞ논 배니 반ᄃᆞ시 ᄒᆡ여곰 그 졈어 어려실34) 제 講(강)ᄒᆞ야 니기게35) 홈은 그 니교미36) 디혜37)로 더브러 길며 되오書:2a미 ᄆᆞᄋᆞᆷ과로 더브러 이러 거슯ᄡᅳ며38) 막딜이여39) 이긔디 몯홀 근심이 업과댜40) 홈이니라

26) 블러든: 부르거든 ☞ 브르-+-어든. (1) '브르-[呼]'는 모음 어미를 만나면 '블ㄹ'로 교체한다. 현대국어의 'ㄹ-불규칙활용'의 소급형이다. (2) '브르다'가 타동사이기 때문에 '-어든'이 연결되었다.

27) 무러든: 묻거든 ☞ 물-[問](←묻-)+-어든.

28) 나ᄋᆞ며: 나아가며 ☞ 낫-[進]+-ᄋᆞ며(대.어.) > 나ᅀᆞ며 > 나ᄋᆞ며. 'ㅿ' 탈락하였다. 이 시기에 'ㅿ'이 소실되었음을 보인다.

29) '쇄소(灑掃), 응대(應對), 진퇴(進退)'를 삼절(三節)이라 하여 예절의 뿌리라고 일컫는다.

30) ᄉᆞ랑ᄒᆞ며: 사랑하며 ☞ ᄉᆞ랑ᄒᆞ-[愛]+-며(대.어.). 'ᄉᆞ랑ᄒᆞ다'는 '愛'와 '思'의 두 뜻으로 사용되었는데, 현대에는 '愛'의 뜻으로만 사용되므로 의미축소에 해당한다.

31) 홀 도로뻐: 할 도(道)로써 ☞ ᄒᆞ-+-오-(대상활용)+-ㄹ(관.전.). (1) 대상활용의 '-오-'가 삽입되었으나 그 쓰임이 불규칙하여『소학언해』에서는 '-오-'가 소멸되었음을 알려 준다. <小學 凡:1a, 2b> 등에서는 '-오-'가 삽입되지 않았다. (예) 몯홀 곧, 홀 것 (2) '애친(愛親), 경장(敬長), 융사(隆師), 친우(親友)'를 사도(四道)라 한다. 주(29)의 삼절과 이 사도를 일러 '소학의 삼절사도'라 한다.

32) 닷ᄀᆞ며: 닦으며 ☞ 닭-+-ᄋᆞ며. '닭- > 닦-'은 'ㅅ'이 후행하는 'ㄱ'의 조음위치에 동화[연구개음화]된 변화다.

33) ᄀᆞᄌᆞ기: 가지런히. ᄀᆞᄌᆞᆨ-[齊]+-이(부.접.)

34) 져머 어려실[幼稚(유치)]: 어렸을 ☞ 졈-+-어 어리-[幼]+-어(보.어.)#시-[有](보.용.)+-ㄹ(관.전.). (1) '어리다'는 '어리석다[愚]'라는 의미로 쓰인 단어였으나 의미가 이동하여 어리다[幼]의 의미로 쓰였다. '져머 어려'는 '幼稚(유치)'의 번역이므로['稚(치)'는 '어리다'의 뜻]. '졈다'와 '어리다'는 유의관계에 있다. '-어 시-'는 '-어 잇-'의 이형태로 완료상을 나타낸다.

35) 니기게 홈: 익히게 함 ☞ 니기-[←닉-+-이-(사.접.)]+-게(보.어.) ᄒᆞ-+-옴. 파생적 사동과 통사적 사동이 모두 사용된 이중사동문이다.

36) 니교미: 익힘이 ☞ 니기-[←닉-+-이-(사.접.)]+-옴(명.전.)+이(주.조.)

37) 디혜: 지혜(智慧)

38) 거슯ᄡᅳ며: 거스르며 ☞ 거슯ᄡᅳ-(←거슬ᄡᅳ-)+-며. '거슬ᄡᅳ-'의 중철표기.

39) 막딜이여: 막히어 ☞ 막딜이-+-어

40) 업과댜: 없고자 ☞ 없-+-과댜(종.어.). '-과댜'는 행동의 의도나 소망, 목적 따위를 나타내는 어미이다. -과뎌 > -과댜

이제 그 오온[41] 글월을 비록 可히 보디 몯ᄒᆞ나 傳記(전기)【녯 글월들히라】예 섯거 낟는[42] ᄃᆡ ᄯᅩ 하건마는 書:2b닐글 이 잇다감[43] ᄒᆞᆫ갓[44] 녜와 이제와 맛당홈이 달롬으로ᄡᅧ 行티 아니ᄒᆞᄂᆞ니 ᄌᆞ믓[45] 그 녜와 이제와 달옴이 업ᄉᆞᆫ 거시 진실로 비르소 可히 行티 몯홀 거시 아닌 줄을 아디 몯ᄒᆞᄂᆞ니라 이제 ᄌᆞ믓 어더 모도와 ᄡᅧ 이 글을 ᄆᆡᆼᄀᆞ라 아희 어리니를 주어 그 講(강)ᄒᆞ야 니교믈 ᄌᆞ뢰케[46] ᄒᆞ書:3a노니 거의 풍쇽이며 교화의 만분에 ᄒᆞ나히나 보태욤이 이시리니라 淳熙(순희)【宋 孝宗 년회라】丁未 三月 초ᄒᆞᄅᆞᆫ 날 晦庵(회암)【朱子ㅅ 별회라】은 ᄡᅳ노라

辭:1a小學애 ᄡᅳᆫ 마리라

元(원)과 亨(형)과 利(이)와 貞(정)은[47] 하ᄂᆞᆳ 道의 덛덛ᄒᆞᆫ 거시오 仁(인)과 義(의)와 禮(예)와 智(지)ᄂᆞᆫ 사ᄅᆞᆷᄋᆡ 性의 웃듬이니라 믈읫 이거시 그 처엄[48]의 어디디 아니홈이 업서 辭:1b藹然(애연)【만코 셩ᄒᆞᆫ 양이라】히 네 그티【仁義禮智의 그티라】감동홈을 조차 나타나ᄂᆞ니라 어버이를 ᄉᆞ랑ᄒᆞ며 兄(형)을 공경홈과 님금ᄭᅴ 튱셩ᄒᆞ며 얼운의게 공슌홈이 이를 ᄀᆞᆯ온[49] 자ᄇᆞᆫ는 덛덛ᄒᆞᆫ 거시라[50] 順히 홈이

41) 오온: 온전한, 완전한 ☞ 오올-[全](←오올-)+-ㄴ(관.전.)
42) 섯거 낟는: 섞어 나타나나는 ☞ 셝-+-어 낟-[出](←낱-)+-ᄂᆞᆫ(관.전.)
43) 잇다감: 이따금
44) ᄒᆞᆫ갓: 고작, 겨우
45) ᄌᆞ믓: 자못. 생각보다 훨씬 ☞ 'ᄌᆞ믓 > 자못'의 변화는 양순음 아래에서 'ᆞ > 오'의 변화와 'ᆞ'의 2단계 비음운화에 의한다.
46) ᄌᆞ뢰케: 밑천을 삼게, 의지하게 ☞ ᄌᆞ뢰(資賴)ᄒᆞ-+-게(보.어.).
47) 元亨利貞: 하늘이 갖추고 있는 네 가지 덕으로서 존재하는 모든 사물의 뿌리가 되는 원리. 원(元)은 만물의 시작으로 계절로는 봄, 인성(人性)으로는 인(仁)에 해당한다. 형(亨)은 만물이 서로 상호작용하여 무성함을 이르는데, 계절로는 여름, 인성으로 예(禮)에 해당한다. 利(이)는 만물 사이에 서로 따르는 것으로 거두어들임인데, 계절로는 가을, 인성으로는 義(의)가 된다. 貞(정)은 만물이 움츠러들어 갈무리됨을 이르는데, 계절로는 겨울, 인성으로는 信(신)이 되고 지혜를 이른다.(정호완, 2011:33)
48) 처엄: 처음 ☞ 처섬 > 처음. 소학언해에서는 'ㅿ'이 완전히 탈락된 모습을 보여준다.
49) ᄀᆞᆯ온: 이른바 ☞ ᄀᆞᆯ오-[曰]+-ㄴ(관.전.). 'ᄀᆞᆯ오다'는 불완전활용을 한다. ᄀᆞᆯ오ᄃᆡ, ᄀᆞᆯ온, ᄀᆞᆯ오샤ᄃᆡ

잇고 구틔여51) 홈이 업스니라

辭:2a 오직 셩인은 性대로 ᄒᆞ시ᄂᆞᆫ 者ㅣ라 浩浩(호호)【너르고 큰 양이라】히 그 하ᄂᆞᆯ히시니 터럭 근만도 더으디 아니ᄒᆞ야도 일만 어딘 일이 足ᄒᆞ니라 모ᄃᆞᆫ 사ᄅᆞᆷᄋᆞᆫ 蚩蚩(치치)【무디ᄒᆞᆫ 양이라】ᄒᆞ야 物과 欲(욕)이 서ᄅᆞ ᄀᆞ리여 그 웃듬을 믈허러 ᄇᆞ려52) 이해ᄒᆞ며 ᄇᆞ리기ᄅᆞᆯ53) 편안히 너기ᄂᆞ니라

辭:2b 오직 셩인이 이예 슬허ᄒᆞ샤 ᄇᆡ홀 ᄃᆡᄅᆞᆯ 셰시고54) 스승을 셰샤 ᄡᅥ 그 불휘ᄅᆞᆯ 붓도도며55) ᄡᅥ 그 가지ᄅᆞᆯ 내 퓌게56) ᄒᆞ시니라 小學읫 법은 믈 ᄲᅳ리고 ᄡᅳᆯ며 應ᄒᆞ며 對辭:3a ᄒᆞ며 들어ᄂᆞᆫ 효도ᄒᆞ고 나ᄂᆞᆫ 공경ᄒᆞ야 닐뮈매57) 或(혹)도 거슬ᄡᅳ게58) 마ᄅᆞᆯ디니 行홈애 남ᄋᆞᆫ 히미 잇거든 모시59) 외오며 샹셔60) 닐그며 으프며61) 놀애 블으며 춤츠며 발 굴러 ᄉᆞ려62)를 或도 넘디 마ᄅᆞᆯ디니라 里ᄅᆞᆯ

---

50) 자받ᄂᆞᆫ 덛덛ᄒᆞᆫ 거시라: 타고난 한결같은 것이다 ☞ (1) 자받ᄂᆞᆫ: 잡았는. 잡-[秉, 執]+-앋-(과.어.)+-ᄂᆞᆫ. '앋'은 '-아 잇- > -앗- → 앋'의 과정을 거친 것이다. (2) 덛덛ᄒᆞᆫ: 떳떳한, 한결같은. 덛덛ᄒᆞ-[彝, 常, 恒]+-ㄴ.

51) 구틔여: 구태여. 억지로, 부득이 ☞ '구틔-[强]'에 접사화한 활용어미 '-여(←-어)'가 붙어 파생된 부사이다.

52) 믈허러 ᄇᆞ려: 무너뜨려 버려, 무너버려 ☞ 믈헐-+-어(보.어.) ᄇᆞ리-(보.용.)+-어

53) 이해(貽害)ᄒᆞ며 ᄇᆞ리기ᄅᆞᆯ: 남에게 해를 끼치며 버리길. 포기(暴棄)의 번역이다.

54) 셰시고: 세우시고 ☞ 셰-[立][←셔-+-이-(사.접.)]+-시-(주.높.)+-고

55) 붓도도며: 북돋우며

56) 내 퓌게: 내어 패게. (순, 싹, 이삭이) 돋아나게, 뻗어나가게.

57) 닐뮈매: 동작함에 ☞ 닐뮈-[動]+-ㅁ(명.전.)+애(부.조.).

58) 거슬ᄡᅳ게: 거슬리게 ☞ 거슬ᄡᅳ-+-게 <小學 書:2a>에서는 '거슯ᄡᅳ며'로 나온다. 주(38) 참조

59) 모시(毛詩): 시경(詩經). 오경(五經)의 하나. 중국 최초의 시가 모음집으로 중국을 대표하는 전통적인 시가 형식을 이르기도 한다. 기원전 11세기 무렵 주(周)나라 초기부터 춘추전국시대 중기(기원전 6세기)까지의 시가 305편을 각국의 민요인 '풍(風)', 조정의 음악인 '아(雅)', 선조의 덕을 기리는 시인 '송(頌)'의 세 부분으로 나누어 수록하였다. 공자가 편찬하였다고 전해지나 확실하지는 않다. 공자는 이를 문학적 표현의 정형이라 일컬었다. 다양한 주제를 포괄하고 있음에도 그 제재가 즐겁되 음탕하지 않고 슬프되 상심하지 않기 때문이다.

60) 샹셔(尙書): 서경(書經). 유학의 기본이 되는 오경(五經) 중 하나. 오경은 시경(詩經), 서경(書經), 주역(周易), 예기(禮記), 춘추(春秋)를 이른다.

61) 으프며: 읊으며 ☞ 읖-(＜잎-)+-으며. 현대국어의 '읊다'는 '읖-'에 'ㄹ'이 첨가된 형태다.

궁구ᄒᆞ며 몸올 닷고문 이 비홈애 큰 이辭:3b리니 불ᄀᆞᆫ 命명이 赫然(적연)【ᄀᆞ장 불근 양이라】ᄒᆞ야 안히며 밧기 잇디 아니ᄒᆞ니 德(덕)이 놉고 業(업)이 너베아[63] 그 처엄의 도라디리니[64] 녜도 不足ᄒᆞᆫ 거시 아니니 이제 엇디 有餘(유여)ᄒᆞ리오 셰ᄃᆡ 멀고[65] 셩인이 업서 經【셩인의 글월이라】이 ᄒᆞ야디고[66] ᄀᆞᄅᆞ쵸미 프러디여 어린 제 길로미[67] 단정辭:4a티 아니ᄒᆞ고 ᄌᆞ라 더욱 부탕되며[68] 샤치ᄒᆞ야 ᄆᆞ올헤 됴ᄒᆞᆫ 풍쇽이 업스며 셰상애 어딘 인지 업서 탐리ᄒᆞᆫ 욕심이 어즈러이 이쓸며 다른 말이 들에여[69] 다 이즈니라[70] 幸(행)혀 이 자밧ᄂᆞᆫ[71] 덛덛ᄒᆞᆫ 거시 하ᄂᆞᆯ히 ᄆᆞᆺ도록[72] 떠러디미 업슨디라 이예 네 드론 거슬 모도와 辭:4b거의[73] 오ᄂᆞᆫ 후엣 사ᄅᆞᆷ을 ᄭᆡ돋게 ᄒᆞ노니 슬프다 아히ᄃᆞᆯ하 이 글을 공경ᄒᆞ야 비호라 내 말이 모황ᄒᆞᆫ[74] 주리 아니라 오직 셩인의 ᄀᆞᄅᆞ치신 거시니라

1:1aᄀᆞᄅᆞ치믈 셰미니[75] ᄎᆞ례예 ᄒᆞ낫재라[76]

1:1b子思子(자사자)【子思ᄂᆞᆫ 지오 일호믄 伋(급)이니 孔子ㅅ 손지라 아랜 子ㄷᄌᆞ는[77] 존칭ᄒᆞᄂᆞᆫ 말이라】ㅣ ᄀᆞᄅᆞ샤ᄃᆡ 하ᄂᆞᆯ히 命ᄒᆞ신 거ᄉᆞᆯ 닐온[78] 性이오 性을

---

62) ᄉᆞ려(思慮): 주의 깊게 생각함.
63) 너베아: 넓어야 ☞ 넙-+-에아(←-어ᅀᅡ. 종.어.)
64) 도라디리니: 돌아질 것이니, 돌아갈 수 있으니 ☞ 돌아디-(←돌-+-아#디-)+-리-(추측법)+-니. '-아 디다' 피동문이다.
65) 셰ᄃᆡ 멀고: 세대(世代)가 멀고. 후세로 내려올수록
66) ᄒᆞ야디고: 해지고, 닳아서 떨어지고 ☞ ᄒᆞ야디-+-고
67) 길로미: 기름이, 가르침이 ☞ 길ㄹ-(←기르-)+-옴(명.전.)+이(주.조.)
68) 부탕되며: 가벼워지며, 경박해지며 ☞ 부탕되-+-며
69) 들에여: 떠들어 ☞ 들에-+-여
70) 이즈니라: 이지러진다 ☞ 잊-+-으니라
71) 자밧ᄂᆞᆫ: 타고난 떳떳한/한결같은 것이 ☞ 잡-+-앗-(과.어.)+-ᄂᆞᆫ
72) ᄆᆞᆺ도록: 마치도록, 끝나도록 ☞ ᄆᆞᆺ-(←ᄆᆞᆾ-)+-도록(<-ᄃᆞ록)
73) 거의: 바로, 아주 가까이 ☞ 거싀>거의
74) 모황ᄒᆞᆫ(耄荒-): 늙어서 정신이 혼몽하고 거친, 망령든
75) 셰미니: 세움이니 ☞ 셰-[立][←셔-+-이-(사.접.)]+-ㅁ(명.전.)+ㅣ-(서.조.)+-니(종.어.)
76) ᄒᆞ낫재: 첫째 ☞ ᄒᆞ나(수사)+ㅅ+재(수사에 붙어 서수사를 만드는 접미사)
77) 아랜 子ㄷᄌᆞᄂᆞᆫ: 뒤의 子자는 ☞ 아래+ㄷ(←ㅅ) 子+ㄷ(←ㅅ)+ᄌᆞ+ᄂᆞᆫ(보조사). 사이시옷이 'ㄷ'으로 표기되었다. 이때에는 음절말에서 'ㅅ'과 'ㄷ'이 중화되었기 때문에 표기가

조ᄎᆞ몰 닐온 道ㅣ오 道ᄅᆞᆯ 닷고믈79) 닐운 敎ㅣ라 ᄒᆞ시니 하ᄂᆞᆳ ᄇᆞᆯ근 거슬 법바ᄃᆞ며80) 셩인ㅅ 法을 조차 이 篇(편)을 ᄆᆡᆼᄀᆞ라 ᄒᆡ여곰 스승 되니로ᄡᅥ81) ᄀᆞᄅᆞ칠 바ᄅᆞᆯ 알에82) ᄒᆞ며 뎨ᄌᆞ로ᄡᅥ83) 비홀 바ᄅᆞᆯ 알에 ᄒᆞ노라

1:2a列女傳(열녀전)【녜 겨지븨 ᄉᆞ실 긔록ᄒᆞᆫ ᄎᆡᆨ이라】에 ᄀᆞ로ᄃᆡ 녜 겨지비84) ᄌᆞ식 ᄇᆡ여실 제 잘 제 기우리디 아니ᄒᆞ며 안조매 ᄀᆞᆺ지디85) 아니ᄒᆞ며 셔매 ᄒᆞᆫ 발 ᄎᆡ드듸디86) 아니ᄒᆞ며 샤특ᄒᆞᆫ 마술 먹디 아니ᄒᆞ며 버힌 거시 正티 아니커든 먹디 아니ᄒᆞ며 돗ᄭᅵ87) 正티 아니커든 안ᄯᅵ88) 아니ᄒᆞ며 1:2b누네 샤특ᄒᆞᆫ 비츨 보디 아니ᄒᆞ며 귀예 음란ᄒᆞᆫ 소릐ᄅᆞᆯ 듣디 아니ᄒᆞ고 바미어든 쇼경89)으로 ᄒᆡ여곰 모시90)ᄅᆞᆯ 외오며 正ᄒᆞᆫ 이ᄅᆞᆯ 니ᄅᆞ더니라 이러ᄐᆞ시 ᄒᆞ면 나흔 ᄌᆞ식이 얼굴

자의적이었다.

78) 닐온: 니르는 것이 ☞ 닐-(← 니르-)+-오-(대상활용)+-ㄴ(관.전.). 관형사형 전성어미의 명사적 용법이다. 관형사형 전성어미의 명사적 용법은 근대국어에서 없어졌다.

79) 性을 조ᄎᆞ몰 닐온 道ㅣ오 道ᄅᆞᆯ 닷고믈: 성(性)을 따름을 이르는 것이 도(道)이고, 도를 닦음을 ☞ 좇+ᄋᆞᆷ(명.전.), 닭+옴(명.전.). 명사형 전성어미가 'ᄋᆞᆷ'도 쓰이고 '옴'도 쓰였다. 근대국어 시기에 선어말어미 '-오/우-'가 탈락하는데, 명사형 전성어미에서 '-오-'가 탈락되는 모습을 보여주는 예이다. 근대국어에서 '-오-'가 탈락함에 따라 명사형 전성어미와 명사 파생 접미사의 형태가 같아졌다.

80) 법바ᄃᆞ며: 본받으며

81) 되니로ᄡᅥ: 되는 사람으로서 ☞ 되-+-ㄴ(관.전.)#이(의.명.)+로ᄡᅥ(부.조.).

82) 알에: 알게 ☞ 알-[知]+-에(← 게. 보.어.). 'ㄹ' 뒤에서 'ㄱ'이 약화되었다. 중세국어에서 'ㄹ/y' 뒤에서 'ㄱ'이 'ㅇ'으로 교체하는 규칙이 있었으나 근대국어에서는 서술격조사 '이-' 뒤를 제외하고는 이 규칙이 적용되지 않게 된다.

83) 뎨ᄌᆞ로ᄡᅥ: 제자로서 ☞ 뎨ᄌᆞ(弟子)+로ᄡᅥ. '뎨자 > 졔자'의 변화는 구개음화이다.

84) 겨지비: 여자가 ☞ 겨집+이(주.조.). '겨집'은 여자와 아내를 이르는 말이었는데, 현대국어에서는 여자의 낮춤말로 사용되므로 의미변화 중 의미축소에 해당하는 단어이다.

85) ᄀᆞᆺ지디: 치우치지, 가장자리에 치우치지 ☞ ᄀᆞᆺ[← ᄀᆞᇫ(邊)]+-지-+디. <치우치지>

86) ᄎᆡ드듸디: 치우쳐 디디지 ☞ ᄎᆡ-#드듸-+-디. 국어에서 용언 어간 뒤에 어미의 연결은 필수적이나 'ᄎᆡ-' 뒤에 어미가 연결되지 않은 채로 '드듸-'와 결합하였기 때문에 비통사적 합성어이다.

87) 돗ᄭᅵ: 돗자리가, 자리가 ☞ 돗ᄭ[席](← 돗ㅎ)+이(주.조.). '돗기'의 중철표기이다.

88) 안ᄯᅵ: 앉지 ☞ 아ᇇ-(← 앉-)+-디. '앉-'이 8종성표기에 의해 '아ᇇ-'으로 바뀌고 'ㅅ'이 뒤 음절의 초성으로 내려갔다.

89) 쇼경: 소경[고], 맹인(盲人)

이 端正(단정)ᄒᆞ며 ᄌᆡ죄 사ᄅᆞᆷ의게[91] 넘으리라

[1:3a]內則(내칙)【禮記(예기) 篇 일홈이라】에 ᄀᆞ로ᄃᆡ 믈읫 ᄌᆞ식 나호매 모든 어미와 다ᄆᆞᆺ[92] 可ᄒᆞᆫ 이예[93] ᄀᆞᆯᄒᆡ오ᄃᆡ[94] 반ᄃᆞ시 그 어위크고[95] 누그러오며[96] ᄌᆞ샹ᄒᆞ고 인혜로오며[97] 온화ᄒᆞ고 어딜며 공슌ᄒᆞ고 조심ᄒᆞ며 삼가고 말ᄉᆞᆷ 져그니를 구ᄒᆞ야 ᄒᆞ여곰 ᄌᆞ식의 스승을 사몰디니라[98] [1:3b]ᄌᆞ식이 能히 밥 먹거든[99] ᄀᆞᄅᆞ츄ᄃᆡ 올ᄒᆞᆫ 손으로ᄡᅧ ᄒᆞ게 ᄒᆞ며 能히 말ᄒᆞ거든 ᄉᆞ나ᄒᆡᄂᆞᆫ 섈리 ᄃᆡ답ᄒᆞ고 겨집은 느즈기[100] ᄃᆡ답게 ᄒᆞ며 ᄉᆞ나ᄒᆡ ᄯᅴᄂᆞᆫ 갓ᄎᆞ로[101] ᄒᆞ고 겨집의 ᄯᅴᄂᆞᆫ 실로 ᄒᆞᆯ디니라 [1:4a]여ᄉᆞᆺ ᄒᆡ어든 혬[102]과 다ᄆᆞᆺ 방소[103] 일후믈 ᄀᆞᄅᆞ칠디니라 닐곱 ᄒᆡ어든 ᄉᆞ나ᄒᆡ와 겨지비 돗글 ᄒᆞᆫ가지로 아니ᄒᆞ며 먹기를 ᄒᆞᆫ ᄃᆡ 아니ᄒᆞᆯ디니라 여ᄃᆞᆲ ᄒᆡ어든 門과 戶[104]애 나며 드롬과 밋 돗[1:4b]ᄭᅴ 나아가며 飮食

---

90) 모시(毛詩): 시경(詩經). 주(59) 참조.

91) 사ᄅᆞᆷ의게: 다른 사람보다 ☞ 사ᄅᆞᆷ+의게(비교 부.조.).

92) 다ᄆᆞᆺ: 더불어, 함께, 한가지로.

93) 이예: 사람에 ☞ 이[者. 의.명.]+예(부.조.)

94) ᄀᆞᆯᄒᆡ오ᄃᆡ: 가리되[擇], 고르되 ☞ ᄀᆞᆯᄒᆡ-[擇]+-오ᄃᆡ

95) 어위크고: 넓고 크며, 넓으며 크고 ☞ 어위크-(← 어위-#크-)+-고. 비통사적 합성어

96) 누그러오며: 너그러우며, 마음씨가 따뜻하고 부드러우며, 융통성이 있으며 ☞ 누그럽-(← 눅-+-으럽-)+-ᄋᆞ며

97) 인혜로오며: 은혜로우며[惠]

98) 사몰디니라: 삼을 것이니라. 삼아야 한다 ☞ 삼-+-오-(대상활용)+-ㄹ#ᄃᆞ(의.명.)+ㅣ-+니라.

99) 먹거든: ☞ 먹+거든. 15세기 문헌이라면 타동사에 붙는 '-어든'이 붙어 '머거든'이 기대되는 곳이다. 근대에서는 타동사와 비타동사에 붙는 어미의 구분이 없어지고, '-거X' 형태로 단일화된다. 여기서는 중철표기되었는지 아니면 타동사에 비타동사에 붙는 어미 '-거든'이 붙은 것인지 불확실하다.

100) 느즈기: 느즉이, 조금 늦게 ☞ 느즉-+-이(부.접.). '느즉다'라는 단어의 쓰임이 보이지 않으나 '늦-'에서 온 말임은 분명해 보인다.

101) 갓ᄎᆞ로: 가죽으로, ☞ 갓ㅊ(← 갗[皮])+ᄋᆞ로. 중철표기 되었다.

102) 혬: 셈. 수를 헤아림.

103) 방소(方所): 방위(方位), 방향과 장소.

104) 門(문)/戶(호): 門은 집의 외부에 설치하여 출입하는 곳으로 두 짝으로 된 문이고, 戶(호)는 집이나 방의 출입구로 외짝문을 이른다.

(음식)호매 반ᄃᆞ시 얼운의게105) 후에 ᄒᆞ야 비로소 ᄉᆞ양ᄒᆞ기ᄅᆞᆯ ᄀᆞᄅᆞ칠디니라 아홉 ᄒᆡ어든 날 혜요ᄆᆞᆯ ᄀᆞᄅᆞ칠디니라 열 ᄒᆡ어든 나 밧106) 스승의게107) 나아가 밧긔셔 이시며 자며 글쓰기며 산계108)ᄅᆞᆯ ᄇᆡ호며 오ᄉᆞᆯ 기브로109) 1:5aᄒᆞᆫ옷110)과 고의111)를 아니ᄒᆞ며 禮ᄅᆞᆯ 처엄 ᄀᆞᄅᆞ친 대로 조차 ᄒᆞ며 아ᄎᆞᆷ 나조ᄒᆡ112) 져머셔113) ᄒᆞ욜 례모114)ᄅᆞᆯ ᄇᆡ호ᄃᆡ 간이ᄒᆞ고 신실ᄒᆞᆫ115) 일로 請(청)ᄒᆞ야 니길디니라 열히오 ᄯᅩ 세 ᄒᆡ어든 음악을 ᄇᆡ호며 모시 외오며 勺(작)으로 춤츠고 아ᄒᆡ 일어든116) 象(상)【勺象ᄋᆞᆫ 다 樂章(악장)이라】으로 춤츠며 활ᄽᅩ기와 어거ᄒᆞ기ᄅᆞᆯ117) ᄇᆡ1:5b홀디니라 스믈히어든 가관ᄒᆞ야118) 비르소 禮119)ᄅᆞᆯ ᄇᆡ호며 可히 ᄡᅧ 갓옷과 기블 니브며120) 大夏(대하)121)【樂章122)이라】로 춤츠며 효도홈과 공슌호ᄆᆞᆯ 도타이 行ᄒᆞ며 너비 ᄇᆡ호고 ᄀᆞᄅᆞ치디 아니ᄒᆞ며123) 소개 두고 내

---

105) 얼운의게: 어른보다 ☞ 얼운+의게(비교 부.조.).
106) 밧: 밖(의) ☞ 밧←밝[外]
107) 스승의게: 스승에게 ☞ 스승+의게(낙착점 부.조.). '의게'는 15세기에는 '의(관.조.)#게(←그에. 의.명.)'로 분석될 것이나 16세기 말엽에는 부사격조사로 전성되어 쓰인 것으로 보인다. '스승'이 존칭명사이므로 'ᄭᅴ'가 더 적절하다.
108) 산계(算計): 계산하기
109) 기브로: 비단으로, 명주로 ☞ 깁[帛(백), 繒(증)]+으로
110) ᄒᆞᆫ옷[襦(유), 襖(오)]: 웃옷, 두루마기, 도포, 솜을 둔 옷 ☞ 원문 '襦(유)'에 대한 번역이므로 '저고리' 또는 '웃옷'을 뜻한다.
111) 고의[袴]: 남자의 여름 홑바지
112) 나조ᄒᆡ: 저녁에 ☞ 나조ㅎ[夕]+ᄋᆡ(부.조.)
113) 져머셔: 어려서 ☞ 졈-+-어셔. 소학언해에서는 '졈다'와 '어리다'가 같은 의미로 쓰이고 있다.
114) 례모: 예절
115) 신실ᄒᆞᆫ: 믿음성이 있고 진실한
116) 아ᄒᆡ 일어든: 아이가 다 자라거든, 아이가 15살이 되거든. '成童(성동)'의 번역이다.
117) 어거(御車)ᄒᆞ기: 수레를 메운 소나 말을 부리기.
118) 가관ᄒᆞ야: 성인이 되는 관례를 행하여. 가관(加冠): 관례를 치르며 갓을 처음 쓰는 일.
119) 禮(예): 성인으로서의 예절
120) 갓옷과 기블 니브며: 가죽옷과 비단 옷을 입으며 ☞ 갓옷(←갖옷): 가죽옷. 깁[帛]: 비단
121) 대하(大夏): 우(禹) 임금의 악명. 위엄 있고 거룩한 음악을 일컫는다.
122) 樂章(악장): 고려와 조선시대, 궁중에서 국가의 공식적인 행사인 제향(祭享)이나 연향(宴享)이 열릴 때 쓰였던 음악의 가사.
123) ᄀᆞᄅᆞ치디 아니ᄒᆞ며: 남을 가르치지 않으며

디 아니홀디니라 1:6a셜흔이어든 안해를 두어 비르소 ᄉᆞ나ᄒᆡ 이를 다ᄉᆞ리며 너비 ᄇᆡ화 곧 업시ᄒᆞ며[124] 버들 손슌히[125] 호ᄃᆡ ᄯᅳ들 볼디니라 마ᄋᆞᆫ애 비르소 벼슬ᄒᆞ야 일에 마초와 계교를 내며 ᄉᆞ려를 베펴[126] 道ㅣ 맛거든 일올 ᄒᆞ야 좃1:6b고 可티 아니커든 나갈디니라[127] 쉰에 命으로 태위[128] 되여 구읫[129] 졍ᄉᆞ를 맛다[130] ᄒᆞ고 닐흔에 이롤 도로 드릴디니라[131]

1:7a겨집이 열 ᄒᆡ어든 나ᄃᆞᆫ니디[132] 아니ᄒᆞ며 스승 어믜 ᄀᆞᄅᆞ치믈 유순히 드러 조ᄎᆞ며 삼과 뚝삼[133]을 잡들며[134] 실과 고티를 다ᄉᆞ리며 명디[135] 깁 ᄧᆞ며 다회[136] ᄧᅡ 겨집의 이롤 ᄇᆡ화 ᄧᅧ 衣服을 장만ᄒᆞ며 祭祀(제사)에 보ᄉᆞᆯ펴 술와 촏믈[137]과 대그릇과 나모그릇과 팀ᄎᆡ와 저술[138] 드려 禮로 도와 버리기를[139] 도올디니라 1:7b열히오 ᄯᅩ 다ᄉᆞᆺ ᄒᆡ어든 빈혀 곳고[140] 스믈히어든 남진 브틀디니[141] 연고 잇거든[142] 스믈세힌 ᄒᆡ예 남진 브틀디니라 聘禮(빙례)[143]로 ᄒᆞ면

---

124) 곧 업시ᄒᆞ며: 장소를 가리지 아니하며, 때와 장소를 가리지 않고 배우며.
125) 손슌히(遜順-): 남을 존중하고 자기를 낮추는 태도가 있게
126) 베펴: 베풀어 ☞ 베프-+-어
127) 나갈디니라: 나갈 것이니라. (벼슬에서) 물러날 것이니라.
128) 태위: 재상(宰相), 높은 벼슬. 대부(大夫)의 번역이다.
129) 구의: 관청, 관(官), 공(公). <월석 1:6a>에서는 '그위'로 나타난다.
130) 맛다: 맡아 ☞ 맜-+-아.
131) 드릴디니라: (벼슬에서) 물러날 것이니라.
132) 나ᄃᆞᆫ니디: 나다니다 ☞ 나ᄃᆞᆫ니-(←나ᄃᆞᆮ니-)+-디(보.어.).
133) 삼과 뚝삼: 삼베[麻(마)]와 모시풀[枲(시)].
134) 잡들며: 붙들며 ☞ 잡들-+-며
135) 명디: 명주[紬]
136) 다회: 실로 땋아 만든 띠, 대자(帶子: 직물로 짠 허리띠)
137) 촏믈: 식초(食醋) ☞ '촛믈'이 '촏믈'로 표기되었다. 16세기 말엽에는 음절말의 'ㅅ'과 'ㄷ'이 중화되어 구분되지 않았기 때문에 음절말 'ㅅ'과 'ㄷ'의 표기는 자의적이었다.
138) 팀ᄎᆡ와 저술: 김치와 젓갈을 ☞ (1) '팀ᄎᆡ(沈菜)'는 원문의 '저(菹)'를 옮긴 것으로 절인 채소. 팀ᄎᆡ > 딤ᄎᆡ > 짐ᄎᆡ > 김ᄎᆡ > 김치. '짐ᄎᆡ > 김ᄎᆡ'의 변화는 과도교정에 의한다. (2) 저술: 젓[醢(해)]+올
139) 버리기를: 벌이기를 ☞ 버리-[←벌-[列]+-이-(사.접.)]+-기(명.전.)+를(목.조.). 근대국어에서는 명사형 전성어미로 '-옴/움'보다는 '-기'가 더 많이 사용된다.
140) 곳고: 꽂고 ☞ 곳-(←곶-)+-고

안해 되고 그저 가면 妾(첩)이 되ᄂᆞ니라

1:8a曲禮(곡례)144)【禮記篇 일홈이라】예 ᄀᆞ로ᄃᆡ 어린 ᄌᆞ식을 샹네 소기디 말오모로 뵈며 셔매 반ᄃᆞ시 방소145)를 正히 ᄒᆞ며 기우려 듣디146) 아니케 홀디니라

學記(학기)147)【禮記 篇 일홈이라】예 ᄀᆞ로ᄃᆡ 녜 ᄀᆞᄅᆞ치던 이 집의 塾(숙)148)이 이시며 黨(당)【五百 집이 黨이라】애 庠(상)149) 이시며 州【二千五百 집이 州ㅣ라】에 序(서)ㅣ【塾과 庠과 序ᄂᆞᆫ ᄆᆞ올 學150) 일홈이라】이시며 나라ᄒᆡ 學이 1:8b 잇더니라 孟子(맹자)【일홈은 軻(가)ㅣ오 ᄌᆞᄂᆞᆫ 子與(자여)ㅣ라】ㅣ ᄀᆞᄅᆞ샤ᄃᆡ 사ᄅᆞᆷ이 道ㅣ 이시매 먹기를 ᄇᆡ브ᄅᆞᄒᆞ며 오ᄉᆞᆯ 1:9a덥게 ᄒᆞ야 편안히 잇고 ᄀᆞᄅᆞ치미 업스면 곧 즘승151)에 갓가오릴ᄉᆡ 聖人(성인)이 시름홈을 두샤 契(계)【舜(순)의 신하의 일홈이라】로 ᄒᆡ여곰 司徒(사도)【ᄀᆞᄅᆞ치ᄂᆞᆫ 벼슬이라】를 ᄒᆡ이샤 ᄀᆞᄅᆞ츄ᄃᆡ 人倫(인륜)으로ᄡᅥ ᄒᆞ시니 아비와 아ᄃᆞᆯ이 親(친)홈이 이시며 님금과 신해 義(의)ㅣ 이시며 남진과 겨집이 ᄀᆞᆯᄒᆡ요미 이시며 얼운과 져므니 ᄎᆞ례 이시며 벋

141) 남진 브틀디니: 시집갈 것이니, 사내에게 의지할 것이니 ☞ 브틀디니: 븥-+-을(관.전.)# ᄃᆞ(의.명.)+ㅣ-(서.조.)+-니(종.어.)

142) 연고 잇거든: 부모가 돌아가시는 연고가 있으면

143) 聘禮(빙례): 혼인의 예절, 혼례를 올림

144) 曲禮(곡례): 예식이나 행사에서 몸가짐 따위에 대한 자세한 예절을 기록한 예기의 편명(篇名).

145) 방소(方所): 방향, 방위

146) 기우려 듣디: 엿듣지

147) 學記(학기): 대학과 함께 유학의 기초 이론을 기록한 예기의 편명

148) 塾(숙): 글방, 마을에 있는 교육기관

149) 庠(상): 학교, 은나라와 주나라 때의 향학(鄕學)

150) 學(학): 학교

151) 즘승: 짐승 ☞ 15세기에 '즁ᄉᆡᆼ'은 짐승의 뜻으로, '衆生'은 목숨이 있는 生類를 나타내는 뜻으로 쓰였다. 그리고 이 양자는 성조에서도 차이가 있었다. '衆生'의 현실 한자음은 [·즁ᄉᆡᆼ]으로 '거성 평성'이었고, 한글로 표기된 '즁ᄉᆡᆼ'은 [즁ᄉᆡᆼ]으로 '평성 평성'이었다. 따라서 '즁ᄉᆡᆼ'이 의미축소에 해당한다는 것은 한자어 '衆生(·즁ᄉᆡᆼ)'에 국한된다.

(예) 가. 비록 사ᄅᆞ미 무레 사니고도 즁ᄉᆡᆼ마도 몯호이다 <釋詳 6:5a~5b>

나. 衆生ᄋᆞᆫ 一體世間(일체세간)앳 사ᄅᆞ미며 하늘히며 긔는 거시며 ᄂᆞ는 거시며 므렛 거시며 무틧 거시며 숨튼 거슬 다 衆生이라 ᄒᆞᄂᆞ니라 <월석 1:11a>

이 믿븜이152) 이슈미니라

1:9a舜(순)【虞(우)ㅅ나라 님금 일홈이라】이 契을 命ᄒᆞ야 ᄀᆞᄅᆞ샤ᄃᆡ 百姓(백성)이 親티 아니ᄒᆞ며 五品(오품)153)【父子와 君臣(군신)과 夫婦(부부)와 長幼(장유)와 朋友(붕우) 다ᄉᆞᆺ 가지라】이 슌티 아니ᄒᆞ릴ᄉᆡ 네 司徒(사도)ㅣ 되옏ᄂᆞ니154) 다ᄉᆞᆺ 가지 ᄀᆞᄅᆞ쵸ᄆᆞᆯ 공경ᄒᆞ야 베푸ᄃᆡ 어위크매155) 이셔 ᄒᆞ라 1:10a夔(기)【신하의 일홈이라】를 命ᄒᆞ야 ᄀᆞᄅᆞ샤ᄃᆡ 너를 命ᄒᆞ야 음악156)올 ᄀᆞ옴알게157) ᄒᆞ노니 ᄆᆞᆮ아ᄃᆞᆯ ᄃᆞᆯ홀 ᄀᆞᄅᆞ쵸ᄃᆡ 곧오ᄃᆡ 온화케 ᄒᆞ며 어그러오ᄃᆡ158) ᄉᆡᆨᄉᆡᆨ게159) ᄒᆞ며 剛(강)호ᄃᆡ 모디디 말게160) ᄒᆞ며 簡(간)호ᄃᆡ161) 오만티 말게 홀디니 詩ᄂᆞᆫ ᄠᅳᆮ을 닐은 거시오 놀애ᄂᆞᆫ 마ᄅᆞᆯ 기리 혀ᄂᆞᆫ162) 거시오 소ᄅᆡᄂᆞᆫ 기리 1:10b혀믈163) 의지ᄒᆞᄂᆞᆫ 거시오 律(율)은 소ᄅᆡᄅᆞᆯ 고ᄅᆞ게 ᄒᆞᄂᆞᆫ 거시니 여듧 가지 소ᄅᆡ【匏(포) 土 革(혁) 木 金 石 絲(사) 竹(죽)이라】 능히 골라 서르 ᄎᆞ례를 앗디 아니ᄒᆞ여사 鬼神(귀신)과

152) 믿븜: 미쁨(믿음직하게 여기는 마음) ☞ 믿-+-브-(형.접.)+-음(명.접.)
153) 五品(오품): 오륜(五倫)을 이른다.
154) 되옏ᄂᆞ니: 되어 있으니 ☞ 되-+-여(←-어)#잇-(←잇)+-ᄂᆞ-+-니. '옏'은 보조적 연결어미 '-어'와 완료상을 나타내는 보조용언 '잇-'의 결합형이다.
155) 어위크매: 넓고 큼에. 너그럽고 큰 마음으로 ☞ 어위-#크-. 비통사적 합성어.
156) 음악(音樂): 오성(五聲)과 팔음(八音)을 통틀어 이르는 말. 소리가 변하여 일정한 틀을 이룬 것을 음(音)이라 하고, 이 여러 음을 배열하여 그것을 연주해서 춤추는 데에 이르는 것을 악(樂)이라 한다. 악(樂)이란 음(音)에 의해 생기는 것인데, 그 근본은 사람 마음이 주위의 사물에 대하여 느끼는 데에 있다.
157) ᄀᆞ옴알게: 주관하게 ☞ ᄀᆞ옴알-(<ᄀᆞᅀᆞᆷ알-)+-게. 'ㄹ' 뒤에서 'ㄱ'이 약화되지 않았다. 15세기에는 'ㄹ/y' 뒤에서 'ㄱ'이 'ㅇ'으로 교체하지만, 16세기에는 교체하기도 교체하지 않기도 한다. 근대국어에서는 서술격조사 뒤에서 '-고'가 '-오'로 교체하는 것을 제외하면, 이런 교체는 없어진다.
158) 어그러오ᄃᆡ: 너그러우되. 넓되 ☞ 어그럽-[寬]+-오ᄃᆡ
159) ᄉᆡᆨᄉᆡᆨ게: 엄하게 ☞ ᄉᆡᆨᄉᆡᆨᄒᆞ-[嚴]+-게
160) 말게 ᄒᆞ-: 15세기에는 '말에 ᄒᆞ-'로 'ㄱ'이 'ㅇ'으로 교체하지만 16세기 말엽 문헌에서는 이런 교체가 나타나기도 하고 그렇지 않기도 한다. 주(157) 참조.
161) 簡호ᄃᆡ: 대범하되, 까다롭지 않되 ☞ 簡ᄒᆞ-+-오ᄃᆡ.
162) 혀ᄂᆞᆫ: 읊는 ☞ 혀-+-ᄂᆞᆫ
163) 혀믈: 읊음을, 켬을 ☞ 혀-(←ᅘᅧ-)+-ㅁ(명.전.)+을(목.조.)

사ᄅᆞᆷ이 ᄡᅧ 和(화)ᄒᆞ리라

周禮(주례)[164)]【周ᄃ적[165)] 례도 긔록ᄒᆞᆫ 글월이라】예 大司徒(대사도)ㅣ 鄕(향)【萬二千五百 집이 鄕이라】애 세 가지 일로ᄡᅧ 萬民(만민)을 ᄀᆞᄅᆞ쳐 손 례로[166)] ᄒᆞ야 거쳔ᄒᆞ니[167)] [1:11a]ᄒᆞ낟재 ᄀᆞᆯ온 여ᄉᆞᆺ 가짓 德이니 디혜로옴과 인ᄌᆞ홈과 통달홈과 이례 맛당홈과 튱신홈과 화평호미오 둘재 ᄀᆞᆯ온 여슷 가짓 힝실이니 부모 효도홈과 형뎨 ᄉᆞ랑홈과 동셩권당[168)] 친히 홈과 이셩권당[169)] 친히 홈과 버듸게 믿븜과 가난ᄒᆞ니 에엿비[170)] 너곰이오 [1:11b]셋재 ᄀᆞᆯ온 여ᄉᆞᆺ 가짓 ᄌᆡ죄니 례절과 음악과 활ᄡᅩ기와 어거ᄒᆞ기와 글쓰기과 산계홈이니라

[1:12a]鄕(향)애 여ᄃᆞᆲ 형벌로ᄡᅧ 萬民을 고찰ᄒᆞ니 ᄒᆞ낟재ᄂᆞᆫ ᄀᆞᆯ온 효도 아니ᄒᆞᄂᆞᆫ 형벌이오 둘재ᄂᆞᆫ ᄀᆞᆯ온 동셩권당 친히 아니ᄒᆞᄂᆞᆫ 형벌이오 셋재ᄂᆞᆫ ᄀᆞᆯ온 이셩권당 친히 아니ᄒᆞᄂᆞᆫ 형벌이오 넷재ᄂᆞᆫ ᄀᆞᆯ온 얼운의게 공슌티 아니ᄒᆞᄂᆞᆫ 형벌이오 다ᄉᆞᆺ재ᄂᆞᆫ ᄀᆞᆯ온 버듸게 믿비 아니ᄒᆞᄂᆞᆫ 형벌이오 여슷재ᄂᆞᆫ ᄀᆞᆯ온 가난ᄒᆞ니 어엿비 너기디 아니ᄒᆞᄂᆞᆫ 형벌이오 닐굽재ᄂᆞᆫ ᄀᆞᆯ온 말 지어내ᄂᆞᆫ 형벌이오 여ᄃᆞᆲ재ᄂᆞᆫ ᄀᆞᆯ온 ᄇᆡᆨ셩 어즈러이[1:12b]ᄂᆞᆫ[171)] 형벌이니라 王制(왕제)【禮記篇 일홈이라】예 ᄀᆞᆯ오ᄃᆡ 樂正(악정)【벼슬 일홈이라】이 네 가짓 術(술)을 슝샹ᄒᆞ야 네 가짓 ᄀᆞᄅᆞ쵸믈 셰여[172)] 先王(선왕)【녜 어딘 님금이라】의 모시[173)]와 샹셔[174)]와 례도와 음악을 조

164) 주례(周禮): 주(周)나라 시절 예도를 적어 놓은 책. 유가의 9경, 12경, 13경에 속하는 고대의 예법에 관한 3권의 책 가운데 하나.

165) 周ᄃ적: 주나라 시절 ☞ 'ᄃ'은 사이시옷인데 'ᄃ'으로 표기되었다.

166) 손 례로: 손님을 대하는 예로, 우수한 자를 알선하여.

167) 거쳔하니: 천거(薦擧)하니

168) 동셩권당: 동성(同姓)인 권당(眷黨), 같은 성의 친척. 친가쪽 친척.

169) 이셩권당: 異性(이성)인 권당(眷黨), 처가쪽 혹은 시가쪽 친척.

170) 에엿비: 불쌍히, 가엾게/가엽게 ☞ 에엿브-(< 어엿브-)+-이(부.접.)

171) 어즈러이ᄂᆞᆫ: 어지럽히는 ☞ 어즈러이-[← 어즐-+-업-(형.접.)+-이-(사.접.)]+-ᄂᆞ-(직설법)+-ㄴ(관.전.). 어즈럽-+-이- → 어즈러ᄫᅵ > 어즈러이. 'ᄫ'이 부사파생 접미사나 사·피동사파생 접미사와 연결되면 탈락되었다. 일반적인 변화는 'ᄫ > w'이다

172) 셰여: 세우어 ☞ 셰-[立][← 셔-+-이-(사.접.)]+-여(← -어)

173) 모시: 시경(詩經) ☞ 주(59) 참조

차 ᄡᅥ 션비를 일워 내요ᄃᆡ [1:13a]봄과 ᄀᆞ올히ᄂᆞᆫ 례도와 음악으로ᄡᅥ ᄀᆞᄅᆞ치고 겨을와 녀름에ᄂᆞᆫ 모시와 샹셔로ᄡᅥ ᄀᆞᄅᆞ치더니라 弟子職(제자직)【管子(관자)175) ㅣ 라 ᄒᆞᆫ 칙에 篇 일홈이라】에 ᄀᆞᆯ오ᄃᆡ 先生이 ᄀᆞᄅᆞ치ᄆᆞᆯ 베프거시든 弟子ㅣ 이예 법바다 온화ᄒᆞ며 공손ᄒᆞ야 스스로 허심ᄒᆞ야176) ᄇᆡ호ᄂᆞᆫ 바ᄅᆞᆯ 이예 극진히 ᄒᆞᆯ디니라 [1:13b]어딘 일을 보고 조ᄎᆞ며 맛당ᄒᆞᆫ 일을 드러든177) ᄒᆡᆼᄒᆞ며 온공ᄒᆞ며 유화ᄒᆞ며 효도ᄒᆞ며 공슌ᄒᆞ야 교만ᄒᆞ야 힘을 믿디 마ᄅᆞᆯ디니라 ᄠᅳᆮ을 거즛ᄯᅬ오178) 샤곡히179) 말며 ᄒᆡᆼ실을 반ᄃᆞ시 졍ᄒᆞ고 곧게 ᄒᆞ며 ᄃᆞᆫ니며 이쇼ᄆᆞᆯ180) 덛덛ᄒᆞᆫ 고ᄃᆞᆯ 두ᄃᆡ 반ᄃᆞ시 德(덕)을 둔ᄂᆞᆫ181) ᄃᆡ 나아갈디니라 [1:14a]ᄂᆞᆺ빗ᄎᆞᆯ182) 整齊(정제)ᄒᆞ면183) 속 ᄆᆞ음이 반ᄃᆞ시 공경ᄒᆞᄂᆞ니184) 일185) 닐오 밤 들어든186) 자187) 옷과 ᄯᅴᄅᆞᆯ 반ᄃᆞ시 삼갈디니라 아츰의 더 ᄇᆡ호고 나조ᄒᆡ 니겨 ᄆᆞ음을 젹게 ᄒᆞ야 공

174) 샹셔: 상서(尙書). 오경(五經)의 하나. 공자가 요순(堯舜) 때부터 주(周)나라 때까지의 정사(政事)에 관한 문서를 모아 지은 책. 총 20권 58편으로 유가의 이상 정치에 대해 서술하였다.

175) 管子(관자): 중국 전국시대 후기의 제자백가들이 쓴 일종의 논문집. 제(齊)나라 관중(管仲)의 이름을 따서 책명을 삼았다.

176) 허심ᄒᆞ야: 겸손하여, 거리낌이 없어, 남의 말을 잘 받아들여

177) 드러든: 듣거든 ☞ 들-[聞](←듣-)+-어든

178) 거즛ᄯᅬ오: 거짓되고 ☞ 거즛ㅅ+되-+-오(←-고). '거즛 > 거짓'은 치음인 'ㅅ, ㅈ, ㅊ' 아래에서 'ㅡ'가 'ㅣ'로 바뀐 전설모음화로 근대국어에서 일어난 음운규칙이다.

179) 샤곡히: 사곡(邪曲)하게. 요사스럽고 교활하게.

180) 이쇼ᄆᆞᆯ: 있음을. 머묾을 ☞ 이시-+-옴(명.전.)+ᄋᆞᆯ(목.조.). 중세 말엽에는 명사형 전성어미와 명사파생 접미사가 단일화되는 과정 중에 있었다. <小學 凡:1b>에서는 '이심'으로 나타난다. 주(10) 참조.

181) 둔ᄂᆞᆫ ᄃᆡ: 둔 데, 있는 데 ☞ 둔-(←둣-←두-+-어 잇--)+-ᄂᆞ-+-ㄴ. 15세기에 '두-'는 완료상 '-어 잇-'이 결합하면 '뒛-'이 되지 않고 '뒷-'이 되었고, 때에 따라서는 '둣-'으로도 나타난다. 여기의 '둔-'도 '뒛-'의 변이형 '둣-'이 'ㄴ' 앞에서 동화되어 '둔-'으로 표기되었다.

182) ᄂᆞᆺ빗ᄎᆞᆯ: 얼굴빛을, 낯빛을 ☞ ᄂᆞᆺ빗ㅊ[←ᄂᆞᆾ#빗ㅊ(←빛)]+ᄋᆞᆯ. 8종성표기와 '빛'의 중철표기.

183) 整齊(정제)ᄒᆞ면: 바르게 하면, 반듯하게 하면

184) 공경ᄒᆞᄂᆞ니: 따르니. 경건하게 되니

185) 일: 일찍[夙(숙)]

186) 들어든: 들어가거든 ☞ 들-+-어든(←거든). 'ㄹ' 뒤에서 'ㄱ'이 약화되었다.

187) 자: 잠자리에 들되[寐(매)] ☞ 자-+-아

경홀디니 이예 ᄒᆞᆫᄀᆞᆯᄋᆞ티 ᄒᆞ여 게을리 아니홈이 이 닐온 ᄇᆡ호ᄂᆞᆫ 법이니라

[1:14b]孔子(공자)188) ㅣ ᄀᆞᄅᆞ샤ᄃᆡ 弟子(제자)ㅣ 드러ᄂᆞᆫ 곧 효도ᄒᆞ고 나ᄂᆞᆫ 곧 공슌ᄒᆞ며 삼가고 믿비 ᄒᆞ며 모ᄃᆞᆫ 사ᄅᆞᆷ을 넙이 ᄉᆞ랑호ᄃᆡ 仁(인)ᄒᆞ니를 親(친)히 홀디니 行(행)홈애 남ᄋᆞᆫ 힘이 잇거든 곧 ᄡᅧ 글을 ᄇᆡ홀디니라 [1:15a]詩(시)예 흥긔ᄒᆞ며 禮(예)예 셔며 음악애 이ᄂᆞ니라189) 樂記(악기)190)【禮記篇 일홈이라】예 ᄀᆞᆯ오ᄃᆡ 禮와 樂ᄋᆞᆫ 可히 져근 덛191)도 몸애 ᄠᅥ내디192) 몯홀 거시니라

[1:15b]子夏(자하)【姓은 卜(복)이오 일홈은 商(상)이니 孔子ㅅ 뎨ᄌᆞ라】ㅣ ᄀᆞᆯ오ᄃᆡ 어딘 일을 어딜이 너교ᄃᆡ 色(색) 됴히 너김으로 밧고아 ᄒᆞ며193) 父母ᄅᆞᆯ 셤교ᄃᆡ 能히 그 힘을 다ᄒᆞ며 님금을 셤교ᄃᆡ 能히 그 몸을 ᄇᆞ리며 벋과 더브러 사괴요ᄃᆡ 말ᄉᆞᆷ홈애 믿브미 [1:16a]이시면 비록 ᄀᆞᆯ오ᄃᆡ ᄒᆞᆨ문을 몯ᄒᆞ엿다 ᄒᆞ나 나ᄂᆞᆫ 반ᄃᆞ시 ᄒᆞᆨ문을 ᄒᆞ엿다194) 닐오리라

小쇼學ᄒᆞᆨ諺언解ᄒᆡ 卷권之지一일

188) 孔子(공자): 유교의 시조로 존경받는 고대 중국의 정치가이자 사상가. 기원전 551~기원전 479. 노나라 무관 숙량흘의 둘째아들이자 서자로 태어났다. 孔子의 '子'자는 높임접미사로 흔히 선생의 의미로 쓴다. '공자'는 '공 선생님'이라는 뜻이다.

189) 詩(시)예 흥긔ᄒᆞ며 禮(예)예 셔며 음악애 이ᄂᆞ니라: 시를 앎으로써 정서[興(흥)]가 일어나며, 예를 앎으로써 서며, 음악을 앎으로써 이루어진다.

190) 악기(樂記): 동양 최초로 음악 이론과 악장을 다룬 예술서로, 고대부터 6경(詩, 書, 易, 禮記, 春秋, 樂記)의 하나로 일컬어져 왔다. 춘추전국시대를 거치며 소실되었다가 내용의 일부가 『예기』의 편목으로 편입되었다.

191) 져근 덛: 잠깐의 사이, 잠시 동안, 짧은 순간. ☞ '덛'은 퍽 짧은 시간을 뜻한다. 현대의 '어느덧'에 흔적이 남아있다.

192) ᄠᅥ내디: 떠나게 하지 ☞ ᄠᅥ내-[←ᄠᅥ나-+-이-(사.접.)]+-디(보.어.)

193) 色(색) 됴히 너김으로 밧고아 ᄒᆞ며: 얼굴빛을 좋게 여김으로 바꾸어 하며 ☞ 밧고-[易]+-아

194) ᄒᆞ엿다: 하였다 ☞ ᄒᆞ-+-엿-(과.어.)+-다. (1) 'ᄒᆞ다'는 15세기에 '야-불규칙'을 하였는데 16C 말엽 문헌에서부터 '여-불규칙'의 형태로 나타나기 시작한다. (2) 과거시제 선어말어미 '-엇-'(→엿)의 출현을 보인다. 15세기에 완료상을 나타냈던 '-어 잇-'이 근대국어에서 과거시제선어말어미 '-엇/-앗-'으로 발전하는데 16세기 말 엽의 문헌에 출현하기 시작한다.

참고

번역소학과 소학언해의 비교

번역소학9(1518)-의역	소학언해6(1587)-직역
[9:1a]녯 사ᄅᆞᆷ의 어딘 ᄒᆡᇰ덕 니ᄅᆞᆫ 여ᄉᆞᆺ재 편이라	[6:1a]어딘 ᄒᆡᇰ실이니 ᄎᆞ례예 여ᄉᆺ재라
[9:1b]呂榮公의 일홈ᄋᆞᆫ 希哲이오 字ᄂᆞᆫ 原明이니 申國 正憲公의 ᄆᆞᆮ아ᄃᆞᆯ이라 正憲公이 집의셔 사ᄅᆞ샤ᄃᆡ 간략ᄒᆞ며 디듕ᄒᆞ며 잡일 아니ᄒᆞ며 잡말 아니ᄒᆞ야 샹해 세간ᄂᆡ 일로 ᄆᆞᅀᆞᆷ애 혜아리디 아니ᄒᆞ더니 申國夫人이 셩이 엄졍ᄒᆞ고 법다와 비록 심히 呂榮公을 ᄉᆞ랑ᄒᆞ[9:2a]야도 샹해 ᄀᆞᄅᆞ치샤ᄃᆡ 일일마다 법다이 ᄒᆞ게 ᄒᆞ시더라	[6:1b]呂榮公의 일홈ᄋᆞᆫ 希哲이오 字ᄂᆞᆫ 原明이니 申國 正獻公【일홈ᄋᆞᆫ 公著ㅣ니 申은 봉ᄒᆞᆫ ᄯᅡ히오 正獻은 시회니 宋 적 졍승이라】의 ᄆᆞᆮ아ᄃᆞᆯ이라 正獻公이 집의 이실 제 간략ᄒᆞ며 후듕ᄒᆞ며 잡일 아니ᄒᆞ며 잡말 아니ᄒᆞ야 일과 온갓 거ᄉᆞ로ᄡᅥ ᄆᆞᄋᆞᆷ애 경영티 아니ᄒᆞ고 申國夫人이 性이 嚴ᄒᆞ고 法度ㅣ 이셔 비록 심히 公을 ᄉᆞ랑ᄒᆞ나 그러나 公을 ᄀᆞᄅᆞ츄ᄃᆡ ᄆᆡᄉᆞᄅᆞᆯ 規矩ᄅᆞᆯ 조차 ᄇᆞᆲ[6:2a]드듸게 ᄒᆞ더라
[9:2b]계오 열 설 머거셔 쇠 치운 저기며 덥고 비 오ᄂᆞᆫ 저긔도 뫼ᅀᆞ와 져므도록 셔셔 안ᄌᆞ라 아니ᄒᆞ거시든 안ᄶᅵ 아니ᄒᆞ시더라 랄마다 모로매 冠帶ᄒᆞ야 얼우시늘 뫼ᅀᆞ오며 샹해 비록 ᄀᆞ장 더운 저기라도 부모와 얼우신의 겯틔 이셔ᄂᆞᆫ 곳갈와 보션과 ᄒᆡᇰ뎐ᄋᆞᆯ 밧디 아니ᄒᆞ야 衣服ᄒᆞ고 조심ᄒᆞ야 겨시더라	계오 열 설에 큰 치위와 덥고 비올 제라두 뫼셔 셧기를 날이 ᄆᆞᆾ도록 ᄒᆞ야 命ᄒᆞ야 안ᄌᆞ라 아[6:2b]니커든 敢히 안ᄶᅵ 아니ᄒᆞ더라 날마다 반ᄃᆞ시 冠帶ᄒᆞ야 ᄡᅥ 얼우신ᄭᅴ 뵈ᄋᆞ오며 샹해 이실 제 비록 심히 더우나 父母와 얼우신 겯틔 이셔 시러곰 곳갈와 보션과 ᄒᆡᇰ뎐ᄋᆞᆯ 밧디 아니ᄒᆞ야 衣服을 오직 삼가더라
[9:3a]거름 거러 나드리 ᄒᆞᆯ 제 차 ᄑᆞᄂᆞᆫ ᄃᆡ와 술 ᄑᆞᄂᆞᆫ ᄃᆡ 드디 아니ᄒᆞ며 져제와 ᄆᆞ술힛 말와 鄭과 衛와 두 나랏 음탕ᄒᆞᆫ 풍륫 소리ᄅᆞᆯ ᄒᆞᆫ 번도 구에 디내디 아니ᄒᆞ며 졍티 아니ᄒᆞᆫ 잡글월와 녜답디 아니ᄒᆞᆫ 빗촐 ᄒᆞᆫ 번도 누네 브티디 아니ᄒᆞ더라	[6:3a]ᄒᆞ녀거러 나며 들음애 시러곰 차 ᄑᆞᄂᆞᆫ 집과 술 ᄑᆞᄂᆞᆫ 집의 드디 아니ᄒᆞ며 져제와 ᄆᆞᄋᆞᆯ힛 말와 鄭과 衛ㅅ 소릐【두 나라 일홈이니 음탕ᄒᆞᆫ 풍뉘라】를 일즉 ᄒᆞᆫ번 귀예 디내디 아니ᄒᆞ며 교티 아니ᄒᆞᆫ 글월와 禮 아닌 빗촐 일즉 ᄒᆞᆫ번 눈에 브티디 아니ᄒᆞ더라
[9:4a]正憲公이 潁州ㅣㅅ 고ᄋᆞᆯ 通判이랏 벼슬 ᄒᆡ엿거늘 歐陽文忠公이 마초아 그 고ᄋᆞᆯ 知州ㅣ 事ㅣ랏 벼슬ᄒᆞ엿더니 焦先生의 일홈은 千之오 ᄌᆞᄂᆞᆫ 伯强이랏 사ᄅᆞ미 文忠公의게 손이 도ᄋᆡ여셔 싁싁고 거여우며 方正ᄒᆞ거늘 正憲公이 블러 마자다가 모ᄃᆞᆫ ᄌᆞ식을 ᄀᆞᄅᆞ치라 ᄒᆞ시니 모ᄃᆞᆫ 뎨ᄌᆞ돌히 [9:4b]죠고매나 그르 ᄒᆞᄂᆞᆫ 이리 잇거든 先生이 단졍히 안자 블러 더브러 마조 안자셔 져믈며 새도록 이셔도	[6:3b]正獻公이 潁州【고을 일홈이라】ㅣ예 通判【판관 톄엿 벼슬이라】ᄒᆞ여실 제 歐陽公【일홈은 修ㅣ니 宋 적 ᄌᆡ샹이라】이 州事를 지ᄒᆞ엿더니【ᄀᆞ옴아단 말이니 목ᄉᆞ 톄엿 벼슬이라】 焦 先生 千[6:4a]之 伯强【千之ᄂᆞᆫ 일홈이오 伯强은 ᄌᆡ라】이 文忠公【歐陽公 시회라】 곧애 손이 되야셔 嚴ᄒᆞ고 거여우며 모나고 졍답거늘 正獻公이 블러 마자다가 ᄒᆡ여곰

더브러 말ᄉᆞᄆᆞᆯ 아니ᄒᆞ다가 모ᄃᆞᆫ 뎨ᄌᆞᄃᆞᆯ히 저허 그르 ᄒᆞ관ᄃᆡ ᄒᆞ여ᅀᅡ 先生이 그제ᅀᅡ 말ᄉᆞᆷ미며 ᄂᆞᆺ빗 출 잠ᄶᅡᆫ ᄂᆞᄌᆞ기 ᄒᆞ더시다

[9:5a]呂榮公이 그 저긔 맛치 열라믄 서를 머것더니 안희셔ᄂᆞᆫ 正憲公과 申國夫人괘 ᄀᆞᄅᆞ츄미 이러ᄐᆞ시 엄졍ᄒᆞ고 밧긔셔ᄂᆞᆫ 焦先生이 어딘 일로 혀 가미 이[9:5b]러트시 두터우모로 公의 유덕ᄒᆞᆫ 器量이 이러 샹녯 사ᄅᆞᆷ두곤 ᄀᆞ장 다ᄅᆞ더시다 呂榮公이 일즉 니ᄅᆞ샤ᄃᆡ 사ᄅᆞᆷ미 나셔 안호로 어딘 아비와 형과 업스며 밧고른 싁싁ᄒᆞᆫ 스승과 벋이 업고 릉히 어딜에 도읠 사ᄅᆞᆷ이 젹그니라 ᄒᆞ더시다

[9:6a]呂榮公의 안해 張夫人ᄂᆞᆫ 待制 ᄡᅧ슬 ᄒᆞ엿ᄂᆞᆫ 일후ᄆᆞᆫ 溫之의 아기 ᄯᆞ리니 ᄀᆞ장 ᄉᆞ랑ᄒᆞ야도 샹해 ᄀᆞ장 햐ᄀᆞᆫ 이리라도 ᄀᆞᄅᆞ츄믈 반ᄃᆞ시 법되 잇더니 飮食 ᄀᆞ[9:6b]ᄐᆞᆫ 일에도 밥과 ᄀᆡᆼ과란 다시 더 주라 ᄒᆞ고 고기란 다시 더 주디 아니ᄒᆞ더니 그 저긔 張溫之 ᄒᆞ마 待制 ᄡᅧ슬 ᄒᆞ야 河北都轉運使ㅣ ᄃᆞ외엿더니라

[9:7a]夫人이 呂氏ᄋᆡ 집의 며느리 되여오니 夫人의 어머님은 申國 夫人의 형님이니 ᄒᆞᄅᆞᆫ 자내 ᄯᆞᆯ을 보라 와 방 뒤헤 솓가마 뉴엣 거시 잇거늘 보고 ᄀᆞ장 즐기디 아니ᄒᆞ여 申國 夫人ᄃᆞ려 닐우ᄃᆡ 엇디 져믄 아ᄒᆡᄃᆞᆯ호로 아ᄅᆞᆷ뎟 飮食을 ᄆᆞᆫᄃᆞ라 먹게 ᄒᆞ야 가문 ᄡᅥᆸ을 허러ᄇᆞ리ᄂᆞ뇨 ᄒᆞ니 그 엄졍[9:7b]호미 이러ᄒᆞ더라 唐 시절 陽城이 國子司業이 [9:8a]란 벼슬ᄒᆞ여셔 모ᄃᆞᆫ 션ᄇᆡᄃᆞᆯ홀 블러 닐오ᄃᆡ 믈읫 글 ᄇᆡ호ᄆᆞᆫ 님금ᄭᅴ 튱셩ᄒᆞ며 어버이ᄅᆞᆯ 효도홈ᄆᆞᆯ ᄇᆡ호ᄂᆞᆫ 이리니 모ᄃᆞᆫ 션비ᄃᆞᆯ히 오래 어버ᅀᅵᄅᆞᆯ 아니 가 뵈니 잇ᄂᆞ냐 ᄒᆞ여ᄂᆞᆯ 이틋날 陽城 더브러 하딕ᄒᆞ고 도라가 효양ᄒᆞ리 스므나ᄆᆞ니러니 삼 년이도록 도라가 어버ᅀᅵᄅᆞᆯ 뫼ᅀᆞ와 잇디 아니ᄒᆞ리 잇거ᄂᆞᆯ 내티니라

모ᄃᆞᆫ 아ᄃᆞᆯ을 ᄀᆞᄅᆞ치더니 모ᄃᆞᆫ 션ᄇᆡ 죠곰애나 글옴이 잇거든 先生이 단졍히 안자 블러 더블어 서르 對ᄒᆞ야 날이 졈을며 나조히 ᄆᆞᆮ초ᄃᆡ 더블어 말ᄉᆞᆷ을 아니ᄒᆞ다가 모ᄃᆞᆫ 션비 저허 복죄ᄒᆞ여ᅀᅡ 先生이 보야호로 말ᄉᆞᆷ이며 ᄂᆞᆺ 빗출 잠ᄶᅡᆫ ᄂᆞᄌᆞ기 ᄒᆞ더라

[6:4b]그 적의 公이 보야호로 열 남은 설이러니 안흐로ᄂᆞᆫ 正獻公과 다ᄆᆞᆺ 申國夫[6:5a]人이 ᄀᆞᄅᆞ츔이 이러ᄐᆞ시 嚴ᄒᆞ고 밧ᄭᅳ로ᄂᆞᆫ 焦先生이 되게 ᄒᆞ야 인도홈이 이러ᄐᆞ시 도타오니 그러모로 公이 德과 그르시 이러키 모ᄃᆞᆫ 사ᄅᆞᆷ에셔 다ᄅᆞ니라 公이 일즉 닐오ᄃᆡ 人生애 안해 어딘 아비와 兄이 업스며 밧ᄭᅴ 嚴ᄒᆞᆫ 스승과 벋이 업고 能히 일움이 이시리 젹으니라 ᄒᆞ더라

[6:5b]呂榮公의 張夫人ᄂᆞᆫ 待制【벼슬 일홈이라】일홈ᄋᆞᆫ 之의 졈은 ᄯᆞᆯ이라 ᄀᆞ장 ᄉᆞ랑을 모도와시나 그러나 샹해 이실 제 微細ᄒᆞᆫ 일에 닐으히 ᄀᆞᄅᆞ츔을 반ᄃᆞ시 法度ㅣ 잇더니 飮食 ᄀᆞᆺᄐᆞᆫ 類에도 밥과 ᄀᆡᆼ[6:6a]으란 다시 더음을 許ᄒᆞ고 고기란 다시 나오디 아니ᄒᆞ니 그 적의 張公이 이ᄆᆡᆺ 待制로 河北都轉運使【河北은 디명이오 都轉運使ᄂᆞᆫ 관찰ᄉᆞ 톄엿 벼슬이라】를 ᄒᆞ엿더라

[6:6b]믿 夫人이 呂氏예 셔방 마자오나ᄂᆞᆫ 夫人 어마님은 申國夫人의 형이라 ᄒᆞᄅᆞᆫ 날애 와 ᄯᆞᆯ을 보더니 방샤 뒤헤 솓가마 類엣 거시 잇거늘 보고 크게 즐기디 아니ᄒᆞ야 申國夫人ᄃᆞ려 닐어 ᄀᆞᆯ오ᄃᆡ 엇디 可히 졈은 아ᄒᆡᄃᆞᆯ로 ᄒᆡ여곰 ᄉᆞᄉᆞ로이 飮食을 ᄆᆞᆫᄃᆞ라 家法을 허러 ᄇᆞ리게 ᄒᆞ리오 ᄒᆞ니 그 嚴홈이 이러ᄐᆞᆺ ᄒᆞ더라

[6:7a]唐【나라 일홈이라】적 陽城이 國子【이제 셩균관이라】司業【벼슬 일홈이라】ᄒᆞ야셔 모ᄃᆞᆫ 션ᄇᆡ를 나오혀 告ᄒᆞ야 ᄀᆞᆯ오ᄃᆡ 믈읫 學ᄒᆞ기ᄂᆞᆫ ᄡᅥ 튱셩과 다ᄆᆞᆺ 효도ᄒᆞ기를 ᄇᆡ호ᄂᆞᆫ 배니 모ᄃᆞᆫ 션비 오래 [6:7b]어버이를 보디 몯ᄒᆞ엿ᄂᆞᆫ 이 인ᄂᆞ냐 ᄒᆞ니 이튼날 城의게 뵈고 돌아가 효양ᄒᆞᆯ 이 스므 물이러니 三年이도록 돌아가 뵈시디 아니ᄒᆞᆫ 이 잇거늘 내티니라

순천 김씨 묘 출토 간찰 8

순천 김씨 묘 출토 간찰

1977년 충청북도 청원군 북일면 일대 비행장 건립 당시 인천 채씨(仁川 蔡氏) '무이(無易)'의 계배(繼配) 순천 김씨(順天 金氏)의 묘를 이장하면서 발견된 필사본 낱장 간찰 자료 192건 중 한글편지 188건을 이른다. '순천 김씨 묘 출토 간찰'이라는 명칭은 조건상(1981)에서 처음 '淸州 北一面 順天 金氏 墓 出土 簡札'로 명명된 이래 일반화되었다. 이 편지들은 1979년 문화재관리국 지정 중요민속자료 109호로 지정되어 현재 충북대학교 박물관에 보관되어 있다.

간찰의 발신자는 순천 김씨의 어머니인 신천 강씨, 그리고 친정 아버지인 김훈, 순천 김씨의 남편 채무이, 순천 김씨의 남동생 김여흘, 김여물 등이고 수신자는 순천 김씨, 순친 김씨의 남동생, 여동생, 올케, 남편 등이다. 신천 강씨가 순천 김씨에게 보낸 것이 대부분을 차지하여 120여 건에 이른다. 작성 시기는 대체로 1550년대~임진왜란(1592) 전으로 추정된다.

본 간찰은 현존하는 한글 편지로는 극히 이른 시기인 16세기의 자료이면서도 다양한 가족 구성원 사이에 수수되어 밀집도가 높은 자료이다. 훈민정음 창제 이후 한글이 보급된 양상을 실증하는 동시에 16세기 간본(刊本) 자료에 보이지 않는 풍부한 어휘 형태와 문법 형태가 등장하여 국어사를 연구하는 자료로서 큰 가치가 있다.

— 황문환 외(2013a)

여기서 강독하는 자료는 인물들 간의 상하 관계를 고려하여 선별하였다. 판독문은 조항범(1998)의 『주해 순천김씨 묘 출토 간찰』을 따랐으나 부분적으로 황문환 외(2013)을 따른 곳도 있다. 역주는 조항범(1998)을 참고하였다.

순천 김씨 묘 출토 간찰

〈009〉[1)][2)] 아기내게[3)] 답

네 오라비롤 몬 기ᄃᆞ려 근심ᄒᆞ다니[4)] 나ᄒᆞᆫ 날사[5)] 드러오나롤[6)] 됴히[7)] 이시니 깃거ᄒᆞ노라[8)] 아바님도 ᄂᆞ려오ᄂᆞᆫ 예[9)] ᄎᆡᄉᆞ원[10)] ᄒᆡ여[11)] 어제 오시니라 요ᄉᆞ이사 긔온도 셩ᄒᆡ여 겨시다 네 뵈ᄂᆞᆫ[12)] 내 일 잡디 몯ᄒᆞ고[13)] 하 심심ᄒᆞ니[14)] 보내려 맛뎌더니[15)] 이 노미 마촤[16)] 므너[17)] 가니 하[18)] 보내기 서온ᄒᆡ여 두거

---

1) 숫자는 편지 일련번호이다. 이하 같다.
2) 어머니인 신천 강씨가 딸인 순천 김씨에게 보낸 편지이다.
3) 아기내게: 딸에게 ☞ 아기+-내(복.접.)+게(부.조.). (1) 어머니가 딸에게 보낸 편지이므로 '아기'는 딸을 이른다. (2) '-내'는 15세기에 높임 복수접미사로 쓰였으나 16세기 후반에는 이미 높임의 뜻은 잃은 것으로 보인다. (3) 근대국어에서 복수접미사 '-내'는 '-네'로 일반화된다. '-ᄂᆡ'로 나타나기도 한다.
4) 근심ᄒᆞ다니: 근심하였더니 ☞ (내)~근심ᄒᆞ-+-더-(회상법)+-오-(인칭활용)+-니. 주어가 1인칭이어서 인칭활용의 '-오-'가 쓰였고 그것이 '-더-'와 결합하여 '-다-'로 바뀌었다.
5) 나ᄒᆞᆫ 날사: 낳은 날[生日]이 되어서야 ☞ 낳-+-ᄋᆞᆫ#날[日]+사(< ᅀᅡ. 특수의 보조사). '사'는 'ᅀᅡ'에 소급하는데 16세기에 '야'로 변하였다. 여기서 '사'는 방언이 반영된 것으로 추정된다. 남부방언에서는 주로 '사'가 쓰인다.
6) 드러오나롤: 들어오거늘 ☞ 들어오-+-나롤(← -나놀 ← -거놀). '오다'에는 '-거놀'이 아닌 '-나놀'이 붙는다. 현대국어에서도 '오다'는 '너라-불규칙활용'을 한다.
7) 됴히: 잘 ☞ 둏-+-이(부.접.). '둏- > 죻- > 좋-'의 변화는 구개음화로 17세기 말엽부터 생산적인 규칙이 된다.
8) 깃거ᄒᆞ노라: 기뻐한다 ☞ 깄-+어#ᄒᆞ-+-ᄂᆞ-(직설법)+-오-(인칭활용)+라(← 다).
9) 예: 여기
10) ᄎᆡᄉᆞ원(差使員): 임금이 중요한 임무를 위하여 파견하던 임시 벼슬아치.
11) ᄒᆡ여: -과 함께
12) 뵈ᄂᆞᆫ: 베[布(포)]는
13) 내 일 잡디 몯ᄒᆞ고: 내가 일을 잡지 못하고
14) 심심ᄒᆞ니: 심란하니, 답답하니
15) 맛뎌더니: 맡기었더니 ☞ 맛디-[← 맜-+-이-(사.접.)]+-어-(확인법)+-더-(회상법)+-니

니와 아ᄆᆞ려나[19] 딕녕[20] ᄀᆞᄉᆞᆷ미나[21] ᄧᆞ고[22] 댱옷[23] ᄀᆞᄋᆞᄆᆞ란[24] 믿[25] 바다 보ᄆᆞ로나[26] 하 보내고져코[27] 샹해[28] 니블가 무명을 보내려터니[29] ᄀᆞᄅᆞ[30] 니블 오술 ᄒᆞ랴[31] ᄒᆞ더라 ᄒᆞ니 그도 몯ᄒᆞ고 셜워 몯 보내니 실업시 잇ᄭᅩ ᄒᆞ니 이런 민망히예라[32] ᄌᆞ식ᄃᆞᆯ 니필 것도 나ᄒᆞᆫ[33] 거시 잇사[34] 보내랴 면화ᄂᆞᆫ 아ᄆᆞ리 잇다 엇디 보내리[35] 보낼 길히 업거든 어ᄂᆡ 어흐로[36] 보내리 엇디ᄒᆡ여

(종.어.).

16) 마촤: 마침 ☞ '마촤'는 '마초아'에서 '오'가 반모음화한 것이다.

17) ᄆᆞ너: 늦추어, 지연(遲延)하여 ☞ ᄆᆞᄂᆞ-+-어

18) 하: 너무, 많이 ☞ '하-[大, 多]'의 어근이 부사로 전성한 형태이다.

19) 아ᄆᆞ려나: [부] 아무렇든, 아무튼

20) 딕녕(直領): 조선 시대에, 무관이 입던 웃옷. 깃이 곧고 뻣뻣하며 소매가 넓다.

21) ᄀᆞᄉᆞᆷ미나: (옷)감이나 ☞ ᄀᆞᄉᆞᆷㅁ(← ᄀᆞᄉᆞᆷ)+이나. 중철표기 되었다. 황문환 외(2013a:31)에서는 'ᄀᆞᄉᆞᆷ미나'로 판독하고 있다. 본 간찰의 다른 곳에서는 'ᄀᆞᄉᆞᆷ ~ ᄀᆞᇫᄉᆞᆷ ~ ᄀᆞᆽᄉᆞᆷ ~ ᄀᆞᄋᆞᆷ' 등으로 나타나 'ᄀᆞᄉᆞᆷ'이 더 일관성이 있어 보인다.

22) ᄧᆞ고: 짰고 ☞ ᄧᆞ-[織]+-고. 중세국어에서 동사는 부정법으로 과거시제가 실현되었다.

23) 댱옷: 장옷 ☞ 예전에, 여자들이 나들이할 때에 얼굴을 가리느라고 머리에서부터 길게 내려 쓰던 옷. 초록색 바탕에 흰 끝동을 달았고, 맞깃으로 두루마기와 비슷하며, 젊으면 청・녹・황색을, 늙으면 흰색을 썼다. 본래는 여성들의 겉옷으로 입다가 양반집 부녀자들의 나들이옷으로 변하였으며 일부 지방에서는 새색시의 결혼식 예복으로 이용하기도 하였다. 장의(長衣).

24) ᄀᆞᄋᆞᄆᆞ란: (옷)감일랑 ☞ ᄀᆞᄋᆞᆷ+ᄋᆞ란(지적의 보조사). 주(21)에서는 'ᄀᆞᄉᆞᆷ'으로 표기되었다.

25) 믿: 밑천 ☞ '밑'이 8종성법에 의해 '믿'으로 표기되었다.

26) 보ᄆᆞ로나: 봄으로나 ☞ 봄[春]+ᄋᆞ로나

27) 보내고져코: 보내고자 하고 ☞ 보내-+-고져#ᄒᆞ-+-고. '-고져'는 행동의 의도나 소망, 목적 따위를 나타내는 어미인데, '-과뎌~-과댜'로도 나타난다. -과뎌 > -과댜

28) 샹해: 평소에, 늘, 항상

29) 보내려터니: 보내려 하더니, 보내려 하였더니 ☞ 보내-+-려#ᄒᆞ-+-더-+-니.

30) ᄀᆞᄅᆞ: 갈아 ☞ ᄀᆞᆯ-[更, 改, 替, 代]+-ᄋᆞ(←-아). 어미 '-아'가 '-ᄋᆞ'로 표기된 것은 비어두에서 'ᄋᆞ'가 비음운화함에 따라 비어두에서 '아'와 'ᄋᆞ'의 대립이 무너져가고 있음을 보인다.

31) ᄒᆞ랴: ᄒᆞ-+랴(판정의문문어미).

32) 민망히예라: 민망하구나, 안타깝구나 ☞ 민망히-+예라(←에라. 감.어.). 중세국어 감탄형 어미에는 '-ㄴ뎌, -ㄹ쎠, -애라, -게라' 등이 있었다.

33) 나ᄒᆞᆫ: 짜 놓은 ☞ 낳-+-ᄋᆞᆫ

34) 잇사: 있어 ☞ 잇ㅅ-+-아. 중철표기.

35) 보내리: 보내리오? ☞ 보내-+-리(의.어.). '-리'는 반말체의 의문형어미이다. 수사의문문이다.

이 뵈롤 그톨[37] 내려뇨 ᄒᆞ노라 은지니 신 갇다[38] 면화 ᄒᆞᆫ 근 갇다 민집과[39] 여뜰[40] 냥식[41] 는화라[42]

〈049〉[43] 홍덕골[44] 지븨

요ᄉᆞ이 엇디 겨신고[45] 안부 몰라 분별ᄒᆞ뇌[46] 비록 아ᄆᆞ리 심심ᄒᆞᆫ[47] 이리 이셔도 ᄆᆞᄋᆞᄆᆞᆯ 자바 아ᄆᆞ려나 편히 겨소[48] 나도 완ᄂᆞ니[49] 타자기나 무ᄉᆞ히

36) 어흐로: ? ☞ 문맥상으로는 '수단으로, 방법으로' 정도로 해석된다.
37) 그톨: 필(疋)을 ☞ 긑[疋(필)]+올. '긑'은 피륙을 세는 단위이다.
38) 갇다: 갔다 ☞ 가-+-앋-(←앗. 과.어.)+-다. '-앋-(←-앗-)'은 과거시제 선어말어미로 15세기에는 보이지 않던 형태소다. 완료상을 나타내는 '-어 잇-'이 근대국어에서 '-앗-'으로 발달했다는 것이 통설이다.
39) 민집: 민 서방 집 ☞ 민 서방은 순천 김씨의 여동생 남편인 閔麒瑞(민기서)를 가리킨다.
40) 여뜰: 여덟[八] ☞ '여듧'이 잘못 표기된 것으로 보인다.
41) 냥식: 냥씩 ☞ 냥(兩. 의.명.)+-식(접미사)
42) 는화라: 나누어라. 는호-[分]+-아라(명.어.).
43) 남편인 채무이(채무이)가 아내인 순천 김씨에게 보낸 편지이다.
44) 홍덕골: 지명(地名)으로 남편 채무이의 집이 있는 마을, 곧 순천 김씨가 살고 있는 곳이다.
45) 겨신고: 계신가? ☞ 겨시-+-ㄴ고(의.어.). (1) '겨시-'는 '잇-[存]'의 높임말이다. 부부간의 편지여서 높임 어휘가 쓰인 것이다. 그러나 종결어미를 근대국어에서 발달한 'ᄒᆞ소체' 의문형 어미로 보면, 약간 높임의 의미로 쓰인 것이다. (2) 15세기에 '-ㄴ고'는 설명의 간접 의문형 어미였다. 그러나 여기서는 근대국어 'ᄒᆞ소체'의 의문형어미인 '-ㄴ가/-ㄴ고'와 기능이 같다. (3) 『번역노걸대』에서 직접의문형어미가 기대되는 곳에서 간접의문형어미가 쓰인 경우가 많았는데 순천 김씨 묘 출토 간찰(이하 <순김>이라 함)에서도 같은 현상이 나타난다. 이는 이런 어미들이 근대국어의 'ᄒᆞ소체' 의문형어미로 발달되어 가는 과정을 보여주는 것으로 이해된다.
46) 분별ᄒᆞ뇌: 분별하네. 근심하네 ☞ 분별ᄒᆞ-+-뇌(←노이다). (1) 근대에 와서 중세의 '-더이다, -ᄂᆞ이다, - 노이다, -노소이다, 도소이다' 등에서 각각 '-다'가 탈락하고 음절이 줄어든 '-데, -ᄂᆡ, -뇌, -노쇠, -도쇠' 등이 나타났다. (2) 중세국어에서 '-이-'는 상대높임법 ᄒᆞ쇼셔체 표지였으나 근대국어에서는 그 기능을 잃었다. 이런 어미들은 근대국어의 'ᄒᆞ소체'의 성립과 관련된다.
47) 심심ᄒᆞᆫ: 심란(心亂)한
48) 겨소: 계시게 ☞ 겨(시)-+-소(ᄒᆞ소체 명.어.). (1) '-소'가 명령형어미이기는 하지만 여기서는 권유의 의미이다. 명령형어미는 'ᄒᆞ라'체에서 '지시'와 '시킴'의 의미가 있지만 그 이

ᄒᆞ여 가새50) 나는 됴히 완뇌마는51) 자내ᄅᆞᆯ52) 그리 셩티 몯ᄒᆞᆫ 거ᄉᆞᆯ 두고 와 이시니 ᄒᆞᄅᆞ도 ᄆᆞᄋᆞᆷ 편ᄒᆞᆫ 저기 업세 아ᄒᆡᄃᆞᆯ 졈53) 아ᄆᆞ려나 병 업시 ᄃᆞ려 잇소 수미54) 그ᄅᆞᆯ55) 더 몯 ᄀᆞᄅᆞ쳐도 그레56) ᄠᅳ들 닏디57) 아니ᄒᆞ게 믿그리나58) ᄆᆡ양 닐키소59) ᄆᆞᄅᆞᆫ60) ᄑᆞᆫ가61) ᄒᆞ뇌 지믄 오며 즉시 ᄒᆞ여 보내쟈 ᄒᆞ니 귿사니62) 병을 그저63) ᄒᆞ여 누엇다64) ᄒᆞ니 누ᄅᆞᆯ65) ᄒᆞ여 보낼고66) 허니67) 와 이

상의 화계에서는 '권유, 청원' 등으로 해석된다. (2) 근대국어에서 상대높임법은 'ᄒᆞ라, ᄒᆞ소, ᄒᆞ쇼셔'체로 재편된다. 16세기 중엽 이후 문헌에서 'ᄒᆞ소체'어미가 출현하였다. (3) <순김>에서는 'ᄒᆞ소체'가 많이 확인된다. '겨소, 가새, 업세, 잇소' 등

49) 완ᄂᆞ니: 왔으니 ☞ 오-+-안-(←-앗-. 과.어.)+-ᄂᆞ-+-니. (1) '완'은 '왓(→완)'에서 비음동화가 반영된 표기이다. (2) 중세국어의 완료상인 '-아 잇-'이 근대국어에서는 '앗'으로 발달하여 과거시제형태소로 기능을 한다. 16세기 중·말엽 문헌인 <순김>에서 과거시제선어말어미 '-앗-'이 광범위하게 확인된다. (3) 중세국어에서는 '-ᄂᆞ-'가 직설법 선어말어미로 현재시제를 나타냈으나 여기에서 '-ᄂᆞ-'는 시제의 기능보다는 서법형태소로서의 기능을 한다.

50) 가새: 가세. 가-+-새(청.어.) (1) '-새'는 중세국어 ᄒᆞ쇼셔체 청유형어미 '-사이다'에서 'ㆁ'과 '다'가 탈락하여 형성된 청유형어미이다.

51) 완뇌마는: 왔네마는, 왔지마는 ☞ 오-+-안-(←앗. 과.어.)+-뇌[←-노이(<-노이다). 'ᄒᆞ소체' 어미]+마는(보조사).

52) 자내ᄅᆞᆯ: 자네를, 당신을 ☞ 자내+ᄅᆞᆯ(목.조.). 2인칭 대명사. '너'보다는 약간 대우하는 표현으로 여기서는 남편이 아내를 지칭하고 있다. (1) 이 '자내'는 그 사용 범위가 넓어서 아내가 남편을 호칭할 때도 쓰였으며, 윗사람에게도 사용되었고, 손아랫사람이지만 함부로 하기 어려운 상대에게도 쓰였다. (2) 15세기에는 '너'의 약간 높임말에 '그듸/그ᄃᆡ'가 있었지만, '너'의 높임말인 인칭대명사 '자내'는 없었다. 15세기의 '자내'는 '몸소, 스스로'라는 뜻을 지닌 부사였다.

53) 졈: 좀.

54) 수미: 인명(人名). 순천 김씨 소생 아들로 추정.

55) 그ᄅᆞᆯ: 글을 ☞ 글[文]+ᄋᆞᆯ

56) 그레: 글의 ☞ 글+에

57) 닏디: 잊지 ☞ 닏-(←닞-, 忘)+-디(보.어.). 15세기라면 'ㅈ'받침이 'ㅅ'으로 표기되었을 것이나 16세기 말엽에는 음절말 'ㅅ'과 'ㄷ'이 중화되었기 때문에 'ㄷ'으로 표기되었다.

58) 믿그리나: 기본이되는 글, 바탕이 되는 글 ☞ 믿글(←밑[本]+글)+이나(보조사).

59) 닐키소: 읽히소, 읽히게 ☞ 닐키-[←닑-[讀]+-히-(사.접.)]+-소(ᄒᆞ소체 명.어.).

60) ᄆᆞᄅᆞᆫ: 말은 ☞ ᄆᆞᆯ[馬]+ᄋᆞᆫ(보조사).

61) ᄑᆞᆫ가: 팔았는가 ☞ ᄑᆞᆯ-[賣]+-ㄴ가(의.어.)

62) 귿사니: 인명(人名). 남자 종으로 추정 ☞ 귿사니: ←끝사니

시니 그ᄆᆞᆯ게[68] ᄇᆡ로[69] ᄒᆞ여 보내고져 ᄒᆞ니 그리 초다엿쇄ᄢᅴ야 갈 거시니 복기릐 ᄉᆡᆼ이ᄅᆞᆯ[70] ᄆᆞᆫ 미ᄎᆞᆯ가 욕ᄃᆡ[71] 서운ᄒᆞ여 ᄒᆞ뇌 보기ᄂᆞᆫ[72] ᄇᆡ쳔[73] 녀러온가 나모 뷔고[74] ᄎᆞᆨ시[75] 보내소 ᄇᆡ예 엿쇄예 와셔 열아ᄒᆞ랜날 음셩[76] 와 자니 ᄂᆡ일 지븨 들리로쇠[77] ᄇᆡ로ᄂᆞᆫ 필죵이ᄅᆞᆯ[78] 제[79] 가져 가거나 그리 몯ᄒᆞ여도 브경이[80] 수이 허소티[81] 아니케 보내라 ᄒᆞ연ᄂᆞ니[82] 녀나믄 이ᄅᆞᆫ 아ᄆᆞ려나 편히 겨소 내야 아니 됴히 ᄃᆞᆫ녀갈가 ᄌᆞ셕ᄃᆞ릐손ᄃᆡ[83] 다 됴히 오노라 니ᄅᆞ소

63) 그저: 아직까지
64) 누엇다: 누웠다 ☞ 눕-+-엇-(과.어.)+-다(평.어.). '눕-'이 'ㅂ-불규칙' 활용을 하는데 여기서는 'ㅂ'이 탈락되어 나타났다.
65) 누ᄅᆞᆯ: 누구를 ☞ 누(대)+ᄅᆞᆯ(목.조.). <누구를>
66) 보낼고: 보낼꼬? ☞ 보내-+-ㄹ고(의.어.).
67) 허니: '헌'은 인명(人名) ☞ 헌[人名]+-이(인.접.)+∅(주.조.)
68) 그ᄆᆞᆯ게: 그믐께(?) ☞ 그ᄆᆞᆯ+-게(←씌/ᄢᅴ). 문맥으로 보아 '그ᄆᆞᆯ'은 '그믐(그달의 마지막 날)'을 말하는 것으로 추정되나 분명하지 않다. 조항범(1998:258)에서는 '그ᄆᆞᆯ 게'로 끊어 읽어 '금'을 '물건의 값'으로, '게'는 '거기/그 사람'으로 해독하여 '값을 거기에 배로 하여'로 옮기고 있으나 재고의 여지가 있어 보인다.
69) ᄇᆡ로: 배[舟]로
70) 복기릐 ᄉᆡᆼ이ᄅᆞᆯ: 복길이의 생일을 ☞ 복길[人名]+ᄋᆡ(관.조.) ᄉᆡᆼ일(生日)+ᄋᆞᆯ
71) 욕ᄃᆡ: ? 아주(?)/많이(?)
72) 보기ᄂᆞᆫ: 복이는 ☞ 복[人名]+-이(인.접.)+ᄂᆞᆫ(보조사)
73) ᄇᆡ쳔: 지명으로 추정됨.
74) 뷔고: 베고 ☞ 뷔-[刈]+-고
75) ᄎᆞᆨ시: 즉시(?)
76) 음셩: 음성[地名]
77) 들리로쇠: 들를 것이네 ☞ 들-[入]+-리-(추측법)+-로-(←도. 감동법)+-쇠(ᄒᆞ소체 평.어.).
78) 필죵이ᄅᆞᆯ: 필종[人名]이를
79) 제: 자기가 ☞ 저(재귀대명사)+ㅣ(주.조.)
80) 브경이: 브경이 ☞ 브경[人名]+-이(인.접.)
81) 허소티: 허술하지, 허전하지 ☞ 허소+-ᄒᆞ+-디(보.어.). 허소(虛疎): 비어서 허술하거나 허전함
82) ᄒᆞ연ᄂᆞ니: 하였으니 ☞ ᄒᆞ-+-엿-(과.어.)+-ᄂᆞ-(직설법)+-니
83) ᄌᆞ셕ᄃᆞ릐손ᄃᆡ: 자식들에게 ☞ ᄌᆞ셕[子息]+-ᄃᆞᆯ(복.접.)+ᄋᆡ손ᄃᆡ(부.조.). (1) 'ᄋᆡ손ᄃᆡ'는 'ᄋᆡ(관.조.)#손ᄃᆡ(의.명.)'로 분석되나 <순김> 시기에는 부사격조사로 바뀐 것으로 보아 한 형태소로 분석하였다. 현대국어에서는 '에게'로 옮겨진다. (2) 복수접미사 '-ᄃᆞᆯ'의 원 형태는 '-ᄃᆞᇙ'이었으나 여기서는 'ㅎ'이 탈락한 형태로 나타난다.

마초와[84] 무밧 짓[85] 과쳔[86] 인ᄂᆞᆫ 죵이 음셩 와 갈싀 편지ᄒᆞ뇌 열아ᄒᆞ랜날

〈054〉[87] 슈ᄂᆡ[88] 어ᄆᆡ손ᄃᆡ[89] 답장

유무[90] 보고 됴히 이시니 깃게라[91] 나도 사라ᄂᆞᆫ 인노라 커니와 ᄀᆞᆯ 라리[92] 머니 견됼가 시브디 아니ᄒᆞ예라[93] 명겨니ᄂᆞᆫ[94] 저도 어엿브거니와[95] ᄉᆞ시ᄂᆞᆯ[96] 혜니[97] 제 어미 블샹히 된가 시베라 그리 다 하ᄂᆞᆯ히 그리 삼기니[98] 과그리[99] 사ᄅᆞ미 샹ᄒᆞ여 엇ᄶᅵᄒᆞ리[100] 우리도 디내오 잇거니ᄯᆞ나[101] 나도 올

---

84) 마초와: 마침

85) 무밧 짓: 무밭집 ☞ 무밧(←무밭)#짓(←집). 석보상절이나 월인석보, 두시언해 등에서도 '짓'이 '집'을 뜻하는 단어로 쓰인 예가 있다. '집'의 부사격형이 '지븨'여서 관형격형과 구분이 되지 않는 관계로 무성자음 아래임에도 불구하고 'ㅅ'을 관형격조사로 쓴 '짒'에서 'ㅂ'을 탈락시킨 형태가 아닌가 한다.

86) 과쳔: 지명(地名).

87) 아버지인 김훈이 출가한 딸인 순천 김씨에게 보낸 편지이다.

88) 슈ᄂᆡ: '슌'은 순천 김씨의 딸로 추정된다 ☞ 슌+ᄋᆡ(관.조.)

89) 어ᄆᆡ손ᄃᆡ: 어미에게 ☞ 어미+ᄋᆡ손ᄃᆡ(부.조.). 'ᄋᆡ손ᄃᆡ'에 대해서는 주(83) 참조

90) 유무: '편지'의 옛말

91) 깃게라: 기쁘구나 ☞ 깄-+-에라(감.어.)

92) ᄀᆞᆯ 라리: 갈 날이 ☞ ᄀᆞ-(←가-. 去)+-ㄹ(관.전.) 랄(←날. 日)+이(주.조.). (1) 'ᄀᆞᆯ 나리'가 하나의 기식군을 이루면서 유음화가 적용된 예이다. (2) 어두에서 '아'가 'ᄋᆞ'로 표기되어 <순김> 시기에 어두에서도 'ᄋᆞ'의 비음운화가 진행되고 있음을 보여준다. 대체로 어두에서 'ᄋᆞ'의 비음운화는 18세기 중엽에 완성된 것으로 본다.

93) 아니ᄒᆞ예라: 아니하구나 ☞ 아니ᄒᆞ-+-예라(감.어.).

94) 명겨니ᄂᆞᆫ: 명견[人名]이는

95) 어엿브거니와: 가엾거니와 ☞ 어엿브-+-거니와

96) ᄉᆞ시ᄂᆞᆯ: 주검을(?) ☞ ᄉᆞ신(死身 ?)+-ᄋᆞᆯ

97) 혜니: 헤아리니, 생각하니 ☞ 혜-+-니

98) 삼기니: 생기게 하니, 태어나니, 만드니 ☞ 삼기-(>생기-)+-니

99) 과그리: 갑자기, 문득 ☞ 과글이

100) 엇ᄶᅵᄒᆞ리: 어찌하리 ☞ 엇ᄶᅵᄒᆞ-(←엇디ᄒᆞ-<엇뎨ᄒᆞ-)+-리-(반말체 의.어.). '-리'는 ᄒᆞ소체 평서형과 의문형어미로 쓰였다. 여기서는 발신인과 수신인의 신분의 차이를 고려하면 반말체 의문형어미로 쓰인 것이다. 근대국어에서 ᄒᆞᄅᆞ체 의문형어미는 '-리오', ᄒᆞ소체 의문형어미는 '-리'였다.

ᄒᆞᆫ[102] 긔오니 사오나오니 셔올 가 다시 너ᄒᆡ[103] 볼가 시브디 아니ᄒᆞ예라 ᄯᅩ 수미ᄂᆞᆫ 엇ᄯᅵ 기ᄂᆞᆯ고[104] ᄆᆞᄋᆞ미 더옥 놀라왜라 심심코 오ᄂᆞᆯ 여그로[105] 가노라 바차[106] 이만 七月 初九日 父(수결)

이 유무 느쇠[107] 가노라 ᄒᆡ여ᄂᆞᆯ 가시며 서[108] 주고 간 유뮈오 우리ᄂᆞᆫ 갈 제 스려[109] 아니 섯더니[110] 이 노미 하 블의예[111] 디나가니 나ᄂᆞᆫ □□□ 몯ᄒᆞ노라 영그미[112] 갈 거시니 스므날 나ᄂᆞ니라[113] 슈뎡이도 아니 왓다 오더라 호ᄃᆡ

〈055〉[114] 싱워ᄂᆡ손ᄃᆡ[115]

가멱[116] 올 제 온 유무 보고 됴히 이시니 어ᄆᆡ[117] 깃브미로다[118] 우리도

101) 잇거니ᄯᆞ나: 있지마는
102) 올ᄒᆞᆫ: 올해는 ☞ 올ㅎ[今年]+ᄋᆞᆫ
103) 너ᄒᆡ: 너희 ☞ '너희'가 기대되나 '너ᄒᆡ'로 나타났다. 비어두음절에서 'ᆞ > 으'의 변화에 따라 이 위치에서 'ᆞ'와 '으'의 대립이 없어졌기 때문에 나타난 표기다.
104) 기ᄂᆞᆯ고: 기를꼬? ☞ 기ᄅᆞᆯ고(?)→기ᄂᆞᆯ고. 기ᄅᆞ-+-ㄹ고(의.어.). 'ㄹㄹ'만 'ㄹㄴ'으로 표기된 것이 아니라 모음 뒤 'ㄹ'도 'ㄴ'으로 표기되고 있다.
105) 여그로: 역으로 ☞ 역(驛)+으로.
106) 바차: 바빠 ☞ 바ᄎᆞ-+-아
107) 느쇠: 인명(人名)
108) 가시며 서: 가시면서 써 ☞ 가-+-시-+-며 스-[書]+-어. 조항범(1998:279)에서는 '가시며서'로 판독하고 있다.
109) 스려: 쓰려
110) 섯더니: 썼더니. ☞ 스-[書]+-엇-(과.어.)+-더-(회상법)+-니(종.어.)
111) 블의예: 갑자기. 블의(不意)+예
112) 영그미: 영금[人名]이가
113) 나ᄂᆞ니라: 나간다 ☞ 나-[出]+-ᄂᆞ-+-니라
114) 신천 강씨(어머니)가 아들인 김여물에게 보낸 편지이다. 김여물은 신천 강씨의 둘째 아들로 명종 25년(1567)에 생원이 되었다. 김여물과 순천 김씨는 남매간이다.
115) 싱워ᄂᆡ손대: 생원에게. ☞ 싱원(生員)+ᄋᆡ손대(부.조.). 'ᄋᆡ손대'는 'ᄋᆡ(관.조.)+손ᄃᆡ(의.명.)'로 분석되나 현대어에서는 부사격조사 '에게'로 옮겨진다. 주(83) 참조.
116) 가멱: 감역관(監役官). 조선 시대에, 선공감에서 토목이나 건축 공사를 감독하던 종구품의

무ᄉᆞ히 잇거니와 가문119) 이른 ᄀᆞ이업ᄉᆞ니120) 늘그니 오래 사라 쁠 ᄃᆡ 업ᄉᆞ니 이제 죽고져 식베라121) 다믄 됴히 됴히 잇거라 가며기셔122) 가숨 알패라123) ᄒᆞ더라 ᄒᆞ니 이제는 엇더니124) 가숨 샹홀셰라125) 너롤 미더 ᄇᆞ라노라 올ᄒᆞ로126) 너롤 몯 볼 거시니 ᄆᆡ양 그리는 줄 모ᄅᆞ는다127) 학개128)는 ᄒᆞ다 몯ᄒᆡ여 몯 이긔여 호바ᄂᆡ129) 내여 노하도 어버ᅀᅵ ᄠᅳ디 아니니 애ᄃᆞ노라130) 너희 형뎨는 일죵 어버ᅀᅴ131) ᄠᅳ돌 바돌가 ᄒᆡ여 미더 인노라 글ᄌᆡ나132) ᄒᆞ는 ᄌᆞ시글 믿다니133) 네 엇디 그리 ᄆᆞ숨 먹는다134) 가멱 사괴기롤 ᄂᆞᆷ 녜로135)

벼슬. 또는 그런 벼슬아치.

117) 어미: 어미의 ☞ 어미+ᄋᆡ(관.조.)

118) 깃브미로다: 기쁨이로구나 ☞ 깃-(←긼-)+-브-(형.접.)+-ㅁ(명.접.)+이-(서.조.)+-로-(←도. 감동법)+-다(평.어.).

119) 가문(家門): 가문/집안

120) ᄀᆞ이업ᄉᆞ니: 형편없다, 어찌할 도리가 없다 ☞ ᄀᆞ이없-(<ᄀᆞᇫ없-~ᄀᆞ없-)+-ᄋᆞ니. 'ᄀᆞ이없다'의 원래의 의미는 '한없다, 끝이 없다'이지만 여기서는 '형편없다, 안타깝다' 등의 의미로 쓰였다.

121) 식베라: 싶구나 ☞ 식브-(보.용.)+-에라(감.어.)

122) 가며기셔: 감역관이 ☞ 감역(監役)+-이(인.접.)+셔(주.조.). '셔'는 여기서 주격조사로 쓰였다. 현대국어에서 '서'가 주격조사로 쓰일 때는 인수(人數)를 나타내는 말에 쓰인다. (예. 셋이서 길을 간다.) 만일 '이'를 주격조사로 보면 '서'는 보조사이다.

123) 알패라: 아프구나 ☞ 알ᄑᆞ-/알프-+-애라(감.어.). 직접인용 되었다.

124) 엇더니: 어떠한지/어떠하느냐? ☞ 엇더-(←엇더ᄒᆞ-)+-니(반말체 의.어.).

125) 샹홀셰라: 상할까 두렵다, 상하지 않도록 주의하라 ☞ 샹ᄒᆞ(傷-)-+-오-+-ㄹ셰라(경계명.어.)

126) 올ᄒᆞ로: 올해로 ☞ 올ᄒᆞ[今年]+ᄋᆞ로

127) 모ᄅᆞ는다: (너는) 모르느냐? ☞ 모ᄅᆞ-[不知]+-ᄂᆞ-+-ㄴ다(2인칭 의.어.)

128) 학개: 人名. 순천 김씨의 남동생으로 추정.

129) 호바ᄂᆡ: 무반(武班)에 ☞ 호반(虎班)+ᄋᆡ

130) 애ᄃᆞ노라: 애달파한다 ☞ 애ᄃᆞᆯ-+-ᄂᆞ-+오(인칭활용)+-라(←다).

131) 어버ᅀᅴ: 어버이의 ☞ 어버ᅀᅵ(<어버ᅀᅵ←어비[父]+어ᅀᅵ[母])+의(관.조.). 앞에서는 '아버ᅀᅵ'로도 나타났다.

132) 글ᄌᆡ나: 글자나/글이나 ☞ 글ᄌᆞ+ㅣ나(보조사)

133) 믿다니: (내가) 믿었더니 ☞ 믿-+-다-[←-더-(회상법.)+-오-(인칭활용)]+-니(종.어.).

134) 먹는다: 먹느냐 ☞ 먹-+-ᄂᆞ-+-ㄴ다(2인칭 의.어.)

135) ᄂᆞᆷ 녜로: 남이 하는 것처럼, 남이 하는 식대로 ☞ ᄂᆞᆷ[他人] 녜(例)+로.

녜ᄉᆞ로136) ᄉᆞ초니어니137) 홀거시디 그녀ᄂᆡ게138) 혹히여 온 사ᄅᆞᆷ마다 무ᄅᆞ니 늘의쏠139) 가 보라 보라 ᄒᆞ고 네140) 실로 네141) 댱형으란142) ᄆᆞ슴매 먹댜 녀143) ᄃᆞᆫ니모로144) 올 제 네 댱형도 젼송145)을 문밧긔 나와 아니ᄒᆞ고 일 란146) 나와 니ᄅᆞ니 젼송ᄒᆞ고 그거ᄉᆡ147) ᄒᆞᆫ 당애148) 드러 ᄃᆞᆫ니고 어버이 동ᄉᆡᆼ ᄋᆡ 마롤 아니 드ᄅᆞ니 유무도 이제ᄂᆞᆫ 아니호리라149) 네 아바님도 유무 아니타 고150) 유무 아니시니151) 나도 아니ᄒᆞ면 내 ᄠᅳᄃᆞᆫ ᄌᆞ시기 지극 셜이152) 너길가 이버ᄂᆞᆫ ᄒᆞ노라 혀여153) 보와라154) 부뫼 다 늘그니 어ᄂᆡ 시저릐 주글 주롤 알 것고155) 네 나놀 니별ᄒᆞ먀156) 혼 이리 잇거든 이리코 내 너놀 다시 몯 보고

136) 녜ᄉᆞ로: 예사로, 예사롭게 ☞ 녜사(例事)+로
137) ᄉᆞ초니어니: 사촌이니 ☞ ᄉᆞ촌(四寸)+이-(서.조.)+-어니(← -거니)
138) 그녀ᄂᆡ게: 그년에게 ☞ 그년+ᄋᆡ게. '년'은 여자를 낮춰 이르는 말이다.
139) 늘의쏠: 마을 이름으로 보임.
140) 네: 네가 ☞ 너+ㅣ(주.조.)
141) 네: 너의 ☞ 너+ㅣ(관.조.)
142) 댱형으란: 큰형은 ☞ 댱형(長兄)+으란(지적 보조사). 댱형 > 쟝형 > 장형. ㄷ-구개음화는 대체로 17세기와 18세기 교체기에 일어났다.
143) 먹댜녀: 먹지 아니하여 ☞ 먹-+-디#아니ᄒᆞ-+-여. 'ᄒᆞ'가 탈락하고 줄어든 어형이다.
144) ᄃᆞᆫ니모로: 다니므로 ☞ ᄃᆞᆫ니-+-ㅁ(명.전.)+오로(← ᄋᆞ로). 'ㅁ' 아래서 'ᄋᆞ'가 '오'로 원순모음화했다.
145) 젼송: ㉠ 젼송(傳送: 전하여 보냄) ㉡ 젼송(餞送: 떠나는 사람을 배웅하여 보냄). 조항범(1998:286)에서는 ㉠의 의미로 보았으나 ㉡의 의미로 보는 것이 더 나을 듯하다.
146) 일란: 일은 ☞ 일[事]+란(지적의 보조사)
147) 그거ᄉᆡ: 그것의 ☞ 그것+ᄋᆡ(관.조.)
148) 당애: 집에, 대청에 ☞ 당(堂)+애(부.조.)
149) 아니호리라: 아니할 것이다 ☞ 아니ᄒᆞ-+-오-(인칭활용)+-리-(추측법)+-라(← 다). 여기서 '리'는 미래시제보다는 '의도' 또는 '의지'를 나타낸다.
150) 아니타고: 아니한다고 ☞ 아니ᄒᆞ-+-다고
151) 아니시니: 아니하시니 ☞ 아니ᄒᆞ-+-시-+-니
152) 셜이: 서럽게 ☞ 셟-+-이 > 셜ᄫᅵ > 셜이. 현대국어에서 '서럽다/섧다'는 복수표준어이고, 둘 다 'ㅂ-불규칙활용'을 한다.
153) 혀여: 헤아려 ☞ 혀-(← 혜-)+-여(← -어).
154) 보와라: 보아라 ☞ 보-+-아라(ᄒᆞ라체 명.어.). '아라 → 와라'는 'w-첨가' 현상
155) 어ᄂᆡ~것고: 어느 시절에 죽을 줄을 알겠느냐? ☞ 의문보조사 '고'에 의한 체언의문문이다. 설명의문문.

주글 주ᄅᆞᆯ 엇디 아ᄂᆞᆫ다 스며[157] 술하[158] 울고 스노라 미ᄃᆞᆫ ᄌᆞ시기 내 마ᄅᆞᆯ 아니 드ᄅᆞ니 무디ᄒᆞᆫ[159] 학개야 ᄀᆞᄅᆞ칠 ᄠᅳ디 업세라[160] 닐올 마리 무진ᄒᆞ니 엇디 다 스리 이만 보고 내 ᄠᅳ들 알 거시라 거시라 그몸날 그리오ᄆᆞᆫ ᄀᆞ이업다 너ᄅᆞᆯ 하 닛디 몯ᄒᆞ고 그리워 보셔ᄂᆞᆯ[161] 손소 기워 보내려 두고 네 형 보내노라 ᄆᆞᅀᆞ미 심심ᄒᆞ니 몯ᄒᆞ고 네 아ᄃᆞ리게도 오술 지그미 몯히여 보내니 내 정시ᄅᆞᆯ[162] 알 이리라 얼구ᄅᆞᆫ[163] 잇고 정시ᄂᆞᆫ 간 ᄃᆡ 업세라 업세라

〈061〉[164] 채셔방 집

유무 보고 됴히 이시니 깃게라 나도 됴히 듕[165] 도여 인노라 이 벼슬 다ᄒᆞ면 뎔로[166] 가리라 혼자 겻거[167] 나시니 민셔방[168] 안해ᄂᆞᆫ ᄇᆞ리더니 ᄯᅩ 엇ᄶᅵ ᄃᆞ려가ᄂᆞ니[169] 나ᄂᆞᆫ 이리셔[170] 그 벼ᄂᆞᆯ 건 동 만 동[171] 드ᄅᆞ니 아ᄆᆞ란[172] 줄

---

156) 니별ᄒᆞ마: 이별하마 ☞ 니별ᄒᆞ-+-마(약속의 평.어.)
157) 스며: 쓰며 ☞ 스-[書]+-며
158) 술하: ? ☞ '술하디다[쓰러지다]'의 '술하'와 관련성이 있지 않을까 한다. 조항범(1989: 286)에서는 'ᄉᆞᆲ-[白]'과의 관련성을 추정하고 있다.
159) 무디한: 무지(無知)한
160) 업세라: 없구나 ☞ 없-+-에라(감.어.)
161) 보셔ᄂᆞᆯ: 버선을 ☞ 보션+ᄋᆞᆯ. '보션 > 버선' 순음 아래에서 비원순화가 실현되었다.
162) 정시ᄅᆞᆯ: 정신을 ☞ 정신+ᄋᆞᆯ → 정시ᄂᆞᆯ → 정시ᄅᆞᆯ
163) 얼구ᄅᆞᆫ: 형체는, 몸은 ☞ 얼굴[形體/形狀]+ᄋᆞᆫ. 중세국어에서 '얼굴'은 '형체(形體)'를 뜻했으나 현대국어에서는 '안면(顔面)'만을 뜻하므로, 의미변화 중 의미축소에 해당한다.
164) 김훈(아버지)이 딸인 순천 김씨에게 쓴 편지이다. 김훈은 만년(晩年)에 출가하여 승려(僧侶)가 된 듯하다.
165) 듕: 중[比丘]. ☞ 15세기에 '즁'이었으므로 여기의 형태 '듕'은 'ㄷ-구개음화'의 과도교정형이다. (1) 과도교정형이 출현한다는 것은 공시적으로 'ㄷ-구개음화'가 상당히 활발히 일어나고 있었음을 방증한다고 할 수 있다. (2) 중세국어에서 '즁'은 남자중인 '비구(比丘)'를, '숭'은 여자중인 '비구니(比丘尼)'를 뜻하였다.
166) 뎔로: 절로 ☞ 뎔[寺]+로
167) 겻거: 겪어(?) ☞ 겻-+어.
168) 민셔방: 김훈의 사위인 '민기서'를 이른다.
169) ᄃᆞ려가ᄂᆞ니: 데려가? ☞ ᄃᆞ려가-+ᄂᆞ+니(반말체 의.어.)

모ᄅᆞ리로다 민셔방 제 할마님 싱이레 ᄲᆞᆯ 것 보내라 ᄒᆞ니 보낼 거시사[173] 아니 어ᄃᆞ랴 커니와 아기네 ᄃᆞᆫ디노라[174] 죵ᄆᆡ[175] 하 ᄃᆞᆫ디니 내 ᄆᆞᄉᆞᆷ 먹ᄂᆞᆫ ᄠᅳᆮ과 이리[176] 다ᄅᆞ니 지극 심심ᄒᆞ예라 ᄒᆞ다가 몯ᄒᆞ여 사ᄅᆞᆷ 보내노라 어버이 되여 어렵다 믜오니도[177] 믜디 몯ᄒᆞ니 우숩다 우숩다 믈갑[178] 브죡ᄒᆞ예라[179] 홀식 ᄯᅩ 너 머글 건티[180] 둘ᄒᆞ고[181] 반 필 보내다니[182] ᄎᆞᄌᆞᆫ다[183] 너 사ᄅᆞᆷ ᄒᆞ예나[184] 보내여라 ᄯᅩ ᄡᅵ 아ᄉᆞᆫ[185] 면화 너희과[186] 민셔방 집과 슈오긔 지븨 얼[187] ᄀᆞ술히 동져고리 두어[188] 닙게 ᄡᅵ 아ᄉᆞ니 각각 여ᄃᆞᆲ[189] 냥식 보내요ᄃᆡ 네게ᄂᆞᆫ ᄒᆞᆫ 여ᄃᆞᆲ 냥이 더 가ᄂᆞ니라 수미나 슈니나 치온 아희 몬져 두어 니피

---

170) 이리셔: 여기서
171) 건 동 만 동: 대충대충. ☞ 여기서 '동'은 의존명사로, '무슨 일을 하는 듯도 하고 하지 않은 듯도 함'을 나타낸다.
172) 아ᄆᆞ란: 아무런, 어떤 ☞ 아ᄆᆞ라ᄒᆞ-+-ㄴ → ᄋᆞᄆᆞ란. 'ᄒᆞ'가 탈락하고 줄어들었다.
173) 거시사: 것이야 ☞ 것+이사(특수의 보조사)
174) ᄃᆞᆫ디노라: 다니느라 ☞ ᄃᆞᆮ디노라← ᄃᆞᆫ니노라[ᄃᆞᆫ니-(← ᄃᆞᆮ니-)+-ᄂᆞ-+-오-+-라(← 다)]
175) 죵ᄆᆡ: 종마가 ☞ 죵ᄆᆞ+ㅣ(주.조.)
176) 이리: 이렇게
177) 믜오니도: 미운사람도 ☞ 믭-+-은#이(의.명.)+도 > 믜ᄫᅳ니도 > 믜오니도
178) 믈갑: 물감 들이는 값. 중세국어에서 '믈'은 '수(水)'의 뜻을 지니는 것과 '염(染)'의 뜻을 지니는 것이 있었다. 여기서는 후자로 쓰였다.
179) 브족ᄒᆞ예라: 부족하구나 ☞ 브족ᄒᆞ-+-예라(← 에라. 감.어.). 'ᄒᆞ-'가 '야-불규칙'이기 때문에 감탄형어미 '-에라'가 '-예라'로 나타났다.
180) 건티(乾雉): 말린 꿩고기. 신부가 시부모에게 올리는 폐백의 하나.
181) 둘ᄒᆞ고: 둘과 ☞ 둘(수)+ᄒᆞ고(접.조.)
182) 보내다니: 보냈는데 ☞ 보내-+-다-[← -더-(회상법)+-오-(인칭활용)]+-니(종.어.)
183) ᄎᆞᄌᆞᆫ다: 찾았느냐? ☞ ᄎᆞᆽ-+-(ᄋᆞ)ㄴ다(2인칭 의.어.)
184) 너 사ᄅᆞᆷ ᄒᆞ예나: 네 사람 하거나(?)
185) ᄡᅵ 아ᄉᆞᆫ: 씨를 뺀 ☞ ᄡᅵ 앗-+-ᄋᆞᆫ
186) 너희과: 너희와 ☞ 중세국어에서 접속조사 '과'는 'y' 뒤에서 '와'로 교체하였는데, 여기서는 '과'로 나타났다. 그리고 나열되는 마지막 체언에까지 접속조사가 연결되었으나 여기서는 나타나지 않고 있다.
187) 얼: 올, 올해
188) 두어: 솜이나 털 따위를 펴 넣어
189) 여ᄃᆞᆲ: 여덟. ☞ '여듧'이 '여ᄃᆞᆲ'으로 표기된 것은 발음과 관계된다.

라 죠죠ᄒᆞᆫ[190] 이린ᄃᆞᆯ 니ᄌᆞ랴마ᄂᆞᆫ 길 멀고 현마 ᄉᆞ나ᄒᆡ 효근 이ᄂᆞᆯ사[191] ᄒᆞ랴 병 외예 됴히 이시면 ᄂᆞᆫ년[192] 칠워ᄅᆞᆫ 보리로다 아ᄃᆞᆯ 다 나ᄒᆞ니 지극 깃게라 깃게라 어늬 아니 귀ᄒᆞ리만ᄂᆞᆫ 민셔방 지비 더 긔특ᄒᆞ여 ᄒᆞ노라 이만 민셔방 지븨 ᄡᆞᆯ 두 말 ᄭᅮ이고[193] 고양의 소츌로 광희손ᄃᆡ 디히[194] 달라 ᄒᆞ여 네 ᄲᅧ라 그리ᄒᆞ라 민가의 유무ᄒᆞ노라 九 卄七日 父

〈068〉[195] **아기내손ᄃᆡ 쳠장[196]**

요ᄉᆞ이 긔별 몰라타니[197] 감지 귀보기[198] 오나ᄂᆞᆯ 몸ᄃᆞᄅᆞᆫ[199] 무ᄉᆞᄒᆞ니 지극 지극 깃브거니와 명겨ᄂᆡ[200] 이ᄅᆞᆫ 아마타[201] 업세라 그리 ᄃᆞᆫᄃᆞᆫ턴[202] ᄌᆞ시글 그리 밍ᄀᆞ니 ᄉᆞᄉᆞ[203] 그 ᄌᆞ시긔 이ᄅᆞᆯ ᄌᆞ시 긔벼ᄅᆞᆯ 드ᄅᆞ니 내 안히[204] 셜오나마나[205] 제[206] 죽고라쟈 식베라[207] ᄯᆞᆯᄌᆞ식 난ᄂᆞᆫ[208] 사ᄅᆞ미 이런 슈요

190) 죠죠ᄒᆞᆫ: ?
191) 효근 이ᄂᆞᆯ사: 작은 일이야 ☞ 효근[小] 일+ᄋᆞᆯ+사(<ᅀᅡ. 특수의 보조사)
192) ᄂᆞᆫ년: 내년 ☞ ᄂᆞᆫ년←ᄂᆡ년.
193) ᄭᅮ이고: 꾸게 하고 ☞ ᄭᅮ이-[←ᄭᅮ-+-이-(사.접.)]+-고
194) 디히: 소금에 절인 채소, 김치
195) 조항범(1998)에서는 시아버지가 며느리에게로, 황문환(2002)에서는 아버지가 딸에게로 보내는 편지로 보고 있다.
196) 쳠장(添狀): 첨부하는 편지.
197) 몰라타니: 몰라 하였더니 ☞ 모ᄅᆞ-+-아#ᄒᆞ-+-다-[-더-(회상법)+-오-(인칭활용)]+-니.
198) 감지 귀보기: '감지, 귀복'은 인명(人名).
199) 몸ᄃᆞᄅᆞᆫ: 몸들은 ☞ 몸+-ᄃᆞᆯ(←-ᄃᆞᆯㅎ. 보조사). (1) 복수접미사 '-ᄃᆞᇙ'에서 종성 'ㅎ'이 탈락하여 나타났다. (2) 여기서 '-들'은 복수접미사로 쓰였다기보다는 생략된 주어가 복수임(여기서는 가족들)을 나타내는 보조사로 쓰였다. 15세기에 복수접미사 '-들ㅎ'에는 이런 기능이 없었다.
200) 명겨ᄂᆡ: 명견의 ☞ 명견[人名]+ᄋᆡ
201) 아마타 업세라: 어떻다 할 수 없구나 ☞ 아ᄆᆞ랗다 없-+-에라(감.어.).
202) ᄃᆞᆫᄃᆞᆫ턴: 튼튼하던 ☞ ᄃᆞᆫᄃᆞᆫᄒᆞ-+-더-+-ㄴ
203) ᄉᆞᄉᆞ(私事): 사사로운
204) 안히: 마음이 ☞ 안ㅎ+이(주.조.)
205) 셜오나마나: 서럽든지 말든지, 서럽든지간에 ☞ 셟-+-(ᄋᆞ)나마나.

기[209] 어듸 이시리[210] 애드라 속져리랴[211] 이개[212] 만장도[213] 가지며 느쇠[214] 졔[215] 일로 가려터니 몬 가 이[216] 간ᄂᆞ니 눈싱[217] 현마도 뎡금[218] 디라 코[219] 가ᄂᆞ니라 이개 만장을 아ᄌᆞ바님끠나 의론ᄒᆡ여셔 ᄒᆞ게 맛디게[220] ᄒᆡ여라 무명 두 필 조차다가[221] 주고 ᄇᆞ티라 ᄒᆞ신다 귀보기는 와셔도 여긔 보리[222] 젹고 짐 홀 거순 업거니와 아ᄆᆞ려나 여나믄[223] 말 거시나 어더 보내고 두 ᄌᆞ시기 큰 이롤 디내게 되고 민셔방 안해는 주건눈가도[224] 너겨 ᄆᆡ양 셜오니 나 몬 가고 하 버뇌 몬 ᄲᅳ러[225] 영그미롤 스므날 예셔 내여 보내여 두 짓[226] ᄌᆞ식 나히고[227] 오라 ᄒᆞ노라 그 홈믜[228] 귀보기 민사니[229] 제 짓 안부

206) 졔: 스스로
207) 죽고라쟈 식베라: 죽고 싶구나, 죽고자 싶구나 ☞ 죽-+-고라쟈(의도 종.어.)+-아(보.어.) 식브-(보.용.)+-에라(감.어.)
208) 난는: 낳은 ☞ 낳-+-는 → 낟는 → 난는
209) 슈요기: 모욕을 당함이 ☞ 슈욕(受辱)+이
210) 이시리: 있으리오? ☞ 이시-+-리(반말체 의.어.)
211) 속져리랴: 어쩔 도리가 있겠느냐? ☞ 속졀+이-(서.조.)+-랴(의.어.)
212) 이개: 인명(人名)으로 보임
213) 만장(輓章): 죽은 사람을 애도하여 지은 글을 천이나 종이에 적어 깃발처럼 만든 것. 장사를 지낼 때 상여 뒤에 들고 간다.
214) 느쇠: 인명(人名)
215) 졔(祭): 제사
216) 이: 이 사람이
217) 눈싱: ?
218) 뎡금: ?
219) 디라 코: 찧으라 하고 ☞ 딯-+-라#ᄒᆞ-+-고.
220) 맛디게: 맡기게 ☞ 맛디-[←맜-+-이-(사.접.)]+-게
221) 조차다가: 겸하다가/겸하여서 ☞ 좇-+-아다가
222) 보리: 볼 것 ☞ 보-+ㄹ(관.전.)#이(의.명.)
223) 여나믄: 여남은 ☞ 여나믄 > 여나믄
224) 주건눈가도: 죽었는가도 ☞ 죽-+-언-(←엇. 과.어.)+-눈가(간접 의.어.)+도(보조사).
225) 버뇌 몬 ᄲᅳ러: 번뇌 못 쓸어버려
226) 짓: 집[家] ☞ 주(85) 참조.
227) 나히고: 낳게 하고 ☞ 나히-[←낳-+-이-(사.접.)]+-고
228) 홈믜: 함께 ☞ 혼ᄢᅴ>(홈ᄢᅴ)>홈믜. (1) 'ㄴ'이 후행하는 'ㅂ'의 조음위치에 동화되어 'ㅁ'으로 바뀐 뒤에 'ㅁ'과 'ㅂ'의 조음위치가 중복되어 'ㅂ'이 탈락하였다. (2) 이런 변

알라[230] 다 가ᄂᆞ니라 민셔방 안해란[231] ᄉᆡ지비 안ᄌᆨ[232] 보내디 마오[233] 이ᄃᆞᆯ ᄂᆡ워리나[234] 게[235] 두어ᄃᆞᆫ 겨지비 ᄒᆞᆫ ᄃᆞ리 엇마ᄂᆞᆯ[236] 머그리 ᄌᆞ식 나ᄒᆞᆯ더디나[237] 간ᄉᆞ히여라[238] 슈뎡이ᄂᆞᆫ 아니 왓다 ᄯᅩ 슈오긔 아ᄇᆡ 유무 보고 내너 향ᄒᆡ여 버뇌 몯 ᄡᅳᆯ기 ᄯᆞᆯᄌᆞ식ᄀᆞ티 먹ᄂᆞᆫ 졍을 모ᄅᆞ니 네 어미 갈 제 ᄉᆞ실호마[239] ᄉᆞ이예 마리나 유뮈ᄅᆞᆯ 스이나[240] 어버의 ᄠᅳ디 그러ᄒᆞ랴 이 노미 밧비 가니 싱슝샹시[241] 가ᄂᆞ니라 모다 보고 ᄌᆞ시ᄌᆞ시 이개 만장 영ᄒᆡ여ᄉᆞ라[242] 저만 맛디면 도도와[243] 도모[244] 아닌ᄂᆞ다[245] ᄒᆞᆫ다 디나가며 가니 ᄌᆞ시 몯ᄒᆞ노라 몯ᄒᆞ노라 칠월 열사ᄒᆞᆫ날

화는 ‘ㅂ’이 발음되었기 때문에 가능한 변화이다. 만일 ‘ㅄ’이 자음군이 아니고 ‘ㄱ’의 된소리였다면 이런 변화는 일어날 수 없다.

229) 귀보기 민사니: ‘귀복, 민산’은 인명(人名).

230) 제 짓 안부 알라: 자기 집 안부 알려 ☞ 짓: 집, 알라: 알-+-라(목적의 종.어.)

231) 안해란: 아내는/아낼랑은 ☞ 안해+란(지적의 보조사)

232) 안ᄌᆨ: 아직

233) 마오: 말고 ☞ 말-+-고(대.어.) → 말오 → 마오.

234) ᄂᆡ워리나: 다음 달이나 ☞ ᄂᆡ월(來月)+이나(보조사)

235) 게: 거기에

236) 엇마ᄂᆞᆯ: 얼마를 ☞ 엇마(←언마)+ᄂᆞᆯ(←ᄅᆞᆯ). 모음 뒤에서 목적격조사 ‘ᄅᆞᆯ’이 ‘ᄂᆞᆯ’로 표기되었다.

237) 더디나: 동안이나 ☞ 덛+이나(보조사). ‘덛’은 ‘얼마 안 되는 퍽 짧은 시간’을 뜻한다.

238) 간ᄉᆞ히여라: 건사하여라, 돌보아라 ☞ 간ᄉᆞ히-(←건사ᄒᆞ-)+여라. ‘간ᄉᆞ히-’는 ‘건ᄉᆞᄒᆞ-’의 잘못으로 보이고, ‘히’는 사동의 형태이나 사동의 의미는 없다.

239) ᄉᆞ실호마: 사연을 말하마 ☞ ᄉᆞ실(事實)#ᄒᆞ-+-오-(인칭활용)+-마(약속 평.어.).

240) 스이나: 쓰게 하나 ☞ 스이-[←스-[書]+-이-(사.접.)]+-나(대.어.)

241) 싱슝샹시: 싱숭생숭. 마음이 들떠서 어수선하고 갈피를 잡을 수 없이 갈팡질팡하는 모양.

242) 영ᄒᆡ여ᄉᆞ라: 명령하여라/명령하자꾸나/ ☞ 영(令)히-+-여ᄉᆞ라(명.어./청.어.). ‘-여ᄉᆞ라’의 처리가 어렵다. 문맥상으로는 명령형어미가 와야 할 자리이나 형태상으로는 청유형어미로도 보인다.

243) 도도와: 돋우어 ☞ 도도-+-와(←-아)

244) 도모: ?

245) 아닌ᄂᆞ다: 아니한다 ☞ 아닌-(←아니ᄒᆞ-)+-ᄂᆞ-+-다.

〈072〉[246] 지븨

자내 좋ᄀᆡ도 아ᄆᆞ라ᄒᆞᆫ 줄 모ᄅᆞ고 나도 수이 가고져 ᄒᆞ여 보기ᄅᆞᆯ 기두리다가 몯ᄒᆞ니 먼 ᄃᆡ 연고는 아ᄆᆞ라ᄒᆞᆫ 줄 모ᄅᆞ거니와 하 슈샹ᄒᆞ니 기두리다가 몯ᄒᆞ여 ᄀᆞ장 심심ᄒᆞ여 ᄒᆞ뇌[247] ᄂᆞᆷᄀᆞ티 누ᄀᆞᆨ디[248] 몯ᄒᆞ여 셩[249]이 급ᄒᆞ니 죠고만 일도 ᄂᆞᆷ두곤[250] 비히[251] 심심ᄒᆞ여[252] ᄒᆞᄂᆞᆫ 내니[253] 이러 구러도[254] 병이 들가 ᄒᆞ뇌 보기옷[255] 수이 오면 아ᄆᆞ려나 알셩[256] 미처[257] 가고져 ᄒᆞ뇌마ᄂᆞᆫ 주근 동 산 동[258] ᄀᆡ벼ᄅᆞᆯ 모ᄅᆞ니 가미[259] 쉬올가[260] 언마ᄅᆞᆯ[261] 살 인싱이라 이리도록 글탈ᄂᆞᆫ고[262] 이만ᄒᆞᆫ 팔ᄌᆡ면 므스므러[263] 쳐ᄌᆞᄂᆞᆫ 삼긴고[264] 이 일 뎌 일 일마다 ᄆᆞ숨 ᄀᆞᆮ디 몯ᄒᆞ니 혼자셔 이러 구ᄂᆞᆫ 주ᄅᆞᆯ 뉘 알고[265] ᄡᆞᆯ 셜ᄒᆞᆫ 말 닷 되와 ᄑᆞᆺ 열 말 힝혀 내 가도 ᄀᆞᆺ길가[266] ᄒᆞ여 보내뇌 커니와 뎐뎐[267] 보내

246) 남편인 채무이가 아내인 순천 김씨에게 쓴 편지다.
247) ᄒᆞ뇌: 하네 ☞ ᄒᆞ-+-뇌('ᄒᆞ소'체 평.어.). -뇌<-노이다<-ᄂᆞ오이다
248) 누ᄀᆞᆨ디: 느긋하지 ☞ 누ᄀᆞᆨ-+-디
249) 셩(性): 성정(性情). 타고난 본성이나 성품.
250) ᄂᆞᆷ두곤: 남보다 ☞ ᄂᆞᆷ[他人]+두곤(비교 부.조.)
251) 비히: 배가 ☞ 비ㅎ[倍]+이(주.조.)
252) 심심ᄒᆞ여: 심란하여
253) 내니: 나이니 ☞ 나[我]+이-+-니
254) 이러 구러도: 이렇게 굴어도
255) 보기옷: 복이만 ☞ 복[人名]+-이(인.접.)+옷(단독의 보조사)
256) 알셩: ? ☞ 알성시(謁聖試: 조선 시대에, 임금이 문묘에 참배한 뒤 실시하던 비정규적인 과거 시험)일 가능성도 있음.
257) 미처: 미치어, 이르러 ☞ 미츠-[及]+어
258) 주근 동 산 동: 죽은 줄 산 줄
259) 가미: 감이, 가는 것이 ☞ 가-+-(오)ㅁ-(명.전.)+이(주.조.)
260) 쉬올가: 쉬울까? ☞ 쉽-+-올가(의.어.)
261) 언마ᄅᆞᆯ: 얼마를
262) 글탈ᄂᆞᆫ고: (속을) 끓이고 달이고 하는고?/(속을) 태우는고? ☞ 글탈-(←긇-#닳-)+-ᄂᆞ-+-ㄴ고(의.어.)
263) 므스므러: 무엇하러, 무엇 때문에
264) 삼긴고: 생겼는고? ☞ 삼기-+-ㄴ고
265) 알고: 알꼬? ☞ 알-+-ㄹ고(의.어.)

니 믿브디 아니ᄒᆞ여 ᄒᆞ뇌 션가[268] 혜고 지븨 들 거시 스믈닐굽 마리나 닐굽 말 가도디나[269] 끗 아홉 마리나 갈가 ᄒᆞ뇌 ᄌᆞ세 ᄎᆞ려 받고 필죵이 제 친히 아니 간ᄂᆞᆫ 양이어ᄃᆞᆫ 가져 간 놈 바비나 ᄒᆞ여 머기소 보기옷 미처 오면 나도 갈 거시오 보기도 이리 몯 기ᄃᆞ리니 지븨 므슴 큰 연괴 인ᄂᆞᆫ고 ᄒᆞ여 ᄆᆞᄋᆞ믈 하 구치니[270] 아ᄆᆞ라ᄒᆞᆫ 동 몰라 잠간 뎍뇌[271] ᄉᆞᆽ[272] 아홉 사리[273] 봉ᄒᆞ여 가ᄂᆡ 구월 초닐웬날 새배[274] 쇠내셔[275] 문밧[276] 싱원 갈 제 편지ᄒᆞ다니 보신가[277] 그 회마도[278] 몯 기ᄃᆞ려 ᄒᆞ뇌 이리 민망ᄒᆞᆫ 이리 어ᄃᆡ 이실고 짐 가져 간 노미 피련[279] 샤공일 거시니 수리라 바비라[280] 됴히 머기소 ᄭᅥ거든 ᄭᅥ다[281] 니ᄅᆞ고 필죵의 빈ᄌᆞᄒᆞ고[282] 올히[283] 가셔도 올히 왓다 빈ᄌᆞᄒᆞ소

---

266) ᄀᆞᆽ길가: 머뭇거릴까 ☞ ᄀᆞᆽ기-[迍]+ㄹ가(의.어.)
267) 뎐뎐(轉傳): 여러 사람을 거쳐 전달함.
268) 션가(船價): 뱃삯.
269) 가도디나: 가웃이나 ☞ 가돋(←가옷)+이나(보조사)
270) 구치니: (마음을) 상하게 하니 ☞ 구치-+-니
271) 뎍뇌: 적네, 쓰네 ☞ 뎍-+-뇌('ᄒᆞ소'체 평.어.)
272) ᄉᆞᆽ: 새끼줄[繩(승)] ☞ ᄉᆞᆾ → ᄉᆞᆽ
273) 사리: 국수, 새끼, 실 따위를 동그랗게 포개어 감은 뭉치. 또는 그것을 세는 단위.
274) 새배: 새벽
275) 쇠내셔: 쇠내에서 ☞ 쇠내[地名]+애셔
276) 문밧: 문밖
277) 보신가: 보시는가? ☞ 보-+-시-(주.높.)+-ㄴ가('ᄒᆞ소'체 의.어.). 아내에 대한 높임의 뜻을 나타내기 위해 주체높임의 '시'가 쓰인 것으로 보인다. 현대국어에서 '하시게'의 쓰임과 같다.
278) 회마(回馬): 돌아가는 편의 말.
279) 피련: 필연(必然), 반드시
280) 수리라 바비라: 술이랑 밥이랑 ☞ 술+이라(접.조.)#밥+이라(접.조.)
281) ᄭᅥ거든 ᄭᅥ다: 깠거든 깠다, 제하였거든 제하였다
282) 빈ᄌᆞᄒᆞ고: 답장하고 ☞ 패자(牌子)는 조선 시대에, 지위가 높은 사람이 낮은 사람에게 권한을 위임하던 공식 문서이다. 여기서는 답장 정도의 의미로 이해된다.
283) 올히: 옳게 ☞ 옳-+-이(부.접.)

제 3 부

근대국어 문헌 강해

연병지남 (練兵指南) 1

연병지남(練兵指南)

1612년(광해군 4)에 한교(韓嶠)가 지은 군사학 교범이다. 1책 36장. 목판본. 함산(咸山)의 풍패관(豊沛館)에서 간행. 규장각 도서 소장.

본문은 한문으로 짓고 단락을 떼어가며 부분적으로 한글 번역문을 달았다. 임진왜란 직후에 나온 것인 만큼 국방의 긴급함 때문에 여러 조건이 갖추어지지 못한 형편에서 서둘러 지어지고 간행되었음을 짐작하게 하는 몇 가지 특징이 있다. 우선 서문도 발문도 없고 번역문이 달리지 않은 일부에는 제목도 붙지 않아서 체재가 불완전하며, 한글의 표기상태가 매우 혼란스럽다. 한글의 획이 떨어진 곳이 많고 번역된 용어에 통일성이 없으며 표기법 자체가 전혀 정비되어 있지 않다. 이 사실은 임진왜란 직후의 문헌에 널리 나타나는 현상으로서 당시의 안정되지 못한 사회상을 반영하는 것으로 보인다.

내용에 있어서는, 첫째, 거(車), 기(騎), 보(步)의 세 병과가 연합해서 벌이는 전투의 기본대형, 둘째, 소규모의 전투 훈련방법, 셋째, 이른바 '병농불분(兵農不分: 군인과 농민이 따로 없다)'의 실정에서 농한기와 농번기에 따라 효율적으로 농민을 동원해서 군사훈련을 실시하는 문제 등에 관한 병무행정, 넷째, 대규모의 전술적인 훈련방법, 다섯째, 전거(戰車)의 제작 방법들이 구체적으로 조리 있게 서술되어 있다.

그러므로 이 책은 임진왜란 직후의 군사훈련상황을 보이는 역사자료로, 또한 근대국어의 역사가 비롯되는 17세기 초기의 언어자료로 쓰일 만하다. 이 책의 간행에 관한 기록으로는 끝에 "만력 40년 7월 상완에 체부표하 서북 교련관인 부사과 한교가 함산의 풍패관에서 씀(萬曆四十年七月上浣 體府標下西北教練官 副司果 韓嶠書于咸山之豊沛館)." 이라고 적힌 것이 전부인데, 여기 나타난 한교는 1648년(인조 26)에 훈련도감의 낭청(郎廳)을 지낸 한교[자는 자앙(子仰), 호는 동단(東潭)]일 것이다.

—『한국민족문화대백과사전』

여기서 강독하는 자료는 서울대 고도서본이다.

연병지남(練兵指南)[1)]

[1a]거졍[2)] ᄒᆞᆫ 사ᄅᆞᆷ이 ᄒᆞᆫ 수릐의 나ᄋᆞ며 므ᄅᆞᄂᆞᆫ[3)] 호령을 오로 ᄀᆞ옴아라시니[4)] ᄒᆞᆫ 긔예 ᄒᆞᆫ 수릔즉 긔총[5)]이 거졍이 되고 ᄒᆞᆫ ᄃᆡ[6)]예 ᄒᆞᆫ 수릔즉 ᄃᆡ총[7)]이 거졍이 될 디니라[8)] [1b]츙슈[9)] ᄒᆞᆫ ᄃᆡ로셔 여ᄃᆞᆲ 명이 술의[10)] 뒤희 셔셔 도ᄌᆞ기 머리신[11)] 제란 츙통[12)]을 노코 도ᄌᆞ기 갓갑거든 논화[13)] 두 번을 호ᄃᆡ ᄒᆞᆫ 번의 네 명은 수릐[14)]롤 밀고 ᄒᆞᆫ 번의 네 명은 오로 그 츙통을 바드며 타공[15)] 두 명은

1) 練兵指南(연병지남): 군사를 훈련하는 지침
2) 거졍(車正): 전차병. 전차병의 기본 편성을 종(宗)이라 하였다. 기본 편성은 전차 1량을 운용하는 거졍(車正) 1명, 타공(打工) 1명, 불랑기[소형 화포]를 사격하는 불랑기수 6명, 화전(火箭)을 사격하는 화전수 2명, 기병대(騎兵隊) 12명 등 모두 22명으로 구성되었다.
3) ᄒᆞᆫ 수릐의 나ᄋᆞ며 므ᄅᆞᄂᆞᆫ: 한 수레가 나아가며 물러나는 ☞ 수릐의: 수릐+의(관.조.). 관형절의 의미상의 주어인 '수릐의'가 관형격의 형태로 나타났다. 관형절과 명사절의 의미상의 주어가 관형격의 형태를 취하는 것은 중세국어의 한 특징이었다. '수릐의'는 통사상 관형어이다.
4) 오로 ᄀᆞ옴아라시니: 온전히/전담하여 주관하였으니/관장하였으니 ☞ ᄀᆞ옴아라시니: ᄀᆞ옴알-+-아(보.어.)#시-[有](보.용.)+-니. '-아 시-'는 완료상으로 '-아 잇-'과 같다.
5) 긔총(旗總): 한 기의 지휘관. 36명으로 구성된 부대의 지휘관이다.
6) ᄃᆡ(隊): 12명으로 구성된 부대.
7) ᄃᆡ총(隊總): 한 대의 지휘관. 12명으로 구성된 부대의 지휘관.
8) 디니라: 것이다 ☞ ᄃᆞ(의.명.)+ㅣ-(서.조.)+-니라(평.어.)
9) 츙슈: 총수(銃手). 총을 쏘는 병사
10) 술의: 수레. ☞ 중세국어에서는 '술위' (예) 車ᄂᆞᆫ 술위라<월석 2:28>. 17세기에 '위 > 의' 변화가 일반화되고, 19세기에 '의 > 이' 변화가 나타난다. 술위 > 술의
11) 머리신: 멀리 있는 ☞ 멀-+-이(←-어. 보.어.) 시[有]-+-ㄴ(관.전.). '머리신'은 '머러신'의 오기로 보인다. 아래에서는 '머러신'으로 나온다.
12) 츙통: 총통(銃筒). 화포(火砲)
13) 논화: 나누어, 분배하여 ☞ 논호-(←ᄂᆞᆫ호-)+-아. '논호-'는 'ᄂᆞᆫ호-'에서 'ᄋᆞ'가 뒤의 '오'에 역행동화된 형태다. 뒤에서는 'ᄂᆞᆫ호-'로 나타난다. 주(39) 참조. 이때에는 'ᄋᆞ:오'가 원순성 대립짝이었기 때문에 'ᄋᆞ'가 원순모음화하면 '오'로 바뀐다. 반면, 'ᄋᆞ'가 비음운화한 근대국어에서는 '어:오'가 원순성 대립짝을 이루기 때문에 '어'가 원순모음화하여 '오'로 바뀐다.
14) 수릐: 수레. 위에서[주(10)]는 '술의'로 나타났다.

두 ᄢᅵ ᄭᅧᄐᆡ16) ᄂᆞᆫ화 셔셔 도ᄌᆞ기 머리 신 제란 여ᄃᆞᆲ 명으로 더브러 ᄒᆞᆷᄭᅴ17) 나셔 츙통을

2a노코 도ᄌᆞ기 근거ᄃᆞᆫ18) 겨ᄅᆡ19) 그 통오로ᄡᅧ20) 츙통 맛ᄂᆞᆫ21) ᄒᆞᆫ 번 군의게22) 주고 각각 머리 넙쥭ᄒᆞᆫ 큰 곤댱을 들고 ᄢᅵᄅᆞᆯ ᄢᅳ려23) 가되 만일의 굴헝의24) ᄲᅡ딤25)을 만나ᄃᆞᆫ 힘ᄡᅥ ᄠᅳᆼ긔여26) 내고 도ᄌᆞ기 갓갑거ᄃᆞᆫ 그 곤댱27)으로 티라 화병28) ᄒᆞᆫ 명은 거마작을29) 들고 두 수ᄅᆡ ᄠᅳᆷ의30) 이셔 수ᄅᆡᄅᆞᆯ 조차 ᄆᆞ르며

---

15) 타공(舵工): 키잡이

16) ᄢᅵ ᄭᅧᄐᆡ: 바퀴 옆에 ☞ ᄢᅵ[輪]+ㅅ(관.조.) 곁+ᄋᆡ(특이 부.조.) → ᄢᅵᆺ겨ᄐᆡ → ᄢᅵᄭᅧᄐᆡ

17) ᄒᆞᆷᄭᅴ: 함께. ☞ ᄒᆞᆫᄢᅴ > (ᄒᆞᆷᄢᅴ) > ᄒᆞᆷᄭᅴ. (1) 'ᄢ'이 [pk']으로 발음되는 자음군이었기 때문에 'ㄴ'이 후행하는 'ㅂ'에 위치동화되어 'ㅁ'으로 바뀐 것이다. 만일 'ᄢ'이 된소리 'ㄲ'이었다면 'ㄴ'은 연구개음에 위치동화되어 'ㅇ'으로 바뀌어 'ᄒᆞᆼᄭᅴ'가 되어야 할 것이다. (2) 'ᄢ'은 중세국어에서도 'ᄭ'으로 표기된 예가 있으며, 17세기 초에 'ᄢ'의 이표기로서 'ᄞ'이 등장한다. 그 결과 'ᄢ'은 'ᄭ', 'ᄞ'으로도 표기되었다. 'ᄢ'과 'ᄣ'은 17세기에 소멸한다.

18) 근거ᄃᆞᆫ: 가깝거든 ☞ 근(近)(← 근ᄒᆞ-)+-거ᄃᆞᆫ

19) 겨ᄅᆡ: 즉각, 즉시

20) 통오로ᄡᅧ: 통으로써 ☞ 통+오로ᄡᅧ(← ᄋᆞ로ᄡᅧ. 부.조.) 'ᄋᆞ로ᄡᅧ'는 'ᄋᆞ로'에 'ᄡᅳ다'의 활용형 'ᄡᅧ'가 붙어 파생된 '도구'의 부사격조사이다.

21) 맛ᄂᆞᆫ: 맡는 ☞ ᄆᆞᆽ-+-ᄂᆞᆫ → 맛ᄂᆞᆫ

22) 군의게: 군인에게 ☞ 군(軍)+의게(부.조.). '의게'는 '의(관.조.) 게(← 그ᅌᅦ. 의.명.)'의 구조이나 근대국어에서는 부사격조사로 굳어진 것으로 보아 하나의 형태소로 분석한다.

23) ᄢᅳ려: 호위하여 ☞ ᄢᅳ리-[護]+-어, 'ᄢᅳ리다'는 '꾸리다, 싸다, 안다' 등의 뜻으로 쓰인 단어나 여기서는 '護(호)'의 의미로 쓰였다.

24) 굴헝의: 구덩이에 ☞ 굴헝[坑]+의(부.조.)

25) ᄲᅡ딤: 빠짐 ☞ ᄲᅡ디-+-ㅁ(명.전.). (1) 17세기에는 선어말어미 '-오-'가 소멸되어 명사형어미는 '-(으)ㅁ'으로 나타난다. (2) 선어말어미 '-오-'는 15세기에 동요하여 16세기에 소멸하고 마는데 대상활용의 '-오-'가 16세기 전반에, 인칭활용의 '-오-'가 16세기 후반에 소멸하였다. 소학언해는 '-오-'(인칭활용)의 소멸이 완성되었음을 보여준다.(이기문, 1972:162) 근대국어 표기법은 pp.35~37 참조.

26) ᄠᅳᆼ긔여 내고: 힘써 끄집어 내고 ☞ ᄠᅳᆼ긔-+어(보.어.). 'ᄠᅳᆼ긔다'는 '팽팽한 줄 따위를 퉁기어 움직이게 하다'라는 뜻인데, 여기서는 '진력도출(盡力挑出)'을 옮긴 것이므로 '힘써 끄집어 내다'라는 뜻이다.

27) 곤댱(棍杖): 곤장

28) 화병(火兵): 총포를 사용하는 병사.

29) 거마작(拒馬作): 기마병이 앞으로 나아가지 못하도록 치는 장애물

나ᄋᆞ며 ᄒᆞ라 2b살슈31) ᄒᆞᆫ ᄃᆡ는 등패32) 뎨일33) ᄡᅡᆼ34)이 되고 낭션35)이 뎨이 ᄡᅡᆼ이 되고 도곤슈36) 두 ᄡᅡᆼ이 버거37) 셔고 파슈38) ᄒᆞᆫ ᄡᅡᆼ이 뒤히 이셔 ᄒᆞᆫ ᄃᆡ로 ᄡᅧ 논화39) 냥의40)을 ᄆᆡᆫᄃᆞ라41) 수릐 두 ᄀᆞ애42) ᄢᅵ면43) 등패와 낭션이 ᄒᆞᆫ ᄡᅡᆼ이 되아 알픠 잇고 도곤 ᄒᆞᆫ ᄡᅡᆼ이 버거 셔고 파슈 ᄒᆞᆫ 명이 뒤히 이쇼ᄃᆡ 가온ᄃᆡ 셔 도ᄌᆞ기 갓갑거든 낭션으로 ᄆᆞ롤 버퇴오며44) 창을 들티 3a고45) 등패쉬 칼흘46) 들어 ᄆᆞᆯ 발을 버히고 도곤쉬 혹 ᄆᆞᆯ 머리롤 티며 혹 ᄆᆞᆯ ᄇᆡ롤 디ᄅᆞ고47) 당파쉬48) 도ᄌᆞᄀᆡ ᄂᆞᄎᆞᆯ 지ᄅᆞ라49) 궁슈 ᄒᆞᆫ ᄃᆡ는 도ᄌᆞ기 오십 보 안히 니ᄅᆞ거든

30) ᄧᅳᆷ의: 즈음, 쯤, 사이에 ☞ ᄧᅳᆷ+의(부.조.). 중세국어에는 'ㅈ'의 된소리가 존재하지 않았으나 17세기에 'ㅈ'의 된소리가 나타난다.
31) 살슈(殺手): 칼과 창을 들고 백병전을 하는 군졸
32) 등패(藤牌): 등나무로 만든 방패의 일종. 24반(般) 무예의 하나.
33) 뎨일: 제일(第一)
34) ᄡᅡᆼ: 쌍(雙). ☞ 'ㅅ'의 된소리는 'ㅄ'으로 표기함이 일반적이다.
35) 낭션(狼筅): 대나무로 만든 일종의 죽창. 보졸이 낭선창(狼筅槍)을 가지고 하는 무예. 조선시대 18기의 하나.
36) 도곤슈(刀棍手): 칼과 몽둥이를 든 병사
37) 버거: 다음으로, 그 뒤에
38) 파슈(把守): 경계하여 지키는 사람
39) 논화: 나누어 ☞ 논호-+아. 주(13) 참조.
40) 냥의(兩儀): 두 개의 대오/진영. ☞ 한 대(隊)의 군사를 2개의 대오(隊伍)로 나누어 각 오(伍)에는 등패수 1명, 낭선수 1명, 장창수 2명, 당파수 1명을 두고, 두 오의 중앙에 대장이 있는 형태를 취하고 있다. '양의'의 원래의 의미는 '음'과 '양'을 이른다. 여기서는 두 대오를 이루는 것을 뜻한다.
41) ᄆᆡᆫᄃᆞ라: 만들어 ☞ ᄆᆡᆫᄃᆞᆯ-+-아. 중세국어에서 'ᄆᆡᆼᄀᆞᆯ다'와 'ᄆᆡᆫᄃᆞᆯ다'가 다 쓰였다.
42) ᄀᆞ애: 가[邊]에 ☞ ᄀᆞᇫ+애 > ᄀᆞᅀᅢ > ᄀᆞ애.
43) ᄢᅵ면: 끼면[夾(협)] ☞ ᄢᅵ-+-면. 뒤에서는 'ᄣᅵ고'로 나타난다. 주(61) 참조.
44) 버퇴오며: 막아 지키며, 버티며, 이겨내며, ☞ 버퇴오-[拒]+-며
45) 들티고: 건너지르고, 가로대어 놓고, 가로막고. ☞ '들티고'는 '架(가)'의 번역이므로, '들이치다'의 의미가 아니라 (창으로) 가로대어 얽어 못 들어오게 한다는 의미로 보인다.
46) 칼흘: 칼을. ☞ 칼ㅎ < 갈ㅎ. 어두 유기음화가 나타났다. 중세국어 어형은 '갈ᄒᆞᆯ'.
47) 디ᄅᆞ고: 지르고, 치고. ☞ 바로 뒤에 구개음화된 '지ᄅᆞ라'가 나온다. 주(49) 참조.
48) 당파쉬: 당파수가. 삼지창을 가진 장수가 ☞ 당파슈(鎲鈀手)+ㅣ(주.조.)
49) 지ᄅᆞ라: 지르라, 치라 ☞ 지ᄅᆞ-(<디ᄅᆞ-)+-라(명령형어미). 바로 앞에는[주(47)] '디ᄅᆞ고'로 나와 구개음화가 된 어형과 되지 않은 어형이 함께 쓰이고 있다.

사롤[50] 쏘고[51] 도ᄌᆞ기 갓갑거든 논화 냥의 되여 살슈룰 조차 사홈을[52] 도아[53] 호ᄃᆡ 다 긴 칼을 차 뼈곰 살이 업거든 버므러뎌[54] 사홈을 ᄀᆞ출 디니라[55]【이ᄂᆞᆫ ᄒᆞᆫ 긔여[56] ᄒᆞᆫ 술릐라[57])】 3b만일 ᄒᆞᆫ ᄃᆡ에 ᄒᆞᆫ 수릔 즉 포샤슈 네 사룸이 도ᄌᆞ기 머러셔ᄂᆞᆫ 츙통을 노ᄒᆞ며 사롤 쏘고[58] 도ᄌᆞ기 갓갑거든 수릐 놀[59] 미로되[60] 낭션 등패 도곤 각 두 사룸이 논화 두 ᄀᆞ애 뻬고[61] ᄃᆡ댱[62]과 화병이 논화 두 뻬롤 ᄀᆞ옴알 디니[63] 사호ᄂᆞᆫ 법은 젼[64] ᄀᆞᄐᆞ니라 4a마병 ᄒᆞᆫ ᄃᆡᄂᆞᆫ 도ᄌᆞ기 머러셔란 ᄆᆞᆯ 브려셔 삼혈츙통[65]을 노ᄒᆞ며 혹 살을 쏘고 도ᄌᆞ기 갓갑거든 ᄆᆞᆯ ᄐᆞ고 논화 자우[66] 놀개 되야 원앙으로뻐[67] 돌겨나가[68] 혹 도리

---

50) 사롤: 화살을 ☞ 살[矢]+올(목.조.)
51) 쏘고: 쏘고 ☞ 'ㅅ'의 된소리는 중세국어에서는 'ㅆ', 근대국어에서는 'ㅄ'이 일반적이었으나 'ㅽ'은 'ㅆ'에서 'ㅄ'으로 넘어가는 과도기적인 표기 형태로 보인다. 'ㅅ'의 된소리를 표기하는 한 방법이다. 이런 표기는 'ㅂ'이 발음되지 않았음을 보여주는 것이다.
52) 사홈을: 싸움을 ☞ 사호-+-ㅁ(명.접.)+을(목.조.). (1) 목적격조사가 '올'이 쓰이지 않고 '을'이 쓰여 모음조화가 지켜지지 않았다. (2) 유성자음 'ㅁ' 아래서 분철표기 되었다.
53) 도아: 도와 ☞ 돕-+-아 > 도봐 > 도와 → 도아(w-탈락).
54) 버므러뎌: 얽혀서, 버무러져 ☞ 버므리-+-어#디-+-어. '-어 디다' 피동문.
55) 가출 디니라: 갖출 것이다 ☞ 가초-[備, 具]+-ㄹ(관.전.) ᄃᆞ(의.명.)+ㅣ-(서.조.)+-니라(평.어.).
56) 긔여: 기(旗)이며 ☞ 긔+이여(접.조.)
57) 술릐라: 수레다 ☞ 술릐[車](← 수릐~술의 < 술위)+∅-(서.조.)+-라(← -다). 이표기로 '술의~수릐~술릐'가 나타난다. '술릐'는 중철표기이다.
58) 쏘고: 쏘고. ☞ 'ㅅ'의 된소리를 표기하는 방법이 세 가지로 나타난다. 'ㅄ~ㅽ~ㅆ'
59) 수릐놀: 수레를 ☞ 수릐+놀(← 롤. 목.조.). 모음 뒤에서 'ㄹ'이 'ㄴ'으로 표기되는 것은 근대국어 표기법의 한 특징이었다.
60) 미로되: 밀되 ☞ 밀-+-오되(< -오ᄃᆡ). -오ᄃᆡ > -오되 > -되
61) 뻬고: 끼고 ☞ 뻬-(← 뻬-)+-고. 앞에서는 '뻬면'으로 나타난다. 주(43) 참조.
62) ᄃᆡ댱(隊長): 대장, 한 대(隊)의 우두머리
63) ᄀᆞ옴알 디니: 관리할 것이니 ☞ ᄀᆞ옴알-+-ㄹ(관.전.) ᄃᆞ(의.명.)+ㅣ-+-니. ᄀᆞᅀᆞᆷ알- > ᄀᆞ옴알-
64) 젼(前): 앞과
65) 삼혈츙통(三穴銃筒): 삼혈총. 삼안총(三眼銃). 세 개의 총구멍을 하나의 손잡이에 연결한 권총의 일종.
66) 자우(左右): 왼쪽과 오른쪽. ☞ 좌우 → 자우
67) 원앙으로뻐: 원앙진으로써 ☞ 원앙(鴛鴦)+으로뻐. '원앙'은 원앙진을 이른다. 원앙진은 진

채[69]도 쁘며 혹 긴 칼도 쁘며 혹 언월도[70] 쓰며[71] 혹 쌍도[72] 쁘며 혹 구창[73]도 쎠 소릭 티며 사호고 4b혹 쏘 몰 우희셔 삼혈츙통을 돌러 노ᄒᆞ며[74] 냥의과 삼직[75]롤 님시ᄒᆞ야셔[76] 모도 티며 변ᄒᆞ라 수릐과[77] 몰 ᄐᆞ니과 거론군ᄉᆞ[78]롤 모도와 습딘ᄒᆞᄂᆞᆫ[79] 쟈근 졀목이라[80] 수릣군이 수릐롤 졍졔ᄒᆞ며[81] 거론군식 연장돌을 출와[82] 가지고 수릐예 븓ᄃᆞᄅᆞ며[83] 몰군이 몰을 ᄐᆞ되 다 규식[84] ᄀᆞ티 ᄒᆞ야 5a나아와 셔되 수릐와 거ᄅᆞ니는[85] 앏픠[86] 잇고 몰 ᄐᆞᆫ 군ᄉᆞᄂᆞᆫ

의 정면에 방패를 든 군사 2명을 앞세우고 군사 10명이 2열 종대로 대오를 이룬 진형을 취하고 있어서 마치 짝을 찾아 사는 원앙과 그 모습이 비슷하다하여 붙인 이름이다.

68) 돌겨나가: 달려나가 ☞ 돌기-(←돌이-←돌-+-이-)+-어 나가-(←나-#가-)+-아.

69) 도리채: 도리깨처럼 생긴 무기의 일종.

70) 언월도(偃月刀): 옛날 무기의 하나로 초승달 모양으로 생긴 큰 칼. 길이는 6자 7치(203cm) 정도이며, 칼날은 끝이 넓고 뒤로 젖혀져 있고, 칼등은 두 갈래로 되어 아래 갈래에 구멍을 뚫어서 상모를 달았다.

71) 쓰며: 쓰며. ☞ 'ㅅ'의 된소리를 표기하는 하나의 방식으로 'ㅆ'이 쓰였다. <연병지남>에서 'ㅅ'의 된소리 표기는 'ㅄ, ㅶ, ㅆ'로 나타난다. '쁘다~ 쓰다~쓰다'

72) 쌍도(雙刀): 두 손으로 쥐고 검술을 익히는 데 사용하던 칼.

73) 구창(鉤槍): 옛날 무기의 하나로, 갈고리처럼 생긴 창의 일종.

74) 돌러 노ᄒᆞ며: 돌려가며 쏘며, 돌아가며 쏘며 ☞ 돌-[輪]+-러

75) 삼직: 삼재(三才)

76) 님시ᄒᆞ야셔: 임시(臨時)하여서, 때를 맞아서 ☞ 님시ᄒᆞ-+-야셔. 'ᄒᆞ-'가 '야-불규칙' 활용의 모습을 보이고 있으나 16세기 중엽 이후부터 '여-불규칙' 활용으로 바뀐 예들이 나타난다.

77) 수릐과: 수레와 ☞ 모음 뒤에서 접속조사 '과'가 쓰이고 있다.

78) 거론군ᄉᆞ: 보병(步兵) ☞ 걸-[步](←걷-)+-ᄋᆞᆫ#군ᄉᆞ. ㄷ-불규칙 활용.

79) 습딘(習陣)ᄒᆞᄂᆞᆫ: 진법(陣法)을 연습하는 ☞ 습딘ᄒᆞ-+-ᄂᆞᆫ

80) 졀목(節目)이라: 조목이다.

81) 졍졔(整齊)ᄒᆞ며: 가지런히 하며, 정돈하며.

82) 출와: 차려, 갖추어 준비하여 ☞ 출오-+-아.

83) 븓ᄃᆞᄅᆞ며: 붙들며, 부축하며 ☞ 븓ᄃᆞᆯ[扶]-+-ᄋᆞ며.

84) 규식(規式): 정하여진 법규와 격식.

85) 거ᄅᆞ니는: 보병은, 걷는 사람은 ☞ 걷[步]-+-ᄋᆞᆫ(관.전.)#이(의.명.)+ᄂᆞᆫ(보조사)

86) 앏픠: 앞에 ☞ (1) 앏ㅍ(←앒)+ᄋᆡ. '앏픠'는 '알픠(←앒[前]+ᄋᆡ)'의 중철표기다. 이런 표기는 한편으로는 표음적이면서 한편으로는 표의적인 표기이다. (2) 근대국어에서 순음 앞에서 'ㄹ'이 탈락하여, '앒 > 앞'이 되었다.

두ᄒᆡ87) 이시라 듕군이 ᄀᆡ영긔조88)을 품ᄒᆞ며89) ᄃᆞᆫ 징90) ᄀᆞ을 텨91) 당보92)ᄅᆞᆯ 내어 보내고 압뒤93) 복병을 내되 서ᄅᆞᆯ94) ᄡᅳ기ᄂᆞᆯ95) 스므나믄 거롬만 ᄒᆞ고 진짓 사홈의란96) 오 리맛감97) 호ᄃᆡ 도ᄌᆞ기 몯 보아ᄡᅥ든98) 징 ᄀᆞ을 텨 복병을 내고 도ᄌᆞᆨ과 맛셔신99) 즉 군조차 홈ᄢᅴ 나라100) 5b쇼징을 티고 긔ᄅᆞᆯ101) 누여든102) 모든 군이 안자 쉬고 ᄆᆞᆯ ᄐᆞᆫ 군ᄉᆡ ᄆᆞᄅᆞᆯ 브려ᄡᅡ가103) 도ᄌᆞ기 현형ᄒᆞ고104) 당뵈105) 누른 긔ᄅᆞᆯ 흔ᄃᆞ러 경을106) 보ᄒᆞ여든107) 녕ᄒᆞᄂᆞᆫ 즁통 ᄒᆞᆫ 번을

---

87) 두ᄒᆡ: 뒤에 ☞ 두ㅎ(← 뒤ㅎ)+ᄋᆡ(부.조). 이중모음 '위'가 '우'로 표기되어 있다.
88) ᄀᆡ영긔조(開營起操): 영문(營門)을 열고 군사를 조련함.
89) 품(稟)ᄒᆞ며: [어떤 일의 가부(可否)나 의견을] 웃어른이나 상사에게 여쭈우며
90) ᄃᆞᆫ 징(錚): 매단 징 ☞ ᄃᆞᆫ: ᄃᆞᆯ-[縣]+-ㄴ
91) ᄀᆞ을 텨: 가장자리를 쳐. ☞ ᄀᆞ[邊](← ᄀᆞᇫ). ᄀᆞᇫ을 > ᄀᆞ슬 > ᄀᆞ을
92) 당보를: 당보수(塘報手)를. '당보'는 조선시대 군사훈련이나 전쟁에서 당보기를 가지고 높은 곳에 올라가 신호를 보내던 일. 또는 그런 군사.[당보수]
93) 압뒤: 앞뒤. ☞ 압(← 앞)#뒤. 7종성 표기. 중세국어에서는 음절말에서 8자음(ㄱ, ㄴ, ㄷ, ㄹ, ㅁ, ㅂ, ㅅ, ㆁ)이 발음되었으나 16세기 말엽에 'ㅅ'과 'ㄷ'이 이 위치에서 중화되어 17세기에는 'ㅅ'과 'ㄷ'의 받침 표기가 자의적이었다. 그러다 18세기부터 'ㄷ'의 받침표기는 점차 없어지고 'ㅅ'으로 단일화되는 강한 경향을 보인다. 대체로 19세기에는 7종성 표기가 확립된다.
94) 서ᄅᆞᆯ: 서로를 ☞ 서ᄅᆞ[相]+ㄹ(목.조)
95) ᄡᅳ기ᄂᆞᆯ: 뜨기를, 간격을 ☞ ᄡᅳ[隔]-+-기(명.전.)+ᄂᆞᆯ(← ᄅᆞᆯ. 목.조). (1) 근대국어에서는 모음 뒤 'ㄹ'이 'ㄴ'으로 표기된 예가 많았다. 이런 표기 방식은 <순김>에서도 나타난다. (2) ᄡᅳ다: 공간적으로 거리가 있거나 시간적으로 오래다.
96) 사홈의란: 싸움이란 ☞ 사홈+의란(지적의 보조사)
97) 오 리맛감: 5리만큼 ☞ 오(五)#리(里)+맛감(보조사)
98) 보아ᄡᅥ든: 보았거든 ☞ 보-+-앗-(과.어.)+-거든(종.어.) → 보아ᄡᅥ든. 중세에 완료상을 나타내는 '-아 잇'이 근대국어에서 과거시제선어말어미 '-앗-'으로 발달했다.
99) 맛셔신: 맞서 있는 ☞ 맛셔-(← 맞셔-)#시[有]-+-ㄴ(관.전.)
100) 나라: 나아가 ☞ 나-[出]+-라(종.어.)
101) 긔ᄅᆞᆯ: 깃발을 ☞ 긔(旗)+ᄅᆞᆯ
102) 누여든: 눕히거든 ☞ 누이-[← 눕-+-이-(사.접.)]+-어든(종.어.). 눕-이 → 누ᄫᅵ > 누이
103) 브려ᄡᅡ가: 부렸다가 ☞ 브리-[使]+-엇-(과.어.)+-다가 → 브려ᄡᅡ가
104) 현형ᄒᆞ고: 모습을 드러내고 ☞ 현형(現形)ᄒᆞ-+-고.
105) 당뵈: 당보수가, 척후병이 ☞ 당보+ㅣ(주.조). '당보'는 주(92) 참조.
106) 경을: 경계함을 ☞ 경(警)+을
107) 보ᄒᆞ여든: 알리거든, 기별하거든 ☞ 보(報)ᄒᆞ-+-여든

노코 쥬라 불며셔 모든 군ᄉᆡ 니려셔고 ᄆᆞᆯ ᄐᆞᆫ 군ᄉᆡ ᄆᆞᆯ게108) 오ᄅᆞ며 거ᄅᆞᆫ 군ᄉᆡ 긔계109)ᄅᆞᆯ 자브라 …

9b도ᄌᆞ기 산림 촌옥 ᄆᆡᆨ뎐 계학이라 슨 패들로110) ᄆᆞᄋᆞᆷ대로 버려111) 박고 ᄃᆞᆯ겨와 침노ᄒᆞ고112) 나ᄅᆞᆯ ᄻᅧ113) 거즛 패ᄒᆞᆫ 톄로 ᄒᆞ고 가거든 내 군은 ᄲᆞᆫ 군으로 자우로114) 복병을 수탐115)호ᄃᆡ 므릇116) 나모패ᄂᆞᆯ 만나셔 소ᄅᆡ 티며 ᄲᅡ 셔고 수ᄅᆡ와 ᄆᆞᆯ ᄐᆞ니와 거ᄅᆞᆫ 세 가짓 군이 즈려 ᄧᅩ차가 즛딜러117) 사화118) 도적이 패커든 10a득승고ᄂᆞᆯ119) 티고 대평쇼ᄅᆞᆯ 불며 수ᄅᆡ과 거ᄅᆞᆫ 군ᄉᆞᄂᆞᆫ 앏픠 잇고 ᄆᆞᆯ ᄐᆞᆫ 군ᄉᆡ 뒤ᄒᆞᆯ ᄢᅧ120) ᄆᆡᆫ 처엄 셔ᄯᅥᆫ 다ᄒᆡ121) 도라와셔 녕젼122)을 보내

108) ᄆᆞᆯ게: 말에 ☞ ᄆᆞᆯ[馬]+게(조사)

109) 긔계(器械)/ᄆᆡᆨ뎐(麥田)/계학(谿壑): 병장기/보리밭/골짜기, 계곡

110) 슨 패들로: 글자를 쓴 패(牌)들로 ☞ 스-[書]+-ㄴ(관.전.), 패(牌)+-들(복.접.)+-로(부.조.). '패(牌)'는 적군이 거짓으로 제맘대로 글을 써서 들고 교란시키는 푯말. 여기서는 산림, 촌옥, 맥전, 계학 따위의 글을 써서 박아 놓았다고 한다.

111) 버려: 벌이어, 늘어놓아 ☞ 버리-[列]+-어

112) ᄃᆞᆯ겨와 침노(侵擄)ᄒᆞ고: 달려 쳐들어와 노략질하고 ☞ ᄃᆞᆯ기-+-어#오-+-아

113) 나ᄅᆞᆯ ᄻᅧ: 나를 끌어들여, 나를 유인하여 ☞ ᄻᅧ-[引]+-어. ᅘᅧ > ᄻᅧ. 'ᄻ'은 'ㅎ'의 된소리 표기이다. 중세에는 'ㆅ'으로 'ㅎ'의 된소리를 표기하였으나 17세기에는 방법이 달라졌다. 표기법만 변한 것이지 음가가 변한 것은 아니다. 15세기 중엽 'ᅘᅧ-'[引]으로 표기된 동사 어간은 각자병서가 폐지된 원각경언해(1465) 이후의 문헌에서는 '혀-'로 표기되었고 이것이 그대로 16세기 말까지 계속되었으나 17세기 문헌에서 'ᄻᅧ'가 등장한다. 화ᄅᆞᆯ ᄻᅧ[彎弓]<동국신속삼강행실 열녀도 4:70>, 법을 ᄻᅧ[引法]<경민편언해 서:3>(이기문, 1998:204).

114) 자우로: 좌우(左右)로

115) 수탐(搜探): 조사하거나 엿봄

116) 므릇: 무릇

117) 즈려 ᄧᅩ차가 즛딜러: 질러[지름길로] 쫓아가 짓찔러 ☞ 즈리-[徑]+-어 즛-(접두.)+딜ㄹ-(← 디르-)+-어

118) 사화: 싸워 ☞ 사호-+-아

119) 득승고(得勝鼓)ᄂᆞᆯ: 싸움에서 승리하여 치는 북 ☞ 모음 뒤에서 목적격조사 'ᄅᆞᆯ'이 'ᄂᆞᆯ'로 표기되는 것은 근대국어 표기법의 한 특징이었다.

120) ᄢᅧ: 끼어 ☞ ᄢᅵ-+-어

121) 다ᄒᆡ: 땅에 ☞ 다ㅎ[地](← ᄯᅡᇂ)+ᄋᆡ(부.조.)

122) 녕젼(令箭): 군령을 전하는 화살.

여 수복123)ᄒᆞ던 군을 브ᄅᆞ라 듕군이 습딘 적124) 잘ᄒᆞ며 몯ᄒᆞ니ᄂᆞᆯ 사획ᄒᆞ고셔 샤조ᄒᆞ야든125) 증 세 번 티고 황긔ᄅᆞᆯ 두ᄅᆞ고 군ᄉᆞᄅᆞᆯ 흐ᄐᆞ라 이ᄂᆞᆫ 쟈근 조년의126) ᄡᅳᄂᆞᆫ 거시라…

[25a]녕ᄒᆞᄂᆞᆫ 춍통 ᄒᆞᆫ 번 노코 북 티고 프르며 블그며 흰 긔 세ᄅᆞᆯ 뎜ᄒᆞ야든127) 거긔보128) 세 쟝이 다 몸긔로ᄡᅧ129) 우ᄒᆞᆯ 응ᄒᆞ며 아래ᄅᆞᆯ 녕ᄒᆞ고 뇌고130) ᄒᆞ며 텬아셩을131) 부러든 춍통 시ᄂᆞᆫ132) 수ᄅᆡᄂᆞᆫ 머ᄆᆞ러133) 셔고 젼거134)의 군은 소ᄅᆡ티고 수ᄅᆡᄅᆞᆯ 밀며 거ᄅᆞᆫ 군ᄉᆞᄂᆞᆫ 소ᄅᆡ티며 나 사호ᄃᆡ 낭션슈135)ᄂᆞᆫ ᄆᆞᄅᆞᆯ 벙으리와드며136) 도ᄌᆞᄀᆡ 창을 들티고137) 등패[25b]슈 칼ᄒᆞᆯ138) 들이139) ᄆᆞᆯ 발을 베티고 도곤슈 혹 ᄆᆞᆯ 머리ᄂᆞᆯ 티며 혹 ᄆᆞᆯ ᄇᆡᄅᆞᆯ 디ᄅᆞ고 파슈ᄂᆞᆫ 운녁크로140) 도ᄌᆞ

123) 수복(搜伏): 정찰
124) 습딘 적: 진법을 연습할[習陣] 적[時]에
125) 사획(查核)ᄒᆞ고셔 샤조(謝操)ᄒᆞ야든: 실정을 자세히 조사하고서 물러나 조정하거든
126) 조년: 조련(操鍊), 교련
127) 뎜(點)ᄒᆞ야든: 자리를 차지하거든 ☞ 뎜ᄒᆞ-+-야든
128) 거긔보(車騎步): 거병(車兵), 기병(騎兵), 보병(步兵)
129) 몸긔: 인기(認旗). 깃발의 일종으로 장수가 휘하의 군사를 지휘하는 데에 쓰던 깃발. 조선시대 각 군영의 지휘관이 사용하던 신호용 기로서 지휘용인 사명기(司命旗)에 응답하는 회신용 기였다.
130) 뇌고(擂鼓): 북을 마구 침.
131) 텬아셩(天鵝聲): 변사(變事: 보통 일이 아닌 이상한 일)가 있을 때에 군사를 모으는 데 부는 나팔소리.
132) 시ᄂᆞᆫ: 실은 ☞ 시-(← 싣-)+-ᄂᆞᆫ. ‘시ᄂᆞᆫ’는 ‘싣ᄂᆞᆫ’의 오기로 보인다.
133) 머ᄆᆞ러: 머물러 ☞ 머ᄆᆞᆯ-(← 머믈-)+-어. 이 시기에는 비어두음절에서 ‘ᄋᆞ > 으’ 변화를 경험하였기 때문에 비어두음절에서 ‘ᄋᆞ’와 ‘으’는 비변별적이었다. 그리고 이 위치에서 ‘으’는 중성모음[부분 중립모음]으로 기능하였다.
134) 전거(戰車): 전투용 수레.
135) 낭션슈(狼筅手): 창과 비슷한 무기를 다루는 병사.
136) 벙으리와다며: 거부하며, 막으며/벌리다, 떠나게 하다 ☞ 벙으리왇-[← 벙으리-+-왇-(강.접.)]+-아며
137) 들티고: 가로막고 ☞ 주(45) 참조.
138) 칼ᄒᆞᆯ: 칼을 ☞ 칼ㅎ[刀]+ᄋᆞᆯ(목.조.). 중세국어에서는 ‘갈ㅎ’이었으나 17세기에 ‘칼ㅎ’으로 격음화가 일어났다.
139) 들이: ‘들어’의 오기로 보임.

긔 목쥴되[141]ᄅᆞᆯ 디ᄅᆞ며 아래로 ᄆᆞᆯ 눈을 디로고 승ᄶᅩ 츙통 줄ᄂᆞᆯ[142] 두ᄅᆞ혀면[143] 곤댱 ᄡᅳ기와 ᄀᆞᄐᆞ니라

140) 운녁크로: 위쪽으로 ☞ 웃[上](← 윗)#녁ㅋ(← 녘)+으로. 사이시옷이 ‘ㄴ’ 앞에서 표음적으로 표기되어 ‘ㄴ’으로 나타났다. ‘녁크로’는 ‘녀크로’의 중철표기. 『연병지남』에서는 ‘위’는 ‘우’로 표기되었다. ‘위 > 우’의 변화를 경험했다는 것으로 방언의 영향으로 볼 수도 있다.

141) 목쥴되: 목줄띠 ☞ 목구멍에 있는 힘줄

142) 줄ᄂᆞᆯ: 자루를, 손잡이를 ☞ 줄ㄴ+ᄋᆞᆯ. (1) ‘줄ᄋᆞᆯ’이 아닌 ‘줄ᄂᆞᆯ’로 표기된 것은 유성후두마찰음 ‘ㅇ’이 소멸했기 때문이다. (2) 중세국어에서 ‘ᄌᆞᄅᆞ[柄], 노ᄅᆞ[獐], ᄂᆞᄅᆞ[津], 시르[甑], 쟈ᄅᆞ[袋]’ 등은 ‘ᄌᆞᄅᆞ~ᄌᆞᆯㅇ’으로 교체하였다. (3) 근대국어에서는 모음 간 ‘ㄹㄹ’과 ‘ㄹㄴ’이 혼용되었다. 이것은 체언과 조사, 용언과 어미의 연결은 물론이고 단어 내부에서도 그랬으며, 특히 모음 뒤 ‘ㄹ’이 ‘ㄴ’으로 표기된 예가 많았다.

143) 두ᄅᆞ혀면: 돌이키면 ☞ 두ᄅᆞ혀-(＜두르ᅘᅧ-~두르혀-)+-면. ‘ㅡ’가 ‘ㆍ’로 표기된 것에 대해서는 주(133) 참조.

東國新續三綱行實圖 2

東國新續三綱行實圖

1617년(광해군 9) 왕명에 의하여 홍문관부제학 이성(李惺) 등이 편찬한 책이다. 18권 18책. 목판본.

원래 1615년에 그 편찬이 완성되었으나, 간행에 막대한 경비가 소요되기 때문에 각 도의 경제력에 비례하여 전라도 6책, 경상도 4책, 공홍도(公洪道: 충청도) 4책, 황해도 3책, 평안도 1책씩 분담하여 간행하였기 때문에 방언적 요소가 반영되어 있다. 1617년에 그 간행이 완성되었다.

이 책은 조선 초기에 간행된 『삼강행실도(三綱行實圖)』, 『속삼강행실도(續三綱行實圖)』의 속편으로서, 임진왜란 이후에 정표(旌表)를 받은 충신·효자·열녀 등을 중심으로 하여 상·중·하 3편으로 편찬된 『신속삼강행실도(新續三綱行實圖)』를 토대로 하고, 『여지승람』 등의 고전 및 각 지방의 보고자료 중에서 취사선택하여 1,000여 사람의 간략한 전기(傳記)를 만든 뒤에 선대의 예에 따라서 각 한 사람마다 1장의 도화(圖畫)를 붙이고 한문 다음에 국문 언해를 붙였다.

원집 17권과 속부 1권으로 되어 있는데, 권1~8은 효자, 권9는 충신, 권10~17은 열녀에 대하여 다루고 있으며, 속부는 『삼강행실도』, 『속삼강행실도』에 실려 있는 동방인 72인을 취사하여 부록으로 싣고 있다.

이 책은 제목에 나타나 있는 것처럼 그 소재나 내용이 동국, 즉 우리나라에 국한되면서 그 권질(卷帙)이 방대하다는 특징을 가질 뿐 아니라, 계급과 성별의 차별 없이 천인계급의 인물이라 하더라도 행실이 뛰어난 자는 모두 망라하였다는 의의를 가지고 있다.

이 책은 근대국어연구에 매우 귀중한 문헌이며, 동시에 중세국어와의 교량적 구실을 하는 문헌이라고도 하겠다. 규장각에 소장되어 있다.

—『한국민족문화대백과사전』

여기서 강독하는 자료는 홍문각 영인본으로 '효자, 충신, 열녀' 편에서 몇 편씩 선별하였다.

동국신속삼강행실도(東國新續三綱行實圖)

孝1:13b향니 김쳔은 강능부 사룸이라 고려 고종 말애 몽고병이 와 침노홀식 어미 아ᄋᆞ[1] 덕린으로 더브러 사ᄅᆞ잡핌을[2] 닙으니 시예 쳔이 나히 열다ᄉᆞ신 제로ᄃᆡ 자핌을 니븐 사룸이 길헤 주그리 만탄 말 듯고[3] 몽상[4] 니버 복졔놀[5] ᄆᆞᆮ찬더니[6] 훗 열네 힛만애 빅호[7] 습셩[8]이 원으로브터 오리 이셔 쳔의 어믜 유모놀 뎐히여놀 쳔이 어믜 븍쥐[9] 텬로채예[10] 읻는 줄 알고 ᄎᆞ자가 보아 은 쉬단 냥으로ᄡᅥ 사 도라오니라 훗 여슷 힏만애[11] 아ᄋᆞ 덕린이 ᄯᅩ 오나놀 형데

---

1) 아ᄋᆞ: 아우 ☞ 아ᅀᆞ > 아ᄋᆞ > 아우.
2) 사ᄅᆞ잡핌을: 사로잡힘을 ☞ 사ᄅᆞ잡피-[←사ᄅᆞ잡ㅂ-(←사ᄅᆞ잡-)+-히-(피.접.)]+-ㅁ(명.전.)+을(목.조.). '사ᄅᆞ자핌'의 중철표기.
3) 듯고[聞]: 듣고 ☞ 받침 'ㄷ'이 'ㅅ'으로 표기되었다. (1) 음절말 위치에서 'ㅅ'과 'ㄷ' 중화된 결과이다. (2) 15세기에는 음절말에서 'ㅅ'과 'ㄷ'이 엄격히 구분되었으나 16세기 후반에 그 구별이 무너졌고, 17세기에 들어와서는 받침의 'ㅅ'과 'ㄷ'의 표기는 자의적이었다. 18세기부터 받침의 'ㄷ'과 'ㅅ'은 점차 'ㅅ'으로 통일되는 경향이 강하게 나타난다.
4) 몽상(蒙喪): 부모상을 당하여 상복을 입음.
5) 복졔놀: 복제를. 복제(服制): 상례에서 정한 오복(五服)의 제도, 상복을 입는 일 또는 상을 당한 일. ☞ 복졔+놀(←룰). 근대국어에서는 모음 간 'ㄹㄹ'과 'ㄹㄴ'이 혼용되었다. 이것은 체언과 조사, 용언과 어미의 연결은 물론이고 단어 내부에서도 그랬으며, 특히 모음 뒤 'ㄹ'이 'ㄴ'으로 표기된 예가 많았다.
6) ᄆᆞᆮ찬더니: 마쳤더니←ᄆᆞᆮ-(←ᄆᆞᆾ-~ᄆᆞᄎᆞ-)+-안-(←-앗-. 과.어.)+-더-+-니. (1) 'ᄆᆞᆾ-'이 'ᄆᆞᆮ-'으로 표기되었는데 이것은 'ㅅ'과 'ㄷ'이 음절말에서 중화되었기 때문이다. 본 문헌에서는 'ㅅ' 대신 'ㄷ'을 쓴 예가 많이 나온다. (2) 'ᄆᆞᆮ찬-'은 'ᄆᆞᄎᆞᆺ'의 중철표기.
7) 빅호(百戶): 조선시대 오품, 육품의 무관직.
8) 습셩: 인명(人名)
9) 븍쥐: 북쪽 고을의, 북쪽 지방의 ☞ 북쥬(北州)+의
10) 텬로채예: 천로채에. '천로채(天老寨)'는 방책(防柵)의 이름. ☞ 중세국어에서 부사격조사의 이형태로는 '애, 에, 예'가 있었는데, '애'는 양성모음 체언 뒤에, '에'는 음성모음 체언 뒤에, '예'는 '이/y'로 끝난 체언 뒤에 연결되었다. 이런 연결 방식은 이 시기까지 잘 지켜지고 있었다.
11) 읻는←잇는, 쉬단 냥←(쉬닫 냥)←쉬닷 냥, 여슷 힏←여슷 힛

죵신토록 효도ᄅᆞᆯ 다ᄒᆞ니 일향 사ᄅᆞᆷ이 돌ᄒᆞᆯ 셰워 사겨 닐오ᄃᆡ 효ᄌᆞᄆᆞ올히라 ᄒᆞ여 ᄡᅧ 포ᄒᆞ니라

孝2:46b 최필셩은 부안현 사ᄅᆞᆷ이니 어미 결죵긔ᄅᆞᆯ 알커ᄂᆞᆯ[12] ᄲᆞ니 우연호믈 얻다 아비 오래 병드러 ᄇᆡᆨ약기 효험 업더니 의원이 닐오ᄃᆡ ᄇᆞᆰ쥐 가히 고티리라 ᄒᆞ여ᄂᆞᆯ[13] ᄠᅢ[14] 겨을히[15] 당ᄒᆞ야 구호ᄃᆡ 얻디 몯ᄒᆞ야 하ᄂᆞᆯᄒᆞᆯ 브ᄅᆞ지져 우니 ᄇᆞᆰ쥐 절로 니ᄅᆞ거ᄅᆞᆯ 약의 ᄲᅡ ᄡᅥ 나오니 병이 과연 됴타[16] 후에 ᄯᅩ 병이 극ᄒᆞ거ᄅᆞᆯ ᄯᅩᆼ을 ᄆᆞᆮ보고[17] 주그매 미처[18] 슬피 셜워ᄒᆞ야 녜ᄅᆞᆯ 다ᄒᆞ다 샹직ᄒᆞ시니라

孝3:39b 감무[19] 안구셔ᄂᆞᆫ 풍긔군 사ᄅᆞᆷ이라 졍셩되고 효도로옴이[20] 텬셩에셔 낟더니[21] 어버이 치기ᄅᆞᆯ 만난[22] 거술 몸소 ᄀᆞ초며 문안을 폐티 아니ᄒᆞ더니 아

---

12) 알커ᄂᆞᆯ: 앓으므로 ☞ 앓-+-거ᄂᆞᆯ. '앓-'이 타동사이므로 15세기라면 타동사에 붙는 어미 '-어ᄂᆞᆯ'이 연결되어 '알허ᄂᆞᆯ'로 나타났을 것이나 여기서는 비타동사에 붙는 '-거ᄂᆞᆯ'이 타동사에 통합되어 있다. 현대국어에서는 '-거늘' 단일형만이 존재하므로 근대국어시기에 '-어늘'과 '-거늘'이 단일화의 길을 걸었음을 알 수 있다.

13) ᄒᆞ여ᄂᆞᆯ: 하거늘 ☞ ᄒᆞ-+-여ᄂᆞᆯ(< -야ᄂᆞᆯ). 중세국어에서 'ᄒᆞ-'는 '야-불규칙활용'을 하였는데, 이것이 근대국어에서 '여-불규칙'으로 바뀐다. ᄒᆞ야ᄂᆞᆯ > ᄒᆞ여ᄂᆞᆯ > 하거늘

14) ᄠᅢ: 때(時). ☞ ᄣᅢ > ᄠᅢ. 15세기에 'ㅵ'으로 표기되었던 것이 'ㅲ'으로 표기되었다.

15) 겨을히: 겨울에. ☞ 겨을ㅎ+ᄋᆡ(부.조.) ☞ 겨ᅀᅳᆯ > 겨을. '겨ᅀᅳᆯ'은 'ㅎ' 종성체언이 아니었고, 특이처격조사 'ᄋᆡ/의'를 취하는 명사도 아니었다. 여기에서 'ㅎ' 종성체언으로, 그리고 특이처격조사를 취하는 것으로 나타나는 것은 이 시기에 'ㅎ' 종성체언이나 특이처격조사의 쓰임이 많이 혼동되었기 때문이다.

16) 됴타: 좋아졌다 ☞ 둏-+-다. '둏-'은 형용사이지만 동사로 전용되었다. 중세국어에서 형용사가 동사로 전성될 때는 직설법 선어말어미 '-ᄂᆞ-'가 연결되는 것이 일반적이었지만, 형태 변화 없이 동사로 전용되는 경우도 있었다. (예) 형용사: 곶 됴코 여름 하ᄂᆞ니 <용가 2장>, 동사: 王이 좌시고 病이 됴ᄒᆞ샤 <석상 11:21>

17) 극ᄒᆞ거ᄅᆞᆯ~ᄆᆞᆮ보고[味]: 심하거늘 똥을 맛보고 ☞ (1) 극ᄒᆞ거ᄅᆞᆯ ← 극ᄒᆞ거ᄂᆞᆯ. 모음 뒤에서 'ᄅᆞᆯ'이 'ᄂᆞᆯ'로 표기되었다. (2) 'ᄆᆞᆮ보고'는 'ᄆᆞᆺ보고'에서 받침 'ㅅ'이 'ㄷ'으로 표기되었다. 음절말에서 'ㅅ'과 'ㄷ'은 16세기 말엽에 중화되었다.

18) 주그매 미처: 죽음에 이르러 ☞ 죽-+-음(명.전.)+애(부.조.)

19) 감무(監務): 고려 중기 · 조선 전기에, 중앙의 관원을 파견하지 못한 지방의 작은 현(縣)을 다스리기 위하여 두었던 지방관. 태종 13년(1413)에 현감(縣監)으로 이름을 고쳤다.

20) 효도로옴이: 효도로움이 ☞ 효도롭-(← 효도+-롭-)+-옴+이(주.조.). 효도로ᄫᅩᆷ > 효도로옴

비 주그매23) 어미ᄂᆞᆯ 뫼셔 빙소ᄂᆞᆯ24) 딕킈다가 왜적이 크기25) 니르거ᄂᆞᆯ ᄆᆞ올 사ᄅᆞᆷ이 다 피ᄒᆞ여 허여디되26) 구셰 홀로 빙소 곁틔셔 어미ᄂᆞᆯ 안고 슬피 울어 하ᄂᆞᆯ끠 브르지져27) ᄀᆞᆯ오ᄃᆡ 원컨대 늘근 어미로 더브러 주근 아븨 곁틔셔 ᄒᆞᆷ끠 주그리라28) ᄒᆞ더라 도적이 어미ᄂᆞᆯ 쟝ᄎᆞᆺ 주기려 ᄒᆞ거ᄂᆞᆯ 구셰 몸으로ᄡᅥ 칼ᄂᆞᆯ흘 당ᄒᆡ여 ᄑᆞᆯ과29) 등이 다 ᄒᆡ여디되30) 오히려 슬피 울고 ᄠᅥ나디 아니ᄒᆞᆫ대 도적이 감동ᄒᆡ여 믈러가니 어미와 아ᄃᆞᆯ이 다 사니라 졍문ᄒᆞ시니라

孝4:85b통졍태우31) 심안닌은 의녕현 사ᄅᆞᆷ이라 어버이ᄂᆞᆯ 셤기되 능히 ᄌᆞ식의 직임을 다ᄒᆞ더니 어미 병드러신 제 ᄂᆞᆫ ᄭᅯᆼ이 당 알애32) 절로 ᄠᅥ러디며 싱니

21) 낟더니: 났더니 ☞ 나-+-앋-(←-앗-. 과.어.)+-더-+-니
22) 만난: 맛있는 ☞ 맛나-+-ㄴ
23) 아비 주그매: 아비가 죽음으므로 ☞ 죽-+-음(명.전.)+애(부.조.). 15세기에는, (1) 명사절의 의미상의 주어가 관형격의 형태를 취하는 것이 일반적이었고, 명사형 전성어미가 '옴/움'이었기 때문에 '아븨 주고매'로 나타났을 것이다. (2) 그러나 근대국어에서는 명사절이나 관형사절의 의미상의 주어는 주격의 형태를 취하게 되고, 명사형 전성어미도 '옴/움'이 아닌 '(으)ㅁ'이 널리 쓰인다. 15세기에는 명사형 전성어미(-옴/-움)와 명사파생 접미사(-옴/-음)가 달랐으나 17세기에는 선어말어미 '오/우'가 소멸함에 따라 그 구별이 점차 없어졌다. 주(41)과 비교.
24) 빙소(殯所): 상여가 나갈 때까지 관을 놓아 두는 방
25) 크기: 크게 ☞ 크-+-기(부.접.). 중세국어에서는 '크다'의 부사는 '키'였는데 근대국어에서는 '크기'가 쓰이고 있다.
26) 허여디되: 헤어지되 ☞ 허여디-+-되(←-오되<-오ᄃᆡ). 중세국어에서 '-ᄃᆡ'는 항상 '-오-'를 선접하는 어미였으나 근대국어에서 '-오-'가 소멸함에 따라 '-되(<-ᄃᆡ)'만 나타났다.
27) 브르지져: 부르짖어 ☞ 브르지지-+-어
28) 원컨대 ~ 주그리라: 원컨대 늙은 어머니와 함께 주근 아버지의 곁에서 죽으리라 ☞ 주어가 1인칭이므로 15세기라면 인칭활용의 '오/우'가 삽입되어 서술어가 '주구리라'로 나타났을 것이다. 선어말어미 '-오-'의 소멸은 소학언해(1586)에서 완성된 것으로 본다.
29) 칼ᄂᆞᆯ흘/ᄑᆞᆯ과: 칼날을/팔과 ☞ 칼<갈ㅎ, ᄑᆞᆯ<ᄇᆞᆯㅎ. 어두에서 격음화되었다. 'ᄑᆞᆯ과'가 'ᄑᆞᆯ콰'로 나타나지 않음은 이 시기에 'ㅎ' 종성체언의 'ㅎ'이 소멸되고 있었기 때문이다. <東新 孝7:9b>에서는 '갈ᄂᆞᆯ해'로 나타나 아직은 '갈ㅎ~칼ㅎ'이 교체하고 있음을 보여준다.
30) ᄒᆡ여디되: 헤어지되[毁(훼)], 헐어지되[壞(괴)], 손상을 입되 ☞ ᄒᆡ여디-+-되(<-오되<-오ᄃᆡ).
31) 통졍태우: 통정대부. 조선 시대에 둔, 정삼품 문관의 품계. 고종 2년(1865)부터 종친과 의빈(儀賓)의 품계로도 썼다.

에33) ᄠᅱ여 ᄇᆡᆮ34) 가온대 들거ᄂᆞᆯ 어더 뼈 받ᄌᆞ오니 사ᄅᆞᆷ이 효도의 감동ᄒᆞᄆᆞᆯ35) 일ᄏᆞᆮ더라 나히 여슌에 두 상ᄉᆞᄂᆞᆯ 년ᄒᆡ여 만나 무덤 겨ᄐᆡ 녀막36) ᄒᆞ고 여ᄉᆞᆺ ᄒᆡᄅᆞᆯ ᄒᆞᆫ 적도 지븨 ᄂᆞ려가디 아니ᄒᆞ니라 공헌대왕됴애 정문ᄒᆞ시니라

孝5:61b 유ᄒᆞᆨ37) 황윤겸은 풍긔군 사ᄅᆞᆷ이라 텬셩이 지극히 효러니38) 져머셔 어미ᄂᆞᆯ 일코 셜워 샹훼ᄒᆞ기ᄂᆞᆯ39) 범졔예 넘게 ᄒᆞ고 영장40) 졔ᄉᆞᄂᆞᆯ 례ᄂᆞᆯ 극진이 ᄒᆞ더라 아비ᄂᆞᆯ 봉양ᄒᆞ기ᄅᆞᆯ 친히 만난 거ᄉᆞᆯ 장만ᄒᆞ고 ᄆᆡ양 ᄃᆞᆯ기 처암 울거든 반ᄃᆞ시 의관을 ᄀᆞ초와 븍신별에 니마ᄂᆞᆯ 조아 아븨 나ᄒᆞᆯ 더어믈 빈 후에 아븨 겨신 ᄃᆡ41) 나아가 문안ᄒᆞ여 죵시ᄂᆞᆯ42) ᄒᆞᆫᄀᆞᆯᄀᆞ티 ᄒᆞ더라 형 득겸이 오래 병드러 죽게 되엿거ᄂᆞᆯ43) ᄯᅩᆼ을 맏보고 손가락 버혀 뼈 드리니 병이 즉시 됴ᄒᆞ니라44) 쇼경대왕됴애 정문ᄒᆞ시니라

孝6:8b 유ᄒᆞᆨ 니문시와 문지ᄂᆞᆫ 셔울 사ᄅᆞᆷ이니 참의 니거의 아ᄃᆞ리라 그 아ᅀᆞ45)

---

32) 알애: 아래 ☞ 알애 ← 아래. 과도 분철표기이다. (1) 체언과 조사를 구분해서 적으려는 의식이 강하게 나타남에 따라 과도분철이 자주 나타난다. 이 시기에 용언과 어미를 구분하여 적기도 하였으나 체언과 조사의 구분 표기에 비하면 그 세력이 약하였다. (2) 중세국어에서 '아래'는 '下'의 뜻이었고, '아ᄅᆡ'는 시간적으로 이전(以前)에의 의미였다.

33) 싱니에: 생잉어가, 산 잉어가 ☞ 싱니어[싱-(접두.)+니어(鯉魚)]+ㅣ(주.조.)

34) ᄇᆡᆮ: 배 ☞ ᄇᆡ[舟]+ㄷ[← ㅅ(사이시옷)]

35) 감동ᄒᆞᄆᆞᆯ: 감동함을 ☞ 감동(感動)ᄒᆞ-+-(ᄋᆞ)ㅁ(명.전.)+ᄋᆞᆯ(목.조.). 선어말어미 '-오-'의 소멸로 명사형어미와 명사파생 접미사의 형태가 '-(ᄋᆞ/으)ㅁ'으로 같아졌다.

36) 여막(廬幕): 궤연(几筵) 옆이나 무덤 가까이에 지어 놓고 상제가 거처하는 초막.

37) 유ᄒᆞᆨ(幼學): 고려, 조선 시대에 벼슬하지 아니한 유생(儒生)을 이르던 말

38) 효러니: 효이더니, 효성스럽더니 ☞ 효+∅-(서.조.)+-러-(← -더-)+-니. 영형태의 서술격조사가 연결될 환경이 아니지만 연결되었다. '이/y' 뒤에서 영형태의 서술격조사가 연결되었다.

39) 샹훼ᄒᆞ기ᄂᆞᆯ: 상훼(傷毁)하다.

40) 영장(永葬): 안장(安葬). 편안하게 장사 지냄.

41) 아븨 나ᄒᆞᆯ 더어믈, 아븨 겨신: 아버지의 나이가 더하기를, 아버지가 계신 ☞ 명사절과 관형절의 의미상의 주어가 관형격의 형태를 취하고 있다. 주(23)과 비교.

42) 죵시ᄂᆞᆯ: 시작과 끝을 ☞ 종시(終始)+ᄂᆞᆯ(← ᄅᆞᆯ)

43) 되엿거ᄂᆞᆯ: 되-+-엿-(← 엇. 과.어.)+-거ᄂᆞᆯ

44) 됴ᄒᆞ니라: 좋아졌다 ☞ 둏-+-ᄋᆞ니라. '둏-'은 동사적 용법이다. 주(16) 참조.

45) 아ᅀᆞ: 아우. ☞ 시기적으로 'ㅿ'은 소멸한 후였으나 15세기의 삼강행실도나 16세기 초의

문형으로 더브러 아비롤 조차 셔녁흐로 가다가 이쳔 길 가온대 니르러 문형이 왜적의게 해흔 배 되고 게 쏘 칼늘홀 만나 두 아돌을 경계흐야 멀리 피흐라 흔대 문시와 문지 골오더 아바님이 할마님 떠나기롤 몯흐시니 즈식이 엇디 촘아 아바님을 브리링잇가[46] 다만 맛당히 흔가지로 주글 ᄯᆞ롬이로송이다[47] 도적이 과연히 크게 니르러 그 부모롤 해코져 흐거늘 둘히 서르 븓잡고 브르며 우러 몸으로써 딕홈을[48] 비러 죵시예 변티 아니흐야 ᄆᆞ춤애 해홈을 니브니라 쇼경대왕됴애 정문흐시니라

孝6:27b 훈도[49] 신원녹은 의셩현 사롬이라 고려 효ᄌᆞ 신우의 훋[50] ᄌᆞ손이라 열설에 아비 병들거놀 손소 스스로 약 달히며 옫싀[51] 쯰 아니 그르기롤 여듧 히지이[52] 게을리 아니흐더라 믿[53] 주그매 분묘애 녀막 사니라 편모놀 봉양호믈 마온 히놀 호더 힘써 그 ᄆᆞ숨를 깃써케[54] 흐고 어버잇끠[55] 잔치흐는 곡

속삼강행실도의 영향으로 'ㅿ'이 표기된 것으로 추정된다.

46) ᄌᆞ식이 엇디 촘아 아바님을 브리링잇가: 자식이 어찌 차마 아버님을 버리겠습니까? ☞ 브리링잇가: 브리-+-링잇가[←-리잇가(의.어.)]. (1) 의문사 '엇디'가 있으므로 설명의문문의 어미 '-리잇고'가 오는 것이 중세국어의 문법 질서이다. 그러나 근대국어에서 두 의문문의 어미가 단일화되는 과정 중에 있었기 때문에 설명의문문에 판정의문문의 어미가 나타났다. (2) '브리링잇가'는 중세국어의 '흐쇼셔'체 의문형표지인 '-잇-'의 'ㆁ'이 앞음절의 종성으로 올라가 표기된 것이다. 이런 표기는 음절초성에서 'ㆁ'이 발음되지 않았음을 알려준다.

47) ᄯᆞ롬이로송이다: ᄯᆞ롬+이-(서.조.)+-돗-(감동법)+-오-(인칭활용)+-이-(흐쇼셔체 표지)+-다. (1) 서술격조사 뒤에서 '-돗-'이 '-롯-'으로 바뀌었다. (2) 흐쇼셔체 표지인 '-이-'의 'ㆁ'이 앞 음절의 종성으로 올라가 표기되었다.

48) 딕홈을: 대신함을← 딕(代)+흐-+-옴+을

49) 훈도(訓導): 조선 시대에, 한양의 사학(四學)과 지방의 향교에서 교육을 맡아보던 직책. 사학의 훈도는 성균관의 관원들이 겸임하였다.

50) 훋: 훗(後)

51) 옫싀: 옷의 ☞ 옫ㅅ+의. '옷'의 받침이 'ㄷ'으로 표기되고 'ㅅ'이 다음 음절의 초성으로 거듭적혔다. 중철표기이다.

52) 히지이: 해까지 ☞ 히[年]+지이(보조사)

53) 믿[及]: 미처, 이르러 ☞ 밋→믿

54) 깃써케: 기뻐하게 ☞ 긺+-어#흐-+-게. '긺'에서 'ㄱ'이 뒤로 연철되면서 'ㅅ'이 거듭적

됴 여듧 ᄆᆞᆯ놀 지어 놀내56) 블러 ᄢᅧ 헌슈ᄒᆞ더니57) 어미 병들거늘 ᄯᅩᆼ을 맛보고 ᄆᆡᆫ 주그매 슬허 울기ᄅᆞᆯ 무졀히 ᄒᆞ고 날로 세 번 무덤믜 오ᄅᆞ고 샹을 그려 졔텽58) 우희 걸고 일즉 ᄀᆞ로ᄃᆡ 내 주근 후의 어믜 기틴59) 샹을 관 안희 장ᄒᆞ라 내 당당히 디하의 뫼셔 시리라60) 그 스승 쥬세붕이 죽거늘 심상61) 삼 년 ᄒᆞ니라 금 샹됴애 졍문ᄒᆞ시니라

孝7:3b 혹싱 고응익은 횡셩현 사ᄅᆞᆷ이니 튱신 고셰두의 아ᄃᆞᆯ이라 임진왜난의 아비 군ᄉᆞ 거ᄂᆞ리고 도적글 티더니 듁산 도적기 그 뒤흘 ᄲᅡ셔 쟝ᄎᆞᆫ62) 해ᄅᆞᆯ 닙게 되거ᄅᆞᆯ 응익기 플흘 불로 ᄒᆞ야 바ᄅᆞ 아ᄑᆡ63) 가 모ᄆᆞ로ᄡᅥ ᄀᆞ리오니 도적이 다 놀ᄒᆞ로64) 주기다 금 샹됴애 졍문ᄒᆞ시니라

어졌다.

55) 어버잇끠: 어버이+끠(높임 부.조.). 근대국어에서 수여 표시의 조사는 평칭의 '의게', 존칭의 '께'로 통일됨.

56) 놀내: *놀개 > 놀애 > 놀래~놀내, 노래 > 노래. 'ㄹㅇ'(여기서 'ㅇ'은 유성후두마찰음)은 16세기 말기에 와서는 동사의 활용형에서 'ㄹㄹ'로 변했는데, 17세기 문헌에서는 명사에서도 이것이 'ㄹㄹ'(놀래)로 변했다. 그런데 '노래'도 보이므로, 'ㄹㅇ'은 'ㄹㄹ'과 'ㄹ'의 두 갈래로 발달했으며 18세기에 와서 'ㄹ'형으로 일반화된 것으로 생각된다.(이기문:1998:206). 또한, 모음 간 'ㄹㄹ'과 'ㄹㄴ'이 혼용되었다. 이것은 체언과 조사, 용언과 어미의 결합은 물론이고 단어 내부에서도 그랬으며, 특히 모음 뒤 'ㄹ'이 'ㄴ'으로 표기된 예가 많았다.

57) 헌슈ᄒᆞ더니: 헌수하더니 ☞ '헌수(獻壽)하다'는 환갑잔치 따위에서 주인공에게 장수를 비는 뜻으로 술잔을 올린다는 뜻이다.

58) 졔텽(祭廳): (1) 장례 때 제사를 지내기 위하여 무덤 옆에 임시로 마련한 제터. (2) 제사를 지내기 위해 마련한 대청.

59) 어믜 기틴: 어머니가 끼친, 어미니가 남긴 ☞ 관형절의 의미상의 주어가 관형격의 형태를 취하고 있다.

60) 시리라: 있으리라 ☞ 시-(←이시-[有])+-리-+-라

61) 심상(心喪): 상복은 입지 않으나 상제와 같은 마음으로 근신하는 일.

62) 쟝ᄎᆞᆫ: 장차 ☞ <東新 孝6:76b>에서는 '쟝ᄎᆞᆺ'으로 표기되었다. 16세기 말엽부터 음절말 'ㅅ'과 'ㄷ'은 구분이 되지 않았고, 17세기에 이르러서는 음절말 'ㅅ'과 'ㄷ'의 표기는 자의적이었다. 18세기부터는 'ㅅ'으로 통일되어 가는 경향이 뚜렷하다.

63) 아ᄑᆡ: 앞에. ☞ '앒 > 앞'. 순음 앞에서 'ㄹ'이 탈락했다. 이 시기에 '앒'이 '앞'으로 변화하는 과정 중에 있었다고 할 수 있다.

孝7:4b유ᄒᆞᆨ 고명달은 강진현 사ᄅᆞᆷ이니 어ᄆᆡ 상ᄉᆞ의 시묘ᄒᆞ고 슬피 셜워ᄒᆞ기ᄅᆞᆯ 녜예 넘게 ᄒᆞ고 딜ᄃᆡ65)ᄅᆞᆯ 번디 아니ᄒᆞ고 울기ᄅᆞᆯ ᄣᅢ 업시 ᄒᆞ고 몸소 니겨 ᄲᅧ 졔ᄉᆞᄅᆞᆯ 공급ᄒᆞ더라 아비 병드러 놀ᄅᆡ66) 고기ᄅᆞᆯ 먹고져 ᄒᆞ니 놀리67) 스스로68) 동산 가온ᄃᆡ 오나ᄂᆞᆯ 가져다가 받ᄌᆞᆸ다 믿 주그매 울기ᄋᆡ69) 슬품과 졔ᄉᆞ의 졍셩이 ᄒᆞᆫᄀᆞᆯᄀᆞ티 젼상ᄉᆞ ᄀᆞᆮ더라 일즙70) 졔믈이 여러 번 업스믈 셜워ᄒᆞ니 믄득 버슷71) 두어ᄇᆡᆨ 믿티72) 울 미ᄐᆡ73) 나 년ᄒᆞ여 긋디74) 아니ᄒᆞ더라 쇼경대왕 상의 심상 삼 년 ᄒᆞ다 금 샹됴애 졍문ᄒᆞ시니라

孝8:15b진ᄉᆞ 뉴영은 나쥐 사ᄅᆞᆷ이라 뎡유왜난애 도적이 그 어미ᄅᆞᆯ 주겨ᄂᆞᆯ 영이 크게 브르지져 어미ᄅᆞᆯ 안으니 올ᄒᆞᆫᄑᆞᆯ을 버혀 주기니 ᄑᆞᆯ히75) 오히녀 어믜 주검을 안고 잇더라 금 샹됴애 졍문ᄒᆞ시니라

---

64) ᄂᆞᆯᄒᆞ로: 칼날[刃]로 ☞ᄂᆞᆯㅎ+ᄋᆞ로

65) 딜ᄃᆡ: 수질(首絰)과 요질(腰絰). 상복을 입을 때 머리에 두르는 짚에 삼껍질을 감은 둥근케와 삼을 섞어 굵은 동아줄 같이 만든, 상복을 입을 때 띠는 허리 띠.

66) 놀ᄅᆡ: 노루의 ☞ 노ᄅᆞ[獐]+ᄋᆡ(관.조.). 중세국어에서 '노ᄅᆞ'는 자음 조사와 '와' 앞에서 '노ᄅᆞ', 모음 조사 앞에서 '놀ㅇ'로 교체하였으나 이 시기에는 '노ᄅᆞ~놀ㄹ'로 교체한다. 주(56) 참조.

67) 놀리: 노루가 ☞ 노ᄅᆞ+이→놀이>놀리

68) 스스로: 스스로→스싀로>스스로

69) 울기ᄋᆡ: 울기에 ☞ 울-+-기(명.전.)+ᄋᆡ(부.조.). 근대국어에 와서 명사형 전성어미로 '-기'가 급격하게 많이 사용되었다. 그 결과 '-(으)ㅁ(<옴/움)' 명사형 전성어미는 중세에 비해 위축되었다.

70) 일즙: 일찍이

71) 버슷[菌]: 버섯

72) 믿티: 뿌리가, 밑이, 근본(根本)이 ☞ 믿ㅌ(←밑[根])+이(주.조.)→믿티. '미티'의 중철 표기.

73) 미ᄐᆡ: 밑에 ☞ 밑[下]+ᄋᆡ(부.조.)

74) 긋디: 끊어지지 ☞ 긋-(←긏-)+-디

75) 올ᄒᆞᆫᄑᆞᆯ을 버혀 주기니 ᄑᆞᆯ히: 오른팔을 베어 죽이니 팔이 ☞ (1) 올ᄒᆞᆫᄑᆞᆯ을: 올ᄒᆞᆫ#ᄑᆞᆯ(←ᄑᆞᆯㅎ<ᄇᆞᆯㅎ[腕])+을. 'ᄑᆞᆯ'은 'ᄇᆞᆯㅎ'에서 어두격음화가 일어난 뒤에 'ㅎ'이 탈락된 형태이다. (2) ᄑᆞᆯ히: ᄑᆞᆯㅎ+이. 'ᄑᆞᆯㅎ'은 'ᄇᆞᆯㅎ'에서 어두의 격음화를 경험한 뒤에도 'ㅎ'이 유지되어 있어서 앞의 'ᄑᆞᆯ'과 표기에 차이를 보인다. 이것은 'ㅎ-종성체언'의 동요를 나타내는 것이다. 'ㅎ-종성체언'의 동요는 15세기부터 19세기까지 지속된다.

忠1:25b 최츈명은 ᄌᆞ산군 사ᄅᆞᆷ이라 부ᄉᆞ 되엿더니 몽고병이 고을ᄒᆞᆯ 빠ᄂᆞᆯ[76] 구디 디킈여 항복 아니ᄒᆞ더니 왕이 몽쟝의 힐칙호믈 시름ᄒᆞ야 사ᄅᆞᆷ 보내야 항ᄒᆞ라 니ᄅᆞᆫ대 츈명이 문 닫고 ᄃᆡ답 아니터니 희안공 뎡이 대집셩을 보내야 항ᄒᆞ라 니ᄅᆞᆫ대 츈명이 좌우로 ᄒᆞ여곰 ᄡᅩ니 집셩이 최이의게 ᄎᆞᆷ소ᄒᆞ야ᄂᆞᆯ 이 니ᄇᆡᆨ젼을 보내야 쟝ᄎᆞᆺ 목 버히려 ᄒᆞ거ᄂᆞᆯ 몽사ᄅᆞᆷ이 무ᄅᆞ되 이 엇던 사ᄅᆞᆷ고[77] ᄇᆡᆨ젼이 ᄀᆞᆯ오ᄃᆡ[78] 이 고을 원니라 ᄒᆞ니 몽인이 ᄀᆞᆯ오ᄃᆡ 이 사ᄅᆞᆷ이 내게 비록 역명ᄒᆞ나 네게 이셔ᄂᆞᆫ 튱신이 되여시니 나도 ᄯᅩ 아니 주기거ᄃᆞᆫ 네 젼셩ᄒᆞᆫ 튱신을 주기미 가ᄒᆞ냐코[79] 구디 쳥ᄒᆞ야 노ᄒᆞ니라

忠1:51b 현감 신길원은 셔울 사ᄅᆞᆷ이니 임진 셰의 문경 고을히 원으로셔 왜적의게 자펴셔 도적이 환도ᄅᆞᆯ ᄲᅢ여 협박ᄒᆞ야 닐오ᄃᆡ 네 고을 원이니 ᄆᆞᆯ ᄃᆞᆯ리기 잘 ᄒᆞᄂᆞᆫ다[80] 길원이 닐오ᄃᆡ 내 션ᄇᆡ니 엇디 능히 ᄆᆞᄅᆞᆯ ᄃᆞᆯ리리오 도적이 ᄯᅩ 협박ᄒᆞ야 닐오ᄃᆡ 네 ᄲᆞᆯ리 항ᄒᆞ고 일홈 두라 길원이 ᄯᅩ 굴티 아니ᄒᆞᆫ대 ᄯᅩ 길ᄒᆞᆯ ᄀᆞᄅᆞ치라 ᄒᆞ거ᄂᆞᆯ 아디 몯ᄒᆞ노라 번받고[81] 손으로 목을 ᄀᆞᄅᆞ치며 닐오ᄃᆡ ᄲᆞᆯ리 베히라[82] ᄒᆞ고 ᄭᅮ짓기ᄅᆞᆯ[83] 입의 그치디 아니ᄒᆞᆫ대 도적의 쟝슈ㅣ 크게

76) 빠ᄂᆞᆯ: 싸거늘, 포위하거늘 ☞ 빠-+-아ᄂᆞᆯ. '빠다[包圍]'가 타동사이기 때문에 '-아ᄂᆞᆯ'이 연결되었고 어간의 모음과 어미의 모음이 같아서 '아'가 탈락한 형태다.

77) 이 엇던 사ᄅᆞᆷ고: 이 사람이 어떤 사람인가? ☞ 의문보조사 '고'에 의한 체언의문문으로 설명의문문이다. 근대국어에서 체언의문문은 없어지고 서술격조사와 의문형어미에 의한 의문문으로 바뀐다.

78) 무ᄅᆞ되~ᄀᆞᆯ오되: '무ᄅᆞ되'에서는 '-ᄋᆞ되'가, 'ᄀᆞᆯ오되'에는 '-오되'가 연결되어 있다. '-오되 > -ᄋᆞ(으)되 > -되'의 변화를 보인다.

79) 네 젼셩(全誠)ᄒᆞᆫ 튱신을 주기미 가ᄒᆞ냐코: 네가 정성을 다한 충신을 죽임이 가하냐 하고 ☞ 15세기 국어에서는 2인칭 의문형어미로 '-ㄴ다'가 있었다. 중세라면 '네~가ᄒᆞᆫ다'일 것이나 16세기부터 2인칭 의문형어미는 1.3인칭 의문형어미인 '-뇨/-녀'로 통합되기 시작한다. 또한, 어미 '-녀'가 근대국어에서는 '-냐'로 바뀌었다.

80) 네 고을 원이니 ᄆᆞᆯ ᄃᆞᆯ리기 잘 ᄒᆞᄂᆞᆫ다: 네가 고을의 원님이니 말 달리기 잘 하느냐? ☞ 주어가 2인칭이어서 2인칭 의문형어미 '-ㄴ다'가 연결되었다. <東新 忠1:25b>에서는 2인칭 주어임에도 의문형어미 '-냐'가 연결되었다.

81) 번받고: 버티고 치받치고 ☞ 번받-+-고.

노ᄒᆞ야 ᄒᆞᆫ ᄑᆞᆯᄒᆞᆯ 버히고 닐오ᄃᆡ 길ᄒᆞᆯ ᄀᆞᄅᆞ치디 몯ᄒᆞ리로소냐[84] 길원이 닐오ᄃᆡ ᄑᆞᆯ 업ᄉᆞᆫ 사ᄅᆞᆷ이 므ᄉᆞ 이ᄅᆞᆯ ᄒᆞ리오 도적이 촌촌이 베히다 금 샹됴애 졍문ᄒᆞ시니라

忠1:65b 찰방[85] 남뎡유는 셔울 사ᄅᆞᆷ이라 왜적을 간셩 ᄡᅡ히 가 만나니 도적이 항ᄒᆞ라 지촉ᄒᆞ되 굴티 아니ᄒᆞᆫ대 도적이 왼ᄑᆞᆯᄒᆞᆯ 베디ᄅᆞ고[86] 머리ᄃᆡ골을 텨 ᄣᆡ리되[87] ᄯᅩᄒᆞᆫ 굴티 아니ᄒᆞ고 크게 ᄭᅮ종ᄒᆞ야 닐오ᄃᆡ ᄲᆞᆯ리 죽고져 ᄒᆞ니 맛당히 나ᄅᆞᆯ ᄲᆞᆯ리 주기라 ᄒᆞ야ᄂᆞᆯ 도적이 ᄡᅩ와 가ᄉᆞᆷ을 마쳐 즉시 주그니라 금 샹됴애 졍문ᄒᆞ시니라

忠1:90b 통졔ᄉᆞ 니슌신은 아산현 사ᄅᆞᆷ이니 디용이[88] 사ᄅᆞᆷ의게[89] 넘더라 임진왜난의 통졔ᄉᆡ 되여 구션을[90] ᄆᆡᆼᄀᆞ라 예[91]ᄅᆞᆯ 텨 여러 번 이긔다 무슐 년 겨을히 쥬ᄉᆞᄅᆞᆯ 거ᄂᆞ리고 도적으로 더브러 남히 셤 바단 가온대[92] 가 크기 사화 이긔기ᄅᆞᆯ 타셔 ᄆᆞᄅᆞ조쳐 가ᄂᆞ리ᄅᆞᆯ ᄠᆞᆯ오다가[93] 슌신이 ᄂᆞᆫ 텰환의 마ᄌᆞᆫ 배

---

82) 베히라: 베어라 ☞ 베히-+-라(명.어.). 같은 곳(아랫줄)에서는 '버히고'로 나타난다. 중세국어에서도 '베히다~버히다' 두 어형이 다 사용되었으나 '버히다'가 더 우세하였다.

83) ᄭᅮ짓기ᄅᆞᆯ: 꾸짖기를 ☞ ᄭᅮ짓-(<구짖-)+-기(명.전.)+ᄅᆞᆯ(목.조.). 어두경음화현상이 일어났다.

84) 길ᄒᆞᆯ ᄀᆞᄅᆞ치디 몯ᄒᆞ리로소냐: 길을 가리키지 못하겠느냐 ☞ 몯ᄒᆞ리로소냐: 몯ᄒᆞ-+-리-(추측법)+-롯-(←-돗-. 감동법)+-ᄋᆞ냐(의.어.). 주어가 2인칭이지만 어미는 '-냐(<-녀)'가 쓰였다. 2인칭 의문문이 1.3인칭 의문문으로 통일되는 과정을 보인다. 주(80) 참조.

85) 찰방(察訪): 조선 시대에, 각 도의 역참 일을 맡아보던 종육품 외직(外職) 문관의 벼슬. 중종 30년(1535)에 역승을 고친 것으로 공문서를 전달하거나 공무로 여행하는 사람의 편리를 도모하였다.

86) 베디ᄅᆞ고: 베어 버리고, 베고

87) ᄣᆡ리되: 쪼개다, 깨뜨리다←ᄣᆡ리-+-되(←-되<-오되<-오ᄃᆡ). (1) 17세기에 'ㅴ, ㅶ, ㅼ'은 모두 'ㄷ'의 된소리를 표기하는 한 방법이었다. (2) '-되'는 중세국어 '-오ᄃᆡ'에서 '-ᄃᆡ'의 순행적 원순성동화와 선어말어미 '-오-'의 소멸로 형성된 형태이다.

88) 디용(智勇)이: 지혜와 용기가

89) 사ᄅᆞᆷ의게: 사람보다←사ᄅᆞᆷ+의게(비교 부.조.)

90) 구션(龜船)을: 거북선을

91) 예: 왜(倭). 일본 사람.

92) 바단 가온대: 바닷 가운데 ☞ 사이시옷이 'ㄷ'으로 표기되었다.

되여 죽기예 님ᄒᆞ여 좌우ᄃᆞ려 닐러 ᄀᆞ오ᄃᆡ 삼가 발상티 마오 긔롤 두ᄅᆞ고 붑을[94] 울려 날 사라실 적 ᄀᆞ티 ᄒᆞ라 ᄒᆞ야ᄂᆞᆯ 그 말대로 ᄒᆞ야 ᄆᆞᄎᆞᆷ내 크기 이긔여 도라오다 쇼경대왕이 녹공 증직 ᄒᆞ시고 금 샹됴의 졍문ᄒᆞ시니라

烈2:6b역녀 슌금은 김희부 사ᄅᆞᆷ이라 일 지아비ᄂᆞᆯ 주기고[95] 상해[96] 강포ᄒᆞᆫ[97] 사ᄅᆞᆷ의게 더러임을 볼가 저허 일즉 ᄂᆞᆺ출 드러 사ᄅᆞᆷ을 ᄃᆡ티 아니ᄒᆞ더니 이우제 사ᄂᆞᆫ 역니[98] 간범코져 ᄒᆞ거ᄂᆞᆯ 강에[99] ᄡᅡ뎌 주그니라 졍문ᄒᆞ시니라

烈4:23b김시ᄂᆞᆫ 곡산군 사ᄅᆞᆷ이니 유혹 박신간의 안해라 나히 스믈헤 임진왜난을 만나 어미롤 지고 도적을 피ᄒᆡ여 뫼 가온대 수멋더니[100] 도적이 과ᄀᆞ리[101] 니ᄅᆞ러 그 어미롤 주기고 김시롤 그어내여[102] 더러이고져 ᄒᆞ거ᄂᆞᆯ 주그므로ᄡᅥ 스스로 밍셰ᄒᆞ고 손으로 쟈근 칼ᄒᆞᆯ ᄲᅢ여[103] 목을 딜러 피롤 흘려 주

93) 크기 사화 이긔기롤 타셔 ᄆᆞᄅᆞ조쳐 가ᄂᆞ리롤 ᄠᆞᆯ오다가: 크게 싸워 승기(勝氣)를 타서 물러나 좇겨 가는 사람을 따르다가 ☞ (1) 크기: 크-+-기(부.접.). 중세국어에서 '크다'의 부사는 '키'였는데, 근대국어에서는 '크기'가 쓰이고 있다. <東新 孝3:39b>에도 예가 보인다. 주(25) 참조. (2) 이긔기롤: 이긔-[勝(승)]+-기(명.전.)+롤(목.조.). 이긔- > 이기-. 19세기에 '의 > 이' 변화가 일반화된다. (3) ᄆᆞᄅᆞ조쳐: ᄆᆞᄅᆞ조치-[←ᄆᆞᄅᆞ#좇-+-이-(피.접.)]+-어(종.어.). (4) 가ᄂᆞ리롤: 가는 사람을 ☞ 가-+-ᄂᆞ-(직설법)+-ㄹ(관.전.)#이(의.명.)+롤(목.조.)

94) 붑을: 북[鼓(고)]을 ☞ '붑 > 북'은 이화(異化)

95) 주기고: 죽게 하고 ☞ 주기-[←죽-[死]+-이-(사.접.)]+-고. 파생적 사동문으로 사동주의 행위는 간접적.

96) 상해[常]: 늘, 항상.

97) 강포ᄒᆞᆫ: 포악하고 사나운 ☞ 강포(强暴)ᄒᆞ-+-ㄴ

98) 역니(驛吏): 역참(驛站)에 딸린 이속(吏屬).

99) 강에: 강(江)에 ☞ 강(江)+에. (1) 15세기의 'ᄀᆞᄅᆞᆷ'이라는 고유어 대신 한자어 '강'이 쓰였다. 유의어 경쟁에서 '강'이 우위를 확보함으로써 'ᄀᆞᄅᆞᆷ'은 사어(死語)가 되었다. (2) 모음조화를 지킨다면 부사격조사 '애'가 연결될 환경이다. 중세국어에서 부사격조사에는 '애, 에, 예'가 있었는데, '애'는 양성모음 뒤, '에'는 음성모음 뒤, '예'는 '이/y' 뒤에 연결되었다.

100) 수멋더니: 숨었더니 ☞ 숨-+-엇-(과.어.)+-더-+-니

101) 과ᄀᆞ리: 갑자기, 급하게

102) 그어내여: 끌어내어

103) ᄲᅢ여: 빼어 ☞ ᄲᅢ-+-어. 'ㅂ'의 된소리를 표기하는 방법으로, 'ㅄ, ㅃ'이 있었다.

그매 니ᄅᆞ되 굴티 아니ᄒᆞ니 도적이 노ᄒᆡ여 칼ᄒᆞ로 그 ᄂᆞ출 벋기고 그 ᄉᆞ테ᄅᆞᆯ 뜯고 가다 금 샹됴애 졍문ᄒᆞ시니라

烈4:70b신시ᄂᆞᆫ 셔울 사ᄅᆞᆷ이니 유혹 뎡대형의 안해라 임진왜난의 도적을 교해 남촌의 만나 도적이 몬져 신시ᄅᆞᆯ 잡아ᄂᆞᆯ 대형이 화ᄅᆞᆯ ᄻᅧ104) 도적을 ᄡᅩ다가 마치디105) 몯ᄒᆞ니 도적이 쟝ᄎᆞᆫ 대형이ᄂᆞᆯ 주기더니 신시 소리ᄅᆞᆯ 노피 ᄒᆞ야 도적을 구짇고 몸으로ᄡᅥ ᄀᆞ리오니 도적기 ᄒᆞᆫ 칼ᄒᆡ 다 주기다 금 샹됴애 졍문ᄒᆞ시니라

烈6:88b냥녀 셩죵이ᄂᆞᆫ 단양군 사람이니 호댱106) 댱슌의 쳬라 지아비 죽거ᄂᆞᆯ 영장107)과 제ᄅᆞᆯ 녜로ᄡᅥ ᄒᆞ더라 임진왜난의 지압의108) 분묘 앏픠109) 가 수멋거ᄂᆞᆯ ᄆᆞ을 사람과 권당110)이 권ᄒᆞ여 도라가쟈111) 호ᄃᆡ 듣디 아니 ᄒᆞ고 날마다 주근 지아븨게 제ᄒᆞ더니 도적이 쟝ᄎᆞᆺ 고을 디경의 범케 되여ᄂᆞᆯ 셩죵이 ᄆᆡᆼ셰ᄒᆡ여 오욕디 아니호리라 ᄒᆞ고 집 ᄌᆡ믈을 다 권당ᄇᆞ티ᄅᆞᆯ ᄂᆞᆫ화 주고 스ᄉᆞ로 목 졸라112) 죽다 금 샹됴애 졍문ᄒᆞ시니라

烈8:60b쳐녀 뎡시ᄂᆞᆫ 함양군 사ᄅᆞᆷ이니 션비 뎡경운의 ᄯᆞᆯ이라 져머셔브터 셩이며 ᄒᆡᆼ실이 샹녜 사ᄅᆞᆷ과 달라 나히 열세희 부모의 병이 급ᄒᆞ거ᄂᆞᆯ 뎡시 하ᄂᆞᆯᄭᅴ 빌며 약으로 구키ᄅᆞᆯ 게을리 아니ᄒᆞ더니 뎡유왜난의 도적을 뫼ᄒᆡ 가 피ᄒᆞ엿다

---

104) 화ᄅᆞᆯ ᄻᅧ: 활을 당겨 ☞ 'ᄻ'은 'ㅎ'의 된소리 표기이다. ᅘᅧ > ᄻᅧ

105) 마치디: 맞히지 ☞ 마치-[←맞-+-히-(사.접.)]+-디

106) 호댱(戶長): 고을 구실아치의 우두머리. 성종 2년(983)에 당대등을 고친 것이다.

107) 영장(永葬): 安葬(안장). 편안하게 장사 지냄.

108) 지압의: 지아비의 ☞ 지아비+의. 과대분철. '지아븨'로도 나타난다.

109) 앏픠: 앞에. ☞ 앏프(←앒)+의. 앒+의→알픠→앏픠. 중철표기. 'ㄹ'이 탈락한 '아픠'로도 표기되었다. 주(63) 참조.

110) 권당(眷黨): ①자기의 혈족과, 혼인 관계를 통해 혈연적으로 관계가 있는 일정한 범위의 사람들. ②성(姓)이 다른 일가붙이, 즉 고종, 내종, 외종, 이종 등을 포함하여 보통 8촌까지를 이른다.

111) 도라가쟈: 돌아가자 ☞ 돌아가-+-쟈(<-져. 청.어.). 청유형 종결어미가 중세에는 '-져'였으나 근대에 '-쟈(>-자)'로 바뀌고 이것이 현대로 이어졌다.

112) 졸라: 졸라 ☞ ᄌᆞᄅᆞ-+-아

가 도적의 자피인 배 되여 머리로뼈 돌히 브드잇고 수종키롤 입의 그치디 아니ᄒᆞ니 도적이 칼등으로 티니 ᄯᅡᇰᄒᆡ[113] 업더뎌 굴티 아니호매 ᄆᆞᄎᆞᆷ내 해호믈 만나니라 금 샹됴애 졍문ᄒᆞ시니라

113) ᄯᅡᇰᄒᆡ: 땅에 ☞ ᄯᅡᇶ(< ᄯᅡᇂ)+ᄋᆡ(특이 부.조.). 중세에 'ᄯᅡᇂ'이 17세기에 'ㅇ'이 첨가되어 'ᄯᅡᇶ'으로 바뀌고 뒤에 'ㅎ' 탈락하여 현대의 '땅'이 되었다.

朴通事諺解 3

번역박통사(飜譯朴通事)

조선 중종 때 최세진(崔世珍)이 『박통사』 원문의 한자에 한글로 음을 달고 번역한 책으로, 현재 권상 1책만 전하나 『노박집람(老朴集覽)』의 「박통사집람」과 1677년(숙종 3)에 간행된 『박통사언해(朴通事諺解)』에 의하여 상·중·하의 3권 3책임이 분명하다. 이 책에는 간기가 없으나, 1517년(중종 12)에 간행된 『사성통해(四聲通解)』에 실린 「번역노걸대박통사범례(飜譯老乞大朴通事凡例)」와 그 책 서문에 의하여 최세진이 『노걸대』와 함께 『박통사』를 언해한 것이 확실하다.

『박통사』는 중국사람의 생활풍습과 제도 등에 관한 문답을 실은 책이므로 그것을 번역한 이 책은 회화체로 된 특이한 16세기 초의 국어사연구 자료가 된다. 또 『박통사언해』와의 비교가 가능한 점에서도 귀중한 자료다.

—『한국민족문화대백과사전』

박통사언해(朴通事諺解)

『박통사』의 원문에 한글로 중국어의 독음을 달고 언해한 책이다. 간기는 없으나, 1677년(숙종 3) 10월로 되어 있는 이담명(李聃命)의 서문과 같은 해 11월로 되어 있는 내사기(內賜記)에 의하여 1677년에 간행된 것임을 알 수 있다.

서문에 의하면, "최세진(崔世珍)의 『번역박통사』는 이미 당시에 볼 수 없었는데, 평안도 선천군의 역학(譯學) 주충이 민가에서 최세진의 『노박집람(老朴集覽)』을 얻게 되자 사역원제조 권대웅(權大雄)이 역관 변섬(邊暹), 박세화(朴世華) 등 12인을 시켜 『노박집람』을 참고하여 이 책을 편찬하고, 변섬과 박세화의 사재로 간행한 것이다."라고 하였다.

『박통사』는 100년 가까이 중국어 학습서로 사용되어 오던 중, 원문인 중국어가 시의(時宜)에 맞지 않아서 중국 사람과 소통(疏通)되지 않는 점이 있어서 역관 김창조(金昌祚) 등이 이 책을 『박통사신석(朴通事新釋)』 1권으로 만들고, 이를 언해한 『박통사신석언해』 3권을 1765년(영조 41) 평양 감영에서 동시에 간행하였다.

『박통사언해』와 『박통사신석언해』의 언해문은 『번역박통사』와 비슷한 내용이므로 그 대조로써 국어사의 변천과 번역 양식의 차이를 알게 하며, 원문의 한자에 병기된 정음(正音)과 속음(俗音)은 중국어 음운사 연구에 이용될 수 있다.

—『한국민족문화대백과사전』

여기서 강독하는 자료는 『박통사언해』로 홍문각 영인본이다. 비교를 위해 『번역박통사』도 함께 제시한다. 강독의 편의를 위해 한자에 독음을 달았다.

朴通事諺解

上:9a… 형아 네 언제 起身(기신)ᄒᆞᆯ다[1] 이 ᄃᆞᆯ 스므 날ᄢᅴ 起身ᄒᆞ리로다[2] 小人도 箚付關字(차부관자)[3]ᄅᆞᆯ 어드면 곳 上馬ᄒᆞ리로다 聖旨(성지)ᄅᆞᆯ 탓ᄂᆞᆫ다 탓노라[4] 上:9b나ᄂᆞᆫ 이 愚魯(우노)ᄒᆞᆫ[5] 사ᄅᆞᆷ이라 뎌긔 法度(법도)ᄅᆞᆯ 아디 못ᄒᆞ니[6] 네 本國에 가거든 ᄀᆞ장 날을 보ᄉᆞᆲ피라 우리 모다[7] ᄒᆞᆷᄢᅴ[8] 가쟈[9] 올ᄒᆡ 雨水ㅣ ᄀᆞ장 만ᄒᆞ여 믈이 蘆溝橋 獅子(노구교 사자)ㅅ 머리ᄅᆞᆯ ᄌᆞᆷ가 너머上:10a水門을다가[10]

---

1) 네~起身ᄒᆞᆯ다: 너는 언제 출발할 것이냐? ☞ 2인칭 의문문으로 어미는 '-ㄹ다'이다. 2인칭 의문형어미는 이 외에도 '-ㄴ다'가 더 있다. 16세기부터 2인칭 의문형어미는 1.3인칭 의문형어미 '-녀(>-냐)'로 단일화되는 과정을 겪는다. 『번역노걸대』(151?)에서는 주로 설명의문문에서 2인칭 의문형어미가 '1·3인칭' 의문문형 어미로 나타난다.

2) 날ᄢᅴ 起身ᄒᆞ리로다: 날께/날 즈음 출발하겠다 ☞ (1) 날[日]+-ᄢᅴ(< ᄢᅴ. 접미사). '-ᄢᅴ'는 '그 때에 가까운 범위'의 뜻을 더하는 접미사이다. (2) 起身ᄒᆞ-+-리-(추측법)+-+-로-(←-도-. 감동법)+-다

3) 차부관자: 관아의 우두머리가 사람을 보내어 일을 처리하도록 할 때 발급하는 공문서.

4) 탓ᄂᆞᆫ다 탓노라: 받았느냐? 받았다 ☞ 타-[領]+-앗-(과.어.)+-ᄂᆞ-(직설법)+-ㄴ다(2인칭 의.어.). (1) '앗'이 과거시제 선어말어미로 쓰였기 때문에 'ᄂᆞ'는 현재시제의 기능은 없고 서법[직설법]의 기능만을 지닌다. (2) 탓노라: 타-+-앗-(과.어.)+-ᄂᆞ-+-오-(인칭활용)+-라(←-다). 주어가 화자 주어[1인칭]이어서 '-오-'가 연결되었다. 그러나 이때의 '-오-'는 관습적인 것으로 문법적 기능을 하는 것이라 할 수 없다. 16세기 말엽에 선어말어미 '-오-'는 소멸하였다. 주(6)과 비교.

5) 愚魯ᄒᆞᆫ: 어리석고 미련한

6) 나ᄂᆞᆫ~못ᄒᆞ니: 16세기 말엽에 선어말어미 '-오-'가 소멸하였기 때문에, 주어가 1인칭임에도 서술어에 인칭활용의 '-오-'가 연결되지 않았다.

7) 모다: 모두

8) ᄒᆞᆷᄢᅴ: 함께 ☞ 15세기의 'ᄒᆞᆫᄢᅴ'에서 'ㄴ'이 후행하는 'ㅂ'의 조음위치에 동화되어 'ㅁ'으로 바뀌었다. 이것은 'ㅂ'이 발음되었을 때 가능하므로, 'ᄢ'이 자음군이었다는 증거이다. 근대국어에서는 'ᄒᆞᆷᄢᅴ'로 고정되어 나타난다.

9) 가쟈: 가자. ☞ 가-+-쟈(<-져. 청.어.). 중세국어의 청유형 종결어미에는 '-져(ᄒᆞ라체), -사이다(ᄒᆞ쇼셔체)'가 있었다. 이 시기에 'ᄒᆞ라체' 청유형어미는 '쟈'로 굳어진 것으로 보인다.

10) 水門(수문)을다가: 수문을 ☞ 水門+을다가(보조사). '다가'는 '닥-[將]'에 접사화한 어미 '-아'가 붙어 파생된 보조사이다. 그러나 15세기 당시에는 완전히 조사화하지 않아 체언

다딜러[11] 해야ᄇᆞ리고[12] 田禾(전화)[13]에 믈 ᄡᅵ여 ᄒᆞᆫ 불회[14]도 업고 뎌 人家 墻壁(장벽)을 보니 다 믄허뎌시니[15] 네 집 담은 엇더ᄒᆞ뇨

〈번역박통사〉 上:8b… 형님 네 언제 길 나실고 이 ᄃᆞᆶ 스므 날 ᄢᅴ 길 나리이다 쇼ᅀᅵᆫ도 箚付와 關字옷 가지면 ᄆᆞᆯ 토리이다 셩지 맏ᄌᆞ오신가 맏ᄌᆞ오이다 上:9a나는 어리고 미혹ᄒᆞᆫ 사ᄅᆞ미라 뎌긧 법을 아디 몯ᄒᆞ노니 네 네 나라히 니거든 ᄀᆞ장 나ᄅᆞᆯ 보ᅀᆞᆸ피쇼셔 우리 모다 ᄒᆞᆷᄢᅴ 가새이다 올히 비 므슬히 ᄀᆞ장 하니 므리 蘆溝橋ㅅ 란간앳 ᄉᆞ지 머리를 ᄌᆞ마 너머 쉬문을다가 다 다딜어 ᄒᆡ야ᄇᆞ리고 上:9b뎐회 다 ᄡᅳ셔 ᄒᆞᆫ 불회도 업다 보니 ᄂᆞᄆᆡ 짓 담들 다 믈어디돗더라 네 짓 담은 엇더ᄒᆞ뇨

우리 집 담도 여러 도림[16]이 믄허뎌시니 이제 秋後(추후)를 기ᄃᆞ려 整治(정치) ᄒᆞ면 므서시 저프리오[17] 모뢰[18]는 이 天赦日(천사일)[19]이니 모롱이에[20] 가 여

과 결합할 때는 목적격조사 '을'을 동반하였는데, 17세기에도 이런 현상이 지속되고 있다. 이런 유형의 조사에는 '브터, ᄃᆞ려' 등이 더 있다. 현대국어의 '-어다가', '-에다가', '-한테다가', '-로다가'에 남아있다. 허웅(1989:117~118)에 따르면, 15세기에는 '-다가'가 체언에 바로 붙는 예가 보이지 않지만 16세기에는 그런 예가 나타난다고 한다. (예) ᄒᆞᆫ 솽 폴쇠다가 <번박 상:20>, 나그내 조차 가 뎌 벋다가 주고 <번노 상:43>

11) 다딜러: 들이받아, 대질러 ☞ 다디르-+어→다딜어>다딜러. 중세국어에서 'ㄹㅇ'으로 활용하던 동사가 'ㄹㄹ'로 활용하였다(번역박통사에서는 '다딜어'). 중세국어에서 'ᄅᆞ/르'로 끝나는 용언은 'ㄹㅇ'(다ᄅᆞ-+-아→달아)과 'ㄹㄹ'(ᄲᆞᄅᆞ-+아→ᄲᆞᆯ라)로 활용하였으나 근대국어에서 점차 'ㄹㄹ'로 단일화하여 현대국어의 '르-불규칙'으로 이어졌다.
12) 해야ᄇᆞ리고: 헐어버리고 ☞ ᄒᆞ야ᄇᆞ리다>ᄒᆡ야ᄇᆞ리다>해야ᄇᆞ리다. <번역박통사>에서는 'ᄒᆡ야ᄇᆞ리고'로 나타나 'ᄋᆡ>애'의 변화를 경험했음을 알 수 있다.
13) 전화: 전곡(田穀), 곡식.
14) 불회: 뿌리[根] ☞ 불회<불휘.
15) 믄허뎌시니: 무너졌으니, 무너져 있으니 ☞ 믄허디-+-어#시-+-니
16) 도림: 둘레
17) 저프리오: 두렵겠는가? ☞ 저프-[←젛-+-브-(형.접.)]+-리-(추측법)+-오(의.어.)
18) 모뢰: 모레[明後日]
19) 천사일(天赦日): 음력으로, 일 년 중 가장 좋은 길일. 봄은 무인(戊寅), 여름은 갑오(甲午), 가을은 무신(戊申), 겨울은 갑자(甲子)의 날이라고 한다.
20) 모롱이에: 모퉁이에, 모롱이에 ☞ 모롱이+에(부.조.). 중세국어에서는 체언의 끝소리가 '이/y'이면 부사격조사 '예'가 결합하였으나 여기서는 '에'가 결합하였다. 단일화 과정을 겪

러 담 싸는[21] 이와 조역[22]을 블러다가 담 싸이리라[23] 上:10b이바[24] 내 너롤 ㄱㄹ치마[25] 언머에 ᄒᆞᆫ 판고[26] 두 돈 반에 ᄒᆞᆫ 판식 호ᄃᆡ 내 밥을 먹이면 돈 반에 ᄒᆞᆫ 판이라 이바 뎌 밥을 앗기디 말고 ᄒᆞᄅᆞ 세 ᄢᅵ식 뎌[27]롤 주어 밥을 빅브리 먹이고 담 싸는 널[28]로 담 머리예[29] 막아 ᄆᆡ기[30]롤 굿이[31] ᄒᆞ고 돌 고로다가 날회여[32] 다이되[33] 上:11a밧바 말고[34] 뎌로 ᄒᆞ여 工夫 드려[35] 다이라 네 다시 뎌과 商量(상량)ᄒᆞ여[36] 가ᄉᆞ[37] 明年에 믄허디면 三年을 ㄱ음아라[38]

는 중이다. 주(29) 참조.

21) 싸는: 쌓는 ☞ 싸-[積, 築]+-는
22) 조역(助役): 일을 도와서 거들어 줌 또는 그런 사람.
23) 싸이리라: 쌓게 하겠다 ☞ 싸이-[←싸-+-이-(사.접.)]+-리-(추측법/의도)+-라(평.어.)
24) 이바: 감 이봐, 여봐라, 여보게
25) ㄱㄹ치마: 가르치마 ☞ ㄱㄹ치-+-마(약속 평.어.). 주어가 1인칭이지만 인칭활용선어말 어미가 연결되지 않았다.
26) 언머에 ᄒᆞᆫ 판고: 얼마에 한 판인가? ☞ (1) 판: 일이 벌어지는 자리. (2) 체언 '판'에 의문보조사 '고'가 연결된 체언의문문이다. 이 의문문은 '서술격조사+의문형어미'에 의한 의문문으로 대체된다.
27) 뎌롤: 그들(인부들)을 ☞ '뎌'는 3인칭 대명사로 이해된다. 이 '뎌'의 쓰임은 15세기에도 확인된다. (예) 우리 모다 지조롤 겻고아 뎌옷 이기면 짓게 ᄒᆞ고 <석상 6:26>
28) 널[板]: 널판지
29) 머리예: '이' 뒤에서 부사격조사로 '예'가 쓰였다. <朴通 上:10a>에서는 '에'(모롱이에)가 쓰였다. 부사격조사가 단일화되어 가는 과정에 있다고 할 수 있다. 주(20) 참조.
30) ᄆᆡ기: 매기 ☞ ᄆᆡ-[繫(계), 結(결)]+-기(명.전.). 근대국어에서는 명사형 전성어미로 '-기'가 많이 사용되었다. <번박>에서는 명사형 전성어미로 '-옴'이 쓰여 'ᄆᆡ욤'으로 나타난다.
31) 굿이: 굳게 ☞ 굿-(←굳-[固(고)])+-이(부.접.). 음절말에서 'ㄷ'과 'ㅅ'은 16세기 말엽에 중화되어 17세기에는 이 양자의 표기는 자의적이었으나 18세부터는 'ㅅ'으로 단일화 과정을 밟는다.
32) 다회여: 천천히[慢慢的]
33) 다이되: 다지게 하되 ☞ 다이-[다-(←다ᄋᆞ-)+-이-(사.접.)]+-되(<-오되<-오ᄃᆡ)
34) 밧바 말고: 바빠 말고 ☞ 밧ᄇᆞ-+아 말-+-고. 'ㄹ' 뒤에서 'ㄱ'이 약화되지 않았다. 중세국어에서는 'ㄹ'과 'y' 뒤에서 'ㄱ'이 'ㅇ[ɦ]'으로 약화되었으나 근대국어에서는 서술격조사 뒤가 아니고는 이런 일이 없어졌다.
35) 드려: 들이어, 들어오게 하여 ☞ 드리-[←들[入]-+-이-(사.접.)]+-어.
36) 상량(商量)ᄒᆞ여: 헤아려, 잘 생각하여
37) 가ᄉᆞ(假使): 가령
38) ㄱ음아라: 관리하여 ☞ ㄱ음알-+-아

工錢(공전)[39]을 밧디[40] 아니ᄒᆞ고 다으게[41] ᄒᆞ라 이리 뎌의게 文書(문서)ᄅᆞᆯ 밧고 다이면 五十年이라도 믄허디디 아니ᄒᆞ리라

> 우리 짓 담도 여러 판이 믈어디돗더라 이제 ᄀᆞ술 후를 기들워 슈보ᄒᆞᆫ ᄃᆞᆯ 므스 거시 저프리오 모릐는 天赦日이니 보십고지에 가 여러 담 ᄉᆞ리와 손 도으리 블러 上:10a 다가 담 ᄊᆞ라 이바 내 너ᄃᆞ려 ᄀᆞᄅᆞ쵸마 언머의 ᄒᆞᆫ 판식 홀다 은 두 돈 반애 ᄒᆞᆫ 판식 혜여 쓰일 거시라 내 밥곳 머그면 ᄒᆞᆫ 돈 반애 ᄒᆞᆫ 판식 ᄒᆞᄂᆞ니 이바 밥 앗기디 말오 ᄒᆞᄅᆞ 세 번식 저희를 밥 주어 비 브르 머기고 튝판으로 담애 마가 믹요믈 구디 ᄒᆞ上:10b고 돌 달고 날회여 다ᄋᆞ고 바차 말오 저희야 공부ᄃᆞ려 다으게 ᄒᆞ라 네 ᄯᅩ 다시 저ᄃᆞ려 의론호ᄃᆡ 가ᄉᆞ ᄒᆞ다가 너년희 믈어디거든 삼년을 맛다셔 갑 받디 말오 쏘리라 ᄒᆞ야 이러ᄐᆞ시 저ᄃᆞ려 글월 받고 ᄊᆞ이면 쉰 ᄒᆡ라도 믈어디디 아니ᄒᆞ리라

뎌 삭짐 지는 이아[42] 오늘 開倉(개창)ᄒᆞᄂᆞ냐[43] 오늘 開倉ᄒᆞᄂᆞ니라 ᄡᆞᆯ을 ᄐᆞᆯ가[44] 내 두 ᄃᆞᆯ 뇨[45] ᄐᆞᆯ 써시 이셰라[46] 上:11b 몃 짐을 ᄐᆞ료[47] 여ᄃᆞᆲ 짐을 ᄐᆞ리로다 郎中(낭중)[48]아 ᄆᆞᆯ을 그저 이 人家에[49] 브텨 두엇다가 ᄡᆞᆯ 타 나오나든 ᄆᆞᆯ

---

39) 공전(工錢): 품삯
40) 밧디: 받지 ☞ 밧-(← 받-)+-디
41) 다으게: 다지게 ☞ 다으-+-게. <다지게>
42) 이아: 사람아 ☞ 이(의.명.)+아(호.조.)
43) 開倉ᄒᆞᄂᆞ냐: 관아의 창고를 여느냐. 開倉: 관아의 창고를 열어 公穀(공곡)을 내는 일.
44) ᄐᆞᆯ가: 탈까? ☞ ᄐᆞ-+-ㄹ가(의.어.). '-ㄹ가'는 중세국어에서 간접의문형어미였으나 16세기부터 간접의문형어미가 직접의문문에 쓰인 일이 나타난다. 16세기에 '-ㄴ가/-ㄴ고, -ㄹ가/-ㄹ고'가 직접의문문의 환경에서 쓰인 것은 이런 어미들이 근대국어의 'ᄒᆞ소체' 의문형어미로 발달되어 가는 과정을 보여주는 것으로 이해된다. 여기서의 '-ㄹ가'는 'ᄒᆞ소체' 의문형어미이다. 17세기는 'ᄒᆞ소체'가 확립된 때이기 때문이다.
45) 뇨(料): 임금, 월급
46) 이셰라: 있구나 ☞ 이시-+-에라(감.어.)
47) ᄐᆞ료: 타리오? ☞ ᄐᆞ-+-료(← -리-+-오). 2인칭 의문문이지만 어미는 '-료'이다.
48) 郎中: 고려 시대, 상서성(尙書省), 고공사(考功司), 도관(都官), 육조(六曹)의 정오품 벼슬.
49) 인가(人家)에: 인가에 ☞ 양성모음 명사 뒤에서도 부사격조사가 '에'로 나타나 부사격조사

믹엿든50) 갑술 뎌롤 훈 우훔51) 빨을 줌이52) 곳 올타 우리 아직 삭 갑 혜아리쟈 郎中아 네 어딕이셔53) 사는다 上:12a내 平則門(평측문) 굿의이셔54) 사노라 네 언머 삭 갑술 주려 ᄒᆞ는다 五十 낫 銅錢(동전)에 훈 짐식 ᄒᆞ여 가쟈55) 平則門(평측문)이 이 廣豊倉(광풍창)에셔 쁨56)이 二十里 짜히니 五十 낫 銅錢에 훈 짐식 ᄒᆞ면 또 내게 셟디 上:12b아니ᄒᆞ냐57) 어딕 二十 里 짜히 잇ᄂᆞ뇨 가디 아니면 다ᄅᆞ니를 브ᄅᆞ쟈 두어58) 두어 가쟈 郎中아 네 이제 안히59) 가 뎌롤 一百 낫 말 되ᄂᆞᆫ60) 갑술 주고 監納(감납)ᄒᆞᄂᆞᆫ61) 官人들의게 닐러 휘62)로 되게63) ᄒᆞ라 말로 되면 ᄎᆞ디 못ᄒᆞ리라 빨 톄ᄌᆞ64) 가져다가 官號(관호)65) 마초고 셔편에 사술66) 마초라 가 上:13a뎌롤 젹은 삭 갑술 주되67) 三十 낫 돈에 훈 짐식 ᄒᆞ고

는 '에'로 통일되어 가는 과정을 보여준다.

50) 믹엿든: 매이었던, 매게 하였던 ☞ 믹이-[←믹-+-이-(사.접.)]+-엇-(과.어.)+-든(←-던).
(1) 중세국어 완료상 '-어 잇-'에서 발달한 '-엇-/-앗-'은 이 시기에 과거시제선어말어미로 확고히 자리잡았다. (2) '던'이 '든'으로 나타나 '어'가 고모음으로 상승하였다.

51) 우훔: 움큼, 줌.

52) 줌이: 주는 것이 ☞ 주-+-ㅁ(명.전.)+이(주.조.).

53) 어딕이셔: 어디에서 ☞ 어딕+(이)셔(보조사).

54) 굿의이셔: 가[邊(변)]에서 ☞ 굿(←ᄀᆞ)+의이셔(부.조.)

55) 가쟈: 가자. ☞ 가-+-쟈(청.어.). 'ᄒᆞᄅᆞ체'의 청유형 종결어미는 '-쟈'로 굳어진 것으로 보인다.

56) 쁨: 간격(間隔), 거리(距離)

57) 또 내게 셟디 아니ᄒᆞ냐: (너는) 또 나에게 서운하지 아니하냐? ☞ <朴通 上:11b~上:12a>에서 2인칭 의문문이 쓰였으나 여기에서는 쓰이지 않았다.

58) 두어: 감 두워라. 아아(실망이나 마음속의 분노를 나타냄)

59) 안히: 안에 ☞ 안ㅎ[內]+ᄋᆡ.

60) 되ᄂᆞᆫ: (되[升]로) 되는 ☞ 되-+-ᄂᆞᆫ.

61) 감납ᄒᆞᄂᆞᆫ: (관청에서) 쌀을 거두는 ☞ 감납ᄒᆞ-+-ᄂᆞᆫ.

62) 휘: 곡식을 되는 그릇의 한 가지. 스무 말 또는 열닷 말 단위로 만듦.

63) 되게: 되게. ☞ 'y' 뒤에서 'ㄱ'이 약화되지 않았다. 근대국어에서는 서술격조사 뒤를 제외하고는 'ㄱ'이 'ㅇ'으로 바뀌는 규칙이 소멸되었다. 주(34) 참조.

64) 톄ᄌᆞ: 장부(帳簿)

65) 관호(官號): 벼슬 이름

66) 사술: 산가지를 ☞ 삿[籌]+올

67) 뎌롤 젹은 삭 갑술 주되: 저(그 사람)에게 얼마간/적은[少(소)] 삯을 주되 ☞ '주다'가 세 자리 서술어이어서 목적어가 두 개 나타났다. 이런 문장의 구조는 중세국어의 한 특징이었

ᄌᆞᆫ[68] 톄ᄌᆞ 가져와 사ᄉᆞᆯ 디내라 布帒(포대) ᄉᆡ디[69] 아니ᄒᆞᄂᆞ냐 새 布帒니 어ᄃᆡ[70] ᄉᆡᆯ가 저프리오 술위 가져와 시르라[71] 뎌 네 젹은[72] 술위 이시니 ᄒᆞᆫ 술위예 두 짐식 ᄒᆞ여 미러 가져 가쟈 젹은 술위란 말고 그저 큰 술위예 시러 가쟈 千零(천령)이 一頓(일돈)만 ᄀᆞᆺ디 못ᄒᆞ니라[73]

上:11a뎌 삭 바돌 사ᄅᆞ마 오ᄂᆞᆯ 창 여더녀 오ᄂᆞᆯ 여더라 ᄡᆞᆯ ᄐᆞ실가 내 두 돐 월봉을 와 토리라 몃 셤 ᄐᆞ실고 여듧 셤 토리라 랑듕하 몰란 엣 사ᄅᆞᄆᆡ 지븨 쥬ᅌᅵᆫ브텨 두고 ᄡᆞᆯ 타 나커든 몰 ᄆᆡ엿던 갑슬 뎌를 ᄒᆞᆫ 우훔 ᄡᆞᆯ만 주미 올ᄒᆞ니라 上:11b우리 안직 삭슬 혜아리져 랑듕하 네 어듸셔 사ᄂᆞᆫ다 내 평측 문 겨틔셔 사노라 네 삭슬 언메나 줄다 쉰 낫 돈애 ᄒᆞᆫ 셤식 혜여져 가져 平則門이 이 廣豊倉의셔 ᄉᆞ이 뿌미 ᅀᅵ십릿 짜히니 쉰 낫 돈애 ᄒᆞᆫ 셤식 ᄒᆞ면 ᄯᅩ 아니 내 上:12a게 셜우녀 어듸 ᅀᅵ십릿 짜코 아니 가면 다ᄅᆞ니 블로리라 두워두워 가마 郞中이 네 이제 안해 드러가 뎌 말 될 사ᄅᆞᄆᆡ게 돈 일 빅 낫만 주고 監納ᄒᆞᄂᆞᆫ 관원손ᄃᆡ 닐어 고로 되에 ᄒᆞ라 말로 되면 브족ᄒᆞ리라 ᄡᆞᆯ 톨 톄ᄌᆞ 가져다가 上:12b벼슬 일훔 마초고 셔편으로 사ᄉᆞᆯ 마초라 가라 창 안해셔 지낼 삭 주ᄃᆡ 돈 셜흐네 ᄒᆞᆫ 셤식 ᄒᆞ라 창문의 내여 갈 톄ᄌᆞ 가져다가 사ᄉᆞᆯ 도로 드리라 차ᄃᆡ 아니 ᄉᆡᄂᆞ녀 새 차ᄃᆡ를 엇디 ᄉᆡ려 다 의심ᄒᆞ료 술위 가져다가 시르라 뎌긔 네 햐근 술위 잇더라 上:13aᄒᆞᆫ 술위예 두 셤식 미러 가져 쟈근 술위 말오 굴근 술위예 시러 가져 일 쳔 ᄲᅮᆫ 거시 ᄒᆞᆫ 무저비만 ᄀᆞᄐᆞ니 업스니라

上:13b네 뎌 ᄲᅡᆷ에 므슴 瘡(창)고[74] 아디 못ᄢᅦ라 므슴 瘡인디[75] 언제브터 낫ᄂᆞ뇨

는데, 17세기에도 쓰이고 있음을 보인다.

68) ᄌᆞᆫ: 작은, 가는, 잔 ☞ ᄌᆞᆯ-+-ㄴ.

69) ᄉᆡ디: 새지 ☞ ᄉᆡ-[漏]+-디

70) 어ᄃᆡ: (부) 어찌

71) 시르라: 실어라 ☞ 싣-+-(으)라(명.어.). 현대국어의 간접명령형 어미 '-으라'와는 다르다. 용언 어간이 받침이 있기 때문에 매개모음 '으'가 연결되었다. 중세국어 'ᄒᆞ라체' 명령형 어미는 '-라'이고 현대국어의 '해라체' 명령형어미는 '-어라'이다.

72) 젹은: 작은[小(소)]

73) 千零이 一頓만 ᄀᆞᆺ디 못ᄒᆞ니라: 일천(一千)여 개의 부스러기가 하나의 무더기만 같지 못하다

74) 네 뎌 ᄲᅡᆷ에 므슴 瘡(창)고: 너의 저 뺨에 무슨 종기이냐? ☞ (1) 창(瘡): 부스럼, 종기. (2)

그제브터 나시되 ᄀᆞ렵기ᄅᆞᆯ 當(당)티 못ᄒᆞ여라[76] 이러면 일에 해롭디 아니ᄒᆞ다 뎌ᄂᆞᆫ 고티기 쉬오니 모롬이[77] 膏藥(고약)을 브티디 말라 ᄒᆞᆫ 法度(법도)ㅣ 이시니 곳 됴흐리라 太醫(태의) 형아 네 나ᄅᆞᆯ 이 됴흔 법을 ᄀᆞᄅᆞ쳐 주고려[78] 손가락으로다가 뎌 瘡 부리예 [上:14a]춤[79]으로다가 白日 黑夜에 머므로디 말고 ᄇᆞᄅᆞ라 그러면 곳 스러디리라 진실로 됴흔 법이로다[80] 太醫 형이 니ᄅᆞ디 아니면 ᄯᅩ 엇디 알리오 常言에 닐오ᄃᆡ 말을 니ᄅᆞ디 아니면 아디 못ᄒᆞ고 남글[81] ᄯᅮᆯ디 아니면 ᄉᆞ뭇디 아닌ᄂᆞᆫ다[82] ᄒᆞ니라 拜揖(배읍)ᄒᆞ노니 형아 어ᄃᆡ 갓ᄃᆞᆫ다[83] 모롱이에 비단 사라 갓ᄃᆞ니라[84] 네 가져오라 내 보쟈[85] 이 거시 몃 발고 ᄎᆞᆫ[86] 닐

의문보조사 '고'에 의한 체언의문문(설명).

75) 아디 못ᄭᅦ라 므슴 瘡인디: 알지 못하겠구나, 무슨 종기인지. ☞ 못ᄭᅦ라: 못ᄒᆞ-+-ᄭᅦ라(감.어.). 도치문이다.

76) 못ᄒᆞ여라: 못하겠구나 ☞ 못ᄒᆞ-+-여라(감.어.). 중세국어의 감탄형어미 중 '-ㄴ뎌'는 쓰이지 않았으나, '-ㄹ쎠'는 '-ㄹ샤'로 바뀌었고, '-게라~-에라/-애라'는 18세기까지 쓰였다. 17세기 등장하는 감탄형어미는 '-어라, -ㄹ러라, -고나, -괴야, -다/-라' 등이다. 자세한 것은 근대국어의 세기별 종결어미 pp.57~58 참조.

77) 모롬이: 모름지기

78) 주고려: 주오 ☞ 주-(보.용.)+-고려(명.어.) '-고려'는 완곡하게 권유하거나 명령하는 뜻을 나타내는 종결어미로, 현대국어 하오체의 허락법과 유사하다.

79) 춤: 침[唾液]

80) 법이로다: 법이구나 ☞ 법+이-(서.조.)+-로-(←-도-. 감동법)+-다(평.어.). '-로다'를 감탄형 종결어미로 처리할 수도 있다.

81) 남글: 나무를 ☞ 남ㄱ[木]+을. 목적격조사가 'ᄋᆞᆯ'이 쓰이지 않고 '을'이 쓰였다. 이 시기에 모음조화는 거의 붕괴되었다.

82) 아닌ᄂᆞᆫ다: 않는다 ☞ 아니-+-ㄴᄂᆞᆫ다(평.어.). 중세국어에서 직설법 선어말어미 '-ᄂᆞ-'와 평서형 종결어미 '-다'의 결합형인 '-ᄂᆞ다'는 근대국어에서 모음으로 끝난 어간 뒤에서는 '-ㄴ다'로, 자음으로 끝난 어간 뒤에서는 '-는다'로 변하였다. 이 중 '-ㄴ다'는 16세기 문헌에도 간혹 보이나 '-는다'는 17세기에 처음으로 나타나는 것이다.(이기문, 1998:222) 여기의 '-ㄴᄂᆞᆫ다'는 과도기적 형태로 보인다.

83) 갓ᄃᆞᆫ다: 갔더냐? ☞ 가-+-앗-(과.어.)+-ᄃᆞ-(←-더-)+-ㄴ다(2인칭 의.어.)

84) 모롱이에 비단 사라 갓ᄃᆞ니라: 모퉁이에 비단 사러 갔다. ☞ 갓ᄃᆞ니라: 가-+-앗-(과.어.)+-ᄃᆞ-(←-더-. 회상법)+-니라(평.어.)

85) 보쟈: 보자 ☞ 보-+-쟈(화자가 어떤 행동을 하고자 하는 뜻을 나타내는 종결어미)

86) ᄎᆞᆫ: 가득 찬 ☞ ᄎᆞ-[滿]+-ㄴ

곱 발이라 네 알리로소냐 내 알리로다 上:14b이 大紅(대홍)[87]에 五瓜蟒龍(오과망룡)[88]을 슈지[89] 칠ᄒᆞ고 ᄢᅵ눌을 合線(합선)ᄒᆞ여 ᄧᅡ시니 上用ᄒᆞᆯ[90] 비단이라 諸王(제왕)의 비단이 아니오 ᄯᅩ 常行[91]엣 거시 아니라 열두 냥 은이 아니면 뎌ᄅᆞᆯ 사디 못ᄒᆞ리라 애[92] 진실로 ᄀᆞ장 영노술갑다[93] 곳 아ᄂᆞᆫ고나 네 므슴 말을 니ᄅᆞᄂᆞᆫ다 됴흔 거슨 쳔티 아니ᄒᆞ고 쳔ᄒᆞᆫ 거슨 됴티 아니ᄒᆞ니라…

> 네 그 ᄲᆞᆷ 우희 므슴 헌 듸오 아ᄆᆞ란 헌 된동 몰래라 언제 우터 나뇨 그제 우터 나니 ᄇᆞ라와 견듸디 몯ᄒᆞ애라 上:13b이러면 므던ᄒᆞ니 쉬이 저를 고틸 거시니 구틔여 골 브티기 말라 ᄒᆞᆫ 법이 잇ᄂᆞ니 즉재 됴ᄒᆞ리라 의원 형님하 네 이 됴ᄒᆞᆫ 법을 날ᄃᆞ려 ᄀᆞᄅᆞ치고려 손ᄶᅡ라고로다가 그 헐므슨 부리 우희 추모로 나져 바며 머므디 말오 ᄇᆞᄅᆞ라 그리면 즉재 스러디리라 上:14a진실로 됴ᄒᆞᆫ 법이로다 의원 형님이 니ᄅᆞ디 아니ᄒᆞ면 ᄯᅩ 엇디 알리잇고 샹녯 말소매 닐오ᄃᆡ 말ᄉᆞᆷ올 아니 니ᄅᆞ면 아디 몯ᄒᆞ고 남 글 닑디 아니면 ᄉᆞᄆᆞᆺ디 몯ᄒᆞᄂᆞ니라 읍ᄒᆞ노이다 형님 어듸 녀러 오시ᄂᆞᆫ고 져제 비단 사라 녀러 오노이다 上:14b네 가져오라 내 보리라 이 몃 바람고 닐굽 바리 ᄎᆞ니라 네 바ᄅᆞ 알리로소녀 내 바ᄅᆞ 알리로다 이 다홍비체 다ᄉᆞᆺ 밧ᄀᆞ락 가진 ᄲᅳᆯ 업슨 룡을 슈질ᄒᆞ니ᄂᆞᆫ 놀와 씨를 실어 울워 ᄧᅡ시니 우희 ᄡᅳ실 비단이오 제왕네 ᄡᅳ실 비단도 아니며 ᄯᅩ 샹네 ᄃᆞᆫ니ᄂᆞᆫ 비단 아니로소니 열두량 은 上:15a곳 아니면 그를 사디 몯ᄒᆞ리로다 해 진실로 영노술갑고 ᄉᆞᄆᆞᆺ가올셔 즉재 바ᄅᆞ 아라 올히 닐어다 네 므슴 마ᄅᆞᆯ 니ᄅᆞᄂᆞᆫ다 됴ᄒᆞᆫ 거시 빋디디 아니코 빋딘 거시 됴티 아니니라 …

上:34b常言에 닐오ᄃᆡ ᄒᆞᆫ ᄒᆡᄅᆞᆯ 비얌 믈려 디내면 三年을 드렛줄[94]도 접퍼ᄒᆞᆫ

87) 대홍(大紅): 도자기의 몸에 덧씌우는 잿물의 하나. 짙은 홍색.
88) 오과망룡(五瓜蟒龍): 발가락이 다섯인 뿔이 없는 용.
89) 슈지: 비단조각
90) 상용(上用)ᄒᆞᆯ: 윗사람이 사용할
91) 상행(常行): 일상 하는 일. 항상 취하는 행동.
92) 애: 감 아!
93) 영노술갑다: 영악하다, 약삭빠르다, 지혜롭다.
94) 드렛줄: 두레박줄

다95) ᄒᆞ니라 애 貴人을 보기 어렵다 네 어ᄃᆡ 잇ᄃᆞᆫ다96) 이 두어 ᄂᆞᆯ 보디 못ᄒᆞ엿더니 이바 엇디 이리 黃瘦(황수)ᄒᆞ엿ᄂᆞ뇨97) 내 요ᄉᆞ이 痢疾(이질) 알하 일즙98) ᄆᆞᆯ을 ᄐᆞ디 못ᄒᆞ더니라 애 내 일즙 아디 못ᄒᆞᆯ샤99) 일즉 아드면 探望(탐망)ᄒᆞ라100) 감이 됴탓다101) 네 허믈 말라 不敢(불감)ᄒᆞ여라102) 相公아103)

> 上:37a… 샹녯 말ᄉᆞ매 닐오ᄃᆡ ᄒᆞᆫ 희옷 비얌 믈이기 디내면 上:37b삼 년이도록 드렛줄도 저프다 ᄒᆞᄂᆞ니라 해 귀ᄒᆞᆫ 사ᄅᆞᆷ 보미 어렵도다 네 어ᄃᆡ 가 잇던다 이 두ᅀᅥ 날 몯 보로다 이바 엇디 이리 누르고 여위뇨 내 요ᄉᆞ이 ᄆᆞᆯ 보기 어더셔 ᄆᆞᆯ ᄐᆞ디 몯ᄒᆞ다라 해 내 일즉 아디 몯호라 ᄇᆞᆯ셔 아더든 보라 가미 됴탓다

朴通 上:35a이제 다 됴한ᄂᆞᆫ가 못ᄒᆞ엿ᄂᆞᆫ가104) ᄒᆞᆫ 太醫(태의) 날을105) 보고 져근ᄇᆡ106) 우희 ᄒᆞᆫ 번 침 주고 발 안ᄡᅱ머리107) 우희 三壯108) ᄡᅡᆨ으로 ᄯᅳ니 이

---

95) 접퍼ᄒᆞᆫ다: 두려워한다 ☞ 저퍼ᄒᆞ-(← 저프-+-어#ᄒᆞ-)+-ㄴ다(평.어.). 중세국어에서는 '저프다'가 쓰였으나 여기에 '-ᄒᆞ'를 결합시킨 '저퍼ᄒᆞ다'라는 새로운 파생어가 쓰임.
96) 잇ᄃᆞᆫ다: 있더냐? ☞ 잇-+-ᄃᆞ-(←-더-)+-ㄴ다(2인칭 의.어.)
97) 황수(黃瘦): 얼굴이 누렇게 뜨고 몸이 야윔.
98) 일즙: 일찍 ☞ 일즉 > 일즙
99) 못ᄒᆞᆯ샤: 못하였구나 ☞ 못ᄒᆞ-+ㄹ샤(< ㄹ셔. 감.어.). 17세기 감탄형어미는 주(76) 참조.
100) 탐망(探望): 살펴서 바라봄.
101) 됴탓다: 좋았겠다 ☞ 둏-+-다-(←-더-+-오-)+-앗-+-다
102) 不敢ᄒᆞ여라: 감히 하지 못하였구나 ☞ 불감ᄒᆞ-+-여라(감.어.)
103) 相公아: 상공+아(< 하). 중세국어라면, 높임 호격조사가 쓰일 자리나 평칭의 '-아'가 쓰였다. 이 시기에 높임호격조사는 없어졌다. <번역박통사>에서는 '하'가 쓰였다.
104) 이제 다 됴한ᄂᆞᆫ가 못ᄒᆞ엿ᄂᆞᆫ가: 이제 다 좋아졌는가 좋아지지 않았는가? ☞ 됴한ᄂᆞᆫ가: 둏-+-앗-+-ᄂᆞᆫ가(의.어.). (1) '둏다'는 동사로 쓰였다. (2) '-ᄂᆞᆫ가'(←-ᄂᆞ-+ㄴ가)는 'ᄒᆞ소체' 의문형어미이다.
105) 날을: 나를 ☞ 나+를(목.조.). ☞ 목적격조사 'ㄹ'이 앞 음절의 종성으로 올려 표기되었다. <박통사언해>에서는 모음 뒤에서 목적격조사는 '를/ᄅᆞᆯ', 자음 뒤에서는 '을/ᄋᆞᆯ'로 고정되어 있다. '나'에 조사 '을'이 연결되면서 'ㄹ'이 덧났다고 볼 수는 없다.
106) 져근ᄇᆡ: 뱃가죽 ☞ 원문은 '小肚皮(소두피)'이고 <번역박통사>에서는 'ᄇᆡᆺ기ᄉᆞᆰ'이다.
107) 안ᄡᅱ머리: 내과(內踝). 발의 안쪽에 있는 복사뼈.
108) 삼장(三壯)/우각ᄯᅳᆷ/실ᄯᅳᆷ: 세 장(張)/뜸질의 한 가지인 무흔구(無痕灸)/뜸질의 한 가지인 유흔

제ᄂᆞᆫ 밥도 져기 먹고 ᄯᅩ 無事(무사)ᄒᆞ여라 우각ᄯᅳᆷ을 ᄒᆞ냐 실ᄯᅳᆷ을 ᄒᆞ냐 엇디 우각ᄯᅳᆷ을 ᄒᆞ리오 ᄒᆞᆫ 낫 플을 가져다가 그저 ᄒᆞᆫ ᄡᅳᆷ[109] 기릐ᄅᆞᆯ 견초와 ᄭᅳᆫ처[110] 더 플 긋ᄐᆞᆯ다가 발 안쒸머리 ᄲᅧ족ᄒᆞᆫ ᄡᅧ 우희 노하 더 긋 간 곳을 上:35b더 쑥을다가 부뷔기ᄅᆞᆯ[111] ᄀᆞ놀게 ᄒᆞ야 ᄒᆞᆫ 발 우희 三壯식 ᄯᅳ되 잇긋 ᄌᆡ[112] 되게 ᄒᆞ니 이리 홈애 艾氣(애기)[113] ᄇᆡ에 드러가 氣脈(기맥)이 通行(통행)ᄒᆞ야 곳 됴핫거니와 그저 ᄉᆡᆫ다리[114]예 ᄀᆞ장 氣力이 업세라[115] 네 아직 ᄆᆞᆯ ᄐᆞ디 말라 밧바므섯ᄒᆞ리오 아직 乾飯(건반)과 肉湯(육탕)으로 날회여 됴리ᄒᆞ면 ᄯᅩ 됴티 아니ᄒᆞ랴[116]

上:38a 네 허믈 마오려 엇던 말소미어시뇨 샹공하 이제 다 됴ᄒᆞ야 겨신가 몯ᄒᆞ야 겨신가 ᄒᆞᆫ 의원이 나ᄅᆞᆯ 보고 빗기슭 우희 ᄒᆞᆫ 침 주고 발 앖귀머리예 세 붓 ᄲᅮ글 ᄯᅳ니 이제 밥도 져그나 머그며 ᄯᅩ 무ᄉᆞᄒᆞ애라 우각ᄯᅳᆷ ᄒᆞᆫ가 진짓ᄯᅳᆷ ᄒᆞᆫ가 엇디 上:38b우각ᄯᅳᆷ ᄒᆞᆯ고 플 ᄒᆞᆫ 나츨 가져다가 ᄒᆞᆫ 줌 기릐예 견주워 베혀 그 픐 그틀 가져다가 발 앖귀머리 ᄲᅧ론ᄒᆞᆫ ᄡᅧ 우희 노코 그 ᄒᆞᆫ 귿 간 ᄃᆡ ᄡᅮᆨ을 가져다가 부븨요ᄆᆞᆯ ᄀᆞᄂᆞ리 ᄒᆞ야 ᄒᆞᆫ 발 우희 세 붓식 ᄯᅮᄃᆡ 긋 ᄌᆡ 도의게 ᄒᆞ니 이리 上:39a ᄒᆞ니 ᄡᅮᆨ기미 ᄇᆡ예 드러가니 긔ᄆᆡᆨ이 통ᄒᆡᆼᄒᆞ야 즉재 됴커니와 다믄 ᄉᆡᆫ다리예 ᄀᆞ장 힘 업세라 네 안직 ᄆᆞᆯ ᄐᆞ디 말라 바차 므슴 ᄒᆞᆯ다 안직 여윈 밥과 고깃국으로 날회여 됴리호ᄃᆡ ᄯᅩ 아니 됴ᄒᆞ녀

구(有痕灸)

109) ᄡᅳᆷ: 뼘

110) 견초와 ᄭᅳᆫ처: 견주어 끊어 ☞ 견초-+(오)아 ᄭᅳᆫ츠-+어

111) 부뷔기ᄅᆞᆯ: 비비기를 ☞ 부뷔-+-기(명.전.)+ᄅᆞᆯ(목.조.)

112) 잇긋 ᄌᆡ: 느긋하게 재[灰(회)]가 ☞ ᄌᆡ: ᄌᆡ[灰]+∅(보.조.)

113) 艾氣: 쑥 기운, 쑥김

114) ᄉᆡᆫ다리[腿]: 넓적다리

115) 업세라: 없구나 ☞ 없+에라(감.어.). 감탄형어미는 주(76) 참조.

116) 됴티 아니ᄒᆞ랴: 좋지 않으랴 ☞ 『번역박통사』에서는 '아니 됴ᄒᆞ녀'로 되어 짧은 부정문이 긴 부정문으로 바뀌었음을 알 수 있다.

上:36a내 여러 슈지엣말[117] 니ᄅᆞᆯ 거시니 네 알라 네 닐ᄋᆞ라 내 알마[118] 큰형은 山에셔 븝 티고 둘재 형은 오락가락ᄒᆞ고 셋재 형은 ᄂᆞᆫ호고져 ᄒᆞ고 넷재 형은 ᄒᆞᆫ ᄃᆡ 모호고져 ᄒᆞᄂᆞᆫ 거시여 내 아노라 큰형은 이 방취오[119] 둘재 형은 이 다리우리오 셋재 형은 이 ᄀᆞ애[120]오 넷재 형은 이 바ᄂᆞ실이로다 네 ᄯᅩ 닐ᄋᆞ라 내 알마 길헤 당ᄒᆞᆫ ᄒᆞᆫ 퍽이[121] 삼이 上:36b비 오면 곳 ᄑᆡ고 ᄇᆞ람 블면 여ᄅᆞᆷ[122] 여ᄂᆞᆫ 거시여 이ᄂᆞᆫ 이 우산이로다 ᄒᆞᆫ ᄏᆡ 큰 놈이 큰 신 ᄡᅳ으고 나존 가고 밤은 오ᄂᆞᆫ 거시여 이 거ᄉᆞᆫ 이 燈臺(등대)로다 ᄧᅵᆼ긘[123] 담에 ᄧᅵᆼ긘 니블에 ᄧᅵᆼ긘 겨집이 안히셔 자ᄂᆞᆫ 거시여 이거ᄉᆞᆫ 이 호되로다 금독 은독이 안팟ᄭᅴ 솔[124] 업슨 거시여 이 거ᄉᆞᆫ 이 ᄃᆞᆰ의 알이로다 쇠사ᄅᆞᆷ 쇠ᄆᆞᆯᄭᅴ 쇠채 아니면 ᄆᆞᆯᄭᅴ[125] ᄂᆞ리디 아니ᄒᆞᄂᆞᆫ 거시여 上:37a이 거ᄉᆞᆫ 이 ᄌᆞ믈쇠로다 담 우희 ᄒᆞᆫ 덩이 ᄒᆞᆰ이 ᄲᅥ러뎌 ᄂᆞ려와 禮拜(예배)ᄒᆞᄂᆞᆫ 거시여 이 거ᄉᆞᆫ 이 새로다[126] ᄒᆞᆫ 늘근 사ᄅᆞᆷ이 길ᄒᆡ 당ᄒᆞ여 자거든 디나가며 디나오리 날을 롱호되 나의 굴금과 ᄀᆞᄂᆞᆷ을[127] 아디 못ᄒᆞᄂᆞᆫ 거시여 이 거ᄉᆞᆫ 이 매로다 담 우희 ᄒᆞᆫ 琵琶(비파)ᄅᆞᆯ 아므도 감히 뎌ᄅᆞᆯ 잡디 못ᄒᆞᄂᆞᆫ 거시여 이 거ᄉᆞᆫ 이 전갈이로다[128]

---

117) 슈지엣말[謎]: 수수께끼

118) 내 알마: 내가 아마, 내가 답을 대겠다 ☞ 알마: 알-+-마(약속 평.어.). (1) 근대국어에서는 'ㅁ' 앞에서 'ㄹ'이 탈락하지 않으나 현대국어에서는 탈락한다. (2) 인칭활용의 '-오-'는 연결되지 않았다.

119) 방취오: 방망이고 ☞ 방츄+이-+-오(←-고)

120) 다리우리/ᄀᆞ애: 다리미/가위[剪]

121) 퍽이: 포기[叢]

122) 여ᄅᆞᆷ: 열매 ☞ 열-+-ᄋᆞᆷ(명.접.)

123) ᄧᅵᆼ긘: 찡그린 ☞ ᄧᅵᆼ긔-+-ㄴ

124) 솔[縫]: 솔기 꿰맨 줄.

125) ᄆᆞᆯᄭᅴ: 말[馬]에서 ☞ ᄆᆞᆯ+ᄭᅴ(부.조.). 'ᄭᅴ'는 께'에 해당하는 존칭 수여의 부사격조사이다. 'ᄆᆞᆯ'이 높임의 대상이 될 수는 없으므로 'ᄭᅴ'의 사용은 옳지 않은 것으로 보인다.

126) 새[鳥]: 새

127) 굴금/ᄀᆞᄂᆞᆷ: 굵음/가늠 ☞ 굵-+음(명.전.)/ᄀᆞᄂᆞᆯ-+ᄋᆞᆷ(명.전.).

128) 전갈(全蝎): 전갈

내 여러 미화를 닐오리니 上:39b네 바ᄅᆞ 니ᄅᆞ라 네 니ᄅᆞ라 내 바ᄅᆞ 닐오마 ᄆᆞᆮ형은 뫼 우희셔 붑 티고 둘잿 형은 오락가락 ᄒᆞ고 세잿 형은 헤혀고져 ᄒᆞ고 넷잿 형은 ᄒᆞᆫ ᄃᆡ 모도고져 ᄒᆞᄂᆞ니 내 바ᄅᆞ 닐오마 ᄆᆞᆮ형은 방취오 둘잿 형은 다리우리오 세잿 형은 ᄀᆞᅀᅢ오 네잿 형은 바ᄂᆞ시리로다 네 다시 니 上:40aᄅᆞ라 내 바ᄅᆞ 닐오마 길 마갓ᄂᆞᆫ ᄒᆞᆫ 퍼깃 사미 비 오나든 곳 퓌오 ᄇᆞ롬 ᄀᆞᆯ겨든 여름 ᄆᆡᆺᄂᆞᆫ 거셔 이ᄂᆞᆫ 우산 ᄒᆞᆫ ᄏᆡ 큰 노미 큰 신 ᄡᅳᅀᅳ고 나지어든 갓다가 바미어든 오ᄂᆞᆫ 거셔 이ᄂᆞᆫ 燈檠 삥권 시우게 삥권 니브레 삥권 할미 안해셔 조으ᄂᆞᆫ 거셔 上:40b이ᄂᆞᆫ 당츄ᄌᆞ 금독과 은독괘 밧과 안히 틈 업슨 거셔 이ᄂᆞᆫ ᄃᆞᆯᄀᆡ 알 쇠 사ᄅᆞ미 쇠 ᄆᆞᆯ게 쇠 채 아니 티면 ᄆᆞᆯ 브리디 아니ᄒᆞᄂᆞᆫ 거셔 이ᄂᆞᆫ ᄌᆞᄆᆞᆯ쇠 담 우희 ᄒᆞᆫ 무적 ᄒᆞᆰ기 ᄢᅥ디여 ᄂᆞ려와 례수ᄒᆞᄂᆞᆫ 거셔 이ᄂᆞᆫ 새 ᄒᆞᆫ 늘그니 길 마가셔 자ᄃᆡ 上:41a디나가ᄂᆞ니 디나오ᄂᆞ니 나를 ᄒᆞ놀요ᄃᆡ 내 굴그며 ᄀᆞᄂᆞᆫ 이를 모ᄅᆞᄂᆞᆫ 거셔 이ᄂᆞᆫ 매 담 우희 ᄒᆞᆫ 비화를 아모도 잡디 몯ᄒᆞᄂᆞᆫ 거셔 이ᄂᆞᆫ 全蠍

上:37b집 뒤ᄒᆡ ᄒᆞᆫ 무리 양이 낫낫치 ᄭᅩ리 긴 거시여 이 거슨 이 櫻桃(앵도) ㅣ 로다 ᄒᆞᆫ 간 방에 다ᄉᆞᆺ 사ᄅᆞᆷ이 계요[129] 안는[130] 거시여 이 거슨 이 훠ᄋᆡ로다[131] 금탕권 쇠곡지[132] 속에 白沙蜜(백사밀)[133] 담은 거시여 이 거슨 이 ᄇᆡ로다[134] ᄒᆞᆫ 긴 독[135] 조븐 부리 안ᄒᆡ ᄎᆞᆸᄡᆞᆯ술 담은 거시여 이 거슨 이 졋이로다[136] 하ᄂᆞᆯ에 ᄀᆞ득ᄒᆞᆫ 星宿(성수)에 ᄒᆞᆫ ᄃᆞᆯ을[137] 세 오리[138] 노ᄒᆞ로[139] 제대로 ᄡᅳ으ᄂᆞᆫ 거시여 이 거슨 이 上:38a져올이로다 두 先生이 모다 약 ᄑᆞ노라 ᄒᆞ나흔 안잣고

129) 계요: 겨우
130) 안는: 앉는 ☞ 안-(←앉-)+-는
131) 훠ᄋᆡ로다: 목이 있는 신발 ☞ 훠ᄋᆞ+이-(서.조.)+로(←도. 감동법)+-다(평.어.)
132) 금탕권/쇠곡지: 금으로 만든 약탕관/쇠로 만든 꼭지 또는 손잡이[柄]
133) 백사밀: 흰 모래와 같은 꿀.
134) ᄇᆡ[梨]: 배
135) 독[甕]: 독, 큰 옹기
136) 졋[乳]: 젖
137) ᄃᆞᆯ[月]: 달
138) 오리[條]: 가지, 가닥
139) 노ᄒᆞ로: 노끈으로 ☞ 노ㅎ[繩]+으로(＜ᄋᆞ로)

ᄒᆞ나ᄒᆞᆫ ᄠᅱ노ᄂᆞᆫ 거시여 이 거슨 이 藥刀(약도)ㅣ로다 弟兄 세네히 기동을 딕희여 안잣ᄂᆞᆫ 거시여 이 거슨 이 마ᄂᆞᆯ이로다 하ᄂᆞᆯ ᄯᅮᆯᄂᆞᆫ 송곳 아릐 큰 믈이여 이 거슨 이 탑이로다 애 다 아ᄂᆞᆫ고나 진짓 이 精細(정세)ᄒᆞᆫ140) 사ᄅᆞᆷ이로다 …

> 집 뒤헤 ᄒᆞᆫ 물 양이 난나치 ᄶᅩ리 긴 거셔 이ᄂᆞᆫ 이ᄉᆞ랏 ᄒᆞᆫ 값 방의 [上:41b]다ᄉᆞᆺ 사ᄅᆞ미 계우 안잣ᄂᆞᆫ 거셔 이ᄂᆞᆫ 훠 금단디예 쇠 줄의 안해 빅사밀 다맛ᄂᆞᆫ 거셔 이ᄂᆞᆫ 비 ᄒᆞᆫ 긴 독애 조븐 부리예 안해 ᄎᆞ발 수울 다맛ᄂᆞᆫ 거셔 이ᄂᆞᆫ 젓 하ᄂᆞᆯ해 ᄀᆞᄃᆞ기 잇ᄂᆞᆫ 별돌해 ᄒᆞᆫ 낫 ᄃᆞ래 [上:42a]세 올 노힉 ᄆᆞᅀᆞ모로 ᄡᅳᅀᅳ니ᄂᆞᆫ 거셔 이ᄂᆞᆫ 저울 두 션싱이 약 지ᅀᅥ ᄑᆞ노라 히야 ᄒᆞᆫ나ᄒᆞᆫ 안잣거든 ᄒᆞᆫ나ᄒᆞᆫ 봅노ᄂᆞᆫ 거셔 이ᄂᆞᆫ 약쟉도 형데 서너히 기동 딕킈여 안잣ᄂᆞᆫ 거셔 이ᄂᆞᆫ 마ᄂᆞᆯ 하ᄂᆞᆯ 듧ᄂᆞᆫ 솔오재 아래ᄂᆞᆫ 큰 므려 이ᄂᆞᆫ 탑 해 다 [上:42b]바ᄅᆞ 닐오ᄃᆡ 마치 히야다 진실로 정셰ᄒᆞᆫ 사ᄅᆞ미로다 …

[上:51b]… ᄆᆞᄋᆞᆷ 됴ᄒᆞᆫ 大舍(대사)ㅣ아141) 어ᄃᆡ 브리웟ᄂᆞᆫ다142) [上:52a]小人이 뎌 동녁 모롱이143) 堂子(당자)ㅅ ᄇᆞᄅᆞᆷ을144) ᄉᆞ이145) ᄒᆞ여 브리워 잇노라 널문가146) 므슴 문고147) 남을148) 향ᄒᆞ여 ᄒᆞᆫ 小墻門(소장문)149) 낸 거시 곳이라 下處(하처)ᄅᆞᆯ150) 아디 못ᄒᆞ여 일즙 보라 가디 못ᄒᆞ니 大舍ㅣ아 허믈 말라 不敢ᄒᆞ여라

---

140) 정세(精細): 정밀하고 자세함.

141) 대사(大舍)ㅣ아: 대사야. 대사(大舍): 신라 때에 둔, 십칠 관등 가운데 열두째 등급. 사두품 이상이 오를 수 있었다. * <번박>에서는 높임 호격조사 '하'가 쓰였으나 여기서는 모음 뒤에서 'ㅣ아'가 쓰였다. 현대국어에서 자음 뒤에서 '아', 모음 뒤에서 '야'가 쓰이는 것과 같다.

142) 브리웟ᄂᆞᆫ다: 짐을 부렸느냐?, 짐을 내려놓았느냐? ☞ 브리우-+-엇-+-ᄂᆞ-+-ㄴ다.

143) 모롱이: 모퉁이

144) ᄇᆞᄅᆞᆷ[壁]을: 벽을

145) ᄉᆞ이: 사이[間] ☞ ᄉᆞ이 < ᄉᆞᅀᅵ

146) 널문가: 널빤지로 만든 문이냐? ☞ 널문[板門]+가(의문보조사). 체언의문문으로 판정의문문이다.

147) 므슴 문고: 무슨 문이냐? ☞ 문(門)+고(의문보조사). 체언의문문으로 설명의문문이다.

148) 남(南): 남녘, 남쪽

149) 소장문(小墻門): 담이 낮은 문

150) 하처를: 묵는 곳을, 묵는 집을

형아 小人이 어제 貴宅(귀댁)에[151] ᄒᆞᆫ 拜貼(배첩)을[152] 머므럿더니 보신가[153] 올ᄒᆞ니 小人이 보앗노라 小人이 每日에 집의 잇디 아니ᄒᆞ니 上:52b大舍ㅣ 어제 쇽졀업시 ᄒᆞᆫ 디위 ᄃᆞᆫ녀다 다ᄅᆞᆫ 날 大舍ᄅᆞᆯ 廻望(회망)ᄒᆞ라[154] 가 날회여 말ᄒᆞ쟈 더러온 놈아[155] 이바 뎌 눈 흙븬[156] 弓匠(궁장) 王五ᄅᆞᆯ 블러 오라 王가ㅣ아 오라 相公아[157] 王五ㅣ 왓ᄂᆞ이다[158] 내 져기 빌[159] 일이 이셔 너ᄅᆞᆯ 블러 오롸[160] 相公아 므슴 말이 이셔 小人ᄃᆞ려 니ᄅᆞ실고 네 나ᄅᆞᆯ 두 댱[161] 활을 ᄆᆡᆫᄃᆞ라 주미 엇더ᄒᆞ뇨[162]

> 上:58a… ᄆᆞᄉᆞᆷ 됴ᄒᆞ신 얼우신하 어듸 ᄇᆞ리여 겨신고 小人이 뎌 동녁 져제 모욕탕ᄌᆞ 잇ᄂᆞᆫ 집 ᄇᆞ롬 ᄉᆞ싄 지븨 와 ᄇᆞ리여 잇노이다 널문인가 므슴 문인고 남녁 향ᄒᆞ야 ᄒᆞᆫ 죠고맷 일각문 낸 ᄃᆡ긔라 上:58b브리여 겨신 ᄃᆡ 몰라 보ᅀᆞ오라 가디 몯ᄒᆞ야 잇대이다 얼우신하 허믈 마ᄅᆞ쇼셔 엇던 마리어시뇨 一說 싱심이나 그러ᄒᆞ리잇가 형님하 小人이 어제웃 ᄃᆡ긔 ᄒᆞᆫ 며함 두ᄉᆞᆸ고 오니 보신가 올ᄒᆞ니 小人이 보이다 小人이 ᄆᆡ실 지븨 잇디 아니ᄒᆞ다니 얼우시니 어제 ᄒᆞᆫ 디위 쇽졀업시 ᄃᆞᆫ니시

151) 귀댁: 상대방의 집을 높여 부르는 말.

152) 배첩(拜貼): 잠시, 짧은 시간.

153) 보신가: 보셨는가? ☞ 보-+-시-(주.높.)+-ㄴ가(ᄒᆞ소체 의.어.)

154) 회망(廻望)ᄒᆞ라: 돌아가 보러

155) 놈아: 놈아 ☞ 중세국어에서 '놈'은 평칭이었으나 여기서는 비칭으로 쓰였다. 의미변화 중 의미축소의 예이다.

156) 흙븬: 흘겨보는, 빗겨보는 ☞ 흙븨-+-ㄴ.

157) 王가ㅣ아~ 相公아: 호격조사가 '아'로 통일되었으며(중세국어에서는 높임호격조사 '하', 평칭의 호격조사 '아'), 자음 뒤에서는 '아', 모음 뒤에서는 'ㅣ아(>야)'로 교체한다.

158) 왓ᄂᆞ이다: 왔습니다. ☞ 오-+-앗-(과.어.)+-ᄂᆞ-(직설법)+-이-(<-이-)+-다. 'ᄒᆞ쇼셔체' 상대높임법 표지 '-이-'가 쓰였다.

159) 빌: 차용할, 빌릴 ☞ 빌-[借]+-ㄹ(관.전.)

160) 오롸: 왔다 ☞ 오+롸(평.어.). 근대국어에서 평서형 종결어미로 '-롸'가 생겨났다.

161) 댱(張): 종이와 같은 넓적한 조각을 세는 단위.

162) 네~엇더ᄒᆞ뇨: 2인칭 의문문이지만 어미가 '-뇨'로 되어 있다. 'ᄒᆞ라체' 의문형어미가 1.3인칭 의문형어미로 단일화되고 있음을 보인다. 이런 현상은 일찌기 <번노>(151?)에서도 보인다. (예) 너는 高麗ㅅ 사ᄅᆞ미어시니 ᄯᅩ 엇디 漢語 닐오미 잘 ᄒᆞᄂᆞ뇨<飜老 上:2a>

도쇠이다 上:59a날 고텨 얼우신끠 답례ᄒᆞ라 보ᄉᆞ오라 가ᅀᅡ 날회여 말호리이다 더러운 노마 이바 뎌 눈 ᄇᆞ쉰 활와치 왕오를 블러 오라 왕개 오나다 령공하 왕오 왓ᄂᆞ이다 내 비롤 이리 이셔 너를 블러오라 령공하 므슴 마리 겨신고 上:59b小人ᄃᆞ려 니ᄅᆞ쇼셔 네 나를 활 두 댱만 ᄆᆡᆼᄀᆞ라 주뎌 엇더ᄒᆞ뇨

上:53a네 언머 힘에[163] 활을 ᄆᆡᆫᄃᆞᆯ고져 ᄒᆞᄂᆞᆫ다 京都(경도) 綜殿西敎場(종전서교장)에 황뎨 ᅀᅡᇁ희셔[164] 버들 곳고[165] 활 ᄡᅩᄂᆞ니[166] 만히 이시니 네 열 힘에 치[167] ᄒᆞᆫ 댱과 닐곱 여ᄃᆞᆲ 힘에 ᄒᆞᆫ 댱을 ᄆᆡᆫᄃᆞᆯ라 上:53b이바 이 활면에 힘을 ᄡᅥ라 가져와 날을 뵌 후에 봇[168] 닙히라 네 用心ᄒᆞ여 ᄆᆡᆫᄃᆞᆯ기를 잘ᄒᆞ면 내 만히 너를 賞錢(상전)을 주리라 不敢ᄒᆞ여라 相公아 어디 가히 샹을 ᄇᆞ라리오[169] 小人이 奉承(봉승)홈이 곳 올ᄒᆞ니 그저 원컨대 웃ᄯᅳᆷ으로 ᄡᅩ쇼셔 秀才(수재) 형아 네 나를 ᄒᆞᆫ 댱 돈 ᄭᅮᄂᆞᆫ 文書를 써 주고려 紙墨筆硯(지묵필연)을 가져오라

네 몃 히멧 화를 ᄆᆡᆼᄀᆞᆯ이고져 ᄒᆞ시ᄂᆞᆫ고 셔울 종뎐 셧 녁 샤텽의셔 황톗 ᅀᅡᇁ피 버들 것거 곳고 활 ᄡᅩ리 만ᄒᆞ니 네 열 히멧 활 ᄒᆞᆫ 댱과 닐굽 여ᄃᆞᆲ 히멧 활 ᄒᆞᆫ 댱을 ᄆᆡᆼᄀᆞᆯ오려 이바 上:60a이 활 ᄲᅢᆯ 우희 힘 ᄡᅥ라 가져다가 날 뵌 후에 봇 니피라 네 용심ᄒᆞ야 ᄆᆡᆼᄀᆞ로믈 됴히 ᄒᆞ면 내 너를 샹급 만히 주마 엇던 말소미어시뇨 령공하 어듸ᄯᆞᆫ 샹급ᄒᆞ시기를 ᄇᆞ라리잇가 小人는 바티ᅀᆞ오미ᅀᅡ 올ᄒᆞ니 오직 위두로 ᄡᅩ시

163) 힘: 활 힘(활의 탄력의 단위).
164) ᅀᅡᇁ희셔: 앞에서 ☞ ᅀᅡᆸᄒᆞ(←ᅀᅡᇁ)+의셔. 받침 'ㅍ'이 'ㅂㅎ'으로 재음소화하여 표기하였다. 분석적 표기라 할 만하다.
165) 버들[柳] 곳고: 버드나무 꽂고 ☞ 곳-(←곶-)+-고
166) ᄡᅩᄂᆞ니: 쏘는 사람이 ☞ ᄡᅩ-+-ᄂᆞ-+-ㄴ-#이(의.명.).
167) 치: 물건, 것.
168) 봇[樺]: 자작나무
169) ᄇᆞ라리오: 바라겠는가 ☞ <번박 상:60a>에서는 'ᄇᆞ라리잇가'가 쓰여 'ᄒᆞ쇼셔체'가 쓰이고 있으나 여기서는 상대높임법이 나타나지 않았다. 그러나 뒤에서는 'ᄒᆞ쇼셔체' 명령형 어미 '-쇼셔'가 쓰여 상대높임법이 일치하지 않는다.

과뎌 원ᄒᆞ노이다 上:60a션븨 형님 네 나를 ᄒᆞᆫ 당 빋 내ᄂᆞᆫ 글월 써 다고려 죠히 먹 븟 벼루 가져오라

上:54a내 써 너를 주마 이 글월 써다 내 닐거든[170] 네 드르라 京都(경도) 자[171] 안 積慶坊(적경방)에셔 사ᄂᆞᆫ 사ᄅᆞᆷ 趙寶兒(조보아) ㅣ 이제 돈 ᄡᅳᆯ 것 입ᄉᆞ믈[172] 위ᄒᆞ여 情愿(정원)으로 아모 財主(재주) 處에 立約ᄒᆞ야[173] 細絲官銀(세사관은)[174] 五十兩 덩이롤 ᄭᅮ되 每 兩에 月利(월리) 현 푼식 ᄒᆞ야 ᄃᆞᆯ을 조차 送納(송납)호되 믄그어[175] ᄠᅥ르팀애[176] 니ᄅᆞ게 말고 그 은을 限(한)이 니년 아므 ᄃᆞᆯ 닉에 니ᄅᆞ게 ᄒᆞ야 갑기롤 수에[177] ᄌᆞᆨ히 ᄒᆞ고 上:54b만일 날이 다ᄃᆞ라 갑흘 돈이 업ᄉᆞ면 돈 ᄭᅮᆫ 사ᄅᆞᆷ의 집의 應有(응유)ᄒᆞ엿ᄂᆞᆫ[178] 갑ᄊᆞᆫ[179] 物件(물건)을다가 時價에(시가) 照依(조의)[180]ᄒᆞ야 准折(준절)ᄒᆞ야도[181] 말 못ᄒᆞ고 만일 돈 ᄭᅮᆫ 사ᄅᆞᆷ이 准與(준여)홀[182] ᄡᅥ시 업ᄉᆞ면 代保人(대보인)이 一面으로 ᄀᆞᄅᆞ차[183] 갑게 ᄒᆞ라 후에 의빙홈이[184] 업슬가 저허 짐즛 이 글월을 세워 ᄡᅳ게 ᄒᆞ엿ᄂᆞ니 아모 年 月 日에 돈 ᄭᅮᆫ 사ᄅᆞᆷ 아모 ᄒᆞᆫ가지로 돈 ᄭᅮᆫ 사ᄅᆞᆷ 아모 代保ᄒᆞᆫ 사ᄅᆞᆷ 아모 上:55a同保ᄒᆞᆫ

---

170) 닐거든: 말하거든 ☞ 닐-(＜니ᄅᆞ-)+거든
171) 자: 성(城) ☞ 자(←잣).
172) 입ᄉᆞ믈: 있음을 ☞ <번박>에서는 '업ᄉᆞᆫ'으로 되어 있어 '업ᄉᆞ믈'의 오기로 보인다.
173) 입약(立約)ᄒᆞ야: 약속하여
174) 세사관은(細絲官銀): 옛날 정부에서 인정한 가는 은사(銀絲)와 같은 은돈.
175) 믄그어: 끌어, 미루어 ☞ 믄긋-[拖]+-어
176) ᄠᅥ르팀애: 떨어뜨림에 ☞ ᄠᅥᆯ-+-ᄋᆞ티-(강.접.)+-ㅁ(명.전.)+애
177) 수(數): 숫자, 수효
178) 응유(應有)ᄒᆞ엿ᄂᆞᆫ: 당연히 있어야 하는
179) 갑ᄊᆞᆫ: 값지다, 값이 나가다, 값에 해당하다 ☞ 갑ᄊᆞ-+-ㄴ
180) 조의(照依): 비추어 봄.
181) 준절(准折)ᄒᆞ야도: 할인(割引)하여도
182) 준여(准與): 주다
183) ᄀᆞᄅᆞ차: 갈음하여, 대신하여 ☞ ᄀᆞᄅᆞ츠-+아
184) 의빙(依憑)홈이: 의거(依據)함이, 사실이나 원리에 근거함이.

사ᄅᆞᆷ 아모 등이 일홈 두어다 뷘 곳에 大吉利라[185] 쓰거나 或 餘白 兩字(혹 여백 양자)ᄅᆞᆯ 쓰라 돈 가져와 갑고 글월 가져가라 …

내 써 너 주마 이 글월 쓰과라 내 닐고마 네 드르라 셔울 잣 안 積慶坊의셔 사ᄂᆞᆫ 사ᄅᆞᆷ 趙寶兒ㅣ 이제 쳔량 쁠 거시 업슨 젼ᄎᆞ로 졍원으로 긔약ᄒᆞ야 上:61a아모 채쥬의손ᄃᆡ 실 ᄀᆞᄂᆞᆫ 시푼 구의나 깃 은 쉰 량 여수 업시 빋 내여 ᄆᆡ ᄒᆞᆫ 량의 워리ᄅᆞᆯ 현분식ᄒᆞ야 ᄃᆞᆯ 조초 보내요ᄃᆡ 쁟들이디 아니ᄒᆞ고 그 은을 ᄅᆡ년 아모 ᄃᆞᆯ 니예 긔ᄒᆞᆫᄒᆞ여 가포믈 수에 죡게 호리라 ᄒᆞ다가 긔약ᄒᆞᆫ 날 다ᄃᆞ라도 쳔을 갑디 몯ᄒᆞ면 빋 낸 사ᄅᆞ 上:61b미 지븨 믈읫 잇ᄂᆞᆫ 빋ᄊᆞᆫ 거시라도 시가다이 마초아 마가 혜여도 잡말 말며 ᄒᆞ다가 빋 낸 사ᄅᆞ미 아모 것도 마가 줄 것 업거든 보인 ᄒᆞᆫ 사ᄅᆞ미 호은자 ᄀᆞᄅᆞ차 가프리라 후에 의거 업슬가 저허 부러 이 글월 ᄆᆡᆼᄀᆞ라 쓰게 ᄒᆞ노라 아모 ᄒᆡ 아모 ᄃᆞᆯ 아모 날 빋 낸 사ᄅᆞᆷ 아모 흠ᄭᅴ 와 빋 내ᄂᆞᆫ 사ᄅᆞᆷ 아모 上:62a 보인 ᄒᆞᄂᆞᆫ 사ᄅᆞᆷ 아모 보인 ᄒᆞᆫ 가짓 사ᄅᆞᆷ 아모 등은 각각 일홈 두엇다 글읈 근 뷘 조희예 大吉利 세 ᄌᆞ 쓰거나 혹 餘白 두 ᄌᆞ 쓰ᄂᆞ니라 쳔 가져다가 글월 쓴 갑 드리고 믈러가라 …

185) 대길리(大吉利): 크게 길하여 이로움.

나주 임씨가 간찰 4

나주 임씨가 『총암공 수묵 내간(叢巖公手墨內簡)』 언간

나주 임씨 집안에 전하는 한글 편지첩 2첩 가운데 총암(叢巖) 임일유(1611~1684)와 관련하여 『총암공 수묵 내간』에 수록된 한글 편지 8건을 이른다. 발신자는 총암 임일유이거나 그로 추정되는 인물이며 수신자는 비오개 또는 비오개집으로 나오는데 그의 딸로 추정된다. 작성 시기는 총암의 생몰년을 감안하여 1611~1683으로 추정한다.

편지의 건수는 적은 편이나 현존하는 언간으로는 이른 시기의 것이라 할 수 있는 17세기의 언어를 반영하고 있는 자료이다.

나주 임씨가 『임창계 선생 묵보국자내간(林滄溪先生墨寶國字內簡)』 언간

나주 임씨 집안에 전하는 한글편지첩 2첩 가운데 창계(滄溪) 임영(1649~1696)이 쓴 편지를 모아 만든 편지첩 『林滄溪先生墨寶國字內簡』에 수록된 한글 편지 18건을 이른다. 발신자는 모두 임영(林泳)이고 수신자는 막내 누나(趙衡輔의 처), 어머니(林川 趙氏), 조카[姪女] 등이다. 작성시기는 1649~1696년 사이로 추정된다.

편지의 건수는 18건으로 적은 편이나 발·수신자가 분명하고 작성 시기가 비교적 이른 17세기 후반의 국어사를 연구하는 자료로서 그 가치가 높다.

— 황문환 외(2013b)

여기서 강독하는 자료의 판독문은 황문환 외(2013)을 따랐고, 역주는 한국학중앙연구원(2005)를 참고하였다.

나주 임씨가 『총암공 수묵 내간(叢巖公手墨內簡)』 언간

〈3〉[1)2)] **ᄇᆡ오개 집[3)] 답셔**

젼일 유무[4)] 보고 깃브되 병환이 채 ᄒᆞ리디[5)] 몯ᄒᆞ엿ᄂᆞᆫ가[6)] 시브니 위연[7)] 든 병이 의약도 ᄉᆡ골도곤[8)] 나을 거시로ᄃᆡ 지금 몯 됴핫ᄂᆞᆫ가[9)] 시브니 념녀ᄒᆞ노라 보션은[10)] 병듕의 므스 일 슈고이 기워 보낸고 ᄒᆞ며 즉시 신과다[11)] 우리ᄂᆞᆫ 계요[12)] 디내거니와 심ᄉᆡ야[13)] 됴흔 ᄣᅢ 이시랴[14)] 블셔 답장이나 홀 거술 왕ᄂᆡ[15)] 업서 이제야 뎌그며[16)] 병환이나 쉬 쾌차홈 ᄇᆞ라노라 윤월 슌삼일[17)] 총암 서

---

1) 앞 숫자는 편지의 일련번호이다. 이하 같다.
2) <3>과 아래의 <5>는 아버지인 총암 임일유가 딸에게 보낸 편지이다.
3) ᄇᆡ오개 집: ‘ᄇᆡ오개(梨峴)’는 지명이고, ‘ᄇᆡ오개 집’은 ‘ᄇᆡ오개’에서 사는 딸을 이른다. 총암의 큰딸이거나 둘째 딸로 추정된다.
4) 유무: 편지, 소식. 여기서는 ‘편지’
5) ᄒᆞ리디: 병이 낫지, 병이 덜하지 ☞ ᄒᆞ리-+-디.
6) 몯ᄒᆞ엿ᄂᆞᆫ가: 못하였는가 ☞ 몯ᄒᆞ-+엿(과.어.)+-ㄴ가(간접 의.어.)
7) 위연: 뜻하지 아니하게 갑자기
8) ᄉᆡ골도곤: 시골보다 ☞ ᄉᆡ골[村]+도곤(비교 부.조.). *ᄉᆞᄀᆞᄫᆞᆯ > ᄉᆞᄀᆞ올 > ᄉᆞ골 > 시골
9) 됴핫ᄂᆞᆫ가: 좋았는가 ☞ 돟-(> 좋-)+-앗-(과.어.)+-ᄂᆞᆫ가(간접 의.어.)
10) 보션: 버선
11) 신과다: 신었노라 ☞ 신-+-어-(확인법)+-오-(인칭활용)+-다(← 라). 선어말어미 ‘-오-’ 뒤에서 종결어미 ‘-다’는 ‘-라’로 바뀌었으므로 ‘라’가 기대되는 곳이다. 한국학중앙연구원편(2005:317)에서는 ‘신과라’로 판독하고 있다.
12) 계요: 겨우
13) 심ᄉᆡ야: 심사야 ☞ 심ᄉᆞ(心思)+ㅣ야(< ㅣᅀᅣ)
14) 이시랴: 있겠느냐? ☞ 이시-+-랴(의.어.)
15) 왕ᄂᆡ: 왕래(往來)
16) 뎌그며: 적으며 ☞ 뎍-[書]+-으며
17) 윤월(閏月) 슌삼일(旬三日): 윤달 13일 ☞ ‘슌(旬)’은 10일을 이르는 말이다.

〈5〉 비오개 집 답셔

두 슌[18] 연ᄒᆞ여 뎌그니[19] 보고 답장이나 뵐셔 뎌글 거술 민일 천연ᄒᆞ여[20] 못 뎍으며 서운ᄒᆞ여 ᄒᆞ더니라[21] 예셔는[22] 녕감[23] 긔운도 평안ᄒᆞ시고 므ᄉᆞ히 디니노라 뫼임[24] 아긔 과거는 하 됴티 아니ᄒᆞ니 그런 애돌은[25] 일이 업서 ᄒᆞ노라 졍낭은[26] 녀환의[27] 고롭기가[28] 위위[29] ᄀᆞ이 업ᄉᆞ니 치위 예 상혼가 민망ᄒᆞ여 ᄒᆞ노라 길도 ᄎᆞ리고[30] 요요ᄒᆞ여[31] 잠[32] 뎍노라 시월 십칠 총암 셔

---

18) 슌(巡): 번

19) 뎌그니 보고: 적은 것을 보고 ☞ 뎍-+-은(관.전.)#이(의.명.)+(를)

20) 천연ᄒᆞ여: 시일을 미루어, 지체하여 ☞ 천연(遷延)ᄒᆞ-+-여

21) ᄒᆞ더니라: 하였다 ☞ ᄒᆞ-+-더-+-니라. 중세국어라면 'ᄒᆞ다니라'가 예상된다. 17세기에는 인칭활용의 '-오-'가 소멸하였기 때문에 'ᄒᆞ더니라'로 나타났다.

22) 예셔는: 여기서는

23) 녕감: 영감. ☞ '영감'은 총암의 윗사람으로 추정된다. '녕감 > 영감'의 변화는 'ㄴ-구개음화'와 관련된다. 'ㄴ-구개음화'는 치조음 'ㄴ[n]'이 경구개음 [ɲ]으로 바뀌는 현상으로 음성적 구개음화이다. 'ㄴ-구개음화'는 'ㄴ'이 탈락하는 직접적 원인이 된다.

24) 뫼임: 지명(地名).

25) 애돌은: 애달픈 ☞ 애돌-+-은

26) 졍낭: 인명(人名)으로 추정됨.

27) 녀환(餘患): 다 못 고치고 남아있는 병

28) 고롭기가: 괴롭기가 ☞ 고롭-+-기(명.전.)+가(주.조.). (1) 중세국어에서 명사형 전성어미는 '-옴'이 대표적이었으나 근대국어에서 점차 '-기'로 바뀌게 된다. (2) 주격조사 '가'는 16세기 중엽에 생겼는데, 처음에는 '-y' 하향이중모음 뒤에 연결되었고 17세기에도 대체로 그러하였다. 그러다 점차 모음 뒤로 그 범위를 확대하여 자음 뒤에서는 '이', 모음 뒤에서는 '가'로 확정되었다. 여기서는 '이' 뒤에 '가'가 나타났다.

29) 위위(危危): 걱정스럽기, 위태롭기

30) 길도 ᄎᆞ리고: 길 나설 차비를 차리고

31) 요요(遙遙)ᄒᆞ여: 멀고 아득하여 ☞ 중세국어에서 'ᄒᆞ-'는 '야-불규칙'이었으나 근대국어에서 '여-불규칙'으로 바뀌었다.

32) 잠: 잠깐

나주 임씨가 『임창계 선생 묵보국자내간(林滄溪先生墨寶國字內簡)』 언간

<01>[33] ᄒᆞᆫ 번 편지 ᄒᆞ온 후 일절 왕ᄂᆡ 업ᄉᆞ와 다시 쇼식을 통티 못ᄒᆞ오니 섭섭 답답ᄒᆞ옴 ᄀᆞ이 업ᄉᆞ오며[34] 몽치[35] 올 제과[36] 형님 ᄒᆡᆼ듕ᄋᆡ[37] 년ᄒᆞ여 하셔ᄂᆞᆫ[38] ᄌᆞ시 보ᄋᆞᆸ고 못내 든든 반갑ᄉᆞᆸ더이다 이때 긔후 대되[39] 엇더ᄒᆞᄒᆞᆸ시니잇가[40] ᄌᆞᄂᆞᆫ[41] 계유 무ᄉᆞ히 잇ᄉᆞ오나 여섯 번 슈망ᄋᆡ[42] 낙뎜을[43] 죵시 아니ᄒᆞ시니 각별 대단히 오지[44]ᄒᆞᆫ 일 업시 그러ᄒᆞ오니 ᄂᆞᆷ 대되 고이히 녀기ᄋᆞᆸ[45] 마치 ᄂᆞ려가려키예[46] 혹 아르시고 ᄆᆡ이 녀기시ᄂᆞᆫ가 의심이 잇ᄉᆞ오나 어이 짐작으로

33) 아들인 임영이 어머니인 임천 조씨에게 쓴 편지이다.

34) 업ᄉᆞ오며: 없사오며 ☞ 없-+-ᄉᆞ오-(← -ᄉᆞᆸ-)+-ᄋᆞ며. 중세국어의 객체높임법이 근대국어에서는 상대높임법으로 통합되게 된다. 즉, '-ᄉᆞᆸ-, -ᄌᆞᆸ-, -ᅀᆞᆸ-'에 대한 '-ᄉᆞᆸ/ᄉᆞ옵/ᄉᆞ오-, -ᄌᆞᆸ/ᄌᆞ오-, -ᄋᆞᆸ/(ᄋᆞ/으)오-'와 같은 활용형은 청자에 대한 각별한 공손의 뜻을 나타내게 되었고, 주체를 높이는 수단으로도 사용되었다. 따라서 이 시기에 높임법은 주체높임법과 상대높임법으로 재편된다. 또한, 이런 어미들이 주체높임의 '-시-'와 함께 쓰이면 주체에 대한 극존칭 또는 청자에 대한 화자의 지극히 공손한 뜻을 나타낸다.

35) 몽치: 인명(人名)으로 추정됨.

36) 올 제과: 올 때와

37) ᄒᆡᆼ듕ᄋᆡ: 행중에 ☞ ᄒᆡᆼ듕(行中)+ᄋᆡ(부.조.)

38) 하셔(下書): 웃어른이 주신 글월을 높이 이르는 말. ☞ 여기서는 임영의 어머니인 임천 조씨가 임영에게 보낸 편지를 이른다.

39) 대되: 모두, 통틀어.

40) 엇더ᄒᆞᄒᆞᆸ시니잇가: 어떠하시옵니까? ☞ 엇더ᄒᆞ-+-ᄒᆞᆸ-(← ᄋᆞᆸ. 공.어.)+-시-(주.높.)+-니잇가(ᄒᆞ쇼셔체 의.어.). 객체높임법 'ᄋᆞᆸ'의 변화에 대해서는 주(34) 참조.

41) ᄌᆞ(子): 소자는 ☞ 임영 자신을 가리킨다

42) 슈망(首望): 조선 시대에, 벼슬아치를 임명하기 위하여 이조(吏曹)와 병조(兵曹)에서 올리는 세 사람의 후보자 가운데 첫 번째로 이름이 올려진 사람.

43) 낙뎜(落點): 조선 시대에, 이품 이상의 벼슬아치를 뽑을 때 임금이 이조에서 추천된 세 후보자 가운데 마땅한 사람의 이름 위에 점을 찍던 일

44) 오지(忤旨): 임금의 뜻을 거역함.

45) 녀기ᄋᆞᆸ: 여기옵니다 ☞ 녀기-+ᄋᆞᆸ(← ᄋᆞᆸᄂᆞ이다. 평.어.). 공손의 선어말어미가 종결어미로 쓰이기도 하였다.

아오리잇가[47] 대경의[48] 몰도 병 드럿고 급급히 말미ᄒᆞ기도[49] 엇더 구러[50] ᄒᆞ오니 서로 슈원[51] 형님과 동힝ᄒᆞ여 가올가 시브읍 붓골은 피접은 즉시 낫ᄉᆞ오나[52] 난 집도 못 이실 집이니 엇덜고 ᄒᆞ읍 잇다감 가 보기는 보읍거니와 ᄌᆞ연 ᄌᆞᆺ기[53] 쉽디 아니ᄒᆞ읍 겨예는[54] 어마님 편지를 ᄎᆞ고 ᄃᆞᆫ니니 졍이 업디 아닌가[55] 긔특ᄒᆞ읍 곳츤[56] 볼셔 다 뎌실[57] 거시니 그런 애돏ᄉᆞ온 일이 업습[58] 반찬을 엇디 ᄒᆞ시는고 뉴의[59] 념녀롭습[60] 마좀[61] 뎐뎐 사ᄅᆞᆷ 가올시 잠 알외읍 아마도 긔운 평안ᄒᆞ읍심 ᄇᆞ라읍ᄂᆞ이다 임슐[62] 삼월 이삼일 야 ᄌᆞ 영 ᄉᆞᆯ이[63]

<03>[64] 오는 날 편지 볼셔 보완 디 오란가 ᄒᆞ며 이리 온 후는 부예[65] 긔별도 ᄒᆞᆫ 번도 못드러시니 더옥 겟[66] 긔별이야 어이 드를 길히 이실고 아ᄋᆞ라

46) ᄂᆞ려가려키예: 내려가려 하기에 ☞ ᄂᆞ려가-+-려#ᄒᆞ-+-기+에. <내려가려 하기에>
47) 아오리잇가: 알겠사옵니까? ☞ 아-(←알-)+-오-(공.어.)+-리잇가(ᄒᆞ쇼체 의.어.)
48) 대경: 인명(人名)으로 추정
49) 말미ᄒᆞ기도: 말미를 받기도 ☞ 말미ᄒᆞ-+-기(명.전.)+도(보조사)
50) 엇더 구러: 어찌 하여
51) 슈원(水原): 지명(地名)
52) 붓골은 피접은 즉시 낫ᄉᆞ오나: 붓골은 피접은 즉시 나갔사오나 ☞ (1) '붓골'은 지명(地名)이다. (2) 피접(避接): 앓는 사람이 다른 곳으로 자리를 옮겨서 요양함. 병을 가져오는 액운을 피함. '피접 > 비접' (3) 낫ᄉᆞ오나: 나-[出]+-앗-(과.어.)+-ᄉᆞ오-(공.어.)+-나(대.어.)
53) ᄌᆞᆺ기: 자주 찾기, 빈번하기 ☞ ᄌᆞᆺ-(←ᄌᆞᆽ-)+-기.
54) 겨예: 인명(人名). 다른 편지에 나오는 '경예'와 동일인으로 추정됨.
55) 업디 아닌가: 있지 않은가
56) 곳츤: 꽃은 ☞ 곳ㅊ(←곶)+은. 중세국어 '곶'이 '꽃'으로 나타나 받침이 격음화하였다.
57) 뎌실: 떨어졌을 ☞ 디-[落]+-엇-+-일(←을. 관.전.)
58) 업습: 없습니다 ☞ 없-+-읍. 공손의 선어말어미가 종결어미로 쓰였다.
59) 뉴의(留意): 마음에 새겨 두어 조심하여 관심을 가짐.
60) 념녀롭습: 염려스럽습니다 ☞ 념녀+-롭-(형.접.)+-습.
61) 마좀: 마침
62) 임슐(壬戌): 1682년
63) ᄉᆞᆯ이: 사룀 ☞ ᄉᆞᆲ-[白]+-이(명.접.) > ᄉᆞᆯᄫᅵ > ᄉᆞᆯ이
64) 임영이 막내 누이에게 보낸 편지
65) 부예: 부여의 ☞ 부여(夫餘)+ㅣ(관.조.). '부여'는 충청남도 '부여'로 임영의 아버지인 임일유가 살던 곳으로 추정된다.

히[67] ᄉᆡᆼ각ᄲᅮᆫ이며 나ᄂᆞᆫ 이 스므ᄒᆞᄅᆞ 날이야 산소의[68] 드러오니 셜온[69] 정ᄉᆞ를[70] 어이 형용ᄒᆞ여 니를고 쇽절업스나 그려도 ᄆᆞ음의 든든ᄒᆞ여 잇ᄂᆡ 셕믈은 망듀과 계절과 상돌을[71] 다 시작ᄒᆞ여 ᄒᆞ랴 ᄒᆞ니 역ᄉᆡ[72] 젹디 아니코 한아바님 계절도 셕믈이 미비ᄒᆞ여 그도 ᄒᆞ랴 ᄒᆞ고 부예셔[73] 가져온 상돌이 됴티 아니ᄒᆞ매 예셔 고티랴 ᄒᆞ니 구월 ᄂᆡ로 필역을[74] 밋디[75] 못ᄒᆞ니 아직 ᄒᆡᆼ긔[76] 디속을[77] 뎡티 못ᄒᆞᆯ쇠[78] 진ᄉᆞ는 아바님[79] 행차 뎨서[80] 아니 ᄯᅥ나 겨신 ᄯᅢ 밋처[81] 가랴키에[82] 수이 도라가니 심ᄉᆡ를[83] 더욱 뎡티 못ᄒᆞᆯ쇠 박뫼셔는[84] 사ᄅᆞᆷ이 ᄌᆞ조 ᄃᆞᆫ니[85] 퍽 든든희[86] 누의님은 년제[87] 미처 ᄂᆞ려오려거니와 그ᄯᅢ 마

66) 겟: 거기의 ☞ 게+ㅅ(관.조.). 편지의 수신자인 누이가 사는 곳을 이른다.
67) 아ᄋᆞ라히: 아스라히, 아득히 ☞ 아ᄉᆞ라히 > 아ᄋᆞ라히
68) 산소의: 산소에 ☞ 산소(山所)+의(부.조.)
69) 셜온: 설운 ☞ 셟-+-은
70) 정ᄉᆞ(情私): 친족 사이의 사사로운 정.
71) 셕믈(石物)/망듀(望頭)/계절(階節)/상돌(床:-): ☞ (1) 셕믈: 무덤 앞에 돌로 만들어 놓은 물건. 석인(石人), 석수(石獸), 석주(石柱), 석등(石燈), 상석(床石) 따위. (2) 망듀: 무덤 앞에 세우는 여덟 모로 깎은 한 쌍의 돌기둥. 망두석(望頭石). 화표주(華表柱). (3) 계절: 무덤 앞에 평평하게 닦은 땅. 절하기 위한 배계절(拜階節)보다 한 층 높게 되어 있다. (4) 상돌: 상석(床石)
72) 역ᄉᆡ: (토목이나 건축 따위의) 공사가 ☞ 역ᄉᆞ(役事)+ㅣ(주.조.)
73) 부예셔: 부여에서 ☞ 부여(夫餘)+예셔
74) 필역(畢役): 역사(役事)를 마침. 공사를 마침.
75) 밋디: 미치지 ☞ 밋-[及](← 미츠-)+-디(보.어.)
76) ᄒᆡᆼ긔(行期): 가야 할 날의 일정.
77) 디속(遲速): 더딤과 빠름.
78) 못ᄒᆞᆯ쇠: 못하겠네 ☞못ᄒᆞ-+-ㄹ쇠('ᄒᆞ소체' 감.어.)
79) 아바님: 임영의 부친인 임일유를 이른다.
80) 뎨서: 저기에서 ☞ 뎌(대)+예셔
81) 밋처: 미치어 ☞ 밋츠-(← 미츠-[及])+-어
82) 가랴키에: 가려하기에 ☞ 가-+-랴#ᄒᆞ-+-기+에
83) 심ᄉᆡ를: 심사를 ☞ 심ᄉᆞ(心思)+ㅣ를(목.조.)
84) 박뫼셔는: 박뫼에서는 ☞ 박뫼+셔+는. 임영의 셋째 누이가 출가하여 사는 곳으로 지금의 광주광역시 광산구 박호동에 해당하는 지명이다.
85) ᄃᆞᆫ니: 다니니 ☞ ᄃᆞᆫ니-(← ᄃᆞᆮ니-)+(-니)
86) 든든희: 든든하이 ☞ 든든ᄒᆞ-+ㅣ('ᄒᆞ소체' 어미). 누나에게 쓰는 편지이기 때문에 'ᄒᆞ소' 체가 쓰이고 있는 점을 고려하면 여기서 '이/ㅣ'는 형용사 어간에 붙는 ᄒᆞ소체 어미로 보

좀 더브러 둔니리나[88] 이실가 아디 못ᄒᆞ니 힝혀 혬과 달나 만나기 쉽디 아닐가 념녀ᄒᆞᄂᆡ 경여는 글을 이제나 착실이 시작ᄒᆞ연가[89] 올 때 감식가[90] 미리 사롬 브려 힝긔을 알아셔 숨네로[91] 나와 보고 안흐로셔 반찬도 ᄒᆞ여 보내여시니 관곡ᄒᆞᆫ[92] 사롬이며 거번[93] 됴셩긔 씨게[94] 편지는 즉시 뎐ᄒᆞ여시려니와[95] 일뎡[96] 니편ᄒᆞ여[97] ᄒᆞᆯ 거시니 고되[98] 만히 샹ᄒᆞᆫ가 ᄒᆞᄂᆡ 나는 음식은 집이예셔는[99] 낫게 먹으되 긔운이 심히 곤ᄒᆞ여[100] 민망희[101] ᄉᆞ연 다 못 뎍어 이만 계희[102] 팔월 초일일 동생 상인[103] 녕 임싱의게[104] ᄉᆞᆯ이는[105] 바다 가ᄂᆡ[106]

인다. 현대국어에서도 형용사 어간 뒤에서 하게체 어미는 '이'이다. (예) 색깔이 참 고우이.

87) 년제(練祭): 연제사(練祭祀). 아버지가 살아 있을 때 먼저 돌아간 어머니의 소상(小祥)을 한 달 앞당겨 열한 달 만에 지내는 제사.

88) 둔니리나: 다닐 사람이나 ☞ 둔니-(← ᄃᆞᆮ니-)+-ㄹ(관.전.)#이(의.명.)+-나(보조사)

89) 시작ᄒᆞ연가: 시작하였는가? ☞ 시작ᄒᆞ-+-여+-ㄴ가(ᄒᆞ소체 의.어.)

90) 감식가: 감사가 ☞ 감ᄉᆞ+ㅣ가(주.조.). 주격조사 'ㅣ' 뒤에 새로운 주격조사 '가'가 다시 연결되었다. 현대국어의 '내가, 네가, 제가'도 근대국어에서 이런 구조를 지녔다가 굳어진 형태이다.

91) 숨네(參禮): 지명(地名). 전라북도 완주군 서부에 있는 읍.

92) 관곡(款曲)ᄒᆞᆫ: 정답고 친절한

93) 거번(去番): 지난번

94) 됴셩긔(趙聖期) 씨게: 조성기 씨에게. ☞ 조성기(1638~1689)는 조선 중기의 성리학자.

95) 뎐ᄒᆞ여시려니와: 전하였으려니와 ☞ 뎐ᄒᆞ-(傳-)+-엿-(과.어.)+-이려니와(← 으려니와). 'ㅅ' 아래에서 '으'가 '이'로 바뀌었다.

96) 일뎡(日程): 그날에 할 일.

97) 니편ᄒᆞ여: 편리하여 ☞ 니편(利便)ᄒᆞ-+-여

98) 고되: 고되어, 힘들어 ☞ 고되-+-어(→ 고돼)

99) 집이예셔는: 집보다는 ☞ 집+이예셔(비교 부.조.)+는(보조사)

100) 곤ᄒᆞ여: 피곤하여 ☞ 곤(困)ᄒᆞ-+-여

101) 민망희: 민망하이 ☞ 민망ᄒᆞ-+ㅣ(ᄒᆞ소체 평.어.). 주(86) 참조.

102) 계희(癸亥): 1683년

103) 동싱 상인(喪人) 영(泳): 임영이 1684년 부친상을 당하고 3년 상을 나가기 전에 막내 누이에게 보낸 편지이다. 여기서 자신을 상인(喪人)으로 쓴 것은 이런 이유 때문이다.

104) 임싱의게: 임생에게 ☞ 임싱+의게. 임싱은 임영의 남동생 임정(林淨)으로 추정된다.

105) ᄉᆞᆯ이는: 편지는, 사뢴 것은 ☞ ᄉᆞᆲ-[白]+-이(명.접.)+는(보조사). <1>번 편지에서 'ᄉᆞᆯ이'는 '사뢈'으로 옮겼다. 여기서는 내용상 '편지'로 이해된다.

106) 가ᄂᆡ: 가네. ☞ 가-+-ᄂᆡ(ᄒᆞ소체 평.어.)

伍倫全備諺解 5

伍倫全備諺解

1721년(경종 1) 사역원(司譯院)에서 간행한 중국어학습서. 8권 5책, 목판본으로, 명나라의 구준(丘濬)이 지은 『오륜전비기』를 언해한 책. 현존하는 『오륜전비언해』는 세 질이 알려져 있는데 모두 규장각 도서에 소장되어 있다.

언해는 1696년(숙종 22)과 1709년에 교회청(教誨廳)에서 시도하였지만 이루지 못하다가, 영의정 김창집의 독려로 그 간의 잘못된 것을 수정·보완하여 1720년에 완성하였다. 언해기간은 무려 24년이 걸렸고 교수자(校修者)만도 10여 명이었으며, 인용된 서목은 중국과 한국의 것으로 234종이나 되어 이 책의 언해와 주석이 얼마나 광범위하고 치밀한가를 알 수 있다.

내용은 '서문, 범례, 인용서목(引用書目), 본문'의 순으로 구성되어 있다. 한자음의 표기법이 『사성통해(四聲通解)』의 것을 따랐으면서도 시대적인 변천에 따라 수정되었고, 각 한자마다 오른쪽에 지역성과 시대성을 띤 현실적인 속음(俗音)을 달아놓았다. 왼쪽에는 규범적인 청탁칠음(淸濁七音)의 정음(正音)을 달아놓은 점 등을 볼 때, 이 책이 현실 외국어를 습득하는 데 사용되었다는 점을 짐작할 수 있다.

본문은 대화 형식으로 구성되어 하나의 희곡적 성격을 띠고 있어 비교적 생생한 문체의 모습을 보인다. 주요 내용은 중국 전국시대를 배경으로 홀어머니를 모시고 살던 두 아들인 오륜비(伍倫備), 오륜전(伍倫全) 형제의 성장 과정을 그린 것이다. 어려운 여건 속에서도 삼강오륜을 실천하면서, 벼슬과 영화를 누리다가 귀향하는 교화적이면서 도덕수신의 성격을 보인다.

많은 양의 어휘와 장면 중심으로 대화체 문장들이 제시되어 있어 18세기 국어의 모습을 연구하는 데 가치 있는 자료이다. 전반적으로 보수적인 경향이 있지만 구개음화나 '·'의 비음운화와 같이 공고하게 안착된 변화는 그대로 반영되어 나타난다. 또한, 용법의 혼란을 보이는 형식들이 발견되거나 독특한 어형들이 발견되어 당대의 고유어 어휘는 물론 차용어 연구에도 이용된다. 또한, 한자음에 대해서도 정음과 속음을 모두 제시하여 당대의 한자음을 연구하고, 또 당시 국어 어휘의 소릿값을 재구하는 데에도 도움이 된다.

—『한국민족문화대백과사전』

여기서 강독하는 자료는 대제각 영인본이다. 강독의 편의를 위해 한자의 독음을 달았다.

伍倫全備諺解

1:22a古人이 닐오ᄃᆡ 오ᄂᆞᆯ 비호디 아니ᄒᆞ여도 來日이 잇고 올ᄒᆡ 비호디 아니 ᄒᆞ여도 來年이 잇다 닐으디 말라 日月이 가ᄂᆞᆫ디라 歲(세)ㅣ 날ᄋᆞᆯ[1)] 延(연)티 아니 ᄒᆞᆫ다[2)] ᄒᆞ고 ᄯᅩ ᄀᆞᆯ오ᄃᆡ 學을 홈을 모롬이[3)] 上水船(상수선) ᄀᆞᆺ티 ᄒᆞ야 ᄒᆞᆫ 사왓대도[4)] 可히 노티 못ᄒᆞᆯ 써시라 ᄒᆞ니 너희 믈이[5)] 可히 힘ᄡᅳ디 아니티 못ᄒᆞᆯ 거시니라 삼가 ᄀᆞᄅᆞ치심을[6)] 바ᄃᆞ리이다[7)] 네 드ᄅᆞ라 내 닐ᄋᆞ마[8)] 힝으로 先生의 指教(지교)ᄒᆞ심을 닙ᄉᆞ오되[9)] 1:22b다ᄆᆞᆫ 學을 ᄒᆞᄂᆞᆫ 道ㅣ 一端(일단) ᄲᅮᆫ이 아니니 아디 못게이다[10)] 므서시 要(요)ㅣ 되ᄂᆞ니잇고 伏望先生(복망선생)은 ᄒᆞᆫ 切要處(절요처)ᄅᆞᆯ[11)] 指示(지시)ᄒᆞ쇼셔 善(선)타 믈옴이여[12)] 善타 믈옴이여 聖賢(성현)의

---

1) 날ᄋᆞᆯ: 나를 ☞ 내[我]+ᄅᆞᆯ(목.조.). 중세국어에서 대명사 '나, 너, 누' 등에 'ᄋᆞ로/으로, 라와, ᄃᆞ려'와 같은 부사격조사가 연결되면 '날, 널, 눌'로 교체하기도 하지만, 목적격조사가 결합할 때는 이런 일이 없었다. '날ᄋᆞᆯ'의 형태는 '나+ᄅᆞᆯ'에서 'ㄹ'이 앞음절의 받침으로 올라가 과도분철표기되었다고 보는 것이 좋겠다.
2) ᄒᆞᆫ다: 한다 ☞ ᄒᆞ-+-ㄴ다. 중세에는 '-ᄂᆞ다'이던 것이 근대에 이르러 모음 뒤에서는 '-ㄴ다', 자음 뒤에서는 '-는다(＜-ᄂᆞᆫ다)'로 바뀌었다.
3) 모롬이: 모름지기.
4) 사왓대: 삿대, 상앗대.
5) 믈이: 무리가 ☞ 믈(←물. 衆(중)]+이(주.조.). (1) 중세국어에서 '물'은 '무리[衆]'의 뜻이었고, '믈'은 '물[水]'의 뜻이었다. (2) 17C 말에 순음 아래에서 'ㅡ'가 'ㅜ'로 원순모음화가 일어나 '므'와 '무'의 대립이 없어진 결과 '물'이 '믈'로 표기되었다.
6) ᄀᆞᄅᆞ치심을: 가르치심을← ᄀᆞᄅᆞ치-+-시-+-ㅁ. (1) 중세국어에서는 주체높임 선어말어미 '시'가 모음 어미 앞에서는 '샤'로 교체하였으나, 근대국어에서는 이런 교체가 없어졌다. 중세국어라면 'ᄀᆞᄅᆞ치샤ᄆᆞᆯ'로 표기되었을 것이다. (2) 근대국어에서 선어말어미 '-오/우-'가 소멸함에 따라 명사형 전성어미가 명사파생 접미사 '-(으)ㅁ'과 같아졌기 때문에 명사형이 '심'으로 나타났다.
7) 바ᄃᆞ리이다: 받겠습니다 ☞ 받-+-(ᄋᆞ)리-(추측법)+-이-(ᄒᆞ쇼셔체 표지)+-다
8) 닐ᄋᆞ마: 말하마 ☞ 닐-+-ᄋᆞ마(약속 평.어.)
9) 닙ᄉᆞ오되: 입사오되 ☞ 닙-+-ᄉᆞ오-(공.어.)+-되
10) 못게이다: 못하겠습니다← 몯(ᄒᆞ)-+-게-(←-거-)+-이다(ᄒᆞ쇼셔체 평.어.)
11) 절요처(切要處): 극히 중요한 곳.

千言萬語(천언만어)ㅣ 放心(방심)을 收(수)홈애 디나디 아니ᄒᆞ니 放心을 수홈이 ᄒᆞᆫ 敬字(경자)의 잇ᄂᆞ니라 敬은 이 므스 거시며 엇디 공부롤 드리리잇고[13] 先儒(선유)ㅣ 니ᄅᆞ되 敬은 主一無適(주일무적)[14]을 니롬이니 1:23a敬(경)으로써 ᄆᆞ옴을[15] 存ᄒᆞ면 ᄆᆞ옴이 正ᄒᆞ고 敬으로써 몸을 가디면[16] 몸이 닷고 敬으로써 일을 셰오면 일이 일고[17] 敬으로써 待人接物(대인접물)[18]ᄒᆞ며 事上臨下(사상임하)[19]홈애 간 ᄃᆡ마다 可티 아닐 배 업ᄂᆞ니라 ᄆᆞᄎᆞᆷ내 엇디 공부롤 드리리잇고 이 일을 ᄒᆞ면 ᄆᆞ옴이 이 일에 이시며 이 ᄒᆞᆫ 귀[20] 말을 니ᄅᆞ려 ᄒᆞ면 ᄆᆞ옴이 이 귓말에 잇고 가 이 일을 하고져 ᄒᆞ면 1:23b아직 뎌 거슬 ᄀᆞ옴아디[21] 말며 東으로 가고져 ᄒᆞ면 곳 東邊(동변)으로 향ᄒᆞ여 가고 다시 西邊(서변)으로 향홈을 ᄉᆡᆼ각디 아니 홈이 이 곳 用工[22]홀 곳이라 만일 그 義理 微妙(의리 미묘)ᄒᆞᆫ 곳은 네 學이 뎌 ᄶᆞᆨ히 니롬을 기ᄃᆞ려 내 一一히 너ᄃᆞ려 니ᄅᆞ마 네 다시 드르라 내 니ᄅᆞ마 삼가 ᄀᆞᄅᆞ침을 바ᄃᆞ리이다 우리 모든 사ᄅᆞᆷ이 아직 믈러 가ᄂᆞ이다 너희들히 도로 오라 1:24a學을 홈이 비록 이 글 닑기로 本을 삼으나 그러나 ᄯᅩᄒᆞᆫ 가히 字롤 아디 아니티 못홀찌니 字롤 알고져 홀쎤대 몬져 소리롤 분변

12) 물옴이여: 물음이여 ☞ 물옴+이여(호.조.)
13) 드리리잇고: 들이겠습니까? ☞ 드리-[←들-+-이-(사.접.)]+-리잇고(ᄒᆞ쇼셔체 의.어.)
14) 主一無適: 한 곳에 집중하여 흐뜨러짐이 없음
15) ᄆᆞ옴: ᄆᆞᅀᆞᆷ > ᄆᆞ옴 > ᄆᆞ음 > 마음
16) 가디면: 가지면 ☞ 가디-(←가지-)+면. (1) ㄷ-구개음화의 과도교정형. (2) 어떤 음운 변화가 광범위하게 나타났을 때 보수적인 형태(이전 시기의 형태)를 선호하는 언어 화자는 보수적 형태를 의식하여 의도적으로 교정하기도 한다. 그런데 이러한 의식이 지나치면 그 음운 변화를 겪지 않은 형태에 대해서도 과도하게 교정하는 경우가 있다. 이를 과도교정이라 한다(전광현, 1997:39). 역으로 과도교정형이 나타난다는 것은 해당 음운현상이 활발히 일어나고 있다는 뜻도 된다.
17) 일고: 이루어지고 ☞ 일-[成(성)]+-고
18) 待人接物: 사람을 대하고 사물에 접한다
19) 事上臨下: 위를 섬기고 아래에 임한다
20) 귀: 구절
21) ᄀᆞ옴아디: 관리하지 ☞ᄀᆞ옴알-+-디
22) 용공(用工): 힘써 품을 들임, 노동력을 사용함

코져 홀찌라 내 世間의 多少 秀才(수재)롤 보니 글도 닑으며 字도 알오디 그저 語聲(어성)이 正티 못ᄒᆞ더라 俗語(속어)에 닐오디 言語ᄂᆞᆫ 이 사ᄅᆞᆷ의 出馬鎗(출마쟁)이라[23] ᄒᆞ니 사ᄅᆞᆷ이 네 學 이시며 學 업슴을 알려 ᄒᆞ면 一口字面을 닐옴애 ᄯᅩ 사ᄅᆞᆷ을 起動(기동)ᄒᆞᄂᆞ니…

1:54a엇디 가히 널로ᄒᆞ여 알라 ᄒᆞ리오 네 집 父母ㅣ 일 죽고 다만 너 ᄒᆞ나흘 머므러시니 네 죽으면 뉘 네 집 宗祀(종사)롤 主ᄒᆞ리오 우리ᄂᆞᆫ 弟兄 二人이라 내 죽어도 도로혀 아이 이시니 내 알롸[24]홈을 기ᄃᆞ림이 무던ᄒᆞ다 내 알리라 큰형은 이 우리집 宗子ㅣ라 祖宗香火(조종향화)롤 主奉(주봉)ᄒᆞ니 결단코 가히 알롸 못홀거시오 三哥(삼가)ᄂᆞᆫ 이 우리 先父ㅣ 뎌의 先尊(선존)의 付托(부탁)을 바든 거全備1:54b시니 곳 이 뎨 스스로 犯(범)ᄒᆞ여 내여셔도 우리 ᄯᅩ훈 맛당히 뎌롤 ᄀᆞᄅᆞ츨여든 ᄒᆞ믈며 이 우리집 兄弟 ᄒᆞᆫ가지로 行ᄒᆞ여 사ᄅᆞᆷ의 무함ᄒᆞ야짐을[25] 닙어시니 엇디 可히 뎌로ᄒᆞ여 알게 ᄒᆞ리오 결단코 가티 아니ᄒᆞ고 결단코 可티 아니ᄒᆞ니 내 알롸 홈을 기ᄃᆞ림이 올타 우리 세 사ᄅᆞᆷ이 다 알롸 말미[26] 무던ᄒᆞ다[27] 엇디 이 刑具(형구)롤 견ᄃᆡ여 디내리오 사ᄅᆞᆷ을 죽임애 命을 償(상)홀 써시니 섈리 招承(초승)[28]ᄒᆞ라 1:55a므서슬 商量ᄒᆞᄂᆞ뇨 이 伍倫全이 텨죽엿ᄂᆞ니 小人을 罪예 坐홈이 맛당ᄒᆞ니이다 이 伍倫備 텨죽엿고[29] 伍倫全의

23) 출마쟁(出馬鎗): 말을 타고 나가는 종소리
24) 알롸: 안다 ☞ 알-+-롸(← 노라. 평.어.). 근대국어에서 평서형 종결어미로 '-롸'가 새롭게 출현하였다.
25) 무함(誣陷)ᄒᆞ야짐을: 무함하여짐을 ☞ 무함ᄒᆞ-+-야(보.어.) 지-(＜디-. 피동 보.용.)+-ㅁ(명.전.) (1) 보조동사 '디-'가 '지-'로 구개음화되었다. (2) 무함: 없는 사실을 그럴듯하게 꾸미어서 남을 어려운 지경에 빠지게 함.
26) 말미: 맒이
27) 무던ᄒᆞ다: 괜찮다. 可하다.
28) 초승(招承): 저지른 죄를 자백하고 복종함. 자복(自服).
29) 텨죽엿고: 쳐죽였고 ☞ 텨죽이-[← 텨-(← 티-+-어)#죽-+-이-(사.접.)]+-엇-(과거시제)+-고.

게 간셥훈 일이 아니라 小人을 罪예 坐홈이 맛당ᄒᆞ니이다 뎌 두 사룸은 다 일쯕 티디 아니ᄒᆞ엿고 이 安克和ㅣ 뎌을 ᄎᆞ매 小腸(소장)[30]을 알파[31] 이런 젼ᄎᆞ로 몸이 죽어시니 小人을 罪예 坐홈이 맛당ᄒᆞ니이다 左右ㅣ아 이 세 사룸이 ᄀᆞ장 야긔ᄡᆞ다[32]…

[2:1a]伍倫全의 어미 왓ᄂᆞ이다[33] 너는 이 命婦(명부)ㅣ니 請(청)컨대 닐라 사룸의 어미 되여 엇디 그 ᄌᆞ식을 ᄀᆞᄅᆞ치디 아니ᄒᆞ여 뎌로 ᄒᆞ여곰 이리 無禮(무례)케 ᄒᆞ뇨 이는 妾의 罪ㅣ니 ᄇᆞ라건대 相公은 筆下에 超生(초생)케 ᄒᆞ쇼셔 뎌 세 사룸이 招認ᄒᆞ기롤[34] ᄃᆞ토니 ᄒᆞᆫ 사룸 죽은디 세 사룸으로 償命홈이[35] 맛당티 아니ᄒᆞ니 네 着實(착실)히 니ᄅᆞ라 [2:1b]진실로 뎌로 더브러 致爭(치쟁)티 아녓ᄂᆞ니 ᄇᆞ라건대 相公은 照察(조찰)ᄒᆞ쇼셔 案卷(안권)이 임의 일워시니 결단코 出脫홀 理 업ᄉᆞ리니 네 뎨긔티[36] 말고 네 시험ᄒᆞ여 니ᄅᆞ라 맛당히 어니로 ᄒᆞ여 罪에 니르게 ᄒᆞ료 家事는 어룬을[37] 任ᄒᆞᄂᆞ니 妾이 그 죄를 당ᄒᆞ리이다 널로 ᄒᆞ여 알라 ᄒᆞ기 어렵다 사룸의 어미 되야 능히 그 ᄌᆞ식을 ᄀᆞᄅᆞ치디 못ᄒᆞ여 뎌로 ᄒᆞ여곰 禮法을 졷게 못ᄒᆞ니 理ㅣ 맛당히 坐罪ᄒᆞ리어다[38] …

[2:4b]老身이 囚犯人數(수범인수)에 ᄆᆡ여시니 敢히 이 禮롤 當티 못홀소이다[39] 老夫人은 小官의 니름을 들으쇼셔 世上 사룸이 훗겨집[40] 되얏는 이 百가지로

30) 소장(小膓) = 소장(小腸)
31) 알파: 아파 ☞ 알ᄑᆞ-+-아
32) 야긔ᄡᆞ다: 야기부리다(불만을 품고 야단을 부리다)
33) 왓ᄂᆞ이다: 왔습니다 ☞ 오-+-앗-(과.어.)+-ᄂᆞ이다(ᄒᆞ쇼셔체 평.어.)
34) 초인(招認): 죄인이 진술하여 죄를 인정받음(?)
35) 상명(償命): 살인한 사람을 죽임.
36) 뎨긔: 제기(提起). 의견이나 문제를 내어놓음. 소송을 일으킴.
37) 어룬: 어른
38) 좌죄(坐罪): 연좌되어 벌을 받음.
39) 못홀소이다: 못할 것입니다 ☞ 못ᄒᆞ-+-ㄹ소이다(ᄒᆞ쇼셔체 평.어.)
40) 훗겨집: 후처(後妻)

젼실 ᄌᆞ식을 虐害(학해)ᄒᆞ여 업슨 가온ᄃᆡ 이심을 내여 그 夫의게 할어[41] 닐러 반ᄃᆞ시 死地에 두과뎌 ᄒᆞᄂᆞ니 비록 이 녯사ᄅᆞᆷ 尹吉甫 ᄀᆞᄐᆞᆫ 이도 ᄯᅩᄒᆞᆫ 後妻의 말을 들어 그 前子 伯奇를 害ᄒᆞ얏ᄂᆞᆫ디라 2:5a曾子ㅣ 妻ㅣ 죽음애 즐겨 再聚(재취)티 아니ᄒᆞ심은 어디디 아닌 婦人을 만나 그 ᄌᆞ식을 陷害(함해)ᄒᆞᆯ까[42] 저허ᄒᆞ심이어든 ᄒᆞ믈며 今世 風俗이 薄惡(박악)ᄒᆞᆫ[43] 後ᄂᆞᆫᄯᆞ녀 夫人ᄀᆞᄐᆞᆫ 이ᄂᆞᆫ 진실로 世上에 罕有(한유)ᄒᆞ니[44] 小官이 禮에 맛당히 尊敬(존경)ᄒᆞ리이다 請컨대 相公은 안자 老身과 다ᄆᆞᆺ 孩兒의 拜謝(배사)홈을 바ᄃᆞ쇼셔 2:5b請ᄒᆞ여 뭇노니[45] 夫人이 언머 年紀에[46] 守寡(수과)ᄒᆞ시니잇고 老身이 二十四歲에 未亡人이 되야 이제 四十餘年이로소이다 夫人의 이러ᄐᆞᆺᄒᆞᆫ 貞節(정절)을 禮에 맛당히 旌表(정표)ᄒᆞᆯ[47] 쩌시니 小官이 곳 朝廷에 申奏ᄒᆞ리이다[48] 未亡守寡(미망수과)는 婦人常事니 恩官은 굿ᄒᆞ여[49] 申奏티 아닐 쩌시니이다 貞節을 旌表ᄒᆞ여 風俗을 勸化홈은 이ᄂᆞᆫ 小官의 職分(직분)에 맛당이 ᄒᆞᆯ 쩌시니 2:6a夫人은 굿ᄒᆞ여 推辭(추사)티[50] 말으쇼셔 아디 못게라[51] 三位令嗣ㅣ 일ᄶᅳᆨ 擧業(거업)을[52] 닉엿ᄂᆞ니잇가[53] 못ᄒᆞ엿나니잇가 初學이로소이다 엇뎐 사ᄅᆞᆷ의게 좃차 ᄇᆡ호ᄂᆞ뇨 施善敎(시선교) 先生이로소이다 이ᄂᆞᆫ 내 同窓ᄒᆞ던 벗이라 이 사ᄅᆞᆷ이 學이 淵源(연원)이

41) 할어: 훼방하여, 비방하여, 헐뜯어 ☞ 할-+-어
42) 함해(陷害): 남을 모함하여 해를 입힘.
43) 박악(薄惡): 각박하고 모짊, 됨됨이가 변변하지 못하고 아주 고약함.
44) 한유(罕有): 드믈게 있음
45) 뭇노니: 물으니 ☞ 묻-[問]+-노니
46) 연기(年紀): 대강의 나이, 자세하게 적은 연보
47) 정표(旌表): 착한 행실을 세상에 드러내어 널리 알림.
48) 신주(申奏): 임금에게 품함. 또는 그런 서면.
49) 굿ᄒᆞ여: 구태여. ☞ 굿ᄒᆞ야 < 구틔야~구틔여~구ᄐᆞ야~구틔야 < 구틔여
50) 추사(推辭): 남에게 사양하고 자기는 거절함.
51) 아디 못게라: 알지 못하겠구나. ☞ '-게라'는 감탄형 종결어미다.
52) 거업(擧業): 과거에 응시하던 일.
53) 닉엿ᄂᆞ니잇가: 익혔습니까? ☞ 닉이-[← 닉-[習/熟]+-이-(사.접.)]+-엇-(과.어.)+-ᄂᆞ-(직설법)+-니잇가(ᄒᆞ쇼셔체 의.어.)

이시니 三位 公子ㅣ 반ᄃᆞ시 傳授(전수)ᄒᆞᆫ 배 이실 ᄯᅵ라 올히 春榜이[54] 動ᄒᆞ면 選場(선장)을 열 ᄶᅥ시니 2:6b잘 收拾(수습)ᄒᆞ여 上京ᄒᆞ야 과거보라 가게 ᄒᆞ쇼셔 老身이 夫君 死別ᄒᆞᆷ으로브터 이제 四十餘年이 디낫ᄂᆞᆫ디라 辛苦히 門戶ᄅᆞᆯ 잡으며 家業을 셰워 세 아히ᄅᆞᆯ 敎育ᄒᆞ야 이제 幸혀 겨요 능히 成立ᄒᆞ여시니 내 처음브터 ᄒᆞᆫ번 歷數(역수)ᄒᆞᆷ을[55] 기ᄃᆞ리라 어제 孩兒ㅣ ᄒᆞᆫ바탕 官事를 니ᄅᆞ혀 냄이 되엿더니 幸으로 採訪相公(탐방상공)이 方便을 廣行(광행)ᄒᆞᆷ을 어…

2:38b南門惠濟坊(남문혜제방)에 張光明이 이시니 이 老郞中이 ᄯᅩᄒᆞᆫ 眼睛(안정)이 업슨디라 내가[56] 뎌ᄅᆞᆯ 請ᄒᆞᆷ을 기ᄃᆞ리쇼셔 졍히 됴타 졍히 됴타 뎌 둘히 서ᄅᆞ 보디 못ᄒᆞᆷ을 기ᄃᆞ리사이다[57] 張太醫先生아 請ᄒᆞᆷ이 잇다 請ᄒᆞᆷ이 잇다 뉘 나ᄅᆞᆯ 請ᄒᆞᄂᆞ뇨 나ᄅᆞᆯ 請ᄒᆞ여 므슴ᄒᆞ려 ᄒᆞᄂᆞ뇨 너ᄅᆞᆯ 請ᄒᆞ여 眼을 고티려 ᄒᆞᄂᆞ니라 내 눈이 업서 아디 못ᄒᆞ니 眼이 이 므스것고 2:39a眼이 곳 이 眼이니 眼이 이 므스 거시리오 사ᄅᆞᆷ의 몸에 眼이 만ᄒᆞ니 몬져 니ᄅᆞ기ᄅᆞᆯ 明白히 ᄒᆞ라 내 그린 후에 가리라 간 대로 니ᄅᆞᆫ다 간 대로 니ᄅᆞᆫ다 내 길흘 보디 못ᄒᆞ니 가디 못ᄒᆞ리로다 내 너ᄅᆞᆯ 븟드러 가리라 예ᄂᆞᆫ 이 門이라 이 門가[58] 예ᄂᆞᆫ 이 廳屋(청옥)이라 됴히 大解 ᄒᆞᆯ더냐 내 급ᄒᆞ여라[59]…

5:12a엇기 어려온 거슨 兄弟오 엇기 쉬온 거슨 田地라 곳 널로 ᄒᆞ여곰 田地를 엇고 네 뎌 아ᄋᆞ의 ᄆᆞ음을 일흐면 네 ᄆᆞ음의 엇더ᄒᆞ료 네 형 되엿ᄂᆞᆫ 이 만히 禾米를 거두어 네 妻子一家 老少로ᄃᆞ려 먹어 溫飽(온포)ᄒᆞ여 즐기고 ᄯᅩ 네 뎌 아ᄋᆞ로 ᄒᆞ여 얼고 줄임을[60] 바드면 네 형이 되야 보아 디내랴 보아 디내디

54) 춘방(春榜): 과거의 춘시(春試)의 성적을 발표하는 방(榜)
55) 역수(歷數): 차례대로 셈.
56) 내가: 내가 ☞ 나+ㅣ(주.조.)+가(주.조.). 새로운 주격조사 '가'가 'y' 뒤에 결합하였다.
57) 기ᄃᆞ리사이다: 기다립시다 ☞ 기ᄃᆞ리-+-사이다(ᄒᆞ쇼셔체 청.어.)
58) 이 門가: 이것이 문이냐? ☞ 체언의문문
59) 급ᄒᆞ여라: 급하구나 ☞ 급ᄒᆞ-+-여라(감.어.)

못ᄒᆞ랴 네 父母ㅣ 地下에 이셔 네 이러틋 홈[5:12b]을 알면 엇디 너를 용납ᄒᆞ리오 내 ᄯᅩ 너ᄃᆞ려 뭇ᄂᆞ니 몃 ᄌᆞ식이뇨 니ᄅᆞ라 둘히로소이다 네 이 밧흘 ᄃᆞ토와 네 죽은 후의 눌을 줄ᄲᅡ[61)] 내 兒子를 주려 ᄒᆞᄂᆞ이다 네 뎌 兒子ㅣ 이 네 妻로ᄃᆞ려 나흔 이냐 아니냐[62)] 올흐니 내 妻로ᄃᆞ려 나흔 이로소이다 네 몸으로부터[63)] 보면 너희 둘히 곳 이 兄弟어니와 네 爺孃(야양)으로브터[64)] 보와는 너희 둘히 다 이 兒子ㅣ라 [5:13a]네 아의[65)] 밧흘 ᄃᆞ토니 네 이 攁子(양자)를 믿들아 네 兒子들흘 주어 서ᄅᆞ ᄃᆞ토게 홈이로다 古人이 닐으되 兄弟ᄂᆞᆫ 이 手足이라 ᄒᆞ니 손과 다믓 발은 다 이 ᄒᆞᆫ 사ᄅᆞᆷ의 身上엣 形體(형체)ㅣ라[66)] 兄弟 서ᄅᆞ ᄃᆞ톰이 이 左右手로다가 서ᄅᆞ 티며 이 左右脚(좌우각)으로다가 사ᄅᆞ[67)] 촘이니 自家ㅣ 自家를 傷(상)홈이라 相公의 닐으심이 올흐니 내 本[5:13b]心이 情願(정원)으로[68)] 밧흘 ᄃᆞ토디 아니ᄒᆞ니 눈화 아을[69)] 줌이 무던ᄒᆞ여이다 형이 즐겨 올티 아닌 줄을 아니 小人이 情願으로 밧흘 要티 아니ᄒᆞ노니 다 형을 줌이 무던ᄒᆞ이다 내 닐러든 네 들으라 우리 兄弟ㅣ 相公의 教化를 감동ᄒᆞᄂᆞ니 이제로 좃차 已後(이후)ᄂᆞᆫ 기리 和氣ᄒᆞ리이다 閑氣(한기)를 因ᄒᆞ여 同氣를 傷티 말찌라 모롬이 人心을 다가 道心에 맛게 ᄒᆞ리로다…

60) 줄임을: 굶주림을 ☞ 줄이-(← 주리-)+-ㅁ+을. 과도분철표기
61) 줄ᄲᅡ: 줄 것이냐? ☞ 주-+-ㄹᄲᅡ(< ㄹ따. 2인칭 의.어.)
62) 이냐 아니냐: 사람이냐 아니냐 ☞ 이(의.명.)+∅-(서.조.)+-냐(< -녀) 아니+∅-(서.조.)+-냐(< -녀). 중세국어의 1.3인칭 의문형어미 '-녀'는 근대국어에서 '-냐'로 나타난다.
63) 부터: 부터 ☞ 브터 > 부터. 원순모음화. 원순모음화는 17세기 말에 나타난다.
64) 야양(爺孃): 부모
65) 아의: 아우의 ☞ 아ᄋᆞ[弟](< 아ᅀᆞ)+의
66) 形體ㅣ라: 형체다 ☞ 形體+ㅣ(서.조.)+라. 중세국어에서는 'y' 뒤에서 ∅형태 서술격조사가 연결되었으나 여기서는 'ㅣ'가 연결되었다.
67) 사ᄅᆞ: '서ᄅᆞ'의 오기로 보임.
68) 정원(情願): 진정으로 바람.
69) 아을: 아우를 ☞ 아ᄋᆞ[弟]+을

5:17b이 ᄡᆞᆯ ᄯᅵ 업ᄉᆞᆫ 지어미니이다 비록 뎨 ᄡᆞᆯ ᄯᅵ 업스나 그저 맛당히 뎌롤 ᄀᆞᄅᆞ틸ᄯᅵ니[70] 엇디 可히 뎌롤 ᄧᅩ차 내티리오 ᄡᆞᆯ ᄯᅵ 업기는 ᄯᅩ 두려니와 뎨 ᄯᅩ 부리 됴ᄒᆞ니이다 뎌의 뎌 妾을 잡어오라 뭇쟈 妾을 잡아오디 마ᄅᆞ쇼셔 小人이 情願(정원)으로 뎌롤 ᄀᆞᄅᆞᆺᄎᆞ리이다 뎌ᄂᆞᆫ 이 뎨오 너ᄂᆞᆫ 이 네니 엇디 뎌롤 ᄀᆞᄅᆞᆺᄎᆞ리오 뎌ᄂᆞᆫ 이 나의 心肝이오 나는 이 뎌의 ᄉᆞᆯ히라 5:18a나롤 티면 뎨 ᄯᅩ 알파ᄒᆞᆯ ᄶᅥ시니 그저 나롤 팀이 므던ᄒᆞ여이다 이 놈을 티라 뎨 당시론 뎌 妾을 護(호)ᄒᆞᄂᆞᆫ고나 左右ㅣ아 뎌의 뎌 신을 가져다가 뎌의 마리 우희 이오고 뎌의 갓을 가져다가 뎌의 발에 신기라 이리 신고 씀이 보기 됴ᄒᆞ냐 맛닷티 아니ᄒᆞ니 顚倒(전도)ᄒᆞ여이다 너도 아ᄂᆞᆫ고나 녯 사ᄅᆞᆷ이 니ᄅᆞ되 妻ᄂᆞᆫ 齊(제)ㅣ오 妾은 接(접)이라 ᄒᆞ니 신이 비록 새나 可히 마리에 더ᄒᆞ디 못ᄒᆞ고 5:18b冠(관)이 비록 늘그나 可히 발에 더ᄒᆞ디 못ᄒᆞᄂᆞ니 人家妻妾 ᄒᆞᆫ가지 ᄀᆞᆺᄐᆞᆫ디라 妻ㅣ 비록 醜陋(추누)ᄒᆞ나 可히 ᄂᆞ리와[71] 妾을 삼디 못ᄒᆞ고 妾이 비록 얼굴이 아룸다오나 가히 올려[72] 妻롤 삼디 못ᄒᆞᆯ ᄶᅥ시니 큰 이ᄂᆞᆫ 도로혀 이 큰 이로 ᄒᆞ고 져근 이ᄂᆞᆫ 도로혀 이 져근 이로 ᄒᆞ라 이러면 兩平ᄒᆞ여 곳 ᄃᆞ톰이 업스리라 相公의 니ᄅᆞ심이 有理ᄒᆞ니 내 알게이다 이후로브터ᄂᆞᆫ 妻ᄂᆞᆫ 도로혀 뎌 妻로 ᄒᆞ고 5:19a妾은 도로혀 뎌 妾으로 ᄒᆞ여 다시 敢히 아니 호리이다 뎌 婦人을 불러오라 보와ᄒᆞ니 너도 올티 아닌 곳이 잇다 모롬이 네 뎌 眼睛(안정)에[73] 모래롤 두디 못ᄒᆞᆯ ᄊᆞ냐 相公아 내 床(상)에 사ᄅᆞᆷ이 자고 내 凳(등)[74]에 사ᄅᆞᆷ이 안ᄶᅩ 내 丈夫롤 사ᄅᆞᆷ이 잇그니 이 애ᄃᆞ롬을 진실로 밧기 어렵도소이다 녜로부터 옴으로 妻ㅣ 이시며 妾이 이시니 可히 ᄡᅧ 큰 5:19b이로ᄡᅧ 져근 이롤 삼디 못ᄒᆞ려

70) ᄀᆞᄅᆞ틸ᄯᅵ니: ᄀᆞᄅᆞ티-(< ᄀᆞᄅᆞ치-). *'ㅌ-구개음화'의 과도교정

71) ᄂᆞ리와: 내리게 하여 ☞ ᄂᆞ리오-[← ᄂᆞ리-+오(사.접.)]+-아.

72) 올려: 오르게 하여 ☞ 올리-[← 오ᄅᆞ-+이(사.접.)]+-어. 중세에 '오ᄅᆞ-'는 '올ㅇ-'으로 활용하였는데, 근대에 '올르-'로 활용하고 있다.

73) 안정(眼睛): 눈동자

74) 등(凳): 걸상

니와 만일 婦人이 嫉妬(질투)ᄒᆞ면 실로 ᄯᅩᄒᆞᆫ 當키 어려오니 다시 새오디[75] 말라 小人이 相公의 教導(교도)홈을 感ᄒᆞ노니 後로 조차 우리 夫妻ㅣ 和順ᄒᆞ야 큰 이ᄂᆞᆫ 이 큰 이로 ᄒᆞ고 져근 이ᄂᆞᆫ 이 져근 이로 ᄒᆞ야 다시 서르 ᄃᆞ토디 아니 ᄒᆞ리이다 心中에 덥고 더온 一盆火(일분화)ㅣ 다 尊官(존관)의 ᄎᆞᆫ 믈로 흘님을 닙엇도다 내 보니 世上에 可히 化티 못ᄒᆞᆯ 사ᄅᆞᆷ이 업5:20a스되[76] 그저 이 관원 되엿ᄂᆞᆫ 이 自家ㅣ 天理에 昧(매)ᄒᆞᆫ디라[77] 이녁 몸이 正티 못ᄒᆞ니 엇디 능히 다ᄅᆞᆫ 사ᄅᆞᆷ을 正ᄒᆞ리오 네 보라 두 夫婦ㅣ 내 말을 듯고 곳 感化ᄒᆞᄂᆞᆫ고야 相公이 德으로ᄡᅥ 사ᄅᆞᆷ을 化홈애 사ᄅᆞᆷ이 服디 아니리 업스니 더 젼혀 棍杖(곤장) ᄡᅳᄂᆞᆫ 이에 比컨대 다ᄅᆞ이다 이 東陽郡 ᄒᆞᆫ 적은 곳에 엇디 告狀(고장)ᄒᆞ리 이리 만ᄒᆞ뇨

75) 새오디: 시기하지, 질투하지 ☞ 새오-+-디.
76) 업스되: 없되 ☞ 없-+으되(< 오되).
77) 매(昧): 어리석다, 탐하다, 어둡다.

靑丘永言

1728년(영조 4) 김천택(金天澤)이 편찬한 가집(歌集)으로, 1권 1책의 필사본. 『해동가요』, 『가곡원류』와 함께 3대 시조집의 하나이다. '청구'는 우리나라를 뜻하는 말이고, '영언'은 노래를 뜻하는(歌永言) 말이다.

책명은 한글로 모두가 '청구영언'이지만, 한자로 쓰면, '靑丘詠言'·'靑邱永言'·'靑丘咏言' 등으로 표기된다. 우리의 노래가 구전으로만 읊어지다가 없어짐을 한탄하여, 기록으로써 후세에 전하고자 이 책을 편찬하였다고 한다.

지금까지 밝혀진 이본은 7종으로 원본으로 추정되는 것이 진본(珍本)이다. 이 책은 오장환(吳璋煥)이 소장하였다가, 그 뒤에 통문관(通文舘)에서 소장하였다. 원전으로 추정되는 진본에 수록된 작품수는 580수이다. 편성내용은 본내용을 중심으로 앞에는 정윤경(鄭潤卿)의 서문과, 뒤에는 김천택 자신의 자서와 마악노초(磨嶽老樵)의 발문으로 되어 있고, 본편은 13항으로 나누어져 있다.

각 항목에서 작품을 배열한 기준은 작가의 연대와 신분, 작품의 내용, 곡목 등이다. 작가는 먼저 호(號), 다음에 성명을 쓰고, 끝으로 경력을 작은 글씨의 주(註)로 달고 있다.

—『한국민족문화대백과사전』

여기서 강독하는 자료는 진본(珍本) 『청구영언』으로, 한국시조학회 영인본이다. 강독의 편의를 위해 한자에 독음을 달았다.

靑丘永言(珍本)[1]

[001]작자 미상

오늘이 오늘이쇼셔 每日에 오늘이쇼셔
뎜그디도[2] 새디도 마르시고
새라난 미양 쟝식에[3] 오늘이쇼셔

[183]朗原君 偘(낭원군 간) 釣魚臺(3-3)[4]

首陽山(수양산) ᄂᆞ린 물이 釣魚臺(조어대)로 가다 ᄒᆞ니
太公(태공)이 낙던 고기 나도 낙가[5] 보련마ᄂᆞᆫ
그 고기 至今(지금)히 업스니 물동 말동 ᄒᆞ여라

---

1) 작자 앞의 숫자는 작품의 일련번호이다.
2) 뎜그디도: 저물지도 ☞ 뎜글-(＜졈글-)+-디+도. 'ㄷ-구개음화'의 과도교정(역표기). 어떤 음운현상이 활발하게 일어나면 그에 대한 반작용으로 원래의 형태를 과도교정 하는 일이 있다. 'ㅈ'이 'ㄷ'으로 과도교정 되었다는 것은 'ㄷ-구개음화'가 활발하게 일어나고 있었다는 증거가 된다. 이 작품은 김천택 당대의 작품이 아닐지라도 김천택이 편집하는 단계의 언어 상태가 반영된 것이라고 볼 수 있다. 이하 작품들에서도 같은 해석이 가능하다.
3) 쟝식(長息): 장탄식(長歎息). 긴 한숨을 지으며 깊이 탄식하는 일
4) 낭원군 간: 1640~1699
5) 낙던/낙가: 낚던/낚가 ☞ 낙-(＜낛-)+-던, 낙가: 낚-(＜낛-)+-아. (1) '낙가'(←낚-+-아)의 '낚'은 '낛-'에서 'ㅅ'이 후행하는 'ㄱ'의 위치에 동화되어 'ㄱ'으로 바뀐 것이다. (2) 낛-: ㊖ 낚다. 낛: ㊔ 낚시

197 朗原君 偘

어버이 날 나ᄒᆞ셔 어질과쟈[6] 길러 내니
이 두 分(분)[7] 아니시면 내 몸 나셔 어질소냐[8]
아마도 至極(지극)ᄒᆞᆫ 恩德(은덕)을 못내 가파 ᄒᆞ노라

203 南九萬(남구만)[9]

東窓(동창)이 불갓ᄂᆞ냐[10] 노고지리[11] 우지진다[12]
쇼 칠 아ᄒᆡ는 여태 아니 니러ᄂᆞ냐
재 너머 ᄉᆞ래 긴 밧츨[13] 언제 갈려 ᄒᆞᄂᆞ니[14]

---

6) 어질과쟈: 어질게 하고자, 어질고자 ☞ 어질-(<어딜-)+-과쟈(<-과댜<-과뎌). (1) 어간과 어미에 모두 'ㄷ-구개음화'가 실현되었다. (2) '-과댜'는 행동의 의도나 소망, 목적 따위를 나타내는 어미인데 구개음화하여 '-과쟈'로 나타났다.
7) 分: 분 ☞ '분'은 고유어이나 한자를 음차해서 '分'으로 적었다.
8) 어질소냐: 어질-+-ㄹ소냐[←-ㄹ#ᄉᆞ+-오-+-냐(<-녀)]. (1) '-소냐'는 강한 부정을 나타내는 의문형 종결어미이다. 현대국어에서는 '-ㄹ쏘냐'로 표기한다. (2) 중세국어의 1.3인칭 의문형어미 '-녀, -려'는 각각 '-냐, -랴'로 변하는데, 이 변화는 16세기에 시작하여 17세기에 완성된다.
9) 남구만: 1629~1711
10) 불갓ᄂᆞ냐: 밝았느냐 ☞ ᄇᆞᆰ-+-앗-(과.어.)+-ᄂᆞ냐(<ᄂᆞ녀. 의.어.)
11) 노고지리: 종다리
12) 우지진다: 우짖는다 ☞ 우지지-+-ㄴ다(평.어.). 중세국어의 '-ᄂᆞ다'는 근대국어에서 모음으로 끝난 어간 뒤에서는 '-ㄴ다'로 자음으로 끝난 어간 뒤에서는 '-는다/-ᄂᆞᆫ다'로 변한다.
13) 밧츨: 밭을 ☞ 밧ㅊ(←밭)+을. 당시의 표기 방식에 따르자면 '밧틀~밧흘'이 기대된다. 'ㅌ-구개음화'가 활발하게 일어나 'ㅡ' 앞에서도 'ㅌ'이 'ㅊ'으로 바뀌었다. 현대에도 남부방언에서는 '밭을'을 '바츨'로 발음하는 경우가 많다.
14) ᄒᆞᄂᆞ니: 하느냐? ☞ ᄒᆞ-+-ᄂᆞ니(의.어.)

[205]朴泰輔(박태보)[15)]

胸中(흉중)에 불이 나니 五臟(오장)이 다 ᄐᆞ간다[16)]
神農氏(신농씨) 숢에 보와 불 쓸 藥(약) 무러 보니
忠節(충절)과 慷慨(강개)로 난 불이니 쓸 藥 업다 ᄒᆞᄃᆞ라[17)]

[208]逸老堂(일로당)[18)]

좌내[19)] 집의 술 닉거든 부듸[20)] 날 부르시소[21)]

15) 박태보: 1654~1689
16) ᄐᆞ간다: 타간다 ← ᄐᆞ-(＜타-)+-아(보.어.)#가-(보.용.)+-ㄴ다(＜ᄂᆞ다. 종.어.). (1) '-아 가-'는 진행상을 나타낸다. (2) '-ㄴ다'에 대해서는 주(12) 참조.
17) ᄒᆞᄃᆞ라: 하더라 ☞ ᄒᆞ-+-ᄃᆞ-(＜-더-)+-라. 근대국어에서 회상법 선어말어미 '-더-'가 '-ᄃᆞ-'로 표기되는 예가 종종 있다.
18) 逸老堂(일로당): 1437~1507
19) 좌내: 자네. ☞ (1) '좌내'는 '너[汝]'의 약간 높임을 나타내는 2인칭 대명사이다. 뒤의 서술어 '부르시소'에서 '주체높임 선어말어미' '시'가 쓰여 이를 뒷받침해 주며, 상대높임법으로 '하소체'(근대국어에 나타남)가 쓰였다. <순김 49>에서는 '자내'가 남편이 아내를 지칭하는 말로 쓰였다. (2) 중세국어에서는 '너'의 약간 대우 형태로 '그듸/그듸'가 있었다. '좌내'는 근대국어에서 출현하는 2인칭 대명사이다. (3) 현대국어에서 '자네'는 청자가 친구나 아랫사람인 경우 그 사람을 높여 이르는 2인칭 대명사로 '하게'할 자리에 쓰인다.
20) 부듸: 부디, 아무쪼록, 꼭 ☞ (1) 'ㄷ-구개음화'가 활발하게 일어나던 시기에 '부듸'는 이중모음을 유지하고 있었기 때문에 'ㄷ-구개음화'의 환경을 만족하지 못해서 'ㄷ-구개음화'가 적용되지 않은 '부듸'를 유지하고 있었다. 그러나 19세기 무렵 일어나 '의 > 이' 변화로 '부듸'가 '부디'로 변하여 'ㄷ-구개음화'의 환경을 만족하였으나 이때에는 한 형태소 내부에서 일어나는 구개음화 규칙이 소멸한 뒤여서 구개음화 규칙을 경험하지 못한다. 그리고 현대국어에서 구개음화규칙은 형태소 내부에서는 적용되지 않고 형태소 연결에서 일어나는 형태어휘론적 규칙으로 바뀌었기 때문에 '부디'는 다시 현대국어의 구개음화규칙의 환경마저 만족시키지 못해 구개음화가 적용되지 않은 '부디'로 남아있다. (2) 근대국어 시기의 'ㄷ-구개음화' 규칙은 '[ㄷ, ㅌ]→[ㅈ, ㅊ]/____{이, y}'로 순수음운규칙이었다. 그러나 현대국어의 'ㄷ-구개음화' 규칙은 '[ㄷ, ㅌ]→[ㅈ, ㅊ]/____+{이}형식형태소'로 형태어휘론적 규칙으로 바뀌어 적용 환경이 축소되었다.
21) 부르시소: 부르시게 ☞ 부르-+-시-(주.높.)+-소('ᄒᆞ소체' 명.어.). (1) 중세국어의 '-아쎠'

내 집의 곳 픠여든 나도 좌내 請(청)히옵시[22]

百年 쩟[23] 시름 니즐 일을 議論(의논)코져 ᄒᆞ노라

[224]朱義植(주의식)[24]

말하면 雜類(잡류)라 ᄒᆞ고 말 아니면 어리다 ᄒᆞ늬[25]

貧寒(빈한)을 놈이 웃고 富貴(부귀)들 새오는듸[26]

아마도 이 하놀 아레[27] 사를 일이 어려왜라[28]

[242]金聖器(김성기)[29]

塵埃(진애)에 무친[30] 分늬 이 내 말 드러 보소[31]

대신 근대국어에서는 '-소'가 쓰였다. 근대국어에서 상대높임법의 위계는 'ᄒᆞ라, ᄒᆞ소, ᄒᆞ쇼셔'로 나타남. 중세국어에서 상대높임법의 위계는 'ᄒᆞ라, ᄒᆞ야써, ᄒᆞ쇼셔'이었다. (2) 청자 주어를 높이면서도 'ᄒᆞ소체'가 쓰인 것은 상대에 대한 대우와 친근함의 표현으로 해석된다. 현대국어에서도 친구를 대우하면서도 친근함을 표현할 때 '하시게'와 같은 표현을 사용한다.

22) 請히옵시: 청하옵세 ☞ 請히-+-오-(공.어.)+-ㅁ싀(>ㅁ세. 평.어.). (1) '-오-'는 공손선어말어미로, 중세의 객체높임법 '-ᄉᆞᇦ-'에 기원한다. 객체높임 선어말어미는 근대국어에서 공손법 선어말어미로 기능이 변화였다. (2) '-ㅁ싀'는 'ᄒᆞ소체' 약속 평서형어미이다.

23) 쩟: 덧. 얼마 안 되는 퍽 짧은 시간. '덛→덧→쩟'

24) 주의식: 숙종(1661~1720) 연간 생존

25) ᄒᆞ늬: 하네 ☞ ᄒᆞ-+-늬(<ᄂᆞ이다. 'ᄒᆞ소체' 평.어.). '-늬'는 중세국어의 '-ᄂᆞ이다'에서 '다'가 탈락하여 형성된 어미인데, 근대국어에서는 'ᄒᆞ소체'어미이다. 현대국어에는 하게체 평서형 종결어미 '-네'에 해당한다.

26) 새오는듸: 시기하는데 ☞ 새오-[妬]+-는듸(종.어.)

27) 아레: 아래 ☞ 아ᄅᆡ~아래~아레>아래. '아래/아ᄅᆡ'가 대부분 '아레'로 표기되었는데 이것은 문헌의 특성으로 볼 수도 있고, '애'와 '에'가 단모음화하는 과정 중에서 일어난 혼기로 볼 수도 있다.

28) 어려왜라: 어렵구나 ☞ 어렵-+-애라(감.어.)

29) 김성기: 1654?~1727?

30) 무친: 묻힌 ☞ 무치-[←묻-(←묻-)+-히-(피.접.)]+-ㄴ(관.전.). 'ㄷ'과 'ㅎ'의 축약에 이

富貴功名(부귀공명)이 됴타도 ᄒᆞ려니와

갑 업슨 江山風景(강산풍경)이 긔 죠흔[32] ᄒᆞ노라

[253]金裕器(김유기)[33]

오ᄂᆞᆯ은 川獵(천렵)ᄒᆞ고 來日은 山行 가싀[34]

곳다림[35] 모릐 ᄒᆞ고 降神(강신)으란 글픠 ᄒᆞ리

그글픠 邊射會(변사회)ᄒᆞᆯ 제 各持壺果(각지호과) ᄒᆞ시소

[271]金天澤(김천택)[36]

世上(세상) 사ᄅᆞᆷ들아[37] 이 내 말 드러보소

靑春(청춘)이 미양이며 白髮(백발)이 검ᄂᆞᆫ 것가[38]

어 구개음화가 일어났다. 현대의 학교문법에서는 'ㄷ'이 '-히-' 앞에서 구개음화한 뒤 축약하였다고 설명한다.

31) 드러 보소: 들어 보게/들어 보오 ☞ 들-(← 듣-[聽])+-어 보-+-소(ᄒᆞ소체 명.어.)

32) 됴타도/죠흔: 좋다고도/좋은 것인가 ☞ (1) 전자는 ㄷ-구개음화를 경험하지 않은 어형이나 후자는 ㄷ-구개음화를 경험한 어형이어서 양자가 함께 쓰이고 있다. 이런 현상은 근대국어 말기까지 지속된다. 독립신문 창간사에도 '됴션'과 '죠션/조션'이 공존하고 있다. (2) '죠흔'은 관형사형 전성어미 'ㄴ'이 명사적으로 쓰이고 있다. 이런 용법은 중세국어까지는 존재하였으나 근대국어에서는 소멸한 용법이다.

33) 김유기: ?~1718?

34) 가싀: 가세 ☞ 가-+-싀(＜-사이다. 청.어.). (1) '-싀'는 중세국어 ᄒᆞ쇼셔체 청유형어미인 '-사이다'에서 '다'가 탈락하여 근대국어에서 형성된 어미이다. (2) 중세국어에서 '-사이다'는 'ᄒᆞ쇼셔체'이었지만 근대국어에서 '-싀'는 'ᄒᆞ소체' 청유형어미로 쓰였다.

35) 곳다림: 꽃달임. 진달래꽃이 필 때에, 그 꽃을 따서 전을 부치거나 떡에 넣어 여럿이 모여 먹는 놀이. 음력 3월 3일에 하였다. 여자들이 꽃달임을 하였다면 남자들은 천렵[냇물에서 고기잡이 하는 일]을 하였다.

36) 김천택: 1680말~1728 이후

37) 사ᄅᆞᆷ들아: 사람들아 ☞ 사ᄅᆞᆷ+-들(＜ᄃᆞᆯㅎ)+아(호.조.). 복수접미사 '-ᄃᆞᆯㅎ'이 '들'로 바뀌면서 'ㅎ'도 탈락하였다.

엇더타[39] 有限(유한)ᄒᆞᆫ 人生이 아니 놀고 어이리

[274]金天澤(김천택)

泰山(태산)에 올라안자 天下(천하)를 두로보니
世路(세로)ㅣ 多岐(다기)ᄒᆞ여 어이 져리 머흔게고
阮籍(원적)이 이러홈으로 窮途哭(궁도곡)을 ᄒᆞ닷다[40]

[287]黃眞[41]

冬至ㅅ돌 기나긴 밤을 한 허리를 버혀 내여
春風 니불 아레[42] 서리서리 너헛다가[43]
어론 님 오신 날 밤이여든 구뷔구뷔[44] 펴리라

[340]具志禎(구지정)[45]

쥐 촌 쇼로기들아 비부로롸[46] 쟈랑 마라

38) 검는 것가: 검어지는 것인가? ☞ 검는 것+가(의문보조사) (1) '검-'은 형용사이나 여기서는 동사로 쓰였다. (2) 의존명사 '것' 뒤에 의문보조사 '가'를 연결하여 형성된 체언의문문이다. 체언의문문은 근대국어에서 점차 줄어들고 '서술격조사+의.어.'에 의한 의문문으로 바뀐다.
39) 엇더타: 감탄사.
40) ᄒᆞ닷다: 하는구나 ☞ ᄒᆞ-+-닷다(감.어.) '-닷다'는 중세국어에서는 '-더-+-옷-+-다'로 분석되나 근대국어에서는 감탄형 종결어미로 분석한다.
41) 황진이: 생몰 연대 미상의 조선 중기[중종 연간]의 이름난 기생
42) 아레: 아래. ☞ 아레 < 아래
43) 너헛다가: 넣었다가 ☞ 넣-+-엇-(과.어.)+-다가
44) 구뷔구뷔: 굽이굽이 ☞ 구비구비~구븨구븨 > 구뷔구뷔
45) 무씨명(無氏名)으로 분류되었으나, 구지정(1647~1713)의 작으로 알려져 있다.

淸江(청강) 여윈 鶴(학)이 주리다 부를소냐47)

내 몸이 閑暇(한가)ᄒᆞ야마는 술 못 진들 엇ᄃᆞ리

360 無氏名

어인 벌리완ᄃᆡ48) 落落長松(낙락장송) 다 먹ᄂᆞᆫ고

부리 긴 져고리ᄂᆞᆫ49) 어ᄂᆡ 곳에 가 잇ᄂᆞᆫ고

空山(공산)에 落木聲(낙목성) 들릴 제 내 안 둘 ᄃᆡ 업세라50)

362 無氏名

굼벙이51) 매암이52) 되야 ᄂᆞ래53) 도쳐54) ᄂᆞ라올라

노프나 노픈 남게55) 소릐ᄂᆞᆫ 죠커니와

그 우희 거믜줄 이시니 그를 조심ᄒᆞ여라

46) ᄇᆡ부로롸: 배부르다 ☞ ᄇᆡ부로-(＜ᄇᆡ브르-)+-롸(평.어.). '-롸'는 근대에 새로 생긴 평서형 종결어미다. 양순음 아래에서 원순모음화가 실현되었다.

47) 부를소냐: 부러워하겠느냐? ☞ 불-(＜블-)+-ㄹ소냐

48) 벌리완ᄃᆡ: 벌레이기에 ☞ 벌리[蟲]+∅(서.조.)+-완ᄃᆡ(＜-관ᄃᆡ. 종.어.). 벌게＞벌에＞벌레~벌네~벌리＞벌레

49) 져고리: 딱따구리

50) 없세라: 없구나 ☞ 없ㅅ-+-에라(감.어.). '-에라'는 중세국어에서 이어지는 감탄형 종결어미다.

51) 굼벙이: 굼벵이. * 굼벙＞굼벙이＞굼벵이

52) 매암이: 매미

53) ᄂᆞ래: 날개. ☞ ᄂᆞᆯ개＞ᄂᆞᆯ애＞ᄂᆞᆯ래~ᄂᆞᆯ내~ᄂᆞ래＞날개~나래

54) 도쳐: 돋히어 ☞ 도치-[←돛-(＜돋-)+-히-(피.접.)]+-어. ㄷ-구개음화가 실현되었다. 주(30) 참조.

55) 남게: 나무에 ☞ 남ㄱ+에. 중세국어에서 '나모[木]'는 자음 어미와 '와' 앞에서 '나모', 모음 어미 앞에서 '낡'으로 교체하였다. ㄱ-보유어들은 근대국어에서 어형이 단일화된다.

365李兆年(이조년)[56]

梨花(이화)에 月白(월백)ᄒᆞ고 銀漢(은한)이 三更(삼경)인 제
一枝春心(일지춘심)을 子規(자규)ㅣ야 아라마ᄂᆞᆫ
多情(다정)도 病(병)이냥 ᄒᆞ여 ᄌᆞᆷ 못 드러 ᄒᆞ노라

369金尙容(김상용)[57]

ᄉᆞ랑 거즛말이 님 날 ᄉᆞ랑 거즛말이
ᄭᅮᆷ에 뵌닷[58] 말이 긔 더옥 거즛말이
날ᄀᆞ치[59] ᄌᆞᆷ 아니 오면 어ᄂᆡ ᄭᅮᆷ에 뵈이리

376無氏名

天下 匕首劍(비수검)을 ᄒᆞᆫ듸 모하[60] 뷔를[61] ᄆᆡ야
南蠻北狄(남만북적)을[62] 다 ᄡᅳ러 ᄇᆞ린 後에
그 쇠로 홈의를[63] ᄆᆡᆼ그라 江上田을 ᄆᆡ리라

56) 無氏名으로 분류되었으나 이조년(1269~1343)의 작으로 알려져 있다.
57) 無氏名으로 분류되었으니 김상용(1561~1637)의 작으로 알려져 있다.
58) 꿈에 뵌닷: 꿈에 뵌다고 하는 ☞ 뵌닷: 뵈-+ㄴ다(평.어.)+ㅅ(관.전.).
59) 날ᄀᆞ치: 나처럼, 나같이 ☞ 내[我]+(ㄹ)+ᄀᆞ치(← ᄀᆞᇀ-+이). (1) 'ㄹ'이 덧났다. (2) ㅌ-구개음화가 실현되었다.
60) 모하: 모아 ☞ 모호-(< 뫼호-)+아
61) 뷔: 비[帚/箒], 빗자루
62) 남만북적(南蠻北狄): 남쪽 오랑캐와 북쪽 오랑캐.
63) 홈의: 호미 ☞ 호ᄆᆡ>호믜→홈의

[397]無氏名

곳은 밤비에 퓌고[64] 비즌 술 다 닉거다

거문고 가진 벗이 둘 함긔[65] 오마터니[66]

아히야 茅簷(모첨)에[67] 둘 올랏다 손 오는가 보와라[68]

[404]無氏名

어우하[69] 날 소겨고 秋月春風(추월춘풍) 날 소겨고

節節(절절)이 도라오매 有信(유신)히 너겻ᄃᆞ니

白髮(백발)란 날 다 맛지고[70] 少年(소년) ᄯᆞ롸[71] 니거니

[405]無氏名

人生이 可憐(가련)ᄒᆞ다 물[72] 우희 萍草(평초)[73]ᄀᆞᆺ치[74]

偶然(우연)히 마나셔 덧업시 여희거다[75]

---

64) 퓌고: 피고[發] ☞ 퓌-(＜프-)+-고
65) 함긔: 함께 ☞ ᄒᆞᆫᄢᅴ＞ᄒᆞᆷᄭᅴ＞함께. 근대국어에서는 ‘ᄒᆞᆷᄭᅴ’가 일반적이었다.
66) 오마터니: 오마 하더니 ☞ 오-+-마(약속 평.어.)+(ᄒᆞ-)+-더-+-니
67) 모첨(茅簷): 초가지붕의 처마.
68) 보와라: 보아라 ☞ 보-+-아라(명.어.). w-첨가
69) 어우하: 감탄사.
70) 맛지고: 맡기고 ☞ 맛지-[←맜-(＜맡-)+-이-(사.접.)]+-고. ‘맛디-＞맛지-＞맛기-＞맡기-’. ㄷ-구개음화가 적용되어 ‘맛지-’가 되었다가 과도교정에 의해 ‘맛기-’로 바뀌고 현대에는 ‘맡기-’로 변하였다.
71) ᄯᆞ롸: 따라 ☞ ᄯᆞᄅᆞ-+-와. 현대국어에서 ‘따르다’는 규칙활용을 한다. ‘따르니, 따르므로, 따라, 따라서’
72) 물[水]: 물. ☞ 믈＞물. 양순음 아래에서 원순모음화가 실현되었다.
73) 평초(萍草): 개구리밥과의 여러해살이 수초(水草). 부평초(浮萍草). 비유적으로, 물 위에 떠 있는 풀이라는 뜻으로, 정처 없이 떠돌아다니는 신세를 이르는 말
74) ᄀᆞᆺ치: 가치 ☞ ᄀᆞᆺㅊ(←ᄀᆞᇀ-)+-이. ㅌ-구개음화가 실현되었다.

이 後(후)에 다시 만나면 緣分(연분)인가 ᄒᆞ리라

411 **정민교**76)

간밤의 부던 ᄇᆞᄅᆞᆷ에 滿庭(만정) 桃花(도화)ㅣ 다 지거다77)
아ᄒᆡᄂᆞᆫ 뷔를 들고 ᄡᅳ로려 ᄒᆞᄂᆞᆫ괴야78)
落花(낙화)ᅟᅵᆫ들 곳이 아니랴 ᄡᅳ지79) 만들 엇ᄃᆞ리

437 **無氏名**

楚覇王(초패왕)80) 壯(장)ᄒᆞᆫ ᄠᅳᆺ도 죽기도곤81) 離別(이별) 셜어
玉帳(옥장)82) 悲歌(비가)에 눈믈 지여시나
至今(지금)히 烏江 風浪(오강 풍랑)에 우닷83) 말은 업세라84)

---

75) 여희거다: 이별하였다 ☞ -여희-+-거-(확인법)+-다. 중세국어에서는 'y/ㄹ' 뒤에서 'ㄱ'이 약화되는 규칙이 있었기 때문에 '여희어다'로 되었을 것이나, 근대국어에서는 이런 규칙이 소멸하였다.

76) 無氏名으로 분류되었으나 정민교(1697~1731. 청구영언의 서문을 쓴 정내교의 아우)의 작으로 알려져 있다..

77) 지거다: 떨어졌다 ☞ 지-[落](<디-)+거(확인법)+다. ㄷ-구개음화가 실현되었다.

78) ᄒᆞᄂᆞᆫ괴야: 하는구나 ☞ ᄒᆞ-+-ᄂᆞᆫ+-괴야(감.어.)

79) ᄡᅳ지: 쓸지 ☞ ᄡᅳ-(ᄡᅳᆯ-)+-지(<-디). '-디 말다' 부정문이다. ㄷ-구개음화를 경험하였다.

80) 초패왕(楚覇王): '항우'를 달리 이르는 말. 진나라를 멸망하게 하고 스스로 서초(西楚)의 패왕이 되었다는 데서 유래한다.

81) 죽기도곤: 죽기보다 ☞ 죽-+-기(명.전.)+도곤(비교 부.조.)

82) 옥장(玉帳): 옥으로 장식한 장막. 장수가 거처하는 장막을 아름답게 이르는 말.

83) 至今히~우닷: 오늘에 이르러 오강 풍랑에 울었다는/울었다고 하는 ☞ (1) 'ㅅ'은 문장 '至今~우다'에 연결되어 문장 전체를 관형어로 만드는 관형어적 용법이다. 관형격조사 'ㅅ'이 현대국어의 '-다는, -라는, -라 하는'에 해당하는 기능을 한다.

84) 업세라: 없구나 ☞ 없-+-에라(감.어.)

455 정철[85)]

물 아레[86)] 그림자[87)] 지니 ᄃᆞ리 우희 즁이 간다
져[88)] 즁아 게 서거라 너 가ᄂᆞᆫ ᄃᆡ 무러보쟈
손으로 흰 구름 ᄀᆞᄅᆞ치고 말 아니코 간다

461 無氏名

淸明時節(청명시절) 細雨紛紛(세우분분)ᄒᆞᆯ 제 나귀 목에 돈을 걸고
酒家(주가)ㅣ 어ᄃᆡᄆᆡ오 뭇노라 牧童(목동)들아[89)]
져 건너 杏花(행화)ㅣ ᄂᆞᆯ니니 게[90)] 가 무러 보읍소[91)]

463 將進酒辭 정철

ᄒᆞᆫ 盞(한) 먹새그려[92)] ᄯᅩ ᄒᆞᆫ 盞 먹새그려 곳 것거 算 노코 無盡無盡(무진무진) 먹새그려

---

85) 無氏名으로 분류되었으나, 송강가사에서는 정철(1536~1596)의 작품으로 되어 있다.
86) 아레: 아래. 주(27) 참조.
87) 그림자: 그림자. 중세에는 '그리메'와 '그림제'가 다 쓰였으나 '그리메'가 더 우세하였다. 그러나 근대에 오면서 '그림자'가 우세해지고 '그리메'는 사어가 되었다.
88) 져: 저. ☞ 뎌 > 져. ㄷ-구개음화
89) 뭇노라 牧童들아: 묻노라 목동들아 ☞ 도치문이다. 복수접미사 '-들'은 중세국어 '-ᄃᆞᆯㅎ'에서의 변화이다.
90) 게: 거기. 지시대명사.
91) 보읍소: 보시오 ☞ 보-+-읍-(공.어.)+-소(명.어.). '읍'은 중세국어 객체높임 '숩'의 변형으로 근대국어에서는 공손법선어말어미로 바뀌었다. '-소'는 'ᄒᆞ소체' 명령형어미이다. 명령문의 의미는 'ᄒᆞ라체'에서는 '지시, 시킴'의 의미로 해석되지만, 'ᄒᆞ소체' 이상에서는 '권유, 청원, 탄원' 등의 의미로 해석된다.
92) 먹새그려: 먹세그려 ☞ 먹-+-새(<사이다. 'ᄒᆞ소체' 청.어.)+그려(강조의 보조사)

이 몸 주근 後에 지게 우희 거적 더퍼 주리혀[93] 믹여가나 流蘇寶帳(유소보장)에 萬人(만인)이 우러네나 어옥새 속새 덥가나무 白楊(백양)수페 가기곳 가면 누른 ᄒᆡ 흰 ᄃᆞᆯ ᄀᆞᄂᆞᆫ 비 굴근 눈 쇼쇼리ᄇᆞ람 불 제 뉘 ᄒᆞᆫ 盞 먹쟈[94] ᄒᆞᆯ고

ᄒᆞ믈며 무덤 우희 ᄌᆞᆫ나비 ᄑᆞ람 불 제 뉘우ᄎᆞᆫ들 엇지리

[477]無氏名

梨花에 露濕(노습)도록 뉘게 잡혀 못 오ᄃᆞᆫ고[95]

오쟈락[96] 뷔혀잡고 가지 마소 ᄒᆞᄂᆞᆫ듸 無端(무단)히 ᄯᅥᆯ치고 오쟈홈도 어렵더라

져 님아 네 안흘 져버보스라[97] 네오 긔오[98] 다르랴

[478]無氏名

어이려뇨 어이려뇨 싀어마님아 어이려뇨

쇼대남진의[99] 밥을 담다가 놋쥬걱 잘를[100] 부르쳐시니[101] 이를 어이ᄒᆞ려뇨 싀어마님아

져 아기 하[102] 걱정 마스라[103] 우리도 져머신 제 만히 것거 보왓노라

93) 주리혀: 줄이어, 졸라 ☞ 주리히-+-어
94) 먹쟈: 먹자 ☞ 먹-+-쟈(< 져. 'ᄒᆞ라체' 청.어.)
95) 오ᄃᆞᆫ고: 오던가 ☞ 오-+-ᄃᆞ-(< -더-)+-ㄴ고(의.어.)
96) 오쟈락: 옷자락
97) 져버보스라: 용서하여라, 헤아려 동정하여라 ☞ 져버보-[恕]+-스라(명.어.)
98) 네오 긔오: 너나 그나
99) 쇼대남진: 샛서방
100) 잘를: 자루를 ☞ ᄌᆞᄅᆞ+을. 중세국어에서 'ᄌᆞᄅᆞ[柄], 노ᄅᆞ[獐], ᄂᆞᄅᆞ[津], 시르[甑], 쟈ᄅᆞ[袋]' 등은 'ᄌᆞᄅᆞ~ᄌᆞᆯㅇ'으로 교체하였다. 자음 어미 앞에서는 'ᄌᆞᄅᆞ', 모음 어미 앞에서는 'ᄌᆞᆯㅇ'.
101) 부르쳐시니: 부러뜨렸으니 ☞ 부르치-[← 부르-+-치-(강.접.)]+-어시니.
102) 하: 너무
103) 마스라: 말아라 ☞ 마-(← 말-)+-스라(명.어.)

481無氏名

솔 아레에 구븐 길로 셋 가ᄂᆞᆫ듸 말잿[104] 즁아

人間離別 獨宿孤房(인간이별 독숙고방) 삼긴 부쳐[105] 어니 절에 안졋ᄃᆞ니[106]
문노라[107] 말잿 즁아

小僧(소승)은 아읍지[108] 못ᄒᆞ오니 샹좌 누의[109] 아ᄂᆞ이다

555無氏名

靑天(청천)에 ᄠᅥᆺᄂᆞᆫ 기러기 ᄒᆞᆫ 雙(쌍) 漢陽城臺(한양성대)에 잠간 들러 쉬여 갈다[110]이리로셔 져리로 갈 제 내 消息(소식) 들어다가 님의게 傳(전)ᄒᆞ고 져리로셔 이리로 올 제 님의 消息 드러 내손듸 브듸 들러 傳ᄒᆞ여주렴

우리도 님 보라 밧비 가ᄂᆞᆫ 길히니 傳ᄒᆞᆯ동 말동 ᄒᆞ여라

564無氏名

져 건너 月仰(월앙) 바회 우희 밤즁마치[111] 부엉이 울면

녯 사ᄅᆞᆷ 니론 말이 ᄂᆞᆷ의 싀앗[112] 되야 ᄌᆞᆺ믭고[113] 양믜와[114] 百般巧邪(백반

104) 말잿: 말째, 맨 끝 ☞ 말(末)+재(차례를 나타내는 접미사).
105) 부쳐: 부처[佛] ☞부텨 > 부쳐 > 부처. ㅌ-구개음화
106) 안졋ᄃᆞ니: 앉었더냐? ← 앉-+-엇-(과.어.)+-ᄃᆞ-(← -더-)+-니(의.어.)
107) 문노라: 묻노라 ☞ 묻-[問]+노라 → 문노라(비음동화)
108) 아읍지: 아오지, 알지 ☞ 아-(← 알-)+-읍-(< -ᄉᆞᆸ-. 공.어.)+-지. 공손법 선어말어미 ‘ᄋᆞᆸ’이 ‘읍’으로 나타났다.
109) 누의: 누이
110) 갈다: 가느냐? ☞ 가-+-ㄹ다(2인칭 의.어.). 주어는 ‘기러기’로 3인칭이나 청자 주어이기 때문에 2인칭 의문형어미가 쓰였다. 근대국어에서 2인칭 의문형어미는 거의 자취를 감춘다.
111) 밤즁마치: 밤중만큼, 밤중쯤 ☞ 밤즁(< 밤듕)+마치(보조사). ㄷ-구개음화가 실현되었다.

교사)ᄒᆞ는[115] 져믄 妾년이 急殺(급살)[116] 마자 죽는다 ᄒᆞ데[117]

妾(첩)이 對答(대답)ᄒᆞ되 안해님겨오셔[118] 망녕된 말 마오 나는 듯ᄌᆞ오니 家翁(가옹)을 薄待(박대)ᄒᆞ고 妾 새옴 甚히 ᄒᆞ시는 늘근 안히님 몬져 죽는다데

[572]無氏名

나모도 바히돌도 업슨 뫼헤 매게 ᄡᅩ친[119] 가토릐 안과[120]

大川 바다 한가온대 一千石 시른 ᄇᆡ에 노도 일코 닷도 일코 뇽총도 근코 돗대도 것고 치도 ᄲᅡ지고 ᄇᆞ람 부러 물결 치고 안개 뒤섯계 ᄌᆞ자진 날에 갈길은 千里 萬里(천리만리) 나믄듸 四面이 거머어득 져뭇 天地寂莫(천지적막) 가치노을[121] ᄯᅥᆺ는듸 水賊(수적) 만난 都沙工(도사공)의 안과

엇그제 님 여흰 내 안히야 엇다가 ᄀᆞ을ᄒᆞ리오[122]

[580]無氏名

님이 오마ᄒᆞ거늘 져녁 밥을 일[123] 지어 먹고

112) 싀앗: 시앗. 남편의 첩
113) ᄌᆞᆺ뮙고: 잔밉다, 몹시 얄밉다 ☞ ᄌᆞᆺ뮙-(←ᄌᆞᆫ뮙-)+-고
114) 얄믜와: 얄미워 ☞ 얄뮙-+-아 > 얄믜ᄫᅡ > 얄믜와
115) 백반교사(百般巧邪): 여러 가지 교묘하고 간사한 말이나 행동.
116) 급살(急煞): 갑자기 닥쳐오는 재액. 급살(을) 맞다: 갑자기 죽다
117) ᄒᆞ데: ᄒᆞ-+데(ᄒᆞ소체 평.어.) '-데'는 기원적으로 '더이다'에서 '다'가 탈락하여 만들어진 어미이다. 근대국어에서는 ᄒᆞ소체 평서형어미로 쓰였다.
118) 안해님겨오셔: 아내님께서 ☞ 안해+님(높.접.)+겨오셔(존칭 주.조.)
119) ᄡᅩ친: 쫓긴 ☞ ᄡᅩ치-[←ᄡᅩᆾ-+-이-(피.접.)]+-ㄴ
120) 가토릐 안과: 까투리[암꿩]의 마음과 ☞ 가토리+의(관.조.)
121) 가치노을: 하얀 물거품이 이는 크고 사나운 파도. 가치너울.
122) ᄀᆞ을ᄒᆞ리오: 비교하겠는가? ☞ ᄀᆞ을ᄒᆞ-+-리-(추측법)+-오(의.어.)
123) 일: 일찍

中門 나서 大門 나가 地方 우희 치ᄃᆞ라124) 안자 以手로 加額(가액)ᄒᆞ고 오ᄂᆞᆫ가 가ᄂᆞᆫ가 건넌 山 ᄇᆞ라보니 거머횟들125) 셔 잇거늘 져야 님이로다 보션 버서 품에 품고 신 버서 손에 쥐고 곰븨님븨 님븨곰븨126) 쳔방지방 지방쳔방127) 즌 ᄃᆡ ᄆᆞ른 ᄃᆡ ᄀᆞᆯ희지 말고 워렁충창128) 건너가셔 情(정)엣 말 ᄒᆞ려 ᄒᆞ고 겻눈을 흘긧 보니 上年 七月 사흔날 ᄀᆞᆯ가벅긴 주추리삼대129) 슬드리도 날 소겨다

모쳐라 밤일싀만졍 힝혀 낫이런들 ᄂᆞᆷ 우일130) 번 ᄒᆞ괘라131)

124) 치ᄃᆞ라: 치달아 ☞ 치-(접두.)+ᄃᆞᆯ-(← ᄃᆞᆮ-)+-아
125) 거머횟들: 거머희끗
126) 곰븨님븨 님븨곰븨: 곰비임비. 자꾸자꾸, 계속하여
127) 쳔방지방 지방쳔방: 허둥지둥
128) 워렁충창: 와당탕퉁탕(?)
129) 주추리삼대: 씨를 받으려고 밭에 그냥 둔 삼대
130) 우일 번: 웃길 뻔 ☞ 우이-[← 우-(< 웃-)+-이-(사.접.)]+-ㄹ#번(의.명.). 중세와 근대 국어에서 '웃다'는 'ㅅ-불규칙 활용'을 하였으나 현대국어에서는 규칙활용을 한다.
131) ᄒᆞ괘라: 하였구나 ☞ ᄒᆞ-+-괘라(감.어.)

동명일기 7

의유당관북유람일기(意幽堂關北遊覽日記)

단권 필사본으로 일명 '의유당일기(意幽堂日記)'라고도 한다. 창작 연대는 1772년.

지은이에 대하여는 두 갈래의 견해가 있다. 처음 이 작품을 발굴 소개한 이병기(李秉岐)는 1947년 작품 원문에 교주를 붙여 출판하면서 작자를 연안 김씨(延安金氏)인 의유당으로 밝혔고, 그 지은 연대 및 짓게 된 동기에 대하여는, 의유당의 남편인 이희찬(李羲贊)이 1829년(순조 29) 함흥판관으로 임명받아 부임할 때 함께 따라가서 짓게 된 작품이라고 하였다. 그 뒤 이성연(1974), 류탁일(1980) 등이 『의유당일기』의 작자는 의령 남씨(宜寧 南氏)라는 다른 견해를 발표하였다. 이 견해대로라면, 부인 남씨가 남편인 신대손이 함흥판관(영조 45~49)으로 부임해갈 때 함께 따라가서 지은 것이 된다. 따라서 작품 창작연대도 1772년(영조 48)이 된다. 지금은 작자를 의령 남씨로 추정하는 데에 대부분이 동의한다.

이 책의 차례는 낙민누, 북산누, 동명일긔, 춘일소흥, 영명ᄉ득월누상냥문의 순으로 되어 있다.

동명일긔

「동명일기」는 『의유당일기』 중에서도 가장 장문의 글로, 『의유당일기』를 대표할 만한 작품이다. 지은이가 동명의 해돋이와 달맞이가 유명하다는 말을 듣고 그의 남편인 판관을 졸라서 허락을 받고 길을 떠나 왕래하는 사이에 보고 겪은 일들과 해돋이의 장관을 서술한 글이다.

이 작품은 등장인물들에 대한 개성 있는 심리묘사와 탁월한 심미적 관찰력, 사실적이며 섬세한 묘사수법, 세련된 문체 등에 있어 조선 후기 여류수필의 대표적 작품으로 평가된다.

—『한국민족문화대백과사전』

여기서 강독하는 자료는 의유당집 소재 「동명일긔」로 대제각 영인본(1975)이다. 영인본은 순 한글로 기록되어 있으나 강해의 편의상 필자가 강한영(1974)를 참고하여 한자를 삽입하였다.

동명일긔

긔튝년[1] 팔월의 낙(洛)[2]을 ᄯᅥ나 구월 초싱의[3] 함흥(咸興)으로 오니 다 니ᄅᆞ거롤[4] 일월츌(日月出)이 보암즉다 ᄒᆞᄃᆡ 샹게[5] 오십니(五十里)라 하니[6] ᄆᆞ음의 듕난ᄒᆞᄃᆡ[7] 기싱들이[8] 못내 칭찬ᄒᆞ여 거록ᄒᆞ믈 일ᄏᆞᄅᆞ니 내 ᄆᆞ음이 들셕여 원님긔[9] 쳥ᄒᆞᆫ대 ᄉᆞ군[10]이 ᄒᆞ시ᄃᆡ 녀ᄌᆞ의 츌입이 엇디 경(輕)이 ᄒᆞ리오[11] ᄒᆞ여 뇌거불허ᄒᆞ니[12] ᄒᆞᆯ일업서 그쳣더니[13] 신묘년의[14] ᄆᆞ음이 다시 들셕여 하[15] ᄀᆞᆫ졀이 쳥ᄒᆞ니 허락ᄒᆞ고 겸(兼)ᄒᆞ야 ᄉᆞ군이 동힝(同行)ᄒᆞ야 팔월 이십일일 동명(東溟)[16]셔 나ᄂᆞᆫ 듕노손[17] 한명우의 집의 가 자고 게서[18] ᄃᆞᆯ 보ᄂᆞᆫ 귀경ᄃᆡ

---

1) 긔튝년(己丑年): 기축년(己丑年). 서기 1769년.

2) 낙(洛): 한양, 서울 ☞ ‘낙(洛)’은 ‘낙양(洛陽)’으로 중국 허난성의 도시인데, 예로부터 여러 왕조의 도읍지였다. 여기서는 조선의 도읍지인 ‘한양’을 가리킨다.

3) 초싱의: 초승에. 음력 그달 초하루부터 처음 며칠 동안 ☞ 초싱(初生)+의(부.조.). ‘동명일긔’에서 처소 부사격조사는 대부분 ‘의’로 표기되어 있다.

4) 니ᄅᆞ거롤: 이르거늘, 말하기를 ☞ 니ᄅᆞ-+-거롤(←거놀)

5) 상게: 상거(相距)가, 서로 간의 거리가 ☞ 상거(相距)+ㅣ(주.조.)

6) 하니: 하니 ☞ ‘ᄒᆞ니’가 쓰일 자리이다. 이 시기에 어두에서 ‘ᄋᆞ > 아’의 변화가 있었기 때문에 나타난 표기이다.

7) 듕난ᄒᆞᄃᆡ: 중란(中亂)하다. 마음이 어지럽다, 심란하다 ☞ 듕난ᄒᆞ-+-ᄃᆡ(< -오ᄃᆡ). (1) ‘듕란→듕난’은 ‘ㄹ’의 비음화. (2) 중세국어에서 ‘-오ᄃᆡ’이었으나 근대국어에서 ‘-오-’가 소멸되어 ‘-ᄃᆡ’로만 나타난다. ‘-오ᄃᆡ~-ᄃᆡ~-오되~-되’의 이형태가 있었으나 점차 ‘-되’로 통일된다. 주(21)에서는 ‘-되’로 나타난다.

8) 기싱들이: 기생들이 ☞ 기싱+-들(< -ᄃᆞᆯㅎ). ‘ㅎ’이 탈락하였다. ‘ㅎ-종성체언’의 ‘ㅎ’은 19세기까지 탈락의 과정을 밟는다.

9) 원님긔: 원님에게. 지은이의 남편을 가리킨다 ☞ ‘원님ᄭᅴ’가 기대되는 곳이다.

10) ᄉᆞ군(使君): 사또, 원님. 지은이의 남편을 가리킨다

11) ᄒᆞ리오: 하겠는가? ☞ ᄒᆞ-+-리-(추측법)+-오(ᄒᆞᄅᆞ체 의문형어미)

12) 뇌거불허(牢拒不許)ᄒᆞ니: 딱 잘라 거절하고 허락하지 아니하니

13) 그쳣더니: 그치었더니 ☞ 그치-[←ᄀᆞᆽ-+-이-(사.접.)]+-엇-(과.어.)+-더-(회상법)+-니(종.어.)

14) 신묘년(辛卯年)의: 신묘년에. 1771년

15) 하: 하도 ☞ ‘하다’의 어간이 바로 부사로 파생되었다.

가[19] 십오리(十五里)라 ᄒᆞ기 그리 가려홀싀 그때 츄위 지리ᄒᆞ야 길 떠나는 날 ᄀᆞ디[20] 구룸이 ᄉᆞ면으로 운집(雲集)ᄒᆞ고 짜히 즈러 물발이 빠디되[21] 임의 내현[22] ᄆᆞ옴이라 동명으로 가니 그날이 죵시(終是) 쳥명티 아니ᄒᆞ니 새박ᄃᆞᆯ도[23] 못보고 그져 환아롤[24] ᄒᆞ려 ᄒᆞ더니 새박의 죵이[25] 드러와 임의 날이 됴화시니 귀경ᄃᆡ로 오ᄅᆞ쟈[26] ᄀᆞᆫ쳥ᄒᆞ기 쥭을 먹고 길히[27] 오ᄅᆞ니 임의 먼동이 트더라 빵교마[28]와 죵과 기싱 ᄐᆞᆫ 물을 밧비[29] 채롤 치니[30] 네 굽을 모화[31] 뛰여 ᄃᆞᄅᆞ니[32] 안덥디[33] 못ᄒᆞ야 십오리롤 경긱의[34] 힝ᄒᆞ야 귀경ᄃᆡ의 오ᄅᆞ니 ᄉᆞ면

---

16) 동명: 함흥 동서쪽에 있는 해변 이름.
17) 듕노손(中路孫): 중인의 후손
18) 게서: 거기에서
19) 귀경ᄃᆡ(龜景臺)가: 귀경대가. 거북같이 생긴 바위 이름. ☞ 귀경대+가(주.조.). 16세기 후반에 새로운 주격조사 '가'가 출현하였는데, 처음에는 'y-하향이중모음' 뒤에 연결되었다가 점차 그 범위를 확대하여 모음 뒤에서는 '가' 자음 뒤에서는 '이'로 확정된다. 현대국어의 '내가, 네가, 제가' 등은 '나, 너, 저'에 각각 주격조사 '이'가 연결된 뒤에 다시 '가'가 연결된 형태이다.
20) 날ᄀᆞ디: 날같이 ☞ 'ᄀᆞ디'는 'ᄀᆞ티'의 오기로 보인다.
21) 빠디되: 빠지되 ☞ '-되'에 대해서는 주(7) 참조.
22) 내현: 낸, 내킨 ☞ 내혀-[←나-[出]+-이-(사.접.)+-혀-(<-ᅘᅧ-. 강.접.)]+-ㄴ(관.전.)
23) 새박ᄃᆞᆯ도: 새벽달도 ☞ '새박'은 새벽을 뜻하는데, 중세국어에서는 '새배'가 더 일반적이었다.
24) 환아(還衙): 관아(官衙)로 돌아감. 여기서는 자기 집으로 돌아감.
25) 죵이: 같이 와 있던 이질(姨姪) 김기종(金基鍾)을 이르는 것으로 보인다.
26) 오ᄅᆞ쟈: 오르자 ☞ 오ᄅᆞ-+-쟈(청.어.). '-져(중세) > -쟈(근대) > -자(현대)'
27) 길히: 길에 ☞ 길ㅎ+ㅣ(←의). ☞ '의 > 이' 변화의 이른 예인지 오기인지는 불분명하다. '의 > 이' 변화는 대체로 19세기에 나타난다.
28) 빵교마: 쌍교마(雙轎馬). 쌍교를 메고 가는 말. '쌍교'는 말 두 필이 앞뒤에서 메고 가는 가마.
29) 밧비: 바삐 ☞ 밧브-+-이(부.접.)
30) 치니: 치니 ☞ 치-(<티-)+-니. 'ㅌ-구개음화'가 실현되었다.
31) 모화: 모아 ☞ 모호-(<뫼호-)+-아
32) ᄃᆞᄅᆞ니: 달리니 ☞ ᄃᆞᆯ-[走](←ᄃᆞᆮ-)+-ᄋᆞ니. 'ㄷ-불규칙활용'
33) 안덥디: ? ☞ 형태상으로는 '안답끼다'와 가장 가까운데 의미가 '애타하다, 속이 답답하다'여서 문맥상 어울리지 않고, 강한영(1974:21)에서 처럼 '안뎡(安定)'으로 보자니 형태상의 차이가 있다.

의 애운35)이 ᄢᅵ이고36) ᄒᆡ 돗ᄂᆞᆫᄃᆡ 잠간 터져 겨유 보ᄂᆞᆫ 듯 마ᄂᆞᆫ 듯ᄒᆞ여 인ᄒᆞ여 도라올ᄉᆡ 운전(雲田)37) 니ᄅᆞ니 날이 쾌쳥(快晴)ᄒᆞ니 그런 애ᄃᆞᆯ은38) 일이 업더라

조반(朝飯) 먹고 도라올ᄉᆡ 바다ᄀᆞ의 빵교ᄅᆞᆯ 교부의 머여 셰우고39) 젼모40) 쁜 죵과 군복ᄒᆞᆫ 기ᄉᆡᆼ을 ᄆᆞᆯ ᄐᆡ와41) 좌우로 갈라 세우고 샤공을 식여 후리질42)을 식이니 후리 모양이 수십 쳑 댱목43)을 마조 니어 너ᄇᆡ44) ᄒᆞᆫ 간 ᄇᆡ(倍)만 ᄒᆞᆫ 그물을 노흐로45) 얼거 쟝목46)의 치고 그물폿47)은 ᄇᆡᆨ토(白土)로 구어 탕긔

---

34) 경ᄀᆡᆨ의: 경각(頃刻)에. 잠깐 사이에 ☞ 경ᄀᆞᆨ/경각+의 → 경ᄀᆡᆨ의.
35) 애운(靄雲): 구름이 몰려있는 모양
36) ᄢᅵ이고: 끼치고 ☞ ᄢᅵ이-[← ᄢᅵ-+-이-(피.접.)]+-고
37) 운전(雲田): 함흥 동남쪽에 있는 바닷가 이름. 운전포(雲田浦) ☞ 중세국어에서 '田'의 한자음은 '뎐'이었는데 여기서는 ㄷ-구개음화와 'y' 탈락을 경험한 '전'으로 표기되었다. '젼'이 '전'으로 표기된 것은 주(103) 참조. 아래에서는 '운젼'으로 표기되었다. 주(115) 참조.
38) 애ᄃᆞᆯ은: 애달픈 ☞ 애ᄃᆞᆯ-+-은. 애ᄃᆞᆯ-~애ᄃᆞᆲ- > 애달프-
39) 교부의 머여 셰우고: 가마 메는 사람에게 메게 하여 서게 하고 ☞ (1) 교부(轎夫): 가마 메는 사람. 교군(轎軍) (2) 머여: 메게 하여. 머이-[← 머이-(← 메-)+-이-(사.접.)]+-어 (3) 셰우고: 셰우-[← 셔-[立]+-ㅣ우-(사.접.)]+-고
40) 젼모(氈帽): 조선 시대, 비 올 때 여자 하인이나 아이들이 맨머리에 쓰던 갓의 한 가지
41) ᄐᆡ와: 태워 ☞ ᄐᆡ오-[← ᄐᆞ-[乘]+-ㅣ오-(사.접.)]+-아(종.어.)
42) 식여: 시키어. 중세에는 'ᄒᆞ-'의 사동형이 'ᄒᆞ이 < ᄒᆡ'이었으나 근대에는 '시기다'가 쓰임. 후리질: 후리그물질. 강이나 바다에 넓게 둘러치고 여러 사람이 두 끝을 당겨 물고기를 잡는 행위.
43) 댱목: 장목(長木). 긴 나무, 긴 장대 ☞ 아래에서는 구개음화된 '쟝목'이 보인다. 주(46) 참조.
44) 너ᄇᆡ: 넓이가 ☞ 넙-+-ᄋᆡ(명.접.)+∅(주.조.). 중세국어에서는 형용사에서 명사를 파생하는 접미사는 '-ᄋᆡ/-의', 부사를 파생하는 접미사는 '-이'였다. 따라서 파생명사는 '너ᄇᆡ/너비', 파생부사는 '너비'이었으나 19세기에 '의 > 이' 변화에 의해 명사와 부사의 형태가 같아졌다.
45) 노흐로: 노끈으로 ☞ 노ㅎ+으로. 'ㅎ-종성체언'의 'ㅎ'은 15세기부터 탈락되는 형태가 나타가지 시작하여 19세기까지 계속된다.
46) 쟝목(長木): 긴 나무, 긴 장대 ☞ '댱목'이 형태소 내부에서 'ㄷ-구개음화'를 경험한 어형이다. 앞에서는 구개음화가 실현되지 않은 '댱목'이 보인다. 주(43) 참조.
47) 그믈폿: 그물에 다는 추

(湯器)마곰 ᄒᆞᆫ 거ᄉᆞᆯ흐로 도라[48] 동화줄노 ᄭᅵᆫ을 ᄒᆞ야[49] ᄒᆡ심(海心)의 후리ᄅᆞᆯ 너허 ᄒᆡ변(海邊)의셔 샤공 수십 명이 셔서 아ᄋᆞ셩[50]을 치고 당긔여 내니 물소ᄅᆡ 광풍(狂風)이 이ᄂᆞᆫ ᄃᆞᆺᄒᆞ고 옥 ᄀᆞᆺᄒᆞᆫ 물구비 노호와[51] ᄯᅱ는 거시 하늘의 다하시니 그 소ᄅᆡ 산악이 움죽이ᄂᆞᆫ ᄃᆞᆺᄒᆞ더라 일월츌을 변변이 못보고 이런 장관을 ᄒᆞᆫ 줄 위로ᄒᆞ더라 후리ᄅᆞᆯ ᄭᅳ어내이 년어 가자미 쇽(屬)이[52] 그물의 ᄃᆞᆯ리어 나왓더라

보기ᄅᆞᆯ 다ᄒᆞ고 가마ᄅᆞᆯ 두루혀[53] 도라올ᄉᆡ 교듕(轎中)의셔[54] ᄉᆡᆼ각ᄒᆞ니 녀ᄌᆞ의 몸으로 만리창파(萬里滄波)을 보고 바다 고기잡ᄂᆞᆫ 샹(相)을 보니 셰상이 헛되디 아니ᄆᆞᆯ ᄌᆞ긔[55]ᄒᆞ야 십여 니ᄅᆞᆯ 오다가 태조대왕 노오시던 격구뎡(擊毬停)을 ᄇᆞ라보니 놉흔[56] 봉 우희 노ᄂᆞᆫ ᄃᆞᆺᄒᆞᆫ 뎡ᄌᆞ 이시니 가마ᄅᆞᆯ 도로혀[57] 오르니 단쳥이 약간 퇴락ᄒᆞᆫ 뉵칠 간 뎡ᄌᆞ이시니[58] 뎡ᄌᆞ 바닥은 박셕[59]을 ᄭᆞ라더라

뎡ᄌᆞᄂᆞᆫ 그리 죠흔[60] 쥴 모ᄅᆞ되 안계[61] 긔이ᄒᆞ야 압ᄒᆞᆫ 탄탄(坦坦) 훤훤한[62]

---

48) 탕긔마곰 ᄒᆞᆫ 거ᄉᆞᆯ흐로 도라: 탕기만큼 한 것으로 달아 ☞ (1) 거ᄉᆞᆯ흐로: 것으로. 것+ᄋᆞᆯ+흐로(← 으로) (2) 도라: 달아. 돌-(← ᄃᆞᆯ-[縣])+-아

49) 동화줄노 ᄭᅵᆫ을 ᄒᆞ야: 동아줄로 끈을 하여 ☞ 동화줄노: ‘ㄹㄹ’이 ‘ㄹㄴ’으로 표기되는 것은 근대국어 표기법의 한 특징이었다.

50) 아ᄋᆞ셩: 아우성

51) 노호와: 노(怒)하여, 성내여

52) 년어 가자미 쇽이: 연어 가자미 등이

53) 두루혀: 돌이켜, 돌리어 ☞ 두루혀-(＜두르ᅘᅧ-)+-어

54) 교듕의셔: 가마 속에서 ☞ 교듕+의셔

55) ᄌᆞ긔: 자기(自期). 마음속으로 스스로 기약함

56) 놉흔: 높은 ☞ 놉ㅎ+-은. ‘높-’이 ‘놉ㅎ-’으로 분석적으로 표기되었다. 이런 표기가 가능했던 것은 ‘놉흔’과 ‘노픈’의 발음이 같았기 때문이다.

57) 도로혀: 돌이켜, 돌리어

58) 뎡ᄌᆞ이시니: 정자이시니 ☞ 주체높임의 ‘-시-’가 연결된 것은 ‘뎡ᄌᆞ’가 임금과 관련되기 때문이다.

59) 박셕(薄石): 넓적하고 얇은 돌

60) 죠흔: 좋은 ☞ 좋-(＜둏-)+-은. ㄷ-구개음화가 실현되었다.

61) 안계(眼界): 눈으로 바라볼 수 있는 범위. 시계(視界).

62) 탄탄 훤훤한: 평평하고 넓은

벌이요 뒤흔 플흔63) 바다히 둘러시니 안목이 쾌탕(快暢)ᄒᆞ고 심신이 샹연ᄒᆞᆫ ᄃᆡ64) 바다 ᄒᆞᆫ가온ᄃᆡ 큰 병풍 ᄀᆞᆺᄒᆞᆫ 바희 올연히65) 셔시니 거동이 긔이ᄒᆞ더라 니로기ᄅᆞᆯ 션바희라 ᄒᆞ더라

봉하(峰下)의 공인(工人)을 숨겨 안치고66) 풍뉴ᄅᆞᆯ 느러지게 치이고67) 기ᄉᆡᆼ을 군복ᄒᆞᆫ 재68) 춤을 추이니 ᄯᅩᄒᆞᆫ 보암즉 ᄒᆞ더라 원님은 몬저 내혀서 원으로 가시고69) 종의 형데만 다리고70) 왓기 ᄆᆞᄋᆞᆷ 노하 노더니 촌녀(村女) 져문71) 녀ᄌᆞ 둘과 늙은 노패72) 와서 굿 보려 ᄒᆞ다가 종이라셔73) 네 어ᄃᆡ 잇는 녀인인다74) ᄒᆞ니 샹풍 향족부녀(鄕族婦女)란가 ᄒᆞ야75) 대로ᄒᆞ여 ᄃᆞᄅᆞ니76) 일장(一場)을 웃다

63) 뒤흔 플흔: 뒤에는 프른 ☞ 뒤ㅎ+은(보조사) 플ㅎ-(←프르-)+-은. ‘프른’이 ‘플흔’으로 표기된 이유는 ‘ㄹ’과 모음 사이에서 ‘ㅎ’이 탈락하여 ‘프른’과 플흔의 발음이 같기 때문이다.
64) 샹연(爽然)ᄒᆞᆫᄃᆡ: 시원한데, 상쾌한데
65) 올연(兀然)히: 홀로 오뚝하게
66) 봉하(峰下)의 공인(工人)을 숨겨 안치고: 봉우리 아래에 악사를 숨겨 앉게 하고 ☞ (1) 공인(工人): 조선시대에, 악생(樂生)과 악공(樂工). 악사(樂師). (2) 안치고: 안치-[←앉-+-히-(사.접.)]+-고
67) 치이고: 치게 하고 ☞ 치이-[←치-(<티-)+-이-(사.접.)]+-고. ‘ㅌ-구개음화’가 실현되었다.
68) 재: 채
69) 원님은 몬저 내혀서 원으로 가시고: 원님은 먼저 내쳐서 원으로 가시고 ☞ 내혀서: 내쳐서, 오던 길로 곧장. ☞ 내혀-(<내ᅘᅧ-)+-어서. 주(22) 참조.
70) 다리고: 데리고 ☞ 다리-(<ᄃᆞ리-)+-고. 어두에서 ‘ㆍ’가 ‘ㅏ’로 표기되어 있다. 이 시기에는 어두에서도 ‘ᄋᆞ > 아’의 변화가 있었다. ‘ᄋᆞ’의 비음운화에 대해서는 pp.42~44 참조.
71) 져문: 젊은 ☞ 졈-+-운(←-은). (1) 양순음 ‘ㅁ’ 아래에서 ‘ㅡ’가 ‘ㅜ’로 원순모음화했다. 원순모음화는 17세기 말엽에 나타났다. (2) ‘졈다’의 뜻은 중세국어의 ‘어리다’에서 의미이동을 하여 ‘靑年’의 의미로 변하였다. ‘졈다 > 졂다’의 변화에서는 ‘ㄹ’ 첨가현상이 있었다.
72) 노패: 노파가 ☞ 노파(老婆)+ㅣ(주.조.)
73) 종이라셔: 종이가 ☞ 종[人名]+-이(인.접.)+라셔(주.조.). ‘라셔’는 특수한 주격조사다.
74) 네 어ᄃᆡ 잇는 녀인인다: 네가 어디 있는 여인이냐? ☞ 녀인인다: 녀인(女人)+이-(서.조.)+-ㄴ다(2인칭 의.어.). 2인칭 의문문이다. 2인칭 의문문은 16세기부터 1.3인칭 의문문에 합류하기 시작한다.
75) ᄒᆞ야: 하여 ☞ ᄒᆞ-+-야. 중세국어에서 ‘ᄒᆞ-’는 ‘야-불규칙’을 하였으나 근대국어에서는 ‘여-불규칙’으로 변하였다. ‘ᄒᆞ야~ᄒᆞ여’가 교체한다. 바로 뒤에 ‘ᄒᆞ여’가 나온다.

인(因)ᄒᆞ야 도라나올ᄉᆡ 본궁(本宮)[77]을 디나니 보고 시브ᄃᆡ 별ᄎᆡ[78] 허락디 아니 ᄒᆞ기 못보고 도라오니 일것 별너 가셔 일월츌을 못보고 무미막심[79]이 ᄃᆞᆫ녀와 그 ᄀᆞ이 업기ᄅᆞᆯ 엇디 다 니ᄅᆞ리오

그후 ᄆᆡ쳐[80] 다시 보기ᄅᆞᆯ 계교(計巧)하ᄃᆡ[81] ᄉᆞ군이 엄히 막ᄌᆞᄅᆞ니[82] 감히 ᄉᆡᆼ의(生意)티 못ᄒᆞ더니 임진 샹ᄎᆡᆨ[83]ᄋᆞᆯ 당ᄒᆞ야 종이ᄅᆞᆯ 셔울 보내여 임의 ᄃᆞᆯ이 넘고 고향을 ᄯᅥ나 사년이 되니 죽은이ᄂᆞᆫ 이의(已矣)어니와 ᄉᆡᆼ면(生面)이 그립고 종이조차 보내여 심우(心憂)ᄅᆞᆯ 도으니 회푀[84] ᄌᆞ못 괴로온디라 원님긔 다시 동명 보기ᄅᆞᆯ 청ᄒᆞ니 허락디 아니ᄒᆞ시거늘[85] 내 ᄒᆞᄃᆡ 인ᄉᆡᆼ이 긔하오[86] 사ᄅᆞᆷ이 ᄒᆞᆫ번 도라가ᄆᆡ 다시 오ᄂᆞᆫ 일이 업고 심우(心憂)와 디통(至痛)을 ᄡᅡ하[87] ᄆᆞ양[88] 울울(鬱鬱)ᄒᆞ니 ᄒᆞᆫ번 노라 심울(心鬱)을[89] ᄑᆞ는 것이 만금(萬金)에 다혀[90] 밧고디 못ᄒᆞ리니 덕분의 가디라[91] 하 비니 원님이 역시 일츌을 못 보신고로

---

76) 대로(大怒)ᄒᆞ여 ᄃᆞᄅᆞ니: 크게 화내고 달려가니 ☞ ᄃᆞᄅᆞ니: ᄃᆞᆮ-[走]+-ᄋᆞ니

77) 본궁(本宮): 태조의 선조인 목조, 익조, 도조, 환조와 태조의 유물을 간직해 둔 곳

78) 별ᄎᆡ: 별차(別差)가 ☞ ‘별차’는 나라에서 특정한 임무를 위하여 특별히 파견하던 임시 관원을 이르는데 여기서는 본궁을 지키는 관리를 가리킨다.

79) 무미막심(無味莫甚): 매우 재미없게

80) ᄆᆡ쳐: 맺히어 ☞ ᄆᆡ치-[←ᄆᆡᆽ-+-히-(피.접.)]+-어

81) 계교하ᄃᆡ: 요리조리 헤아려 보고 꾀를 생각해 내되 ☞ ‘ᄒᆞᄃᆡ’로 표기되지 않고 ‘하ᄃᆡ’로 표기되었다. 중세국어 이래 ‘爲’는 늘 ‘ᄒᆞ-’로 표기되었다.

82) 막ᄌᆞᄅᆞ니: 막지르니, 거절하니 ☞ 막ᄌᆞᄅᆞ-[防, 拒, 備]+-니

83) 샹ᄎᆡᆨ: 상척(喪戚). 친척의 상(喪). 형부인 김시묵(金時默)[정조의 장인]의 상을 이름.

84) 회푀: 회포(懷抱)가 ☞ 회포+ㅣ(주.조.)

85) 아니ᄒᆞ시거늘: 아니하시거늘 ☞ 아니ᄒᆞ-+-시-(주.높.)+-거늘(종.어.). 중세국어에서는 ‘-거시늘’로 ‘-시-’가 ‘-거늘’의 사이에 들어갔으나 18세기 말엽에 선어말어미들의 순서가 조정되어 주체높임 선어말어미의 순서가 선어말어미 중 가장 앞에 위치하게 된다.

86) 긔하(幾何)오: 얼마오?, 얼마나 되오? ☞ 긔하+오(<고. 의문보조사). 체언의문문이다. 체언의문문은 근대국어에서 ‘체언+서.조.+의.어’의 구조로 점차 바뀐다.

87) 심우와 디통(至痛)을 ᄡᅡ하: 마음속 근심과 지극한 고통을 쌓아, 마음이 지극히 아파

88) ᄆᆞ양: 항상 ☞ ᄆᆞ양<ᄆᆡ양<ᄆᆡ샹(每常)

89) 심울(心鬱): 마음이 답답하고 쓸쓸함

90) 다혀: 대어, 비교하여 ☞ 다히-+-어

91) 가디라: 가고 싶다 ☞ 가-+-디라(←-지라). (1) ‘-지라’는 원망(願望)의 뜻을 나타내는 종

허락 동힝ᄒᆞ쟈[92] ᄒᆞ시니 구월 십칠일노 가기를 정ᄒᆞ니 속기싱[93] ᄎᆞ섬이 보비 쾌락 대희(大喜)ᄒᆞ야 무ᄒᆞᆫ(無限) 치장기구(治裝器具)ᄅᆞᆯ 성비(盛備)ᄒᆞᆯᄉᆡ[94] ᄎᆞ섭이 보비 ᄒᆞᆫ 쌍[95] 이랑이 일셤이 한 쌍 계월이 ᄒᆞ고 가ᄂᆞᆫᄃᆡ 십칠일 식후(食後) ᄯᅥ나려 ᄒᆞ니 십뉵일 밤을 당(當)ᄒᆞ야 기싱과 비복(婢僕)이 다 잠을 아니자고 ᄯᅳᆯ희[96] 나려 ᄉᆞ면(四面)을 관망ᄒᆞ야 혹 하ᄂᆞᆯ이[97] ᄒᆞ릴가 애ᄅᆞᆯ ᄡᅳ니 내 역시 민망ᄒᆞ야 ᄒᆞᆫ가지로 하ᄂᆞᆯ을 울울[98] 보니 망일(望日)의 월식(月蝕) 긋치라[99] 혹 흑색 구름이 층층(層層)하고 진애(塵埃) 긔운이 ᄉᆞ면의 둘러시니 모든 비복과 기싱이 발을 굴러 혀 차 거의 미칠 듯 애ᄅᆞᆯ ᄡᅳ니 내 ᄯᅩ한 쵸됴(焦燥)ᄒᆞ야 겨유 새와 칠일 미명(未明)의 밧비 니러나 하ᄂᆞᆯ을 보니 오히려 텬ᄉᆡᆨ(天色)이 쾌(快)티 아냐 동편의 ᄇᆞᆰ은 긔운이 일광을 ᄀᆞ리오니 흉듕(胸中)이 요요(搖搖)ᄒᆞ야 하ᄂᆞᆯ을 무수이 보니 날이 느즈며 홍운(紅雲)이 것고 흿긔운이 나니 상하 즐겨 밥을 지

결형어미인데 여기서는 '-디라'로 과도교정되었다. (2) 어떤 음운현상이 세력을 떨치면 그것에 대한 반작용으로 그 음운현상 이전, 즉 원래의 형태로 되돌리려는 심리가 작용하는데, 되돌리지 않아야 하는 것까지도 잘못 되돌려 새로운 형태가 생기게 되는 현상을 과도교정이라 한다. 과도교정이 나타난다는 것은 해당 음운현상이 활발하게 진행되고 있다는 것으로 해석된다. 즉, 이 시기에 'ㄷ-구개음화'가 매우 활발히 진행되고 있었다는 방증이 된다.

92) 동힝ᄒᆞ쟈: 동행(同行)하자, 함께 가자 ☞ '-쟈'는 청유형어미. '-져(중세) > -쟈(근대) > -자(현대)'

93) 속기싱(屬妓生): 관기(官妓). 관청에 속해 있는 기생

94) 치장기구(治裝器具)ᄅᆞᆯ 성비(盛備)ᄒᆞᆯᄉᆡ: 여행에 필요한 도구를 풍부하게 준비하므로, 길 떠날 채비를 풍성히 마련하므로

95) 쌍: 쌍(雙) ☞ ᄡᅡᆼ > 쌍. 근대국어에서 'ㅅ'의 된소리는 'ㅄ'으로 통용되었으나 여기서는 'ㅆ'으로 표기되었다.

96) ᄯᅳᆯ희: 뜰에 ☞ ᄠᅳᆶ > ᄯᅳᆶ

97) 하ᄂᆞᆯ이: 하늘이 ☞ 하ᄂᆞᆯ(< 하ᄂᆞᆶ)+이(주.조.). 'ㅎ'이 탈락하였다. ㅎ-종성체언은 15세기부터 동요하기 시작하여 19세기 말까지 계속된다.

98) 울울: 우러러 ☞ 울울-(← 울월-). '울월다'는 '우러르다, 우러러보다'의 뜻이다.

99) 긋치라: 끝이라 ☞ 긋ㅊ(< 긑)+이-+-라. 형태소 경계에서 'ㅌ-구개음화'가 실현되었다. '긋치'는 '그치(< 그티)'의 중철표기이다. 근대국어에서의 구개음화는 순수 음운규칙이었기 때문에 형태소 내부와 형태소 연결에서 모두 실현되었다.

촉ᄒᆞ야 먹고 길흘 ᄯᅥ나니 압ᄒᆡ 군복한 기싱 두 ᄲᆞᆼ과 아ᄒᆡ 기싱 하나히 비룡(飛龍) ᄀᆞᆺ한 ᄆᆞᆯ을 ᄐᆞ고 서시니 젼닙100) 우희 샹ᄆᆞ101)와 공작모102) ᄒᆡᆺ빗치 조요하고103) 샹마(上馬)ᄒᆞᆫ 모양이 ᄂᆞᄂᆞᆫ ᄃᆞᆺᄒᆞᆫᄃᆡ 군악(軍樂)을 교젼(轎前)의셔 느러지게 주(奏)ᄒᆞ니 미셰ᄒᆞᆫ 규듕녀ᄌᆞ104)로 거년(去年)의 비록 낭패ᄒᆞ여시나105) 거년 호ᄉᆞ(豪奢)를 금년 ᄎᆞ일106)의 다시 ᄒᆞ니 어ᄂᆞ 거시 ᄉᆞ군의 은혜 아니리오

짐즛 셔문으로 나셔 남문 밧글107) 도라가며 ᄲᆞᆼ교마ᄅᆞᆯ 천천이 노하108) 좌우 져자109)를 ᄉᆞᆯ피니 거리 여ᄉᆞᆺ 져자 댱안낙듕으로110) 다르미 업고 의젼 ᄇᆡᆨ모젼

---

100) 젼닙(氈笠): 전립. 군인이 쓰는 벙거지

101) 샹ᄆᆞ: 상모(象毛). 삭모((槊毛). 기(旗)나 창(槍) 따위의 머리에 술이나 이삭 모양으로 만들어 다는 붉은 빛깔의 가는 털

102) 공작모(孔雀毛): 전립을 장식하기 위해 꽂는 공작새의 꽁지 털

103) 조요(照耀)하고: 밝게 비쳐서 빛나고 ☞ (1) 'ᄒᆞ-'가 '하-'로 표기되었다. 중세국어에서 'ᄒᆞ-[爲]'는 언제나 'ᄒᆞ-'로만 표기되었다. 이런 표기가 나타난 이유는 'ᄋᆞ > 아'의 변화 때문이다. (2) 중세국어에서 '照'의 한자음은 '죠'였다.(ᄇᆞ쉴 죠 < 훈몽 하:1a>) 여기서 '죠'가 '조'로 표기된 이유는 다음과 같다. 'ㅈ'이 치음이었던 중세국어 시기에는 '죠[tsyo]'와 '조[[tso]'의 음가가 달라서 발음으로 구분이 되었기 때문에 표기도 달리 나타났다. 그러나 치음이었던 'ㅈ[ts]'이 17세기 말엽 이전 어느 때에 경구개음 'ㅈ[ʧ]'으로 바뀌게 됨에 따라 18세기에는 '죠[ʧyo]'와 '조[ʧo]'의 발음이 구분되지 않게 된다. 왜냐하면, [ʧyo]에서 경구개음인 'ㅈ[ʧ]'과 경구개 부위에서 발음되는 반모음 'y'의 조음위치가 중복되어 'y'가 탈락하여 '죠[ʧyo]'는 '조[ʧo]'와 발음이 같아졌기 때문이다. 이런 이유로 'ㅈ+yV'의 표기가 'ㅈ+V'로도 나타나는 것이다. 현대국어에서도 '져, 쪄, 쳐'는 각각 [저, 쩌, 처]로 발음한다는 표준발음법의 규정이 있고, 외래어 표기법에서도 'ㅈ/ㅊ+yV'는 'ㅈ/ㅊ+V'로 적도록 하고 있다. (예) vision 비전, juice 주스 (2) 아래에서는 과도교정된 '됴요ᄒᆞ니'로 표기되었다. 주(187) 참조.

104) 미셰(微細)ᄒᆞᆫ 규듕녀자(閨中女子): 보잘것없는 부녀자

105) 낭패(狼狽)ᄒᆞ여시나: 낭패하였으나, 실패하였으나 ☞ 낭패ᄒᆞ-+-엿-(과.어.)+-이나(←-으나). 낭패ᄒᆞ여스나→낭패ᄒᆞ여시나. 'ㅅ' 아래에서 '으'가 '이'로 전설모음화하였다.

106) 금년 ᄎᆞ일(今年 此日): 금년 오늘

107) 밧글: 밖을 ☞ 밗+을. '밗>밖'의 변화는 'ㅅ'이 'ㄱ'의 조음위치에 역행동화된 것이다.

108) 노하: 몰아 ☞ 놓-+-아

109) 져자: 저자. 시장.

110) 댱안낙듕(長安洛中)으로: 장안 낙중과, 한양과 ☞ (1) 댱안낙듕+으로(비교 부.조.). 특이하게 '으로'가 기준을 뜻하는 부사격조사로 쓰였다. (2) '댱안'과 '낙듕'은 각각 당나라와 주나라의 서울인데, 여기서는 조선의 수도인 '한양'을 가리킨다.

ᄎᆡ마젼 각식 젼111)이 반감희(半減喜)ᄒᆞ야112) 고향 ᄉᆡᆼ각과 친쳑 그리오미 ᄇᆡ(倍)ᄒᆞ더라 포젼(布廛) ᄇᆡᆨ목젼(白木廛)이 더옥 장(壯)ᄒᆞ야 필필(疋疋)이 건 것이 몃쳔동113)을 내여 건 줄 모롤러라 각식 오시며 비단 금침을 다 내여 거러시니 일ᄉᆡᆨ의 ᄇᆞᄋᆡ더라114)

처엄 갓던 한명우의 집으로 아니가고 가치셤이란ᄃᆡ 숙소(宿所)ᄒᆞ려 가니 읍ᄂᆡ(邑內)셔 삼십니는 가니 운젼창115)브터 바다히 뵈더니 다시 가치셤이 표묘히116) 놉하시니 ᄒᆞᆫ편은 ᄀᆞ이업ᄉᆞᆫ 창ᄒᆡ(滄海)오 ᄒᆞᆫ편은 텹텹(疊疊)ᄒᆞᆫ 뫼힌ᄃᆡ 바다ᄀᆞ흐로117) 길이 겨유 무명 너비만은 ᄒᆞ고 고 녑히118) 산이니119) ᄡᅡᆼ교ᄅᆞᆯ 인부의 머여120) ᄀᆞ만ᄀᆞ만 가니 물결이 구븨텨 홍치며121) 창ᄉᆡᆨ이 흉용ᄒᆞ니122) 처엄으로 보기 금즉ᄒᆞ더라 길히 소삽ᄒᆞ고123) 돌과 바희 ᄭᆞᆯ녀시니 인부가 계

111) 의젼(衣廛) ᄇᆡᆨ모젼(白木廛) ᄎᆡ마젼(菜麻廛) 각식 젼(廛): 의복을 파는 가게, 무명을 파는 가게, 채소를 파는 가게 갖가지 가게

112) 반감희ᄒᆞ야: 반쯤 즐거움이 사라져 ☞ 반감희ᄒᆞ-+-야

113) 동: 필(疋). 포목을 세는 단위. 한 필은 40마. 1마는 91.44cm

114) 일ᄉᆡᆨ(日色)의 ᄇᆞᄋᆡ더라: 햇빛에 눈부시더라 ☞ ᄇᆞᄋᆡ-(< ᄇᆞᄉᆡ-)+-더-(회상법)+-라

115) 운젼창(雲田艙): 운전에 있는 선창(船艙). '운젼'의 표기에 대해서는 주(37) 참조.

116) 표묘(縹緲)히: 아득히

117) 바다ᄀᆞ흐로: 바닷가로 ☞ 바다ᄀᆞᇂ(← 바다ᄀᆞᆺ)+으로. 중세국어 'ᄀᆞᆺ[邊]'에서 'ㅅ'이 탈락하고, 'ᄋᆞ > 아'의 변화를 거쳐 현대국어의 '가'가 형성되었다. 이 시기에 'ᄀᆞᆺ'에서 'ㅅ'이 탈락하는 현상이 있어서 모음 사이에서 'ㅎ'이 탈락한 것으로 오인했거나 'ᄀᆞ'를 ㅎ-종성체언으로 오인한 표기로 이해된다.

118) 고 녑히: 고 옆이 ☞ (1) '고'는 '그'의 작은말로 중세에는 보이지 않던 단어이다. (2) 녑ㅎ(← 녑)+이(주.조.). '녑'이 '녚'으로 변화했음을 보인다. 녑 > 녚 > 옆

119) 산이니: 산(山)이니 ☞ 고유어인 '뫼ㅎ' 대신 한자어인 '산'이 쓰였다. 유의어 경쟁의 유형은 몇 가지가 있다. 첫째, 유의어 중 어느 하나가 소멸하는 유형. (예) 뫼ㅎ:산(山) > 산, ᄀᆞᄅᆞᆷ:강(江) > 강. 둘째, 유의어 중 어느 하나가 의미 이동을 하는 유형. (예) 온:백(百) > '온'이 '전부의 또는 모두의'의 의미로 이동. 셋째, 유의어끼리 결합하는 유형. (예) 바람:벽(壁) > 바람벽, 발:족(足) > 족발. 넷째, 유의어 중 어느 하나의 의미를 격하시키는 유형. (예) 부인:마담 > '마담'의 의미가 술집의 여주인으로 의미가 격하됨.

120) 인부의 머여: 인부에게 메게 하여 ☞ 머여: 머이-[← 머이-(← 메-)+-이-(사.접.)]+-어

121) 홍치며: 홍청거리며 ☞ 홍치-(< 홍티-)+-며. 'ㅌ-구개음화'가 실현되었다.

122) 창ᄉᆡᆨ(滄色)이 흉용[洶湧(흉용)]ᄒᆞ니: 물결 색이 세차게 일어나니, 소용돌이 치니

유 조심ᄒᆞ야 일니(一里)는 가니 길이 평탄ᄒᆞ야 너른 들힌ᄃᆡ 가치섬이 우러러 뵈니 놉기는 셔울 ᄇᆡᆨ악산(白岳山) 같고 모양 대쇼(大小)는 ᄇᆡᆨ악만 못ᄒᆞ고 산ᄉᆡᆨ(山色)이 븕고 탁(濁)ᄒᆞ야 조키[124] ᄇᆡᆨ악만 못ᄒᆞ더라

바다ᄀᆞ흐로 도라 섬 밋희[125] 집 잡아 드니 춘ᄆᆡ ᄆᆡ홰 추후ᄒᆞ여 왓더라[126] 졈심을 ᄒᆞ여 드리ᄂᆞᆫᄃᆡ ᄉᆡᆼ복회[127]를 노하시니 그 밋희셔 건진 것이라 맛이 별(別)ᄒᆞᄃᆡ 구치ᄒᆞ여 가니[128] 잘 먹디 못 ᄒᆞ니 낙듕(洛中) 친척으로 더브로 마술 ᄂᆞᆫ호디 못하니 지ᄒᆞᆫ(至恨)이러라

날이 오히려 이르고 텬긔화명[129]ᄒᆞ며 풍일(風日)이 고요ᄒᆞ니 ᄇᆡ를 ᄭᅮ며 바다희 ᄉᆞ군이 오ᄅᆞ시고 슉시와 셩이ᄅᆞᆯ[130] ᄃᆞ리고 ᄂᆡ[131] 오ᄅᆞ니 풍뉴(風流)[132]ᄅᆞᆯ ᄊᆞᆫᄇᆡ의 시러 우리 오ᄅᆞᆫ ᄇᆡ 머리의 ᄃᆞᆯ고 일시의 주(奏)ᄒᆞ니 ᄒᆡ슈(海水)는 프르고 프르러[133] ᄀᆞ이업고 군복ᄒᆞᆫ 기ᄉᆡᆼ의 그림재ᄂᆞᆫ 하늘과 바다희 것구로 박힌 ᄃᆞᆺ 풍뉴소ᄅᆡ는 하늘과 바다속의 ᄉᆞ뭇차[134] 들레ᄂᆞᆫ[135] ᄃᆞᆺ 날이 셕양이니

---

123) 소삽(疏澁)ᄒᆞ고: 거칠고 울퉁불퉁하고

124) 조키: 좋기가 ☞ 좋-(<죻-<둏-)+-기(명.전.)+∅(주.조.). ㄷ-구개음화(둏->죻-)와 'ㅈ' 뒤에서 'y-탈락'(죻->좋-)을 경험하였다. 'ㅈ' 뒤 'y-탈락'은 'ㅈ'과 'y'의 조음위치가 같기 때문에 일어난 음운현상인데, 근대국어에서는 'ㅈ'이 중세국어처럼 치음이 아니라 경구개음이었기 때문에 나타난 음운현상이다. 주(103) 참조.

125) 밋희: 밑에 ☞ 밋ㅎ(←밑)+ᄋᆡ(부.조.). '밋희(←믿희←미틔)'는 '미틔'의 분석적표기로 중철표기의 일종이다.

126) 춘ᄆᆡ ᄆᆡ홰 추후(追後)ᄒᆞ여 왓더라: 춘매와 매화가 뒤따라서 왔더라 ☞ 춘ᄆᆡ ᄆᆡ화+ㅣ(주.조.). 오-+-앗-(과.어.)+-더-+-라(←-다). 춘매와 매화는 기생 이름인 듯.

127) ᄉᆡᆼ복회: 생전복의 회

128) 구치(驅馳)ᄒᆞ여 가니: 말을 달려 가니, 서둘러 가니

129) 텬긔화명(天氣和明): 바람이 잔잔하고 날씨가 활짝 갬

130) 슉시, 셩이: 딸과 아들의 이름으로 보임.

131) ᄂᆡ: 내가 ☞ ᄂᆞ(←나)+ㅣ(주.조.). 대명사 '나'는 언제나 '아' 모음으로 표기되었으나 여기서는 'ᄂᆞ'로 표기되어 어두에서 'ᄋᆞ'와 '아'가 중화되었음을 보인다.

132) 풍뉴(風流): 음악. 악사(樂師)

133) 프르러: 푸르러 ☞ 프르-+-러. '러-불규칙활용'

134) ᄉᆞ뭇차: 통하여 ☞ ᄉᆞ뭇ㅊ-(<ᄉᆞ뭋-)+-아. 'ᄉᆞ므차'의 중철표기.

135) 들레ᄂᆞᆫ: 어수선하고 떠들썩한, 들레는 ☞ 들레-(←들에-)+-ᄂᆞᆫ

쇠(衰)ᄒᆞᆫ ᄒᆡᆺ그림재 ᄒᆡ심(海心)의 비최니 일만 필(疋) ᄇᆡᆨ깁136)을 물 우희 편ᄃᆞᆺ 도니137) ᄆᆞ음이 빗기 흔득여 상쾌ᄒᆞ니 만리창파(萬里滄波)의 일엽편주(一葉片舟)로 망망대ᄒᆡ(茫茫大海)의 위ᄐᆡ로오믈138) 다 니ᄌᆞᆯ너라139)

기ᄉᆡᆼ 보ᄇᆡ는 가치셤 봉 우희 귀경140) 갓다가 ᄂᆞ려오니 불셔 ᄇᆡ롤 ᄣᅴ여 대ᄒᆡ(大海)의 듕뉴ᄒᆞ니141) 오ᄅᆞ디 못ᄒᆞ고 ᄒᆡ변의 셔셔 손을 ᄡᅳ니142) ᄯᅩᄒᆞᆫ 긔관(奇觀)이러라 거년 격구뎡의셔 션바회롤 보고 긔이(奇異)하여 도라왓더니 금일 션유143)의 션바회 밋ᄒᆡ 니ᄅᆞ니 신긔ᄒᆞ더라

ᄒᆡ 거의 져가니144) ᄒᆡᆼ혀 월츌 보기 느즐가 밧비 ᄇᆡ롤 다혀 햐쳐의145) 도라와 져녁을 밧비 먹고 일ᄉᆡᆨ(日色)이 채 딘(盡)티 아냐 귀경ᄃᆡ의 오ᄅᆞ니 오리(五里)ᄂᆞᆫ ᄒᆞ더라

귀경ᄃᆡ를 가마 속의셔 보니 놉ᄒᆡ 아호라ᄒᆞ야146) 엇디 오롤고147) ᄒᆞ더니 사ᄅᆞᆷ이 심이 단녀148) 길이 반반하여 어렵디 아니ᄒᆞ니 빵교의 인부로 오ᄅᆞ니 올나간149) 후는 평안ᄒᆞ150) 됴코 귀경ᄃᆡ 압ᄒᆡ151) 바다속의 바회 잇는ᄃᆡ 크기도

136) ᄇᆡᆨ깁(白-): 흰 비단
137) 도니: 되니
138) 위ᄐᆡ로오믈: 위태로움을 ☞ 위ᄐᆡ(危殆)+-롭-+-옴(명.전.)+을(목.조.)
139) 니ᄌᆞᆯ너라: 잊겠구나 ☞ 닞-+-(ᄋᆞ)ㄹ러라(감.어.)
140) 귀경: 구경 ☞ 단모음 '위'의 형성은 19세기 말이나 20세기 초로 추정되는데, 18세기 후반에 나타나는 이런 표기를 움라우트가 적용된 예로 볼 수 있을지는 의문이다.
141) 듕뉴(中流)ᄒᆞ니: 바다 한복판에 떠 있으니
142) 손을 ᄡᅳ니: 손을 흔드니
143) 션유(船遊): 뱃놀이
144) 져가니: 져가니 ☞ 져-(<디-+-어)#가-+-니. 'ㄷ-구개음화'가 실현되었다.
145) 햐쳐의: 사처[귀한 손이 객지에서 잠시 묵음 또는 그 거처]. ☞ 햐쳐(下處)+의(부.조.). 햐쳐(下處)>사처. ㅎ-구개음화에 의한 변화.
146) 아호라ᄒᆞ야: 아득하여, 까마득하여 ☞ 아호라ᄒᆞ-(<아ᄋᆞ라ᄒᆞ-<아ᅀᆞ라ᄒᆞ-)+-야
147) 엇디 오롤고: 어찌 오를꼬? ☞ 오ᄅᆞ-+ㄹ고(간접 의.어.)
148) 심이 단녀: 심히 다녀 ☞ 단녀: 단니-(<ᄃᆞᆮ니-)+-어. 'ᄋᆞ'가 '아'로 변하고, 'ㄷ'이 'ㄴ' 앞에서 비음동화가 실현돼 'ㄴ'으로 바뀌었다.
149) 올나간: 올라간 ☞ 올나가-(←올라가-<올아가-←오ᄅᆞ-+-아#가-)+-ㄴ. '오ᄅᆞ-+-아'는 중세에 '올아'이었는데, 유성후두마찰음 'ㅇ'이 소멸하면서 '올라~올나'로 표기

퍽152) ᄒᆞ고 형용(形容) 삼긴 것이 거북이 ᄭᅩ리ᄅᆞᆯ ᄢᅵ고 업ᄃᆡᆫ ᄃᆞᆺᄒᆞ기 텬ᄉᆡᆼ으로 삼긴 것이 공교로이 조아153) ᄆᆡᆫᄃᆞᆫ ᄃᆞᆺᄒᆞ니 연고로 귀경ᄃᆡ라 ᄒᆞᄂᆞᆫ ᄃᆞᆺ 시브더라

ᄃᆡ상(臺上)의 오ᄅᆞ니 믈 형계154) 더옥 장(壯)ᄒᆞ야 바다 너ᄇᆡᄂᆞᆫ 엇더ᄒᆞ던고 ᄀᆞ이 측냥(測量) 업고 푸른 믈결 티ᄂᆞᆫ 소ᄅᆡ 광풍(狂風) 이ᄂᆞᆫ ᄃᆞᆺᄒᆞ고 산악이 울히ᄂᆞᆫ155) ᄃᆞᆺᄒᆞ니 텬하의 금즉ᄒᆞᆫ 장관이러라

구월 기럭이 어ᄌᆞ러이 울고 한풍(寒風)이 ᄢᅵ치ᄂᆞᆫᄃᆡ 바다흐로 ᄆᆞᆯ도 ᄀᆞᆺ고 사슴도 ᄀᆞᆺ튼 거시 믈 우흐로 ᄃᆞᆫ니기를 ᄆᆞᆯ ᄃᆞᆯ니ᄃᆞᆺ ᄒᆞ니 날 긔운(氣運)이 임이 침침ᄒᆞ니 ᄌᆞ셔티 아니ᄒᆞᄃᆡ ᄯᅩ 긔졀이156) 보암즉하니 일ᄉᆡᆼ 보던 기ᄉᆡᆼ들이 년셩(連聲)ᄒᆞ야 고이ᄒᆞ믈 브를 제 내 ᄆᆞᄋᆞᆷ의 신긔키 엇더ᄒᆞ리오 혹 ᄒᆡ구(海狗)라ᄒᆞ고 고래라ᄒᆞ니 모를러라

ᄒᆡ 쾌히157) 다 지고158) 어두온 비치 니러나니 ᄃᆞᆯ 도ᄃᆞᆯ ᄃᆡ를 ᄇᆞ라본즉 진애(塵埃) ᄉᆞ면으로 ᄢᅵ이고 모운(暮雲)이 창창(蒼蒼)ᄒᆞ여 아마도 ᄃᆞᆯ 보기 황당ᄒᆞ니 별너 별너 와셔 내 ᄆᆞᄋᆞᆷ ᄀᆞ이업기ᄂᆞᆫ 니ᄅᆞ디 ᄆᆞᆯ고 ᄎᆞ셤이 이랑이 보ᄇᆡ 다 마누하님 월츌을 못보시게 ᄒᆞ엿다 ᄒᆞ고 소ᄅᆡᄒᆞ여 ᄒᆞᆫ(恨)ᄒᆞ니 그 졍(情)이 ᄯᅩ 고맙더라

ᄃᆞᆯ 도ᄃᆞᆯ ᄣᅢ 못 밋고159) 어둡기 심ᄒᆞ니 좌우로 초롱을 혀고 ᄆᆡ홰 춘ᄆᆡ ᄒᆞ

되었다. 근대국어에서 'ㄹㄹ'은 'ㄹㄴ'으로, 모음 뒤 'ㄹ'은 'ㄴ'으로 표기되는 것이 일반적이었다.

150) 평안(平安)ᄒᆞ: 걱정이나 탈이 없어 ☞ '평안ᄒᆞ여'에서 '여'가 누락된 것으로 보인다.

151) 압ᄒᆡ: 앞에 ☞ 압ㅎ+ᄋᆡ. 중세국어의 어형은 '앒'인데 'ㄹ'이 탈락한 '앞'으로 재구조화하였다. '압ᄒᆡ'는 '아ᄑᆡ'에서 'ㅍ'에 대한 분석적표기로 중철표기의 한 가지이다.

152) 퍽: 퍽. 썩. 보통을 훨씬 넘을 정도로

153) 조아: 쪼아 ☞ 좃-+-아.

154) 형계(形界): 물 모양

155) 울히ᄂᆞᆫ: 울리는 ☞ 울히-[←울-+-히-(피.접.)]+-ᄂᆞᆫ(관.전.)

156) 긔졀(奇絶): 아주 신기하고 기이함

157) 쾌(快)히: 완전히

158) 지고: 지고 ☞ 지-(<디-)+-고. ㄷ-구개음화가 실현되었다.

159) 밋고: 미치고 ☞ 밋-(←및-[及])+-고

야160) ᄃᆡ상의셔 관동별곡을 식이니161) 소ᄅᆡ 놉고 ᄆᆞᆰ아 집의 안자 듯ᄂᆞ니여서162) 신기롭더라

물 치는163) 소ᄅᆡ 장ᄒᆞ매 쳥풍(淸風)이 슬슬이 니러나며 다행이 ᄉᆞ면 연운(煙雲)이 잠간 걷고 물 밋치164) 일시의 통낭ᄒᆞ며165) 게 드린166) 도홍빗 ᄀᆞᆽᄒᆞᆫ 것이 어레빗167) 존등 ᄀᆞᆽᄒᆞᆫ 것이 냑간168) 비최더니 ᄎᆞᄎᆞ 내미ᄂᆞᆫᄃᆡ 둥근 빗 븕은 폐빅반(幣帛盤)만 ᄒᆞᆫ 것이 길게 흥텨올라169) 브트며 ᄎᆞᄎᆞ 붉은 긔운이 업고 온 바다히 일시의 희여디니 바다 프른 비치 희고 희여 은 ᄀᆞᆽ고 ᄆᆞᆰ고 조하170) 옥 ᄀᆞᆽᄒᆞ니 창파만니(滄波萬里)의 ᄃᆞᆯ 비최는 장관을 엇디 능히 볼ᄃᆡ리오마ᄂᆞᆫ171) ᄉᆞ군이 세록지신172)으로 텬은이 망극ᄒᆞ여173) 년(連)하여 외방의 작지ᄒᆞ야174) 나라거ᄉᆞᆯ ᄡᅳᆫ히175) 먹고 나는 ᄯᅩ한 ᄉᆞ군의 덕으로 이런 장관을 ᄒᆞ니 도모지 어

160) ᄆᆡ홰 츈ᄆᆡ ᄒᆞ야: 매화가 춘매로 하여금 ☞ ᄆᆡ화+ㅣ(주.조.). '매화, 춘매'는 기생의 이름으로 보임.

161) 식이니: 시키니 ☞ 식이-(←시기-)+-니. 15세기에 'ᄒᆞ-[爲]'의 사동형은 'ᄒᆡ-'였는데, 16세기에 'ᄒᆞ이-'로 표기된 예들이 나타나고, 이 'ᄒᆞ이-'는 근대국어 후기에 '시기-'로 대체되었다.(이기문, 1998:217). '식이-'는 '시기-'의 과도분철이다.

162) 듯ᄂᆞ니여서: 듣는 것보다이어서 ☞ 듯-(←듣-)+-ᄂᆞ-+-ㄴ(관.전.)#이(의.명.)+∅(비교부.조.)+∅-(서.조.)+-여서

163) 치는: 치는 ☞ 치-(<티-)+-는. 'ㅌ-구개음화'가 실현되었다.

164) 밋치: 밑이 ☞ 밋ㅊ(<밑-)+이(주.조.). ㅌ-구개음화가 실현되었다. '밋치'는 '미치'의 중철표기이다.

165) 통낭(通朗): 속까지 비치어 환함.

166) 드린: 드리운

167) 어레빗: 빗살이 굵고 성긴 큰 빗. 빗의 등이 둥글어 '월소(月梳)'라고도 한다.

168) 냑간: 약간 ☞ 냑간>약간. 'ㄴ-탈락'은 'ㄴ-구개음화'와 관련된다.

169) 흥텨올라: ?

170) 조하: 깨끗하여 ☞ 좋-[淨]+-아

171) 볼ᄃᆡ리오마ᄂᆞᆫ: 볼 것이리오마는, 볼까마는 ☞ 보-+-ㄹ(관.전.)#ᄃᆞ(의.명.)+ㅣ-(서.조.)+-리(추측법)+-오(의.어.)+마ᄂᆞᆫ(보조사)

172) 세록지신(世祿之臣): 대대로 나라의 녹을 받는 신하

173) 텬은(天恩)이 망극(罔極)ᄒᆞ여: 임금의 은혜가 끝이 없어서

174) 작지(作宰)ᄒᆞ야: 고을의 원님이 되어

175) ᄡᅳᆫ히: 마음껏(?), 풍족히(?)

ᄂᆞᆫ것이 셩쥬의 은혜 아닌 것이 이시리오

밤이 드러오니 ᄇᆞ람이 ᄎᆞ고 믈 티는 소릐 요란ᄒᆞᆫ듸 한냉(寒冷)ᄒᆞ니 셩[176]으로 더욱 민망ᄒᆞ야 햐쳐로 도라오니 기ᄉᆡᆼ들이 월츌 관광이 쾌티 아닌 줄 애돌와ᄒᆞ니 나는 그도 장관으로 아ᄂᆞᆫ듸 그리들 ᄒᆞ니 심히 서운ᄒᆞ더라

힝혀 일츌을 못볼가 노심쵸ᄉᆞ(勞心焦思)ᄒᆞ야 새도록 자디 못하고 ᄀᆞᆺ금 영지를 불러 사공ᄃᆞ려 무르ᄅᆞᄒᆞ니 ᄂᆡ일은 일츌을 쾌히 보시리라 ᄒᆞ다 ᄒᆞᄃᆡ ᄆᆞᄋᆞᆷ의 밋브디[177] 아니ᄒᆞ야 쵸조(焦燥)ᄒᆞ더니 먼 ᄃᆡ ᄃᆞᆰ이 울며 년(連)ᄒᆞ야 ᄌᆞ초니[178] 기ᄉᆡᆼ과 비복을 혼동ᄒᆞ ᄒᆞ여[179] 어서 니러나라 ᄒᆞ니 밧긔 급댱이[180] 와 관텽(官廳) 감관[181]이 다 아직 너모 일즉ᄒᆞ니 못 ᄯᅥ나시리라 ᄒᆞᆫ다[182] ᄒᆞᄃᆡ 고디 아니듯고 ᄇᆞᆯᄇᆞᆯ이[183] 지족ᄒᆞ야[184] ᄯᅥᆨ국을 ᄲᅮ어시ᄃᆡ[185] 아니 먹고 밧비 귀경ᄃᆡ에 오ᄅᆞ니 ᄃᆞᆯ빗치[186] ᄉᆞ면의 됴요ᄒᆞ니[187] 바다히 어제 밤도곤[188] 희기

176) 셩: 인명(人名)

177) 밋브디: 미쁘지, 미덥지 ☞ 밋브-(← 믿-+-브-)+-디. 받침 'ㄷ'이 'ㅅ'으로 표기되었다. 중세국어는 8종성 표기였는데, 18세기 후반부터는 7종성 표기로의 강한 경향을 보인다.

178) ᄌᆞ초니: 잦으니, 계속하니 ☞ ᄌᆞ초-[← ᄌᆞᆾ-+-호-(사.접.)]+-니

179) 혼동(混動)ᄒᆞ ᄒᆞ여: 마구 흔들어 ☞ '혼동ᄒᆞ ᄒᆞ여'는 '혼동ᄒᆞ여'가 잘못 표기된 것으로 보인다.

180) 급댱이: 급창(及唱)이 ☞ 급댱+-이(인.접.). '급댱'은 '급턍'의 오기로 보이는데, 군아(郡衙)에서 부리던 사내아이를 이른다.

181) 감관(監官): 조선 시대에, 각 관아나 궁방(宮房)에서 금전 · 곡식의 출납을 맡아보거나 중앙 정부를 대신하여 특정 업무의 진행을 감독하고 관리하던 벼슬아치.

182) ᄒᆞᆫ다: 한다 ☞ 중세에 '(ᄒᆞ)-ᄂᆞ다'로 나타나던 어미가 근대국에서는 모음으로 끝난 어간 뒤에서는 '-ㄴ다'로, 자음으로 끝나는 어간 뒤에서는 '-는다'로 변하였다.

183) ᄇᆞᆯᄇᆞᆯ이: 급하게 서두르는 모양

184) 지족ᄒᆞ야: 재촉하여 ☞ '지촉ᄒᆞ야'의 오기로 보인다.

185) ᄲᅮ어시ᄃᆡ: 쑤었으되 ☞ ᄲᅮ-+-엇-(과.어.)+-이ᄃᆡ(← -으ᄃᆡ < -우ᄃᆡ) (1) ᄲᅮ어스ᄃᆡ → ᄲᅮ어시ᄃᆡ. 'ㅅ' 아래에서 'ㅡ'가 'ㅣ'로 전설모음화하였다. (2) 근대국어에서 'ㅅ'의 된소리는 'ㅄ'으로 통용되었다.

186) ᄃᆞᆯ빗치: 달빛이 ☞ '빗치'는 '비치'(← 빛+이)의 중철표기이다.

187) 됴요(照耀)ᄒᆞ니: 밝게 비쳐서 빛나니 ☞ 됴요ᄒᆞ-(← 죠요ᄒᆞ-)+-니. (1) '照'는 원래의 음이 '죠'이다.(ᄇᆞ쉴 죠 < 훈몽 하:1a>) ㄷ-구개음화가 활발하게 일어나던 시기여서 과도교

더ᄒᆞ고 광풍이 대작(大作)ᄒᆞ야 사ᄅᆞᆷ의 ᄲᅧ를 ᄉᆞ뭇고[189] 믈결 티ᄂᆞᆫ 소ᄅᆡ 산악(山岳)이 움즉이며 별빗치 몰곳몰곳ᄒᆞ야[190] 동편의 ᄎᆞ례로 이셔 새기ᄂᆞᆫ 머럿고 자ᄂᆞᆫ 아희를 급히 ᄭᆡ와 왓기[191] 치워[192] ᄂᆞᆯ티며[193] 기싱과 비복이 다 니[齒]를 두ᄃᆞ려 ᄶᅧ니 ᄉᆞ군이 소ᄅᆡᄒᆞ여 혼동(混動) 왈 샹업시[194] 일즉이 와 아희와 실ᄂᆡ[195] 다 큰병이 나게 ᄒᆞ였다[196] 하고 소ᄅᆡᄒᆞ여 걱정ᄒᆞ니 내 ᄆᆞ음이 불안ᄒᆞ야 ᄒᆞᆫ소ᄅᆡᄅᆞᆯ 못ᄒᆞ고 감이 치워ᄒᆞᄂᆞᆫ 눈픠를[197] 못ᄒᆞ고 죽은 ᄃᆞ시 안자시ᄃᆡ 날이 샐 가망이 업ᄉᆞ니 년ᄒᆞ여 영ᄌᆡ를 블러 동이 트ᄂᆞ냐 무ᄅᆞ니 아직 멀기로 년ᄒᆞ야 ᄃᆡ답ᄒᆞ고 믈 티ᄂᆞᆫ 소ᄅᆡ 텬디(天地) 딘동(震動)ᄒᆞ야 한풍(寒風) 끼티기[198] 더옥 심ᄒᆞ고 좌우 시인이[199] 고개를 기우려 입을 가ᄉᆞᆷ의 박고 치워ᄒᆞ더니 ᄆᆞ이 이윽ᄒᆞᆫ 후[200] 동편의 셩쉬[201] 드믈며 월ᄉᆡᆨ(月色)이 ᄎᆞᄎᆞ 여러디며 홍ᄉᆡᆨ(紅色)이 분명ᄒᆞ니 소ᄅᆡᄒᆞ야 싀원ᄒᆞ믈 브ᄅᆞ고 가마 밧긔 나셔니 좌우 비복과 기

정 되었다. 앞에서는 '조요하고'로 표기되었다. 주(103) 참조. 과도교정에 대해서는 주(91) 참조.

188) 어제 밤도곤: 어제 밤보다 ☞ '도곤'은 비교 부사격조사다.

189) ᄉᆞ뭇고: 사무치고, 통하고 ☞ ᄉᆞ뭇-(← ᄉᆞ몿-)+-고

190) 몰곳몰곳ᄒᆞ야: 말똥말똥하여, 초롱초롱하여

191) ᄭᆡ와 왓기: 깨워 왔기에 ☞ ᄭᆡ오-+-아(종.어.) 오-+-앗-(과.어.)+-기(명.전.)+(에)

192) 치워: 추워 ☞ 칩-+-어 > 치버 > 치워

193) ᄂᆞᆯ티며: 날치며[날치다: 자기 세상인 것처럼 날뛰며 기세를 올리다]. 날뛰며 ☞ ᄂᆞᆯ-+-티-(강.접.)+-며

194) 샹없이: 상(常)없이, 상식에 벗어나게, 이치에 맞지 않게

195) 실ᄂᆡ: 아내. 의유당을 일컬음.

196) ᄒᆞ였다: 하였다 ☞ ᄒᆞ-+-였-(과.어.)+-다. '-였-'으로 표기되었을지 의심스럽다. 당시의 표기법을 고려하면 '-엿-'이 더 온당해 보인다. 원본을 보지 못해 확신할 수는 없으나 이 시기에 '-였-'의 출현은 의외이다. 류준경(2006)에 의하면 『관북유람일기』는 행방을 알 수 없다고 한다.

197) 눈픠를: 눈치를 ☞ '눈츼'의 오기로 보인다.

198) 끼티기: 끼치기, 끼얹기 ☞ 끼티-(< ᄭᅵ티-)+-기(명.전.). 'ㅺ'이 'ㄲ'으로 표기되었다. 된소리 표기 방식의 차이를 보인다.

199) 시인(侍人): 모시는 사람이, 시중드는 사람

200) ᄆᆞ이 이윽ᄒᆞᆫ 후: 많이 지난 후

201) 셩쉬: 성수(星宿)가, 별자리의 별들이 ☞ 셩수+ㅣ(주.조.)

싱들이 옹위ᄒᆞ야 보기를 조이더니[202] 이윽고 날이 ᄇᆰ으며 블근 긔운이 동편 길게 벗텨시니[203] 진홍대단(眞紅大緞) 여러 필을 물 우희 펼틴듯 만경창패 일시의 븕어 하늘의 ᄌᆞ옥하고 노ᄒᆞᄂᆞᆫ 물결소릐 더옥 장ᄒᆞ며 홍젼(紅氈) ᄀᆞᆺᄒᆞᆫ 믈빗치 황홀ᄒᆞ야 슈식(水色)이 됴요ᄒᆞ니[204] 촘아 금즉ᄒᆞ더라

븕은 비치 더옥 븕으니 마죠 션 사ᄅᆞᆷ의 ᄂᆞᆺ과 오시 다 븕더라 믈이 구비뎌 치치니[205] 밤의 믈 티ᄂᆞᆫ 구ᄇᆡᄂᆞᆫ 옥 갈티[206] 희더니 즉금 믈 구ᄇᆡᄂᆞᆫ 븕기 홍옥 ᄀᆞᆺᄒᆞ야 하늘의 다하시니[207] 장관을 니롤 것이 업더라

븕은 기운이 퍼뎌 하늘과 믈이 다 됴요ᄒᆞ되 ᄒᆡ 아니 나니 기싱들이 손을 두ᄃᆞ려 소릐ᄒᆞ야 애ᄃᆞ라 ᄀᆞᆯ오되 이제ᄂᆞᆫ ᄒᆡ 다 도다 뎌 속의 드러시니 뎌 븕은 기운이 다 프ᄅᆞ러 구룸이 되리라 혼공ᄒᆞ니[208] 낙막(落寞)ᄒᆞ여 그저 도라가려 ᄒᆞ니 ᄉᆞ군과 슉시셔[209] 그러티 아냐 이제 보리라 ᄒᆞ시되 이랑이 차셤이 닝쇼(冷笑)ᄒᆞ야 이르되 쇼인 등이 이번 분 이냐[210] ᄌᆞ로 보아ᄉᆞ오니[211] 엇디 모ᄅᆞ리잇가[212] 마누하님 큰 병환 나실거시니 어서 가옵ᄉᆞ이다[213] ᄒᆞ거늘 가

202) 조이더니: (마음을) 졸이더니
203) 벗텨시니: 뻗치었으니 ☞ 벗티-[←벗-(←벋-)+-티-(강.접.)]+-엇-+-이니(←-으니)
204) 됴요하니: 밝게 비쳐서 빛나니 ☞ '됴요하니'에 대해서는 주(103) 참조
205) 치치니: 위로 올려 치니 ☞ 치치-[치-(<티-. 접두.)+치-(<티-)]+-니. ㅌ-구개음화가 실현되었다.
206) 갈티: 같이 ☞ 갈ㅌ-(<ᄀᆞᇀ-)+-이(부.접.). '가티'의 중철표기이다. '갓티'로 표기되지 않은 점이 특이하다.
207) 다하시니: 닿았으니 ☞ 닿-+-앗-(과.어.)+-이니(←-으니)
208) 혼공(渾谷): 여럿이서 떠듦.
209) ᄉᆞ군과 슉시셔: 사군(使君)과 슉시께서 ☞ (1) '슉시'는 '숙씨(叔氏)' 즉, 남편의 형제를 이르는 것으로 보인다. (2) '셔'는 존칭의 주격조사로 쓰였다. 현대국어에서 '서'는 인수(人數)에 쓰이는 주격조사인데, 여기서는 존칭의 주격조사로 쓰였다. 아래의 "샤공셔 오ᄂᆞᆯ 일츌이 유명ᄒᆞ리란다 ᄒᆞ거ᄂᆞᆯ"에서는 '셔'가 높임의 의미가 없는 주격조사로 쓰였다. '셔'를 보조사로 처리하는 것도 가능하다.
210) 이번 분 이냐: 이번 뿐이 아니어 ☞ '이냐'는 '아냐'의 오기로 보인다.
211) 보아ᄉᆞ오니: 보았사오니 ☞ 보-+-앗-+-ᄋᆞ오-(<-ᄉᆞᆸ-<-습-)+-니. '-ᄋᆞ오-'는 공손법 선어말어미다. 근대국어에서 '-숩-'은 객체높임의 기능이 없었다.

마 속의 드러안ᄌᆞ니 봉이 어미 악뻐 ᄀᆞᆯ오대 ᄒᆞ인들이 다 ᄒᆞᄃᆡ 이제 ᄒᆡ 니라라[214] ᄒᆞᄂᆞᆫᄃᆡ 엇디 가시리오 기ᄉᆡᆼ아ᄒᆡ들은 철모ᄅᆞ고 즈레 이렁 구ᄂᆞᆫ다[215] 이랑이 박댱(拍掌) 왈 그것들은 바히 모ᄅᆞ고 ᄒᆞᆫ 말이니 고디듯디 말라 ᄒᆞ거ᄂᆞᆯ 도라 샤공ᄃᆞ려 무르라 ᄒᆞ니 샤공셔 오ᄂᆞᆯ 일츌이 유명ᄒᆞ리란다 ᄒᆞ거ᄂᆞᆯ 내 도로나 셔니 차셤이 보ᄇᆡᄂᆞᆫ 내 가마의 드ᄂᆞᆫ 샹(相) 보고 몬져 가고 계집죵 세히 몬저 갓더라

홍ᄉᆡᆨ이 거록ᄒᆞ야 븕은 긔운이 하ᄂᆞᆯ을 ᄲᅱ노더니 이랑이 소ᄅᆡᄅᆞᆯ 놉히ᄒᆞ야 나를 블러 져긔 믈밋ᄎᆞᆯ 보라 웨거ᄂᆞᆯ[216] 급히 눈을 드러 보니 믈밋 홍운을 헤앗고[217] 큰 실오리 ᄀᆞᆺᄒᆞᆫ 줄이 븕기 더옥 긔이ᄒᆞ며 긔운이 진홍 ᄀᆞᆺᄒᆞᆫ 것이 ᄎᆞᄎᆞ나 손바닥 너ᄇᆡ ᄀᆞᆺᄒᆞᆫ 것이 그믐밤의 보는 숫불빗 ᄀᆞᆺ더라 ᄎᆞᄎᆞ 나오더니 그우흐로 젹은 회오리밤[218] ᄀᆞᆺᄒᆞᆫ 것이 븕기 호박 구슬 ᄀᆞᆺ고 ᄆᆞᆰ고 통낭[219]ᄒᆞ기ᄂᆞᆫ 호박(琥珀)도곤 더 곱더라

그 븕은 우흐로 흘흘 움즉여 도ᄂᆞᆫᄃᆡ 처엄 낫던 븕은 긔운이 ᄇᆡᆨ지 반쟝 너ᄇᆡ만치 반ᄃᆞ시 비최며 밤 ᄀᆞᆺ던 긔운이 ᄒᆡ되야 ᄎᆞᄎᆞ 커가며 큰 ᄌᆡᆼ반만 ᄒᆞ여 븕읏븕읏 번듯번듯 ᄲᅱ놀며 젹ᄉᆡᆨ이 왼 바다희 씨치며[220] 몬져 븕은 기운이 ᄎᆞ

212) 엇디 모ᄅᆞ리잇가: 어찌 모르겠습니까? ☞ 모ᄅᆞ-+-리잇가(ᄒᆞ쇼셔체 의.어.). 의문사 '엇디'가 있어서 설명의문형어미 '-리잇고'가 와야 하지만 근대국어에서는 설명의문문과 판정의문문의 어미가 하나로 통일되어가던 시기이기 때문에 설명의문문에 판정의문문어미가 연결되었다.

213) 가ᄋᆞᆸᄉᆞ이다: 가십시다 ☞ 가-+-ᄋᆞᆸ-(공.어.)+-ᄉᆞ이다(< -사이다. 청.어.). ᄒᆞ쇼셔체 청유문이다.

214) 니라라: 일어나려, 뜨려 ☞ 닐-[起]+-아라

215) 이렁 구ᄂᆞᆫ다: 이렇게 군다 ☞ 굴-+-ᄂᆞ-+-ㄴ다(평.어.). '-ㄴ다'는 2인칭 의문형어미이나 여기서는 평서형어미로 쓰인 것으로 처리한다. 의문형어미로 쓰였다면 3인칭에 호응하고 있다.

216) 웨거ᄂᆞᆯ: 외치거늘

217) 헤앗고: 헤치고

218) 회오리밤: 밤송이 속에 외톨로 들어앉아 있는, 동그랗게 생긴 밤.

219) 통낭(通朗): 속까지 비치어 환함

ᄎᆞ 가ᄉᆡ며 ᄒᆡ ᄒᆞᆫ들며 ᄯᅱ놀기 더옥 ᄌᆞ로 ᄒᆞ며 항[221] ᄀᆞᆺ고 독 ᄀᆞᆺᄒᆞᆫ 것이 좌우로 ᄯᅱ놀며 황홀이 번득여 냥목(兩目)이 어즐ᄒᆞ며 븕은 긔운이 명낭(明朗)ᄒᆞ야 쳣 홍식을 헤앗고 텬듕의 징반 ᄀᆞᆺᄒᆞᆫ 것이 수레박희[222] ᄀᆞᆺᄒᆞ야 믈속으로셔 치미러[223] 밧치ᄃᆞ시[224] 올나 븟흐며[225] 항독 ᄀᆞᆺᄒᆞᆫ 긔운이 스러디고 처엄 븕어 것출 빗최던 거ᄉᆞᆫ 모혀[226] 소 혀텨로[227] 드리워 믈속의 풍덩 ᄲᅡ디ᄂᆞᆫ 듯시브더라[228] 일식이 됴요ᄒᆞ며 믈결의 븕은 긔운이 ᄎᆞᄎᆞ 가ᄉᆡ며 일광이 쳥낭하니 만고 텬하의 그런 장관은 ᄃᆡ두할 ᄃᆡ 업슬 ᄃᆞᆺᄒᆞ더라

짐작의 처엄 ᄇᆡᆨ지 반 쟝만티 븕은 긔운은 그 속의셔 ᄒᆡ 쟝ᄎᆞᆺ 나려ᄒᆞ고 우리여[229] 그리 븕고 그 회호리밤 ᄀᆞᆺᄒᆞᆫ 거ᄉᆞᆫ 진짓 일식을 ᄲᅡ혀내니[230] 우리온 긔운이 ᄎᆞᄎᆞ 가ᄉᆡ며 독 ᄀᆞᆺ고 항 ᄀᆞᆺᄒᆞᆫ거ᄉᆞᆫ 일식이 모디리 고온고로 보는 사람의 안력(眼力)이 황홀ᄒᆞ야 도모디 헷긔운[231]인 ᄃᆞᆺ 시브더라

차셤이 보ᄇᆡ 내 교듕의 드니 몬져 가ᄂᆞᆫ ᄃᆞᆺ시브더니 도로 왓던 양ᄒᆞ야 묘시(卯時) 보시믈 하례(賀禮)ᄒᆞ고 이랑이 손을 두ᄃᆞ려 보시도다[232] ᄒᆞ여 즐겨ᄒᆞ더라

---

220) ᄭᅵ치며: 끼치며, 끼얹으며 ☞ ᄭᅵ치-(＜ᄭᅵ티-)+-며. 'ㅌ-구개음화'가 실현되었다. 앞에서는 구개음화가 되지 않은 'ᄭᅵ티기'가 나온다. 주(198) 참조.

221) 항/독: (1) 항: 항아리 (2) 독: 간장, 술, 김치 따위를 담가 두는 데에 쓰는 큰 오지그릇이나 질그릇. 운두가 높고 중배가 조금 부르며 전이 달려 있다.

222) 수레박희: 수레바퀴 ☞ 수레#박희(←박회)

223) 치미러: 치밀어 ☞ 치밀-[←치-(＜티-. 접두.)+밀-]+-어. 'ㅌ-구개음화'가 실현되었다.

224) 밧치ᄃᆞ시: 받치듯이 ☞ 밧치--[←밫-(←받-)+-히-(사.접.)]+-ᄃᆞᆺ이. 받히->바치-→밧치. ㄷ-구개음화가 실현되었다. '밧치-'는 '바치-'의 중철표기다.

225) 븟흐며: 붙으며 ☞ 븟ㅎ-(←븥-)+-으며. '븟흐'는 '브트'의 분석적 표기로 중철표기의 하나이다.

226) 모혀: 모여 ☞ 모히-(＜뫼호-)+-어

227) 혀텨로: 혀처럼

228) 듯시브더라: 듯싶더라 ☞ 듯시브-(보.용.)+-더-+-라

229) 우리여: 달빛이나 햇빛 따위가 희미하게 비치어

230) ᄲᅡ혀내니: 빼내니 ☞ ᄲᅡ혀내-[←ᄲᅡ혀나-(＜ᄲᅢ혀나-)+-이-(사.접.)]+-니.

231) 헷긔운: 헛기운, 환상(幻像) ☞ 헷-(접두.)+긔운

232) 보시도다: 보셨구나←보-+-시-(주.높.)+-도다(감.어.). '-도-'는 감동법 선어말어미인데 여기서는 '-도다'를 감탄형 종결어미로 분석한다.

장관을 ᄠᅳ더이[233] ᄒᆞ고 오려ᄒᆞᆯ시 촌녀들이 작별 운집ᄒᆞ여 와서 보며 손을 비븨여 므엇 달라 ᄒᆞ니 돈냥인디 주어 ᄂᆞᆫ화먹으라 하다

햐쳐로 도라오니 ᄠᅳ덥기 듕보(重寶)ᄅᆞᆯ 어든 ᄃᆞᆺ ᄒᆞ더라

조반[234]을 급히 먹고 도라올시 본궁(本宮) 보기ᄅᆞᆯ ᄒᆞ야 허락을 받고 본궁의 드러가니 궁뎐이 광활ᄒᆞᆫᄃᆡ 분장(粉牆)을 두루ᄡᆞ고 ᄇᆡᆨ토(白土)로 디와ᄆᆞᆯᄂᆞᆯ[235] 칠ᄒᆞ고 팔작(八作)[236] 우희 디와로 사ᄅᆞᆷ텨로 ᄆᆡᆫ들어 화살 멘 것 공속ᄒᆞ고[237] 션 것 양마지쇽[238]을 다하여 안텨시니[239] ᄯᅩᄒᆞᆫ 보암즉ᄒᆞ더라

궁뎐의 드러가니 집이 그리 놉디 아니 ᄒᆞᄃᆡ 너르고 단청 ᄎᆡ식 녕농(玲瓏)ᄒᆞ야 ᄒᆡ빗치 됴요ᄒᆞ더라 뎐 퇴마루 ᄋᆞᆲ히[240] 태조대왕 빗갓[241]은 다 삭아 계유 보ᄒᆞᆯ[242] 의지ᄒᆞ고 은으로 일월 옥노 닙식[243]이 다 빗치 새로아 잇고[244] 화살은 빗치 졀어도[245] 다ᄅᆞᆫᄃᆡ 샹(傷)티 아니하고 동개[246]도 새로온 재[247] 이시ᄃᆡ

233) ᄠᅳ더이: 찐덥게. 마음에 흐뭇하고 만족스럽게 ☞ ᄠᅳ덥-+-이(부.접.)

234) 조반(朝飯): 아침밥 ☞ 조반 < 됴반. ㄷ-구개음화가 실현되었다.

235) 디와ᄆᆞᆯᄅᆞᆯ: 기와마루를 ☞ 디와#ᄆᆞᆯㄹ(←ᄆᆞᄅᆞ)+ᄋᆞᆯ. '디새 > 디와 > 지와 > 기와', '디와'에서 '지와'는 구개음화, '지와'에서 '기와'는 과도교정.

236) 팔작: 팔작지붕

237) 공속ᄒᆞ고: ? 강한영(1974:37)에서는 '공속(拱束: 두 손을 마주잡고 공손히 서 있음)'으로 추정하고 있다.

238) 양마지쇽(羊馬之屬): 양이나 말과 같은 동물들. 궁전 등의 추녀나 용마루에 장식으로 얹어 놓은 잡상(雜像)

239) 안텨시니: 앉히었으니 ☞ 안티-[←앉-(←앉-)+-히-(사.접.)]+-엇-(과.어.)+-이니(←-으니). '안쳐스니'가 옳은 표기인데 '안텨시니'로 과도교정되어 있다. 'ㅅ' 아래서 'ㅡ'가 'ㅣ'로 바뀌었다.

240) ᄋᆞᆲ히: 앞에 ☞ ᄋᆞᆲㅎ(←ᄋᆞᆲ)+ᄋᆡ

241) 빗갓: 여러 가지 물감으오 물들여 만든 갓 ☞ 빗갓←빛갓

242) 보ᄒᆞᆯ 의지하고: 보를 ☞ 보만 남아있고. '보'는 갓의 테두리

243) 일월(日月)/옥노(玉鷺)/닙식(笠飾): 모두 갓에 다는 장식이다

244) 빗치 새로와 잇고: 빛이 그대로 있고

245) 졀어도: 빛이 바래고 때가 묻었어도

246) 동개(筒介/筒箇): 활과 화살을 꽂아 넣어 등에 지도록 만든 물건. 흔히 가죽으로 만드는데, 활은 반만 들어가고 화살은 아랫부분만 들어가도록 만든다.

247) 재: 채

요ᄃᆡ(腰帶) 호슈(虎鬚) 활시위 ᄒᆞ던 실이 다 삭아시니 손다히기 무너날ᄃᆞᆺ 무셥더라

뎐문(殿門)을 여니 감실[248] 네 위(位)예 도홍수화듀[249]의 초록 허리ᄅᆞᆯ ᄃᆞ라 댱(帳)을 ᄒᆞ야 위마다 텨시니 ᄆᆞᄋᆞᆷ의 우리우리ᄒᆞ고[250] 무셥더라

다 보고 나오니 ᄯᅳᆯ 앏ᄒᆡ 반숑(盤松)이 이시ᄃᆡ ᄏᆡ 젹어 손으로 ᄆᆞᆫ지이고[251] 퍼디기[252] 양산(陽傘) ᄀᆞᆺ고 냑간 누른 닙히 잇고 노숑(老松)이 이시ᄃᆡ 새로아시니[253] 다 친히 심그신 거시 여러 ᄇᆡᆨ년이 디나시ᄃᆡ 이리 신신(新新)ᄒᆞ니[254] 엇디 긔이티 아니리오 뒤ᄒᆡ 도라 드러가니 큰 소나모 마조 셧ᄂᆞᆫᄃᆡ 몸은 남자의 아ᄅᆞᆷ으로 두 아ᄅᆞᆷ은 되고 가지마다 뇽(龍)이 트러딘ᄃᆞᆺ 틀려 언텻ᄂᆞᆫᄃᆡ 놉히ᄂᆞᆫ 다엿 길은 ᄒᆞ고 가지 쇠(衰)ᄒᆞ고 닙히 누르러 퍽 ᄧᅥ러디더라 녯날은 나모몸의 구피[255]로 다 ᄡᆞᆺ더라[256] ᄒᆞᄃᆡ 녹고 봇ᄎᆞᆯ[257] ᄡᅥ고 구리ᄡᅬᄅᆞᆯ ᄒᆞ여 ᄡᅴ엿더라 ᄀᆞᆺ고 큰 남그로[258] ᄉᆞ면으로 드러밧텻더라

다 보고 도라 나오다가 동편으로 보니 우믈이 이시ᄃᆡ 그리 크디 아니ᄒᆞ고 돌노 무으고[259] 널로 ᄢᅧᆺ더라 보고 수보(數步)ᄂᆞᆫ 나오니 쟝히 큰 밤남기[260] 셔시니 언제적 남긴 줄 모ᄅᆞᆯ러라 졔긔(祭器) 노흰ᄃᆡ로 오니 다 은긔(銀器)라 ᄒᆞᄃᆡ

248) 감실(龕室): 신주를 모신 방
249) 도홍수화듀(桃紅水禾紬): 분홍빛 나는 좋은 비단
250) 우리우리ᄒᆞ고: 으리으리하고
251) ᄆᆞᆫ지이고: 만져지고 ☞ ᄆᆞᆫ지-+-이-(피.접.)+-고
252) 퍼디기: 펴지기가 ☞ 퍼-[展](←펴-)+-어(보.어.)#디-(보.용.)+-기(명.전.)+∅(주.조.)
253) 새로아시니: 새로웠으니, 싱싱하였으니
254) 신신ᄒᆞ니: 싱싱하니, 푸릇푸릇하니
255) 구피: 개가죽[狗皮]
256) ᄡᆞᆺ더라: 쌌더라 ☞ ᄡᆞ-+-앗-+-더-+-라
257) 봇ᄎᆞᆯ: 봇나무를, 자작나무를 ☞ 봇ㅊ(←봋)+ᄋᆞᆯ
258) 남그로: 나무로 ☞ 낡+으로. 자음 조사와 접속조사 '와' 앞에서 '나모'로, 모음 조사 앞에서 '낡'으로 교체하였다.
259) 무으고: 쌓고 ☞ 무으-(<무ᅀᅳ-)+-고
260) 밤남기: 밤나무가 ☞ 밤낡+이(주.조.)

ᄌᆞᆷ갓기[261] 못 보다 방ᄒᆞ집[262]의 오니 방ᄒᆞ롤 정(淨)히 결고[263] 집을 지어시니 정(淨)ᄒᆞ기 이샹ᄒᆞ더라[264] 제믈ᄒᆞ옵ᄂᆞᆫ 것만 삣ᄂᆞᆫ다[265] ᄒᆞ더라 셰셰히 다 보고 환아ᄒᆞ니 ᄉᆞ군은 몬져 와 겨시더라

인ᄉᆡᆼ이 ᄀᆞ초[266] 괴로아 우흐로 두 녁[267] 뫼다 아니 겨시고 알들ᄒᆞᆫ 참경(慘景)을 ᄀᆞ초 보고 동ᄉᆡᆼ이 녕낙(零落)ᄒᆞ여 회푀 ᄀᆞ초 괴롭고 지통(至痛)이 몸을 누ᄅᆞ니 세상의 호흥(好興)이 업더니 셩쥬의 은덕이 망극ᄒᆞ와 이런 ᄃᆡ디(大地)의 와 호의이호식(好衣而好食)을 ᄒᆞ고 동명 귀경ᄃᆡ와 운젼 바다와 격구뎡을 ᄀᆞ초 보고 필경의 본궁을 보옵고 창업태평 셩군의 옥ᄐᆡᆨ(玉宅)을 ᄉᆞᄇᆡᆨ년 후의 이 무지ᄒᆞᆫ 녀ᄌᆞ로셔 귀경ᄒᆞ니 엇디 ᄌᆞ연(自然)ᄒᆞ리오[268]

구월 십칠일 가셔 십팔일 도라와 이십일일 긔록ᄒᆞ노라

261) ᄌᆞᆷ갓기: 잠겼기 ☞ ᄌᆞᆷㄱ-[閉](←ᄌᆞᆷᄀᆞ-)+-앗-+-기
262) 방ᄒᆞ집: 방앗간 ☞ 방ᄒᆞ(<방하)#집
263) 결고: 겯고(?)/걸고(?) ☞ '겯고[結]' 또는 '걸고[揭]'의 잘못으로 보인다.
264) 정(淨)ᄒᆞ기 이샹ᄒᆞ더라: 보통 이상으로 깨끗하더라 ☞ 앞에서는 '정히(淨-)'로 표기되어 '淨'에 대해 '정'과 '정'으로 표기되었다. 이런 표기가 나타난 이유는 중세국어에서 치음이었던 'ㅈ'이 경구개음으로 변하여 'ㅈ'과 'y'의 조음위치가 중복되어 'y'가 탈락되었기 때문이다. 자세한 것은 주(103) 참조.
265) 삣ᄂᆞᆫ다: 찧는다 ☞ 삣(←삫-)+-ᄂᆞᆫ다
266) ᄀᆞ초: 여러 가지로
267) 두 녁: 두 분. 부모님을 이름
268) ᄌᆞ연(自然)ᄒᆞ리오: 저절로 이루어졌겠는가?

敬信錄諺釋 8

敬信錄諺釋

1796년(정조 20)에 간행된 『경신록(敬信錄)』의 언해서. 1권 1책. 목판본. '경신록언해'라고도 한다.

원래 『경신록』은 도가에서 인간의 선행과 악행에 대한 하늘의 업보(業報)를 하나하나 예를 들어 실증한 책으로, 이 한문본은 경기도 양주(楊州)에 있는 천보산 불암사(佛巖寺)에서 홍태운(洪泰運)의 글씨를 판하(板下)로 하여 간행하였다. 이 책의 판목(板木)은 현재에도 불암사에 보존되어 있다.

전체가 86장인 이 책은 한문 원문이 없고 언해만 실려 있다. 언해도 서명과 각 경문의 제목만 한자로 썼을 뿐, 나머지는 모두 한글로만 되어 있다. '光緖六年庚辰季春刊印(광서6년경진계춘간인)'이라는 간기를 가진 이본(異本)은 고종의 명에 의하여 1880년 최성환(崔瑆煥)이 번역한 것으로 1권 1책 84장으로 된 목판본이다. 1880년본은 1796년본의 판목을 그대로 사용한 것이어서 표기나 판식(版式) 등에 차이점이 전혀 없다. 단지, 원간본의 간기와 지(識)가 있는 끝부분의 2장이 없을 뿐이다.

1880년(고종본)의 내용은 「태상감응편」, 「문창제군음즐문」, 「문창제군권경자지문」, 「동악대제회생보훈」, 「원료범선생입명편」, 「유정의공우조신기」, 「감응편치복영험」, 「음즐문영험」, 「인시경신록영험」, 「행불귀전공응례」, 「공과격찬요」 등으로, 여러 도가서에서 발췌한 것으로 보인다. 그러나 1796년본(정조본)은 수록항목이 약간 다르다. 1795년에 간행된 한문본 『경신록』은 항목수가 15가지가 아닌 19가지로 되어 있다.

『경신록언석』은 18세기 말의 국어현상을 그대로 반영하고 있는데, 'ㅄ'을 제외하고는 'ㅅ'계 합용병서만을 어두의 된소리로 사용하였다는 점, 어말자음군 중 'ㄺ'과 'ㄻ'만 분철표기하였다는 점, 'ㄷ'구개음화가 보인다는 점, 치찰음(齒擦音) 아래에서 전설모음화가 보이지 않는다는 점 등을 그 특징으로 들 수 있다.

—『한국민족문화대백과사전』

여기서 강독하는 자료는 1796년 간행된 불암사판(佛巖寺版)으로, 홍문각(弘文閣) 영인본이다.

敬信錄諺釋

[1a]태샹감응편

태샹이 ᄀᆞᆯᄋᆞ샤ᄃᆡ 화복이 문이 업서 오직 사ᄅᆞᆷ이 스스로 부르ᄂᆞ니 션악의 보응이 그림지 형상을 ᄯᆞᄅᆞᆷ ᄀᆞᆺᄒᆞᆫ지라[1)] 이러무로[2)] 텬디예 허물 ᄀᆞ으마ᄂᆞᆫ[3)] 신명이 이셔 사ᄅᆞᆷ의 범ᄒᆞᆫ 바 경즁을 ᄯᆞ라 사ᄅᆞᆷ의 나흘[4)] 앗ᄂᆞ니 나흘 감ᄒᆞ면 간난ᄒᆞ며 우환을 만나며 사ᄅᆞᆷ이 다 뮈워ᄒᆞ며[5)] 형벌과 앙홰[6)] ᄯᆞ로며 경ᄉᆞ로온 일이 피ᄒᆞ며 악셩이 직앙ᄒᆞ야 나히 진ᄒᆞ면 죽고 ᄯᅩ 삼ᄐᆡ[7)] ᄇᆞᆨ두신군이 사ᄅᆞᆷ의 머리 우희 이셔 사ᄅᆞᆷ의 죄악을 긔록ᄒᆞ야 나를[8)] 앗고 ᄯᅩ 삼시신[9)]이 사ᄅᆞᆷ의 몸 가온ᄃᆡ 이셔 ᄆᆡ양 경신일[10)]이면 텬조[1b]의[11)] 올나가[12)] 사ᄅᆞᆷ의 허물을 알외

---

1) ᄀᆞᆺᄒᆞᆫ지라: 같으므로 ☞ ᄀᆞᆺᄒᆞ+-ㄴ지라(-ㄴ디라). (1) 중세국어라면 'ᄀᆞᆮᄒᆞ-+-ㄴ(관.전.)#디(의.명.)+ㅣ-(서.조.)+-라(←-다)'로 분석된다. '-ㄴ지라'는 '-ㄴ디라'가 구개음화된 형태이다.
2) 이러무로: 이러하므로 ☞ 이러(ᄒᆞ)-무로(<-므로). 양순음 'ㅁ' 아래서 원순모음화가 일어났다. 이 원순모음화의 결과 '므, 브, 프, 쁘'와 '무, 부, 푸, 뿌'의 대립이 없어졌다.
3) 가으ᄆᆞᄂᆞᆫ: 관장하는 주관하는 ☞ 가음ᄋᆞ-(<가음ᄋᆞᆯ-<ᄀᆞ옴알-)+-ᄂᆞᆫ
4) 나흘: 나이를. 수명을 ☞ 나ㅎ[歲(세)]+을. 주(8) 참조.
5) 뮈워ᄒᆞ며: 미워하며 ☞ 뮙-(<믭-)+-어#ᄒᆞ-+-며. 양순음 'ㅁ' 아래에서 원순모음화가 일어났다.
6) 앙홰: 앙화가 ☞ 앙화(殃禍)+ㅣ(주.조.). 앙화: 지은 죄의 앙갚음으로 받는 온갖 재앙(災殃).
7) 삼ᄐᆡ(三台): 큰곰자리에 속하는 상태, 중태, 하태의 세 별.
8) 나를: 나이를, 수명을 ☞ 나(<나ㅎ)+를. 'ㅎ' 종성 체언의 'ㅎ'이 나타나기도 하고[나흘, 나히] 나타나지 않기도 한다[나를]. 'ㅎ-종성체언'의 'ㅎ'은 15세기부터 동요하여 19세기까지 탈락이 진행되었다.
9) 삼시신(三尸神): 도교에서, 사람의 몸 안에 있으면서 수명, 질병, 욕망 따위를 좌우하는 세 마리의 벌레. 경신일(庚申日) 밤에 사람이 잠을 자면 나와서 하늘로 올라가 하느님에게 그 사람의 잘못을 고한다고 한다.
10) 경신일(庚申日): 간지(干支)가 경신(庚申)이 되는 날. 6년에 한번 꼴로 돌아온다.

며 돌마다 그뭄날 조신[조왕]이[13] ᄯᅩ 그리ᄒᆞ야 믈읫 사ᄅᆞᆷ이 죄괘 이스매[14] 크면 긔[십이년]로 앗고 져그면 ᄒᆡ러[15] 앗ᄂᆞ니 그 죄 크고 져그미 수ᄇᆡᆨ 가지라 쟝ᄉᆡᆼ[16]을 구ᄒᆞ고쟈 ᄒᆞᄂᆞ니ᄂᆞᆫ[17] 몬져 모로미 피ᄒᆞᆯ지니라[18]

올흔 도여든[19] 나아가고 그른 도여든 물너나며[20] 샤특ᄒᆞᆫ 길ᄋᆞᆯ[21] ᄇᆞᆲ지 아니며 어두운 집에도 ᄆᆞ음을 속이지 말며 공덕을 ᄡᆞ흐며[22] 만물에 ᄆᆞ음을 인ᄌᆞ히 ᄒᆞ며 츙효ᄒᆞ며[23] 우ᄋᆡ 공슌ᄒᆞ며 몸을 바르게 ᄒᆞ야 남이 화케 ᄒᆞ며 외로온이ᄅᆞᆯ 불샹이 넉이고[24] 과부ᄅᆞᆯ 무휼ᄒᆞ며[25] 늙은이ᄅᆞᆯ 공경ᄒᆞ고 어린이ᄅᆞᆯ ᄉᆞ랑

---

11) 텬조(天曹)의: 하늘의 신에게 ☞ 텬조+의(부.조.). (1) 텬조(天曹): 천상(天上)의 관부・관리라는 뜻으로, 도교에서 사람의 사람의 공로와 죄에 따라 수명을 더하고 줄이는 권한을 가진 신. 하늘의 신. (2) '의'는 어떤 행동이 미치는 대상을 나타내는 부사격조사 '에게'에 해당한다.

12) 올나가: 올라가 ☞ 올ㄴ-(<오ᄅᆞ-~올ㅇ-)+-아#가-+-아. 오ᄅᆞ+아 → 올아(중세)>올라~올나(근대)>올라(현대. 르-불규칙)

13) 조신(竈神): 부엌의 길흉화복(吉凶禍福)을 관할하는 신

14) 이스매: 있음에 ☞ 잇-+-음(명.전.)+애(부.조.)

15) ᄒᆡ러: 해로 ☞ ᄒᆡ[年]+러(← 로)

16) 쟝ᄉᆡᆼ(長生): 오래도록 삶

17) ᄒᆞᄂᆞ니ᄂᆞᆫ: 하는 사람은 ☞ ᄒᆞ-+-ᄂᆞ-+-ㄴ(관.전.)#이(의.명.)+ᄂᆞᆫ(보조사)

18) 피ᄒᆞᆯ지니라: (마땅히) 피할 것이니라 ☞ 피ᄒᆞ-+-ㄹ지니라(<-ㄹ디니라). (1) '-ㄹ디니라'는 '-ㄹ(관.전.)#ᄃᆞ(의.명.)+ㅣ-(서.조.)+-니라(평.어.)'로 분석되나 이 시기에는 하나의 어미로 굳어졌다. (2) 어미 '-디'는 구개음화를 경험하여 '-지'로 나타난다. 'ᄇᆞᆲ지, 속이지' 등등.

19) 도여든: 도(道)이거든 ☞ 도(道)+이-(서.조.)+-어든(← -거든). 중세국어라면 서술격조사 뒤에서 '거든'이 '-어든'으로 교체하면 음절이 줄어들지 않아서 '도이어든'으로 나타나는데, 여기서는 음절이 줄어든 형태로 나타났다. 이 형태는 유성후두마찰음 'ㅇ'의 탈락과 관련된다.

20) 물너나며: 물러나며 ☞ 물ㄴ-(<므르-~믈ㄹ)+-어#나-+-며. (1) 므르-+-어 → 믈러(중세)>믈러~믈너~물너(근대)>물러(현대). (2) 양순음 'ㅁ' 아래에서 '으'가 '우'로 원순모음화가 일어났다.

21) 길ᄋᆞᆯ: 길을 ☞ 길(<길ㅎ)+ᄋᆞᆯ. 'ㅎ-종성체언'의 'ㅎ'이 탈락하였다.

22) ᄡᆞ흐며: 쌓으며 ☞ ᄡᆞᇂ-(<샇-~쌓-~ᄡᅡᇂ-)+-으며. 어두에서 'ᄋᆞ'의 비음운화 결과 'ㅏ'가 '·'로 표기되어 있다.

23) 츙효(忠孝): 충효 ☞ 충효<튱효. 'ㅌ-구개음화'가 실현되었다.

24) 넉이고: 여기고 ☞ 넉이-(← 너기-)+-고. 과도분철표기 되었다.

ᄒᆞ며 곤츙 초목도 오히려 상케 말며 맛당이 사ᄅᆞᆷ의 흉ᄒᆞ믈 민망이 넉이며 착[2a]ᄒᆞ믈 즐거워ᄒᆞ며 사ᄅᆞᆷ의 급ᄒᆞ믈 건지며 위티ᄒᆞ믈 구ᄒᆞ며 사ᄅᆞᆷ의 어드믈[26] 보매 내 어듬 ᄀᆞᆺ치[27] ᄒᆞ며 일흐믈 보매 내 일흠 ᄀᆞᆺ치 ᄒᆞ며 남의 져른 일을[28] 드러내지 말며 내 잘ᄒᆞᆫ 일을 쟈랑 말며 사오나온 일을 막고 착ᄒᆞᆫ 일을 드러내며 만ᄒᆞᆫ 거ᄉᆞᆯ ᄉᆞ양ᄒᆞ고 져근 거ᄉᆞᆯ 가지며 욕을 밧고 원망 아니며 춍을 밧고 놀남 ᄀᆞᆺ치 ᄒᆞ며 은혜ᄅᆞᆯ 베플고 갑흐믈 구치[29] 말며 남을 주고 뉘웃지 말지니 니른바 착ᄒᆞᆫ 사ᄅᆞᆷ은 사ᄅᆞᆷ이 다 공경ᄒᆞ고 텬되 도으며 복록이 ᄯᆞ로고 모든 샤특ᄒᆞᆫ 거시 멀니 ᄒᆞ며 신령이 호위ᄒᆞ야 ᄒᆞᄂᆞᆫ 바 일이 반ᄃᆞ시 일워[30] 신션을 가히 ᄇᆞ랄지니 텬션을 구ᄒᆞ고쟈 ᄒᆞᄂᆞ니ᄂᆞᆫ 맛당이 일천삼ᄇᆡᆨ 가지 착ᄒᆞᆫ 일[2b]을 셰우고 디션을 구ᄒᆞ고쟈 ᄒᆞᄂᆞ니ᄂᆞᆫ 맛당이 삼ᄇᆡᆨ 가지 착ᄒᆞᆫ 일을 셰올지니라

진실노 비의예 움즉이며 리ᄅᆞᆯ 어긔여 횡ᄒᆞ며 악으로 능ᄒᆞ믈 삼으며 ᄎᆞᆷ아 잔해ᄒᆞᆫ[31] 일을 지으며 가만이 착ᄒᆞᆫ 이ᄅᆞᆯ 해ᄒᆞ며 님군과 부모ᄅᆞᆯ 가만이 업슈이 넉이며 션ᄉᆡᆼ의게 거만ᄒᆞ며 셤기든 바ᄅᆞᆯ 비반ᄒᆞ며 무식ᄒᆞᆫ 이ᄅᆞᆯ 속이며 동학을 훼방ᄒᆞ며 헛되고 거즛말ᄒᆞ며 간사ᄒᆞ며 결ᄂᆡᄅᆞᆯ 알소ᄒᆞ며[32] 강강ᄒᆞ여[33] 불인ᄒᆞ며 ᄒᆞᆫ려ᄒᆞ야[34] 스ᄉᆞ로 ᄡᅳ며 시비ᄅᆞᆯ 젹당치[35] 아니케 ᄒᆞ며 향비ᄒᆞ미[36] 맛

25) 무휼(撫恤): 어려운 처지에 있는 사람을 불쌍히 여겨 위로하고 물질(物質)을 베풀어 도움
26) 어드믈: 얻음을 ☞ 얻-[得]+-음+을
27) ᄀᆞᆺ치: 같이 ☞ ᄀᆞᆺ치 ← ᄀᆞ치 < ᄀᆞᇀ-+이. 'ㅌ-구개음화'가 실현되고 중철표기 되었다.
28) 져른 일: 단점(短點), 잘못한 일 ☞ 져르-(<뎌르-)+-은. 'ㄷ-구개음화'가 실현되었다.
29) 구치: 구(求)하지
30) 일이 반ᄃᆞ시 일워: 일이 반드시 이루어져 ☞ 일우-[← 일-[成]+-우-(피.접.)]+-어
31) 잔해ᄒᆞᆫ: 사람에게 모질고 물건을 해치는. ☞ '殘人害物(잔인해물)ᄒᆞ-'의 줄임말.
32) 알소ᄒᆞ며: 몰래 일러바치며 ☞ 알소(訐訴)ᄒᆞ-+-며. 알소: 다른 사람을 헐뜯으려고 말을 만들어서 윗사람에게 몰래 일러바침.
33) 강강ᄒᆞ여: 굽힘이 없이 단단하여 ☞ 강강(剛剛)ᄒᆞ-+-여(<-야). '야-불규칙'이 '여-불규칙'으로 바뀜.
34) ᄒᆞᆫ려하여: 성질이 사납고 고약하여 ☞ 한려(狠戾)ᄒᆞ-+-여(<-야).
35) 젹당치: 적당하지 ☞ 젹당ᄒᆞ-+-지(<-디)

당치 아니며 아ᄅᆡ ᄉᆞᄅᆞᆷ의게 침학ᄒᆞ야[37] 공을 취ᄒᆞ며 웃ᄉᆞᄅᆞᆷ의게 아쳠ᄒᆞ야 ᄯᅳ즐[38] 희망ᄒᆞ며 은혜를 밧고 감격ᄒᆞ여 아니며 원슈ᄅᆞᆯ ᄉᆡᆼ각ᄒᆞ야 [3a]그치지 아니며 ᄇᆡᆨ셩을 경멸ᄒᆞ며 나라 졍ᄉᆞᄅᆞᆯ 요란케 ᄒᆞ며 샹이의 아닌 ᄃᆡ 밋고[39] 형벌이 죄 아닌 ᄃᆡ 밋츠며 ᄉᆞᄅᆞᆷ을 죽이고 ᄌᆡ물을 취ᄒᆞ며 남을 기우리고 위ᄅᆞᆯ 취ᄒᆞ며 항복ᄒᆞᆫ 이ᄅᆞᆯ 죽이며 바른 이ᄅᆞᆯ 죄 주고 착ᄒᆞᆫ 이ᄅᆞᆯ 물니치며 외로온 이ᄅᆞᆯ 업슈이 넉이고 과부ᄅᆞᆯ 핍박ᄒᆞ며 법을 ᄇᆞ리고 회로ᄅᆞᆯ 바드며 고든 거ᄉᆞᆫ 굽다 ᄒᆞ고 굽은 거ᄉᆞ로 곳다 ᄒᆞ며 경ᄒᆞᆫ 거ᄉᆞᆯ 즁히 ᄆᆡᆫ들며 죽이ᄂᆞᆫ 거ᄉᆞᆯ 보고 노ᄅᆞᆯ 더ᄒᆞ며 허믈을 알고 고치지 아니며 착ᄒᆞᆫ 일을 알고 ᄒᆞ지 아니며 내 죄에 남을 ᄭᅳ으며[40] 방슐[41]을 막으며 셩현을 훼방ᄒᆞ고 도덕을 침릉ᄒᆞ며[42] 나ᄂᆞᆫ 거ᄉᆞᆯ ᄡᅩ고 닷ᄂᆞᆫ 거ᄉᆞᆯ ᄶᅩ츠며[43] 칩츙을[44] 헤치며 깃드린 거ᄉᆞᆯ 놀내고 [3b]굼글[45] 막으며 깃드린 거ᄉᆞᆯ 업지르며 ᄐᆡ[46]ᄅᆞᆯ 샹ᄒᆞ이고 알을 ᄭᆡ히며 남을 허믈 이스믈 원ᄒᆞ며 남의 일온 공을 훼방ᄒᆞ며 남을 위티케 ᄒᆞ야 스스로 평안ᄒᆞ며 남의 거ᄉᆞᆯ 감ᄒᆞ야 내게 유익게 ᄒᆞ며 슬흔 거ᄉᆞ로 됴흔 거ᄉᆞᆯ 밧고며 ᄉᆞᄉᆞ 일노 공ᄉᆞᄅᆞᆯ 폐ᄒᆞ며 남의 능ᄒᆞᆫ 거ᄉᆞᆯ 도적ᄒᆞ고 남의 착ᄒᆞᆫ 거ᄉᆞᆯ ᄀᆞ리오며 남의 더러온 일을 드러내고 남의 ᄉᆞᄉᆞ 일을 알소ᄒᆞ며 남의 ᄌᆡ물을 모손케[47] ᄒᆞ고 남의 골

---

36) 향ᄇᆡ(向背)ᄒᆞ미: 좇는 것과 등지는 것이
37) 침학(侵虐)ᄒᆞ야: 침범하여 포학하게 행동하여
38) ᄯᅳ즐: 뜻을 ☞ ᄯᅳᆽ(←ᄯᅳᆮ)+-을. 'ᄯᅳᆮ'에서 'ㄷ'이 '으' 앞에서 'ㅈ'으로 바뀌었는데, 이는 'ᄯᅳ들' 또는 'ᄯᅳ슬'의 잘못이다. 현대국어에서도 '밭을'를 '바츨'로 잘못 발음하는 경우가 있다. 'ㄷ-구개음화'가 활발하게 일어났다는 증거이다.
39) 밋고: 미치고, 이르고 ☞ 및-[及]+-고
40) ᄭᅳ으며: 끌어들이며 ☞ ᄭᅳ으-(＜그ᅀᅳ-)+-며. 어두경음화가 실현되었다.
41) 방슐(方術): 방사(方士: 신선의 술법을 닦은 사람)가 행하는 신선의 술법
42) 침릉(侵陵): 침해하여 욕을 보임.
43) ᄶᅩ츠며: 좇으며 ☞ ᄶᅩᆾ-(＜좇-)+-으며. 어두 경음화가 실현되었다.
44) 칩츙(蟄蟲): 겨울철에 활동하지 아니하고 가만히 땅속에 엎드려 있는 벌레
45) 굼글: 구멍을 ☞ 굶[穴]+을. '구무'는 'ㄱ-보유어'로 자음 조사 앞에서는 '구무', 모음 조사 앞에서는 '굶'으로 교체하였다.
46) ᄐᆡ: 태(胎)

육을 리간ᄒᆞ며 남의 ᄉᆞ랑ᄒᆞᄂᆞᆫ 바ᄅᆞᆯ 침노ᄒᆞ고 남의 그른 거ᄉᆞᆯ 도으며 ᄯᅳᆺ을 방ᄌᆞᄒᆞ야[48] 위엄을 지으며 남을 욕ᄒᆞ야 이긔믈 구ᄒᆞ며 남의 곡식 이삭을 해ᄒᆞ고 남의 혼인을 파ᄒᆞ며 구챠이 부ᄒᆞ고 교만ᄒᆞ며 구챠이 면[4a]ᄒᆞ고 붓그림이[49] 업스며 은혜ᄅᆞᆫ[50] 알고 허믈은 미뤼며 화ᄅᆞᆯ 옴기고[51] 악을 팔며 혯기리믈 사며 험ᄒᆞᆫ ᄆᆞᄋᆞᆷ을 포장ᄒᆞ야 두며 남의 쟝쳐ᄅᆞᆯ ᄶᅥᆨ고[52] 내 단쳐ᄅᆞᆯ 옹호ᄒᆞ며 위엄을 타 협박ᄒᆞ며 방죵히 포학ᄒᆞ야 살상ᄒᆞ며 무고히 버혀 마로 ᄌᆞ이며 례 아닌ᄃᆡ ᄉᆡᆼ물을 잡아 살무며 오곡을 흣터 ᄇᆞ리며 즁ᄉᆡᆼ을 로요ᄒᆞ며 남의 집을 파ᄒᆞ고 ᄌᆡ물을 취ᄒᆞ며 물을 트며 불을 노하 사ᄅᆞᆷ 사ᄂᆞᆫ 바ᄅᆞᆯ 해ᄒᆞ며 규모ᄅᆞᆯ 어즈럽게 ᄒᆞ야 남의 공을 패케 ᄒᆞ며 남의 긔물올 손상ᄒᆞ야 남의 ᄡᅳᆯ 거ᄉᆞᆯ 궁진케 ᄒᆞ며 남의 영귀ᄒᆞ믈 보고 류폄ᄒᆞ믈 원ᄒᆞ며 남의 부요ᄒᆞ믈 보고 파산ᄒᆞ믈 원ᄒᆞ며 남의 ᄉᆡᆨ 고으믈 보고 ᄉᆞᄉᆞ로온 ᄆᆞᄋᆞᆷ을 일의혀[4b]며[53] 남의 ᄌᆡ믈을 지고 남이 죽으믈 원ᄒᆞ며 간구ᄒᆞ다가 못 일우매 문득 원망ᄒᆞ고 ᄒᆞᆫᄒᆞ며 남이 그릇되믈 보고 문득 그 사ᄅᆞᆷ의 허물을 말ᄒᆞ며 병인을 보고 우으며[54] 남의 ᄌᆡ능이 일ᄏᆞᄅᆞᆷ즉ᄒᆞ믈 보고 욱지르며 고ᄅᆞᆯ ᄆᆞᆺ어 남을 져주ᄒᆞ며 약으로 나모를 죽이며 ᄉᆞᄉᆡᆼ의게 셩내며 부형의게 뎌촉ᄒᆞ며 취ᄒᆞ고 구ᄒᆞ믈 강박히 ᄒᆞ며 침노ᄒᆞ고 앗기ᄅᆞᆯ 됴화ᄒᆞ며 로략ᄒᆞ야 부쟈 되며 교사ᄒᆞ여 벼ᄉᆞᆯ 옴기ᄅᆞᆯ 구ᄒᆞ며 샹벌이 평

---

47) 모손케: 닳거나 줄어 없어지게 ☞ 모손(耗損)ᄒᆞ-+-게

48) 방ᄌᆞᄒᆞ야: 방자하게 하여 ☞ '방ᄌᆞ(放恣)ᄒᆞ다'는 형용사이나 여기서는 타동사로 쓰였다.

49) 붓그림이: 부끄러움이 ☞ 붓그리-+-ㅁ. 중세국어에서는 '붓그륨<원각 상1:30>'으로 나타난다.

50) 은혜ᄅᆞᆫ: 은혜란 ☞ 은혜(恩惠)+ᄅᆞᆫ(←란. 지적의 보조사). 이 시기에는 'ᄋᆞ > 아'의 변화를 경험하여 'ᄋᆞ'와 '아'의 음가가 같았기 때문에 표기에 혼란이 있었다.

51) 옴기고: 옮기고 ☞ 옴기-[←옴-(←옮-)+-기-(사.접.)]+-고. 음절말의 'ㄻ'이 'ㅁ'으로 발음되었음을 보인 것이다.

52) 쟝쳐ᄅᆞᆯ ᄶᅥᆨ고: 장점을 꺾고 ☞ (1) 쟝쳐(長處): 장점 (2) ᄶᅥᆨ-(<ᄭᅥᆨ-)+-고. 어두 경음화가 실현되었다.

53) 일의혀며: 일으키며 ☞ 일의혀-(←닐의혀-<니ᄅᆞ혀-)+-며

54) 우으며: 웃으며 ☞ 우-(<우ᇫ-)+-으며. 우ᇫ으며>우으며. '웃다'는 중세와 근대에는 'ㅅ-불규칙활용'을 하였으나 현대에는 규칙활용을 한다.

치 못ᄒᆞ며 일락을 과도히 ᄒᆞ며 아ᄅᆡ 사ᄅᆞᆷ의게 가학ᄒᆞ며 남을 져히며55) 하ᄂᆞᆯ을 원망ᄒᆞ고 사ᄅᆞᆷ을 탓ᄒᆞ며 ᄇᆞᄅᆞᆷ과 비ᄅᆞᆯ ᄭᅮ지즈며56) ᄡᅡ홈과 숑ᄉᆞᄒᆞ며 망녕도이 븡당을57) ᄯᆞ로며 쳐쳡의 말을 ᄡᅳ5a고 부모 교훈을 어긔우며58) 새 것ᄉᆞᆯ 엇고 녯 거ᄉᆞᆯ 니즈며 입으로 올타 ᄒᆞ고 ᄆᆞᄋᆞᆷ의 글니59) 알며 지물의 탐ᄒᆞ여60) 웃사ᄅᆞᆷ을 속이며 사오나온 말을 지어 평샹ᄒᆞᆫ 사ᄅᆞᆷ을 참훼ᄒᆞ며61) 남을 훼방ᄒᆞ야 고든 쳬ᄒᆞ며 신도ᄅᆞᆯ ᄭᅮ지저 정대ᄒᆞᆫ 쳬ᄒᆞ며 슌ᄒᆞᆫ 일을 ᄇᆞ리고 거슬닌 일을 본바드며 친ᄒᆞᆫ 이ᄅᆞᆯ 비반ᄒᆞ고 소ᄒᆞᆫ62) 이ᄅᆞᆯ 향ᄒᆞ며 텬디ᄅᆞᆯ 가르쳐63) 더러온 회포ᄅᆞᆯ 인증ᄒᆞ며 신명을 ᄶᅳ으러64) 외람ᄒᆞᆫ65) 일을 감ᄒᆞ게 ᄒᆞ며 남을 주고 뉘웃버ᄒᆞ며66) 비러오고 보내지 아니ᄒᆞ며 분복 밧게 영구ᄒᆞ며 힘 우희 베프러ᄒᆞ며 음욕이 과도ᄒᆞ며 ᄆᆞᄋᆞᆷ은 독ᄒᆞ고 얼골이 인ᄌᆞᄒᆞ며 더러온 음식으로 남을 먹이며 왼 도슐로 즁인을67) 혹게68) ᄒᆞ며 5b자ᄅᆞᆯ 져르게69) ᄒᆞ고 도ᄅᆞᆯ 좁게 ᄒᆞ

55) 져히며: 두려워하며 ☞ 져히-[←졓-(←젛-)+-이-(사.접.)]+-며. '젛-'이 '졓-'으로 표기된 것은 'ㅈ'이 치음에서 경구개음으로 변하여 '져'와 '저'의 발음이 구분되지 않았기 때문이다.

56) ᄭᅮ지즈며: 꾸짖으며 ☞ ᄭᅮ짖-[叱, 罵](<구짖-)+-으며. 어두 경음화가 실현되었다.

57) 븡당을: 붕당(朋黨)을 ☞ '붕당'을 '븡당'으로 표기하였다. 양순음 아래에서 '으'가 '우'로 바뀌는 원순모음화는 대체로 17세기 말엽에 나타났기 때문에 18세기 말엽에는 양순음 아래에서 '으:우'의 대립은 중화되었다고 할 수 있다. 발음상으로 '브'와 '부'가 구분되지 않았기 때문에 이런 표기가 나타난 것이다.

58) 어긔우며: 어기다 ☞ 어긔우-[←어긔-+-우-(사.접.)]+-며

59) 글니: 그르게 ☞ 그르-+-이(부.접.)→글리→글니. 'ㄹㄹ'이 'ㄹㄴ'으로 표기된 것은 근대국어의 한 특징이었다.

60) 지물의 탐ᄒᆞ여: 재물을 욕심내어 ☞ 목적격조사 '을'이 쓰일 자리에 관형격조사 '의'가 나타났다.

61) 참훼(讒毁): 거짓으로 꾸며서 남을 헐뜯어 말함

62) 소(疏)ᄒᆞᆫ: 지내는 사이가 두텁지 아니하고 거리가 있는

63) 가르쳐: 가리켜 ☞ 가르치-<ᄀᆞᄅᆞ치-. 중세국어의 'ᄀᆞᄅᆞ치다'는 '가르치다[訓, 敎]'와 '가리키다[指]' 두 의미가 있었다.

64) ᄶᅳ으러: 끌어 ☞ ᄶᅳ을-(<그ᅀᅳ-)+-어. 어두 경음화와 어간에 'ㄹ'이 첨가되었다.

65) 외람(猥濫): 하는 행동이나 생각이 분수에 지나침

66) 뉘웃버ᄒᆞ며: 뉘우치며 ☞ 뉘웃브-[←뉘읏-+-브-(형.접.)]+-어#ᄒᆞ-+-며

67) 즁인(衆人): 뭇사람 ☞ 즁ᅀᅵᆫ>즁인

며 저울을 가ᄇᆡ얍게 ᄒᆞ고 되ᄅᆞᆯ 젹게 ᄒᆞ며 거즛 거스로 참 거ᄉᆡ 섯거[70] 간악ᄒᆞᆫ 리ᄅᆞᆯ 취ᄒᆞ며 조ᄒᆞᆫ 사ᄅᆞᆷ을 ᄂᆞᆯ너 쳔케 ᄒᆞ며 미련ᄒᆞᆫ 이ᄅᆞᆯ 속이며 탐람ᄒᆞ야[71] 염ᄒᆞ미[72] 업ᄉᆞ며 져주ᄒᆞ야 고드믈 구ᄒᆞ며 술ᄅᆞᆯ 즐겨 패란ᄒᆞ며[73] 골육 ᄉᆞ이예 분내여[74] 다토며 남지 츙량치[75] 못ᄒᆞ고 녀지 유슌치 못ᄒᆞ야 그 지어미ᄅᆞᆯ 화치[76] 못ᄒᆞ고 그 지아비ᄅᆞᆯ 공경치 아니ᄒᆞ며 쳐ᄌᆞ의게 무힝ᄒᆞ며 구고의게[77] 례ᄅᆞᆯ 일흐며 조션[78]신령을 경만ᄒᆞ며 웃 사ᄅᆞᆷ의 명을 어긔여 거슬으며 무익ᄒᆞᆫ 일을 ᄆᆡᆫ드러 ᄒᆞ며 외심을[79] 품으며 스스로 져주ᄒᆞ며 남도 져주ᄒᆞ며 편증편애ᄒᆞ며[80] 우물과 부억을[81] 넘으며 사ᄅᆞᆷ과 음식을 [6a]쒸여넘으며 남의 ᄌᆞ식을 손ᄒᆞ고 ᄐᆡᄅᆞᆯ ᄯᅥ르치며 힝실이 만히 은비ᄒᆞ고 샤벽ᄒᆞ며[82] 그믐날과 랍향날[83]

68) 혹게: 혹하게 ☞ 혹ᄒᆞ-+-게. 무성자음 뒤에서 'ᄒᆞ'가 탈락하였다. 현대국어에서도 모음과 유성자음 뒤에서는 '하'의 'ㅏ'만 탈락하지만, 무성자음 뒤에서는 '하'가 탈락한다. (예) 간편케, 단정치, 흔타; 생각건대, 섭섭지, 못지않다

69) 져르게: 짧게 ☞ 져르-(<뎌르-)+-게. 'ㄷ-구개음화'가 실현되었다.

70) 섯거: 섞어 ☞ 섥-+-어

71) 탐람(貪婪): 재물이나 음식을 탐내어

72) 염ᄒᆞ미: 청렴함이, 성품과 행실이 높고 맑으며 탐욕이 없음 ☞ 염(廉)ᄒᆞ-+-ㅁ+이(주.조.)

73) 패란(悖亂): 정의에 어그러지고 정도(正道)를 어지럽힘

74) 분내여(憤/忿--): 성내어, 억울하고 원통한 마음을 내어

75) 츙량(忠良)치: 충성스럽고 선량하지 ☞ 충량ᄒᆞ-(<튱량ᄒᆞ-)+-지(<-디). 'ㄷ-구개음화'가 실현되었다.

76) 지어미ᄅᆞᆯ 화치: 아내와 화합하지 ☞ 현대국어라면 (공동) 부사격조사가 연결될 자리지만, 목적격조사가 연결되었다.

77) 구고(舅姑): 시부모

78) 조션: 조선(朝鮮) ☞ 됴션>죠션>조선. 'ㄷ-구개음화'와 'ㅈ' 아래에서 'y-탈락'이 실현되었다.

79) 외심(外心): 딴마음

80) 편증편애(偏憎偏愛): 한쪽은 지나치게 미워하고 다른 쪽은 지나치게 좋아함. 현대국어에서는 '편애편증'으로 도치되어, 긍정적인 단어가 앞으로 배치되었다. 대립관계의 단어 쌍은 합성어나 구에서 긍정적인 쪽이 앞자리에 놓이는 것이 일반적이다.

81) 부억: 부엌 ☞ 브섭~브석>부억>부엌

82) 은비ᄒᆞ고 샤벽ᄒᆞ며: 은비(隱祕): 숨겨 비밀로 함, 사벽(邪辟/邪僻): 마음이 간사하고 한쪽으로 치우치는 데가 있음

83) 랍향날: 납일(臘日)/납향날(臘享-). 민간이나 조정에서 조상이나 종묘 또는 사직에 제사 지

노래 부르며 춤추며 삭죠에[84] 소래 질너 셩내며 븍녁을 ᄃᆡᄒᆞ야 코춤 밧고 오좀 누며 부억을 ᄃᆡᄒᆞ야 읍쥬어리고[85] 울며 ᄯᅩ 부억에 불노 향을 퓌오며 더러온 남그로 밥 지으며 밤의 닐매 버서 드러내며 여ᄃᆞᆲ 졀일[립츈 립하 립츄 립동 츈분 츄분 동지 하지]에 형벌을 힝ᄒᆞ며 흘으ᄂᆞᆫ 별의[86] 춤 밧고 무지게ᄅᆞᆯ[87] 가르치며[88] 삼광[일월셩]을 가르치며 일월을 오래 보며 봄의 불 질너 산영ᄒᆞ며[89] 븍녁을 ᄃᆡᄒᆞ야 ᄭᅮ지즈며 연고 업시 거복을 죽이고 비얌을 ᄯᅡ리면 이러틋ᄒᆞᆫ 죄ᄅᆞᆯ ᄉᆞ명이[90] 그 경즁을 ᄯᅡ라 그 나수ᄅᆞᆯ[91] 아사 쉬 진ᄒᆞᆫ즉 죽고 죽어도 6b남은 죄칙이 이스면 앙홰 ᄌᆞ손의게 밋고 ᄯᅩ 남의 ᄌᆡ물을 횡취ᄒᆞᆫ[92] 쟈ᄂᆞᆫ 그 쳐ᄌᆞ와 가구ᄅᆞᆯ[93] 혜여 ᄡᅧ 당ᄒᆞ게 ᄒᆞ여 졈졈 죽기예 니르고 만일 죽이지 아니ᄒᆞ면 슈화와[94] 도적이며 긔물을[95] 응당ᄒᆞ며 질병과 구셜의 모든 일이 이셔 ᄡᅧ 망녕되이 ᄌᆡ물 취ᄒᆞᆫ 갑술 당케 ᄒᆞ고 ᄯᅩ 원왕이[96] 사ᄅᆞᆷ 죽인 쟈ᄂᆞᆫ 이ᄂᆞᆫ 병장기ᄅᆞᆯ[97] 밧고와 서로 죽기ᄂᆞᆫ 거시요 비의예 ᄌᆡ물을 취ᄒᆞᆫ 쟈ᄂᆞᆫ 비

내던 날

84) 삭죠: 삭조(朔朝). 초하룻날에 베풀던 큰 조회(朝會). ☞ 삭죠 < 삭됴. 'ㄷ-구개음화'가 실현되었다.

85) 읍쥬어리고: 읊조리고 ☞ 읍쥬어리-(< 입주리- ← 잎주리-). 잎다 > 읊다. '앏'과 같은 단어는 근대국어에서 'ㄹ'이 탈락하여 '앞'으로 바뀌었으나, '졈다, 잎다'와 같은 단어는 오히려 'ㄹ'이 첨가되어 현대에 '젊다, 읊다'가 되었다.

86) 흘으ᄂᆞᆫ 별의: 별똥별에, 유성(流星)에 ☞ '흘으ᄂᆞᆫ'은 '흐르-ᄂᆞᆫ'의 과도 분철표기이다.

87) 무지게: 무지개

88) 가르치며: 가리키며. ☞ 주(63) 참조.

89) 산영ᄒᆞ며: 사냥하며

90) ᄉᆞ명(司命): 인간의 수명을 좌우할 권한을 가진 신

91) 나수ᄅᆞᆯ: 나이의 수 ☞ 나ㅎ+수(數)

92) 횡취(橫取): 남의 것을 불법으로 가로챔

93) 가구(家口): 집안 식구

94) 슈화(水禍): 수재(水災), 수해(水害)

95) 긔물: 기물(器物). 살림살이에 쓰이는 그릇

96) 원왕이: (원통한 누명을 써서) 억울하게 ☞ 원왕ᄒᆞ-+-이(부.접.)

97) 병장기ᄅᆞᆯ: 병장기를, 무기를 ☞ 병잠개 > 병잠기 > 병장기. 'ㅁ'이 후행하는 'ㄱ'의 위치에 동화되어 'ㅇ'으로 변했다.(연구개음화)

컨딕[98] 루포[집 기스싀[99] 물 무든 포육이니 먹으면 죽는 것]로 주린 거술 구ᄒᆞ고 짐쥬[술에 짐새 깃술[100] 둘너 먹으면 죽는 것]로 목말은[101] 거술 긋침 곳ᄒᆞ야 비록 잠간 비부ᄅᆞ지 아니미 아니나 죽기 ᄯᅩᄒᆞᆫ 미처 오ᄂᆞ니라

대뎌[102] ᄆᆞ옴이 착ᄒᆞᆫ딕 니러나면 착ᄒᆞᆫ 일을 비록 미처 못ᄒᆞ여도 길신이 임[7a]의 ᄯᅩ로고 혹 ᄆᆞ옴이 사오나온딕 니러나면 비록 사오나온 일을 미처 못ᄒᆞ여도 흉신이 임의[103] ᄯᅩ로ᄂᆞ니라 그 일즉 사오나온 일을 힝ᄒᆞ미 이슬지라도 후에 뉘웃고 고쳐[104] 모든 악ᄉᆞ롤 ᄒᆞ지 말고 모든 착ᄒᆞᆫ 일을 힝ᄒᆞ면 오래고 오래매 반ᄃᆞ시 길ᄒᆞ고 경ᄉᆞ로온 일이 이스리니 니른바 화롤 도로혀 복을 ᄆᆞᆫ드미라 …

[85a][경신록이라 홈은 엇지 닐음고[105] 착ᄒᆞᆫ 일을 권쟝ᄒᆞᄋᆞᆸ고[106] 사오나온 일을 징계ᄒᆞᄋᆞᆸᄂᆞᆫ 말숨과 일을 긔록ᄒᆞᆫ 칙이오매 공경ᄒᆞ고 미드라 ᄒᆞ미니 셩현셜

98) 비컨딕: 비유컨대
99) 기스싀: 기스락(초가의 처마 끝) ☞ 기슭 > 기슷
100) 짐쥬/짐새 깃술: 짐주(鴆酒)/짐새(鴆-)의 깃을. ☞ 짐새: 중국 남방 광둥(廣東)에서 사는, 독이 있는 새. 몸의 길이는 21~25cm이며, 몸은 붉은빛을 띤 흑색, 부리는 검은빛을 띤 붉은색, 눈은 검은색이다. 뱀을 잡아먹는데 온몸에 독기가 있어 배설물이나 깃이 잠긴 음식물을 먹으면 즉사한다고 한다.
101) 목말은: 목마른 ☞ 목마르-(< 목#ᄆᆞᄅᆞ-)+-ㄴ. 과도 분철표기 되었다.
102) 대뎌: 대저(大抵). 대체로 보아
103) 임의: 이미 ☞ 이믜 > 이미. 과도 분철표기 되었다.
104) 고쳐: 고치어 ☞ 고치-(< 고티-)+-어. 'ㅌ-구개음화'가 실현되었다.
105) 닐음고: 이름인가? ☞ 닐-+-음+고(의문보조사). 체언의문문. 근대국어에서 점차 체언의문문은 없어지고 '서술격조사+의문형어미'의 형태로 바뀐다.
106) 권쟝ᄒᆞᄋᆞᆸ고: 권장하옵고. ☞ 'ᄋᆞᆸ(< ᄉᆞᆸ)'은 중세국어에서 객체높임법의 선어말어미이었으나 근대국어에 이르러서는 객체높임의 기능은 없어지고 공손법을 나타내는 어미로 사용되었다. 이기문(1998:221~222)에 의하면, 중세국어에서 객체높임법과 상대높임법의 결합형인 '-ᄉᆞᆸᄂᆞ이다'에 소급하는 '-ᄋᆞᆸᄂᆡᆼ이다, -ᄋᆞᆸᄂᆡ이다, ᄋᆞᆸᄂᆞ이다' 등은 근대국어에서 공손의 의미를 더하는 상대높임법을 나타내게 되었다. 현대국어의 '-(으)ㅂ니다'는 이로부터의 발달이다.

불의 인물 졔도ᄒᆞᄋᆞᆸ는 권계와 텬디귀신의 션악 보응ᄒᆞᄋᆞᆸ는 령험이 쇼쇼히 벌어[107] 실녀시니[108] 엇지[109] 가히 공경치 아니ᄒᆞ며 엇지 가히 밋지[110] 아니ᄒᆞ리오 공경ᄒᆞᆫ즉 졍셩으로 밧들며 미든 즉 즐겨 좃출지라 이러므로ᄡᅥ 즁국[111] 사ᄅᆞᆷ은 이 ᄎᆡᆨ을 경신ᄒᆞ와 건륭긔ᄉᆞ로 지어 신츅 이삼십여년 지간의 십일ᄎᆞᄅᆞᆯ 삭여시니[112] 그 경신ᄒᆞ는 쟤[113] 만코 여러 벌 박이매[114] 판본이 쉬히 만환ᄒᆞ믈[115] 가히 알지라 다ᄒᆡᆼ이 ᄎᆡᆨ이 아동에 류ᄅᆡᄒᆞᆫ[116] 거시 이셔 어더 보온 즉 사ᄅᆞᆷ을 권계ᄒᆞ여 셰샹을 구졔ᄒᆞ시미 지셩 측달ᄒᆞ와[117] 인륜의 당연ᄒᆞᆫ 도리로 인도ᄒᆞ오매 션악의 과뵈 진졀 명ᄇᆡᆨᄒᆞ오니 그 경ᄒᆞ고 신ᄒᆞ올[118] 배 실노 일호[119] 의심이 업ᄉᆞ올ᄉᆡ 널니 젼포치[120] 못ᄒᆞ미 통셕ᄒᆞᆫ지라 인ᄒᆞ여 동지쟈약 간인을[121] 어더 발원 합력ᄒᆞ와 진ᄌᆞ[122] 판본을 ᄀᆡ간ᄒᆞ여 일부 경뎐이 되오니 식재[123] 보고 챠탄 왈 이 ᄯᅩᄒᆞᆫ 엿ᄐᆞᆫ 공덕이 아니나 진ᄌᆞ는 유식 쟝부들은 보

107) 쇼쇼히 벌어: 또렷이 벌이어/늘어서 ☞ 쇼쇼히: 소소히(昭昭-). 사리가 밝고 또렷이

108) 실녀시니: 실렸으니 ☞ 실니-[←실-(←싣-[載])+-리-(피.접.)]+-엇-+-이니(←-으니). (1) 'ㄹㄹ'이 'ㄹㄴ'으로 표기되었다. (2) 'ㅅ' 아래서 '으'가 '이'로 바뀌었다.

109) 엇지: 어찌 ☞ 엇디 > 엇지. ㄷ-구개음화.

110) 밋지: 믿지 ☞ 밋-(←믿-)+-지(<-디). 'ㄷ' 받침은 'ㅅ'으로 표기되었다. 이 시기에는 받침 글자로 'ㄷ'이 사용되지 않고 'ㅅ'으로 통일되어 받침자로는 7종성(ㄱ, ㄴ, ㄹ, ㅁ, ㅂ, ㅅ, ㅇ)이 사용되었다. ㄷ-구개음화.

111) 즁국(中國): 중국 ☞ 듕국 > 즁국 > 중국. 'ㄷ-구개음화'가 실현되었다.

112) 삭여시니: 새겼으니 ☞ 사기-[刻]+-어시니

113) 쟤: 자가 ☞ 쟈(者)+ㅣ(주.조.)

114) 박이매: 박히므로, 인쇄되므로 ☞ 박이-[박-[印]+-이-(피.접.)]+-ㅁ(명.전.)+애(부.조.)

115) 만환ᄒᆞ믈:

116) 아동에 류ᄅᆡᄒᆞᆫ: 우리나라에 유래한 ☞ 아동(我東)+에 류ᄅᆡ(由來)ᄒᆞ-+-ㄴ

117) 지셩(至誠) 측달(惻怛)ᄒᆞ와: 지극한 정성으로 불쌍히 여겨 슬퍼하사와

118) 신ᄒᆞ올: 믿으올 ☞ 신(信)ᄒᆞ-+-오-(공.어.)+-ㄹ(관.전.)

119) 일호(一毫): 극히 작은 정도, 털끝만큼

120) 널니 젼포치: 널리 전하여 퍼뜨리지 ☞ (1) 널니: 넓-+-이(부.접.). 뒤에서는 '널비'로 표기되었다. 주(142) 참조. (2) 젼포(傳布)ᄒᆞ-(<뎐포ᄒᆞ-)+-지(<디). 'ㄷ-구개음화'가 실현되었다.

121) 간인(刊印): 판을 새기어 간행물을 인쇄함

122) 진ᄌᆞ(眞字): 한자(漢子) 또는 한문을 이르는 말.

면 알아 봉힝ᄒᆞ기 쉽거니와 녀ᄌᆞ며 무식 쳔류들은 비록 가르쳐 닐올지라도 ᄌᆞ긔124) 안목으로 보ᄂᆞᆫ 것만 못ᄒᆞ니 언셔로125) 히셕ᄒᆞ여 판의 삭여 금후 사ᄅᆞᆷ의게 광권ᄒᆞ면 엇지 즐겁지 아닐야126) 85b ᄒᆞ야ᄂᆞᆯ 이 말ᄉᆞᆷ이 정히 올흔지라 드ᄃᆡ여 일위 신녀의127) ᄌᆡ물 ᄇᆡᆨ여 금으로ᄡᅥ ᄀᆡ간ᄒᆞᆯ시 모도다 삭길 힘 업ᄉᆞ와 그 즁 더 긴졀ᄒᆞᆫ 거ᄉᆞᆯ ᄲᆡ고128) ᄯᅩ 단계젹이란 ᄎᆡᆨ을 츄후어129) 더 보온 즉 죠흔130) 말ᄉᆞᆷ이 만ᄉᆞ오되 힘이 ᄆᆞᄋᆞᆷ을 밋지131) 못ᄒᆞ와 판본을 못 내오므로 그 즁132) 두 됴목을133) ᄲᆡ와 이 ᄎᆡᆨ ᄭᅳᆺᄒᆡ134) 부쳐135) 일권을 ᄆᆡᆫ드오니 쳥ᄒᆞᄉᆞ 신ᄌᆞᄂᆞᆫ 언셕ᄒᆞ고 즁은 ᄌᆞ홍시 교졍션셔ᄒᆞ와 일홈을 경신록언셕이라 ᄒᆞ온지라 이에 진언 량본으로136) 만셰의 보벌을137) 젼ᄒᆞ오니 션ᄉᆞ 공덕으로 복슈ᄅᆞᆯ138) 누리며 악ᄉᆞ 죄과로 앙화ᄅᆞᆯ 밧ᄂᆞᆫ 규뫼 환연히139) ᄇᆞᆰ은지라 부질업ᄂᆞᆫ 쇼셜 보와 앗가온 날을 허송ᄒᆞᄂᆞ니 이 신심에 유익ᄒᆞᆯ 글을 보와 작복쇼ᄌᆡᄒᆞ미 어지

123) 식재: 식자(識者)가. 학식, 견식, 상식이 있는 사람이 ☞ 식자(識者)+ㅣ(주.조.)

124) ᄌᆞ긔: 자기(의) ☞ 중세국어 3인칭 재귀대명사는 평칭에 '저' 존칭에 'ᄌᆞ갸'가 있었는데, 근대국어에서 '자긔'가 등장한다.

125) 언셔로: 우리말로, 국어로

126) 아닐야: 아니겠는가? ☞ 아니-+랴(의.어.). 과도 분철표기 되었다.

127) 일위 신녀의: 한 분의 믿음 있는 여자의/ 한 여신도의

128) 긴졀(緊切)ᄒᆞᆫ 거ᄉᆞᆯ ᄲᆡ고: 매우 필요하고 절실한 것을 뽑고

129) 츄후어: 추후(追後)어, 일이 지나간 뒤 얼마간의 시간이 되어

130) 죠흔: 좋은 ☞ 죻-(<둏-)+은. 'ㄷ-구개음화'가 실현되었다.

131) 밋지: 따르지, 미치지 ☞ 및-[及]+-지(<-디)

132) 즁: 중(中) ☞ 듕>듕>즁>중

133) 됴목: 조목(條目)

134) ᄭᅳᆺᄒᆡ: 끝에 ☞ ᄭᅳᆺㅎ(<귿←긑)+ᄋᆡ. (1) 어두 경음화가 실현되었다. (2) 'ㅌ' 받침을 'ㅅㅎ'으로 표기한 것은 이것이 'ㅌ'과 같았기 때문일 것이므로 종성에서 'ㅅ'은 'ㄷ'으로 발음되었음을 뜻한다. 분석적 표기법이라 할 수 있다.

135) 부쳐: 붙여 ☞ 부치-[븥-(<블-)+-이-(사.접.)]+-어. 'ㅌ-구개음화'와 양순음 아래서 원순모음화가 실현되었다.

136) 진언 량본으로: 한문본과 한글본 두 본으로

137) 보벌을: 보배로운 짝/벌/세트(set)

138) 복슈ᄅᆞᆯ: 복이 많고 장수함

139) 규뫼 환연히: 규도(規度)가 환연히. 규범이 되는 틀이 의혹이 풀리어 가뭇없게

다 ᄒᆡᆼ치 아닐이오[140] ᄇᆞ라건ᄃᆡ 귀쳔가의 이 ᄎᆡᆨ ᄒᆞᆫ 벌식 졍히 공봉ᄒᆞ여 두고 ᄯᅢᄯᅢ로 보며 닑어 권계ᄒᆞ온 말ᄉᆞᆷ을 경신ᄒᆞ와 봉ᄒᆡᆼᄒᆞ면 ᄌᆞ연이 일개 화길ᄒᆞ야 복슈을 안향ᄒᆞ고 ᄉᆡᆼ젼 ᄉᆞ후의 쾌락이 무궁ᄒᆞ며 ᄌᆞᄌᆞ손손의 다홈 업ᄂᆞᆫ 복죵을 영 미릐에 젼ᄒᆞᆯ이니 엇지 아니 쾌ᄒᆞ오며 엇지 아니 즐거올잇가[141] 태 미션군 슈 훈에 닐으시되 만일 착ᄒᆞᆫ 글노ᄡᅥ 일인의게 젼ᄒᆞᄂᆞᆫ 쟈ᄂᆞᆫ 십션을 당ᄒᆞ고 십 인의게 젼ᄒᆞᄂᆞᆫ 쟈ᄂᆞᆫ ᄇᆡᆨ션을 당ᄒᆞ고 대 부귀여나 대 호걸의게 젼ᄒᆞᄂᆞᆫ 쟈ᄂᆞᆫ 쳔 션을 당ᄒᆞ고 널비[142] 젼포ᄒᆞ여 무궁ᄒᆞ고 거ᄃᆞᆸ 삭여 석지 아니케 86a ᄒᆞᄂᆞᆫ 쟈 ᄂᆞᆫ 만만션이라 ᄒᆞ와ᄂᆞ니 이런 고로 당판 경신록 신츅본 싓히 박여[143] 도 론[144] 사ᄅᆞᆷ 긔록ᄒᆞᆫ 거ᄉᆞᆯ 보온 즉 십여 부로부터 수십 부 수ᄇᆡᆨ 부 지어 쳔 부 ᄒᆞᆫ 이 만흐며 강남 삼외 당호[셩ᄌᆞ만 썻더라]ᄂᆞᆫ 일만 부ᄅᆞᆯ 박여 젼포ᄒᆞ여시 니 ᄌᆡ물이 잇다도 ᄒᆞ려니와 션심이 장히 거륵ᄒᆞᆫ지라 다시 ᄇᆞ라건ᄃᆡ 유심ᄒᆞ오 신 이들은 힘ᄃᆡ로 인츌ᄒᆞ야 셰상에 젼포ᄒᆞ여 남녀로쇼 귀쳔인 등으로 ᄒᆞ여곰 션ᄉᆞ란[145] 흥긔ᄒᆞ야 힘ᄡᅥ 닥그며[146] 악업으란 징계ᄒᆞ야 곳쳐[147] 말아 각각 복뎐을 심어[148] ᄡᅥ 셩셰풍화 가온ᄃᆡ셔 한가지로 태평을 안락ᄒᆞ게 ᄒᆞ오쇼셔

병진 즁츄 법셩산 무심ᄀᆡᆨ 무운신ᄉᆞ 지형관슈근지

140) 아닐이오: 않겠는가? ☞ 아니-+-리-+-오. 과도분철 되었다.
141) 즐거올잇가: 즐겁사오리까? ☞ 즐겁-+-ᄋᆞ오-(공.어.)+-리잇가(ᄒᆞ쇼셔체 의.어.)
142) 널비: 널리 ☞ 넓-+-이. 위에서는 '널니'로 표기됨. 주(120) 참조.
143) 박여: 박이어, 인쇄하여 ☞ 박이-[←박-[印]+-이-(사.접.)]+-어
144) 도론: 두른 ☞ 도ᄅᆞ-+-온
145) 션ᄉᆞ란: 션ᄉᆞ(善事)+란(지적의 보조사)
146) 닥그며: 닦-(<다ᇧ-)+-으며. 'ㅅ'이 'ㄱ'에 역행동화(위치동화)되어 'ㄲ'으로 바뀐 것이다.
147) 곳쳐: 고치어 ☞ 곳치-(<고티-)+-어. 'ㅌ-구개음화'가 실현되었다.
148) 심어: 심어 ☞ 심-(<시ᇚ-)+-어. '시므-[植]'는 자음 어미 앞에서는 '시므-', 모음 어미 앞에서는 '시ᇚ-'으로 교체하였으나 근대국어에서 '심-'으로 단일화하였다.

독납신문 (獨立新聞) 9

독닙신문(獨立新聞)

독립신문은 1896년 창간된 우리나라 최초의 민영 일간지로, 국문판과 영문판으로 구성되었으며, 격일간지로 출발해 일간지로 발전하였다. 서재필은 사장 겸 주필로 국문판 논설과 영문판 사설을 맡았다. 주시경(周時經)은 조필(助筆)로 국문판의 편집과 제작을 담당하였다. 그리고 상당수의 탐방원(探訪員)이라고 부르는 기자를 두었다. 영문판의 편집에는 서재필의 조수로 헐버트(Hulbert, H. B.)의 도움을 받았다.

독립신문은 당시 한국인의 사상과 의식의 변화, 한국사회의 발전에 커다란 계몽적 역할을 수행하였는데, 그 중 중요한 점을 몇 가지 들면 다음과 같다.

(1) 논설과 보도를 통해 근대 사회의 확립에 필요한 지식과 사상을 제공해 국민의 의식과 사상의 변혁에 공헌하였다. (2) 당시 한국에 대한 열강의 침략정책을 낱낱이 폭로 비판하고, 나라의 독립과 국가 이익을 수호하는 데 진력하였다. (3) 백성이 나라의 주인이고 관리는 임금의 신하요 백성의 종에 불과하다고 주장함으로써 국민주권 사상과 민주주의 사상을 보급하고 민권을 신장시키는 데 큰 공헌을 하였다. (4) 국문 전용, 국문 띄어쓰기, 쉬운 국어쓰기 등을 실행해 한글의 발전, 즉 민중에 의한 민족문화 창달에 큰 공헌을 하였다. (5) 당시 만연해 있던 관리들의 부정부패와 탐관오리들의 횡포를 고발, 규탄해 백성의 사랑과 지지를 받았다. (6) 독립협회의 창립을 위한 사상적 준비 작업을 했고 창립 후에는 기관지의 역할을 하여 독립협회의 사상 형성과 자주민권자강운동의 전개에 공헌하였다. (7) 1898년에 있었던 만민공동회운동의 기반을 형성하는 데 공헌하였다. (8) 역사상 최초의 민간지로 창간되어 국민에게 신문의 사회적 역할과 중요성을 알게 하고, 여론과 공론을 형성해 정치활동을 전개하는 방법을 확립하였으며, 한말 신문과 출판문화의 발흥에도 큰 영향을 끼쳤다. (9) 한국인에게 세계 사정을 알게 하고 세계 각국의 문물을 소개해 한국인의 시야를 넓히는 데 큰 역할을 하였다. (10) 영문판을 발행해 한국의 사정을 정확하게 외국에 알릴 수 있었다.

독립신문은 1899년 12월 4일자 [제4권 제278호]로 종간호를 내었다. 정부는 독립신문사를 매수할 당시에는 아일랜드 사람을 주필로 고용해 국문판과 영문판을 일간으로 속간하겠다고 발표하였다. 그러나 정작 신문사를 매수한 다음에는 독립신문을 영구히 폐간시켜버렸다.

—『한국민족문화대백과사전』

독닙신문

데일권 데일호[1)]
조션 서울 건양[2)] 원년 ᄉ월 초칠일 금요일

광고

독닙신문이 본국과 외국 ᄉ졍을 자셰이 긔록홀터이요 졍부속과 민간 소문을 다보고 홀터이라 졍치샹일과[3)] 농ᄉ 쟝ᄉ 의술샹 일을 얼만콤식[4)] 이신문샹 ᄆᆡ일 긔록홈[5)] 갑슨 일년에 일원삼십젼 ᄒᆞᆫ돌에 십이젼 ᄒᆞᆫ쟝에 동젼 ᄒᆞᆫ픈 독닙신문 분국이 졔물포 원산 부산 파주 숑도 평양 슈원 강화 등지에 잇더라[6)]

신문을 돌노졍ᄒᆞ든지[7)] 일년간으로 졍ᄒᆞ여 사보고스분이는[8)] 졍동 독닙신문샤로 와셔 돈을 미리 내고 셩명과 집이 어ᄃᆡ라고 젹어 노코 가면 ᄒᆞ로걸어[9)] 신문을 보내줄터이니 신문 보고 스분이는 속히 셩명을 보내기 ᄇᆞ라옴

무론[10)] 누구든지 무러볼 말이 잇든지 셰샹사ᄅᆞᆷ의게 ᄒᆞ고스분말잇스면 이

---

1) 「독닙신문」의 띄어쓰기를 따른다.
2) 건양(建陽): 조선 고종 때 연호. 서기 1896년에서 1897년까지 사용하였다.
3) 졍치샹일과: 정치상(政治上) 일과
4) 얼만콤식: 얼마만큼씩 ☞ 얼(← 얼마)+만콤(보조사)+-식(접미사)
5) 긔록홈: 긔록ᄒᆞ-+-옴(명.전. → 평.어.). 명사형 전성어미 '-옴'이 평서형 종결어미로 전용된 명사문이 쓰였다.
6) 잇더라: 있다 ☞ 잇-+-더-(회상법)+-라(← 다). 현대국어라면 '있다'로 되어 '-더-'가 쓰일 자리가 아니다.
7) 돌노졍ᄒᆞ든지: 달로 정하든지 ☞ 돌[月]+로#졍ᄒᆞ-+-든지. 'ㄹㄹ'이 'ㄹㄴ'으로 표기되는 것은 근대국어 표기법의 한 특징이었는데, 이런 표기 방식은 근대국어 초기부터 계속되었다.
8) 사보고스분이는: 사보고 싶은 분/사람은 ☞ 사-[買]+-아#보-+-고 습-[←(십-~십브- < 싀브-)+-은(관.전.). '십 → 습'은 전설모음화의 과도교정형이고, '십은 → 시분'은 원순모음화현상이다.
9) ᄒᆞ로걸어: 하루 걸러 ☞ ᄒᆞ로#걸어(← 거르-+어)

신문샤로 간단ᄒᆞ게 귀졀 ᄣᅦ여셔 편지ᄒᆞ면 ᄃᆡ답ᄒᆞᆯ만ᄒᆞᆫ말이든지 신문에 낼만ᄒᆞᆫ 말이면 ᄃᆡ답ᄒᆞᆯ터이요 내기도 ᄒᆞᆯ터이옴[11] 한문으로ᄒᆞᆫ 편지ᄂᆞᆫ 당초에 샹관 아니ᄒᆞᆷ

경향간에 무론 누구든지 길거리에셔 쟝ᄉᆞᄒᆞᄂᆞᆫ이 이신문을 가져다가 노코 팔고져 ᄒᆞ거든 여긔와셔 신문을 가져다가 팔면 열장에 여ᄃᆞᆯ장만 세음ᄒᆞ고[12] ᄇᆡᆨ쟝에 여든쟝만 세음ᄒᆞᆷ

논셜

우리가 독닙신문을 오ᄂᆞᆯ 처음으로 츌판ᄒᆞᄂᆞᆫᄃᆡ 조션[13]속에 잇ᄂᆞᆫ ᄂᆡ외국 인민의게 우리 쥬의를 미리 말ᄉᆞᆷᄒᆞ여 아시게 ᄒᆞ노라[14]

우리는 첫지 편벽 되지 아니ᄒᆞᆫ고로[15] 무ᄉᆞᆷ당에도 상관이 업고 샹하귀쳔을 달니ᄃᆡ졉아니ᄒᆞ고 모도죠션 사ᄅᆞᆷ으로만 알고 죠션만 위ᄒᆞ며공평이 인민의게 말 ᄒᆞᆯ터인ᄃᆡ 우리가 셔울 ᄇᆡᆨ셩만 위ᄒᆞᆯ게 아니라 죠션 젼국인민을 위ᄒᆞ여 무ᄉᆞᆷ일이든지 ᄃᆡ언ᄒᆞ여 주랴ᄒᆞᆷ 정부에셔[16] ᄒᆞ시ᄂᆞᆫ일을 ᄇᆡᆨ셩의게 젼ᄒᆞᆯ터이요 ᄇᆡᆨ셩의 졍셰을[17] 정부에 젼ᄒᆞᆯ터이니 만일 ᄇᆡᆨ셩이 정부일을 자세이알고[18] 졍

---

10) 무론(毋論/無論): 말할 것도 없이

11) ᄒᆞᆯ터이옴: 할 것임 ☞ 중세국어에서는 서술격조사 '이-' 뒤에서 명사형 전성어미 '-옴'이 '-롬'으로 교체하였다.

12) 세음ᄒᆞ고: 셈하고 ☞ 세음ᄒᆞ-+고

13) 조션: 조선(朝鮮) ☞ 다른 데서는 '죠션'으로 표기되어 있다. 이 시기에는 'ㅈ'이 경구개음이었기 때문에 '조'나 '죠'의 발음이 같아서 두 표기가 혼기되었다.

14) ᄂᆡ외국 인민의게~아시게 ᄒᆞ노라: '아시게'의 주어가 '인민'이고 주체높임 선어말어미가 쓰였으므로, 부사어인 '인민의게'는 '인민ᄭᅴ'가 되어야 호응을 이룬다.

15) 아니ᄒᆞᆫ고로: 아니한 까닭에 ☞ 아니ᄒᆞ-+ㄴ#고로(부사).

16) 정부에셔: 정부에서 ☞ '에셔'는 단체 무정명사에 쓰이는 주격조사이다.

17) 졍셰을: 정세를 ☞ 목적격조사는 자음 뒤에서 '을', 모음 뒤에서 '를'이 쓰이나 모음 뒤에서 간혹 '을'이 쓰이는 일이 있다. 근대국어에서 목적격조사 '를'은 모음 뒤에서 '늘'로 표기되는 것이 일반적이었다.

부에셔 ᄇᆡᆨ셩에 일을 자세이 아시면 피ᄎᆞ에 유익ᄒᆞᆫ 일만히 잇슬터이요 불평ᄒᆞᆫ ᄆᆞ음과 의심ᄒᆞ는[19] ᄉᆡᆼ각이 업서질 터이옴 우리가 이신문 츌판 ᄒᆞ기는 취리ᄒᆞ랴는게[20] 아닌고로 갑슬 헐허도록[21] ᄒᆞ엿고 모도 언문 으로 쓰기는 남녀 샹하귀쳔이 모도 보게홈이요 ᄯᅩ 귀절을 ᄯᅦ여 쓰기는 알어 보기 쉽도록 홈이라 우리는 바른 ᄃᆡ로만 신문을 ᄒᆞᆯ터인고로 정부 관원이라도 잘못ᄒᆞ는이 잇스면 우리가 말ᄒᆞᆯ터이요 탐관오리 들을 알면 셰샹에 그사ᄅᆞᆷ의 ᄒᆡᆼ젹을 폐일터이요[22] ᄉᆞᄉᆞᄇᆡᆨ셩이라도 무법ᄒᆞᆫ일ᄒᆞ는 사ᄅᆞᆷ은 우리가 차저 신문에 셜명ᄒᆞᆯ터이옴 우리는 죠션

대군쥬폐하와 됴션[23]졍부와 죠션인민을 위ᄒᆞ는 사ᄅᆞᆷ드린고로 편당잇는 의논이든지 ᄒᆞᆫ쪽만 ᄉᆡᆼ각코 ᄒᆞ는 말은 우리 신문샹에 업실터이옴 ᄯᅩ ᄒᆞᆫ쪽에 영문으로 기록ᄒᆞ기는 외국인민이 죠션 ᄉᆞ졍을 자셰이몰은즉[24] 혹 편벽 된말만 듯고[25] 죠션을 잘못 ᄉᆡᆼ각ᄒᆞᆯ짜 보아 실샹 ᄉᆞ졍을 알게ᄒᆞ고져ᄒᆞ여 영문으로 조곰 긔록홈

그리ᄒᆞᆫ즉 이신문은 ᄯᅩᆨ 죠션만 위홈을 가히 알터이요 이신문을 인연ᄒᆞ여 ᄂᆡ

18) 자세이알고: 자세히 알고 ☞ 현대국어라면 '자세히'
19) 불평ᄒᆞᆫ ~ 의심ᄒᆞ는: 시제의 일치를 고려하면 '불평ᄒᆞᆫ'은 '불평ᄒᆞ는'이 되어야 한다.
20) 취리ᄒᆞ랴는게: 취리(取利: 경제적 이득을 얻음)하려는 것이
21) 헐허도록: 헐하도록, (값이) 싸도록 ☞ 헐허도록 ← 헐ᄒᆞ도록
22) 폐일터이요: 펴 보일 것이오 ☞ 폐이-[←펴-[伸]+-ㅣ이-(사.접.)]+-ㄹ(관.전.)#터(의.명.)+이-(서.조.)+-요(평.어.)
23) 됴션: 조선(朝鮮) ☞ 대부분은 'ㄷ-구개음화'가 적용된 '죠션/조션'으로 표기되었으나 여기서는 '됴션'으로 표기되었다. 이 시기는 형태소 내부에서의 'ㄷ-구개음화'가 완성된 시기이다.
24) 몰은즉: 모른즉 ☞ 모르-+-은즉(종.어.). 중세국어에서도 '모ᄅᆞ-+은→몰른'으로 표기되었다. 주(34)에서는 '몰나셔'로 표기되어 있다. 중세국어에서 'ᄅᆞ/르'로 끝나는 어간은 두 가지로 활용을 하였다. 하나는 'ᄅᆞ/르~ㄹㅇ'(다ᄅᆞ~달ㅇ/그르~글ㅇ)이고 다른 하나는 'ᄅᆞ/르~ㄹㄹ'(모ᄅᆞ~몰ㄹ/브르~블ㄹ)이다. 전자에 속하는 어간은 '다ᄅᆞ-[異], 그르-, 고ᄅᆞ-[均], 오ᄅᆞ-, 게으르-, 기르-, 두르-, 바ᄅᆞ-[直]…' 등이고 후자에 속하는 어간은 '모ᄅᆞ-, ᄉᆡᄅᆞ-, 누르-[鎭], 브르-[呼, 歌], 흐르-…' 등이다. 'ᄅᆞ/르'로 끝나는 어간은 모두 위 두 활용형 중 하나로 활용하기 때문에 규칙활용의 범주에 넣는다.
25) 듯고: 듣고 ☞ 듯(←듣[聽])+-고. 7종성법에 의한 표기.

외 남녀 샹하 귀쳔이 모도 죠션일을 서로알터이옴 우리가 ᄯᅩ 외국 사졍도 죠션 인민을 위ᄒᆞ여 간간이 긔록ᄒᆞᆯ터이니 그걸 인연ᄒᆞ여 외국은 가지 못ᄒᆞ드릭도[26] 죠션인민이 외국 사졍도 알터이옴 오날은[27] 처음인 고로 대강 우리 쥬의만 세상에 고ᄒᆞ고 우리신문을 보면 죠션인민이 소견과 지혜가 진보ᄒᆞᆷ을 밋노라 논셜ᄭᅳᆺ치기젼에[28] 우리가

대균쥬 폐하ᄭᅴ 송덕ᄒᆞ고 만세을 부르ᄂᆞ이다

우리신문이 한문은 아니쓰고 다만 국문으로만 쓰ᄂᆞᆫ거슨 샹하귀쳔이 다보게 ᄒᆞᆷ이라 ᄯᅩ 국문을 이러케 귀졀을 ᄯᅦ여 쓴즉 아모라도 이신문 보기가 쉽고 신문속에 잇ᄂᆞᆫ말을 자세이 알어 보게 ᄒᆞᆷ이라 각국에셔ᄂᆞᆫ 사ᄅᆞᆷ들이 남녀 무론ᄒᆞ고 본국 국문을 몬저 ᄇᆡ화 능통ᄒᆞᆫ 후에야 외국 글을 ᄇᆡ오ᄂᆞᆫ 법인ᄃᆡ 죠션셔ᄂᆞᆫ 죠션 국문은 아니 ᄇᆡ오드릭도 한문만 공부 ᄒᆞᄂᆞᆫ ᄭᅡᄃᆞᆰ에 국문을 잘아ᄂᆞᆫ 사ᄅᆞᆷ이 드물미라[29] 죠션 국문ᄒᆞ고 한문ᄒᆞ고 비교ᄒᆞ여 보면 죠션국문이 한문 보다 얼마가 나흔거시[30] 무어신고ᄒᆞ니 첫ᄌᆡᄂᆞᆫ ᄇᆡ호기가 쉬흔이[31] 됴흔 글이요 둘ᄌᆡᄂᆞᆫ 이글이 죠션글이니 죠션 인민 들이 알어셔[32] ᄇᆡᆨᄉᆞ을 한문ᄃᆡ신 국문으

26) 못ᄒᆞ드릭도: 못하더라도 ☞ 못ᄒᆞ-+-드-(←-더-)+-릭도(종.어.). 현대국어에서 '어'가 '으'로 상승하는 일이 있는데 이 시기에도 이런 현상이 있었던 것으로 보인다. 대체로 현대 중부방언에서는 장음 '어'가 '으'로 상승한다. 그러나 남부방언에서는 '어'가 장음이 아니더라도 '으'로 상승하는 경우가 많이 있다.

27) 오날: 오늘 ☞ 앞에서는 '오ᄂᆞᆯ'로 표기되었다. 'ㆍ'는 표기상으로만 존재하고 실제 음가는 '아'와 같았기 때문에 혼기가 일어났다.

28) ᄭᅳᆺ치기: 끝내기, 그치기 ☞ ᄭᅳᆺ치-(←그치-)+-기. 어두 경음화가 실현되고 중철표기되었다.

29) 드물미라: 드묾이다 ☞ 드물-+-음(명.전.)+이-+-라. 'ㄹ'로 끝나는 어간 뒤에서 명사형 전성어미 '-음'의 '으'가 탈락하였다.

30) 나흔거시: 나은 것이 ☞ 낳-+-은#것+이.

31) 쉬흔이: 쉬우니 ☞ 쉫-(←쉽-)+-으니(종.어.).

32) 알어셔: 알-+어셔(←아셔). 아래에서는 '아러보지못ᄒᆞ고', '잘알아보니, 알아보기가' 등으로 적혀 '알-' 뒤에 음성어미와 양성어미가 모두 연결될 수 있음을 보인다. 이때 이미 '아'는 받침을 지닌 경우 중성모음으로 기능했음을 보인 것이다. 현대국어에서도 '아'가

로 써야 상하 귀천이 모도보고 알어 보기가 쉬흘터이라[33] 한문만 늘써 버릇ᄒᆞ고 국문은 폐ᄒᆞᆫ ᄭᅡ닭에 국문만 쓴 글을 조선 인민이 도로혀 잘 아러보지못ᄒᆞ고 한문을 잘알아보니 그게 엇지 한심치 아니ᄒᆞ리요 ᄯᅩ 국문을 알아보기가 어려운건 다름이 아니라 첫지ᄂᆞᆫ 말마ᄃᆡ을 ᄯᅦ이지 아니ᄒᆞ고 그져 줄줄ᄂᆡ려 쓰ᄂᆞᆫ ᄭᅡ닭에 글ᄌᆞ가 우희 부터ᄂᆞᆫ지 아ᄅᆡ 부터ᄂᆞᆫ지 몰나셔[34] 몃번 일거 본후에야 글ᄌᆞ가 어ᄃᆡ부터ᄂᆞᆫ지 비로소 알고 일그니 국문으로 쓴편지 ᄒᆞᆫ장을 보자ᄒᆞ면 한문으로 쓴것보다 더듸 보고 ᄯᅩ 그나마 국문을 자조아니 쓴ᄂᆞᆫ고로 셔툴어셔 잘못봄이라 그런고로 정부에셔 ᄂᆡ리ᄂᆞᆫ 명녕과 국가문적을 한문으로만 쓴즉 한문못ᄒᆞᄂᆞᆫ 인민은 나모 말만 듯고 무슴 명녕인줄 알고 이편이 친이 그 글을 못 보니 그사ᄅᆞᆷ은 무단이 병신이 됨이라 한문 못 ᄒᆞᆫ다고 그 사ᄅᆞᆷ이 무식ᄒᆞᆫ사ᄅᆞᆷ이 아니라 국문만 잘ᄒᆞ고 다른 물정과 학문이잇스면 그사ᄅᆞᆷ은 한문만ᄒᆞ고 다른 물정과 학문이 업는 사ᄅᆞᆷ 보다 유식ᄒᆞ고 놉흔 사ᄅᆞᆷ이 되ᄂᆞᆫ 법이라 죠션부인네도 국문을 잘ᄒᆞ고 각식 물정과 학문을 ᄇᆡ화 소견이 놉고 ᄒᆡᆼ실이 정직ᄒᆞ면 무론 빈부 귀천 간에 그부인이 한문은 잘ᄒᆞ고도 다른것 몰으ᄂᆞᆫ 귀족 남ᄌᆞ 보다 놉흔 사ᄅᆞᆷ이 되ᄂᆞᆫ 법이라 우리 신문은 빈부귀쳔을 다름업시[35] 이신문을 보고 외국 물정과 ᄂᆡ지 ᄉᆞ정을 알게 ᄒᆞ랴ᄂᆞᆫ ᄯᅳᆺ시니 남녀 노소 상하 귀쳔 간에 우리 신문을 ᄒᆞ로걸너 몃ᄃᆞᆯ간 보면 새지각과 새학문이 ᄉᆡᆼ길걸 미리 아노라

받침을 지닌 경우에는 양성어미와 음성어미가 모두 연결될 수 있다. '잡아~잡어'. 물론 표준어의 형태는 양성어미가 연결된 '잡아'이다. 그러나 '오'는 받침을 지닌 경우에도 양성어미만 연결된다. '보-아/*보-어, 돋-아/*돋-어'

33) 쉬흘터이라: 쉬울 것이다 ☞ 쉬ᇦ-(← 쉽-)+-을#터(의.명.)+이-+-라.

34) 몰나셔: 몰라서 ☞ 모르-+아셔 → 몰라셔 → 몰나셔. 'ㄹㄹ'이 'ㄹㄴ'으로 표기되었다.

35) 다름업시: 다름없-+이. '다름업시'는 형용사 '다름없-'에서 파생된 부사로 '견주어 보아 같거나 비슷하게'의 뜻이다. 현대국어라면 '다름업시' 앞에는 비교 대상이 온다. 즉 '주어+부사어+다름없이'의 구조를 지닌다. 따라서 목적어 '빈부귀천을'이 온 것은 현대어와 다르다. (예) 그는 예전과 다름없이 쾌활한 모습이었다./이 냉장고는 신품과 다름없이 깨끗하다.

참고문헌

〈사전 및 자료집〉

국립국어원(2011), 21세기 세종계획 최종 성과물(수정판), CD1.

남광우(1997), 『고어사전』, (주)교학사.

유창돈(1987), 『이조어사전』, 연세대학교 출판부.

홍윤표・송기중・정광・송철의(1995), 17세기 국어사전, 한국정신문화연구원, 태학사.

대제각(1975), 고대여류문학선.

황문환・임치균・전경목・조정아・황은영 엮음(2013a), 조선시대 한글편지 판독 자료집1, 한국학중앙연구원 어문생활사연구소, 역락.

황문환・임치균・전경목・조정아・황은영 엮음(2013b), 조선시대 한글편지 판독 자료집2, 한국학중앙연구원 어문생활사연구소, 역락.

황문환・임치균・전경목・조정아・황은영 엮음(2013c), 조선시대 한글편지 판독 자료집3, 한국학중앙연구원 어문생활사연구소, 역락.

한국학중앙연구원 편(2005a), 조선 후기 한글 간찰(언간)의 역주 연구 1, 태학사.

한국학중앙연구원 편(2005b), 조선 후기 한글 간찰(언간)의 역주 연구 2, 태학사.

한국학중앙연구원 편(2005c), 조선 후기 한글 간찰(언간)의 역주 연구 3, 태학사.

한국학중앙연구원, 한국민족문화대백과사전(네이버 지식백과).

〈논저〉

강신항(1994), 『훈민정음연구(증보판)』, 성균관대학교 출판부.

강한영 교주(1974), 『의유당일기・화성일기』, 신구문화사.

고경태(1998), "근대국어의 어말어미", 『근대국어 문법의 이해』(홍종선 엮음), 박이정.

고영근(1989), 『국어형태론 연구』, 서울대학교 출판부.

남기심・고영근(1993), 『표준 국어문법론(개정판)』, 탑출판사.

고영근(1997/2010), 『표준중세국어 문법론(개정판)』, 집문당.

고영근・구본관(2008), 『우리말 문법론』, 집문당.

고영근・남기심(2012), 『중세어 자료 강해』, 집문당.

김완진(1964), "중세국어 이중모음의 음운론적 해석에 대하여", 학술원 논문집 4.

김완진(1972), "다시 'β > w'를 찾아서", 『어학연구』 81, 서울대학교 어학연구소.

김완진(1978), "모음체계와 모음조화에 대한 반성", 『어학연구』 14-2, 서울대학교 어학연구소.

김주원(1993, 『모음조화의 연구』, 영남대학교 출판부.

도수희(1971=1987), "각자병서 연구", 『한국어 음운사 연구』, 탑출판사.

류준경(2006), "관북유람일기", 『한국의 고전을 읽는다』, 휴머니스트.
(http://www.humanistbooks.com)

박병채(1989), 『국어발달사』, 세영사.

박종희(1983), 『국어음운론연구』, 원광대학교 출판부.

백두현(1992), 『영남 문헌어의 음운사 연구』, 국어학총서 19, 태학사.
서태룡(1996), "16세기 청주 간찰의 종결어미 형태", 『정신문화연구』 19.3, 한국정신문화연구원.
송철의(1992), 『국어의 파생어 형성 연구』, 태학사
안대현(2009), "한국어 중앙어 ㄷ구개음화의 발생 시기", 『국어학』 54, 국어학회, 109-136.
안병희(1968), "중세국어의 속격어미 '-ㅅ'에 대하여", 『이숭녕 박사 송수기념 논총』, 탑출판사.
안병희(1977), 『중세국어 구결의 연구』, 일지사.
안병희·윤용선·이호권(2002), 『중세국어 연습』, 한국방송통신대학교 출판부.
안병희(2007), 『훈민정음연구』, 서울대학교 출판부.
유창돈(1975), 『이조국어사 연구』, 이우출판사
이경희(1998), "근대국어의 격조사", 『근대국어 문법의 이해』(홍종선 엮음), 박이정.
이관규(2012), "한글 맞춤법의 성격과 원리", 『한말연구』 30, 한말연구학회, 137~158.
이기갑(1981), "씨끝 '-아'와 '-고'의 역사적 교체", 『어학연구』 17-2, 서울대학교 어학연구소.
이기문(1977), 『국어음운사연구』, 국어학회, 탑출판사.
이기문(1978), 『16세기 국어의 연구』, 탑출판사.
이기문(1998), 『국어사개설』, 태학사.
이동림(1974), "훈민정음 창제 경위에 대하여(속소위 반절이십칠자와 상관해서)", 『국어국문학』 64, 국어국문학회.
이숭녕(1947), "모음조화 연구", 『진단학보』 16, 진단학회.
이승재(1977), "남부방언의 원순모음화와 모음체계", 『관악어문연구』 2, 서울대학교.
이현희·두임림·사화·스기야마 유타카·정혜린·김소영·김주상·백채원·가와사키 케이고·이상훈·김한결·김민지·왕철(2014), 『「訓民正音」의 한 이해』, 역락.
전광현(1997), "근대 국어 음운", 『국어의 시대별 변천 연구 2(근대국어)』, 국립국어연구원.
전철웅(1995), "「청주북일면순천김씨묘출토간찰」의 판독문", 호서문화연구 13, 충북대학교. 225~281.
정호완(2011), 『역주 소학언해』, 세종대왕기념사업회.
정호완(2012), 『역주 연병지남』, 세종대왕기념사업회.
조규태(2010), 『번역하고 풀이한 훈민정음』, 한국문화사.
조창규(1992), "ㄱ-탈락 재고", 『한국언어문학』 30, 한국언어문학회.
조창규(1994), "15세기 국어의 'ㄱ-탈락, ㄷ→ㄹ교체, 이-역행동화'", 『어학연구』 30.3, 서울대학교 어학연구소.
조창규(1994), "'ᄋᆞ'의 변화가 가져온 모음과 모음체계의 변화", 『국어국문학』 112, 국어국문학회.
조창규(1997), 중세국어 모음조화에서 중성모음론 검토, 한국언어문학 39호, 한국언어문학회, 187~206.
조항범(1998), 『순천김씨 묘 출토 간찰』, 태학사.
허 웅(1965), 『국어음운학』, 정음사.
허 웅(1975), 『우리 옛말본(형태론)』, 샘문화사.
허 웅(1989), 『16세기 우리 옛말본』, 샘문화사.
홍종선(1997), "근대 국어 문법", 『국어의 시대별 변천 연구 2(근대국어)』, 국립국어연구원.
황화상(1998), "근대국어의 형태소", 『근대국어 문법의 이해』(홍종선 엮음), 박이정.

찾아보기

* 소괄호 속 숫자는 해당 페이지의 각주 번호이다.
* (근): 근대국어, (중): 중세국어